괴테부터 루카치까지
독일 비평사 읽기

괴테부터 루카치까지
독일 비평사 읽기

임홍배 지음

도서출판
길

괴테부터 루카치까지
독일 비평사 읽기

2025년 6월 30일 제1판 제1쇄 찍음
2025년 7월 10일 제1판 제1쇄 펴냄

지은이 | 임홍배
펴낸이 | 박우정

기획·편집 | 천정은
전산 | 한향림

펴낸곳 | 도서출판 길
주소 | 06032 서울시 강남구 도산대로25길 16 우리빌딩 201호
전화 | 02)595-3153　팩스 | 02)595-3165
등록 | 1997년 6월 17일 제113호

ⓒ 임홍배, 2025. Printed in Seoul, Korea
ISBN 978-89-6445-301-8 93800

머리말

이 책은 지난 25년 남짓 대학에서 독일 문학을 가르치고 연구하면서 독일 문학이론과 미학에 관해 꾸준히 써온 글들을 모은 것이다. 이 책을 처음 구상했던 1990년대 말부터 여력이 닿는 대로 한 편씩 탈고하여 이제야 마무리해 책으로 묶어 내놓는다.

그 시작은 1996년에 괴테 연구로 박사학위를 받은 후 2년째 니체 공부에 몰입하던 무렵으로 거슬러 올라간다. 니체를 공부하게 된 계기는 무엇보다 루카치 때문이었다. 1980년대 초반에 대학을 다닌 내 연배의 문학 전공자들 상당수가 그랬듯이 나 역시 주로 루카치를 읽으며 문학을 공부했다. 그런 연유로 루카치는 내가 문학작품을 이해하는 준거가 되었다. 사실 박사논문 주제로 괴테의 교양소설을 선택했던 것도 루카치가 『소설의 이론』에서 괴테의 『빌헬름 마이스터의 수업 시대』를 가장 비중 있게 다루었기 때문이다. 그런데 루카치는 후기 저서 『이성의 파괴』에서 니체를 현대의 온갖 비합리주의 사상의 원조로 지목하고 특히 히틀러 파시즘의 원류인 양 가차 없이 비판했다. 나는 이 부분을 납득하기 힘들어서 니체 공부에 몰입했다. 그렇게 두 해 남짓 니체를 읽고 나서 루카치의 부정적 평가는 독단에 치우쳤다는 잠정적 결론에 도달했다. 루카치가 비합리주의라고 매도한 니체의 비판적 사유는 근대적 이성의 경직된 합리성에 대한 비판적 성찰로 이해되어야 온당할 것이다. 니체 공부의 작은 결실로, 근대성에 대한 니체의 비판적 성찰을 니체의 언어관에 초점을 맞추어 다룬 논문을 한 편 썼다. 다른 한편, 박사논문을 준비하던 무렵부터 루카치의 리얼리즘론 형성에 중요한 단초가 되었던 괴테의 상징 개념에 비추어 다시 루카치의 리얼리즘론을 비판적으로 검토하는 작업을 병행하여 그 결과를 니체 논문과 비슷한 시기에 탈고했다.

이렇게 해서 괴테에서 시작하여, 니체를 이정표로 삼고, 루카치의 리얼리즘론에 이르는 독일 비평사의 큰 윤곽을 잡게 되었다. 그 사이에 들어갈 다른 부분들을 채우는 과제 역시 내 나름으로는 앞에서 말한 것과 비슷한 주제 탐색의 과정을 거쳤다. 그 내용은 뒤에서 소개하기로 하고, 먼저 전반적인 주제 선정의 기준과 서술 방식에 대해 간략히 언급하고자 한다.

첫째, 18세기 이래 20세기까지 독일 문학이론과 미학의 역사에서 당대의 핵심적 화두로 부상했던 주제들을 그 시대적 배경 속에서 충실히 해명하되 지금 우리 시대에 미치는 현재적 의의도 짚어보고자 했다. 예컨대 이 책의 첫머리에 들어간 괴테의 세계문학론은 자본주의 시대의 초입에 해당했던 괴테 당대보다는 오히려 명실상부하게 지구화 시대에 진입한 지금 더욱 절실한 사안으로 다가온다. 실제로 근래 십수 년 동안 한국문학과 세계문학에 관한 논의에서도 괴테의 세계문학론이 중요한 단서로 거론되었다.

둘째, 이론적인 문제를 구체적인 작품 이해와 결합하고자 했다. 이론적인 논의는 어차피 개념적 논증 위주로 서술할 수밖에 없지만, 그럴 경우 작품의 실감과 동떨어진 추상적 논의에 그칠 우려가 크다. 이를 보완하기 위해 가능하면 구체적 작품론을 덧붙였다. 그렇지만 작품을 단지 이론의 예시로만 봐서는 곤란하며, 때로는 이론과 개념으로 해명되지 않는 작품의 실상을 온전히 실감하는 것이 문학 공부에서는 무엇보다 중요하다. 예컨대 아도르노는 일찍이 헤겔이 자연미를 예술미에 비해 저급하다고 폄훼한 것을 거꾸로 뒤집어서, 오히려 자연미야말로 이론적으로 해명할 수 없는 예술적 창조성의 본보기라고 보았다. 그런 의미에서 자연미는 미학 자체의 아포리아에 해당한다고 아도르노는 말한다. 실제로 아도르노 자신이 그런 사례로 언급하는 괴테와 횔덜린의 시를 읽어보면 아도르노의 이론적 논의에서는 풀리지 않는 의문이 작품의 실감으로 와닿는 진기한 미적 체험을 하게 된다.

이 문제는 이 책의 제목을 "독일 비평사 읽기"라고 붙인 것과 무관하지 않다. 생동하는 현실과 함께 호흡하지 못하는 이론은 자칫 박제되어 지속적인 생명을 유지하기 어렵다. 괴테의 『파우스트』에 나오는 유명한 구절처럼, 그런 의미에서 "모든 이론은 회색이요 영원히 푸른 것은 삶의 황금나무"이다. 문학과 예술은 그 푸르른 삶을 새롭게 창조하여 만인의 공유재로 만들어간다. 문학예술의 그러한 창조성을 곡진히 해명하는 것이 비평의 최우선 과제일 것이다. 이 책에서 다루는 작가와 사상가들에게서 그러한 비평 정신에 충실한 면모를 부각하고자 노력했다. 특히 루카치·아도르노·벤야민은 서양 근현대 역사가 제기한 막중한 과제들과 치열하게 대결하면서 깊은 이론적 탐구를 비평적 글쓰기로 실천한 탁월한 본보기로, 이들이 나에겐 족탈불급의 사표가 되었다.

각 부의 내용을 간략히 소개하고자 한다.
1부는 독일 고전주의와 낭만주의를 아우르는 이론적 쟁점을 다루고 있다. 괴테의 세계문학론은 괴테가 일찍이 경제적·문화적 '세계화'를 목격하면서 민족문학의 한계를 넘어서 세계문학을 인류 공동의 문화적 자산으로 일구어야 한다는 점을 주창한 것이다. 괴테의 상징론은 구체성과 총체성을 매개하는 미적 범주인 상징을 예술적 창조의 핵심 원리로 설정하는데, 나중에 루카치는 괴테의 상징 개념을 특수성 개념으로 재설정하여 리얼리즘론의 출발점으로 삼는다. 쉴러의 미적 교육론은 정치혁명이라는 물리적 폭력을 동반하지 않고 어떻게 이성적인 국가를 만들어갈 것인가 하는 난제를 미적 교육을 통해 해결하려는 시도인데, 여기서는 예술의 자율성을 견지하면서 현실 변혁의 과제를 어떻게 이룰 것인가 하는 데 초점을 맞추어 분석했다. 노발리스에 관한 글은 그의 이론과 대표작 소설 『푸른 꽃』에 나타난 기억의 구조를 통해 낭만주의 상상력의 특성을 해명하고자 했다. 초기 낭만주의 이론가 프리드리히 슐레겔에 관한 글은 그의 낭만주의 강령이 집약된 글에 대한 분석을 통해 낭만주의의 현대성을 해명하고, 아울러 낭만주의 문학의 자기성찰적 특성이 동시대 시와 소설에서 어떻게 구현되고 있는지 살펴보았다.

2부에서는 고전주의·낭만주의의 '예술 시대'가 저물고 본격적인 현대로 이행하는 과도기의 문제를 다루었다. 칸트의 계몽 개념은 근대의 자율적 주체의 형성 조건과 가능성을 탐구한 것으로, 아도르노가 계몽적 이성의 내적 모순을 설파한 『계몽의 변증법』과 비교해 읽기를 권한다. 헤겔의 소설론은 근대 소설이 고대 서사시를 계승한 측면, 그리고 중세 이래 낭만적 예술의 후기적 현상으로서의 소설이라는 두 측면을 조명한 것으로, 나중에 루카치가 『소설의 이론』에서 개진하는 소설 유형론의 밑그림이 된다. 로젠크란츠의 '추의 미학'은 진·선·미의 통일을 추구한 고전적 예술관을 해체하는 '추'의 현상을 옹호하는 도발적 문제 제기이다. 니체에 관한 글은 그의 언어관을 통해 근대성에 대한 비판적 인식을 조명하고자 했다. 프로이트에 관한 글은 호프만의 소설 「모래 사나이」에 나타난 '두려운 낯섦'das Unheimliche을 다룬 프로이트의 글을 실마리로 삼아 정신분석 비평이 문학작품의 풍부한 이해에 기여할 수 있는 가능성을 타진해본 것이다.

3부는 본격적인 현대 내지 20세기의 문제를 다루고 있다. 크라카우어는 문학의 테두리를 넘어선 폭넓은 문화 연구의 선구자로, 특히 대중문화와 영화에 관한 이론의 개척자이다. 이 글에서는 그의 문화이론에 바탕이 되는 사유를 물질적 구체성과 직관적 구성의 측면에서 살펴보았다. 아우슈비츠에 관한 글은 생존자들의 증언 기록을 중심으로 아우슈비츠의 극한상황에 대한 서사적 재현 가능성의 한계를 짚어보고, 클루게의 단편에 대한 분석을 통해 그 기억의 왜곡과 조작 가능성 문제도 검토했다. 하이데거에 관한 글은 그의 예술론이 집약된 「예술작품의 근원」에 대한 분석을 통해 예술작품이 진리를 드러내는 방식의 문제를 다루었다. '은유의 철학자'라 불리는 블루멘베르크에 관한 글에서는 개념적 인식이 도달할 수 없는 영역을 표현하는 '절대적 은유'의 문제를 조명했다. 가다머의 해석학에 관한 글은 해석학이 단지 전통을 복원하는 역사주의의 이해 방식이 아니라 과거와 현재의 상호적인 지평 융합을 통해 부단히 인식의 지평을 확장해가는 역동적 사유의 과정임을 밝히고, 그런 점에서 편협한 진리관을 고수하는 이데올로기를 비판하는 데 적절한 방편이 될 수 있다는 점을 가다머·하버마스 논쟁을 통해 살펴보았다.

4부에서는 20세기 비판이론을 대표하는 벤야민·아도르노·루카치의 문학론을 집중 조명했다. 이들에 관해서는 국내에도 많이 소개되었고 지금까지도 활발히 연구되고 있어서 각 사상가의 미학적 사유를 단적으로 보여줄 수 있는 특정한 주제에 초점을 맞추었다. 벤야민에 관한 글은 19세기 러시아 작가 레스코프를 다룬 그의 「이야기꾼」을 중심으로 단순히 정보 전달이 아니라 지혜의 공유를 추구하는 진정한 서사의 쇠퇴에 대한 비판적 진단, 그리고 카프카를 비롯한 현대 소설에서 새로운 서사의 가능성 문제를 다루었다. 아도르노에 관한 글은 먼저 그의 비판적 사유의 바탕이 되는 계몽의 변증법과 부정 변증법을 소개하고, 아도르노 특유의 부정 변증법적 사유가 미학적 차원으로 변환되어 전개되는 양상을 미메시스와 자연미, 앙가주망의 문제 등을 중심으로 살펴보았다. 마지막으로, 루카치에 관한 두 편의 글 중에 루카치의 괴테 수용에 관해 비판적으로 검토한 글은 서두에서 언급한 대로 이 책 전체에서 가장 먼저 썼던 글이다. 그리고 루카치의 리얼리즘론에 관한 글은 이 책에서 가장 나중에 썼는데, 20대에 한창 문학 공부를 하던 시절에 읽었던 글들을 다시 찾아 읽으면서 일단 루카치의 리얼리즘론을 충실히 재구성하고 그 공과를 짚어보았다. 루카치를 다시 읽으면서 드는 생각은, 결국 리얼리즘이란 창작 방법에 국한된 문제이기 이전에 무엇보다 현실을 직시하려는 '시적 정직성'의 문제가 아닐까 하는 것이다. 일찍이 엥겔스가 발자크에 관해 말했던 그 정직성은 때로는 작가의 정치적 입장보다 더욱 근원적인 창작의 자세를 가리키며, 현실을 어떤 방식으로 형상화하는가는 거기에 따라오는 부차적인 문제일 것이다. 물론 그렇다고 창작 방법의 문제를 가볍게 볼 일은 아니다. 레싱이 말했듯이 작가는 하나를 가지고 다른 모든 것을 설명할 수 있는 그런 것을 만들어내야 한다. 이것은 레싱이 살던 단조로운 시대보다는 세상에 공허한 풍요가 넘쳐나는 오늘날 더욱 절박한 과제이다. 어떤 작가에게나 늘 새로운 도전으로 다가올 그런 과제와 씨름할 때 비로소 최량의 작품을 기대할 수 있을 것이다.

   이 책에 수록된 글 가운데 상당수는 대학원 수업에서 강독과 토론 과정을 거치고 나서 나중에 집필한 것이다. 수업에 참여해 함께 토론에 임했던 이들에게 고마운 마음을 전한다. 돌이켜보면 마흔 살 무렵부터 생계에 쪼들리지 않고 가르치고 연구하는 데 전념할 기회가 주어진 것이 나에게는 과분한 행운이었다. 강단 생활을 마감하면서 이 책을 내게 되어 그동안 세상에 빚진 것을 조금이라도 갚는 계기가 되었으면 한다. 여러모로 부족하지만 이 책이 문학을 공부하는 후학들에게 작은 디딤돌이라도 될 수 있다면 더 바랄 나위가 없겠다. 책이 나오기까지 편집과 교정, 표지 작업까지 도맡아 세심히 살펴준 천정은 선생에게 감사드린다.

2025년 6월
임홍배

차례

머리말 5

1부

지구화 시대에 다시 읽는 괴테의 세계문학론 17
— 세계화의 도전과 보편적 세계문학의 과제

괴테의 상징과 알레고리 개념 39
— 총체성과 구체성의 변증법

쉴러의 미적 교육론과 예술의 자율성 문제 57
— 이성적 공동체를 위한 미적 교육의 과제

노발리스의 낭만주의 시학과 기억의 문제 85
— 선험적 기억론과 낭만주의 상상력

슐레겔의 '낭만적 보편시'의 이론과 실제 101
— 낭만주의 문학의 자기성찰 구조와 현대성

2부

칸트의 계몽 개념   **121**
— 자율적 주체와 이성적 사회를 향하여

헤겔 미학에서 소설론의 두 갈래   **151**
— 서사시의 계승과 낭만적 예술의 극복

로젠크란츠의 '추의 미학'   **187**
— 미美와 추醜의 변증법

니체의 언어관과 비판적 근대인식   **203**
— 언어의 규약과 생성의 사유

프로이트의 '두려운 낯섦'과 호프만의 「모래 사나이」   **231**
— 정신분석 비평과 텍스트의 심층 구조

3부

크라카우어의 비판적 문화이론   **257**
— 물질적 구체성과 직관적 구성의 변증법

아우슈비츠의 기억과 재현의 문제   **283**
— 생존자들의 증언을 중심으로

하이데거의 예술론   **309**
— 존재의 말 없는 부름에 귀 기울이기

블루멘베르크의 은유 이론과 '벌거벗은 진리'의 은유   **341**
— 개념적 사유를 넘어선 '절대적 은유'의 탐구

가다머의 해석학과 이데올로기 비판   **385**
— 가다머·하버마스 논쟁과 해석학의 지평

4부

벤야민의 서사 이론   413
— 서사 정신의 회복을 위하여

아도르노의 비판적 변증법과 부정성의 미학   437
— 20세기의 폭력과 광기에 대한 비판적 성찰

루카치의 괴테 수용에 대한 비판적 고찰   477
— 괴테의 상징론과 루카치의 리얼리즘론

다시 읽는 루카치의 리얼리즘론   507
— 시적 정직성과 내포적 총체성의 과제

1부

지구화 시대에 다시 읽는 괴테의 세계문학론

세계화의 도전과 보편적 세계문학의 과제

'세계화'의 도전

이 시대의 구호로 통하는 '세계화'의 문제는 무엇보다 근대 자본주의의 전 지구적 관철이라는 맥락에서 이해할 필요가 있다. 콜럼버스의 신대륙 발견 이래 서유럽의 경계를 넘어 팽창을 거듭해온 근대 자본주의는 오늘날 명실상부하게 세계체제로 실현되었다 해도 과언이 아니다. 그 과정에서 중심부 지위를 차지한 국가들의 공세는 지금처럼 주변부와의 시공간적 거리가 좁혀질수록 전면적인 양상을 띠게 마련이다. 세계화는 서구적 근대의 전 지구적 보편화에 최적 조건을 제공하는 것이다.[1] 그런 관점에서 서구적 모형에 따른 근대성의 한계를 지적하는 두셀은 서구 근대문화가 애초에 계몽의 시대부터 자본주의적 합리성의 잣대로 서구 안팎의 '타자'를 배제하는 '단순화'로 치달았다고 본다.[2] 따라서 '자본주의적 합리성' 자체를 문제 삼지 않는 한 '미완의 계몽'을 운위하는 것도 결국 서

---

1 Vgl. Ulrich Beck (Hg.): *Die Politik der Globalisierung*, Frankfurt a. M. 1998, S. 60.
2 Vgl. Enrique Dussel: Beyond Eurocentrism: The World-System and the Limits of Modernity, in: F. Jameson/M. Miyoshi (Hg.): *The Cultures of Globalization*, Duke University Press 1998, S. 18 f.

구적 근대의 기원으로 회귀하는 꼴이 되기 쉽다. 그런가 하면 계몽적 기획의 해체를 주장하는 '포스트모던'의 입장 역시 다국적 문화산업으로 대변되는 첨단 테크놀로지의 위세를 등에 업고 있는 점에서는 온전한 뜻의 '탈'근대를 지향하기는커녕 더욱 고도화된 서구중심적 근대주의의 변종이라 할 수 있다.

다른 한편 주변부 위치를 강요당하는 지역들의 입장에서 보면 세계적 차원의 노동 분업에 의한 풍요와 빈곤의 양극화 현상은 직접적인 식민지 지배의 시기에 못지않게 여전히 심각한 문제가 되고 있다.[3] 전반적인 빈곤에서는 벗어났다고 자타가 공인하는 한국 사회의 경우도 사정은 다르지 않아 보인다. 이른바 '구조 조정'과 결부된 산업질서의 재편은 더 이상 부자들이 가난한 사람들을 필요로 하지 않는 사회를 정당화하고 있으며, 세계화에의 맹목적인 순응은 고스란히 민중의 고통으로 전가되면서 풍요와 빈곤의 양극화를 부추기고 있는 것이다. 그런 순응주의에 맞서 근래에 제기되는 '동북아 중심론'도 일방의 중심성을 내세우는 면에서는 지배의 논리를 이식하고 답습하는 데 그치기 쉽다. 세계화의 도전이 지역주의적 저항을 넘어 전 지구적 시야에서의 대응을 요구하는 것은 그 때문이다. 이러한 사정에 비추어 오늘날 전 지구적 현실과 가치로 군림하는 서구적 근대는 좀 더 냉철히 인식될 필요가 있다.

이 글에서는 대체로 이러한 문제의식에서 요한 볼프강 폰 괴테Johann Wolfgang von Goethe, 1749~1832의 세계문학론을 살펴보고자 한다. 괴테의 세계문학론이 '지구화 시대의 민족문학과 세계문학'이라는 문제의식을 선취한 핵심은 국내에서도 이미 적절히 소개된 바 있지만,[4] 기왕에 논의가

---

3 이에 관한 역사적 설명은 다음 참조. Samir Amin: *Die Zukunft des Weltsystems*, Hamburg 1997, S. 17~23.
4 백낙청: 「지구화 시대의 민족과 문학」(《내일을 여는 작가》 1997년 1·2월호); 최원식: 「문학의 귀환」(《창작과비평》 1999년 여름호; 한기욱: 「지구화 시대의 세계문학」(《창작과비평》 1999년 가을호).

나온 김에 괴테의 세계문학론에서 서구적 근대의 보편성과 독일 상황의 특수성이 얽혀 있는 대목들을 괴테 자신의 발언에 충실하게 좀 더 구체적으로 살펴볼 여지가 있다. 이 글에서는 먼저 괴테가 세계문학론을 구상하기 전에 세계문학과 개념쌍을 이루는 '국민문학'Nationalliteratur 내지 민족문학에 대해 피력한 견해를 살펴본 다음, 만년에 구상한 세계문학론의 주요한 논점과 논의 배경을 살펴보고자 한다.

'보편적 세계문학'의 구상

아우어바흐의 견해를 빌리면 서구 여러 나라가 중세 라틴문학의 그늘에서 벗어나 나름의 민족적 자각에 기초한 국민문학을 낳기 시작한 것은 500년 전의 일이다.[5] 그러나 이 기준은 독일 문학에는 적용되지 않는다. 대략 르네상스 시기부터 영국, 프랑스, 스페인, 이탈리아 등지에서 세계문학의 고전에 드는 걸작들이 나온 반면 독일 문학은 18세기 후반의 괴테 당대에 와서야 그런 수준에 도달하는 것이다. 거기에는 괴테 자신의 기여가 결정적이었지만 중년의 괴테만 해도 독일의 '민족'문학이 세계문학의 '고전'에 진입할 가능성에는 지극히 회의적이었다. 괴테가 그 주된 근거로 드는 것은 무엇보다 독일 역사 및 문화적 전통의 척박함이다. 알다시피 영국과 프랑스가 진작부터 근대적인 민족국가의 모양새를 갖추기 시작하고 산업혁명과 프랑스 혁명을 겪은 시점에도 독일은 여전히 군소국가들이 난립하는 봉건사회의 어두운 터널을 빠져나오지 못했으며, 독일 특유의 그러한 낙후성은 괴테가 살아 있는 동안 크게 나아지지 않는다. 그런데 만년의 괴테가 구상하는 세계문학은 단지 독일의 민족문학이 세계적 고전의 수준에 드느냐 마느냐 하는 것과는 전혀 다른 차원에서 문

---

5 Erich Auerbach: *Philologie der Weltliteratur*, Frankfurt a. M. 1992, S. 84.

제가 된다. 문학이 '인류 공동의 자산'임을 전제하는 괴테는 갈수록 여러 민족과 작가들의 문학에서 그 자산이 더욱 풍성하게 꽃피고 있다는 사실에 주목하면서 이렇게 덧붙인다.

그렇지만 물론 우리 독일인들 자신이 처해 있는 편협한 환경에서 벗어나 넓은 시야를 갖지 못한다면 설익은 자만에 빠지기 십상이다. 그래서 나는 다른 민족들의 경우를 찾아보기를 즐겨 하며, 누구에게나 그렇게 하라고 충고한다. 이제 민족문학이라는 것은 그다지 큰 의미가 없고 세계문학의 시대가 임박했으니 누구나 이 시대를 앞당기도록 힘써야 할 것이다.[6]

여기서 괴테는 서구 문학의 늦깎이 신세를 갓 면한 독일 문학이 봉건적 낙후성에 갇혀 있는 '편협한' 현실 상황을 극복하고 '넓은 시야'를 확보하지 못한다면 설령 서구 문학의 고전에 버금가는 작가나 작품이 나오더라도 여전히 '설익은 자만에 빠지기 십상'임을 경고하고 있다. 여기에는 자국의 문학이 다른 민족의 문학에 대해 '보편'으로 행세하는 또 다른 자만에 대한 경고도 함축되어 있다. 실제로 만년의 괴테는 서구 문학의 중심에 해당되는 영국이나 프랑스 문학 혹은 라틴 및 그리스의 고전에 못지않게 페르시아나 동구 여러 민족의 문학을 '즐겨' 찾아 보았다. 그런 점에서 괴테의 삶의 지혜와 문학관의 정수가 담겨 있는 노년기의 대작 『서·동西東 시집』West-östlicher Divan이 페르시아 문학과 역사에 대한 깊은 탐구의 결실인 것은 우연이 아니다. 『서·동 시집』 창작 노트에서 괴테는 페르시아 문학의 정수를 이해하려면 "동방이 우리에게 건너오는 방식이 아니라 우리 자신을 동방화해야 한다."[7]고 역설하는 것이다. 그것이 단순히 난숙한 서구 문화에 대한 권태라든가 설익은 '오리엔탈리즘'에서 나온 발

---

[6] Johann Peter Eckermann: *Gespräche mit Goethe*, Frankfurt a. M. 1981, S. 211.
[7] Goethes Werke, Hamburger Ausgabe 2, S. 181.(이 판본은 다음부터 HA로 줄임)

상이 아니라는 것은 그가 찾아낸 페르시아 문학의 풍요가 '세상의 모든 대상에 대한 폭넓은 시야'에 힘입은 것임을 강조하는 데서도 알 수 있다. 또 세르비아의 민요에 대하여 괴테는 "문명화된 세계에서 보면 이국적으로 보이는 상황을 감상적으로 취하려 들지 말고 아주 특별한 종류의 즐거움을 받아들일 사전교양을 갖추어야 한다. 세르비아인들을 그들의 거친 토양과 대지 위에서 이해하고, 그것도 마치 우리가 직접 현장을 찾아간 듯이 그들이 처한 상황을 통해 우리의 상상력을 풍요롭게 하여 보다 더 자유로운 판단을 할 수 있도록 해야 한다."[8]고 말하기도 한다. '이제 민족문학이라는 것은 그다지 큰 의미가 없다.'라는 말은 우선 이런 문맥에서 이해할 필요가 있다. 자국 문학의 우월감에 사로잡히거나 거꾸로 특정한 전범을 모방 답습하는 수준에서는 민족문학이 더 이상 의미가 없다는 것이다. 그런 뜻에서 괴테는 "그렇지만 외국의 것을 그처럼 소중히 여긴다고 해서 특수한 것에 집착하여 그것을 모범이라 여겨서도 안 된다. (…) 모든 것은 오로지 역사적으로 고찰해야 하며, 그중 가능한 한 최상의 것을 역사적인 견지에서 우리 것으로 삼아야 한다."고 강조한다.

그런데 "세계문학의 시대가 임박했으니 누구나 이 시대를 앞당기도록 힘써야 할 것"이라는 말은 좀 더 특별한 뜻을 담고 있다. 앞에서 살펴본 대로 이때의 세계문학은 여러 민족문학 고유의 특수성을 무시한 단일한 세계문학(그것은 사실상 민족문학과 세계문학의 공멸을 뜻할 것이다.)과는 전혀 무관하다. 다른 한편 괴테는 여러 민족들이 서로의 문학에 대해 이전보다 더 많이 알게 되었다는 뜻의 '세계문학'이라면 예전부터 있어왔지만 자신의 세계문학 구상이 결코 그런 차원에 한정되지 않음을 강조한다. 괴테는 무엇보다 "생생하게 살아서 활동하고 무엇인가를 추구하는 작가들이 서로를 알게 되고 타고난 천성과 공동의 생각을 통해 사회적으로 작용할 계기가 마련되어 있다는 사실"에 주목하여 '유럽의 세계문학'을 넘

---

8 Goethes Werke, Weimarer Ausgabe I, 42.1, S. 253.(이하 WA로 줄임)

어선 '보편적 세계문학'을 주창한다.[9] 뜻을 모아 공동의 실천을 도모하는 작가들의 국제적 연대를 염두에 두고 있는 것이다. 여기서 '공동의 생각'과 '사회적 작용'을 특정한 정치적 이념이나 행동에 결부한다면 편협한 해석이 되겠지만, 국제적 교류와 소통이 절실히 요구되는 현실적 배경에 대한 다음과 같은 진단에서 '공동의 생각'이 무엇을 가리키는지 추정해 볼 수도 있다.

벌써 얼마 전부터 보편적 세계문학이 거론되고 있거니와, 틀린 얘기가 아니다. 끔찍한 전쟁들로 인해 만신창이가 된 모든 민족들이 전쟁을 겪고 나서 다시 자신의 처지를 되돌아보면 외국에 관해 여러 가지를 알고 받아들이게 되었으며, 여지껏 알지 못하던 정신적 욕구를 도처에서 느끼게 되었음을 깨닫지 않을 수 없을 것이다. 이런 사정에서 서로가 가까운 이웃의 관계에 있다는 감정이 생겨나며, 지금까지 그랬듯이 마음의 문을 닫아 놓는 대신 다소간에 자유로운 정신적 교류를 점차 받아들여야 할 정신적 요구에 직면하게 되는 것이다.[10]

끔찍한 전쟁의 참상과 상처를 교훈 삼아 여러 민족들이 서로 '마음의 문'을 열고 '가까운 이웃의 관계'를 맺어야 한다는 것이다. 민족적 고립에서 벗어나 '세계문학의 시대'를 강제하는 역사적 조건은 역설적이게도 바로 그런 전쟁을 통해 한층 가속화되고 전면화된 것이다. 따라서 세계문학의 시대를 앞당겨야 한다는 요구는 민족 간의 불균등한 발전에도 불구하고 유럽 사회가 하나의 질서로 얽혀드는 '세계화' 국면에 전면적

---

9 HA 12, S. 363.
10 WA I, 42.1, S. 186 f. 이 구절은 칼라일(Thomas Carlyle)이 쓴 『쉴러의 생애』의 독일어판에 괴테가 부친 서문의 일부이다. 칼라일은 괴테와 긴밀한 정신적 유대를 맺고 있었고 괴테의 대표작들을 처음으로 영역한 장본인이기도 하다. 괴테의 세계문학 구상이 실질적으로 '국제적 연대'의 체험에 바탕을 둔 것임을 여기서도 알 수 있다.

으로 대응할 필요성이 그만큼 절박해졌음을 말해준다. 따라서 세계문학의 시대가 임박했다는 것은 당장 세계문학이 실현될 수 있다는 섣부른 낙관이 아니라 제약과 도전을 두루 포괄하는 시대 진단으로 읽을 필요가 있다. 그러면서도 괴테는 앞의 발언에 덧붙여 뜻을 같이하는 작가들의 국제적 '운동'이 아직은 지속성도 없고 미흡한 수준에 머물고 있지만 그 운동에서 생기는 작은 힘도 '상품의 교역'에서 얻는 '이득과 즐거움'에 못지않다고 강조한다. 그런 뜻에서 민족 간 문학 교류는 서로를 바로잡아 주고 신선한 활력을 제공하며, 이를 통해 "전반적인 평화가 도래하리라고 기대할 수는 없어도 불가피해 보이던 분쟁이 점차 그냥 넘어갈 만한 것이 되고, 전쟁이 덜 잔혹해지고, 승리가 덜 기고만장한 것이 되기를 바랄 수는 있겠다."(앞의 책, 306)는 소망을 내비치기도 하며, 또 "여러 민족들이 똑같은 생각을 하리라고 기대한다면 터무니없는 생각이겠지만, 다만 서로를 알고 이해할 거라고 기대할 수는 있을 것이다. 또한 서로 사랑까지는 못하더라도 적어도 서로를 용인하는 법은 배우게 될 것"(같은 책, 348)이라고 조심스러운 기대를 피력하기도 한다.

'세계화'의 부정적 여파

괴테가 세계문학의 시대를 앞당겨야 한다는 절박한 요구를 내세우면서도 정작 세계문학의 가능성과 역할에 대한 기대가 이처럼 신중한 데에는 그럴 만한 이유가 있다. 그것은 전쟁의 참상이 세계문학 차원의 대응을 절실히 요구하는 착잡한 상황 때문이기도 하지만, 굳이 물리적 폭력을 동반하지 않더라도 자본주의의 진전이 민족 간의 지리적 경계를 현저히 좁히고 있다는 현실 인식과도 무관하지 않다. 이러한 복합적 인식에서 괴테는 "만인과 만인이 대치하고 있는 상황을 여러 민족들이 제대로 인식할 때만 보편적 세계문학이 생겨날 수 있다."[11]는 자각에 도달한다. 그러면서 괴테는 세계문학의 역할을 곧잘 나라 간의 무역에 견주기도 하는데, 세계문학의 촉진을 통해 "갈수록 더 전면적인 양상을 띠는 상업 및 무역 활동에도 가장 효과적으로 기여할 것"[12]이라는 다소 엉뚱한 발언도 한다. 이는 한낱 비유나 실언이 아니라 우선 세계문학을 조건짓는 근대 자본주의의 세계화가 결코 피할 수 없는 대세로 인식되고 있음을 말해준다. 다른 한편 독일 민족문학의 입장에서 보면 독일 사회의 봉건적 낙후성을 극복해야 하는 근대화의 과제가 근대화에 앞선 다른 서구 나라들에 비해 훨씬 무거운 짐으로 짓누르고 있다는 뜻도 된다. 실제로 괴테는 자신이 봉직했던 바이마르의 물질적 곤궁을 절감했고, 광산 개발이나 증기기관의 도입 등 산업화와 무역을 통한 중상주의 정책에 엄청난 집념과 열성을 보였다. 적어도 정치인 괴테의 입장은 그러했다. 그러나 작가로서의 괴테는 자신이 주창한 세계문학이 '갈수록 전면적인 양상을 띠는' 자본의 세계화에 힘입어 엉뚱한 방향으로 '세계화'되는 현상에 몹시 곤혹스러워한다. '통신의 가속화에 힘입은 세계문학'을 괴테는 무엇보다 '통속적인 대중문학의 세계화'로 경험하며 '제대로 된 일급의 세계문학'은 결코 그만한 성공을 거두지 못할 것이라고 털어놓는 것이다. 또 '세계의 도시' 파리에서 흥행하는 저속한 노래극이 독일의 촌구석에까지 밀려오는 현상을 "당당하게 진군하는 세계문학의 여파"(같은 곳)라고 하면서 대중문학과 대중문화가 '세계문학'의 주종으로 자리 잡아가는 현실을 개탄하며 "내가 주창한 세계문학이 나도 익사할 지경으로 밀려들고 있다."[13]고 자조하기도 한다. 그럼에도 진정한 세계문학을 향한 괴테의 열망은 식지 않지만[14] 이

---

11 HA 12, S. 363.
12 같은 곳.
13 1826년 5월 21일자 Zelter에게 보낸 편지.
14 "그렇지만 더 숭고하고 더 생산적인 것에 자신을 바치는 사람들도 더 빨리 그리고 더 가까이 서로를 알게 될 것이다. 이 세상 어디를 가도 든든한 바탕을 다지는 데에 힘을 쏟고 그런 기반 위에서 인류의 참된 진보에 힘을 쏟는 사람들은 얼마든지 찾아볼 수 있다. 하지만 이들이 들어선 길과 내디딘 발걸음이 한결같지는 않다."(WA I, 42.2, S. 502 f.)

러한 문학적 진단보다 주목해야 할 것은 대중문학의 '당당한 진군'을 가능케 하는 새로운 현실을 괴테가 미심쩍게 바라보면서 모종의 불길한 예감에 사로잡힌다는 사실이다.

풍요와 속도는 온 세상이 경탄하고 누구나 추구하는 것들이다. 교양이 있다는 사람들은 누구나 철도, 급송 우편, 증기선과 통신의 온갖 가능한 이기를 추구한다. 하지만 너무 많은 것이 제공되어 있고 그런 류의 교양이 지나치게 넘쳐나서 평균적인 것으로 굳어버렸다. 사실 이런 현상도 중간 문화가 천박해지는 전반적인 추세의 결과라 할 수 있다. (…) 우리는 다시는 돌아오지 않을, 금방 사라져버릴 한 시대의 마지막 사람들이다.[15]

증기차를 움직이는 증기를 이제 더 이상 누그러뜨릴 수 없듯이 윤리적인 차원에서도 그런 제어는 불가능해지게 되었다. 상업의 활기와 화폐의 범람, 부채를 갚기 위해 눈덩이처럼 불어나는 부채, 이 모든 것은 오늘날의 젊은이들이 추구하는 바이다.[16]

봉건사회의 궁핍과 정체에서 벗어나기를 누구보다 열망한 진보주의자 괴테에게도 새 시대가 가져올 '풍요와 속도'를 근대의 축복으로 예감한 '젊은' 시절이 있었을 것이다. 그러나 그 예감을 현실로 맞기 시작하는 노년의 괴테는 위에서 보듯이 '증기차를 움직이는 증기'를 누그러뜨릴 수 없듯이 '제어 불가능한' 세계의 '풍요와 속도'에 전율하면서 자신이 '다시 돌아오지 않을 한 시대의 마지막 사람'으로 내몰리고 있다는 위기의식에 빠져들기도 한다. 통신의 가속화와 더불어 괴테는 "대중의 기호에 영합하는 문학이 무한정으로 확산될 것이며, 이미 목격하는 바와 같

---

15 1825년 6월 6일자 Zelter에게 보낸 편지.
16 HA 12, S. 389.

이 모든 지역과 나라에서 그런 문학이 선호될 것"[17]이라며 자본주의 세계 시장의 형성과 더불어 문학이 대중의 기호에 영합하는 문화상품으로 소비되는 추세에 깊은 우려를 표명하기도 한다.

상호문화적 소통과 국민문학의 자기 쇄신

지구화 시대를 사는 지금 괴테가 제창했던 세계문학의 구상과 세계화의 부정적 여파는 괴테가 살던 시대에 비할 바 없이 더욱 첨예한 문제로 다가오며, 괴테가 생각했던 세계문학론의 합리적 핵심을 발전적으로 계승할 필요성도 그만큼 더 절실해 보인다. 괴테의 논의 중에서 상이한 국민/민족문학 사이의 창조적 소통과 그를 통한 국민/민족문학의 자기쇄신 문제는 오늘의 시점에서 특히 주목을 요한다. 당대의 독일 문학을 영국에 소개한 번역자이기도 했던 칼라일이 쉴러의 생애를 다룬 저서를 출간한 것에 즈음하여 괴테는 이렇게 말한다.

> 미학의 분야에서 우리의 사정은 너무나 취약해 보이고, 칼라일 같은 사람이 나오려면 한참 더 기다려야 할 것이다. 그렇긴 하지만 이제 프랑스인과 영국인과 독일인들 사이에 긴밀한 교류가 이루어져서 서로를 바로잡을 수 있는 계기가 마련된 것은 정말 다행한 일이다. 이것은 하나의 세계문학에서 생겨나는 커다란 이득이다. 칼라일은 쉴러의 생애에 관해 저술하였는데, 모든 문제에서 독일인도 쉽게 해내지 못할 정도로 탁월하게 평가하고 있다. 그 반면 우리는 셰익스피어와 바이런에 관해서는 명확하게 파악하고 있고, 아마도 영국인 자신들보다 더 잘 평가할 줄 안다.[18]

---

17 Goethes Werke, Frankfurter Ausgabe, Bd. 18.2, S. 179.(앞으로 이 판본은 FA로 줄임)
18 FA 19, S. 237.

영국인이 저술한 쉴러 평전이 독일인들 자신의 안목보다 더 탁월하다는 것을 겸허하게 인정하는 한편 셰익스피어와 바이런에 관해서는 독일인이 영국인보다 오히려 더 잘 평가하고 있을 거라는 자부심을 피력함으로써 괴테는 그러한 상호소통을 통해 '프랑스인과 영국인과 독일인들이 서로를 바로잡을 수 있는 계기'가 마련된 것이 곧 '하나의 세계문학에서 생겨나는 커다란 이득'임을 역설하고 있다. 여기서 괴테가 '하나의 세계문학'이라고 표현하는 것은 앞서 언급한 대로 문학이 일국적 경계를 넘어 '전 인류의 자산'임을 강조하는 것이기도 하지만, 상이한 국민문학들 사이의 창조적 상호작용과 소통의 과정 자체를 '보편적' 세계문학의 근간으로 설정하고 있음을 시사한다. 그런 점에서 괴테가 생각하는 '하나의 세계문학' 내지 '보편적 세계문학'은 단지 선언적인 요청이나 추상적 이념형이 아니라 상호문화적 소통을 통해 일국적 한계를 지양해가고 보편적 공감대를 형성해가는 현재진행형의 과정 자체에 중점을 둔 것이라 하겠다. 타국의 문학을 그 나라 사람보다 더 잘 평가할 수도 있는 그러한 상호소통은 당연히 특정한 전범의 일방적 수용이 아니라 비판적 긴장을 동반한다.

내가 프랑스의 여러 잡지들에 실린 독일 문학 관련 비평을 전달하는 것은 독자들에게 나와 내 작품에 대한 기억을 상기시키기 위해서만은 아니다. 여기서 나는 내가 보다 높은 것을 목적으로 추구하고 있다는 사실만 우선 암시하고자 한다. 도처에서 우리는 인류의 진보에 대해, 그리고 세계의 여러 관계와 인간관계의 전망에 대해 듣거나 읽을 수 있다. 이것이 지금 전체적으로 어떤 상황에 처해 있는가를 연구하고 보다 명확히 밝히는 것은 내가 할 일은 아니지만, 그래도 나의 입장에서 친구들에게 주의를 환기하고 싶은 것이 있으니, 바야흐로 보편적 세계문학이라는 것이 형성되는 중이며 그 속에서 우리 독일인들에게도 명예로운 역할이 주어지고 있다는 확신이 그것이다. 모든 나라의 국민들이 우리를 주시하고 있다. 그들은 우리를 칭찬하고, 꾸짖고, 우리 문화를 받아들이기도 하고 거부하기도 하며, 모방하는가 하면 왜곡하기도 하고, 우리를 이해하거나 오해하고, 그들의 마음을 열거나 닫는다. 이 전체 현상이 우리에게는 큰 가치를 지니고 있기에 우리는 그들의 이 모든 행동을 담담한 심경으로 받아들이지 않으면 안 된다.[19]

프랑스인의 시각에서 독일 문학을 '칭찬'하기도 하고 '꾸짖기도' 하는 그러한 비판적 수용은 자국의 문화에 대한 나름의 이해와 자각을 바탕으로 타국의 문학을 폭넓은 시야로 조망할 때만 가능할 것이다. 괴테는 자신의 작품에 대한 프랑스와 영국의 수용에서 그러한 본보기를 발견한다.

외국에서도 나로서는 바람직하다고 여기는 일이 일어나고 있습니다. 프랑스인들이 나의 희곡 작품들을 번역했는데, 편견에서 벗어난 높은 식견에 감탄하지 않을 수 없습니다. 우리 독일인들이 거의 이해하기 힘든 언어로 생각과 판단들을 주고받는 동안 프랑스인은 전래의 언어를 사용하면서도 마치 여러 개의 평면거울로 합성한 오목거울을 들이대듯이 대범하게 하나의 초점을 맞출 줄 알지요. 영국에서는 소안Soane 씨가 나의 『파우스트』를 훌륭하게 이해하여 이 작품의 고유한 특성을 자국어의 고유한 특성 및 자국민의 요청과 조화시킬 줄 알고 있지요. (…) 전반적으로 볼 때 나는 여러 민족들이 이전보다 서로를 더 잘 이해하는 법을 배우고 있다고 생각합니다. 오히려 자국민의 머릿속에서만 오해들이 벌어지고 있는 것 같습니다.[20]

여기서 "우리 독일인들이 거의 이해하기 힘든 언어로 생각과 판단들을

---

19 괴테: 『문학론』, 안삼환 옮김, 민음사 2010, 252쪽 이하.
20 라인하르트(Reinhard)에게 보낸 편지(1822년 6월 10일), FA 19, S. 949.

주고받는 동안"이라고 언명하는 것은 짐작컨대 독일의 후기 낭만주의가 복고적 중세 편향으로 기울면서 동시대의 문학과 현실에 대한 조망을 상실해가는 사태를 가리키는 것으로 보인다. 그 반면 "프랑스인은 전래의 언어를 사용하면서도 마치 여러 개의 평면거울로 합성한 오목거울을 들이대듯이 대범하게 하나의 초점을 맞출 줄" 안다고 하는 것은 자국의 언어 및 문화적 전통을 숙지한 바탕 위에서 타국의 문학을 통합적 관점에서 해석해내는 창조적 수용 태도를 높이 평가한 것이라 할 수 있다. 마찬가지로 영국에서의 『파우스트』Faust 번역 또한 작품 자체의 고유한 특성을 영어의 고유한 특성 및 영국인의 요청과 조화시킨 바람직한 수용의 본보기로 거론하는 것이다. 그처럼 여러 민족들이 이전보다 서로를 더 잘 이해하는 반면 오히려 '자국민의 머릿속에서만 오해들이 벌어지고 있는 것 같'다는 부정적 진단은 바꾸어 말하면 외국인의 눈으로 새롭게 해석되고 평가되는 '재발견'을 통해 일국적 편협성을 극복해야 한다는 요청을 함축하는 것이라 할 수 있다. 괴테는 그처럼 상이한 국민문학의 상호소통을 통해 자국의 국민문학이 쇄신되어야 할 필요성을 세계문학 형성의 중요한 조건으로 강조한다. "제가 세계문학이라 일컫는 것이 생겨나려면 우선 한 나라 안에 존재하는 의견의 상충점들이 다른 나라들의 견해와 판단을 통해 조정되는 것이 급선무입니다."[21]라고 언명하는 것은 그런 맥락에서 이해될 수 있다. 괴테가 세계문학의 형성 과정에서 독일 문학이 많은 것을 잃을 것이라 경고하는 반면 프랑스인들이 가장 득을 보고 19세기는 프랑스 문학의 시대가 될 거라고 예측하는 것은 독일 문단의 일국적 편협성과 프랑스의 개방적이고 진취적인 외국 문학 수용 태도를 대비한 엄정한 판단이다.[22]

---

21 보이세레(Boisseree)에게 보낸 편지(1827년 10월 12일).
22 "세계문학이라는 것이 출범하고 있는 지금, 자세히 검토해서 고찰해보면 독일인들이 가장 많은 것을 잃을 수밖에 없게 되어 있다. 독일인들은 이 경고를 생각해보는 것이 좋을 것이다."(괴테: 『문학론』, 256쪽)

괴테 당대의 맥락에서 괴테가 비판하는 일국적 편협성의 문제는 이미 언급한 대로 나폴레옹 전쟁의 여파로 유럽 전체가 전란의 소용돌이를 겪은 시대 상황에서 어느 나라를 막론하고 편협한 국수주의가 팽배해 있음을 염두에 둔 것이다. 그런 맥락에서 괴테는 '애국적 예술과 학문'의 편협함을 넘어 '모든 동시대인들의 보편적이고 자유로운 상호작용'을 권면한다.

아마도 애국적 예술과 애국적 학문 같은 것은 존재하지 않는다는 것을 사람들은 확신하게 될 것이다. 모든 좋은 것이 그러하듯 예술과 학문은 전 세계의 것이며, 우리가 과거로부터 물려받아서 익히 알고 있는 것을 부단히 고려하는 가운데 모든 동시대인들의 보편적이고 자유로운 상호작용을 통해서만 예술과 학문은 촉진될 수 있을 것이다.[23]

마찬가지로 '선한 것, 고귀한 것, 아름다운 것'의 구현을 지향하는 시인의 창조력과 창조 활동 역시 편협한 지역주의나 국수주의를 넘어서야 한다는 점을 역설한다.

시인도 시민이자 인간인 한에는 조국을 사랑할 것이다. 하지만 시인의 **창조적인** 힘과 창조적인 활동의 조국은 그 어떤 지방이나 나라에도 얽매이지 않는 선한 것, 고귀한 것, 아름다운 것이다. 시인은 그런 것을 발견하는 곳에서 포착하고 형상화한다. 그런 점에서 시인은 독수리에 비견된

"세계문학의 상호작용은 대단히 활발하고 기묘합니다. 내가 잘못 본 것이 아니라면, 프랑스인들은 그들의 문학적 좌표를 둘러보거나 개관으로써 세계문학으로부터 가장 많은 이득을 취하는 민족입니다. 또한 그들은 벌써 자긍심에 찬 어떤 예감까지도 갖고 있는데, 그것은 그들의 문학이 18세기 전반기에 유럽에 끼쳤던 것과 똑같은 영향력을 보다 높은 의미에서 향후 유럽에서도 지니게 될 것이라는 예감입니다."(같은 책, 256쪽 이하)

23 FA 18, S. 809.

다. 독수리는 자유로운 시야로 여러 나라를 날아다니며, 그가 낚아챌 토끼가 프로이센에서 놀든 작센에서 놀든 아무 상관이 없는 것이다.[24]

이미 언급한 대로 보편적 세계문학의 형성에 기여해야 한다는 요청이 '인류의 진보'에 부응하는 시대적 소명이라면, 같은 이유에서 민족 간의 반목과 증오심은 그러한 인류 진보의 시대적 흐름에 역행하는 문화적 낙후성의 징표라는 것이 괴테의 소신이다.

민족적 증오심이라는 것은 참으로 별난 것이지요. 가장 낮은 단계의 문화에서 그러한 민족적 증오심이 가장 강하고 격하다는 것을 알 수 있습니다. 하지만 그러한 증오심이 완전히 사라지고 어느 정도는 민족들을 **넘어서는** 단계도 존재합니다. 그러면 이웃 민족의 행복과 불행을 마치 자기 민족의 그것처럼 느끼게 되지요. 그러한 문화가 내 천성에 맞습니다. 나는 육십 세가 되기 전에 이미 오래도록 그런 생각을 확고히 다졌습니다.[25]

이처럼 '이웃 민족의 행복과 불행을 자기 민족의 그것처럼' 느끼고 받아들여야 한다는 세계시민적 관점에 대하여 토마스 만은 "세계시민적 역동성을 지닌 독일적 교양 개념"[26]이라 평가하기도 한다. 하지만 괴테의 이러한 세계시민적 시야를 '독일적' 교양 개념에 한정하기보다는 오늘의 관점에서 바야흐로 '세계화'의 시대가 도래하는 세계사적 변화를 민감하게 포착한 예리한 현실 인식의 소산이라고 보는 편이 타당할 것이다.

전 세계의 모든 지역으로부터 온갖 종류의 급보急報들이 속속 쏟아져 들어오는 이 시대에 노력하는 사람이라면 누구나 자기 민족과 여타 민족

24　FA 19, S. 460.
25　FA 19, S. 660.
26　Thomas Mann: *Gesammelte Werke*, Bd. 10, S. 870.

들에 대해 어떤 태도를 취할 것인가를 배우는 것이 절실히 요구된다. 그런 즉 생각이 있는 문인이라면 일체의 구멍가게 근성을 버리고 그런 교역이 진행되는 원대한 세계로 눈을 돌려야 마땅할 것이다.[27]

전 세계의 모든 지역으로부터 온갖 급보들이 쏟아져 들어오는 시대적 추세를 '교역'이라 일컫는 데서도 알 수 있듯이 괴테의 현실 인식은 자본주의 세계시장의 형성에 따른 세계화의 흐름을 읽어내고 있는 것이다. 그런 점에서 괴테의 세계문학 구상은 훗날 마르크스와 엥겔스가 『공산당 선언』에서 자본주의 세계시장의 형성과 더불어 '하나의 세계문학'이 형성된다고 보았던 현실 인식을 일찌감치 선취한 탁견이라 할 수 있다.

개별 민족들의 정신적 생산물은 세계 공동의 자산이 된다. 민족적 일면성이나 편협성은 점점 불가능해지고, 수많은 민족문학과 지역 문학들에서 하나의 세계문학이 형성된다.[28]

유럽의 변방과 바깥을 보는 시각

괴테의 세계문학론이 단지 선언적 구상에 머물지 않고 괴테 자신이 유럽의 다양한 지역과 유럽 바깥의 문학에까지 두루 관심을 쏟았던 실천적 활동의 과정에서 얻어낸 산물이라는 사실도 유념할 필요가 있다. 세계문학에 관한 괴테의 언명은 주로 괴테 자신이 발행한 《예술과 고대문화》*Kunst und Altertum* 지에 발표되었는데, 괴테는 1816년에 이 잡지를 창간하여 1832년 생을 마감할 때까지 16년 동안이나 발간했다. 제호가 겉으로 표

---

27 FA 19, S. 280.
28 Karl Marx/Friedrich Engels: *Manifest der Kommunistischen Partei*, S. 27 f.

방하는 바와 달리 이 잡지는 '고대문화'만 다룬 것이 아니라 오히려 동시대 유럽 전역의 문학예술 및 건축에 이르기까지 모든 장르의 작품들에 관한 생생한 현장 비평을 게재하였다. 괴테는 잡지에 실리는 원고의 3분의 2를 직접 집필할 만큼 열정을 쏟았다. 그처럼 다양한 지역의 문학예술에 관한 활발한 소통이 곧 괴테가 말한 '보편적 세계문학'의 요체인 만큼 그 자신이 세계문학의 형성에 누구보다 매진했던 셈이다. 프랑스에서 이와 비슷한 역할을 했던 잡지《글로브》*Le Globe*를 괴테는 애독했는데, 이 잡지에서 자신이 생각하는 세계문학적 견지의 비평이 활발히 이루어지는 것을 보면서 그는 프랑스에서도 자신의 세계문학 구상에 부응하는 지적 움직임이 일어나는 것에 고무되었다. 괴테는 특히 걸출한 작가뿐 아니라 점차 넓은 범위의 많은 작가들이 두루 비평적 관심의 대상이 되는 현상에 주목한다. 그리고 프랑스와 독일 및 영국 등 유럽의 중심부만이 아니라 중심부의 관점에서 보면 상대적으로 낙후한 변방의 문학에까지도 관심의 폭을 넓히는 것을 높이 평가했다.

> 그토록 많은 검증과 정화의 시기들을 거친 민족이 바깥으로 눈을 돌려 신선한 원천을 찾아보면서 새로운 활력을 얻고 스스로를 강화하고 새롭게 만들어가고 있다. 그런 이유에서 그들은 이전보다 더 많이 바깥 세계를 참조하는데, 이미 인정받은 완성의 경지에 도달한 이웃 민족만 보는 것이 아니라 아직 노력과 고투를 바치고 있는 생생한 이웃 민족들에게도 눈을 돌리는 것이다. 그런 것을 보면 우리는 세계시민적 의미에서 기뻐해도 무방할 것이다.[29]

아직 완성의 경지에는 도달하지 못한 이웃 민족들의 생생한 문학 동향까지도 편견 없이 평가할 줄 아는 '세계시민적' 시야를 괴테가 반기는 것

---

[29] FA 19, S. 258 f.

은 그의 세계문학 구상이 명실상부하게 유럽중심주의를 거뜬히 극복했음을 말해준다. 그런 점에서 괴테 자신의 비평 활동 중 세르비아 민요에 관한 논의는 그의 '세계시민적' 시야를 구체적으로 확인할 수 있는 본보기라 할 만하다. 헤르더Johann Gottfried Herder의 영향으로 청년 시절부터 유럽 주변부의 민속 문학에 관심을 갖기 시작했던 괴테는 1825년《예술과 고대문화》에 발표한「세르비아의 민요」라는 글에서 '원시 민족'의 문학이 서구의 독자들에게 '훌륭한 시문학'으로 받아들여질 수 있기 위한 요건을 다음과 같이 말하고 있다.

    어떤 원시 민족의 고유성들을 직접적이고 내용으로 충만한 전승 형식으로 우리에게 보여주는 시들이어야 하며, 상황을 제약하는 장소적 특징들과 거기서 연유하는 여러 상관관계들을 분명하고도 아주 독특하게 우리의 직관적 인식에 연결해주는 시들이어야 한다.[30]

말하자면 민족적 고유성과 지역적 특성 및 역사적 맥락을 그들의 고유한 전승 형식으로 표현하되 다른 언어권의 독자들에게도 '직관적 인식'의 방식으로 소통이 가능해야 한다는 것이다. 이미 언급한 대로 괴테가 보편적 세계문학을 제창할 때도 민족적 특성을 부정하는 것이 아니라 제대로 살려야 한다고 보았듯이 '원시 민족'의 문학에 대해서도 그런 생각은 일관되게 견지하는 것이다. 주로 구전口傳으로 전승되어 세르비아 내에서도 거의 활자화되지 않았던 세르비아 민요가 독일어로 번역되어 읽히기까지의 경위에 관한 괴테의 상세한 언급은 그런 점에서 매우 흥미롭다. 괴테의 설명에 따르면 세르비아 민요집 번역자는 빈Wien에서 세르비아 출신의 하층민들이 부르는 민요를 듣고 채록했는데, 정작 세르비아인들 자신은 자국의 '교양 있는 독자들'이 경멸하는 민요가 독일어로 번역

---

30 괴테,『문학론』, 187쪽.

34

되면 그들의 '자연스럽고 소박한' 노래가 독일의 '세련된' 시와 대비되어 폄하될 거라고 우려했다는 것이다. 말하자면 본국에서는 저속한 하층 문화로 평가받는 세르비아 민요가 뜻있는 독일인의 '진지한' 관심 대상이 되어 훌륭한 독일어로 번역됨으로써 '민중시'Volkspoesie의 진가를 인정받는 형국이 된 것이다. 이러한 문화적 매개와 소통 과정에 대하여 괴테는 이렇게 말한다.

> 외국인들이 우리 나라에서 우리 토착의 것이 아닌 외래적인 것을 발견하게 된다면 그것 또한 적지 않은 의미를 지니는 것이다. 우리가 지금까지 그래왔듯이 허세와 과장을 부리지 않고 이와 같은 접근을 여러 방면으로 달성해간다면 머지않아 외국인들이 우리 나라 시장으로 와서 그들이 직접 받아들이기 어렵던 상품들을 우리의 중개를 통해 구하지 않으면 안 될 것이다.[31]

문화적 차이와 언어적 장벽으로 인해 외국인의 입장에서는 접근할 수 없던 낯선 이방의 문학을 제3국의 번역을 통해 접근하는 이러한 문화적 매개 역시 보편적 세계문학 형성의 중요한 일환이 된다는 것이다. 실제로 괴테는 세르비아 민요 중에서도 동시대 유럽 중심부의 문학에 견주어 손색이 없는 탁월한 문학성을 구현하는 경우가 있다는 것을 전적으로 인정하기도 한다. 예컨대 당대 프랑스 시인 베랑제Pierre-Jean de Béranger의 시와 세르비아 민요 사이에서 놀라운 공통점을 발견하는 괴테는 그런 측면에서 지역적 특수성을 넘어선 보편적인 '세계시'Weltpoesie의 가능성을 보기도 한다.

여기서 특기할 만한 것은 반쯤은 미개한 민족과 가장 세련된 민족이

---

31 같은 책, 202쪽.

경쾌하기 이를 데 없는 시의 경지에서는 합류하고 있다는 사실이다. 그런 즉 우리는 세계시라는 것이 존재하며 상황 여하에 따라 발현된다는 것을 다시금 확신하게 된다. 따라서 내용과 형식이 굳이 전승될 필요도 없으니, 태양이 비치는 곳이면 어디서나 확실히 그러한 세계시가 발전할 것이다.[32]

의례적인 문학사의 기준으로 보면 고도로 세련된 중심부에 비해 낙후한 주변부의 문학으로 서열화되기 십상인 변방의 문학을 동일한 수준의 문학성을 갖추었다고 평가할 줄 아는 괴테의 이러한 공정하고 개방적인 시야에 힘입어 예컨대 사이드 같은 비평가도 괴테의 세계문학 구상이 "세계의 모든 문학들이 장엄한 교향곡과도 같은 전체를 만들어가는 보편주의적 구상"[33]이라고 높이 평가하며, 탈식민주의 문학론의 대표적인 이론가인 호미 바바 역시 문화 간 차이와 타자성을 극복할 수 있는 시의적절하고 진취적인 구상이라고 적극적으로 평가한다.

괴테의 세계문학론은 역사적 트라우마의 토대 위에서도 상호 동화되지 않는 우호적 관계가 다져질 수 있는 차이와 타자성의 문화 형태와 관련되는 시의적절하고 진취적인 카테고리가 될 수 있을 것이다.[34]

만년의 괴테가 집필한 『서·동 시집』은 그러한 문화 간 소통과 만남이 창작으로 결실을 맺은 중요한 성과이다. 여기서 『서·동 시집』을 별도로 다룰 수는 없지만, 괴테가 이 시집에서 피력한 생각을 세계문학론의 맥락에서 되새겨볼 필요가 있다. 고대 페르시아의 문학이 유럽어로 번역되면서 유럽의 독자들이 유럽적 기준에서 오리엔트 문학을 평가하는 관행에 대하여 괴테는 가령 밀턴John Milto과 포프Alexander Pope가 동방의 의상

---

32 FA 19, S. 386 f.
33 Edward Said: *Humanism and Democratic Criticism*, New York 2004, S. 95.
34 Homi Bhabha: *The Location of Culture*, New York 1994, S. 12.

을 걸친다면 얼마나 황당할 것인지 반문하면서 설익은 오리엔탈리즘을 경계한다. 그런 의미에서 "어떤 시인이든 그 시인의 언어와 시인이 살던 시대와 풍습의 독특한 환경 속에서 시인의 진면목을 찾고 깨닫고 존중해야 한다."[35]고 보는 괴테는 『서·동 시집』 뒤에 부친 해설 논고에서 문학에서 '보편적인 것'이 과연 무엇인지 되묻는다. 여기서 괴테는 고대 페르시아 시의 중요한 특징으로 지극히 비천한 것과 한없이 숭고한 것을 결합하는 독특한 시적 상상력에 주목한다. 서구의 난숙한 문학적 취향에 길들여진 독자의 관점에서 보면 그처럼 이질적인 것의 결합은 몰취미의 징표가 되겠지만, 괴테는 고대 페르시아 시문학이 오히려 그처럼 양립 불가능해 보이는 상이성까지도 결합할 줄 아는 대범한 상상력에 힘입어 역사적으로 각인된 문화적 차이와 적대까지도 거뜬히 넘어서고 있다고 높이 평가한다. 그 구체적인 본보기로 괴테는 12세기 말의 페르시아 시인 니자미Nisami의 다음 시를 예로 든다.

세상을 유랑하는 예수가
어느 날 시장을 지나가고 있을 때
죽은 개 한 마리가 길 위에 자빠져 있었다.
어떤 집 문 앞에 끌어다 놓은
그 썩은 주검 주위에 한 무리의 사람들이 모였다,
마치 독수리가 주검을 둘러싸고 모여들 듯.
한 사람이 말했다. "지독한 냄새 때문에
내 골이 빠개지는군."
다른 사람이 말했다. "저걸 어디다 쓰나,
무덤에서 파낸 것은 불행만 가져오는데."
이렇게 각자 제멋대로

---

35 괴테: 『서동 시집』, 안문영 외 옮김, 문학과지성사 2006, 396쪽.

죽은 개의 시체를 비방했다.
이제 예수의 차례가 되자
그는 비방하지 않고 좋은 뜻으로 말했다.
착한 본성을 지닌 그가 말하기를,
"이빨이 진주처럼 희구나."
이 말이 주변에 서 있는 사람들을
달구어진 조개마냥 뜨겁게 만들었다.[36]

알라 신을 섬기고 성경 대신『쿠란』을 읽는 페르시아인들의 관점에서 보면 예수는 적대적인 종교의 우상에 불과할 것이다. 하지만 그 자신 이슬람교도인 페르시아 시인 니자미는 죽은 개의 썩은 시체를 지극히 추한 흉물로만 여기는 페르시아인들의 고정관념을 일거에 깨뜨리고 죽은 개의 이빨에서 '진주처럼 흰' 아름다움을 발견하는 예수의 성스러운 혜안을 예찬하는 것이다. 그리하여 너나없이 획일적 편견에 사로잡혀 있는 페르시아인들에게 '달구어진 조개마냥 뜨거운' 자괴감을 불러일으키고 타문화와 종교에 대한 적대감을 단숨에 불식하는 거침없는 상상력이야말로 괴테가 구상하고 실행하고자 했던 보편적 세계문학의 전범인 것이다. 냉전 체제가 무너지고 세계 전역에서 다시 온갖 형태의 지역주의와 패권주의, 종교적 반목과 적대가 발호하는 21세기의 문턱에서 우리는 그런 취지에서 괴테의 세계문학 정신을 되새겨야 할 것이다.

(2000년)

---

36 같은 책, 281쪽 이하.

괴테의 상징과 알레고리 개념

총체성과 구체성의 변증법

독일 문학사에서 1800년 전후의 시기는 고전주의와 낭만주의 문학 이념이 정립되고 그에 상응하여 풍요로운 창작의 결실을 거두었다는 점에서 가장 생산적인 시기로 꼽힌다. 이 무렵 창작 활동의 전성기를 맞은 괴테는 시·소설·희곡 등 다양한 장르에서 이전 시기의 문학과는 구별되는 새로운 전범을 창조했다. 괴테 시대 이전의 문학은 알다시피 17세기 말 이래 프랑스 의擬고전주의 전통의 경직된 규범시학의 틀에 얽매여 있었다. 그와 달리 괴테는 현실과 유리된 관념적 규범시학을 거부하고 그의 시대가 제기하는 다양한 문제에 대응하는 것을 자신의 문학적 과제로 삼았으며, 그 과정에서 자연스럽게 창작방법론을 포함한 문학이론적인 문제들에 본격적인 관심을 갖게 된다. 특히 이탈리아 여행 이후 쉴러와 긴밀한 지적 교류를 시작하는 1790년대부터 괴테의 문학예술관은 비교적 분명한 윤곽을 드러낸다. 그중에도 상징과 알레고리 개념은 원숙기에 접어드는 괴테의 문학예술관을 해명하는 데 핵심적인 실마리를 제공할 뿐 아니라, 1800년을 전후한 시기의 문학예술 담론에서 패러다임의 전환을 가늠하는 하나의 준거가 된다.

그렇지만 괴테 시대 이전까지 상징과 알레고리 개념은 고대 수사학의 전통을 이어받아 문학적 '비유'의 한 형식으로만 통용되었다.[1] 다시 말해 이전의 상징 개념은 좁은 의미에서 문학적 표현 수단의 한 요소로만 통용되었을 뿐 넓은 의미의 양식Stil 개념과는 무관했고, 더구나 문학예술의 본질적인 문제와는 전혀 상관이 없었다. 18세기 중반까지도 상징은 흔히 알레고리와 같은 뜻으로 혼용되기도 했거니와, 그러한 개념 혼용에서도 짐작할 수 있듯이 상징과 알레고리 개념은 괴테 시대 이전까지는 예술적 형상화의 문제에서 극히 부차적인 위치로 밀려나 있었다. 그러나 괴테 시대에 이르러 상징 개념은 괴테 스스로 '시문학의 본성'[2]과 긴밀하게 관련되어 있다고 강조할 만큼 각별히 주목받는다. 특히 오늘날 보편적으로 통용되는 상징과 알레고리에 관한 개념 규정 역시 기본적으로는 괴테의 정의에 바탕을 두고 있는 만큼[3] 그의 논의를 살펴보는 것은 이 개념쌍의 이해를 위해 불가결한 작업이라 할 수 있다.

이 글에서는 이처럼 괴테의 문학예술론에서 중요한 위치를 차지하는 상징과 알레고리 개념을 그의 발언에 근거하여 주요 쟁점별로 살펴보고, 이 개념들이 괴테의 고전기 문학론과 당대의 문학예술 논의에서 어떤 의미를 갖는지 생각해보고자 한다. 우선 괴테가 상징과 알레고리를 대비對比하지 않은 채 주로 상징에 관해서만 언급한 1790년대의 발언들을 검토한 다음, 알레고리에 비해 상징을 우위에 두고 시문학의 본령으로 간주하는 나중의 발언들을 분석하고, 마지막으로 괴테의 상징과 알레고리 개념이 문학사의 맥락에서 어떤 의미를 함축하는지 역사적으로 평가하고자 한다.

---

1 이하의 개념사적 설명은 다음을 참조. Heinz Hamm: Symbol, in: *Ästhetische Grundbegriffe*, Bd. I, Stuttgart 2002, S. 805~808.
2 Goethe: *Maximen und Reflexionen*, in: HA 12, S. 471.
3 가령 독일어권에서 가장 표준적인 문학 용어 사전이라 할 수 있는 『메츨러 문학 용어 사전』에서는 상징을 '이념적인 내용에 감각적인 표현을 부여하기 위한 비유의 일종'이라 정의하고, 알레고리를 '추상적인 개념을 형상적 이미지로 표현하는 비유법'이라 정의하고 있는데, 나중에 살펴보겠지만 이러한 정의는 상징과 알레고리에 관한 괴테의 정의와 거의 일치한다. *Metzler Literatur Lexikon*, Stuttgart 1990, S. 9 f. u. 450 f.

상징론의 출발점과 고전주의 미학

괴테가 상징에 관해 처음으로 비교적 소상히 언급한 것은 1797년 8월 16일 쉴러에게 보낸 편지에서다. 이 편지에서 괴테는 상징적 표현에 적합한 대상을 가리켜 이렇게 말하고 있다.

(…) 제각기 다양한 특색을 지니면서도 다른 수많은 것들의 대표자로 존재하면서 모종의 총체성을 함축하고, 일련의 다른 대상들에 대한 사유를 촉진하며, 나의 정신 속에 그와 유사한 것이나 다른 것들에 대한 사유를 촉발함으로써, 현실과의 관계에서든 내면적으로든 모종의 통일성과 전일성을 추구하게 만드는 탁월한 사례들이지요.[4]

요컨대 예술 창작 과정에서 현실의 개별 사물을 다른 사물들과의 총체적 연관성 속에서 파악해야 하고, 주관적 경험의 제약을 극복하고 객관적 통일성을 추구해야 한다는 것이다. 이러한 생각은 청년기의 체험문학에서 두드러졌던 주관주의와 경험주의의 극복이 고전기의 괴테에게 새로운 관심사로 부상하고 있음을 시사한다. 실제로 이 편지 말미에서 괴테는 이전까지는 자신의 '천성'과 '직접적인 경험' 사이의 모순을 한번도 극복하지 못했으며, 그 모순을 풀지 못할 바에는 차라리 '난마처럼 얽힌 경험과 싸우느니 당장에라도 낙향하여 마음속으로 온갖 허깨비들을 불러내고 싶었던' 심정을 쉴러에게 '고백'하고 있다.[5] 여기서 괴테가 '천성'과 '경험' 사이의 모순이라고 말하는 것은 '시문학' Poesie 을 지향하는 마음과 그에 거슬리는 산문적 현실 사이의 대립과 긴장을 가리킨다. 그리고 그 양자 사이의 모순을 해소하지 못한 상태에서는 '난마처럼 얽힌 경험'에

---

[4] S. Seidel (Hg.): *Der Briefwechsel zwischen Schiller und Goethe*, Bd. 1, Leipzig 1984, S. 383 f.
[5] 같은 책. S. 385.

휘둘리는 경험주의적 편향이나 '마음속에 온갖 허깨비들을 불러내는' 자폐적 몽상에서 헤어나기 어렵다는 것을 우회적으로 술회하고 있다.

그런데 흥미로운 것은 괴테가 이전까지 한번도 해결하지 못한 이러한 모순을 처음으로 극복할 수 있도록 실마리를 제공했다고 고백하는 '상징적' 대상이 '그 자체로는 그다지 시적이지 않은 범용한 대상'임에도[6] '다른 수많은 것들의 대표자로서 총체성을 함축하고 모종의 통일성을 추구하게 만드는 탁월한 사례'라는 것이다. 괴테가 구체적 사례로 예시하는 것은 그의 조부 때부터 살아온 프랑크푸르트의 생가이다. 괴테의 설명에 따르면 그 주거공간은 한때 '프랑크푸르트의 옛 촌장'이 살던 편협하고 정적인 공간이었으나, 프랑스 혁명의 여파로 번진 독불전쟁의 와중에 폐허가 되었다가 다시 신축된 다른 수많은 건축물과 마찬가지로 이제는 활발한 '상거래와 교역의 거점'이자 '영리한 사업가들의 투자 대상'으로 바뀌었다는 것이다. 다시 말해 과거에는 바깥 세계와 격절되어 있던 주거공간이 이제는 현대적 대도시의 유기적 일부로 편입되어 주거공간의 안팎을 구획하던 경계도 허물어졌으며, 과거의 안온하고 정감 어린 사적 공간이 예외 없이 시대의 변화를 투영하는 공적 공간의 축도로 탈바꿈했다는 것이다. 그런 맥락에서 슐라퍼는 이 편지에서 괴테가 말하는 상징 개념이 오히려 노년기의 괴테 문학, 예컨대 『파우스트』 2부에서 두드러진 알레고리에 가깝다고 새롭게 해석한 바 있다.[7] 말하자면 괴테가 상징적 대상이라고 말하는 주거공간은 국제적 상업도시 프랑크푸르트의 자본주의적 변화를 대표적으로 보여주는 표본에 해당한다는 것이다. 나중에 다시 논의하겠지만, 괴테 자신이 특정한 개념으로 환원될 수 있는 표현 대상을 알레고리라고 지칭하기 때문에 슐라퍼의 이러한 해석은 일리가 있다. 그러나 괴테가 상징을 알레고리와 혼용하는 예는 찾아볼 수 없으며, 특히

---

6 같은 책, S. 383.
7 Vgl. Heinz Schlaffer: *Faust. Zweiter Teil. Die Allegorie des 19. Jahrhunderts*, Stuttgart 1981, S. 13~38.

상징이라고 할 때는 경험적 개별성을 넘어서는 총체성을 내포하되 결코 특정한 개념으로 환원될 수 없는 표현 대상의 고유한 독자성 또한 강조하기 때문에 이 편지의 문맥에서 괴테가 말하는 상징 개념을 알레고리 개념으로 치환하는 데는 상당한 무리가 따른다. 괴테가 상징적 대상의 사례로 언급한 그의 생가만 하더라도 사적 생활공간에까지 침투한 자본주의적 삶의 변화를 예시하는 표본인 것도 사실이지만, 그럼에도 그의 생가는 자본주의라는 거대 개념만으로는 설명될 수 없는 개인사와 가족사와 시대사를 아우르는 다양한 경험과 기억의 집적물이며, 괴테가 총체성을 상징 개념의 핵심으로 강조할 때는 그 총체성의 구성 요건으로 후자의 측면을 결코 간과할 수 없다.

다른 한편 이 편지의 문맥에서 괴테가 말하는 상징 개념은 엄밀히 말해 미적인 범주라기보다는 아직 현실 범주에 머물러 있다는 비판적 견해도 있다. 가령 여기서 상징 개념은 "예술 이전에 존재하는 실재를 전제하고 있다"[8]거나 "실재 자체가 이미 의미를 지니기 때문에 굳이 예술이 별도의 부가적 의미를 가질 필요도 없다"[9]고 보는 견해가 그러하다. 이미 살펴본 대로 괴테가 구체적 현실 대상을 사례로 들어 논의하는 만큼 미적 범주로서의 엄밀한 내포적 의미가 명확하게 드러나지 않는 것은 사실이다. 이 문제를 좀 더 분명히 해명하기 위해서는 같은 편지에서 괴테가 그러한 '상징적' 현실 대상을 일컬어 쉴러가 말하는 의미에서 '감상적인' sentimentalisch 문학의 '제재'라고 언급한 대목에 유의할 필요가 있다. 쉴러가 말하는 '소박'naiv 문학과 '감상' 문학을 '고대'Antik 문학과 '현대'Modern 문학의 변별로 이해하는[10] 괴테의 해석에 비추어 보면, '소박' 문학의 범주에 드는 '상징'은 고대 그리스 로마 문학의 전범이 보여주는

---

8 Hamm, 앞의 글, S. 807.
9 Manfred Titzmann: Allegorie und Symbol im Denksystem der Goethezeit, in: W. Haug (Hg.): *Formen und Funktion der Allegorie*, Stuttgart 1979, S. 658.
10 Vgl. Goethe: Shakespeare, verglichen mit den Alten und Neusten, in: HA 12, S. 291.

체험의 직접성 내지 구체적 감각성에 의존하지 않고 현대의 산문적인 삶의 조건에서 '그 자체로는 그다지 시적이지 않은' 대상에 대한 지적 성찰을 통해 구현되는 새로운 현대적 양식 내지 그 현대성을 가리킨다고 유추해볼 수 있다. 그렇다면 괴테가 말하는 '상징' 개념은 구체적 감각성을 배제한 이념적 지향성을 가리키는 것일까? 그러나 괴테는 창작 활동의 어느 시기에나 관념적 이상주의에 대해서는 늘 비판적 거리를 두었던 만큼, 구체적 감각성을 배제한 문학예술 양식을 옹호했다는 것은 괴테 문학의 기본 특성과 양립하기 어려운 가설이다. 오히려 그 반대로 괴테가 상징 개념을 통해 추구하는 것은 가다머가 올바르게 지적하듯이 "감각적 현상과 초감각적 의미의 합일"[11]이다. 그런 이유에서 괴테는 현실의 '상징적' 대상이 문학적 완성태의 표본이 아니라 하나의 '제재'일 뿐이라고 단서를 달고 있는 것이다. 다시 말해 괴테가 아직은 일종의 유비적類比的 개념으로 사용하고 있는 '상징'은 엄밀히 말해 '그 자체로는 그다지 시적이지 않은' 현실 대상의 소박한 모사를 통해 구현되는 것이 아니라, 그런 대상과의 고투를 통해 다시 구체적 감각성을 회복한 다른 차원의 시적 형식을 추구해야 한다는 지향성을 가리키는 것이다.

구체적 감각성의 회복이라는 문제는 보다 넓은 맥락에서 이탈리아 여행 이후 새로운 관심사로 떠오른 자연에 대한 성찰과 연관되어 있다. 앞에서 살펴본 편지 직후에 쓴 소논문 「조형예술의 대상에 관하여」1797에서 괴테는 "인간 정신이 가장 내밀하게 자연과 결합되어 온전한 형상으로 창조한 대상"을 '상징적 대상'이라 일컫고 있다.[12] 여기서 괴테가 강조하는 것은 자연의 소박한 외적·평면적 모방이 아니라 자연법칙과 인간정신의 통일을 통해서만 진정한 예술적 형상화에 이를 수 있다는 것이다. 자연을 예술의 준거로 삼는 이러한 예술관은 고전기 이래 괴테의 예

---

11 Hans-Georg Gadamer: *Wahrheit und Methode*, Tübingen 1990, S. 83.
12 Vgl. Goethe: Über die Gegenstände der bildenden Kunst, in: WA I, 47, S. 92.

술관에서 결정적 중요성을 갖는다. 「디드로의 회화론」1799에서도 괴테는 '자연에 내재하는 법칙성'의 예술적 형상화를 통해서만 진정한 '양식' 즉 상징적 형상화를 이룰 수 있다고 말한다.[13] 나중에 「잠언과 성찰」에서도 '숨겨져 있는 자연법칙의 발현'이 곧 '미'라고 정의하거니와,[14] 자연의 생성 원리를 예술 창작의 기본 모델로 설정하는 사유는 괴테의 예술관에 바탕이 된다. 괴테의 이러한 예술관은 고식적인 관습과 규범에 의존하는 예술 창작에 대한 비판이자 다른 한편 괴테 스스로 사상적으로 가장 깊은 감화를 받았다고 고백한 바 있는 스피노자의 영향을 강하게 암시하는 대목이다. 자연에 내재하는 — 일체의 종교적 도그마에서 벗어난 근본적인 의미에서 — '신성'의 발견 내지 발현이 곧 예술 본래의 창조성과 등치되고 있는 것이다. 여기서 말하는 자연이 인간 사회의 바깥에 외경外景으로 존재하는 좁은 의미의 자연이 아니라 인간을 그 일부로 포함하는 넓은 의미의 자연임은 물론이다.

다른 한편 괴테의 상징 개념은 예술의 자율성 문제와도 깊이 연관되어 있다. 괴테에 따르면 진정한 예술적 형상화로서의 상징은 표현 대상을 초월한 어떤 관념에 의탁하지도 않고 또 예술가의 주관성이 대상에 투사된 것도 아니며, 표현 대상 자체가 의미를 구현하는 방식으로 구체화된다. 그런 방식으로 형상화된 대상은 "완전히 자립적으로 존재하는 것처럼 보이면서도 이상적인 것을 지향하는 특성으로 인해 언제나 보편적인 것을 수반하면서 실로 심오한 의미를 드러낸다."[15] 이러한 생각은 고전주의 미학의 준거가 되는 자율성의 미학과 그 맥이 닿아 있다. 예컨대 동시대의 미학자 모리츠Karl Philipp Moritz 역시 이러한 자율성의 미학을 다음과 같이 명료하게 정의하고 있다. "진정한 아름다움은 어떤 사물이 순전히 스스로 의미를 드러내고, 자기 자신만을 가리키고, 자신의 내용을 표현하면

---

13 Vgl. Goethe: Diderot's Versuch über die Malerei, in: WA I, 45, S. 286.
14 Vgl. Goethe: *Maximen und Reflexionen*, in: HA 12, S. 467.
15 Vgl. Goethe: Über die Gegenstände der bildenden Kunst, in: WA I, 47, S. 93f.

서도 그 자체로 완결된 전체를 이룬다는 데 있다."[16] 과거와 달리 이제 예술은 종교나 철학 혹은 다른 어떤 가치 체계에 종속되거나 의존하지 않으면서 온전히 자립적으로 진·선·미의 통일체를 구현하는 것이다. 전통적인 가치 체계에서 그러한 통합적 인식이 신학이나 철학의 특권이었다면, 이제 예술 역시 진리의 '계시'에 동참하는 소명을 부여받게 된 것이다. 괴테는 '진정한 상징'을 '진정한 예술'과 동렬에 올려놓음으로써 상징이 단순히 표현의 형식적 요소나 스타일에만 해당되는 것이 아니라 예술적 성패 자체를 가늠하는 관건이 된다고 보고 있다. 이러한 자율성의 미학은 미적 표현을 통해 인간적 가치를 실현하고 인간적 완성을 추구하는 휴머니즘의 이상과 일맥상통한다.

상징의 옹호와 알레고리 비판

고전주의 시기 이후 괴테는 상징과 알레고리 개념을 좀 더 명확하게 규정하면서 상징을 진정한 예술적 형상화의 원리로 높이 평가하는 반면 알레고리는 자의적이고 관습적이고 도식적인 창작 방법이라고 부정적으로 평가한다. 괴테가 상징과 알레고리를 비교한 글 중에서 가장 널리 알려진 다음 구절에서 그런 생각의 배경을 엿볼 수 있다.

시인이 보편적인 것을 표현하기 위해 특수한 것을 찾아내는가 아니면 특수한 것 속에서 보편적인 것을 직관하는가 하는 것은 판이하게 다르다. 전자에서 알레고리가 생겨나는데, 그 경우 특수한 것은 단지 보편적인 것을 예시하는 사례나 표본으로서만 그 의미가 있다. 반면 후자의 경우는 본

---

16 다음에서 재인용. Bengt Algot Sørensen: *Allegorie und Symbol. Texte zur Theorie des dichterischen Bildes im 18. und frühen 19. Jahrhundert*, Frankfurt a. M. 1972, S. 115.

래 시문학의 본성이라 할 수 있는데, 시문학은 그 본성상 보편적인 것을 염두에 두거나 가리키지 않은 채 특수한 것을 표현하는 것이다. 바로 이 특수한 것을 생생하게 포착하는 시인이야말로 보편적인 것까지도 동시에 구현하거니와, 시인 자신은 그런 사실을 깨닫지 못하거나 나중에야 깨닫게 된다.[17]

상징과 알레고리를 '보편'과 '특수'의 관계로 일반화하는 이러한 설명에 따르면 우선 알레고리는 '보편적인 것을 예시하는 사례나 표본으로서만' 유효하기 때문에 문학적 형상으로서의 자족적 근거를 상실한다. 다시 말해 기성의 보편관념을 전달하는 수단에 불과하기 때문에 다른 무수한 '사례'들로 얼마든지 대체될 수 있고, 그런 점에서 문학적 표현 자체의 고유한 독자성을 상실하는 것이다. 따라서 이런 의미에서의 알레고리는 문학적 표현 이전에 존재하는 다른 어떤 관념의 의장儀章으로 떨어진다. 그에 비해 상징은 바로 '특수한 것' 자체에 즉하여 '보편적인 것'을 '직관'하게 한다. 여기서 괴테가 보편과 특수의 통합적 구현을 가능하게 하는 미적 지각의 고유한 원리로 상정하는 '직관'의 의미를 되새겨볼 필요가 있다. 미리 '보편적인 것을 염두에 두거나 가리키지 않은 채 특수한 것을 표현'하면서도 보편적 연관성을 내포한다는 것은, 작가 자신의 앎까지도 초극하는 어떤 경지의 표현이야말로 진정한 '시문학의 본성'임을 일깨워준다. 그리하여 작가 자신의 의식적 통제마저 벗어나, 생생한 특수성의 포착이 과연 보편을 담보할지는 작가 자신도 예단하지 못하는 상태에서, 보편과 특수를 아우르는 통합적 의미가 구현되어야 한다는 것이다. 요컨대 '보편'으로 공유되어온 기성 관념을 — 심지어 작가의 의도까지도 넘어서서 — 일거에 허물 수 있는 전복적인 잠재력을 내장할 때 비로소 '시문학의 본성'에 값하는 '상징'이 성립될 수 있다는 것이다.

---

17 Goethe: *Maximen und Reflexionenen*, HA 12, S. 467.

괴테가 상징 개념을 역시 보편과 특수의 맥락에서 언급하는 다음 글에서 '무궁무진한 탐구 대상의 생생하고 순간적인 발현'을 '진정한 상징'의 요건으로 강조하는 것도 그런 이유에서다.

특수한 것이 보편적인 것을 드러내되 보편적인 것에 관한 몽상이나 보편적인 것의 한낱 그림자로서 드러내는 것이 아니라, 온전히 탐구될 수 없는 대상의 생생하고 순간적인 발현을 통해서만 비로소 진정한 상징이 성립된다.[18]

특수한 것의 독자적 정립, 다시 말해 구체적이고 개별적인 일회적 표현을 통해 보편적인 것을 일거에 구현하는 상징적 상상력이 작가의 의식적 통제를 벗어나 있다고 해서 아무렇게나 자의적으로 — '보편적인 것에 관한 몽상이나 한낱 그림자로' — 실현될 수 있는 성질의 것이 아님을 엄정하게 분별하고, 그런 의미에서 온전한 앎을 추구하는 것도 의당 작가의 몫이다. 그러나 작가의 앎이 다시 창작의 지속적인 규제 원리로 타성화될 때는 문학의 본령에서 멀어진다는 뜻에서 '온전히 탐구될 수 없는 대상의 생생하고도 순간적인 발현'을 '진정한 상징'의 요건으로 강조하고 있다. 범박하게 말하자면 매너리즘을 경계하는 뜻으로 해석할 수도 있다. 그러나 여기서 말하는 '발현'Offenbarung은 서양의 지적 전통에서 원래 '종교적 계시'를 뜻한다는 사실을 상기하면 단지 매너리즘을 경계하는 이상의 무게를 실은 발언이라 하겠다. 종교적 '계시'에 담긴 뜻을 인간의 이성으로 온전히 파헤칠 수 없듯이, 상징을 통해 환기되는 이념 혹은 이데아는 따라서 '형상 속에서 언제나 무궁무진한 작용을 일으켜서 결코 그 궁극에 도달할 수 없'으며, 상징의 의미 작용은 특정한 의미내용으로 완결되는 것이 아니라 '설령 그 어떤 언어로 표현한다 하더라도 남김없

---

18 같은 책, S. 471.

이 표현될 수 없는 상태'로 구현된다.

상징은 현상을 이념(이데아)으로, 이념을 하나의 형상으로 변형하거니와, 그 과정에서 이념은 형상 속에서 언제나 무궁무진한 작용을 일으켜서 결코 그 궁극에 도달할 수 없으며, 설령 그 어떤 언어로 표현한다 하더라도 남김없이 표현될 수 없는 상태에 머물게 된다.[19]

이러한 생각은 언어 무용론이나 인식론적 불가지론을 말하려는 것이 아니라 진정한 문학적 표현은 단지 지시적 기능에 머물지 않고 특정한 의미내용으로 환원되지 않는 무한한 창조성을 추구한다는 것을 강조하기 위함이다. "예술은 말로는 표현할 수 없는 것의 매개자"[20]라고 하는 것도 그런 이유에서다. 그렇기 때문에 괴테가 말하는 보편과 특수의 관계를 "보편과 특수의 조화로운 균형 상태"[21]로만 이해하는 것도 사태를 단순화하는 일면적 해석이다. 흔히 고전주의의 미적 이상과 동일시되기도 하는 그러한 '조화로운 균형 상태'라는 것은 현실의 복잡다기한 모순을 걸러내고 승화시킨 정제된 상태, 즉 의미의 완결성을 가리키는 만큼 상징적 형상의 '무궁무진한 의미 작용'과 상충하기 때문이다. 그리고 위의 인용문에서 '상징'을 수사학적 전통의 연장선에 있는 Symbol 대신 보편적 총괄 개념인 Symbolik이라고 지칭하는 것도 후기 괴테의 상징 개념이 단지 표현 형식의 문제가 아니라 보편적인 문학 이념의 차원에서 사유되고 있음을 시사한다.

이처럼 괴테는 상징을 문학 본래의 창조성과 결부해 높이 평가하는 반면 알레고리는 기성 관념과 지식의 개념적 도해로 간주한다.

---

19 같은 책, S. 470.
20 같은 책, S. 468.
21 Sørensen: *Altersstil und Symboltheorie. Zum Problem des Symbols und der Allegorie bei Goethe*, in: *Goethe-Jahrbuch* (1977), S. 75.

알레고리는 현상을 하나의 개념으로 바꾸고 그 개념을 형상으로 바꾸는데, 그 과정에서 개념은 형상 속에서 언제나 제한된 채로 포착되기 때문에 남김없이 드러날 수 있으며 형상을 통해 온전히 표현될 수 있다.[22]

알레고리적 형상은 현실에서 추상된 개념의 '도해'라는 한계에 갇혀 있다. 알레고리적 형상 역시 그것이 문학적 형상인 한에는 감각적 구체성을 지니지만, 바로 그렇기 때문에 개념이 현실과의 관계에서 내포하는 다양한 함의는 감각적 구체성이 허용하는 범위 내로 제한될 수밖에 없다. 알레고리적 형상은 일견 그 지시 대상이 명확하고 의미가 명료해 보이지만, 그 명확성이 오히려 의미에 제한을 가하는 것이다. '개념은 형상 속에서 제한된 채로 포착되기 때문에 남김없이 드러날 수 있다'는 말의 역설이 뜻하는 바는 그것이다. 이처럼 예술가가 기성 관념으로 이미 습득하고 있는 어떤 내용을 단지 전달하기 위한 수단으로서의 알레고리는 당연히 기존의 예술 규범이나 관습에 의존할 수밖에 없기 때문에 새로운 예술적 형상화의 영역을 개척하지 못하고 기존의 것을 답습하는 데 그칠 우려가 크다. 따라서 기존의 표현 관습과 현실의 대상 사이의 유추를 통해 획득되는 알레고리는 당연히 자의적인 것이 될 수밖에 없다. 괴테가 알레고리적 예술을 '자의적인 것, 관습적인 것, 우발적인 것'이라고 비판하는 이유가 여기에 있다.

이처럼 문학적 형상의 풍부한 함의를 제한하고 개념의 예시에 그치는 알레고리는 예술가의 정신을 자족적인 폐쇄성 속에 가두어버리고 형상화 대상과의 생산적인 교섭을 가로막기 때문에 결과적으로 예술적 상상력을 제약한다.

오성과 기지와 세련된 기교를 통해 빛을 발하는 예술작품들도 있는

---

22 Goethe: 앞의 책, S. 471.

데, 그런 예술작품은 모두 알레고리적이라 할 수 있다. 그런 작품에서는 좀처럼 훌륭한 것을 기대하기 어려운데, 왜냐하면 (…) 그런 작품들은 표현의 흥미 자체를 파괴하고 정신을 자폐적으로 가두어서 실제로 표현되는 대상을 보지 못하게 정신의 눈을 가리기 때문이다.[23]

이 인용문은 알레고리에 대한 비판으로 서술된 맥락을 역으로 상징과 결부해 재구성할 때 온전히 이해될 수 있다. 여기서 '정신의 눈'은 (알레고리가 아닌) 제대로 된 예술작품에서라면 예술적 표현 대상과의 생산적인 교호 작용을 통해 예술적 창조성을 담보하는 미적 지각을 가리키는 것으로, 앞에서 상징의 핵심 범주로 언급된 '직관'에 상응하는 것이다. '정신'의 '눈'이라는 조어에서 알 수 있듯이 '직관'은 정신적인 것과 감각적인 것을 매개하는데, 여기서 '눈'으로 비유된 감각적 지각은 단지 정신적인 것의 보완물이 아니라 인간과 세계의 총체적인 소통을 가능케 하는 특권적 지위를 갖는다. 가령 『색채론』에서 괴테는 이렇게 말한다.

빛의 창조물인 눈은 빛 자체가 해낼 수 있는 모든 것을 할 수 있다. 빛은 가시적인 것을 눈에 제공하며, 눈은 자기가 본 것을 인간의 온몸에 제공한다. 귀는 말하지 못하고 입은 보지 못한다. 그러나 눈은 알아듣고, 말한다. 눈에서는 바깥으로부터 세계가 투영되고, 안으로부터는 인간이 투영된다. 안과 밖의 총체가 눈을 통해 완성된다.[24]

『색채론』의 문맥에서만 보면 시각이 다른 감각에 비해 특출하게 월등한 지각 능력을 지니고 있음을 강조하는 뜻으로 이해할 수 있지만, 일반화해보면 괴테의 문학예술론에서 감각적 지각이 얼마나 막대한 비중을

---

[23] Goethe: Über die Gegenstände der bildenden Kunst, in: WA I, 47, S. 93.
[24] Goethe: *Zur Farbenlehre*, HA 13, S. 642.

차지하는가를 가늠할 수 있는 대목이다. 괴테가 알레고리를 일관되게 비판하는 근본적인 동기의 하나도 총체적인 세계 인식을 매개하는 구체적인 감각성을 알레고리에서는 기대할 수 없다고 보기 때문이다.

맺는말

괴테의 상징론은 독일 고전주의 미학의 형성에 결정적인 역할을 하지만, 상징과 알레고리에 대한 괴테의 대조적 생각은 이미 그의 당대부터 엇갈리는 평가를 받아왔다. 가령 낭만주의 문학이론의 기수 슐레겔은 「시문학에 관한 대화」에서 "지고의 것은 다름 아니라 그것이 결코 표현될 수 없기 때문에 알레고리로밖에 말할 수 없다."[25]라고 함으로써 상징에 관한 괴테의 발언을 거꾸로 뒤집어서 알레고리에 적용한 바 있다. 그런가 하면 같은 글의 새 판본에서는 별다른 설명 없이 '알레고리'를 다시 '상징'으로 고쳐 쓰기도 했는데,[26] 괴테의 관점에서 보면 상징과 알레고리의 이러한 자의적 대체는 개념적 엄밀성을 결여한 것이라 할 수 있다. 그러나 일체의 형식 규범을 해체하고 이질적 형식들의 아라베스크적 혼용을 예술적 이상으로 표방한 초기 낭만주의 미학에 입각해서 보면, 괴테가 규정한 상징과 알레고리의 이분법 자체를 허물어뜨림으로써 고전주의 미학의 기본틀을 해체하려는 의도로 해석할 수 있다.

실제로 괴테가 규정한 상징과 알레고리의 엄격한 구분을 반증하는 강력한 논거는 다름 아닌 괴테 자신의 작품, 특히 후기 작품에서 찾아볼 수 있다. 슐라퍼가 설득력 있게 입증한 바 있듯이[27] 『파우스트』 2부는 알레고리의 관점에서 접근할 때만 적확하고 풍부한 이해가 가능하다. 다만,

---

25 Friedrich Schlegel: *Gespräch über die Poesie*, Padeborn 1985, S. 158.
26 F. Schlegel: 같은 곳, 주석 3.
27 Vgl. Schlaffer, 같은 곳.

이 경우에도 『파우스트』 2부의 알레고리가 과연 괴테 자신이 비판한 알레고리 개념과 일치하느냐 하는 문제는 쟁점으로 남는다. 앞에서 살펴본 괴테의 견해에 따르면 알레고리는 개념적 도식이나 이념 내용으로 명확하게 환원될 수 있는 특성을 지니지만, 『파우스트』 2부의 알레고리적 요소들은 거의 예외 없이 명확한 의미로 환원되지 않고 풍부한 다의성을 보여주기 때문이다. 가령 파우스트가 헬레네와의 사이에 낳은 아들 '오이포리온'을 단지 신화적 인물의 차용이라거나 낭만주의 예술을 가리키는 알레고리, 또는 터키의 침공에 맞서 그리스를 지키고자 출정했다가 객사한 영국 시인 '바이런'George Gordon Byron, 혹은 순전히 파우스트 자신의 환영의 산물 등 그 어느 쪽으로 해석하더라도 모두 일면적인 해석이 될 수밖에 없다. 요컨대 오이포리온 같은 문학적 형상은 괴테가 이론적 논의에서 규정한 알레고리 개념의 틀로는 적절히 설명되지 않는 다의성을 내포하고 있는 것이다.

『파우스트』 2부에 등장하는 이 새로운 유형의 알레고리는 괴테 이후의 문학 전통에서 다채롭게 변주된다. 가령 보들레르Charles Baudelaire의 대표적 시의 하나인 「백조」에 등장하는 '백조'의 경우가 그러하다.[28] 파리의 포장도로에서 우리 바깥으로 기어 나온 백조를 보면서 시의 화자는 가장 먼저 '안드로마케'를 떠올린다. 안드로마케는 트로이의 용장 헥토르의 아내로, 트로이 함락 후 적장 네오프톨레모스에게 끌려가 그의 아들 셋을 낳지만 끝까지 헥토르를 잊지 못하는 비운의 여인이다. 시의 화자는 원래 삶의 터전인 호수에서 잡혀 와 우리에 갇혔다가 그것으로도 모자라서 폭염이 이글거리는 대도시의 포장도로 위에 내버려진 백조의 모습에서 안드로마케의 비운을 떠올리는 것이다. 하지만 시의 후반부로 가면 그 안드로마케는 파리 빈민굴의 노파로, 또 파리의 우울한 산책자인 시인 자신의 모습으로 다양하게 변주되면서 복수複數화된다. 그런가 하면 이 시에

---

28 보들레르: 『악의 꽃』, 윤영애 옮김, 문학과지성사 2003, 218~221쪽 참조.

는 '빅토르 위고Victor Hugo에게' 바치는 헌사가 붙어 있기도 하다. 보들레르가 이 시를 쓰던 무렵 불순한 공화주의자로 낙인찍혀 외딴 섬으로 망명해 있던 위고 역시 시인에게 백조의 운명에 상응하는 교감을 불러일으키는 것이다. 『파우스트』 2부의 알레고리와 마찬가지로 상징주의자들이 즐겨 구사한 이러한 알레고리는 문학적 기호와 의미 사이에 일의적 연관성을 부여하는 방식으로는 삶의 복잡한 양상을 파악하기 힘든 현대로 올수록 오히려 생산적인 표현 수단이 된다. 괴테가 말한 알레고리 개념은 괴테 시대 이후 시대 환경의 변화에 따라 그 기능이 지속적으로 변환되었다고 할 수 있겠다.

알레고리가 이처럼 괴테 자신의 개념 정의를 넘어 다양한 형태로 변주되면서 생명을 지속한 것과 달리 괴테의 상징 개념은 고전주의 미학에 대한 평가와 부침을 같이하여 현대로 올수록 강력한 비판에 직면하게 된다. 괴테의 상징 개념은 칸트가 '윤리의 상징으로서의 아름다움'Schönheit als Symbol der Sittlichkeit을 정의한 것과 같은 맥락에서 진·선·미의 조화와 통일을 지향한다.[29] 그리고 이러한 상징론은 곧 인간의 조화로운 완성이라는 '교양'Bildung 이념을 근간으로 하는 고전주의 미학의 예술적 이상과 직결된다. 휴머니즘에 바탕을 둔 이러한 고전주의 예술관은 근대 시민사회의 형성 과정에서 인간 개개인의 자아 실현과 자유의 실현을 지고의 가치로 추구하던 시대정신의 산물이기도 하다. 그러나 윤리적·정치적 자율성의 실현을 가로막는 사회적 모순이 이전 시대와는 또 다른 차원에서 더욱 심화되는 현대 사회에서 과연 조화와 통일성을 지향하는 고전주의적 예술이상과 상징의 예술이 그 계몽적 효용을 발휘할 수 있는가 하는 문제가 제기된다. 그런 이유에서 벤야민은 괴테의 상징 개념이 현대적 삶의 조건에서는 "총체성이라는 거짓된 가상"der falsche Schein der Totalität[30]

---

29 Vgl. Immanuel Kant: *Kritik der Urteilskraft*, Hamburg 1974, S. 211~215.
30 Walter Benjamin: *Ursprung des deutschen Trauerspiels*, in: *Gesammelte Schriften*, Bd. I-1, Frankfurt a. M. 1991, S. 352.

을 통해 야만적 현실을 은폐하고 '교양'의 허위의식을 조장하는 결과를 초래한다고 보았다. 그와 달리 루카치는 후기 미학에서 괴테의 상징 개념이 현대적 삶의 조건에서도 현실을 총체적으로 인식하고 전형을 창조할 수 있는 유력한 수단이라고 높이 평가하는 반면 알레고리는 아방가르드 예술의 해체주의적 경향에 부합하는 예술 형식이라고 부정적으로 평가하고 있다.[31] 벤야민이 유기적 역사발전론 내지 역사주의를 비판하는 관점에서 그의 당대 현실을 비관적으로 인식하면서 아방가르드 조류에서 새로운 예술의 가능성을 찾으려 했다면, 그와 달리 일관되게 리얼리즘 미학을 견지한 루카치는 괴테의 상징 개념에서 그의 리얼리즘론에서 핵심 범주의 하나인 전형성 개념을 도출하고 있는 것이다. 이처럼 벤야민과 루카치가 괴테의 상징 개념에 대해 상반된 평가를 내리고는 있지만, 양자 모두 괴테의 상징 개념을 현대적 상황에서 재해석하고 특히 세계관의 문제와 결부하고 있다는 것을 알 수 있다.

그런 이유에서 전통적인 문예학의 입장을 고수하는 개념 서술에서는 세계관과 이념의 과부하가 걸린 상징 개념 자체를 부정하고 철저하게 예술적 표현 형식 내지 수사학의 문제로 논의를 제한할 것을 제안한다. 가령 코베는 상징 개념이 주로 '기호의 차원을 초월한' para-semiotisch 맥락에서 논의된 결과 세계관 논쟁으로 편향된 문제점을 지적하면서 상징이 '은유'나 '환유' 등의 표현 형식으로 어떻게 구체화되는가 하는 유형학적 분류로 논의 방향을 돌리고 있다.[32] 이러한 지적은 상징론을 지나치게 세계관의 문제로 끌고 간 편향을 수정할 필요가 있다는 점에서는 유의할 필요가 있다. 그러나 상징을 '기호'의 차원으로만 좁혀서 해석하는 것도 반대의 편향에 치우치는 결과를 가져올 수밖에 없다. 지금까지 살펴보았듯이 상징과 알레고리에 대한 괴테의 생각은 그의 시대가 요구하는 문학예

---

31 Vgl. György Lukács: *Die Eigenart des Ästhetischen II*, Neuwied u. Berlin 1963, S. 769 ff.
32 Peter Kobbe: Symbol, in: *Reallexikon der deutschen Literaturgeschichte*, Berlin 1984, S. 310.

술의 새로운 형식에 대한 치열한 고민의 소산이며, 따라서 상징과 알레고리 개념에 괴테 당대의 사회역사적 맥락과 무관한 형식의 문제로만 접근할 때는 시대착오적인 공론에 그칠 우려가 크다 하겠다. 문학예술 작품을 특정한 세계관의 표현으로만 이해하거나 특정한 예술 형식의 구현으로 환원하는 것은 똑같이 편향된 해석이며, 상징과 알레고리에 대한 괴테의 생각 역시 양자를 동시에 고려하는 균형 있는 시각에서만 제대로 이해할 수 있을 것이다.

(2008년)

쉴러의 미적 교육론과 예술의 자율성 문제

이성적 공동체를 위한 미적 교육의 과제

독일 문학사에서 프리드리히 쉴러Friedrich Schiller, 1759~1805의 미적 교육론은 바이마르 고전주의 문학 이념의 핵심을 담고 있다고 평가된다. 독일 고전주의가 추구하는 문학 이념의 핵심은 '교양'Bildung의 이상으로 집약될 수 있다. Bildung은 좁은 의미로는 '교육'으로 번역되기도 하지만, 독일 고전주의 문학의 궁극적 이념적 목표로 설정되는 Bildung 개념은 인간이 타고난 소양과 능력을 조화롭게 발전시켜서 전인적 인격체로 도야해야 한다는 인본주의적 이상을 가리킨다. 원래 18세기 이전까지 Bildung 개념은 기독교 신학의 맥락에서 '신을 닮은 형상'으로 창조된 인간이 신으로부터 부여받은 소명을 완수해야 한다는 뜻으로 사용되었다. 그러나 18세기에 들어와서 이 개념은 인간성Humanität의 온전한 함양과 완성을 추구하는 '인간학적 전환'을 거친다. 헤르더는 그런 맥락에서 '이성과 자유, 섬세한 감성과 충동을 추구하는 인간의 고결한 교양'을 휴머니티의 이상으로 제시했다.[1] 쉴러는 당대 현실에 대한 비판적 인식을 바탕으로 '미적 교육'ästhetische Erziehung을 온전한 인간성의 함양을 위한 교양의 핵심 목표로 제시함으로써 독일 고전주의의 예술적 강령과 교양 이

---

1 임홍배: 『독일 고전주의』, 연세대학교 출판문화원 2016, 56쪽 참조.

념을 결합했다. 인간다운 인간성의 완성이 미적 교육을 통해서만 온전히 실현될 수 있다는 생각은 결국 예술의 자율성 문제와 직결된다. 예술의 자율성이 단순히 현실에 초연한 이른바 순수예술의 추구를 뜻하는 것이 아니라 현실의 모순을 극복하는 과제에 부응하는 것이라면 그것은 비인간적 현실의 극복을 통해서만 실현될 수 있을 인간성의 추구와 합치되는 것이기 때문이다.

이 글에서는 먼저 쉴러가 미적 교육론을 제기하는 시대적 배경과 미적 교육론의 개요를 살펴본 다음, 여기에 함축된 예술의 자율성 문제를 검토하고자 한다. 이어서 '숭고'에 관한 논의를 덧붙인 것은 쉴러 자신이 미적 교육론을 보완하는 후속편의 형태로 숭고의 문제를 다루었기 때문이기도 하지만, 미적 교육론에서 논의되는 고전적 의미에서의 '아름다움'과는 차원을 달리하는 숭고의 체험을 통해 예술의 자율성 문제가 상당히 다른 방향으로 굴절되는 것으로 보이기 때문이다.

비판적 시대 인식

쉴러는 『인간의 미적 교육을 위한 서한』[2]의 서두에서 "예술작품 가운데 가장 완전한 예술작품, 즉 진정한 정치적 자유를 구축하는 일"(『서한』, 34)이 당대 학자들 사이에 초미의 관심사로 부각되는 상황에서 '아름다움'에 관한 논의를 개진하는 것이 과연 '시대적 흐름에서 벗어나는 일'은 아닐까 하고 의문을 제기한다. 그리고 스스로 답하기를 "현실에서 정치적인 문제를 해결하기 위해서는 미적인 길을 선택해야 한다."는 확신을 표명하며, 이어서 "자유에 이르는 길은 바로 아름다움을 통해서만 가능하

---

2 앞으로 인용은 다음 번역본에 따르며 『서한』으로 줄이고 쪽수를 표기함. 『인간의 미적 교육을 위한 서한』, 윤선구 외 옮김, 대화문화아카데미 2015.

기 때문"(『서한』, 37)이라고 그 이유를 밝힌다. 『서한』의 핵심 논지를 미리 밝히는 쉴러의 이러한 발언은 『서한』이 프랑스 혁명 발발 직후 집필되었다는 시대적 배경에 비추어 이해할 필요가 있다. 애초에 쉴러는 프랑스 혁명이 표방한 자유·평등·박애의 이념 자체에 적극적으로 공감했다. 그러나 혁명이 유혈 공포정치의 국면으로 접어들고 특히 1793년 루이 14세가 처형된 이후에는 혁명의 폭력성에 단호한 비판적 입장을 취했다. 이 책에서도 그러한 비판적 입장이 다음과 같이 표현된다.

> 인간은 자기들이 생각하기에 부당하게 거부된 것을 폭력으로 취득하려고 여기저기서 봉기하고 있습니다.(『서한』, 54)
> 수적으로 더 많은 하위 계층에서는 시민적 질서의 속박에서 풀려나고 통제할 수 없는 분노를 가지고 그들의 동물적인 충족을 향해 달려가는 거칠고 무법적인 충동이 나타나고 있습니다.(『서한』, 55)

이러한 시대사적 맥락에서 보면 정치적인 문제의 해결을 위해 미적인 길을 택해야 하고 또 아름다움을 통해서만 자유에 이르는 길이 열릴 수 있다는 주장은 곧 프랑스 혁명 같은 폭력적 혁명을 우회하는 대안적 가능성으로서 미적 교육을 통해 '진정한 정치적 자유'의 가능성을 모색하는 것이 이 책의 기본 구상임을 밝히는 것이라 할 수 있다.

위의 인용문에서 쉴러는 '하위 계층'이 '무법적인 충동'의 '동물적 충족'을 '폭력'으로 분출하고 있다고 비판하는데, 이처럼 자연적 욕구의 충족을 위해 힘이 지배하고 힘과 힘이 충돌하는 정치적 결사와 국가 형태를 '자연국가'Naturstaat라는 개념으로 일반화한다. 넓게 보면 구체제하의 봉건절대왕정 역시 왕의 권리를 '자연적으로 타고난' 권리로 당연시한 점에서는 자연국가라 할 수 있다. 그리고 그러한 왕권을 무너뜨리려는 혁명적 봉기 역시 '폭력'에 의한 권력 찬탈을 추구하는 점에서는 여전히 자연국가의 틀 안에 갇혀 있다고 진단하는 셈이다. 이와 달리 이성의 정당한 입법에 의해 세워지는 국가를 쉴러는 '도덕국가'Moralstaat라 일컫는데, 그러한 도덕국가 역시 당대 현실에서는 실현될 수 없는 요원한 이상에 불과하다고 보는 것이 그의 냉철한 현실 인식이다. 그러한 비판적 진단의 근거로 쉴러는 계몽을 표방하면서도 '모든 것을 분리하는 오성'의 역기능, 그러한 분리의 원칙에 길들여진 인간의 내적 분열과 파편화, 국가라는 '기계장치'의 '부품'으로 전락한 인간과 국가 공동체 사이의 소외 등을 꼽는다.

쉴러에 따르면 현대인에게 개인의 삶의 형식을 부여하는 것은 모든 것을 분리하는 오성이며, 그러한 오성의 계몽은 인간의 본성까지도 '감정'과 '원칙'의 배타적 대립 관계로 분열시킨다.

> 인간은 두 가지 방식으로 자기 자신과 대립할 수 있습니다. 감정이 원칙을 지배하는 미개인Wilder이거나, 또는 원칙이 감정을 파괴하는 야만인Barbar입니다. 미개인은 예술을 경멸하고 자연을 자신의 무한한 명령자로 인식합니다. 야만인은 자연을 조롱하고 경멸하지만, 미개인보다 더 경멸스럽게 '자기 노예의 노예'가 됩니다.(『서한』, 52)

여기서 '감정'은 인간의 자연적 본능과 욕구를 가리키고 '원칙'은 이성적 인식 능력과 도덕적 판단력을 포괄하는 것으로 이해할 수 있다. 그런데 이성과 도덕을 앞세워서 인간의 자연적 본능과 욕구를 무시할 때 본능에만 충실한 미개인보다 더 경멸스럽게 '자기 노예의 노예'가 된다는 말은 두 가지 의미를 함축하는 것으로 보인다. 첫째, 인간의 자연적 본능과 욕구를 이성과 도덕으로 쉽게 제어할 수 있는 것으로 너무 얕잡아 보고 과도한 자만에 빠진다는 것이다. 그럴 때 오히려 이성과 도덕이 인간의 뿌리 깊은 본능과 욕구에 쉽사리 굴복하는 결과가 초래될 수 있다는 것은 개인사와 역사에서 실감할 수 있다. 앞에서 언급한 프랑스 혁명의 맥락에서 보자면 극단적 도덕주의를 표방한 공포정치의 잔혹한 폭력은 맹목적 권력욕이 도덕을 집어삼킨 것이라 할 수 있다. 둘째, 인간은 아직 이성과 도덕의 '주인'이 될 만큼 성숙하지 못했고 이성과 도덕을 무조건 맹신하는 '노예 상태'에 있다는 것이다. 그렇기 때문에 이성과 도덕의 이름으로 본능적 감정을 '조롱'하고 '경멸'하지만, 그것은 곧 자신의 본성을 억압하여 자기 분열을 초래하는 것일 뿐이다. 이성과 도덕에 대한 자만과 맹신은 결국 이성과 도덕의 무기력을 스스로 드러냄으로써 이성과 도덕에 대한 불신을 자초한다. 그래서 쉴러는 그런 편협한 '오성의 계몽'이 '그 준칙을 통해 오히려 타락을 더 확고하게 만든다고 생각될 정도로' 무기력하다고 본다.

세련된 신분 계층이 정당한 근거를 가지고 뽐내는 오성의 계몽은, 그것이 오히려 준칙을 통해 타락을 더 확고하게 만든다고 생각될 정도로 전체적으로는 인간의 성향에 고상한 영향을 거의 미치지 못합니다.(『서한』, 57)

'오성의 계몽'에 대한 쉴러의 비판은 인간을 '부품 조각'으로 파편화하는 국가조직 자체에 대한 비판으로 이어진다.

국가라는 시계장치는 생명력이 없는 수많은 부분들을 모아 붙여서 하나의 기계적 생명으로 만들어진 것입니다. 지금은 국가와 교회가, 법과 관습들이 각각 분리되었습니다. 그리고 노동으로부터 즐거움이, 목적으로부터 수단이, 보상으로부터 노력이 분리되었습니다. 인간은 끊임없이 전체의 하나인 작은 개별적인 부품 조각에만 얽매여 자기 스스로를 오로지 부품 조각으로 만들어가고 있습니다. 그는 영원히 자기가 돌리는 바퀴의 단조로운 소음만 들으면서 결코 자기 본성의 조화를 발전시키지 못합니다. (『서한』, 65~66)

쉴러의 이러한 비판은 그의 당대의 봉건국가보다는 오히려 다음 세기에 체계화되는 근대국가의 위계적 권력 구조와 관료 체제에 해당한다고 볼 수 있다. 그리고 '노동으로부터 즐거움이 분리'되고 인간이 거대한 기계장치의 부품으로 전락하는 현상도 본격적인 산업사회의 노동 분업과 소외 현상에 더 적중하는 진단이라 할 수 있다. 쉴러가 말하려는 핵심은 이와 같이 '생명이 없는 기계'의 삶에서는 '인간 본성의 조화'를 상실할 수밖에 없다는 것이다. 이렇듯 인간의 본성이 내적으로 분열되고 국가의 외적 강제에 의해 억압당하는 '이중의 폭력' 상태는 개개인의 불행을 초래하고 국가의 발전도 저해한다. "개인의 본성이 이렇게 파편화될 때 개인이 행복해질 수 없는 것은 물론이고 전체 역시 다른 어떤 방식으로도 발전할 수 없다."(『서한』, 70) 그렇다면 인간 본성의 조화로운 발전을 통해 보다 온전한 인간성을 구현하고 개인과 공동체의 유기적인 결합을 가능하게 하는 길은 무엇인가? 이 책의 서두에서 이미 쉴러는 그것이 오직 아름다움을 통해서만 가능하다고 선언했거니와, 그러한 미적 교육의 경로를 더 구체화하여 소재충동Stofftrieb과 형식충동Formtrieb, 그리고 양자의 조화로운 상호작용을 가능케 하는 유희충동Spieltrieb이라는 개념으로 설명한다.

미적 교육론의 개요

소재충동, 형식충동, 유희충동

쉴러가 말하는 소재충동이란 인간이 바깥 세계의 다양한 대상들을 받아들여서 자신을 풍요롭게 하고 부단한 변화를 추구하려는 욕구로서, 인간의 감각적 본성에서 유래하기 때문에 '감각충동'이라 일컫기도 한다. 그런 의미에서 소재충동은 감수성Empfänglichkeit 또는 수용 능력empfangendes Vermögen과 등치된다. 그 반면 형식충동이란 인간이 소재충동에 의해 받아들인 다양한 경험의 질료에 일관된 형식과 통일성을 부여하고, 그럼으로써 인격의 지속성을 가능하게 하는 충동으로서, 인간의 이성적 본성에서 유래하는 것이다. 소재충동이 수용 능력이라면 형식충동은 규정 능력 bestimmendes Vermögen이다. 양자의 고유한 기능과 상관성을 쉴러는 다음과 같이 설명한다.

> 감수성이 민감할수록, 감수성이 유연할수록, 그리고 감수성이 현상과 더 많이 접촉할수록 인간은 세계를 더 많이 **포괄하고** 자기 안에서 소질을 더 많이 발전시키게 됩니다. 인격성이 힘과 깊이를 더 많이 획득할수록, 이성이 더 많은 자유를 획득할수록 인간은 세계를 더 많이 **파악하고** 자기 밖에서 형식을 더 많이 창조합니다. 그러므로 인간 문화의 본령은 다음과 같은 점에 있습니다. 첫째는 수용 능력이 세계와 가장 많이 접촉할 수 있도록 해주고 감정의 영역에서 수용성을 최고 수준으로 끌어올리는 것입니다. 둘째는 규정 능력이 수용 능력으로부터 최고의 독립성을 획득하도록 해주고, 이성의 영역에서 능동성을 최고 수준으로 끌어올리는 것입니다. 두 특성이 합치되면 인간은 최고의 자립성과 자유를 존재의 최고의 풍요로움과 결합시킵니다. 그리고 인간은 세계에 몰입하여 자신을 잃어버리지 않고, 오히려 무한한 현상들의 세계를 자신 안으로 끌어와서 이성의 통일성에 종속시킵니다.(『서한』, 120)〔원문 강조〕

요컨대 섬세한 감수성을 통해 세계의 풍요로움을 수용하되 그렇게 집적된 질료에 일정한 형식을 부여하여 인격의 통일성과 자립성을 구축해야 한다는 것이다. 그런데 소재충동과 형식충동은 인간의 감각적 본성과 이성적 본성에서 유래하기 때문에 양자는 충돌할 수도 있고 어느 한쪽이 다른 한쪽을 일방적으로 종속시킬 수도 있다. 소재충동이 과도한 우위를 점하면 '세계에 몰입하여 자신을 잃어버릴' 위험이 따르고, 형식충동이 소재충동을 억압하면 자아와 세계가 단절되고 인격은 풍요로움을 결여한 공허함에 빠질 위험에 처한다. 쉴러는 소재충동과 형식충동의 충돌을 극복하고 양자의 생산적인 상호작용을 가능하게 하는 것은 "인간이 자기 존재의 완성을 통해서만 온전히 해결할 수 있는 이성의 과제"(『서한』, 125)라고 보며, 그것은 곧 '인간성의 이념'과 동일한 것이라고 말한다. 그리고 그러한 과제는 "인간이 시간의 흐름 속에서 점점 더 다가갈 수는 있지만 결코 도달할 수는 없는 무한한 것"이라 일컫는다. 다시 말해 소재충동과 형식충동, 감성과 이성의 조화와 통일을 통해 인간이 '인간성의 이념'에 따라 자기 완성에 도달하는 것이 미적 교육의 궁극적 이상으로 설정되는 것이다.

그렇지만 이러한 언술은 감성과 이성의 통일을 '이념적' 목표 내지 이상으로 설정하고는 있지만 감성과 이성의 상호매개가 과연 어떻게 가능한가에 관해서는 충분한 설명이 되지 못한다. 그래서 쉴러는 양자의 교호작용을 가능하게 하는 '제3의 근본충동'으로 '유희충동' 개념을 도입한다. 유희충동은 소재충동과 형식충동 어느 한쪽의 일방적 강제성을 지양하고 양자의 유기적인 상호작용을 가능하게 하는 것으로, 쉴러는 그런 의미에서 유희충동의 대상을 "가장 넓은 의미에서의 아름다움"(『서한』, 132) 또는 "인간성의 총화로서 나타나는 아름다움"(『서한』, 134)이라 일컫는다. 여기서 말하는 '아름다움'이란 곧 예술작품에 구현된 아름다움이다. 따라서 미적 교육의 관점에서 바꾸어 말하면 '인간성의 총화'를 '아름다움'으로 구현한 예술작품이 그 수용자에게 이성과 감성의 궁극적인 조화와 통일을 환기해주는 심미적 체험의 과정이 곧 미적 교육에 해당된다고 볼 수 있다. 이성과 감성의 온전한 조화를 구현한 아름다움의 경험을 통해 인간은 이성과 감성의 일방적 지배에서 벗어나 온전한 인간성에 다가가는 '자기 존재의 완성'을 경험하는 것이다. 그것을 가능하게 하는 것이 곧 유희충동이므로 "인간은 완전한 의미에서 인간인 경우에만 유희하고, 인간은 유희하는 경우에만 완전한 인간"(『서한』, 138)이 된다.

미적 가상과 미적 국가

『서한』의 마지막 부분에서 쉴러는 유희충동을 활성화하는 미적 체험의 대상으로 '미적 가상'ästhetischer Schein을 다루고 있다. 일반적으로 말하면 미적 가상이란 예술작품을 현실과 구분하는 범주인데, 쉴러는 미적 가상의 고유한 특성을 현실과의 관계에서 두 가지로 설명한다. 첫째, 미적 가상은 현실적 요구와는 무관하다는 의미에서 '정직한' 가상이어야 한다는 것이다. 다시 말해 미적 가상이 현실적 이해관계를 관철하기 위한 수단이 되거나 현실을 대체하려고 할 때는 "물질적 목적을 위한 저급한 수단이 되어버리며 정신의 자유를 증명할 수 없"다는 것이다.(『서한』, 235) 둘째, 미적 가상은 현실로부터 어떤 도움도 받지 않는다는 의미에서 '자립성'을 확보할 때만 성립된다. 이것은 예술작품의 아름다움이 어떤 현실적 대상에 의존할 때는 고유한 미적 가치를 상실하거나 훼손한다는 뜻으로 이해할 수 있다. 예컨대 「모나리자」의 아름다움은 그 실제 모델이 되는 어떤 여성의 아름다움에 의해 설명될 수 없는 고유한 미적 가치를 갖고 있는 것이다. 이처럼 순수하고도 자립적인 미적 가상을 그 자체로 즐길 수 있는 '높은 수준의 미적 문화'가 형성된 '개인과 민족'의 공동체 안에서 미적 가상이 발휘하는 교육적 효과를 쉴러는 다음과 같이 말한다.

> 그곳에서는 사람들이 이상을 지배하고 현실적 삶을 지배하며, 명예가 소유에 대하여, 사상이 향락에 대하여, 불멸의 꿈이 존재에 대하여 승리할 것입니다. 또 그곳에서는 공공의 의견이 가장 두려운 것이 될 것이며, 월계관이 제왕의 용포보다 더 명예로운 것이 될 것입니다.(『서한』, 236)

앞에서 언급한 대로 미적 가상의 '순수성'은 현실적 이해관계와 사사로운 욕구를 초극해야 한다는 것이다. 그리고 미적 가상의 '자립성'은 예술작품이 현실의 단순 모방이나 장식물이 되어서는 안 된다는 의미를 함축한다. 따라서 그런 의미에서 미적 가상을 향유할 능력을 가진 사람은 당연히 현실의 권위나 권력에 의존하지 않고 정신적 자유와 이상을 추구할 것이다. 그리고 자신의 사적인 이해관계를 넘어서 다수의 공정한 판단('명예')을 중시하므로 그런 인성을 갖춘 개인들로 구성된 공동체에서는 권력자의 전횡이 득세하기보다는 '공공의 의견이 가장 두려운 것'이 될 것이다. 여기서 "이성에 의해 이념적으로 구성된 국가는 더 나은 인간성의 기초를 다져줄 수 없으며, 오히려 국가가 더 나은 인간성의 기초 위에 세워져야"(『서한』, 75) 한다고 말한 참뜻이 분명히 드러난다. '이성에 의해 이념적으로 구성된 국가'는 이미 살펴본 대로 인간의 본성을 억압하고 심지어 인간을 '기계장치의 부품'으로 격하하는 폭력성을 띤다. 그 반면 미적 교육을 통해 감각적 욕구와 이성의 대립을 극복하고 온전한 인격을 함양한 개인들로 구성된 공동체만이 앞의 인용문에서 말하는 이상적 공동체가 되는 것이다.

그런 이상적 공동체를 쉴러는 '미적 국가'라 일컫는다. '자연국가'에서는 인간 대 인간의 관계가 오로지 본능적 욕구와 힘의 충돌로 나타나며, 이성의 원칙 위에 세워진 '도덕국가'는 '법칙'의 권위로 인간의 자유의지를 구속하는 한계를 갖는다. 이와 달리 '미적 국가'에서는 "미적인 형성충동Bildungstrieb 인간을 모든 상황의 구속으로부터 벗어나게 해주고, 물리적으로나 도덕적으로 강제라고 할 만한 모든 것으로부터 해방해"(『서한』, 250) 준다. 미적 국가에서는 인간이 '자유로운 유희의 대상'으로만 서로 마주하며, "자유를 통해서 자유를 주는 것이 이 왕국의 기본 법칙"(『서한』, 251)이 된다는 것이다. 미적 교육을 통해 온전한 인간성을 함양한 개인의 본성을 발현하는 것이 곧 공동체 전체의 의사를 실현하는 것과 합치하기 때문이다. 인간이 내적으로나 외적으로 일체의 강제와 구속으로부터 벗어나고 공동체 구성원들이 서로에게 '자유를 통해 자유를 주는' 이상적 공동체를 일구는 것이 곧 쉴러가 미적 교육을 통해 추구하는 인간성의 함양과 인격의 완성, 즉 교양의 궁극 목표라 할 수 있다.

『서한』을 마무리하면서 쉴러는 미적 국가에서는 '몽상가들이 꿈꾸던 평등의 이상'이 실현된다고 말한다.

미적인 국가에서는 모든 것이, 사용하던 도구조차도 가장 고귀한 존재와 동일한 권리를 갖는 자유로운 시민이 됩니다. 또 늘 인내하는 대중을 강제적으로 자신의 목적 아래 굴복시키던 오성은 이제 대중이 동의하는지 그들의 의견을 물어보아야 합니다. 여기 미적 가상의 왕국에서는 사실상 몽상가들이 꿈꾸던 평등의 이상이 실현됩니다.(『서한』, 256)

인간들 사이의 억압적 위계뿐 아니라 인간과 사물 사이의 위계마저 초극하여 인간과 사물이 '자유로운 시민'으로 어우러져 공존하는 이러한 절대적 평등의 이상은 현실적 준거와는 동떨어진 '순수한 유토피아'의 인상을 주는 것이 사실이다.[3] 쉴러 자신도 그러한 미적 국가는 '섬세한 영혼'이나 극소수의 '순수한 교회나 순수한 공화국' 안에서만 찾아볼 수 있다고 말한다. 하지만 쉴러의 미적 교육론은 그 궁극적 이상이 얼마나 현실과 합치하느냐 여부로는 섣불리 평가할 수 없는 중요한 문제의식을 내포하고 있다. 쉴러가 예리한 직관으로 통찰한 인간의 내적 분열과 파편화, 그로 인한 인간성의 상실, 그리고 억압적 국가 체제, 자본주의 생산체제에서 인간의 소외 문제 등은 19세기의 본격적인 근대화를 거쳐 현대 사회로 올수록 더욱 심각한 문제로 대두하기 때문이다.

예술의 자율성 혹은 자유의 유토피아

쉴러에게 미적 교육의 프로그램은 사회를 구성하는 개개인이 내적 분열

---

[3] Ursula Franke: ästhetische Bildung/Erziehung, in: *Ästhetische Grundbegriffe*, Bd. 1, Stuttgart 2000, S. 715.

과 소외 상태를 극복하고 온전한 인간으로 성숙해야만 비로소 사회 전체의 바람직한 변화가 가능하다는 전제에서 출발하며, 오직 예술만이 인간을 도구화하는 '야만적 국가 제도'의 영향에서 벗어날 수 있는 모종의 잠재력을 내장하고 있다고 본다.

> 정치의 영역에서 모든 개선은 인간의 성품을 고귀하게 만드는 일로부터 시작해야 합니다. 그런데 야만적인 국가 제도의 영향 아래 어떻게 인간의 성품이 고귀해질 수 있겠습니까? 따라서 이러한 목적을 위해서는 국가가 만들어내지 않은 다른 어떤 수단을 찾아야 하고, 온갖 정치적 타락에도 불구하고 깨끗하고 순수하게 보존되어 있는 원천을 찾아야 합니다. (…) 이 수단은 바로 아름다운 예술이고, 원천은 불멸하는 예술의 본보기들 속에서 열리게 됩니다.(『서한』, 85~86)

이미 살펴보았듯이 국가를 정점으로 하는 억압적 사회구조가 인간을 도구화한다면, 목적에 의해 모든 것이 정당화되는 도구적 합리성을 극복하는 것이 곧 미적 교육의 목표가 된다. 그런 점에서 미적 교육의 과제는 인간 자체를 궁극의 목적으로 존중함으로써 인간 개개인이 자율적 주체로 바로 서게 해야 한다는 윤리적 요청에 상응한다. 그렇다면 예술을 통한 미적 교육은 과연 어떻게 그러한 자율성의 이상을 구현하는 데 기여할 수 있는가. 이에 대해 쉴러는 예술의 고유한 특성으로 인간의 감각적 본성과 이성적·윤리적 요구를 조화시키는 매개적 성격에 주목하는 한편, 특히 예술과 현실의 관계에서 예술의 자율성을 강조한다.

쉴러가 예술의 매개적 성격에 주목하는 것은 사회의 대립적 분화와 인간 소외에 대한 비판적 문제의식의 소산이라 할 수 있다. 그에 따르면 인간의 의식 활동에서 미적 체험이 아닌 다른 모든 인식 형태나 가치판단은 총체적 인격체로서의 인간에 호소하는 것이 아니라 인간의 특정한 능력에만 관계하며, 그런 점에서 인간을 기능적으로 분열시켜 도구화하는 억압적 사회구조의 재생산 과정과 맞물려 있다. 예컨대 그 자체로는 보편타당한 도덕규범이나 이성의 법칙도 그것이 인간의 자연적 본능과 충돌하는 한에는 어디까지나 외적 강제로 작용하며, 그러한 규범과 법칙의 관철을 통해 유지되는 공동체는 그 구성원에게 타율을 강제하는 억압기구가 된다. 그처럼 구성원 개개인의 자율과 자발적 동의에 근거하지 않은 공동체는 언제나 내적 분열과 갈등의 요인을 안고 있게 마련이다. 그 반면 인간 본성의 감각적 측면이나 정신적 측면에만 배타적으로 작용하는 것이 아니라 양자의 조화를 추구하는 미적 교육은 공동체를 구성하는 개개인 속에 조화를 실현함으로써 결과적으로 사회 전체의 유기적 결속에 기여한다. 자연적 본능과 이성적 요구의 갈등을 지양하여 인간을 통일된 인격체로 완성하는 것이 미적 교육의 목표라면, 그러한 목표가 온전하게 구현된 이상적인 상황에서 개개인은 자신의 본능적 욕구에 따르더라도 사회의 규범에 어긋나지 않는 자율적 개체로 성숙할 것이며, 그런 상태에서는 더 이상 어떠한 외적 강제도 필요 없을 것이기 때문이다. 그런 의미에서 쉴러는 오직 "미적 의사소통 die schöne Mitteilung만이 사회를 통합한다." (『서한』, 252)라고 역설한다. 쉴러가 '미적 국가'라 일컫는 그러한 이상적 공동체에서 자신의 본능을 억압할 필요가 없는 내적 자유는 타율에 의한 강제가 필요 없는 외적 자유와 합치하며, 국가의 모든 시민은 더 이상 다른 무엇의 도구가 아니라 "지고의 존엄한 평등권"을 가진 "자유로운 시민"이 된다(『서한』, 256). 쉴러가 미적 교육론을 자신의 "정치적 신앙고백"[4]이라고 했던 이유가 여기서 분명해지거니와, 미적 교육의 궁극목표는 자유의 이상과 맞닿아 있는 것이다. 그렇게 보면 미적 교육론의 문맥에서 예술은 윤리적 완성과 정치적 자유의 상징인 셈이며, 예술의 고유한 독자성 혹은 자율성 문제는 그에 비해 부차적인 것처럼 보인다. 그렇지만

---

4 1795년 1월 25일자 가르베(Ch. Garve)에게 보낸 편지에서. Schillers Werke, National Ausgabe, Bd. 27, Weimar 1962, S. 126.(이 판본의 인용은 NA로 줄임)

예술의 매개적 성격에서 이미 예술의 자율성과 관련한 중요한 계기들이 드러나고 있다. 그 하나는 예술사에서 예술의 자율적 분화에 관한 것이다. 이미 살펴본 대로 문명화 과정의 결과인 사회의 대립적 분화와 인간의 기능적 도구화를 지양하고 진정한 자유의 공동체를 일구어야 한다는 막중한 과제가 다름 아닌 예술의 몫이라면, 어떤 의미에서 예술은 계몽의 시대에 이성의 힘만으로는 감당하기 힘들었던 역사적 과제를 짊어진 셈이다.

그처럼 각별한 소명의식은 쉴러 개인의 독특한 예술관이기 이전에, 예술이 이제 더 이상 다른 어떤 권위에 기대지 않고도 진리를 구현해야 하고 구현할 수 있다는 시대적 자각과 자부심의 표현으로 이해될 수 있다. 다시 말해 예술이 사회 전체에서 자신의 독자적 영역 즉 자율성을 확보했다는 뚜렷한 징표인 것이다. 더구나 여타의 인식 형태가 부분적 단편성의 한계에 갇혀 있는 반면 미적 체험을 통해서만 보편적 총체성의 구현이 가능하다는 확신은 예술에 모종의 특권적 지위를 부여하려는 시도라 볼 수도 있다. 예컨대 18세기를 경과하면서 예술이 '탈분화'脫分化, Entdifferenzierung의 전략을 통해 자율성의 계기를 강화한다는 설명은 그 점을 염두에 둔 것이다.[5] 말하자면 사회 전체의 분화 과정에서 예술 역시 하나의 부분 영역으로 자리 잡게 되지만, 예술의 '자가 생성'autopoesis 메커니즘은 그러한 분화 과정 자체를 지양하려는 전략을 취한다는 것이다. 그렇지만 이미 확인한 대로 쉴러의 미적 교육론에서 사회적 분화 과정의 지양은 예술이 자기 영역의 특권적 지위를 강화하기 위한 방편이라기보다는, 어디까지나 그 분화 과정에 수반되는 도구적 합리성에 대한 비판과 극복을 예술의 주된 사회적 역할로 설정한 결과라고 보는 편이 온당할 것이다.

예술의 자율적 분화와는 또 다른 차원에서 쉴러가 미적 자율성의 핵심

---

5 Vgl. Siegfried J. Schmidt: *Die Selbstorganisation des Systems Literatur im 18. Jahrhundert*, Frankfurt a. M. 1989, S. 414 f.

으로 강조하는 것은 예술과 현실의 관계에서 예술은 그 어떤 현실적 이해 관계에도 얽매여서는 안 된다는 것이다. 이와 관련하여 쉴러는 예술의 가상적 성격을 강조한다. 그에 따르면 미적 가상이 진정한 자율성을 구현하기 위해서는 현실에 대한 주관적 요구를 포기하는 '공정성'Aufrichtigkeit을 지녀야 하며, 그와 동시에 현실의 힘이나 그 어떤 권위에도 편승해서는 안 된다는 의미에서 '자립성'Selbständigkeit을 견지해야 한다.(『서한』, 234) 이미 살펴보았듯이 현실의 제 관계가 수단과 목적의 관계로 얽혀 있고 그것이 곧 예속과 부자유의 상태를 뜻한다면, 예술은 그러한 악순환의 고리와 절연함으로써 예술 자체의 자율성을 관철하는 동시에 자유의 체험을 환기해야 한다는 것이다. 그런 의미에서 쉴러는 예술의 자율성을 "가상으로 표현된 자유"Freiheit in der Erscheinung[6]라고 정의한다. 이 경우에도 예술의 자율성 문제는 자유의 이념과 불가분의 관계에 있음을 알 수 있다. 예술작품에 대한 미적 체험을 떠올리면 그 점은 더욱 분명히 드러난다. 쉴러가 아름다운 여인의 조각상을 예로 들어 설명하듯이, 예술작품에서 느끼는 쾌감은 대상을 소유하거나 지배하는 데서 얻는 만족감이 아니라 대상 자체의 아름다움에 연유하는 무상의 기쁨이다. 사회적 관계에서 보면 그러한 미적 체험은 타인을 욕망 충족의 수단이 아니라 자율적 인격체로, 즉 수단이 아닌 목적으로 대해야 한다는 윤리적 요청과 일치하는 것이다. 이처럼 예술의 자율성을 자율적 인간상의 정립 및 그에 기초한 유기적

---

[6] Vgl. NA 20, 387. 이 대목에서 Erscheinung은 흔히 '현상'으로 번역되어왔으나 여기서는 '가상으로 표현되다'(Er-Scheinen)라는 뜻으로 옮긴다. '현상'으로 번역할 경우 통념화된 '본질'과 '현상'의 이분법에 따라 예술의 위상이 격하될 소지가 크다. 즉, 자유의 이념적 내용이나 '실체'가 미리 확정되어 있고 예술은 다만 그것의 '현상형식'이라는 뜻이 되기 때문에 결과적으로 예술은 이념의 장식물에 불과한 것이 되며, 그것은 쉴러가 일관되게 역설하는 자율성의 원칙과 상충된다. 여기서 Erscheinung을 '가상적 표현'으로 옮겨야 하는 또 다른 이유는 쉴러가 현실 개념과 대비해 예술의 가상적 성격을 강조하고 있기 때문이다. 쉴러가 예술의 자율성을 "실제적 자유"(Freiheit in der Tat)가 아닌 "가상으로 표현된 자유"(Freiheit in der Erscheinung)라고 말하는 것도 그 때문이다. 1793년 2월 8일 쾨르너(Körner)에게 보낸 편지(NA 27, 182) 참조.

공동체의 이상과 합치시키려는 일관된 노력에도 불구하고 쉴러가 제시한 예술의 자율성 이념은 후대의 수용과 평가에서 다양한 반론과 비판에 직면하게 된다. 가장 빈번히 제기되는 비판은 예술의 자율성을 앞세우다 보면 결국 예술을 현실로부터 분리하고 예술 자체를 목적으로 삼게 된다는 것이다. 그런 뜻에서 일찍이 가다머는 쉴러의 미적 교육론이 '예술을 통한 교육'Erziehung durch Kunst이라는 애초의 목적에서 벗어나 종국에는 '예술에의 교육'Erziehung zur Kunst으로 귀착되고 말았다고 비판한 바 있다.[7] 이러한 비판은 특히 19세기 말의 이른바 '예술을 위한 예술'l'art pour l'art을 예술의 자율성이 도달한 막다른 골목이라고 보는 예술사적 평가와 결부되면서 더욱 설득력을 얻는 것으로 보인다. 그러나 이미 살펴본 대로 아름다운 예술작품에 구현된 조화가 다름이 아니라 소외와 분열을 극복한 조화로운 인간상에 상응하는 것이라면, 그러한 미적 이상을 추구하는 예술이 인간사와 무관한 자기 목적에만 갇혀 있다고 섣불리 예단할 수는 없을 것이다. 그리고 현실적 이해관계에 종속되지 않고 '공정하고 자립적인' 예술이 되어야 한다는 요구는 무엇보다 쉴러 시대의 문맥에서 보면 이전까지 대개 현실 권력이나 종교의 시녀 노릇을 해온 예술에 대한 비판의 성격을 띤다. 또한 쉴러가 말한 자율적 예술의 '공정성'과 '자립성'이란 그가 새로운 시대의 거대한 우상이라고 개탄했던 '실용적 목적'Nützlichkeit 즉 이윤 동기에 대한 비판적 부정을 바탕으로 하지 않고는 성립될 수 없다는 것도 자명하다.[8] 다른 한편 19세기 말의 '예술을 위한

---

7 Vgl. Hans-Georg Gadamer: *Wahrheit und Methode*, Tübingen 1975, S. 78.
8 그런데 예술의 자율성 문제를 다룬 어느 국제 심포지움에서 발표자 중 한 사람인 소켈은 미국과 같은 자유주의 국가에서는 개인의 자유나 욕망을 억압하지 않으므로 쉴러가 말한 의미에서의 미적 교육은 더 이상 필요 없다는 엉뚱한 발언을 했고, 더구나 토론 과정에서도 그러한 주장이 선뜻 동조를 얻는 진기한 사태가 벌어졌다. 미국식의 자유주의가 요컨대 인간을 이윤 동기의 노예로 전락시키는 체제라면, 쉴러의 미적 교육론은 바로 그러한 부자유 상태의 비판과 극복을 주된 과제로 삼고 있다 해도 과언이 아니다. Vgl. Walter Sokel: Die politische Funktion botschaftsloser Kunst. Zum Verständnis von Politik und Ästhethik in Schillers Briefen "Über die Ästhetische Erziehung des Menschen", in:

예술' 경향을 쉴러의 자율성론을 예시하는 논거로 끌어들이는 데에는 적지 않은 논리적 비약이 따른다. 쉴러의 미적 교육론에서 문제가 되는 예술 개념은 — 미적 조화와 인격적 조화를 등치시키는 데서 쉽게 짐작할 수 있듯이 — 쉴러가 괴테와 함께 활동하던 시기의 고전주의 예술관의 테두리를 거의 벗어나지 않으며, 곧이어 살펴보겠지만 바로 그 점이 미적 교육론의 결정적 취약점인 것도 사실이다. 그 반면 19세기 말의 '예술을 위한 예술'은 그러한 고전주의적 예술관과 교양 이념의 붕괴가 돌이킬 수 없는 역사적 사실로 판명된 새로운 시대의 현실 체험과 그 미적 자의식의 표현인 만큼 양자의 직접적 인과관계를 유추하기에는 무리가 있다 하겠다.

쉴러의 미적 자율성론에 대해 제기되는 또 다른 비판으로는 그의 자율적 예술관이 현실의 어두운 면을 은폐·외면하는 한낱 '환상' 또는 일종의 심리적 '보상'의 표현일 뿐이라거나, 예술의 가상적 성격을 강조함으로써 예술의 상품화를 더욱 용이하게 하며 결과적으로 현실 비판적 긴장을 상실하고 현실 긍정적 성격을 띠게 된다는 등의 주장을 들 수 있다.[9] 그렇지만 이러한 비판들 역시 적어도 쉴러의 의도에 비추어 보면 다소간 초점을 빗나간 것이다. 미적 교육론에서 쉴러는 예술이 그 가상적 성격으로 인해 빠져들 수 있는 오류를 명확히 지적하거니와, "진실을 은폐하고 비참함을 가리고 저속한 현실을 미화하는"(『서한』, 237) 그릇된 가상을 단호히 비판한다. 예컨대 괴테가 "최고의 예술작품은 (…) 우리를 자의恣意에서 벗어나게 해준다. 완벽한 것은 우리 마음대로 좌지우지할 수 없는 법이다."[10]라고 말한 것과 같은 의미에서 쉴러 역시 자의적 주관성을 엄

W. Wittkowski (Hg.): *Revolution und Autonomie. Deutsche Autonomieästhetik im Zeitalter der Französischen Revolution*, Göttingen 1990, S. 265, 273.

9 이러한 비판적 견해들을 요약 소개한 글로는 Bernd Bräutigam: Konstitution und Destruktion ästhetischer Autonomie im Zeichen Kompensationsverdachts, in: 같은 책, S. 242 ff. 참조.

10 Vgl. Goethes Werke, Hamburger Ausgabe, hg. von Erich Trunz, München 1989, Bd. 12,

격히 배제한다.[11] 따라서 쉴러에게 이성과 감성의 이상적인 조화를 뜻하는 이른바 '미적 상태'ästhetischer Zustand라는 것은 현실을 대체하는 환상이나 현실적 결핍의 보상과는 거리가 멀다. 그런 이유에서 쉴러는 미적 체험을 통해 그러한 미적 상태에 무한히 접근해갈 수는 있어도 결코 온전히 다다를 수는 없다고 말한다. 이로써 미적 가상을 통해 환기되는 자율적 인격체와 공동체의 이상은 어디까지나 유토피아적 영역으로 남게 된다. 그리고 바로 이 대목에서 쉴러의 미적 교육론은 모종의 딜레마에 직면한다. 아도르노가 말하듯이 부정적 현실에 대한 일관된 부정을 통해서만 존립하는 예술은 필연적으로 유토피아적 성격을 띨 수밖에 없지만, 그러한 유토피아적 세계를 미래의 특정한 사회상과 동일시할 때는 오히려 현실 인식을 흐리게 하고 은폐하는 환상이나 '가상적 위안물'로 떨어질 수밖에 없으며, 그러한 예술은 스스로의 기반까지도 허물게 되는 것이다.[12] 그런 점에서 쉴러가 이상적인 미적 상태를 섣불리 특정한 사회 형태와 동일시하지 않고 유토피아의 영역으로 유보한 것은 신중한 현실감각의 소산이라 볼 수도 있다.

그러나 다른 시각에서 보면 현실에 거리를 둔 그러한 유보적 태도가 쉴러 특유의 관념적 이상주의의 징표인 것도 부인할 수 없는 사실이다. 미

S. 48, 51.
11 이 문제를 쉴러는 「미적 형식을 사용함에 있어 반드시 지켜야 할 한계에 대하여」(Über die notwendige Grenzen beim Gebrauch schöner Formen)라는 글에서 본격적으로 다루고 있다. 여기서 쉴러는 난숙한 미적 취향에 젖어 건전한 현실감각을 상실한 사람은 아무리 문명인이라 할지라도 자의적 전횡에 빠져들 위험이 크며, 그런 면에서는 오히려 문명의 세례를 받지 못한 거친 자연인보다 못하다는 점을 강조하고 있다. Vgl. NA 21, S. 26 ff.
12 Theodor Adorno: Ästhetische Theorie, Frankfurt a. M. 1970, S. 55: "오늘날의 예술이 처해 있는 이율배반의 핵심은, 예술의 현실적 기능을 제약하는 연관성이 유토피아를 불가능하게 할수록 오히려 더욱 단호하게 예술은 유토피아가 될 수밖에 없고 유토피아가 되려고 한다는 것, 그렇지만 예술이 가상적 위안물이 되어 유토피아를 배반하지 않으려면 유토피아가 되어서도 안 된다는 것이다. 만일 예술의 유토피아가 실현된다면 그것은 예술의 시간적 종말을 뜻할 것이다."

적 유토피아가 현실에 대한 단순한 부정에 머물지 않고 어떤 형태로든 '지양'의 계기를 내포하려면 모순에 찬 현실 세계의 복잡다기함을 능히 감당할 수 있는 예술적 폭과 깊이를 지녀야 할 테지만, 그러기에는 쉴러가 미적 교육론에서 고수하는 고전주의적 예술관과 교양 이념이 너무나 협소하기 때문이다. 쉴러 자신도 미적 교육론의 전반부에서 그의 시대가 너무나 야만적이라는 냉철한 진단을 내리고 있음에도 불구하고 그에 대응하는 예술관은 여전히 고전주의적 의미에서의 아름다움이라는 틀에 갇혀 있는 것이다. 이제 더 이상 아름답지 않은 현실, 심지어 아름다움에 적대적인 현실에서 과연 '아름다운' 예술이 얼마나 효과적인 현실 인식과 비판의 힘을 발휘할 수 있는가 하는 의문이 드는 것은 그 때문이다. 냉철한 현실 진단과 다분히 관념적인 미적 이상 사이에 가로놓인 이 심각한 괴리는 현실정치에 대한 소박한 환상으로 표출되기도 한다. 미적 교육론에서 쉴러는 비록 국가가 단 한 사람의 뜻에 의해 움직이더라도 국가 구성원 개개인이 자신의 뜻대로 살아갈 수 있고 자신이 원하는 바를 추구할 수 있다면 그러한 국가야말로 "자유주의 정부"liberale Regierung(NA 20, 278)라 할 수 있다고 말한다. 절대주의 체제하에서도 개인의 자유가 가능할 거라는 이 순진한 가정은 쉴러 당대의 역사적 경험에 비추어 보더라도 명백한 형용모순이요 실현 불가능한 환상임이 분명하다. 그렇다면 개개인의 인격적 완성을 통해서만 사회 전체의 바람직한 변화를 기대할 수 있다는 미적 교육론의 기본 구상 역시 전면적으로 시험대에 오르지 않을 수 없다. 쉴러가 미적 교육론에서 도달한 미적 자율성의 원리가 예술을 둘러싸고 있는 야만적 현실의 조건에서 과연 설득력 있는 대안의 가능성으로 추구할 만한 것인지 되묻지 않을 수 없게 되는 것이다.[13] 이러한 문제점을

---

[13] 일찍이 미적 교육론의 현실적 효용을 미심쩍어했던 피히테(Johann Gottlieb Fichte)는 "수많은 대중 개개인에게 그 누구의 주인도 되지 말고 누구의 노예도 되지 말라는 용기를 일깨울 수 있는 어떤 수단을 찾기 전까지는 미적 교육을 통해 자유를 향해 나아가야 한다는 생각은 다람쥐 쳇바퀴를 도는 식"이라고 꼬집은 바 있다. 다음에서 재인

종합해볼 때 쉴러가 꿈꾸는 미적 가상의 왕국은 비유컨대 황무지에서 인공의 오아시스를 일구려는 시도처럼 무모하고 시대착오적이라는 느낌을 떨치기 힘들다. 그런데 이러한 문제점을 누구보다 예민하게 감지한 것은 바로 쉴러 자신이다. 미적 교육론의 말미에 이르러 쉴러는 미적 교육의 이상이 현실에서는 극소수의 선택된 사람들에게만 구현될 수 있을 거라고 실토함으로써 사실상 미적 교육론의 현실적 수용 가능성에 스스로 회의를 표명하는 것이다.

미적 자율성의 위기와 '숭고'의 문제

미적 교육론의 취약성을 자각했던 쉴러는 이를 보완하기 위해 「숭고에 대하여」Über das Erhabene라는 글을 집필한다. 이 글에서 쉴러는 미적 교육론에서 자율성의 이름으로 주장했던 핵심적 내용을 철회하는 듯한 인상을 준다.[14] 이미 살펴본 바와 같이 미적 교육론에서 쉴러는 예술의 자율성이 충족되기 위한 핵심 요건으로 미적 가상이 주관적 욕구의 투사물이 되어서도 안 되며 현실적 이해관계에 영합해서도 안 된다는 점을 거듭 강조하였다. 그러나 숭고에 대한 논의에서 쉴러는 미적 가상 역시 궁극적으로는 물질적 실체와 결합되려는 속성을 지니게 마련이며, 주관적 욕구나

용. Wolfram Hogrebe: Schiller und Fichte. Eine Skizze, in: Jürgen Bolten (Hg.): *Schillers Briefe über die ästhetische Erziehung*, Frankfurt a. M. 1984, S. 284.

14 쉴러의 숭고론이 미적 교육론을 보완하는 후속편의 성격을 띠고 있음에도 불구하고 양자의 연관성이 지금까지 쉴러 연구에서 거의 다루어지지 않은 것도 그 때문일 것이다. 다른 한편 최근 리오타르(Jean-François Lyotard)가 제기한 숭고론은 주로 칸트의 숭고론에 접맥하고 있는 까닭에 상당 부분 칸트의 개념을 차용한 쉴러의 숭고론은 그러한 논의맥락에 가려서 주목받지 못했을 거라는 짐작도 가능하다. 쉴러의 숭고론에 대한 개괄적 설명은 다음 참조. Rolf-Peter Janz: Die ästhetische Bewältigung des Schreckens. Zu Schillers Theorie des Erhabenen, in: *Geschichte als Literatur*, hg. von H. Eggert u. a., Stuttgart 1990, S. 151~160.

현실의 요구를 배제한 미적 가상 자체에서 느끼는 만족감은 현실적 욕구의 충족을 통해 얻는 만족감에 비하면 덧없는 것이라고 말한다. 다시 말해 미적 가상이 표방하는 자율성에의 요구는 순수한 미적 체험의 영역에서는 지탱될 수 있을지 몰라도 현실을 살아가는 인간의 욕망과 현실논리 앞에서는 무기력해질 수밖에 없다는 것이다. 이로써 미적 교육론에서 제시된 미적·윤리적 자율성의 원칙은 끊임없이 그것을 위협하는 현실의 강제에 굴복할 위기에 처한다. 쉴러가 미적 교육론에서 추구한 감각적 조화의 '아름다움'das Schöne에 엄격한 제한을 가하면서 '숭고'das Erhabene의 문제에 눈을 돌리는 것은 그 때문이다. 여기서는 먼저 쉴러가 말하는 숭고의 개념을 간략히 살펴보고, 숭고론을 통해 예술의 자율성 문제가 어떻게 재구성되는가를 검토하고자 한다.

쉴러에게 숭고의 개념은 우선 인간이 감성과 이성의 조화로운 균형 상태에서 지각 가능한 한계를 벗어나는 일체의 자연현상과 사회현상을 두루 총칭한다. 예컨대 천재지변이나 역사상의 대격변 또는 파국적 사건 등은 우리가 자연과 사회에 대해 표상하는 조화로운 질서의 관념을 일거에 허물어버린다는 점에서 통상적인 지각한계를 넘어서는 '숭고한' 현상에 해당된다. 또한 쉴러는 인간의 선한 의지로는 제어되지 않는 갈등과 모순으로 가득한 세계사 전체가 곧 '숭고한 대상'이라고 말하기도 한다. 그런데 쉴러가 이러한 숭고함에 주목하는 이유는 그러한 체험이 감각적 지각의 한계를 넘어서야 한다는 절대적 이성의 요청을 환기한다고 보기 때문이다. 익히 알려진 칸트의 비유를 떠올리면, 밤하늘에서 빛나는 별은 인간의 감각이 도달할 수 있는 경계 너머의 무한한 자연인 동시에 우리 마음속에 그러한 자연의 무한성에 값하는 지고의 도덕률을 일깨우는 상징인 것이다. 역사적 경험의 맥락에서 말하면, 인간의 의지로 제어되지 않는 한계상황의 체험은[15] 인간이 스스로의 한계를 극복할 수 있는 가능성

---

15 이처럼 인간이 경험할 수 있는 온갖 한계상황과 관련되어 있는 '숭고'의 개념은 분명

의 시금석이 된다는 뜻으로 이해할 수도 있을 것이다.

예술론의 관점에서 보면 그러한 의미의 숭고함은 미적 교육론에서 말하는 '아름다움'과는 뚜렷이 대비된다. 미적 가상으로 표현되는 조화의 아름다움이 철저히 감각성에 바탕을 두고 있다면 숭고미는 어디까지나 "초감각적인 것의 표현"Darstellung des Übersinnlichen(NA 21, 47)이다. 달리 말하면 숭고미는 감각적 아름다움의 틀로는 표현될 수 없는 미적 대상과 체험을 가리키는 것이다. 그리고 미적 교육론에서는 감각적 형상으로 표현할 수 없는 일체의 대상과 지각 형태가 지각주체인 인간의 내적 분열과 소외의 징표라고 폄하되었던 반면 숭고론에서는 감각성의 초월이 오히려 인간의 이성적 존재로서의 우월성을 보증하는 확고한 준거가 된다.[16] 그런 이유에서 쉴러는 숭고의 체험에 동반되는 "이상주의적 도약"idealistischer Schwung(NA 21, 40)을 통해 '아름다움'의 테두리 안에서 가능한 것과는 비교되지 않는 무한한 자유의 가능성이 열린다고 말하

히 '의미의 과부하'라는 문제점을 안고 있다. 그런 이유에서 숑스는 이 개념이 미적 범주로서 과연 어떤 효용이 있는지 의문을 제기하며, 굳이 이 범주를 사용하려면 그 의미를 제한할 것을 권장한 바 있다. 그에 따르면 독일어의 das Erhabene에 선행하여 영어권과 불어권에서 유래하는 the sublime/le sublime은 그 어원상 경험 및 지각의 한계를 문자 그대로 '초월'한다는 뜻보다는 그 '한계에 근접·육박한다'(sub-limis)는 뜻에 가깝다. 이러한 지적은 쉴러의 숭고론을 전통과의 대립적 긴장을 통한 예술 개념의 확장이라는 측면에서 해석할 때 유용한 참고가 될 것이다. Vgl. Hans-Jürgen Schings: *Beobachtungen des Erhabenen in Goethes Dichtung*, in: ders. (Hg.): *Begegnung mit dem Fremden in deutscher Literatur*, München 1991, S. 16 f. 다른 한편 의미의 과부하 문제는 이 개념의 적절한 번역어를 찾기 힘든 문제와도 직결되어 있다. 우리말의 '숭고'라는 역어는 긍정적 가치판단을 내포하기 때문에 다양한 이질적 요소를 지칭하는 원뜻에 상당한 제한이 가해지며, 그것은 erhaben이라는 독일어 자체의 태생적 문제점이기도 하다.

16 이글턴은 쉴러가 미적 교육론에서 예술의 감각적 측면을 강조하는 이유가 결국 이성의 헤게모니를 강화하기 위해서라고 보는데, 미적 교육론과 숭고론을 결합해보면 그런 지적이 일리가 있다. 그러나 곧이어 살펴보겠지만 쉴러의 숭고론에서 감각성보다 '초감각적인 것'을 우위에 두는 무게중심의 이동은 단지 감성이냐 이성이냐 하는 양자택일의 문제라기보다는 예술관 자체의 근본적인 변화와 결부되어 있기 때문에 이글턴의 해석은 일면성을 면하기 어렵다. Vgl. Terry Eagleton: *Ästhetik. Ideologie ihrer Geschichte*, Stuttgart 1994, S. 116.

며, '아름다운 영혼'schöne Seele은 '숭고한 영혼'erhabene Seele으로 고양되어야 한다고 주장한다.[17] 이처럼 쉴러가 숭고미를 적극적으로 부각하는 배경은 다양한 문맥에서 짚어볼 수 있겠지만, 분명한 것은 미적 교육론의 바탕이 되었던 고전주의적 예술관의 비중이 현저히 축소된다는 점이다. 물론 쉴러 자신은 '아름다움과 숭고함의 종합'으로 "이상미"das Ideal-Schöne(NA 21, 43)를 상정함으로써 고전주의적 예술관을 구제하려고 한다. 그렇지만 이러한 절충의 시도는 숭고미가 "초감각적인 것의 표현"이라는 정의와 명백히 상충된다.[18] 쉴러는 '초감각적인 것'을 칸트적인 의미에서 인간의 도덕적 능력 내지 이성적 권능과 결부시켜 감각적 표현 대상이 될 수 없다고 말하지만,[19] 그렇다고 감각적 표현의 불가능성을 액면 그대로 해석한다면 도대체 예술이 예술로서 성립할 수 있는 근거 자체가 사라질 것이다. 따라서 이때의 '감각성' 역시 고전주의적 취향과 결부된 상대적인 의미로 파악할 필요가 있다. 그렇게 보면 숭고함으로 표현되는 '초감각성'이란 고전주의적 조화와 균형 혹은 완결성을 해체하는 고전주의 이후 예술의 새로운 미적 체험에 해당된다.[20] 쉴러가 '감각적 아름다움'이라는 기준으로 숭고한 대상에 접할 때 느끼는 감정을 다름 아닌 "전율"Schauer(NA 21, 43)이라고 한 것도 그런 맥락에서 이해할 수 있다. 다시 말해 그 '전율'은 고전주의적 아름다움에 친숙한 미적 감수성

---

17 쉴러 자신의 비유를 빌리면 오디세우스가 미의 여신이자 그 화신이라고 착각한 칼립소의 섬에서 관능의 쾌락에 탐닉하다가 신의 계시에 따라 관능의 속박을 떨치고 거친 항해에 나서는 결단이 곧 그를 자유롭게 하는 '숭고한' 깨달음에 해당된다. Vgl. NA 21, 45.
18 이런 모순성으로 인해 쉴러의 미적 교육론 체계에서 '아름다움'과 '숭고함'의 이원적 대립은 끝까지 해소되지 않으며, 바로 그 점이 미적 교육론의 결정적인 방법론상의 결함이라고 보는 견해도 있다. Vgl. Peter-André Alt: *Schiller*, München 2000, Bd. II, S. 152.
19 "엄밀히 말하면 인간의 도덕적 힘은 결코 표현될 수 없다. 초감각적인 것은 감각적으로 표현될 수 없기 때문이다."(NA 20, 294)
20 물론 쉴러 자신은 숭고미를 그의 시대 이후에 도래할 예술의 특성과 직접 결부시키지는 않았으며, 비극적 격정과 고뇌에서 숭고미의 전형을 찾는다.(Vgl. NA 21, 51) 쉴러의 숭고론과 드라마 이론의 상관성에 대해서는 Klaus Berghahn: *Schiller. Ansichten eines Idealisten*, Frankfurt a. M. 1986, S. 27~58 참조.

에 가해지는 충격의 체험을 가리키는 것이다. 그런 점에서 숭고함은 기존의 친숙한 예술 전통의 해체 내지 쇄신과 결부되어 있으며, 전통적인 아름다움에 대한 부정과 대립을 통해 성립되는 미적 현대성의 중요한 지표가 된다. 쉴러 자신의 의도를 일단 접어두고 확대해석하면, 예컨대 감각적으로 혐오스러운 것이나 기존의 사회적·미적 규범에 의해 금기시되는 요소들의 도입도 숭고함의 계기와 일맥상통한다고 볼 수 있을 것이다. 요컨대 전통적인 미적 감수성으로 담아낼 수 없는 모순에 찬 현실을 예술의 내용과 형식으로 받아들여 미적 소통의 영역을 확장하려는 개방성과 결부되어 있는 것이다. 아도르노에 따르면 그런 의미에서 숭고함이 함축하는 '표현 불가능성'의 계기는 "소통 불가능한 것의 소통"Kommunikation des Unkommunizierbaren[21]을 추구하려는 시도이다. 관습화된 미적 규범이 소통 불가능한 세계 속의 사물화된 의식을 은폐하는 더께 같은 것이라면, 그러한 미적 관습을 허물어뜨리는 충격의 체험은 곧 사물화된 의식에 균열을 가져온다는 점에서 해방적 성격을 띤다는 것이다. 그런 뜻에서 아도르노는 현대 예술이 계승해야 할 숭고함의 합리적 핵심은 미적 가상의 베일마저 벗겨버리는 "가차 없는 부정성"ungemilderte Negativität[22]이라고 말한다. 이러한 재해석은 물론 쉴러가 미처 예감하지 못했던 현대 예술의 체험에서 얻어진 것이다. 그렇다고 아도르노의 숭고론과 쉴러의 그것 사이에 내적 연관성이 없는 것은 아니다. 이미 살펴본 대로 쉴러의 숭고론 역시 사실상 고전주의적 예술관의 부정으로 귀결될 수밖에 없는 것이다. 다시 쉴러의 의도에는 어긋나는 얘기일지 모르지만, 쉴러가 미적 교육론의 전반부에서 절망적일 정도로 어둡게 묘사한 소외된 세계야말로 숭고함의 가장 유력한 표현 대상으로 부상할 거라는 추론도 가능하다. 역사의 경험이 말해주듯이 현대로 올수록 더욱 체계화되는 그러한 소외의 세계는 고

---

21 Adorno: *Ästhetische Theorie*, S. 292.
22 같은 책, S. 296.

전주의적 조화의 아름다움과는 결코 양립할 수 없으며, 그만큼 더 가공할 '전율'의 현실적 진원지가 되기 때문이다.

결국 쉴러가 미적 교육론에서 주장한 미적 자율성은 숭고론에 이르면 설 자리를 잃게 된다. 고전주의적 예술관의 붕괴와 더불어 그 기반 위에 세워진 자율성 개념도 더 이상 지탱될 수 없는 것이다. 쉴러 스스로 '숭고한 대상'에 포함시켰던 역사 현실은 미적 가상의 베일로 가려지거나 승화된 표현을 얻기에는 너무나 불가해하고 역동적인 모순으로 가득 차 있으며, 쉴러가 자율적 예술의 요건으로 제시한 '공정함'과 '정직함'도 그런 현실 앞에서는 편협한 도덕적 이상주의로 퇴색할 공산이 크다 하겠다. 그러나 미적 자율성의 위상이 이처럼 축소된다고 해서 그 이념적 바탕이 되었던 자유의 이상마저 포기되는 것은[23] 아니다. 오히려 쉴러는 역사적으로 제한된 현실경험 및 예술체험과 결부된 편협한 미적 자율성의 원리를 전복함으로써 보다 풍부한 예술적 표현의 가능성을 열어두고자 했으며, 그것은 단지 예술 개념 자체의 확장을 위해서라기보다는 갈수록 역동적으로 가속화되는 현실 변화에 능동적으로 대처하기 위한 시도라 할 수 있다. 쉴러가 좁은 의미의 감각성의 극복을 자유의 가능성과 동일시하면서 "우리를 에워싸고 있는 위험들에 대한 무지 상태에서가 아니라 (…) 그 위험들을 친숙하게 알고 있을 때만 구제의 가능성이 있다."(NA 21, 52)고 한 것도 그런 맥락에서 이해될 수 있다. 아도르노가 "예술에서 주체의 해방은 예술 자체의 자율성으로부터의 해방"[24]이라고 한 말은 쉴러에게도 해당된다 하겠다.[25] 그렇게 보면 쉴러가 말한 '이상주의적 도약'은 그 자신

---

23 가령 쉴러가 숭고론에 이르러 계몽주의에 바탕을 둔 낙관적 역사철학과 결별한다고 보는 견해가 여기에 해당된다. Vgl. Carsten Zelle: *Die doppelte Ästhetik der Moderne*, Stuttgart 1995, S. 180 f.
24 Adorno: *Ästhetische Theorie*, S. 292.
25 이처럼 협소한 의미의 미적 자율성의 전복이 과연 미적 자율성 자체의 폐기를 뜻하는가 하는 데는 논란의 여지가 있다. 이 문제는 현대 예술의 구체적 전개 양상을 놓고 별도로 검토해야겠지만, 아도르노와 다소 뉘앙스를 달리하는 리오타르의 숭고론에서는

의 의도를 넘어서 뜻밖에도 현실주의 정신의 구현을 지향하는 셈이다.

맺는말

지금까지 살펴본 대로 쉴러의 미적 교육론은 근대화 과정에서 사회의 기능적 분화에 대한 대응의 산물이라 할 수 있다. 쉴러는 인간을 도구화하고 소외하는 억압적 사회현실이 곧 예술을 기능화하는 현실적 제약으로 작용한다는 것을 날카롭게 통찰하고 있으며, 그러한 도구적 합리성에 맞서서 예술이 끝까지 현실 긍정적 이데올로기로 떨어지지 않도록 하기 위한 문제의식에서 예술의 자율성을 추구한다. 그런 점에서 쉴러에게 예술의 자율성은 인간을 도구적 예속 상태에서 해방해 자율적 주체로 세우기 위한 열망의 표현이라 하겠다. 진정한 예술은 결코 그 어떤 사심邪心에도 굴복해선 안 되며, 그래야만 예술의 내적 창조성이 인간 해방의 정신과 합치될 수 있다는 의미에서 예술의 자율성은 오늘날에도 여전히 유효한 덕목이라 할 수 있다. 그러나 쉴러가 추구한 예술의 자율성은 결국 고

전통적 자율성 개념의 전복이 오히려 새로운 차원에서 자율성을 더욱 강화하는 쪽으로 귀결되는 것으로 보인다. 리오타르에 따르면 이미 친숙하게 알려져 있는 것의 '재현'(Repräsentation)이나 경험 현실의 '묘사'(Präsentation)에 그치는 예술은 기능적 도구화를 피할 수 없으며, 예술이 다른 어떤 것으로도 치환되지 않는 절대적 '현현'(顯現, Präsens)으로 표현될 때만 그러한 도구화를 지양하는 해방적 계기가 확보될 수 있다. 이러한 주장은 미적 자율성의 절대화로 해석될 소지가 다분하다. 알다시피 리오타르의 숭고론은 20세기 아방가르드 예술의 '새로움'을 옹호하는 맥락에서 나온 것인데, 아방가르드 예술은 전통적 예술 개념 특히 자율적 예술을 전면적으로 부정하지만 그러한 부정이 예술을 절대적 중심에 놓고 이루어진다는 점에서 미적 자율성의 극대화라는 역설적 국면을 드러내는 것이다. 리오타르의 숭고론에 대해서는 다음 책에 실려 있는 리오타르와의 대담 참조. Christine Pries (Hg.): *Das Erhabene. Zwischen Grenzerfahrung und Größenwahn*, Weinheim 1989, S. 319~347. 앞의 책에 대한 서평의 형식으로 리오타르의 숭고론에 대한 비판적인 해설을 겸하고 있는 다음 글도 참조할 만하다. Martin Seel, *Gerechtigkeit gegenüber dem Heterogenen?*, in: Merkur 46 (1992), S. 919 f.

전주의적 예술관에 얽매임으로써 형식적으로 고착되고 현실적 무기력을 자초할 위험에 직면한다. 그러한 한계상황에 대한 비판적 자기성찰의 일환으로 제기되는 숭고론은 관습화된 전통 예술의 쇄신과 창조적 자기부정을 통해 역동적 역사 현실을 향해 열려 있는 예술만이 본연의 해방적 역할을 성취할 수 있음을 시사한다.

(2001년)

노발리스의 낭만주의 시학과 기억의 문제

선험적 기억론과 낭만주의 상상력

근래에 문화적 기억의 문제가 주목받는 이유는 넓게 보면 기계적 인과론에 기초한 진화론적 역사 이해에 대한 비판적 성찰과 관련이 있다. 역사적 과거에 대한 해석이 단순히 자명한 사실의 복원이나 불가역적 원인의 규명에 그치지 않고 현재적 관점에서 다양한 방식으로 재구성되는 것이라면, 과거를 기억하는 방식의 문제는 역으로 현재에 대한 인식과 미래에 대한 전망에 역동적 가변성을 부여하는 능동적 인식의 계기로 부상하는 것이다. 근대의 미적 사유에서 낭만주의는 문화적 기억의 이러한 역동성을 최초로 예민하게 감지했다. 인간 존재의 절대적 준거를 코기토 즉 순수사유의 주체로 환원하는 합리주의 전통에서 시간 체험의 유동성은 배제될 수밖에 없다. 그리고 의식 활동의 일부인 기억을 '관념의 저장고'라 보는 로크John Locke의 경험주의에서도 기억 활동은 이미 저장된 기억내용의 재현 이상의 의미를 얻지 못한다.[1] 그와 달리 흄David Hume은 기억 활동의 심리적 강도에 따라 상대적으로 더 강렬한 기억 활동을 상상력의 범주로 구분하긴 하지만, 그 경우에도 기억을 어디까지나 경험의 재현으

---

[1] 경험주의 전통에서 기억의 문제에 관한 개괄적 설명은 다음 참조. Gerald Siegmund: Gedächtnis/Erinnerung, in: K. Barck u. a. (Hg.): *Ästhetische Grundbegriffe*, Bd. 2, Stuttgart 2002, S. 613 ff.

로 보는 기본 시각이 바뀌는 것은 아니다. 요컨대 시간의 흐름이 동질적 연속성의 관계로 이어져 있고 그것이 지각 대상과 인식 주체의 동일성을 담보한다고 보는 이러한 합리주의·경험주의적 사유와 달리 낭만주의에서는 시간 체험이 기억의 가변적 역동성을 규정하는 원리로서 새로운 차원의 질적 의미를 획득한다.[2] 가령 노발리스Novalis, 1772~1801는 "기억을 이미지들의 진열장이라 여겼던 지금까지의 기이한 생각"에 깊은 회의를 표명하고 "기억은 예언적·음악적 운산運算을 수행한다."[3]고 천명함으로써 기억 활동의 능동성을 적극적으로 부각하는 한편, 이전까지 기억 활동의 상위 범주로 간주되었던 이성적 인식 행위와도 구분되는 상상력의 특권적 지위를 기억 활동에 부여한다. 노발리스를 비롯한 초기 낭만주의에서 기억의 문제에 대한 근본적인 발상 전환이 이루어지는 데는 다양한 요인들이 작용하겠지만, 이 글에서는 기억 문제에 관한 노발리스의 단상들과 그의 문학관이 집약된 대표작 소설 『하인리히 폰 오프터딩겐』Heinrich von Ofterdingen, 1802[4]을 중심으로 초기 낭만주의 문학이론에서 기억의 의미를 살펴보고자 한다.

노발리스의 선험적 기억론

노발리스의 시간관은 과거·현재·미래의 시간들이 부단히 서로를 간섭하는 유동적 상호작용의 관계로 얽혀 있다는 생각에 바탕을 두고 있다.

2　Vgl. Aleida Assmann: Zur Metaphorik der Erinnerung, in: A. Assmann/D. Harth (Hg.): *Mnemosyne. Formen und Funktion der kulturellen Erinnerung*, Frankfurt a. M. 1999, S. 13~35.
3　Novalis: *Werke*, H.-J. Mähl u. R. Samuel (Hg.), Bd. II, Darmstadt 1999, S. 694. 앞으로 노발리스의 저작을 인용할 때는 이 판본의 권수와 쪽수만 표기한다.
4　우리말 번역은 대부분 이 작품에서 낭만적 동경을 상징하는 '푸른 꽃'이라는 제목으로 번역되어 있다.

"현재는 고정될 수 없다. '이전'과 '이후'가 현재의 순간을 규정하거나 현재의 순간에 관여한다."(II, 187)라는 인식에서 출발하는 노발리스의 생각은 '현재의 생성 과정'에 관한 다음의 서술에서 좀 더 분명한 윤곽을 드러낸다.

불완전한 현재는 불완전한 미래와 불완전한 과거를 전제로 한다. 과거가 섞여 있는 미래는 과거에 의해 부분적으로 '구속'을 받는바, 다시 말해 과거에 의해 '수정'된다. 과거에는 미래가 섞여 있고 과거는 미래에 의해 수정된다. 불완전한 현재는 과거와 미래에 의해 성립되거니와, 바로 이것이 '본래' 현재의 '생성 과정'이다.(II, 446)

기억을 재구성하는 기점인 현재의 시간 역시 확고부동한 것이 아니라 과거와 미래에 대한 표상 여하에 따라 늘 새롭게 생성된다는 것이다. 여기서 노발리스가 현재의 '불완전함'을 강조하는 것은 시간 속에서 시간과 더불어 변화하는 인간 존재의 근원적 결핍에 대한 자각과 관련이 있다. "존재의 외화外化, Äußerung, 자유의 외화, 행동하는 자아의 외화는 어떤 경우에도 특정한 제한이며 부자유이다. 결과는 그 원인과 상반되는 것이다."(II, 47)라는 말처럼, 사유와 행동의 모든 차원에서 주체의 자유의지에 의한 자기표현도 시간적 제약에 의한 고립과 분절의 운명을 피할 수 없다. 노발리스에 따르면 자유를 제약하는 이러한 부정적 시간 체험은 앞서 말한 '현재의 불완전함'을 열린 가능성으로 받아들이지 않고 시간의 흐름에 모종의 경직된 연속성을 부여하려는 태도에 기인한다.

회상과 예감 혹은 미래에 대한 표상만큼 시적인 것은 없다. (…) 일상적 현재는 제한을 가함으로써 회상과 예감을 결합한다. 그리하여 연속성이 생겨나거니와, 연속성이란 고착을 통한 결정화인 것이다. 그런가 하면 정신 속에 살아 있는 현재, 회상과 예감을 융합하여 통일하는 현재가 존재한

다. 이러한 융합이야말로 시인을 살아 숨 쉬게 하는 기본 요소다.(II, 283)

여기서 '고착을 통한 결정화'라 일컫는 사태는 근대의 기계론적 시간관을 겨냥한 인식론적 비판인 동시에 노발리스의 사유 체계에서 더욱 폭넓은 함축적 의미를 지닌다. 근대 문명 전반에 대한 비판을 담고 있는 「기독교 정신 혹은 유럽」Die Christenheit oder Europa에서 노발리스는 종교개혁 이래 과학적 세계관이 세계를 "죽은 법칙의 작용"tote Gesetzwirkung(II, 734)으로 파악하고 우주를 저절로 돌아가는 "영구운동체"Perpetum mobile (II, 741)로 간주하려는 기계론적 환상에 빠져 있다고 비판한다. 나아가서 노발리스는 그러한 기계적 세계관이 근대 국가의 통치구조와 닮은꼴이라고 본다. 가령 「믿음과 사랑」Glauben und Liebe에서 "프리드리히 대왕이 서거한 이후의 프로이센보다 더 공장처럼 통치되어온 나라는 없다."(II, 300)라고 꼬집는 것도 그런 맥락에서 이해될 수 있다. 이처럼 기계론적 사고에서부터 국가 체제에까지 이르는 경직된 질서를 무비판적으로 수용하는 일상적 체험이 곧 '고착을 통한 결정화'라 일컫는 '일상적 현재'의 시간 체험이다. 그와 달리 '정신 속에 살아 있는 현재, 회상과 예감을 융합하여 통일하는 현재'의 새로운 시간 체험은 '일상적 현재'의 기계적 연쇄를 허물어뜨리고 '시인을 살아 숨 쉬게 하는 기본 요소'로 주목받는다. 근원적인 시적 체험 내지 상상력의 자양분으로 간주되는 이 새로운 시간 체험은 외연적·경험적 시간 질서와는 전혀 다른 차원에서만 가능하다. 노발리스의 문학관이 집약된 글의 하나인 다음 구절에서 그것은 '내면으로 통하는 신비로운 길'로 명명된다.

우리는 우주 여행을 꿈꾼다. 그렇지만 우주는 우리 안에 있지 않은가? 우리의 정신의 깊은 곳을 우리는 알지 못한다. 신비로운 길은 내면으로 통해 있다. 여러 세계를 거느린 영원, 과거와 미래는 우리 자신의 내면이 아니면 그 어디에도 존재하지 않는다. 외부 세계는 그림자의 세계다. 외부 세계는 빛의 왕국에 그림자를 드리운다. 지금 우리의 내면은 물론 너무나 어둡고 외롭고 무정형의 상태인 것처럼 생각된다. 그러나 이 어둠이 지나가면, 그림자인 육신이 물러가면, 전혀 다르게 보일 것이다.(II, 233)

노발리스의 이러한 생각은 영혼·육신의 분리와 외부 세계의 부정을 지향하는 기독교적 정신주의의 징표로 보일 수도 있지만, 다른 한편 인간을 소우주로 보는 르네상스적 사유의 흔적도 간과할 수 없다. 더구나 여기서 말하는 '외부 세계'가 '죽은 법칙의 작용'에 의해 지배되는 세계임을 상기하면 '내면으로의 우주 여행'은 외부 세계와의 긴장을 동반하는 고도의 능동적인 의식 활동을 통해서만 가능할 것이다. 노발리스에게 상상력으로서의 의식 활동은 그런 외부 세계와는 다른 차원의 '여러 세계를 거느린 영원'을 생생한 현재로 불러내는 기억 활동에 다름 아니다. "모든 회상은 현재이다."(II, 349)라고 할 때의 '현재'는 '고착을 통한 결정화'에 의해 기계적으로 분절된 과거·현재·미래의 어느 한 시점이 아니라 앞서 말한 '정신 속에 살아 있는 현재, 회상과 예감을 융합하여 통일하는 현재'인 것이다. 노발리스는 "기억의 본성은 영혼의 불꽃"(II, 492)이라고 말하거니와, 기억은 문자 그대로 상상력의 불꽃인 셈이다. 이런 발상은 프리드리히 슐레겔이 낭만주의적 상상력의 핵심을 "인간의 정신 속에서 이루어지는 영원에 대한 선험적 기억"transzendentale Erinnerung des Ewigen im menschlichen Geist[5]으로 파악했던 것과 맥을 같이한다. 노발리스가 그런 의미의 기억을 상상력의 핵으로 간주하는 것은 무엇보다 이성적 인식으로도 도달할 수 없는 인간 존재의 선험적 근원에 대한 탐구를 시인의 소명이라 보기 때문일 것이다. 『하인리히 폰 오프터딩겐』의 바탕에 깔려 있는 문제의식 역시 그것이다.

---

[5] 다음에서 재인용. Siegmund: 앞의 책, S. 619.

낭만적 귀향의 서사: 『하인리히 폰 오프터딩겐』

'역사의 신화'로서의 소설

잘 알려진 바와 같이 노발리스의 『하인리히 폰 오프터딩겐』은 괴테의 『빌헬름 마이스터의 수업 시대』*Wilhelm Meisters Lehrjahre*, 1796와의 대결 속에서 나온 작품이다. 『빌헬름 마이스터의 수업 시대』를 가리켜 노발리스는 예술정신을 희생시키고 산문적 현실을 옹호한 "오성의 산물"(II, 413)이라 혹평하면서 "예술적 무신론이 이 책의 정신"(I, 801)이라고 신랄하게 비판했다. 노발리스가 『빌헬름 마이스터의 수업 시대』에 대해 이처럼 격렬한 거부감을 표명한 이유는 쉽게 짐작된다. 괴테의 소설에서 주인공 빌헬름의 '수업 시절'이란 요컨대 어린 시절부터 선망해온 예술가의 꿈을 접고 현실이 요구하는 특정한 역할을 수락하는 사회적 통합의 과정이라 할 수 있으며, 노발리스의 도발적 표현을 빌리면 "귀족 작위를 얻기 위한 순례"(II, 801)인 것이다. 『빌헬름 마이스터의 수업 시대』의 이러한 기본 구도는 문학과 삶의 관계에 대한 노발리스의 생각에 어긋난다. '세계는 낭만화되어야 한다'라는 낭만주의의 기본 명제에 충실하게 "삶은 우리에게 기정사실로 주어져 있는 소설이 아니라 **우리가 만들어낸 소설**이 되어야 한다."(II, 352)(인용자 강조)라는 관점에서 보면 빌헬름의 수업 과정은 곧 현실이라는 소설 속에서 정해진 배역을 습득하는 과정인 것이다.

그렇다면 『하인리히 폰 오프터딩겐』에서 삶은 과연 어떻게 '우리가 만들어낸 소설'이 되는가? 이 의문을 해명할 실마리는 작품 도처에서 찾아볼 수 있지만, 특히 기억의 문제와 관련하여 주목할 대목은 작품의 1부 5장에서 하인리히가 지하동굴의 은둔자와 만나는 장면이다. 우선 지하동굴에서 발견된 사원에 대한 공간적 묘사에서 바닥은 지나간 '과거'에 비유되고 천장은 먼 '미래'에 비유되는 것이 눈에 띈다. 이러한 공간 상징은 지상의 경험적 시간 질서가 여과된 모종의 신비로운 시간 체험, 낭만주의 용어로 말하면 '선험적인' 시간 체험을 강하게 암시한다. 실제로 하인리히는 그곳에서 '동화 같은 태고'의 분위기에 휩싸인다. 그리고 은둔자가 건네준 책에서는 지금까지 하인리히가 예감하지 못했던 자신의 불가사의한 운명이 그림으로 펼쳐진다. 은둔자가 '어느 시인의 경이로운 운명을 다룬 소설'이라고 밝히는 그 책 속에는 다른 시대를 살았던 하인리히 자신의 삶이 마치 아득한 과거를 회상하듯이 하나씩 모습을 드러낸다. 지금까지 주인을 찾지 못한 채 어두운 지하동굴 속에 봉인되었던 그 책의 운명처럼 깊은 망각에 파묻혀 있던 기억의 갈피들이 펼쳐지는 이 신비로운 회상의 장면에서 특이한 것은 실제로 하인리히의 가족과 지인들이 등장하는 경험적 현실의 상황과 상상 속에만 존재하는 가상의 상황들이 나란히 포개져 있다는 점이다. 현실과 상상, 현실과 꿈의 경계가 사라지는 것이다. 그리고 책의 마지막에는 하인리히 자신도 이해할 수 없는 꿈의 장면들이 나올 뿐 아니라 마지막 그림들은 누락되어 결말을 알 수 없게 되어 있다. 하인리히 자신의 운명을 다룬 이 소설은 현실의 경계 저편에서 펼쳐질 미완의 꿈으로 끝나는 것이다. 이 '소설 속 소설'의 주인공이자 독자인 하인리히가 "이 책을 읽을 수 있어서 온전히 자기 것으로 만들 수 있기를 바라 마지않았다."(I, 312)라는 반응을 보이는 것은 그 미완의 꿈을 실현하여 시인으로 거듭나는 것이 자신의 소명임을 자각하는 운명적 예감의 표명이다. 이로써 기억의 영상을 되불러오는 회상의 과정은 어느 순간 미래에 대한 예감으로 이어지고 하인리히의 신비 체험은 앞서 언급한 '정신 속에 살아 있는 현재, 회상과 예감을 융합하여 통일하는 현재'의 체험이 된다.

 여기서 또 하나 주목할 것은 하인리히가 비록 책 속의 '그림'을 통해서는 자신의 운명을 예감하지만 정작 책의 '문자'는 해독 불가능한 언어라는 사실이다. 이 불가사의한 언어는 하인리히에게 시인의 소명을 환기하는 꿈의 영상들이 기성의 언어 내지 인식의 틀로는 온전히 포착될 수 없는 신비의 영역 또는 선험적인 근원에 연유한다는 것을 암시하거니와, 그런 점에서 슐레겔이 낭만주의 시문학의 고유한 특성과 관련하여 "아라베스크Arabeske는 인간 상상력의 가장 오래되고 근원적인 형식"[6]이라고 할 때의 아라베스크에 해당된다. 말하자면 이 '소설 속 소설'의 메타 텍스트는 소설의 첫 부분에서 꿈속에 떠오른 푸른 꽃과 마찬가지로 낭만주의적 상상력의 진수를 가리키는 상징이기도 하다. 다른 한편 이 아라베스크의 언어는 작품 첫머리에서 하인리히의 아버지가 "이제는 오랜 이야기나 기록들이 우리가 필요할 때 초지상적인 세계에 관해 알아볼 수 있는 유일한 원천"(I, 243)이라고 강조할 때의 '이야기와 기록'Geschichten und Schriften에 대비된다. 아련한 몽상에 젖어 있는 하인리히에게 정신 차리라고 타이르는 뜻으로 하는 이 말은 꿈을 추구하는 하인리히와 달리 지나온 사실의 기록인 문자에 대한 확고한 믿음을 역설하는 것으로, 넓게 보면 계몽적 합리주의의 사고를 대변하는 것이기도 하다. 그렇지만 「기독교 정신 혹은 유럽」에서 루터의 종교개혁이 '영혼에서 우러나오는 믿음'을 '문자Buchstaben에 대한 믿음'으로 변질시켰다고 비판한 노발리스의 발언을 상기하면, 작품에서 하인리히의 아버지가 진리의 원천이라고 강조하는 '기록'이야말로 오히려 '초지상적인 세계'로 통하는 길을 차단하는 장애물인 셈이다. 은둔자의 다음 이야기는 '모든 것을 문자 그대로 받아들이는' 역사 서술이 '모든 과거를 생생한 현재로 떠올릴 줄 아는' 시인에 의해 어떻게 수정되어야 하는가를 시사한다.

(…) 나는 수많은 기억들을 즐거운 벗으로 삼고 있지요. 그 기억들을 조망하는 관점이 변화할수록 더욱 그렇습니다. 실제로 우리의 관점의 변화가 이 기억들의 진정한 연관성과 그 결과의 깊은 의미, 그리고 그 현상의 의의를 드러내주지요. 인류의 역사를 제대로 볼 줄 아는 감각은 현재의 거친 인상에 의해서가 아니라 기억의 조용한 영향에 의해 나중에야 생겨납

---

[6] F. Schlegel: *Kritische und theoretische Schriften*, Leipzig 1997, S. 195. 노발리스 역시 아라베스크의 특징을 "모든 시대의 낭만적 요소의 혼합"(I, 742)이라 규정한다.

니다. 가까이서 벌어지는 사건들은 멀리 떨어져 있는 사건들과 느슨하게 연결되어 있는 것처럼 보이지만 그럴수록 오히려 더 놀라운 방식으로 서로 교감하고 있지요. 그러니까 장구한 세월에 걸친 일련의 사건들을 조망할 수 있을 때, 모든 것을 문자 그대로 받아들이지도 않고 또 경솔한 망상으로 본래의 질서를 헝클어놓지도 않을 때 비로소 우리는 과거와 미래 사이의 감추어진 관계를 파악할 수 있고 소망과 기억을 바탕으로 역사를 구성하는 법을 배우게 됩니다. 이전의 모든 시간을 생생한 현재로 떠올릴 줄 아는 사람만이 역사의 단순한 규칙을 발견할 수 있지요.(I, 304 f.)

여기서 '현재의 거친 인상'에 의해 구성된 역사라는 것은 거친 역사의 드라마에 "오성의 시녀"Dienerin des Verstandes(I, 314)로 등장하여 증오와 야만을 전파하는 '영웅들'의 역사다. 위의 이야기를 들려주는 은둔자 자신이 한때 십자군 원정에 참전했다가 가족을 모두 잃고 지금은 사람의 발길이 닿지 않는 지하동굴에 은거하고 있다. 작품의 1부 4장에 등장하는 이슬람 여성 출리마의 운명은 그런 영웅들의 역사가 초래한 비극을 단적으로 보여준다. 십자군에 의해 가족을 잃고 어린 딸과 함께 유럽 땅에 노예로 잡혀 온 출리마에게 '성전'을 빌미로 폭력을 일삼은 유럽인들은 "대부분 아무짝에도 쓸모없는 사악한 인간들"(I, 284)일 뿐이다. "끝없는 불행을 초래하고 동방과 유럽을 영원히 갈라놓은"(I, 284) 전쟁으로 인해 그녀는 영원히 고향으로 돌아가지 못하고 낯선 땅의 유민이 된 것이다. 그런데 출리마는 자신의 기구한 운명에 깊이 공감하고 슬픔을 함께 나누는 하인리히에게서 전쟁 전에 어느 유명한 시인을 찾아서 페르시아로 떠난 후 소식을 알 수 없는 오빠의 모습을 본다. 그녀의 말대로 '동방과 유럽을 영원히 갈라놓은' 역사를 기정사실로 받아들이는 관점에서 보자면 서로 아무런 인연도 없는 두 사람이 이처럼 운명적 일체감을 느끼는 것은 현실에서는 불가능한 출리마의 귀향을 하인리히 자신의 소망으로 간직해야 한다는 뜻일 것이다. 출리마가 자신의 잃어버린 고향을 "아랍 지역의 낭만적 아름다움"(I, 282)으로 회상하는 것은 그러한 소망이 곧 하인리히에게 시인의 소명과 다르지 않음을 말해준다. 이처럼 출리마와의 만남은 서로 무관해 보이는 기억들 사이의 '내적 연관성'을 교감함으로써 '과거와 미래 사이의 감추어진 관계'를 파악하고 '소망과 기억을 바탕으로 역사를 구성하는 법'을 환기해준다. 시인이 발견하는 '역사의 단순한 규칙'이란 나와 무관하게 흘러간 것처럼 보이는 '이전의 모든 시간'die ganze Vorzeit을 현재와의 연관성 속에서 생생하게 되불러옴으로써 역사를 재구성하는 것이다. "역사 서술자는 반드시 시인이 되어야 한다."(I, 305)라는 말은 그런 의미로 이해될 수 있다. 그런데 이 '역사의 단순한 규칙'은 노발리스가 생각하는 소설의 원리이기도 하다.

소설은 자유로운 역사, 말하자면 역사의 신화라 할 수 있다. 여기서 신화라는 것은 현실을 아주 다양하게 상징화하는 자유로운 시적 창안의 의미로 이해될 수 있다.(II, 830)

노발리스가 이처럼 실제로 있었던 그대로의 역사가 아니라 '자유로운 시적 창안'에 의해 재구성된 '역사의 신화'를 소설의 본령으로 보는 것은 "소설은 역사의 결핍에서 생겨났다. (…) 역사는 언제나 불완전할 수밖에 없다."(II, 829)라는 인식에 바탕을 두고 있다. 여기서 역사의 결핍 내지 불완전성은 '외부 세계는 그림자 세계다.'라고 할 때와 마찬가지의 의미로 근본적인 제약이다. 따라서 그러한 제약으로부터 '자유로운 역사'로서의 '역사의 신화'는 엄밀히 말해 역사내재적 시간 질서와는 다른 차원에서 생성될 수밖에 없다. 소설의 내적 논리로 말하면 소설은 현실의 '재현'이 아니라 '상징'이 될 수밖에 없는 것이다. 하인리히에게 꿈에서 본 푸른 꽃의 화신이나 다름없는 — "오, 그녀는 노래의 정신이 모습을 드러낸 존재야!"(I, 325) — 마틸데조차도 그 점에서 예외가 아니다. "그녀는 나의 가장 내밀한 영혼이 될 거야."(I, 325)라는 황홀한 예감에 사로잡힌 하인리히는 도취의 하룻밤을 보낸 다음 날 아침 마틸데가 강물에 빠져 죽는 꿈을 꾸고, 꿈과 현실이 분간되지 않는 무의식의 상태에서 마틸데가 부르는 소리를 듣는다. 그다음 장면은 이렇게 묘사되고 있다.

"강물은 어디 있지?" 그는 울면서 소리쳤다. "저 위에 푸른 물결이 보이지 않아?" 그는 올려다보았다. 그들의 머리 위로 푸른 강물이 조용히 흘러가고 있었다. "마틸데, 우리는 어디 있는 거지?" "우리의 부모님 곁에." "우리는 함께 있을 거지?" "영원히."(I, 326)

꿈속에서 먼 미래를 내다보는 듯한 이 장면은 작품 1부의 표제이기도 한 '기대'Erwartung의 실현이 두 사람의 행복한 결합과 지상의 삶으로 완성되는 것이 아니라, 지상의 시간이 흘러간 연후에 시작될 영원과 더불어 비로소 완성될 것임을 강하게 암시한다. 마틸데의 상징적 죽음은 역설적으로 영원의 봉인인 것이다. 하인리히가 마틸데를 향해 "너의 지상의 모습은 그 모습('영원한 원형'—인용자)의 그림자일 뿐"(I, 337)이라고 하는 것은 그 때문이다. 실제로 이 꿈의 장면 말고는 마틸데가 과연 언제 어디서 어떤 이유로 죽었는가에 대한 한 마디의 설명도 없이 마틸데는 결국 작품에서 자취를 감춘다. 마틸데 자신의 말처럼 '세월의 흔적'이 '흘러가 버린 사랑의 흔적'이라면 한낱 그림자에 불과한 지상의 삶의 흔적을 추적하는 것은 더 이상 작가의 관심사가 아닌 것이다.

미완의 단편인 2부에서 환생한 마틸데처럼 보이는 소녀 취아네에게 순례자 하인리히는 일찍이 꿈에서 마틸데에게 물었던 것과 비슷한 질문을 던진다. "우리는 대체 어디로 가는 거지?" 이 질문에 대한 답변인 "언제나 그렇듯이 집으로."라는 말은 하인리히가 지상의 순례자로 떠도는 동안에는 진정한 귀향은 결코 실현될 수 없을 것임을 예고한다. 물론 이 대목에서도 취아네가 뜻밖에도 은둔자 호엔촐레른 백작이 자신의 아버지이자 하인리히의 아버지이기도 하다고 말함으로써 지나온 모든 시간의 역사를 또 다른 관점에서 돌아볼 여지가 생긴다. 특히 취아네가 마리 아를 어머니로 끌어들이는 것은 지상에서 제각기 다른 몫의 운명을 살아가며 서로 적대하는 인간들이 '신성 가족'으로 하나가 되어야 한다는 요구로 읽힐 수 있다. "종교란 서로 사랑하는 마음끼리 끝없이 이해하고 영원히 하나가 되는 것이 아니고 무엇일까?"(I, 336)라는 하인리히의 말은 사랑의 종교를 역설하는 작가의 생각과도 통하는 것이다. 그렇게 보면 증오와 야만의 시대를 넘어서 "영원한 황금시대의 회귀"(I, 271)를 갈망하는 것이야말로 이 작품의 핵심적 모티프인 낭만적 귀향의 이상이라 할 수 있다. 작품에서 마틸데의 아버지이자 원숙한 예술가로 등장하는 클링조어가 들려주는 동화에서 그 점은 더욱 분명히 드러난다.

에로스 신화의 재해석: 클링조어의 동화

작품의 1부 마지막에 삽입된 클링조어의 동화는 지상의 순례자인 하인리히의 경험지평 안에서는 결코 온전히 실현될 수 없는 이상향을 동화의 형태로 예시한 알레고리이다. 이 동화는 동시대의 작가들에게 자의적 상상의 산물이라는 부정적 평가를 받기도 했지만,[7] 노발리스가 낭만주의 문학의 원리로 언급한 "선험세계의 상징적 구성 법칙을 파악하게 해주는 비유"(I, 365)로 읽으면 그 의미가 비교적 선명히 드러난다. 노발리스가 자신의 고유한 착상임을 강조한 이 동화의 바탕이 되는 밑그림은 에로스 신화이다. 신들의 역사를 서술한 헤시오도스Hesiodos의 『신통기神統記』 *Theogonie*에서 에로스는 태초의 혼돈 즉 카오스로부터 신과 인간과 만물을 태어나게 하고 생명을 지속시켜주는 우주적 생성력의 신적 비유로 등장한다.[8] 그 반면 노발리스의 동화에서 에로스는 헤시오도스의 신통기를

---

[7] 가령 아힘 폰 아르님(Achim von Arnim)은 브렌타노에게 보낸 편지(1802년 7월)에서 『하인리히 폰 오프터딩겐』 전체에 대한 혹평과 함께 '그 의미를 알아채지 못하면 지루한 동화'라고 평한 바 있다. Vgl. Ursula Ritzenhof (Hg.): *Erläuterungen und Dokumente — Novalis. Heinrich von Ofterdingen*, Stuttgart 1988, S. 174 f.

거꾸로 뒤집은 세속화의 의인적 형상으로 등장하는데, 특히 지상 세계를 주유하는 에로스의 모습에서 그런 측면이 두드러지게 부각된다. 가령 에로스는 어린 시절의 유모이자 아버지의 정부이기도 한 기니스탄을 성적 욕망의 대상으로 능욕하며, 에로스의 거친 충동은 여기에 그치지 않고 숱한 사람들에게 끝없는 고통의 화근이 되는 것이다. 달의 딸인 기니스탄이 낭만적 상상력의 알레고리라면 기니스탄의 수모는 파괴적 충동이 지배하는 지상의 세계에서 시문학이 겪는 운명의 축도라 할 수 있다. 주요 인물의 존재 영역과 상징적 의미를 도식화하면 아래와 같다.[9]

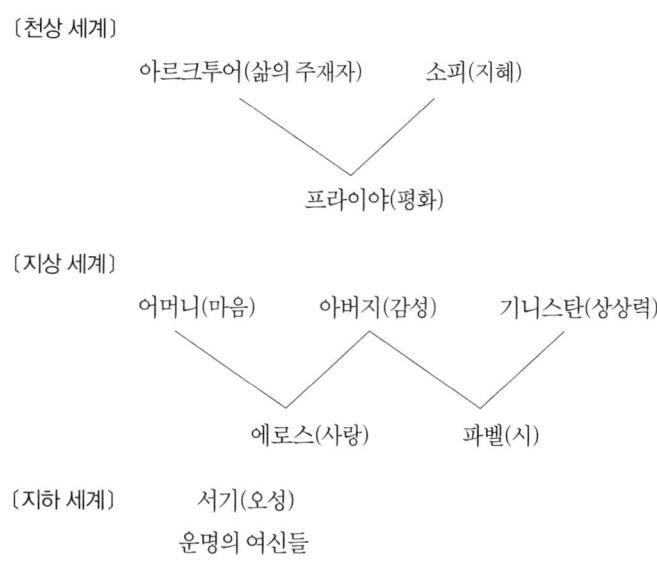

에로스가 바깥세상에서 거친 행동을 일삼는 동안 그의 집안 역시 풍비박산이 난다. 서기Schreiber의 반란으로 에로스의 부모는 유폐되고 형제인 파벨은 지하 세계로 쫓겨나는 것이다. 서기는 평소 집안에서 벌어지는 크

---

8 Vgl. Albin Lesky: *Vom Eros der Hellenen*, Göttingen 1976, S. 10 ff.
9 이 도식은 다음 설명을 참조하여 재구성한 것임. Gerhard Schulz: *Novalis. Beiträge zu Werk und Persönlichkeit Friedrich von Hardenbergs*, Darmstadt 1986, S. 614.

고 작은 사건들을 끊임없이 기록하지만 매번 그 기록을 다시 지워야 하는 헛수고를 해온 인물로, 역사의 무의미한 반복을 상징한다. 그것은 운명의 여신들이 지하 세계의 악령으로 매일 똑같은 실을 잣는 불모의 행위를 반복하는 것에 조응하며, 마녀의 형상을 한 운명의 여신들이 서기의 반역에 결탁하는 것은 그 때문이다. 반역자 서기는 결국 에로스의 어머니를 화형에 처하는데, 화형 장작더미의 불기운이 태양열까지 모조리 흡수해서 암흑천지가 되는 상황은 폭력이 난무하는 역사의 악순환이 종국에는 자멸적 파국으로 치달을 수밖에 없음을 보여준다. 지상 세계의 역사는 자체의 원동력을 남김없이 소진하여 그 업을 다할 때만 비로소 활동을 멈추고 본래의 자연상태로 돌아가는 것이다.[10] 달리 말하면 역사의 모래시계가 완전히 흘러내릴 때만 비로소 지금까지 흘러온 시간의 역사와는 다른 역사의 가능성이 열릴 수 있다는 뜻도 된다. 시의 알레고리인 파벨은 결정적 위기의 순간에 운명의 여신들에게 모래시계를 선사함으로써 그들을 운명의 주인이 아닌 노예로 포박하고 오랜 속박에서 풀려나는 것이다. 이로써 "파벨이 옛 권리를 되찾을 때/비로소 차가운 밤은 이곳에서 물러나리."(I, 340)라는 천상의 예언이 실현된다. 그와 동시에 에로스의 거친 충동 역시 궁극의 평온을 되찾는다. 지상에서의 방황을 마치고 천상의 지혜('소피')의 딸인 프라이야와 결합함으로써 비로소 에로스는 우주 만물에 생명을 부여하는 본래의 존재로 돌아가는 것이다. 에로스의 자기 회귀는 지상의 몸을 빌려 행했던 온갖 위악의 허물을 벗고 태초의 선험적 근원으로 회귀함으로써 다시 신화되며, 그런 점에서 이 동화 역시 역사적 시간의 소실점에서 펼쳐지는 '역사의 신화화'에 해당된다. "프라이야의 품에서 세상은 깨어나고/모든 그리움은 그 짝을 찾으리라"(I, 340)고 했던 천상의 복음이 실현되는 것이다.

---

10 그런 의미에서 노발리스는 낭만주의 시문학의 정점인 동화가 구현하는 '미래의 세계'를 "이성적 혼돈"(das vernünftige Chaos) 또는 "무한대의 혼돈"(Chaos∞)(II, 514)이라 일컫는다.

맺는말

동화의 결말은 지상의 역사에서는 실현 불가능한 꿈의 가상적 충족이라는 점에서는 "환상적 소망 충족"[11]이라 볼 수 있다. 그렇지만 "모든 동화는 어디에나 있고 어디에도 없는 고향 세계에 대한 꿈"(II, 353)이라는 노발리스의 생각에 비추어보면 그 유토피아적 성격도 간과할 수 없다. 동화에서 '이전의 모든 시간을 생생한 현재로 떠올리는' 기억의 작용은 단지 이상주의적 초월을 지향하는 것이 아니라 지상의 역사 전체를 '이전의 모든 시간'으로 설정하여 현재의 의식 속에 불러옴으로써 '영원한 황금시대'의 유토피아적 이상을 하나의 시적 체험으로 구현하는 과정이기 때문이다. 그렇게 해서 시적 체험은 역사의 진정한 의미가 발현되는 과정과 합치되거니와, 노발리스가 시Poesie를 "우주의 자기의식"Selbstbewußtsein des Weltalls(II, 802)이라 명명한 이유도 그것이다. 개체와 인류와 우주의 역사를 하나로 포개어 가장 단순한 형식 속에 압축한 이 동화는 노발리스의 낭만주의 시학과 역사철학의 핵심을 담고 있는 것이다.

노발리스는 "소설은 그 어떤 목적과도 무관하다."(II, 829)라고 했지만 『하인리히 폰 오프터딩겐』에서 그 자율성의 미학은 작품의 바탕에 깔려 있는 유토피아적 지향으로 인해 강력한 목적론적 서사로 수렴된다.[12] 동화에서 시의 정신이 구현된 영원한 평화의 왕국은 "시적인 국가만이 진정으로 완벽한 국가이다."(II, 282)라는 노발리스의 정치적 신앙고백에 해

---

11 Friedrich Kittler: Die Irrwege des Eros und die "absolute Familie". Psychoanalytischer und diskursanalytischer Kommentar zu Klingsohrs Märchen in Novalis' *Heinrich von Ofterdingen*, in: B. Urban/W. Kudszus (Hg.): *Psychoanalytische und psychopathologische Literaturinterpretation*, Darmstadt 1981, S. 451.

12 이 점은 아스만(Aleida Assmann)이 워즈워스(William Wordsworth)의 예를 통해 설명하듯 서구 낭만주의 시학에서 상상력의 질료이자 형식인 기억이 플라톤적 의미에서 '진리의 드러냄'에 관여하는 목적론적 기능을 부여받는 양상에 상응한다. 알라이다 아스만: 『기억의 공간』, 변학수·백설자·채연숙 옮김, 경북대 출판부 2004, 1부 IV장 '워즈워스와 시대의 상흔' 참조.

당하는 것으로 '공장처럼 통치되는' 근대 국가에 대한 대안적 이상향으로 제시되고 있는 것이다. 흔히 노발리스는 그의 사상의 저변에 흐르는 기독교적 성향으로 인해 후기 낭만주의자들과 마찬가지로 반근대적 복고주의자로 평가되지만, 적어도 지금까지 살펴본 작품 세계의 실상에 비추어볼 때 노발리스의 이상주의적 지향은 그가 "최근 계몽사상의 신비주의"(II, 744)라고 비판한 시대정신과의 치열한 대결에서 배태된 것임을 확인할 수 있다.

(2004년)

슐레겔의 '낭만적 보편시'의 이론과 실제

낭만주의 문학의 자기성찰 구조와 현대성

낭만주의 개념에 대하여

독일 문학사에서 낭만주의Romantik는 노발리스, 슐레겔 형제 등이 활동하기 시작한 1790년대 중반부터 1820년대 무렵까지의 시기에 해당한다. '낭만적'romantisch이라는 용어는 원래 고대 프랑스어 romanz에서 유래하며, 중세에는 소수 지식층의 언어였던 라틴어가 아닌 '민중 언어로 쓰인' 문학을 뜻했다.[1] 영어에서 17세기 중반부터 romantic이라는 말이 쓰이기 시작했고, 독일어 romantisch는 1700년 무렵부터 사용되었다. '낭만적' 문학은 중세에 대중적 인기를 누렸던 설화시Romanze의 모범에 따라 과장되고 환상적인 문학을 가리켰다. 18세기에 와서는 특히 야성적이고 장엄한 자연 풍경을 '낭만적'이라 일컬었다. 이러한 자연의 숭고미는 일상적이고 범속한 경험의 한계를 넘어서는 무한성에 대한 동경을 일깨운다는 점에서 문학적 낭만주의 개념과 상통하는 것이었다. 문학적 낭만주의는 넓게 보면 다음 세 가지 용법으로 사용되었다.

---

[1] 이하 낭만주의 개념에 관한 설명은 『도이치 문학 용어 사전』, 김병옥·안삼환·안문영 엮음, 서울대 출판부 2001, 536쪽 이하 참조.

첫째, 가장 폭넓은 개념으로는 고전주의 이후의 문학을 뜻했다. 이때 고전주의란 고대 그리스 로마의 고전주의 문학예술을 뜻한다. 헤겔 미학에서 고대 그리스 로마의 고전주의는 자연과 정신의 통일성을 표현하는 예술형식이며, 이와 달리 낭만주의는 외적 자연과 정신의 통일성보다는 정신적 내면성을 중시하는 예술형식이다. 이런 의미에서의 낭만주의 예술은 중세 기독교 예술과 기사 문학, 그리고 바로 헤겔 당대에까지 이르는 근대 문학을 모두 포괄한다. 이러한 구별에 따르면 독일 낭만주의는 낭만적 예술의 마지막 시기에 태동한 사조라 할 수 있다.

둘째, '낭만적인' 것은 넓은 의미에서 환상적인 특성을 가리킨다. 중세 설화시에서 유래하는 환상성과 모험성의 연장선에서 경험적 한계를 넘어서는 무한한 상상, 일상적 현실을 초월하는 비범한 것, 합리적으로 설명할 수 없는 불가사의한 것, 몽상적인 것 등을 낭만적이라 일컬었다. 이러한 특별한 상상적 경험은 전통적인 (즉, 고전주의적인) 형식 규범으로는 파악할 수 없는 새로운 형식을 요구했다. 근대에 새롭게 생겨난 문학 장르인 소설이 바로 그런 요구에 부응했기 때문에 흔히 '소설적인'romanhaft 것이 곧 '환상적인' 것을 뜻했다.

셋째, 당대의 독일 낭만주의자들은 '낭만적인 것'을 '현대적인 것'으로 자각했다. 앞에서 언급한 대로 고대 그리스 문학을 모범으로 삼는 고전주의에 대립하는 의미에서 낭만주의는 동시대의 현재성에 충실하고 모더니티를 지향했다. 고전주의가 엄격한 형식 규범을 추구했으므로 이에 대립하는 낭만주의는 따라서 기성의 형식 규범을 허물어뜨리는 해체적 경향을 띠게 된다. 낭만주의는 문학예술의 자기 쇄신을 지향하며, 그러기 위해서는 예술 자체에 대한 반성적 성찰이 요구된다. 이런 모든 의미에서 낭만주의는 현대적이며, 특히 초기 낭만주의를 대표하는 프리드리히 슐레겔Friedrich Schlegel, 1772~1829의 이론적 성찰에서 그런 면모가 두드러진다. 슐레겔은 "낭만적인 것과 현대적인 것은 완전히 동일하다."[2]라고 단언했다.

이 글에서는 낭만주의의 현대성에 대한 성찰이 집약된 슐레겔의 유명한 강령적 글에 대한 해석을 중심으로 독일 낭만주의의 특성을 살펴보고자 한다. 논의의 편의를 위해 먼저 슐레겔 글의 번역문을 소개하고, 이에 대한 분석과 작품 사례를 일별하는 방식으로 서술하기로 한다.

'점진적 보편시'의 과제

프리드리히 슐레겔은 「아테네움 단장斷章」Athenäum-Fragmente 116번에서 낭만주의 문학을 '점진적 보편시'progressive Universalpoesie라 정의하고 있다. 슐레겔의 글 전문을 우리말로 옮기면 다음과 같다.(번호는 편의상 붙인 것임)

(1) 낭만적 시는 점진적 보편시이다. 낭만적 문학의 과제는 문학의 모든 분리된 장르들을 다시 결합하고 문학을 철학, 수사학과 연결하는 것만이 아니다. 낭만적 문학이 추구하려 하고 추구해야 하는 것은 시와 산문, 창조성과 비평, 예술시와 자연시를 때로는 혼합하고 때로는 융합하며, 시를 생동감 있고 사회적인 것으로 만드는 동시에 삶과 사회를 시적으로 만들며, 위트를 시적인 것으로 만들고, 예술의 여러 형식들을 다양한 종류의 풍부한 교양 소재로 가득 채우고 활기찬 유머로 예술형식에 영혼을 불어넣는 것이다. 낭만적 문학은 시적인 모든 것을 포괄한다. 몇 개의 체계를 포함하고 있는 가장 큰 예술체계에서부터 시를 짓는 어린아이가 기교 없는 노래로 내쉬는 탄식과 입맞춤에 이르기까지.

(2) 낭만적 문학은 서술된 것 속에 완전히 침잠할 수 있고, 그래서 사람들은 온갖 부류의 시적인 개인들의 특징을 표현하는 것이 낭만적 문학

---

2 F. Schlegel: *Gespräch über die Poesie*, München 1985, S. 169.

의 궁극 목표라고 믿고 싶어진다. 그렇지만 작가의 정신을 완벽하게 표현할 수 있는 형식은 아직 존재하지 않는다. 그래서 오로지 하나의 소설만 쓰려고 했던 몇몇 작가들은 대개 자기 자신을 서술하게 되는 것이다. 오직 낭만적 문학만이 서사시와 마찬가지로 전체적인 주위 세계의 거울, 시대의 형상이 될 수 있다. 하지만 그러면서도 낭만적 문학은 주로 서술된 것과 서술자 사이에서, 모든 현실적인 관심사와 이상적인 관심사에서 벗어나 자유롭게 시적 성찰의 날개를 달고 그 가운데서 떠다닐 수 있으며, 이러한 성찰을 거듭 강화하여 마치 끝없이 늘어놓은 거울로 비추듯이 배가할 수 있다.

(3) 낭만적 문학은 모든 방면에서 최고로 형성될 수 있다. 단지 안으로부터뿐만 아니라 바깥에서 안으로도 그렇게 할 수 있다. 낭만적 문학의 창작물 전체로 완성되어야 하는 모든 부분들을 고르게 조직함으로써 무한히 증대하는 고전성의 전망이 열리게 된다. 여러 예술들 가운데 낭만적 문학은 철학에서 위트와 같은 것이며, 삶에서 사회, 교류, 우정, 사랑과 같은 것이다. 다른 부류의 문학은 완성되어 있고 완전히 분류되어 있다. 낭만적 문학은 아직 형성 중이다. 영원히 형성될 뿐 결코 완성될 수 없는 것이야말로 낭만적 문학의 본질이다. 낭만적 문학은 그 어떤 이론으로도 완전히 해명될 수 없으며, 오직 예언적인 비평만이 감히 낭만적 문학 이상의 특성을 규명하려 할 수 있을 것이다. 오직 낭만적 문학만이 무한하며, 오직 낭만적 문학만이 자유로우니, 시인의 자유는 그 어떤 법칙의 구속도 감내하지 않는다는 것을 최고의 법칙으로 인정하는 것이다. 낭만적 문학 유형은 단지 하나의 유형을 넘어서는 유일무이한 것이며, 문학 그 자체와 같은 것이다. 왜냐하면 어떤 의미에서 모든 문학은 낭만적이고, 낭만적이어야 하기 때문이다.[3]

첫 부분은 낭만적 문학의 목표와 과제를 서술하고 있다. 첫 문장은 이

---

3 F. Schlegel: *Kritische Ausgabe*, Padeborn 1967, Bd. 2, S. 182 f.

글 전체의 논지를 포괄적으로 집약한 명제라 할 수 있다. 낭만적 문학을 낭만적 '시'라고 표현한 것은 좁은 의미의 시 장르를 가리키는 것이 아니라 문학 자체를 가리키는 용어인데, 시Poesie의 어원 poein이 원래 '창조하다', '생산하다'라는 뜻이기 때문에 문학 본래의 창조성을 강조하기 위한 어법이다.[4] 슐레겔이 생각하는 '낭만적' 문학의 범위는 매우 넓다. 문학사적으로는 중세 후기의 단테, 근대 초기의 셰익스피어와 세르반테스까지도 모두 낭만적 문학에 포함된다. 또한 낭만적 문학은 특정한 사조를 가리킨다기보다는 이 글에서 말하는 제반 특성을 구현한 문학을 가리킨다. 그래서 예컨대 슐레겔은 고대 인도 문학도 매우 낭만적이라고 간주한다. 물론 독일 문학사의 맥락에서 보면 이 글에서 말하는 낭만적 문학은 당대 독일 문학이 추구해야 할 과제를 강조하고 있으며, 그런 맥락에서 이 글은 독일 낭만주의 문학의 목표를 집약한 강령의 성격을 띤다.

낭만적 문학이 '점진적'이라는 말은 이 글의 마지막 부분에서 다시 강조하듯이 낭만적 문학이 계속 형성 중이며, 자체의 경계와 한계를 부단히 지양하면서 지속적으로 보편적인 것을 추구한다는 뜻이다. 보편적인 것을 추구한다는 것은 역으로 말하면 이 시대가 특수한 부분들로 갈라지고 분화되고 있다는 비판적 시대 진단을 전제한다. 문학과 삶이 분리되고, 정신활동의 여러 영역들이 문학과 철학 등으로 분리되고, 시와 산문이 분리되고, 문학이 세부적인 장르로 분화되는 추세인 것이다. 사회역사적인 관점에서 보면 인간 노동이 분업화함에 따라 인간 활동이 작은 부분 영역들로 쪼개져 나뉘고 이에 상응하여 인간의 정신활동 역시 작은 부분들로 분화되어 협소해지고 고립되는 역사적 근대화의 부정적 경향에 거슬러서 낭만주의 문학은 이렇게 모든 것이 고립·분화되어가는 추세에 맞서서 다시 보편적 종합을 지향한다. 이런 의미에서 낭만주의는 모더니티의

---

[4] 헤겔 미학에서 시(Poesie)는 장르적 의미 이전에 '정신의 무한성'을 추구하고 정신과 세계의 근원적 일치를 추구하는 문학의 본질적 지향을 가리킨다. 이 책의 162쪽 참조.

부정적 양상에 대한 비판적 저항의 성격을 띤다.

분리된 장르들을 다시 결합하는 것은 특히 낭만주의 소설의 두드러진 특징이다. 원래 소설은 드라마적 요소를 적절히 활용하므로 소설과 드라마는 깊은 친화성을 갖고 있다. 그런 이유에서 슐레겔이 이 글을 쓴 것과 비슷한 시기에 괴테와 쉴러는 서사 문학과 드라마(주로 비극)를 비교하는 「서사 문학과 극문학에 관하여」1797라는 글을 공동으로 집필하기도 했다.[5] 초기 낭만주의를 대표하는 노발리스의 소설 『하인리히 폰 오프터딩겐』을 보면 수많은 시들이 삽입되어 있고 동화가 작품의 핵심적인 부분을 차지한다. 특히 동화는 환상적 특성이 강하기 때문에 낭만주의 작가들이 선호한 장르였다. 위의 글에서 '예술시'Kunstpoesie와 '자연시'Naturpoesie는 주로 동화 및 민요와 관련된 용어인데, 특정한 작가가 창작한 작품을 예술시, 일정한 작가가 없이 민간에서 자생적으로 생겨난 작품을 자연시라 일컬었다.[6] 이 시대에 수집된 유명한 그림 동화의 대부분은 독일과 유럽 전역에서 구전으로 전해오던 자생적인 민담을 다시 예술적으로 가공한 것이며, 따라서 자연시와 예술시를 결합한 본보기라 할 수 있다. 또한 낭만주의 시대에 수집된 수많은 민요들 역시 비슷한 방식으로 채록되어 가공된 것이다.

"시를 생동감 있고 사회적인 것으로 만드는 동시에 삶과 사회를 시적으로" 만든다는 것은 문학과 사회의 긴밀한 상호작용을 추구한다는 뜻이다. 앞에서 살펴본 대로 낭만적 문학은 모든 분리된 것의 이원적 대립의 극복을 추구하므로 문학과 현실의 상호작용을 지향한다. 노발리스의 유명한 구절을 빌리면 "세계는 낭만화되어야 한다."[7] 『하인리히 폰 오프터

---

5 자세한 내용은 다음 참조. 임홍배: 『독일 고전주의』, 연세대학교 출판문화원 2016, 114~126쪽.

6 낭만주의 당대에 아힘 폰 아르님과 야코프 그림(Jacob Grimm)은 동화를 예술시로 볼 것인가 아니면 자연시로 볼 것인가 하는 문제에 대해 치열한 논쟁을 벌였다. 자세한 설명은 안드레 욜레스: 『서사의 단순 형식들』, 임홍배 옮김, 서울대 출판문화원 2024, 251쪽 이하 참조.

딩겐』을 놓고 말하면, 주인공 하인리히는 세상을 두루 경험하면서 시인의 길로 나아가는데, 그가 바깥세상을 주유하면서 겪는 경험은 시인의 소양으로 내면화되어 그의 정신세계로 수렴된다. "그가 보고 들은 모든 것은 그의 내면에서 새로운 빗장을 밀쳐내는 것 같았고, 그에게 새로운 창을 열어주는 것 같았다."[8] 다시 말해 주인공 하인리히가 바깥세상에서 보고 들은 모든 경험은 이전까지 닫혀 있던 마음속의 문을 하나씩 열어가는 내면적 성숙의 과정이 되는 것이다. 이러한 성숙 과정을 통해 시적 상상과 현실, 내면 세계와 바깥 세계의 경계가 지양된다.

후기 낭만주의 시인 아이헨도르프 Joseph Eichendorff의 짧은 시 「마법의 지팡이」 Wünschelrute는 '세계의 낭만화'를 집약해서 보여준다.

모든 사물 속에 노래가 잠들어 있다면
사물이 차례로 계속 꿈을 꾸고
세상이 노래하기 시작하겠지,
그대가 마법의 주문만 찾아낸다면.

'마법의 지팡이'라고 번역한 제목은 원래 땅속에 묻혀 있는 보물이나 광석 또는 수맥을 탐지하는 막대기, 즉 광맥·수맥 탐지기를 가리킨다. 시인이 창조하는 '마법의 주문'은 땅속 깊이 묻혀 있는 광맥이나 수맥을 찾아내는 탐지기와 같다. 땅속에 보물이 묻혀 있듯이 만물 속에는 노래가 잠들어 있고, 그래서 모든 사물은 꿈을 꾼다. 꿈을 꾼다는 것은 경험현실의 제약을 넘어서 상상의 나래를 펴는 것이다. 시인의 소명은 이처럼 모든 사물 속에 잠들어 있는 노래를 일깨워 온 세상이 노래하도록 하는 것이다. 노발리스가 말한 세계의 낭만화이다.

---

7 Herbert Uerlings (Hg.): *Theorie der Romantik*, Stuttgart 2000, S. 151.
8 노발리스: 『푸른 꽃』, 김재혁 옮김, 민음사 2003, 133쪽.

낭만적 문학의 자기성찰적 특성

두 번째 부분은 낭만적 문학의 내적 구조와 원리에 대해 말하고 있다. 낭만적 문학이 고대의 서사시와 마찬가지로 세계 전체와 그 시대를 거울처럼 비추어야 한다는 것은 세계에 대한 총체적 인식을 추구해야 한다는 뜻이다. 이것은 낭만적 문학이 부분적 특수성의 한계를 부단히 지양하고 보편적인 것을 지향한다는 '점진적 보편시'의 요구에 부응하는 핵심적 과제이다. 이러한 과제 역시 무엇보다 소설에 해당한다. 헤겔이 소설을 가리켜 '시민적 서사시'라 일컬었던 것도 그런 취지이다. 일찍이 호메로스의 『일리아스』와 『오디세이아』가 그리스인들의 총체적 세계 인식을 구현했듯이 근대의 새로운 장르인 소설 역시 시민적 주인공의 눈으로 시대적 총체성을 추구해야 한다는 것이다.

그런데 그런 총체적 인식은 과연 어떻게 가능한가? 총체적 인식이 가능하기 위한 조건은 무엇인가? 이것은 칸트의 선험철학이 인식 가능성의 조건에 관해 제기한 물음과 연결된다. 슐레겔은 이러한 선험철학Transzendentalphilosophie의 과제를 문학에 적용하여 선험시Transzendentalpoesie라는 용어를 만들어내고, 선험시를 "실제적인 것과 이상적인 것의 관계를 끝없이 탐구하는 문학"[9]이라 정의한다. 다시 말해 문학을 통해 세계에 대한 총체적 인식이 가능하기 위한 조건은 무엇인가를 무한히 성찰하는 것이 선험시의 과제가 된다. 이 과제는 시적 주체가 세계를 관찰하는 방식에 관한 성찰, '시에 관한 시'Poesie der Poesie, 다시 말해 시에 대한 메타적 성찰에 해당한다. 슐레겔의 글에서 다음 부분은 낭만주의 문학의 이러한 자기성찰적 특성을 표현한 것이다. "낭만적 문학은 주로 서술된 것과 서술자 사이에서, 모든 현실적인 관심사와 이상적인 관심사에서 벗어나 자유롭게 시적 성찰의 날개를 달고 그 가운데서 떠다닐 수 있

---

9 F. Schlegel: *Athenäum-Fragment*, Nr. 238, in: *Kritische Ausgabe*, Bd. 2, S. 204.

으며, 이러한 성찰을 거듭 강화하여 마치 끝없이 늘어놓은 거울로 비추듯이 배가할 수 있다."

여기서 거울의 비유는 낭만주의 문학이 '세계에 대한 성찰'인 동시에 세계를 표현하고 창조하는 '문학 자체에 대한 자기성찰'이라는 의미에서 "이중적 성찰"Doppelreflexion[10]을 가리킨다. 루만Niklas Luhmann의 체계이론적 관찰 방식을 빌려 말하자면, 대상을 관찰하는 주체를 다시 관찰 대상으로 삼는 접근 방식이다. 그런데 낭만적 문학의 사유는 어느 한 지점에서 종결되는 것이 아니라 부단히 경계와 한계를 지양하고 보편으로 나아가는 무한한 과정이므로 결국 '거울을 끝없이 늘어놓는' 형국이 되는 것이다.

낭만주의 문학의 자기성찰적 특성은 무엇보다 아이러니Ironie를 통해 작품의 구성 원리로 구체화된다. 일반적으로 아이러니는 어떤 표현을 그 본래 의미와는 반대되는 뜻으로 사용하는 역설적 어법을 가리킨다. '선험시'에 대한 슐레겔의 정의를 가지고 설명하면, 낭만적 아이러니는 "실제적인 것과 이상적인 것의 관계"를 성찰하면서 서술의 한계를 끊임없이 지양하여 더욱 완전한 것을 추구하되, 이러한 자기 지양의 과정이 결코 완결될 수 없고 무한히 지속된다는 의식을 표현하는 것이라 할 수 있다. 따라서 아이러니는 한편으로 표현 대상에 몰입하고 도취하면서도 다시 그런 상태를 허물어뜨리는 "자기 창조와 자기 파괴의 끝없는 변화"[11]를 추구한다. 슐레겔은 "낭만적 아이러니는 정신의 영원한 활동성에 대한 명확한 자각, 무한히 충만한 혼돈에 대한 명확한 자각이다."[12]라고 규정한다. 문학작품을 일정한 규칙의 질서 안에 가두지 않고 그런 질서의 폐쇄성을 해체하는 '혼돈'을 통해 정신의 무한한 활동성을 지향한다는 것이다.

낭만주의 문학의 자기성찰적 특성은 일률적으로 적용되는 것이 아니

---

10 Detlev Kremer: *Prosa der Romantik*, Stuttgart 1997, S. 10.
11 최문규: 『독일 낭만주의』, 연세대학교 출판문화원 2005, 137쪽.
12 F. Schlegel: *Ideen*, in: *Kritische Ausgabe*, Bd. 2, S. 263.

라 낭만주의 문학 안에서도 작가마다 작품마다 다르게 구현될 수 있다. 대표적인 몇 가지 사례를 살펴보자.

노발리스의 『하인리히 폰 오프터딩겐』

노발리스의 『하인리히 폰 오프터딩겐』에서 주인공 하인리히가 바깥 세계에서 겪는 모든 체험은 진정한 내면 세계로 나아가기 위한 성숙의 과정이다. 그런 의미에서 외부 세계를 향한 길과 내면으로 향하는 길은 서로 거울처럼 비추는 관계에 있다. 그래서 바깥 세계에서 보고 들은 경험이 마음의 문을 여는 열쇠가 되는 것이다. 작품의 구성에서 1부에는 '기대'라는 부제가 붙어 있고 2부에는 '실현'이라는 부제가 붙어 있다. 2부는 1부 전체에서 주인공이 예감하는 기대의 실현이므로 1부와 2부는 거울처럼 마주 보고 있는 셈이다. 이것은 작품의 시간 구조로 구체화된다. 주인공이 경험하는 현재의 시간은 지나온 과거 경험에 대한 회상과 미래에 대한 예감이 교차하는 시간이다. 과거에 대한 회상과 미래에 대한 예감은 현재 속에서 부단히 서로 투영하는 관계에 있는 것이다.

이러한 반복적 투영은 5장에서 작품 전체의 서술 원리임이 밝혀진다. 주인공 하인리히는 은둔자의 동굴에서 자신의 삶을 기록한 낯선 책을 발견하는데, 이 신비의 책은 하인리히의 인생 여정을 서술하고 있는 이 소설을 다시 관찰하고 성찰한 '책 속의 책'이며, 슐레겔이 말한 '시에 관한 시'라 할 수 있다. 그러나 정작 하인리히 자신은 '프로방스어'로 쓴 이 낯선 책을 제대로 이해하지 못한다. 아직은 온전한 자기 인식에 도달하지 못했기 때문이다.

1부의 마지막에 해당하는 9장 '클링조어의 동화'는 이 소설 전체의 핵심을 다시 동화로 압축한 '작품 속의 작품'에 해당한다.[13] 그리고 이 동화

---

13 이 동화에 대한 자세한 분석은 이 책에 수록된 「노발리스의 낭만주의 시학과 기억의 문제」 참조.

속에는 다시 시와 '에로스를 위한 연극'이 삽입되어 있는데, 이로써 '작품 속의 작품' 속에 다시 작품이 삽입된 형국이 된다. 이 동화에 등장하는 인물이 고유명사 이름을 갖지 않고 '에로스'(사랑)와 '파벨'(이야기, 문학, 시) 등의 알레고리로 지칭되는 것은 여기서 시적 사유와 개념적 사유의 경계가 지양되는 것을 시사한다. 슐레겔이 말한 대로 시와 철학의 경계가 지양되는 셈이다.

슐레겔은 노발리스의 사유가 플라톤과 친화성이 있다고 했다. 앞에서 언급한 투영 구조는 플라톤의 동굴 비유를 떠올리게 한다. 우리는 제한된 경험 세계에 갇혀 있기 때문에 진리의 빛을 직접 볼 수 없고 다만 동굴에 비치는 그림자를 통해 진리에 대해 유추할 수 있을 뿐이다. 노발리스의 소설에서 주인공 하인리히는 제한된 경험 세계를 통과하면서 '푸른 꽃'이 상징하는 영원한 동경의 이상을 향해 나아간다. 바깥세상의 경험은 마음속의 닫힌 문을 하나씩 열어서 시적 정신으로 충만한 내면 세계로 나아가는 매개가 되므로 결국 하인리히가 선망하는 '푸른 꽃'은 낭만적 시정신을 가리키는 상징이 된다.

호프만의 「모래 사나이」

호프만E.T.A. Hoffmann의 「모래 사나이」Der Sandmann, 1816는 이야기의 복합적인 서술 층위와 서술 시점視點 측면에서 슐레겔이 말하는 거울 은유와 연결된다. 이 작품은 3부로 나뉘어 있는데, 1부는 세 통의 편지로 시작한다. 그 편지에서 주인공 나타나엘은 청우계 장사이자 기술자인 코폴라가 어린 시절에 자신의 아버지를 죽음에 이르게 한 연금술사 코펠리우스와 동일 인물이라 여긴다. 그렇지만 나타나엘의 약혼녀 클라라는 그것이 허황된 착각일 뿐이라고 단언한다. 또한 나타나엘은 물리학 교수 스팔란차니가 심령술사 칼리오스트로와 닮았다고 생각한다. 작품의 2부에는 이야기 화자가 등장하여 독자에게 2인칭으로 말을 걸어서 독자를 이야기 속으로 끌어들인다. 작품 속의 허구와 독자의 경험 현실을 뒤섞는 이런 과정을 통해 독자는 현실과 상상이 서로 뒤바뀌는 혼란에 빠지게 된다. 뿐만 아니라 나타나엘은 코펠리우스가 클라라와의 사랑을 방해할 거라는 불길한 예감을 소재로 '시'를 쓴다. 다시 말해 작중 인물 나타나엘이 또 다른 작중 인물 코펠리우스에 대한 상상을 허구로 지어냄으로써, 허구 속에 또 다른 허구가 삽입되는 형국이다. 그런데 나타나엘이 완성한 시를 낭송했을 때 그에겐 자신의 목소리가 '소름 끼치는' 낯선 목소리로 들린다. 이로써 허구 속의 허구는 그 창작 주체로부터 분리된다. 화자는 아이러니를 통해 나타나엘의 환상을 허물어뜨리는 것이다. 자신의 목소리를 타인의 목소리처럼 낯설게 느끼는 혼란은 나타나엘의 자아가 현실적 자아와 상상적 자아로 분열되어 있음을 보여준다.

3부는 화자의 전지적 시점으로 서술된다. 여기서 주인공 나타나엘은 코폴라에게서 망원경을 사는데, 망원경으로 올림피아라는 이웃집 여인을 관찰한다. 나타나엘은 올림피아가 스팔라차니 교수의 딸이라 생각하는데, 실제로 올림피아는 교수가 만들어낸 기계인형(로봇)이다. 그럼에도 나타나엘은 올림피아에 대한 사랑에 빠지고 그 반면 약혼녀 클라라를 생명이 없는 로봇이라 여긴다. 스팔라차니 교수의 집에서 열린 연회에서 나타나엘이 기계인형 올림피아와 춤을 추는 장면에서 나타나엘의 비현실적 환상은 절정에 이른다.

이렇듯 나타나엘은 주관적 상상과 객관적 현실을 분간하지 못하는 극심한 인지적 혼란에 빠져 있다. 이야기의 화자는 나타나엘이 자신의 상상으로 만들어낸 환상에 점점 더 빠져드는 모습을 보여주는 동시에 그런 모습에 대한 아이러니를 통해 그 환상이 현실과 유리된 주관적 환상일 뿐임을 드러냄으로써 '자기 창조와 자기 파괴의 끝없는 변화' 과정을 보여주고 있다.

아이헨도르프의 시 「동경」Sehnsucht

동경

별들은 그토록 금빛으로 빛났고
나는 홀로 창가에 서서
저 멀리 고요한 나라에서 들려오는
역마차의 나팔 소리 들었다.
내 가슴 온몸으로 불타올라
몰래 나는 생각했다:
아, 이 찬란한 여름밤
누가 함께 여행할 수 있으면!

두 젊은 직공들
산비탈을 지나갔고,
나는 그들이 조용한 고장을
방랑하며 부르는 노랫소리 들었다.
숲이 그토록 조용히 속삭이는
아찔한 바위 골짜기에 대해,
협곡에서 깜깜한 숲으로 떨어지는
샘물에 대해 노래하는 소리를.

그들은 대리석 조각상을 노래했고,
바위 위 저녁노을 비치는 정자에서
야생으로 버려진 정원에 대해,
찬란한 여름밤
라우테 가락이 맑게 울리고

샘물이 잠에 취해 졸졸 흘러갈 때
소녀들이 창가에서 귀 기울이는
달빛에 잠긴 궁전에 대해 노래했다.

이 시는 아이헨도르프의 예술가 소설 『시인과 그의 벗들』*Dichter und ihre Gesellen*, 1834에 삽입된 작품이다. 여주인공 피아메타가 기타 반주에 맞춰 이 노래를 부른다. 이 소설에서 피아메타는 낭만적 시정신의 화신으로 등장한다. 따라서 이 시는 낭만주의 시정신을 노래하는 시, 시에 관한 시다. 피아메타는 이탈리아 여인이다. 따라서 그녀가 부르는 노래에는 일찍이 괴테 이래 독일 시인들이 유럽 문화의 원천으로 선망했던 남국 이탈리아에 대한 동경의 메아리가 남아 있다.

첫 행에 나오는 밤하늘의 별은 시의 제목이 말하는 낭만적 동경이 도달할 수 없는 무한한 이상에 대한 동경임을 시사한다. 2행에서 홀로 창가에 서 있는 시적 화자의 고독과 제한된 공간은 천상의 별과의 아득한 거리를 더욱 선명히 부각한다. 그럼에도 불구하고 금빛으로 빛나는 별빛은 지상에서 펼쳐지는 시적 상상의 세계를 은은히 비추고 있다. 역마차의 나팔 소리는 먼 곳의 소식을 전해주는 전령 역할을 하니 역시 낭만적 동경의 상징이다. 멀리 고요한 나라에서 들려오는 소리이므로 바깥세상에서 벌어지는 사건들은 관심 밖이다. 다만 도달할 수 없는 '먼 곳'일 뿐 특정한 공간과도 무관하다. 따라서 '누가 함께 여행할 수 있으면!' 하는 소망도 특정한 목적지를 염두에 둔 것이 아니다. 도달할 수 없는 것에 대한 동경, 동경 자체가 목적인 동경이다. 낭만적 동경은 이 세상 어디에도 안식할 곳이 없다는 현대적 생활감정의 표현이다.

2연에서는 방랑하는 직공들이 부르는 노래를 시의 화자가 듣는다. 시 안에 다시 시가 삽입되어 있는 셈이다. 숲이 조용히 속삭이는 아찔한 바위 골짜기, 협곡에서 깜깜한 숲으로 떨어지는 샘물은 실제 자연이라기보다는 현실의 피안으로 상상하는 자연이다. 방랑하는 직공들이 직접 보고 경험했을 그 자연에 관한 노래가 깊은 골짜기의 울림으로 화자에게 전해질 때는 이미 청각을 통해 상상으로 — 다시 말해 노래를 들었던 기억으로 — 재현되는 자연이다. 이 아찔한 골짜기와 깊은 협곡은 이탈리아로 넘어가는 알프스를 떠올리게 한다. 그래서 3연에 '대리석 조각상'과 '야생으로 버려진 정원' 그리고 '달빛에 잠긴 궁전'이 나온다. 모두 고대 로마의 유적으로 연상되는 이탈리아 풍경이다. '대리석 조각상'은 괴테의 시 「미뇽의 노래」에서도 이탈리아 고대 문화 유적의 아이콘으로 등장한다. 미뇽이 돌아갈 수 없는 고향 이탈리아를 동경하듯이, 이 시의 화자도 도달할 수 없는 예술의 고향 이탈리아를 동경한다. 일찍이 화려한 문화예술을 꽃피웠던 전성기의 유적만 남아 있는 잃어버린 고향이다. 이제는 되찾을 수 없는 예술의 고향에 대한 동경이다. 그것이 밤에 대한 동경으로 끝없이 침잠하는 노발리스의 『밤의 찬가』와는 달리 이 시에서 '찬란한 여름밤'에 깜깜한 숲으로 샘물이 떨어지는 소리를 듣는 시인에겐 아직도 가슴이 온몸으로 타올랐던 기억이 살아 있다. 소녀들이 달빛에 잠긴 궁전에서 창가에 서서 귀를 기울이는 장면은 마치 동화적 상상 속의 한 장면처럼 다가온다. 이 장면은 이 노래를 부르는 직공들의 마음, 이 시를 노래하는 피아메타의 마음, 그리고 시인의 마음이 꿈꾸는 무한한 낭만적 동경을 이중삼중으로 비추는 거울이다.

낭만주의 문학의 현대성

낭만적 문학의 끊임없는 자기성찰적 특성, 즉 자기 지양은 낭만적 문학이 일정한 완성의 목표를 추구하지 않고 끝없이 생성되는 과정에 있다는 것을 말해준다. 하지만 그러한 생성 과정은 '보편적인 것'을 지향하므로 나름으로는 더욱 완성된 상태를 추구하게 마련이다. 그래서 "모든 방면에서 최고로 형성될 수 있다." 여기서 '형성'Bildung은 괴테와 쉴러의 고전주의와 그다음 세대인 슐레겔과 노발리스의 낭만주의에 이르기까지 인간의 전인적 완성과 내적 성숙이라는 의미에서 '교양'을 뜻하는 말이다. 그렇게 보면 "모든 방면에서 최고로 형성될 수 있다."라는 문장은 "모든 방면에서 최고의 교양을 이룰 수 있다."라고 번역할 수도 있다. 이에 따라 "안으로부터뿐만 아니라 바깥에서 안으로도 그렇게 할 수 있다."라는 문장 역시 낭만적 문학의 내적인 조건과 외부적인 환경의 상호작용을 뜻할 수도 있고, 또한 개개인의 자아와 외부 세계 사이의 상호작용을 뜻할 수도 있다. 고전주의든 낭만주의든 문학적 완성의 추구와 인간적 완성의 추구는 동일한 목표이다.[14]

낭만적 문학이 모든 방면에서 최고로 형성될 수 있다는 것은 작품으로 구현되는 자기조직화의 원리에도 똑같이 적용된다. 따라서 부분과 전체의 균형 있는 발전과 완성을 지향하므로 나름으로는 '고전성의 전망'이 열린다. 여기서 고전성이란 최종적 완성을 가리키는 것이 아니라 지속적인('점진적') 발전을 위한 '잠정적 모범'의 뜻으로 보아야 할 것이다. 낭만적 문학이 일시적으로 도달하는 고전성 역시 다시 극복되어야 할 과정일 뿐이다.

결론적으로 낭만적 문학은 끊임없이 형성되는 과정에 있다. 영원히 형성될 뿐 최종적 완성에 도달할 수 없는 것이 낭만적 문학의 본질이다. 그것이 낭만적 문학이 추구하는 무한한 자유이며, 이 자유는 심지어 그 어떤 법칙에도 구속되지 않는다. 이와 같이 낭만적 문학이 부단히 한계와 경계를 넘어 보편을 지향하고, 낭만적 문학 자체의 내부와 바깥의 경계를 지양한다면 결국 "모든 문학은 낭만적이고 낭만적이어야" 한다는 결론에 이르게 된다. 궁극적인 보편은 결국 전체를 뜻하기 때문이다.

그러나 슐레겔의 이러한 이론적 요청을 모든 문학의 낭만화라는 의미

---

14 일찍이 벨러는 슐레겔의 보편시를 '교양의 프로그램'(Bildungsprogramm)이라 규정했다. Ernst Behler: *Friedrich Schlegels Theorie der Universalpoesie*, in: Jahrbuch der Deutschen Schillergesellschaft 1 (1957), S. 211.

로 해석하는 것은 온당치 않고, 낭만주의 이후의 문학사가 입증하듯이 실제로 가능하지도 않다. 그보다는 낭만적 문학의 자기성찰적 특성을 일정한 틀에 갇히지 않고 부단히 자기 쇄신을 추구하는 의미로 이해하면 이러한 특성은 낭만주의 이후 현대성을 지향하는 문학의 기본적 특성으로 간주할 수 있을 것이다. 그것은 기존의 문학적 규범을 해체하면서 부단히 차이를 생산하는 현대성의 특성으로 이해할 수 있다.[15] 슐레겔의 거울 비유에 대한 푸코Michel Foucault의 해석을 빌리자면, 낭만적 문학의 자기성찰적 특성은 한 시대의 전형적인 에피스테메episteme의 단절과 교체를 가리키는 것으로 해석할 수도 있다.[16] 그런 관점에서 앞에서 언급한 세 작품을 다시 비교해보자.

우선 노발리스의 『하인리히 폰 오프터딩겐』이 추구하는 '세계의 낭만화'는 18세기의 계몽적 기획에 대한 하나의 대항담론으로 이해할 수 있다. 작품의 주제를 집약한 동화에서 오성Verstand을 상징하는 '서기'의 폭력과 반란을 '에로스'(사랑)와 '파벨'(시)의 힘으로 극복하기 때문이다. 또한 동화에서 지상의 갈등과 폭력을 극복하고 궁극적으로 도달하려는 천상 세계가 소피(지혜)와 프라이야(평화)로 상징되는 것은 노발리스가 추구하는 '황금시대'의 회복이 결국 기독교적 세계관으로 회귀할 거라는 예감을 심어준다.

호프만의 「모래 사나이」는 낭만주의의 과도한 환상성과 계몽주의에 대한 이중적 비판을 함축한다. 나타나엘이 코폴라와 코펠리우스를 동일시하고 스팔라차니 교수와 칼리오스트로를 닮았다고 여길 뿐 아니라 자동인형을 살아 있는 여성으로 착각하면서 그의 환상은 광기로 치닫는다. 다름 아닌 망원경이 그처럼 광기 어린 환상을 증폭하는 역할을 하는 것은 계몽적 기획의 과학기술 만능주의와 환상이 결합된 형국이다. 이러한 측

---

15 최문규: 앞의 책, 93쪽 참조.
16 올리버 지몬스: 『문학이론 입문』, 임홍배 옮김, 창비 2020, 229쪽 이하 참조.

면에 비판적 거리를 두는 이야기 화자의 복합적인 시점은 어떤 의미에서 낭만주의 문학의 자기 지양이라 할 수 있을 것이다.

후기 낭만주의에 속하는 아이헨도르프의 시 「동경」에서는 고전주의와 낭만주의를 아우르는 '예술 시대'에 대한 아련한 향수가 느껴진다. 시의 제목이 말하는 '낭만적 동경'이 시에서 이중삼중으로 중첩되는 것은 동경의 무한성을 강조하는 것이면서도 다른 한편으로는 이러한 동경이 아도르노가 말하듯이 모든 대상을 초월한 무한한 동경 자체를 궁극적인 목적으로 추구한다는 것을 시사한다.[17] 이미 괴테의 「미뇽의 노래」에서 미뇽의 고향 이탈리아가 영영 돌아갈 수 없는 잃어버린 고향에 대한 향수를 나타내듯이 아이헨도르프의 시에서도 남국의 '대리석 조각상'과 '버려진 정원'은 방랑 가인들의 노래로 회자될 뿐이다. 이 시 전체가 과거형의 회상 형식으로 서술되어 있는 것도 돌이킬 수 없는 상실에 대한 멜랑콜리의 분위기를 자아낸다.

(2021년)

---

[17] Adorno: Zum Gedächtnis Eichendorffs, in: *Noten zur Literatur*, Frankfurt a. M. 1997, S. 86.

2부

칸트의 계몽 개념

자율적 주체와 이성적 사회를 향하여

논의의 발단

이마누엘 칸트Immanuel Kant, 1724~1804의「계몽이란 무엇인가 하는 문제에 대한 답변」Beantwortung der Frage: Was ist Aufklärung?은 1784년 12월《베를린 월간 학보》Berlinischer Monatsschrift에 발표되었다. 1783년부터 1796년까지 간행된《베를린 월간 학보》는 '계몽의 벗들'이라는 계몽적 지식인들의 모임이 주축이 되어 계몽에 관한 논의를 주도한 매체였다. '계몽의 벗들' 모임은 열두 명의 회원으로 구성되었고, 매월 1~2회씩 회원들의 자택에서 비공개 토론모임을 가졌는데, 모이는 날이 수요일로 정해져 있어서 일명 '수요회'라고 불리기도 했다. 이 모임의 구성원 중에는 프로이센 재무 장관 폰 슈트루엔제Carl August von Struensee, 프로이센 국법Landrecht을 기초한 법학자 클라인Ernst Ferdinand Klein, 프리드리히 빌헬름 2세의 주치의 뫼젠Johann karl Wilhelm Möhsen, 계몽 철학자이자 출판가 니콜라이 Friedrich Nicolai, 신학자 슈팔딩Johann Joachim Spalding과 쵤너Johann Friedrich Zöllner, 프로이센 왕립극장장 엥겔Johann Jakob Engel 등이 포함되어 있었다. 그리고 이들이 주축이 되어 발행한《베를린 월간 학보》창간호 표지 안쪽에는 프리드리히 대왕 치하에서 교육부 장관을 지내면서 검열을 완

121

화하고 언론의 자유를 장려했던 체들리츠Karl Abraham Zedlitz의 초상화가 삽화로 실렸다. 이렇게 볼 때 '계몽의 벗들'과 그들의 기관지 격인《베를린 월간 학보》는 계몽 군주를 자임한 프리드리히 대왕의 신임이 두터운 고위 관료와 학자들이 계몽에 관한 토론과 계몽사상의 전파를 선도한 구심점이었다고 할 수 있다. 이 모임과 매체의 성격에 비추어볼 때 그들이 주창한 계몽 담론은 소수의 지식인이 주도한 '위로부터의 계몽'의 성격을 띤다고 추정할 수 있다. 그러나 뒤에서 살펴보겠지만 칸트가 생각한 계몽 개념은 원칙적으로 '위로부터의 계몽'을 배제한다.

《베를린 월간 학보》에서 계몽이란 무엇인가 하는 토론이 시작된 직접적인 계기는 전통적인 교회 결혼을 둘러싼 찬반 논쟁이었다.《베를린 월간 학보》1783년 9월호에 이 잡지의 공동 발행인 비스터Johann Erich Biester가 익명으로「성직자들이 더 이상 혼례성사를 집전하지 말 것을 제안함」이라는 글을 발표하였다.[1] 이 글에서 비스터는 계몽된 사람들에게 교회에서 치르는 혼례성사는 번잡한 허례허식이므로 폐지해야 한다고 주장했다. 이에 대해 같은 잡지 12월호에 쵤너가 비스터의 주장을 비판하는 반박문을 발표하였다.[2] 이 글에서 쵤너는 결혼은 신성한 성사이므로 교회의 축복을 받아야 하고, 이를 통해 자유분방한 시류에 편승하는 풍기문란과 도덕적 타락을 막아야 하며, 그것이 '계몽'의 사명에 부합한다고 주장하였다. 교회결혼을 반대하는 주장과 옹호하는 주장이 똑같이 '계몽'의 이름으로 제기된 것이다. 이에 쵤너는 '계몽'의 이름으로 야기되는 혼란을 비판하면서 무엇보다 '계몽'에 대한 분명한 개념 규정이 절실하다고 역설했다. "계몽이란 무엇인가? 우리는 계몽을 시작하기 전에 우선 진리란 무엇인가 하는 문제만큼이나 중요한 이 문제에 답해야만 할 것이다! 그런데 나는 이 문제에 대한 답을 어디서도 찾지 못했다!"[3]

---

[1] Norbert Hinske/Michael Albrecht (Hg.): *Was ist Aufklärung? Beiträge aus der Berlinischen Monatsschrift*, Darmstadt 1981, S. 95~106.
[2] 같은 책, S. 107~116.

췰너의 이러한 문제 제기에 이어서 뫼젠은 1783년 12월 17일 '베를린 수요회' 모임에서「시민들의 계몽을 위해 무엇을 할 것인가」라는 제목의 글을 발표했다. 이 발표문 서두에서 뫼젠은 독일 전역을 계몽의 빛으로 비추는 것이 '수요회'의 목표임을 환기한다.

> 우리의 의도는 우리 자신과 동료 시민들을 계몽하는 것이다. 베를린 같은 대도시의 시민들을 계몽한다는 것은 어렵지만, 일단 난관을 극복하고 나면 계몽의 빛이 다른 지방에까지 퍼지고 나아가 온 나라를 비추게 될 것이다. 여기에서 점화된 작은 불꽃이 시의적절하게 우리의 조국 독일 전역에 퍼진다면 얼마나 다행한 일이겠는가.[4]

이어서 뫼젠은 이러한 목표를 이루기 위해 탐구해야 할 과제를 다음과 같이 제안한다.

1. 계몽이란 무엇인가를 엄밀히 정의하자.
2. 계몽에 대한 이해와 우리의 사고방식, 우리 국민들의 (또는 적어도 우리 독자층의) 윤리와 편견 등에서 결함과 취약점이 무엇인가를 정의하고, 이들을 어떻게 계몽할 수 있을지 탐구하자.
3. 우선 가장 해로운 편견과 오류를 척결하고, 가장 절실하게 널리 공유되어야 할 진리를 선양하자.
4. 40년 이상이나 사상과 표현의 자유, 출판의 자유가 허용되어 다른 어느 나라보다도 자유로운 분위기가 조성되었고 우리 젊은이들에 대한 교육이 꾸준히 개선되었는데도 어째서 우리 독자 대중의 계몽은 기대만큼 성취되지 못했는가?(10쪽)

---

3 같은 책, S. 115.
4 칸트 외:『계몽이란 무엇인가』, 임홍배 옮김, 도서출판 길 2020, 9~10쪽.(다음부터 이 책에서의 인용은 본문에 쪽수만 표시하기로 한다.)

뫼젠이 이러한 탐구 과제를 제시한 데 이어서 바로 이듬해 멘델스존 Moses Mendelssohn과 칸트가 계몽에 관한 글을 발표하였고, 당대 유수의 학자와 지식인들이 계몽에 관한 논의에 동참하게 되었다. 뫼젠이 "계몽이란 무엇인가를 엄밀히 정의하자"라고 제안한 데서도 알 수 있듯이, 18세기 당시 계몽은 시대정신을 집약하는 첨예한 화두였지만 계몽에 관한 생각은 매우 복잡다기했다. 이 글에서는 칸트가 구상한 계몽 개념의 주요 논지를 당대의 역사적 맥락에서 살펴보고, 특히 이성의 공적 사용 개념이 현대의 민주주의 원리와 관련하여 어떤 현재적 의미를 갖는지 생각해보고자 한다.

계몽의 과제: 자율적 주체의 형성

「계몽이란 무엇인가 하는 문제에 대한 답변」 서두에서 칸트는 계몽을 다음과 같이 정의하고 있다.

> 계몽이란 인간이 스스로의 잘못으로 초래한 미성년 상태로부터 벗어나는 것이다. 미성년 상태란 다른 사람이 이끌어주지 않으면 자신의 지성을 사용할 수 없는 무능력 상태를 말한다. 이러한 미성년 상태의 원인이 지성의 결핍 때문이 아니고 다른 사람의 지도를 받지 않고서 지성을 사용할 결단력과 용기의 결핍 때문이라면 미성년 상태는 스스로의 잘못으로 초래한 것이다. 과감히 알려고 하라! 자기 자신의 지성을 사용할 용기를 가져라! 이것이 계몽의 슬로건이다.(28쪽, 강조는 원문)

우선 칸트가 '계몽되지 않은 상태'를 '미성년 상태'Unmüdigkeit에 비유하는 것을 눈여겨볼 필요가 있다. 미성년은 부모나 친권자의 동의 없이는 온전한 인간적 권리를 행사할 수 없다. 또한 미성년은 자신의 말과 행동에 대해 책임지지 못한다. 요컨대 미성년 상태란 오로지 타인의 지도와 감독, 보호와 후견에만 의존하고 자율적 주권과 책임을 포기한 예속 상태를 가리킨다. 그러한 예속 상태를 극복하고 자신을 스스로의 주인으로 만들어가는 자율적 주체 형성의 요청과 과정이 곧 계몽이다. 그런 폭넓은 의미에서 계몽은 푸코가 말하듯 '우리 자신의 역사적 현존재에 대한 부단한 비판'을 통해 '자율적 주체 형성'을 추구하는 '철학적 에토스'라 할 수 있다.[5] 따라서 계몽은 단지 '지식'과 '앎'의 문제에만 국한되지 않고 자신의 삶 전체를 바꾸어가는 항구적 실험의 성격을 띤다.

여기서 중요한 것은 미성년 상태인 것이 지적 능력이나 지식의 부족 때문이 아니라 스스로 사고하고 판단하려는 결단과 용기의 부족 때문이며, 그런 한에는 미성년 상태가 '스스로의 잘못으로 초래한' 자기 책임이라는 것이다. 이것은 일반적으로 더 많은 지식을 가진 선각자가 무지한 대중을 각성케 하고 지식을 전파하는 것을 계몽이라 여기는 통념을 허물어뜨리는 발상의 전환이다. 단지 무지를 타파하는 것으로 이해되는 그런 통념적 계몽관은 '문외한'과 '전문가'의 구별을 전제하고 '전문가'가 '문외한'을 인도하는 것을 계몽의 과제로 설정한다. 예컨대 계몽에 관한 논의를 촉발한 신앙의 문제에 관해 평신도가 성직자의 인도를 따르는 것은 당연하지 않을까? 그래야만 스스로 사고할 때 범하기 쉬운 자의적 판단과 오류를 피할 수 있지 않을까? 그러나 칸트는 다른 어떤 사안보다 '후견인'(성직자)의 권위가 확고한 신앙의 문제에 관해서도 스스로 사고하기를 포기하고 성직자의 인도에만 의존하는 것은 부당하다고 본다. 『실용적 관점에서의 인간학』*Anthropologie in Pragmatischer Hinsicht*, 1797에서 칸트는 이렇게 말한다.

---

5 Foucault: Was ist Aufklärung?, in: Eva Erdmann u. a. (Hg.): *Ethos der Moderne*, Frankfurt a. M. 1990, S. 45.

평신도들이 신앙의 문제에 관해 자신의 이성을 사용하지 말고 성직자의 이성, 즉 타인의 이성을 따라야 한다는 주장은 부당하다. 신앙의 문제는 도덕의 문제로 간주되어야 하기 때문이다. 도덕에 관해서는 누구나 자신의 행동과 의무에 대해 책임져야 하며, 성직자가 위험을 무릅쓰고 대신 책임질 수 있다고 생각해선 안 되며, 그럴 수도 없다. 그렇지만 이런 문제에 관해 사람들은 자신의 이성을 사용하기를 포기하고 성직자들이 정해놓은 원칙에 수동적으로 순응함으로써 더 큰 안위를 찾으려는 경향이 있다. 그런데 그렇게 하는 이유는 자신의 이해력이 모자란다고 느끼기 때문이 아니라 (모든 신앙의 핵심은 도덕이라는 것을 누구나 금방 깨우치기 때문에 이해력 자체가 관건은 아니다.) 잘못된 신앙 때문이다. 다시 말해 한편으로는 자신의 죄를 타인에게 전가할 수 있기 위해서이며, 다른 한편으로는 특히 신앙의 핵심적인 문제, 즉 진정으로 마음을 고쳐먹는 일이 무조건 숭배하는 것보다 더 어렵기 때문이다.[6] (강조는 인용자)

자율적 사고를 포기하고 타인의 권위에만 의존하는 미성년 상태가 '스스로의 잘못으로 초래한' 것인 이유가 여기서 분명히 드러난다. 미성년이 자신의 잘못을 책임지지 못하듯이, 평신도가 성직자의 인도에만 의존하는 것은 자신의 죄를 타인에게 전가하려는 무책임의 소치이며, 진심으로 양심을 지키는 일이 무조건적 맹신보다 어렵기 때문이다. 물론 신앙의 문제를 도덕과 양심의 문제로 간주하고 자신의 이성을 사용한다는 것이 칸트가 말하듯 쉬운 일은 아니다. 신앙의 문제에 관해 이성적으로 사고하는 것은 흔히 수백 년에 걸쳐 확립된 교회의 교의 및 권위와 충돌할 수 있기 때문이다. 그럴 경우 이성적 사고는 신앙 자체에 대한 도전으로 단죄될 공산이 크다. 뒤에서 살펴보겠지만, 실제로 1788년 프로이센이 종교칙령을 반포하여 성경과 교의에 대한 '자의적' 해석을 법으로 금지한 것은 바

---

6 칸트: 『실용적 관점에서의 인간학』, 백종현 옮김, 아카넷 2014, 232쪽.

로 그런 이유에서다. 그렇기 때문에 스스로 사고하려는 모험은 결단과 용기를 요구한다. 칸트가 거듭 강조하는 것은 스스로 사고하려는 시도에서 지식의 많고 적음이 문제되지는 않는다는 것이다. 칸트에 따르면 심지어 아무리 풍부한 지식을 갖춘 사람도 지식의 활용 면에서는 오히려 가장 계몽되지 않은 경우가 허다하다. 「올바르게 사고한다는 것은 무엇을 뜻하는가」1786에서 칸트는 이렇게 말한다.

스스로 생각한다는 것은 진리의 최고 기준을 자기 자신에게서 (다시 말해 자신의 이성에서) 찾는다는 것을 뜻한다. 언제나 스스로 생각한다는 원칙이 계몽이다. 이것을 이해하려면 계몽을 지식으로 간주하는 사람들을 떠올려보는 것으로 족하다. 스스로 생각한다는 원칙은 자신의 인식 능력을 사용할 때 부정적 원칙이며, 흔히 매우 풍부한 지식을 갖춘 사람이 지식의 활용 면에서는 오히려 가장 계몽되지 않은 경우가 허다하기 때문이다. 자기 자신의 이성을 사용한다는 것은 어떤 생각을 받아들이는 모든 경우에 있어서 그 생각을 받아들이는 근거 또는 규칙이 이성 사용의 보편적 원칙으로 삼기에 타당한가 여부를 자기 자신에게 물어보는 것을 뜻한다. 누구나 자기 자신에게 이것을 시험해볼 수 있다. 그리고 이 시험을 통해 미신과 맹신이 사라지는 것을 확인하게 될 것이다. 비록 미신과 맹신을 객관적 근거에 의해 논박할 수 있는 지식이 한참 모자란다 하더라도 말이다.[7] (강조는 인용자)

스스로 생각하는 것이 '부정적' 원칙이라는 것은 자신의 지식을 활용할 때 보편타당한 이성적 사고에 어긋나는 지식의 활용은 스스로 배제하는 자기검증의 원칙을 뜻한다. 따라서 지식이 풍부한 사람이 지식의 활용 면에서 오히려 가장 계몽되지 않은 경우란, 예컨대 단지 외부의 강압이나

---

7 Kant: Was heißt: sich im Denken orientieren?, in: Kant: *Werke*, Bd. 5, Frankfurt a. M. 1977, S. 283.

권위에 무조건 순응하거나 자신의 이해관계에 따라 지식을 사용하는 것이다. 지식이 많을수록 오히려 그런 유혹에 빠질 공산도 크기 마련이다. 그처럼 보편타당한 이성적 원칙에 위배되는 지식의 사용을 칸트는 '미신'과 '맹신'이라 비판한다. 여기에서 중요한 것은 비록 그런 미신과 맹신을 논박할 지식이 부족하다 하더라도 누구나 자기 자신에게 지식의 올바른 사용을 시험해볼 수 있으며, 이러한 시험을 통해 미신과 맹신을 능히 극복할 수 있다는 것이다.

이처럼 칸트는 원칙적으로 지식이 모자라는 사람도 얼마든지 미성년 상태를 극복하여 계몽적 자각에 도달할 수 있다고 역설한다. 그러나 실제 현실에서 대다수의 사람들은 성인이 된 이후에도 평생토록 정신적 미성년 상태에 안주한다. 칸트는 그 이유를 미성년 상태에 안주하는 것이 편안하기 때문이라며, 스스로 생각하기를 포기하는 이들의 '게으름'과 '비겁함'을 지적한다.

> 만약 나의 지성을 대신하는 책이 있고, 나를 대신해서 양심을 지켜주는 성직자가 있고, 나를 대신해서 건강을 지켜주는 의사가 있다면 나는 굳이 스스로 노력할 필요가 없다. 나는 비용을 지불할 능력만 있으면 스스로 생각할 필요도 없다. 다른 사람들이 나를 대신해서 성가신 일을 도맡아줄 것이다.(28~29쪽, 강조는 인용자)

스스로 생각하는 대신 책에 쓰여 있는 지식에만 의존하고, 나의 양심에 따라 판단할 문제를 성직자의 권위만 믿고 따라 생각하며, 건강한 삶을 지키려는 노력 없이 의사에게만 의존하는 것이 편안하다는 것이다. 칸트는 이렇듯 '성가신 일'을 스스로 떠맡지 않는 이들의 '게으름'을 문제 삼는다. 그렇지만 여기서 칸트가 표본적으로 예시하는 지식생산자와 성직자와 의사에게 의존하는 경우는 근대 이래 체계적으로 분화된 사회에서 사회 구성원들이 거의 예외 없이 필요한 '비용'을 지불하고 삶을 유지해가는 전형적인 방식을 보여준다. 다시 말해 사회 구성원이라면 누구나 그러한 분업 체계에 편입되어 '성직자'나 '의사'가 하지 못하는 또 다른 대리자의 역할을 한다. 그렇기 때문에 이러한 삶의 방식 자체를 거부하기란 어렵다. 따라서 타인의 권위에 의존하는 '게으름'에 못지않게 그런 비주체적 삶을 편안하게 받아들이도록 조장하는 사회체계에도 문제가 있다. 칸트가 미성년 상태에서 벗어나기를 두려워하는 '비겁함'을 설명하는 대목에서 그 점은 더 분명히 드러난다.

> 마치 호의라도 베풀듯이 그들에 대한 감독을 떠맡은 후견인들은 (모든 여성을 포함하여) 대다수의 사람들이 성년으로 나아가는 행보를 버거울 뿐 아니라 아주 위험하다고 여기도록 조장한다. 후견인들은 먼저 그들이 돌보는 가축들을 어리석게 만들고, 이 온순한 피조물들이 그들을 가두어놓은 보행기 바깥으로 한 걸음도 벗어나지 못하도록 주도면밀하게 단속해놓은 다음에 그들이 자력으로 걸음을 옮기려 할 때 닥쳐올 위험을 보여준다. 사실 그런 위험은 그다지 크지 않다. 왜냐하면 몇 번 넘어지고 나면 결국 걷는 법을 배울 것이기 때문이다. 하지만 그렇게 넘어지는 사례를 보여주기만 해도 그들은 지레 겁을 먹고서 대개는 더 이상 어떤 시도도 하지 않고 단념하게 된다.(29쪽, 강조는 인용자)

미성년들을 '인도'하는 수준을 넘어 아예 '감독'하는 후견인들은 미성년들을 '가축들'이나 '온순한 피조물'로 취급하면서 '보행기' 바깥으로 나오지 못하도록 주도면밀하게 단속하기까지 한다. 이러한 비유에서 분명히 알 수 있듯이, 대다수의 사람들이 미성년 상태에서 벗어나기를 두려워하는 것은 그들에 대한 체계적인 관리와 감독이 이루어지기 때문이다. 그리고 미성년을 가두어놓은 울타리를 벗어나려는 시도에 부단히 경고와 위협이 가해지는 상황은 미성년과 후견인의 관계가 예속과 지배의 권력관계임을 분명히 보여준다. 따라서 자기 자신의 지성을 사용할 용기를 가지라는 계몽의 슬로건은 결국 그러한 권력관계를 어떻게 극복할 것인가 하는 실천적 요청을 함축한다.

칸트는 개개인이 그처럼 체계적으로 관리되는 억압 상태로부터 벗어나기는 어렵다고 말한다.

> 개개인이 거의 천성처럼 굳어버린 미성년 상태로부터 스스로 벗어나기란 어려운 일이다. 심지어 개개인은 미성년 상태를 점차 좋아하게 되며, 한동안은 자신의 지성을 사용할 수 없게 된다. 한 번도 자신의 지성을 사용하려는 시도가 허용되지 않았기 때문이다. 개인의 타고난 재능을 이성적으로 사용하게 하는, 아니 오히려 잘못 사용하게 만드는 **교의**敎義**와 규칙들**, 이런 **기계적 도구들**은 미성년 상태를 온존시키는 족쇄들이다. 하지만 그런 족쇄를 벗어던지는 사람도 아주 좁은 도랑조차 자신 있게 건너뛰지 못하는 것은, 그런 자유로운 운동에 익숙하지 않기 때문이다. 그래서 자신의 정신을 스스로 작동시켜서 미성년 상태로부터 벗어나 확고한 걸음을 내딛는 데 성공하는 사람은 극소수에 불과하다.(29~30쪽, 강조는 인용자)

미성년 상태를 조장하고 유지하는 일상적인 관리감독 체계가 작동하는 사회적 환경에서 미성년 상태는 '제2의 천성'처럼 내면화되어 "미성년 상태를 점차 좋아하게" 될 정도로 친숙해진다. 미성년 상태에서 벗어나려는 시도 자체를 허용하지 않는 '교의와 규칙들'은 비단 교회가 신도들을 관리하는 수단일 뿐 아니라 넓은 의미에서 국가가 시민사회를 관리하는 '기계적 도구들'이다. 뒤에서 칸트는 국가가 사회 구성원들을 공민의 의무에 복종하도록 강제하는 '기계적 장치'를 언급하고 있다. 따라서 위 인용문의 맥락에서도 '기계적 도구들'은 그런 의미에서 체계적 관리와 통제의 수단, 즉 국가기구 전반을 가리킨다. 그런데 공권력을 근간으로 하는 물리적 장치뿐 아니라 지식의 생산체계 자체가 국가적 필요에 따라 작동한다는 것이 칸트의 중요한 통찰이다. 대학의 지식 생산체계를 다문『학부들의 논쟁』*Der Streit der Fakultäten*, 1798에서 칸트는 대학에서도 마치 '공장'처럼 돌아가는 분업에 의해 지식 생산이 이루어지며, 대학에 고용된 학자들은 '정부의 도구'로서 '정부의 필요'에 의해 움직인다고 말한다.[8] "정부는 국민에 대한 강력하고 지속적인 영향력을 행사하기 위한 수단을 확보하는 데만 관심이 있으며, 대학에 임용되어 가르치는 이들은 바로 그런 수단이다."[9] 지식 생산의 중추적 역할을 담당하는 학자들조차 결국 국민들의 미성년 상태를 온존시키려는 '기계적 도구들'로 기능하는 것이다. 그런 한에는 국가적 요구에 종속된 학문적 활동은 미성년 상태의 극복을 지향하는 계몽의 원칙에 위배된다. 실제로 그들의 지식 생산 방식 자체가 기성의 권위에 순응한다는 점에서 반계몽적이다.

(대학 교수로 있는) 성경 신학자들은 이성에 근거해서가 아니라 성경에 근거해서 교의를 만들어낸다. 법학 교수는 자연법에 근거해서가 아니라 국법에 근거해서 법리를 만들어낸다. 전공 의사들은 인체의 생리에 근거해서가 아니라 의학 교본에 근거해서 환자들에게 적용할 처방을 만들어낸다.[10]

이처럼 이미 확립된 지식체계에만 근거해서 만들어내는 '교의'와 '법리'와 '처방'은 기존 질서를 변호하고 유지하는 도구적 수단일 뿐이다. 그런 지식 생산에 종사하는 이들은 '자기 자신의' 지성을 사용하여 '스스로 사고하기'를 포기한 점에서 그들 자신이 미성년 상태에 갇혀 있다. 비단 무지한 대중뿐 아니라 대학에서 가르치는 학자들조차도 고립된 개인으로서는 미성년 상태에서 벗어나기 어려운 것이다.

---

8 Kant: *Der Streit der Fakultäten*, Hamburg 1975, S. 17 f.
9 같은 책, S. 19.
10 같은 책, S. 23.

이성의 '공적' 사용과 '사적' 사용

칸트는 고립된 개인과 달리 '공중'公衆은 스스로를 계몽할 수 있다고 말한다.

> 그런데 공중이 스스로를 계몽하는 것은 오히려 가능하다. 사실 공중에게 자유를 허용하기만 한다면 공중은 거의 틀림없이 스스로를 계몽할 수 있다. 공중 가운데는 — 심지어 수많은 대중의 후견인으로 등용된 사람 중에도 — 언제나 스스로 생각하는 사람들이 몇 명은 있게 마련이어서 이들은 미성년의 굴레를 스스로 떨쳐내고, 모든 인간이 자신의 고유한 가치와 스스로 생각해야 한다는 사명감을 합리적으로 존중하는 정신을 주위에 확산시킬 것이다.(30쪽, 강조는 인용자)

여기서 칸트가 말하는 '공중'Publikum 개념은 18세기에 들어와 서적 보급의 급속한 확대로 광범위하게 형성된 독자층을 가리키며, 나아가 그들이 의견을 개진하면서 여론을 형성해가는 공동체 내지 '공론장'Öfentlichkeit의 의미까지 포괄한다. 그런 공론장에서는 스스로 생각하는 사람들이 미성년의 굴레에서 벗어나 자유롭게 발언하고, 이를 통해 계몽의 정신을 확산시킬 수 있다는 것이다. 이로써 칸트는 공론장에서 이루어지는 자유로운 의사소통을 계몽의 필수적 요건으로 설정하고 있다. 칸트가「계몽이란 무엇인가 하는 문제에 대한 답변」이라는 글을 발표한 것도 그런 의미에서 독자들이 의사소통에 적극 참여하기를 호소하는 실천적 성격을 띠며, 그런 점에서 칸트 자신이 "계몽의 역동적 모델"[11]을 구현하는 과정에 참여하고 있는 셈이다. 그런데 공중이 스스로를 계몽하는 것이 가능하려면 공중에게 '자유'가 허용되어야 한다. 다시 말해 자유로운

---

11 Katerina Deligiori: *Kant and the Culture of Enlightenment*, New York 2005, S. 58.

의사소통을 위해 생각과 표현의 자유가 보장되어야 한다. 그러나 칸트 당대의 현실에서 생각과 표현의 자유는 법이 정해놓은 시민적 의무의 강제와 대립할 수밖에 없었다. 「올바르게 사고한다는 것은 무엇을 뜻하는가」에서 칸트는 이렇게 말한다.

> 생각의 자유는 시민적 의무의 강제와 대립한다. 말과 글로 표현하는 자유는 국가권력에 의해 박탈당할 수도 있지만 생각의 자유는 국가권력이 박탈할 수 없다고 사람들은 말한다. 그렇지만 우리가 서로 생각을 주고받는 다른 사람들과 더불어 생각하지 않는다면 과연 얼마나 올바르게 생각할 수 있겠는가! 그러므로 **사람들이 자신의 생각을 공개적으로 주고받을 수 있는 자유를 박탈하는 외적 강제는 생각의 자유도 박탈하는 것이라 할 수 있다.** 생각의 자유는 우리가 시민으로서 짊어져야 하는 온갖 속박에도 불구하고 우리에게 남아 있는 유일한 지혜의 보고寶庫이며, 우리가 이런 상황이 강요하는 온갖 악에 맞서 조언을 구할 수 있는 유일한 지혜의 보고인 것이다.[12] (강조는 인용자)

인용문의 두 번째 문장은 국가권력이 생각의 자유는 존중하면서 표현의 자유는 제한해도 무방하다는 통치자의 입장을 대변하는 것이다. 그러나 이에 맞서 칸트는 공개적으로 서로 생각을 주고받는 표현의 자유야말로 올바른 생각에 도달할 수 있는 전제조건임을 강조하고 있다. 서론에서 언급한 대로 계몽 군주를 자임한 프리드리히 대왕 치하에서 검열 정책이 완화되어 폭넓게 언론의 자유가 확보되었다고는 하지만, 전제군주정 체제에서 여전히 표현의 자유는 시민적 의무의 이행과 양립하기 어려운 실정이었다.

이러한 딜레마 상황을 해결하기 위해 칸트는 이성의 '공적' 사용과 '사

---

[12] Kant: Was heißt: sich im Denken orientieren?, S. 280.

적' 사용을 구별한다.

자신의 이성을 공적으로öffentlich 사용한다는 것은 누군가가 학자의 입장에서 독서계의 모든 공중이 지켜보는 앞에서 이성을 사용한다는 것을 뜻한다. 이성의 사적privat 사용이란 자신에게 맡겨진 **시민적 직책** 또는 관직의 범위 안에서 자신의 이성을 사용하는 것을 뜻한다. 그런데 공동체의 관심사와 직결되는 여러 업무에 관해서는 공동체의 일부 구성원들로 하여금 단지 수동적 태도만 취하게 하는 어떤 기계적 장치가 필요하다. 그래야만 정부는 인위적인 합의를 통해 구성원들을 공적인 목적을 위해 이끌 수 있고, 적어도 공적인 목적을 저해하지 않도록 막을 수 있는 것이다. 이런 경우에는 당연히 따지는 것이 허용되지 않으며, 복종해야만 한다. 그런데 이러한 기계장치의 일부분이 자신을 전체 공동체의 구성원 또는 심지어 세계시민사회의 구성원으로 간주하는 경우에는 글을 통해 본래적 의미에서의 독자층에게 호소하는 학자의 자격으로 따져볼 수 있으며, 그렇다고 해서 그가 부분적으로 수동적 구성원으로서 종사해야 하는 업무가 방해받지는 않는다.(31~32쪽, 강조는 원문)

여기서 칸트가 말하는 이성의 '공적' 사용과 '사적' 사용이라는 개념 구별은 칸트 당대와 오늘날의 일반적인 어법이 충돌한다. 국가에 봉사하는 '관직'의 의무에 합당하게 자신의 이성을 사용하는 것을 이성의 '사적' 사용이라 일컫고, 반면 그런 관직의 의무에서 벗어나 단지 '식자'의 한 사람으로서 자유롭게 자기 생각을 개진하는 것을 이성의 '공적' 사용이라 일컫기 때문이다. 여기서 '사적'이라는 말은 이성의 '보편타당한' 사용과 대비되는 '특수한 기능적' 사용이라는 의미로 이해할 수 있다. 다시 말해 이성의 '사적' 사용은 도구적 이성을 가리킨다. 그런 경우 공동체의 구성원은 '단지 수동적 태도만 취하게 하는 기계적 장치'의 일부로 기능하며, 이성 사용의 보편타당성 여부를 따져서는 안 되고 국가의 명령과 관직의 의무에 무조건 복종해야 한다. 그런 의미에서 이성의 사적 사용에서 생각과 표현의 자유는 엄격히 제한된다. 반면 이성의 '공적' 사용에서는 생각과 표현의 자유가 전적으로 허용되어야 한다는 것이 칸트의 입장이다. 칸트는 몇 가지 사례를 언급한다. 예컨대 성직자는 자신이 속한 교회의 공식 교의가 허용하는 범위 안에서 강론을 해야 한다. 장교는 상관의 명령에 무조건 복종해야 하며 명령의 옳고 그름을 따질 수 없다. 그리고 시민 개개인은 자신에게 부과된 세금을 반드시 납부해야 한다. 그런 의미에서 이성의 사적 사용은 '아주 협소하게 제한되어도' 무방하다. 그렇지만 성직자도 '학자'의 입장에 서면 자신의 교회가 표방하는 교의에 내재하는 문제점을 독자 대중 앞에 공공연히 발표할 수 있다. 마찬가지로 장교 역시 '학자'의 입장에 설 때는 병역 의무의 문제점에 관해 공개적으로 발언할 수 있다. 시민 역시 '학자'의 입장에 서면 현행 조세제도의 문제점에 관해 자유롭게 의견을 개진할 수 있다. 여기서 '학자'의 입장이란 학문에 종사하는 이들을 가리킨다기보다는 그 어떤 신분이나 직업상의 제약에 얽매이지 않고 대중 앞에서 자기 생각을 표현할 수 있는 가능성을 가리킨다. 그래서 병역 의무와 납세 의무 등 국가의 시민이라면 누구에게나 해당되는 사안을 예시한 것이다.

  여기서 중요한 것은 이성의 공적 사용은 항상 자유롭게 보장되어야 한다는 것이다. 만약 '후견인들의 후견인' 격인 군주가 생각과 표현의 자유를 허용하지 않는다면 그것은 군주 자신마저 기존의 고정관념과 편견을 고수하는 '미성년 상태'에 갇히고 마는 불합리한 처사라는 것이다. 칸트의 이러한 주장은 우선 생각과 표현의 자유는 국가의 공민으로서 부담해야 하는 온갖 의무의 강제로부터 벗어나야 한다는 요청으로 이해할 수 있다. 나아가, 국가의 요구에 따르는 이성의 '사적' 사용은 특수한 도구적 기능에 불과한 반면, 국가의 명령과 시민적 의무가 과연 정당한가 여부를 따질 수 있는 이성의 '공적' 사용은 이성의 '사적' 사용에 비해 훨씬 우월한 보편타당성을 확보한다. 이로써 이성의 '공적' 사용과 '사적' 사용이라는 개념 설정은 국가의 명령 체계에 대해서도 비판적으로 문제를 제기할 수 있는 이성의 보편타당한 사용을 촉구하는 전복적 효과를 가져온다.[13]

칸트는 '관직'에 합당한 직무의 수행과 표현의 자유가 양립할 수 있다고 본다. 그렇지만 현실에서 그러한 이중적 역할은 대개는 상충하게 마련이며, 당사자는 딜레마에 직면하게 된다. 예컨대《베를린 월간 학보》에서 공개적인 논쟁이 되었던 교회결혼의 존폐 문제도 그렇다. 교회의 공식 교의를 따르는 성직자의 입장에서는 신도들의 교회결혼을 유지하는 것이 '의무'이지만, 학자의 입장에서 이성적으로 판단하여 교회결혼을 허례허식이라 생각할 수도 있을 것이다. 만약 학자의 입장에서 교회결혼의 폐지를 주장한다면 성직에서 파면당할 위험도 감수해야 한다. 이런 딜레마 상황을 극복할 수 있는 진정한 계몽의 길은 무엇인가? 이 질문에 대해 칸트는 공론장에서 사회적 합의를 통해 점진적인 개혁이 이루어져야 한다고 본다. 교회가 '불변의 교의'를 제정하여 모든 교회 구성원에게 항구적인 감독권을 행사하는 것은 부당하며 가능하지도 않다는 것이다. 심지어 제국의회 같은 최고 권력기구가 그런 '불변의 교의'를 인준한다 하더라도 그것은 항구적 계몽을 추구하는 '인간 본성에 어긋나는 범죄'가 된다.

한 시대가 담합하여 그다음 시대가 (특히 아주 긴요한) 인식을 확장하고 오류를 정화하여 계몽을 진전시키는 일을 하지 못하게 서약할 수는 없는 노릇이다. 그것은 인간 본성에 어긋나는 범죄가 될 것이다. 인간 본성의 본래적 소명은 바로 계몽의 진전에 있다. 따라서 후손들은 그러한 협약을 부당하고 불법적인 것으로 간주하여 파기할 권리가 있다. 어떤 국민에게 법으로 제정될 수 있는 모든 사안의 시금석은 과연 국민 스스로가 그러한 법을 받아들일 수 있을 것인가 하는 문제다. 어쩌면 그러한 법도 더 나은 법이

---

13 Christian Laursen: The Subversive Kant: The Vocabulary of "Public" and "Publicity", in: Samuel Fleischacker(Hg.): *What is Enlightenment?*, London/New York 2013, S. 253 f.

제정되기를 기대하면서 일정한 질서를 도입하기 위하여 특정한 짧은 기간만 통용될 수 있을 것이다. 그와 동시에 모든 시민에게, 특히 성직자에게 학자의 자격으로 글을 통해 공적으로 현행 제도의 결함에 관해 자유롭게 의견을 개진하도록 허용할 수 있다. 그러는 동안 이 사안의 성격에 관한 통찰이 공적으로 충분히 진전되고 검증되어서 (비록 만장일치는 아니어도) 의견의 일치가 이루어짐으로써, 개선된 인식에 따라 판단하여 변화된 종교제도를 채택하기로 합의한 신도들을 보호하기 위한 청원을 왕에게 제출할 때까지는 현행 질서가 그대로 유지될 것이다. 그렇다고 예전 제도를 고수하려는 사람들을 방해해서도 안 될 것이다.(34~35쪽, 강조는 인용자)

여기서 칸트는 실정법과 교회법을 병치해서 논하고 있다. 실정법에서 입법의 타당성을 가늠하는 기준은 국민의 보편적 의지이다. 그리고 국민의 보편적 의지는 '모든 시민'이 공개적으로 자유롭게 의견을 개진할 수 있는 공론장에서 '의견의 일치'를 추구하는 과정을 통해 확인된다. 모든 시민이 참여하는 공론장은 입법의 정당성을 확보하기 위한 기초가 된다. 그런 점에서 칸트가 구상하는 공론장의 모형은 의사결정에 참여하는 국민의 주권을 바탕으로 하는 입헌 민주주의에 근접한 것이라 할 수 있다.[14] 교회법에서 불변의 교의가 성립할 수 없는 것과 마찬가지로 실정법 역시 한시적 타당성만 가지며, 국민의 여론에 따라 법도 얼마든지 바뀔 수 있다. 또 한 가지 중요한 것은 공론장에서 사회적 합의를 통해 새로운 법과 제도를 도입하더라도 (만장일치에는 도달하지 못한) 합의에서 배제된 소수의 의견도 존중해야 한다는 것이다. "예전 제도를 고수하려는 사람들을

---

14 계몽에 관한 글과 같은 시기에 발표한 「세계시민적 관점에서 본 보편사의 이념」에서 칸트는 "완전히 정의로운 시민적 정치체제"(vollkommen gerechte bügerliche Verfassung)를 모든 시민의 자유와 평등이 온전히 구현된, 인류가 구현해야 할 이상적 공동체로 상정한다. 그런 점에서 칸트는 민주공화정을 옹호하는 입장이라 할 수 있다. 『칸트의 역사철학』, 이한구 편역, 서광사 1992, 31쪽 이하 참조.

방해해서도 안 될 것"이라는 말은 그런 뜻으로 이해할 수 있다. 공론장은 모든 시민이 참여하는 동시에 다양한 견해를 향해 열려 있는 자유로운 토론공간이다.

그처럼 공론장이 자유로운 의사소통의 개방성을 확보하기 위해서는 표현의 자유가 전적으로 허용되어야 한다는 것을 칸트는 거듭 강조한다. "신민들이 그들의 견해를 밝히고자 발표하는 저작물을 정부의 감독으로 재단하게 하는 식으로 군주가 개입한다면 군주의 존엄조차 훼손된다. 군주가 자신의 지고한 통찰에 의거하여 그렇게 한다면 '황제가 문법학자보다 우위에 있지는 않다'라는 비난에 직면할 것이다."(35~36쪽) 이렇게 검열의 부당성을 비판하면서 칸트는 프리드리히 대왕이 비단 신앙의 자유만이 아니라 '입법'의 문제에 관해서도 공개적인 표현의 자유를 최대한 보장해주기를 기대한다.

 종교적 계몽을 장려하는 국가수장의 사고방식은 한걸음 더 나아가 **입법**에 관해서도 그의 신민들이 자신의 이성을 공적으로 사용하여 법률 개선에 관한 견해와 현행 법률에 대한 기탄없는 비판을 세상에 공표하도록 허용하더라도 위험하지 않다는 것을 깨닫고 있다.(37쪽, 강조는 원문)

여기서도 칸트는 종교의 문제와 입법의 문제를 연결하는 논법을 취하고 있다. 이처럼 계몽의 과제를 주로 신앙 문제와 결부시키는 이유를 칸트는 "종교상의 미성년 상태야말로 모든 미성년 상태 중에서도 가장 해롭고 불명예스러운 것이기 때문이다."(37쪽)라고 밝히고 있다. 이미 언급한 대로 칸트는 종교의 핵심을 도덕과 양심의 문제로 본다. 예컨대 내가 모르는 분야의 지식은 남에게 빌려 올 수밖에 없다 하더라도 자신의 양심이 달린 문제까지 타인의 권위와 명령에 따른다면 인간의 존엄을 스스로 내팽개치는 처사일 것이다. 그래서 종교상의 미성년 상태가 가장 해롭고 불명예스러운 것이다. 그렇게 보면 칸트가 신앙의 자유와 사상표현의 자유를 등치시키는 논법을 쓰는 것은 사상표현의 자유 또한 신앙의 자유 못지않게 인간의 존엄한 권리라고 보기 때문이다. 그래서 종교적 계몽, 즉 신앙의 자유를 장려하는 군주라면 의당 사상표현의 자유도 존중해야 한다고 완곡하게 호소하고 있는 것이다. 칸트의 동시대인으로 기성 교리와 무관하게 성경을 인본주의적 관점에서 해석하여 큰 파문을 일으킨 계몽신학자 바르트Carl Friedrich Bahrdt가 사상표현의 자유를 '군주의 권리보다 신성한 권리'라고 천명한 것도 그런 이유에서다.

 스스로 생각하고 판단할 권리는 하느님이 부여한 권리이다. 하느님이 그 권리를 행사할 능력과 의지를 주셨기 때문이다. 하느님은 모든 인간에게 그런 능력을 주셨기에 스스로 생각하고 판단할 권리는 인간의 보편적 권리이다. 이 권리는 군주의 권리보다 더 신성하며, 따라서 이것은 인간의 보편적 권리이므로 군주의 특수한 권리보다 상위의 것이다.(94쪽)

사상표현의 자유는 하느님이 모든 인간에게 부여한 보편적 권리이므로 군주의 통치권보다 더 신성한 권리라는 것이다. 바르트가 취하는 논리는 프로이센 당국이 하필 종교 문제에 민감하게 대응한 이유를 설명해준다. 바르트가 그랬듯이 성경을 자유롭게 해석할 수 있다면 군주의 권리도 자유롭게 해석하고 비판하는 것이 당연한 권리이기 때문이다. 그래서 통치자에 대한 비판을 차단하기 위한 예방조치로 무엇보다 종교 문제를 단속해야 하는 것이다. 실제로 1786년 프리드리히 대왕이 서거하자 왕위를 계승한 프리드리히 빌헬름 2세는 부왕의 관용 정책을 철회하고 다시 검열을 강화했다. 특히 새로 문화부 장관에 취임한 뵐너는 계몽사상이 신앙을 파괴한다고 공격했고, 계몽사상을 전파하는 《베를린 월간 학보》의 발행인을 '불신앙의 사도'라고 비난했다. 결국 1788년 7월 프로이센 당국은 '종교칙령'Religionsedikt을 제정하여 신앙의 자유는 허용하되 성경에 대한 '자의적' 해석을 — 다시 말해 정통 교리에서 벗어나는 계몽적 해석을—금지하였다. 이에 반발하여 100여 명의 성직자가 항의 성명을 발표하자 프로이센 당국은 1788년 12월 '검열칙령'을 반포하여 전방위적 검열을 더욱 강화했다. 그 여파로《베를린 월간 학보》는 1792년부터 프로이센 영내에서 출간이 금지되어 발행처를 예나로 옮겨야 했다. 계몽 신학자 바르트는 종교칙령에 항의하여 성직을 사퇴했고, 종교칙령을 풍자하는 드라마를 발표했다가 당국에 체포되어 6개월 동안 구금 조사를 받은 후 1년 징역형에 처해져 복역 중에 사망했다. 칸트 자신도『순전히 이성의 한계 안에서 고찰한 종교』Religion innerhalb der Grenzen der bloßen Vernunft, 1793/94가 성경과 기독교의 근본 교의를 침해한다는 이유로 검열의 압박에 시달렸으며, 이후 종교 문제에 관해서는 어떤 글도 발표하지 못하도록 금지 처분을 받았다.[15] 프리드리히 빌헬름 2세의 어명으로 전달된 이 판결문에 대해 칸트는『학부들의 논쟁』서문에서 일종의 자기변론 형식으로 입장을 밝히고 있다. 여기서 칸트는 '청년의 교사로서의 의무'를 위반했다는 지적에 대해 자신이 청년들을 가르치는 대학 강단에서는 종교 문제를 다루지 않았다고 해명한다.[16] 또한 '국민의 교사'로서 '국왕의 뜻'을 거슬렀다는 지적에 대해서는 문제의 저서가 '일반 독자층'Publikum은 도저히 이해할 수 없고 대학의 학자들 사이에서만 토론 가능한 내용을 담고 있다고 해명한다. 칸트의 이러한 해명은 그의 저서가 일반 독자층이 참여하는 공론장에서 논의될 수 없는 것이므로 검열 칙령을 위반한 것은 아니라는 자기변호의 성격을 띠지만, 다른 한편 이로써 자신이 옹호한 '이성의 공적 사용'이 사실상 무력화되었음을 시인한 것이라고 할 수 있다.

이처럼 칸트 자신이 직접 겪은 필화 사건에서 보듯이 이성의 공적 사용이 작동하기 위한 불가결의 전제조건인 표현의 자유가 봉쇄될 때 이성의 공적 사용과 사적 사용의 구별은 실효적 의미를 상실할 수밖에 없다. 그

---

15 Kant: Der Streit der Fakultäten, S. 2 f.
16 같은 책, S. 4 f.

리고 그런 상황에서도 기존의 법질서에 순응하는 이성의 사적 사용을 옹호할 경우 푸코가 지적하듯이, 기존의 권력관계를 강화하고 정당화한다는 비판을 면하기 어렵다.(이진우 1993, 62쪽) 칸트 당대에 이 문제를 신랄하게 지적한 것은 하만Johann Georg Hamann이다. 칸트의 「계몽이란 무엇인가 하는 질문에 대한 답변」이 발표된 직후 하만은 칸트의 제자 크라우스 교수에게 보낸 편지(1784년 12월 18일)에서 칸트의 계몽 개념을 크게 두 가지 관점에서 비판한다.(58~67쪽 참조) 첫째, 대중이 스스로 사고할 능력을 터득하지 못한 미성년 상태에 머물러 있는 것은 '자기 자신의 잘못' 때문이 아니라 미성년들의 후견인 역할을 자임하는 군주나 철학자의 독단적 '월권' 때문이라는 것이다. 둘째, 이성의 공적 사용과 사적 사용을 구별하는 것은 결국 지배의 논리를 정당화하고 복종을 강요하는 결과에 이른다는 것이다.

우선 첫째 지적은 칸트의 논지와 상충되지 않는 것으로 보인다. 이미 살펴본 대로 칸트 역시 스스로 자신의 이성을 사용할 용기를 접고 후견인에게 모든 판단을 의탁하는 권위 추종적 태도에서 벗어나는 것이 계몽의 최우선 과제임을 역설하기 때문이다. 그렇지만 하만은 칸트가 군주의 권력 자체를 문제 삼지 않고 철학자로서 군주의 스승 역할을 자임하는 듯한 태도에 대하여 "사슴 잡는 덫과 칼로 무장한 후견인들의 후견인이 되겠다고 자처하는 무책임한"(64쪽) 태도라고 신랄하게 비판한다. 칸트가 계몽 군주의 관용을 신뢰하는 것과 달리 하만은 그런 신뢰가 결국 권력의 논리에 흡수된다고 보는 것이다.

둘째 지적사항에는 복합적인 동기가 작용한다. 하만은 칸트가 구별한 이성의 공적 사용과 사적 사용을 '식사 후의 후식'과 '일용할 양식'에 비유한다. 그리고 이성의 사적 사용은 엄격히 제한되어도 무방하지만 이성의 공적 사용은 자유롭게 보장되어야 한다는 칸트의 주장을 가리켜 "우리는 후식을 먹기 위해 일용할 양식을 포기해야 하는 꼴"(67쪽)이라고 비판한다. 이미 살펴본 대로 칸트가 말한 이성의 사적 사용이란 국가의 시민으로서 맡은 직책이나 직업상의 직무가 요구하는 의무를 엄격히 준수해야 한다는 것을 가리킨다. 그런 의미에서의 이성의 사적 사용을 하만이 '일용할 양식'에 견준 것은 누구나 나날이 겪는 생활세계에서 부닥치는 문제에 대해 자유롭게 생각하는 것이 다중의 공론장에서 논의되는 사안보다 오히려 더 절실한 실존적 과제임을 강조하는 것이라 할 수 있다. '후식을 먹기 위해 일용할 양식을 포기해야' 한다는 말은 개개인의 나날의 삶이 자유롭지 못할진대 그런 개인들의 집합체로 구성된 공중에게서 자유를 구하는 것은 무망한 노릇이라는 것이다. 이처럼 하만이 구체적 생활세계의 실존적 우선성을 부각한 것은 칸트의 논의에서 부차적으로 밀려난 중요한 문제를 제대로 짚은 것이라 할 수 있다.

그런데 하만이 이성의 공적 사용을 불신하는 데는 '공중'Publikum 자체에 대한 근본적인 불신이 깔려 있다. 『소크라테스 회상록』*Sokratische Denkwürdigkeiten*, 1759 서두에서 하만은 이 책의 독자들을 가리켜 '공중' Publikum 또는 '아무것도 아닌 존재'Niemand라고 지칭함으로써 '공중'을 실체가 없고 뭐라 명명할 수 없는 익명의 집단으로 간주한다.[17] 여기서 '아무것도 아닌 존재'라는 말은 하만이 호메로스의 『오디세이아』에서 차용한 것이다. 오디세우스는 외눈박이 식인 괴물 퀴클롭스 족속의 일원인 폴리페모스에게 자신을 '아무것도 아닌 존재'라고 소개한 뒤, 폴리페모스에게 달콤한 독주를 먹여서 취중에 곯아떨어지게 한 다음, 나무창으로 괴물의 눈을 찔러 자신과 일행을 추격하지 못하게 따돌리고 도망친다.[18] 하만이 바로 이 대목을 차용한 것은 '공중'이 실체를 파악할 수 없는 집단임을 강조한 것이다. 나아가, 하만이 엄밀한 논리체계를 허물어뜨리는 언어유희에 능통하다는 점을 감안하면[19] 오디세우스가 식인 괴물을 제압했

---

17 『하만 사상 선집』, 김대권 옮김, 인터북스 2012, 103쪽.
18 호메로스: 『오디세이아』, 천병희 옮김, 단국대출판부 1996, 제9장 참조.
19 친구 린트너(Lindner)에게 보낸 편지에서 하만은 자신의 글쓰기 방식을 이렇게 말한다. "문외한 또는 불신자는 나의 글쓰기 방식을 난센스라고 단언할 것입니다. 나는 여러 개

던 '이성의 간지'List der Vernunft가 과연 '공중'에게도 통할 수 있을까, 다시 말해 칸트가 강조하듯, 공중이 스스로를 계몽하는 것이 과연 가능할까 하는 근본적인 회의를 표명한 것이라 할 수 있다. 영국 여행 이후 기독교 신앙에 몰입했던 하만의 종교적 배경을 일단 논외로 하면, 하만이 이처럼 공중을 불신하는 것은 아직 계몽되지 않은 공중의 집단의지가 과연 어떤 모습으로 표출될지 섣불리 예측하기 어렵다는 뜻으로 이해할 수 있다. 그런 의미에서 하만은 공중을 그리스 신화에 나오는 변신의 귀재 프로테우스에 견주기도 한다.[20] 실제로 우리는 근현대 역사에서 집단대중이 전제권력과 집단적 폭력의 도구로 동원된 사례들을 익히 알고 있다. 그러나 바로 그렇기 때문에 집단대중의 계몽은 건강한 사회공동체의 실현을 위해 무엇보다 긴요한 과제가 된다. 하만은 진정한 계몽을 위해서는 후견인들이 그들 스스로의 잘못으로 떠맡은 후견인의 지위를 포기해야 하며, 미성년 취급당하는 사람들이 후견인들에 과감히 맞서야 한다고 강조한다. 그러나 각성한 대중의 집단의지 없이 후견인들이 후견인의 지위를 순순히 내려놓을 리 없고 후견인들에 맞서 싸우는 것도 불가능하다. 그런 점에서 집단대중에 대한 하만의 근본적 불신은 공동체적 사고를 결여한 맹점이라 할 수 있다.

칸트가 프로이센 당국의 검열 압박에 못 이겨 이성의 공적 사용을 철회하는 태도를 보였던 것은 칸트 개인의 한계이기 이전에 권력의 압박에 맞서 집단의지를 모을 만큼 공론장이 형성되지 못한 시대적 한계로 보아야 할 것이다. 칸트가 '모든 문제를 이성적으로 따져라! 그러나 복종하라!'라는 계몽 군주의 요구를 불가피한 제약으로 수용하는 것도 계몽이 시대

의 혀로 내 생각을 표현하니까요. 소피스트의 언어, 말장난의 언어, 크레타인의 언어, 아랍인의 언어, 백인의 언어, 흑인의 언어, 크레올인의 언어로 말하고, 비평의 언어, 신화의 언어, 그림 수수께끼, 원리적 개념을 뒤섞어서 지껄이니까요."(Robert Alan Sparling: *Johann Georg Hamann and the Enlightenment Project*, Toronto 2011, S. 252에서 재인용)
20 『하만 사상 선집』, 100쪽.

를 초월한 과제가 아니라 구체적 역사 과정에서 수행되어야 할 점진적 과제라고 보기 때문일 것이다.

하지만 스스로 계몽된 군주로서 미망을 두려워하지 않고 공공의 안녕을 지키기 위해 잘 훈련된 수많은 병력을 보유하고 있는 군주만이 어떤 공화국도 감히 하지 못한 다음과 같은 말을 할 수 있다. 그대들이 원하는 대로 무엇에 관해서든 이성적으로 따져라! 그러나 복종하라! (……) 자연이 이런 딱딱한 껍질 속에서 소중하게 보호하는 싹을, 즉 자유로운 사고로 나아가는 성향과 소명의식을 계발하면 그런 의식이 역으로 국민의 성격에 영향을 끼치고 (이를 통해 국민이 점차 **자유롭게 행동할 수 있는 능력**을 갖게 되고) 마침내 정부의 통치원칙에도 영향을 끼쳐서 정부는 **기계보다 우월한 존재**인 인간을 그의 품위에 맞게 다루는 것이 합당하다고 여기게 될 것이다. (37~38쪽, 강조는 원문)

여기서 보듯이 칸트는 '공공의 안녕'을 지킬 수 있는 강력한 국가의 법치체제가 국민들의 '자유로운 사고로 나아가는 성향과 소명의식'의 싹을 보호하고 국민들의 성숙한 의식이 다시 통치원칙에 영향을 끼쳐서 정부가 국민을 '기계'처럼 다루지 않고 인간적 존엄을 존중해 주기를 기대한다. 국가와 시민사회의 관계를 유기적인 상호작용의 선순환 관계로 보려는 이러한 생각은 19세기 이래 근대국가가 대체로 시민사회 위에 군림하는 억압적 성격을 띠는 양상에 비추어볼 때 소박한 이상주의적 성격을 드러내는 것이 사실이다. 그렇긴 하지만 국가가 국민을 '기계'처럼 취급하여 일방적으로 명령하고 강요하는 반계몽적 국가주의에 대한 비판적 문제의식이 바탕에 깔려 있는 점도 유념할 필요가 있다. 국가가 억압적일수록 국민들이 '무엇에 관해서든 이성적으로 따질' 수 있는 자유가 그만큼 더 절실히 요청되는 것이다. 다른 한편 국민의 성숙한 의식이 정부의 통치에 영향을 끼치기를 바라는 기대 이면에는 국민 대중이 권력투쟁의 도구로 이용되어서는 안 되며, 급진적 혁명이 계몽의 정신과 상충한다는 생각이 깔려 있다.

여기서 특별히 유념할 사항이 있다. 즉 한때는 후견인들에 의해 굴레에 얽매였던 공중이 나중에는 스스로 전혀 계몽할 능력이 없는 일부 후견인들의 사주를 받아 그 후견인들 자신이 굴레에 얽매이도록 강제한다는 것이다. 편견을 심는 것은 그만큼 해로운 일이다. 편견은 결국 편견을 퍼뜨린 장본인이라 할 후견인들 또는 그들의 선임자들 자신에게 복수를 가하기 때문이다. 그 때문에 공중은 아주 더디게 계몽에 도달할 수 있다. 혁명을 통해 어쩌면 개인적 전횡이나 탐욕적인 억압 또는 권력욕에 의한 억압을 무너뜨릴 수는 있겠지만 사고방식의 진정한 개혁은 결코 이루어질 수 없으며, 오히려 새로운 편견이 낡은 편견과 마찬가지로 아무런 생각도 없는 다수 대중을 이리저리 끌고 가는 그릇된 길잡이가 될 것이다.(30~31쪽, 강조는 인용자)

두 번째 문장의 진술은 무조건 복종을 강요당해온 대중이 후견인들(즉 권력자들) 사이의 권력투쟁에 동원되어 특정 세력을 제압하고 복종시키는 도구로 이용당하는 사태를 가리킨다. 그런 방식으로 집단대중을 권력투쟁의 도구로 이용하는 후견인들은 그들 자신의 후견인 지위를 대중의 힘에 의존할 뿐 아니라 대중이 스스로 생각하고 판단할 여지를 차단한다는 이중적 의미에서 '계몽할 능력'을 결여한 자들이다. 그런 후견인들은 대중이 스스로 계몽할 능력이 없으므로 무조건 명령에 복종해야 한다는 편견에 사로잡혀 있으며, 따라서 그들이 축출한 '선임자들'과 동일한 논리에 갇혀 있기 때문에 언젠가는 그들의 '후임자들'에 의해 똑같은 방식으로 축출될 운명에 처하게 된다. 편견은 편견을 퍼뜨린 후견인들에게 자멸의 부메랑으로 돌아오는 것이다. 후견인들이 이러한 권력투쟁의 악순환을 반복하면서 갖가지 지배수단으로 대중을 동원하려 들기 때문에 대중은 아주 더디게 계몽에 도달할 수밖에 없다. 이처럼 대중이 계몽되지 않은 상태에서 이루어지는 혁명은 '아무 생각도 없는 다수 대중을 이리저리 끌고 가는' 도구로 삼기 때문에 '사고방식의 진정한 개혁'을 통해 대중의 의식이 성숙해 가는 진정한 계몽과는 거리가 멀다.

이처럼 칸트는 위정자들이 대중을 동원하는 방식에 단호히 비판적일 뿐 아니라 나아가서 국가가 국민 대중을 계몽하려는 발상 자체에 대해서도 비판적이다. 칸트의 정치철학이 비교적 분명한 윤곽을 드러내는 후기 저작의 하나인「다시 제기된 문제: 인류는 더 나은 상태를 향해 계속 진보하고 있는가」1798에서 칸트는 국민 계몽이 국가에 의해 임명된 공무원들의 몫이 아니라 '자유로운 법률 이론가, 즉 철학자들'의 몫임을 강조하고 있다.

    국민 계몽이란 국민이 속하는 국가에 대한 국민의 의무와 권리를 공개적으로 국민들에게 가르치는 것이다. 이때 문제되는 것은 자연적 권리와 공통적인 인간오성으로부터 유래하는 권리뿐이므로, 국민 가운데서 그러한 권리를 알려주고 설명해주는 사람들은 당연히 국가에 의해 공식으로 임명된 공무원들이 아니라 자유로운 법률 이론가들, 즉 철학자들이다. 이들은 자신들에게 허용된 자유 때문에 항상 지배하려고만 하는 국가에 저항할 수도 있다. 그래서 이들은 계몽가라는 이름으로 불리지만, 국가를 위태롭게 하는 사람들이라고 비난을 듣기도 한다.[21]

여기서도 칸트는 이성의 공적 사용과 사적 사용을 구별하는 생각을 유지하고 있음을 알 수 있다. 국가의 명령을 집행하는 공무원은 국민들에게 명령을 준수할 의무만 가르치기 때문에 그들의 역할은 이성의 사적 사용에 국한된다. 반면 국민들에게 그들의 '권리를 알려주고 설명해주는' 것

21『칸트의 역사철학』, 127쪽.

은 국가가 요구하는 의무의 정당성 여부까지도 '공개적으로' 토론할 수 있는 이성의 공적 사용에 해당된다. 그래서 칸트는 국민의 의무와 권리에 대한 "공개적 토론의 금지는 국민이 더 나은 상태로 나아가는 진보를 방해하는 것"(같은 곳)이라고 말한다.

맺는말

지금까지 살펴본 칸트의 계몽 개념은 역사적 맥락에서 보면 푸코가 말하듯 르네상스 이래 종교와 법과 학문 분야에서 기존의 독단적 권위에 의해 진리로 공인된 것을 거부하는 '탈예속'Entunterwerfung의 비판적 사유의 연장선에서 이해할 수 있다.[22] 특히 계몽의 세기라 일컬어지는 18세기 당대의 계몽사상에서 흔히 고루한 편견의 타파나 지식의 보급을 계몽의 과제로 설정한 것과 달리 칸트는 타인의 인도에 의존하지 않고 스스로 생각할 용기를 가지라고 촉구함으로써 '계몽에 관한 계몽'을 수행했다고 할 수 있다. 이처럼 칸트의 계몽 개념은 스스로 생각하고 판단하는 자율의 원리를 근간으로 삼기 때문에 '위로부터의 계몽'은 원칙적으로 계몽의 정신에 위배된다. 심지어 문외한이 전문가의 권위에 무조건 의존하고 따르는 것도 자신의 생각을 타인의 권위에 예속시키는 것이기에 스스로 자기 삶의 주인이 되기를 포기하고 '미성년 상태'를 온존시키는 것이다. 지식이나 권력에 의해 타인의 권위에 예속된 '미성년 상태'를 감내하는 것은 후견인들이 길들이고 부리는 '온순한 가축'으로 살아가는 것이며 또한 권력자들이 관리하고 조종하는 '기계의 부품'으로 살아가는 것이다. 따라서 그런 미성년 상태로부터 벗어나는 계몽적 자각은 곧 인간의 존엄을 회복하는 것이기 때문에 "인간의 마음속에서 일어나는 가장 중요

---

22 Foucault: *Was ist Kritik?*, Berlin 1992, S. 15.

한 혁명"[23]이다.

스스로 생각한다는 것은 단지 자신의 주관만 앞세우는 자의적 생각과는 구별되어야 한다. 언제나 스스로 생각하되 자신의 생각이 이성의 보편 타당한 원칙에 부합하는가를 부단히 되묻는 비판적 자기성찰이 수반되어야 한다. 또한 지식의 축적과 확장이 단지 '후견인'의 요구에 봉사하거나 스스로 '후견인'의 지위를 유지하고 강화하기 위한 것은 아닌지, 그리하여 지식을 매개로 한 지배와 예속 관계를 공고히 하기 위한 것은 아닌지 끊임없이 비판적으로 성찰할 것이 요구된다. 그런 의미에서 진정한 계몽은 "성찰적 계몽"reflexive Aufkläung을 지향한다.[24]

칸트의 계몽사상에서 이성의 공적 사용 개념은 현대 민주주의의 기본 원리와 직결된다. 이성의 공적 사용은 소수 학자들 사이의 토론이 아니라 사회 구성원 모두가 참여하여 자유롭게 의견을 개진할 수 있는 공론의 장을 형성하여 참여 민주주의의 근간을 이룬다. 그러한 공론장에서 국민의 의사가 모여 입법의 기초가 되며, 따라서 모든 입법은 공적 이성의 검증을 통해 비로소 정당성을 확보하게 된다. 그러면서도 공론장에서 이루어지는 의견 수렴과 합의 과정은 단일한 견해나 신념을 만장일치로 관철하려는 목표를 추구하지는 않으며, 소수 의견도 존중해야 한다. 그런 의미에서 이성의 공적 사용은 전체주의를 배격하며 다양성의 공존을 지향하는 다원적 민주주의 원리에 부합한다. 사회 구성원 누구나가 공중의 일원으로 자신의 견해를 밝히고 다른 구성원들과 토론하는 과정은 기본적으로 상호주관적 성격을 띤다.[25] 그런 점에서 이성의 공적 사용은 근대의 주체 중심 철학과 주객 이원론의 배타성을 극복하기 위해 상호주관성에 입각하여 의사소통 이론을 구축하려는 하버마스Jügen Habermas의 후기 철학

---

23 칸트: 『실용적 관점에서의 인간학』, 277쪽.
24 Axel Hutter: Kant und das Projekt einer Metaphysik der Aufklärung, in: Heiner Klemme (Hg.): *Kant und die Zukunft der europäischen Aufklärung*, Berlin/New York 2009, S. 72.
25 정성관: 칸트 정치철학의 현대적 단초들, 《칸트 연구》 27(2011), 140쪽.

과 상통하는 것으로 평가된다.[26] 또한 칸트의 공적 이성 개념은 특정한 지식이나 이념내용의 타당성과 정당성을 논하기보다는 정당성의 보편타당한 근거를 찾아가는 과정 자체를 중시한다. 그런 점에서 이성의 공적 사용은 의사결정의 정당성의 원천을 미리 결정된 의사의 결집이 아니라 의사를 형성하는 토의 과정 자체의 결과로 보는 '토의 민주주의'deliberative democracy의 원리와 상통한다.[27]

칸트의 계몽 개념에서 이성의 공적 사용과 사적 사용의 구별이 도구적 이성에 대한 비판을 함축한다는 것도 거듭 강조할 필요가 있다. 이미 살펴본 대로 이성의 사적 사용은 공적인 직책이나 소속단체의 직능이 요구하는 의무를 준수해야 함을 의미한다. 그럴 경우 개개인은 '기계적 장치의 일부'로서 '수동적 역할'만 수행하며, 따라서 이성의 사적 사용은 도구적 이성을 가리킨다. 이와 달리 이성의 공적 사용은 그런 요구와 의무가 과연 보편타당한 이성의 원리에 합당한가를 따지고 비판할 수 있기 때문에 도구적 이성에 대한 비판의 성격을 띤다. 풍부한 지식을 쌓은 사람이 오히려 지식의 활용 면에서는 계몽되지 않은 경우가 허다하다는 지적은 지식을 부와 권력의 수단으로 삼는 것을 당연시하는 시류에 경종을 울리는 고언이라 하겠다.

(2018년)

26　Samuel Fleischacker (Hg.): *What is Enlightenment?*, London/New York 2013. S. 143.
27　나종석: 칸트에서의 공적 이성과 토의 정치, 《칸트 연구》 19(2007), 37쪽. 하버마스 역시 '토의 민주주의' 원리를 의사소통이론의 중요한 준거로 삼는다. 하버마스는 『공론장의 구조변동』 신판(1990) 서문에서 매닝(Bernard Manin)의 토의 민주주의 논의를 적극적으로 원용하고 있다. "정당성의 원천은 개인들의 선결된 의지가 아니라 그것의 형성과정, 즉 토의 자체이다. (…) 정당한 의사결정은 모든 사람의 의지를 표현하는 것이 아니라, 모든 사람의 토의로부터 귀결된 의지이다. 결과에 정당성을 부여하는 것은 이미 형성된 의지의 총합이라기보다는 모든 사람의 의지를 형성하는 과정이다."(하버마스: 『공론장의 구조 변동』, 한승완 옮김, 나남 2001, 43쪽)

헤겔 미학에서 소설론의 두 갈래

서사시의 계승과 낭만적 예술의 극복

프리드리히 헤겔Friedrich Hegel, 1770~1831이 『미학 강의』Vorlesungen über die Ästhetik, 1835에서 명시적으로 소설에 관해 다룬 부분은 미학 저술 전체의 방대한 분량에 비하면 극히 소략하다. 그중 한 대목은 문학론에서 서사시 항목의 마지막에 고대 그리스의 서사시와 비교하여 근대 소설을 "근대의 시민적 서사시"[1]라 규정한 대목이다. 여기서 소설은 주인공이 공고한 현실적 질서와 갈등하다가 결국 현실과 화해하되 예술적 교양을 통해 현실의 '산문적 질서'를 극복하기에 이르는 과정을 서술하는 것으로 설명된다. 다른 한편 근대 소설 역시 서사시와 마찬가지로 "세계관과 인생관의 총체성"[2]을 요구하지만, 이러한 총체성에의 요구는 당위적 과제로 제시될 뿐 구체적인 내용에 관한 설명은 없다. 그렇지만 루카치는 헤겔이 근대 소설을 '근대의 시민적 서사시'라 규정한 것을 근거로 헤겔이 근대 시민사회와 소설 장르의 연관성을 최초로 인식했고 또 근대 소설이 '시민사회의 상황에서 서사시를 부활시킨' 것이라 평가했다.

---

1 헤겔:『미학 강의 3』, 이창환 옮김, 세창출판사 2022, 398쪽.
2 같은 책, 399쪽.

헤겔은 최초로 근대 소설의 새로운 장르적 특성을 인식한, 또 시민사회의 특성들과 소설의 연관관계를 인식한 인물이다. 또 한편 그는 이 새로운 예술 장르가 그 본질상 근본적으로 변화한 시민사회의 상황에서 과거의 서사시를 부활시킨 것일 뿐이라는 점도 인식했다.[3]

루카치의 이러한 평가는 그의 『소설의 이론』 Die Theorie des Romans, 1916에서는 괴테의 교양소설 『빌헬름 마이스터의 수업 시대』를 근대 소설의 중심에 두는 논의로 이어지며, 다른 한편 근대 소설에 요구되는 총체성의 과제는 1930년대 이래 리얼리즘 이론으로 구체화된다. 루카치의 이러한 이론적 전개 과정은 헤겔의 소설 이론적 단초를 가장 풍부하고 체계적으로 발전시킨 것이라 할 수 있다.

헤겔이 『미학 강의』에서 소설에 관해 언급하는 또 다른 대목은 낭만적 예술형식을 다루는 마지막 부분에서 중세 후기 기사문학의 특성인 '모험성'이 근대 소설에서 어떻게 굴절되는가를 논의하는 부분이다. 헤겔은 이 부분에 '소설적인 것' das Romanhafte이라는 소제목을 붙이고 있는데, 기본적인 논지는 서사시 항목에서 소설을 언급한 내용과 대동소이하다. 다만 소설 주인공이 사회현실과 갈등하면서 경험을 쌓는 과정을 현실 인식과 인간적 성숙으로 나아가는 '수업 시절'이라 규정함으로써 교양소설의 특성을 강조하는 것이 눈에 띈다.

이처럼 헤겔이 『미학 강의』에서 명시적으로 소설을 다룬 내용은 대체로 괴테의 『빌헬름 마이스터의 수업 시대』를 암묵적인 모델로 설정한 교양소설론으로 이해되어왔다. 그리고 '근대의 시민적 서사시'라는 핵심적 개념 정의에 근거하여 헤겔의 소설론 역시 헤겔이 예술미의 이상으로 설정하는 고전적 예술의 맥락에서 이해된다. 실제로 헤겔은 당대의 독일 낭만주의 문학을 시종일관 부정적으로 평가했기 때문에 그런 점에서도 괴

---

3 게오르크 루카치: 『미학 논평』, 홍승용 옮김, 문화과학사 1992, 151쪽.

테의 교양소설을 중심에 두는 헤겔의 소설론을 고전주의 맥락에서 이해하는 것은 당연해 보인다.

헤겔의 소설론에서 앞에서 언급한 부분이 중심적 위치를 차지하는 것은 분명하다. 그러나『미학 강의』에서 낭만적 예술을 다룬 장章에서 "개별적 특수성들의 형식적 독립성"이라는 제목하에 낭만적 예술의 몰락과 해체를 다룬 부분은 근대 소설의 구조적 특성을 이해하는 데 중요한 실마리를 제공한다. 그중에도 특히 근대 문학 주인공의 성격을 다룬 부분, 모험성의 특징을 설명하는 부분, 그리고 무엇보다 유머를 다루는 부분은 근대 소설의 이해에 풍부한 단서를 제공한다. 그럼에도 이에 관한 연구가 그동안 미진했던 이유는 이미 언급한 대로 헤겔이 당대 낭만주의를 부정적으로 평가했기 때문이다. 그렇지만 헤겔이 부정적으로 평가했던 당대 낭만주의 문학이야말로 그 시대의 현실에 민감하게 반응했던 '현대적' 문학이었고 또 헤겔 이후 문학의 전개 양상과도 긴밀히 연계되어 있다. 그런 점에서 기존 연구에서 소홀히 다루어진 낭만주의 해체기의 문학 현상을 소설론의 관점에서 재구성하는 작업은 헤겔 소설론의 확장과 심화를 위해 긴요한 과제로 여겨진다. 이 글에서는 이 점을 염두에 두고 먼저 서사시와 소설의 관계를 살펴보고, 아울러 낭만주의 해체기의 문학에 대한 헤겔의 진단이 소설론의 측면에서 어떤 시사점을 주는지 생각해보고자 한다. 그리고 마지막으로 헤겔의 소설론이 루카치의『소설의 이론』과 연결되는 지점을 짚어보고자 한다.

서사시와 소설

주지하듯이 헤겔 미학은 체계적이며, 서사시 역시 문학 일반에 대한 보편적 규정 속에서 이해되어야 한다. 문학작품에 요구되는 가장 보편적인 요건은 "유기적 총체성"[4]이다. 문학작품의 유기적 총체성이란 작품이 그 자체로 합당한 목적을 가져야 하고, 그 목적은 특정한 개인의 정신과 감정을 표현하는 것이어야 하며, 그렇게 완성된 작품의 모든 부분은 전체적인 통일성을 이루어야 한다는 것이다.

그다음으로 문학작품에 대한 보편적인 규정은 작품이 일정한 '행위'Handlung의 표현이라는 것이다. 그리고 행위는 그것이 사건으로 전개되는 일정한 환경 내지 기반을 필요로 하는데, 주체의 활동기반이 되는 역사적 환경을 '세계상태'Weltzustand라 일컫는다.[5] 행동하는 주체는 이러한 세계상태에 제약을 받으면서 갈등을 겪기도 하며, 이러한 상황 속에서 세계와 긴밀히 상호작용을 한다.

그러면 헤겔이 말하는 '서사적 세계상태'와 '서사적 행위' 그리고 그 두 가지가 유기적으로 결합된 '총체성'의 개념을 중심으로 서사시의 기본 특징을 살펴보기로 하겠다.

서사적 세계상태

고대 그리스의 서사시에서 서사적 세계상태는 민족 공동체의 현실을 가리키며, 서사시 주인공의 행위는 민족의 명운과 불가분의 관계에 있는 개개인의 행위를 가리킨다. 그리고 민족과 개인의 운명이 판가름 나는 구체적 사건은 『일리아스』의 직접적인 소재가 되고 『오디세이아』의 배경이 되는 트로이 전쟁이다. 여기서 서사시의 주인공은 전란의 와중에 그들이 처한 상황에 능동적으로 대응하는 영웅적 개인들이다. 그러나 드라마와 달리 서사시에서는 이들의 영웅적 행위 자체가 중심이 되는 것이 아니라 우선 이들이 살아가는 삶의 전모가 드러나야 하고, 이들이 삶을 어떻게 개척해나가는지 보여주어야 한다. 여기서 중요한 것은 민족 공동체의 질서와 규범이 인물들의 삶을 일방적으로 규정하는 것이 아니라 삶의 과정

---

4 헤겔: 『미학 강의 3』, 253쪽.
5 헤겔: 『미학 강의 1』, 245~266쪽 참조.

과 구체적 인간관계 속에서 공동체의 결속을 다지는 형식들이 점차 형성된다는 것이다. 그런 점에서 서사시의 세계상태는 이미 확고한 법질서와 통치체계로 정비되어 있는 근대적 세계와는 뚜렷이 대비된다.

자연을 비롯한 생활 환경 역시 생동하는 삶의 일부로 생생히 드러나야 한다. 예컨대 "집과 농장, 천막, 안락의자, 침대, 칼과 창, 선박, 전차, 끓는 물과 구워진 고기, 도살장, 음식과 음료" 등 이 모든 것은 단지 "죽은 수단"이 아니라 "그 속에서 온몸과 마음으로 살아 있음을 느껴야 한다."[6] 이 대목에서도 헤겔은 서사시의 유기적 생활 환경과 수단을 근대 세계의 기계적 체계와 대비한다.

> 우리의 현대적 기계와 공장, 거기에서 생산되는 물건들은, 요컨대 외적인 삶의 욕구를 충족시키는 방식은, 이런 측면에서 보면 현대적인 국가기구와 마찬가지로 근원적인 서사시가 요구하는 삶의 배경으로서 부적절할 것이다.(같은 곳)

이처럼 헤겔이 서사시의 충만한 세계와 기계적인 현대적 삶을 계속 대비하는 것은 본래의 서사시가 고대 그리스의 역사적 조건 속에서 꽃피었던 문학 양식이라는 것, 따라서 세계상태가 근본적으로 달라진 현대 세계에서는 같은 형태로 되풀이될 수 없다는 것을 강조하기 위함이다. 다른 한편 이러한 대비는 근대적 삶의 조건에서 새롭게 형성되는 소설이 근대 세계의 기계적이고 억압적인 질서와 갈등을 일으킬 수밖에 없다는 것을 시사한다. 나아가서 근대 소설이 그러한 갈등을 어떻게 극복할 것인가 하는 문제가 근대 소설의 중요한 과제로 부각된다.

서사시의 주인공이 영웅이라고 해서 결코 초인적 존재인 것은 아니며 저마다 고유한 개성을 지닌 자유로운 개인들이다. 아가멤논은 트로이 전

---

[6] 헤겔: 『미학 강의 3』, 343쪽.

쟁에서 그리스 군대의 총사령관이지만 그렇다고 다른 인물들에게 일방적으로 명령을 내리는 주종관계는 아니다. 다른 인물들 역시 아가멤논과 대등한 독립적인 개인들이며, 아가멤논과 갈등하면서 자신의 의지에 따라 자유롭게 행동한다. 예컨대 아킬레우스는 아가멤논과의 불화로 인해 아예 한동안 전투에 참여하지도 않고 수수방관하는 모습을 보인다. 군주들에 대한 일반 백성들의 태도 역시 아가멤논에 대한 제후들의 태도와 마찬가지로 자유의지에 따라 군주를 따를 뿐이며, 백성을 구속하는 강제적인 법률 같은 것은 없다. 또한 오디세우스의 예에서 보듯이 가축을 도살하고 음식을 준비하고 포도주를 따르는 등의 행동 또한 영웅들 자신의 일이며, 그들은 이런 궂은 일도 마다하지 않고 즐겁게 수행한다. 여기서도 헤겔은 엄격한 위계질서에 따라 일의 귀천이 나뉘는 근대 사회와 서사시의 세계를 대비해서 강조한다.

  호메로스의 서사시에서 트로이 전쟁은 그리스 민족의 명운이 달린 중대한 사건이다. 그렇지만 전쟁 역시 불가항력의 천재지변 같은 것이 아니라 그 속에서 부침하는 인간들의 운명 속에서 파악된다. 직접 전쟁을 다루지 않는 『오디세이아』는 주인공 오디세우스 개인의 귀향 서사이지만 이러한 개인사 역시 민족 공동체 구성원 모두의 운명과 겹쳐진다. 10년 동안의 악전고투 끝에 트로이를 패망시킨 승리로 전쟁은 끝났지만, 10년의 공백 동안 고향 그리스에서 일어난 변화를 다시 평정하는 일은 참전자들의 삶 전체에서 보면 전쟁에 못지않은 난관을 예고하기 때문이다. 단적으로, 개선장군 아가멤논은 귀향 직후 아내와 그 정부情夫에 의해 죽임을 당한다. 한 개인의 삶에서 보면 트로이 전쟁의 승리도 그런 개죽음 앞에서는 허망한 것이다. 『오디세이아』에는 죽은 아가멤논이 등장하여 오디세우스에게 고향 땅 이타카로 들어갈 때는 완전히 신분을 숨기고 잠행할 것을 충고한다. 오디세우스가 10년 동안 집을 비운 사이에 그의 부인 페넬로페는 용맹스러운 청년들의 구애에 시달리고 있는 처지이기 때문이다. 오디세우스의 귀향을 가로막는 위협은 아가멤논에게 닥쳤던 위험과 다르지 않으며, 두 사람의 운명은 전쟁에 출정했던 모든 그리스 용사들의 운명인 것이다.

마지막으로 헤겔은 서사시가 민족적 특성을 추구하면서도 인류 보편의 가치를 지향해야 하며, 그럴 때만 다른 민족들과 후대에도 생생한 감동을 선사하는 영원한 현재성을 갖는다고 말한다. 그러면서도 서사시에서 관철되는 보편적 원칙은 동방에 대한 서방의 승리, 유럽적 가치 기준의 승리이며 이것이 곧 자율적 이성의 승리라고 말함으로써 서구 중심주의적 편향을 드러내기도 한다.[7]

서사적 행위와 성격

서사시의 사건은 특정한 개인의 고유한 개성을 표현할 때만 서사적 행위로서 내적인 필연성을 얻는다. 모든 서사적 행위는 구체적 개인의 행동으로 나타난다. 따라서 개성적인 성격의 창조가 관건이다. 아킬레우스는 젊고 패기만만한 영웅이지만 그의 젊음과 용맹에는 다양한 인간적 특성이 망라되어 있으며, 호메로스는 그 다양성이 온갖 상황에서 어떻게 발현되는가를 보여준다.[8] 아킬레우스는 어머니 테티스를 사랑하는 효자이며, 아가멤논이 아폴론 신전의 여사제를 애첩으로 삼을 때는 천륜에 어긋나는 아가멤논의 비행에 분노한다. 자신의 연인 브리세이스를 아가멤논에게 빼앗겼을 때는 상실의 슬픔에 울고, 이로 인한 아가멤논과의 갈등과 분노가 그 뒤에 이어지는 모든 사건의 출발점이 된다. 그는 예컨대 전투에서 발을 빼는 '태업'까지 불사하며 그리스군을 궁지에 몰아넣는 결과를 초래한다. 그렇지만 절친한 친구 파트로클로스가 아킬레우스 자신의 투구와 갑옷으로 무장하고서 출정했다가 헥토르에 의해 죽음을 맞자 친구를 잃은 슬픔과 복수심에 불타서 다시 출정한다. 그리하여 헥토르를 무

---

7 헤겔: 『미학 강의 3』, 356쪽 참조.
8 같은 책, 362, 394쪽 이하 참조.

찌르고 헥토르의 시신을 전차에 매달고 트로이 성곽 주위를 질주하며 끌고 다닐 때는 복수심에 눈멀어 잔혹하기 이를 데 없는 모습을 보인다. 그렇지만 헥토르의 아버지 프리아모스 왕이 한밤중에 몰래 아킬레우스의 막사를 찾아와 아들의 시신이라도 수습하게 해달라고 애원하자 아킬레우스는 아들을 잃은 아비의 슬픔에 깊은 연민을 느끼며 노인에게 손을 내민다.

헤겔은 아킬레우스의 이런 다양한 인간적 면모야말로 "이것이 바로 인간이다!"라고 공감을 자아낸다고 말한다. 아킬레우스는 그리스 최고의 전사이기 이전에 때로는 분노하고 때로는 슬퍼할 줄 아는 너무나 인간적인 존재인 것이다. 도무지 분노를 조절하지 못하고 자제할 줄 모르는 인간적 약점조차도 아킬레우스와 그의 행위를 하나의 완결된 세계로 존재하게 해주는 유기적인 서사적 요소가 된다. 헤겔은 만약 도덕적 관점에서 아킬레우스의 그러한 약점들을 제거하고 다듬어서 모범적인 인간형으로 만들어낸다면 성격의 생동감이 사라지고 메마른 추상적 알레고리가 될 뿐이라고 강조한다.

아킬레우스가 불같은 성격의 소유자라면 모든 면에서 그와 대비되는 오디세우스 역시 그만의 고유한 개성을 지닌 인물이다. 알다시피 오디세우스는 그리스군 최고의 지략가이자 책사이다. 『일리아스』와 『오디세이아』를 통틀어 용맹스러운 전사로서의 그의 모습이 보이지 않는 것도 그래서일 것이다. 그러나 그리스군의 트로이 원정이 가능했던 출발점은 그에게 힘입은 것이라 해도 과언이 아니다. 그리스 군대가 아울리스 항에서 출항하려 할 때마다 거센 폭풍이 일어 출항이 저지될 때 '그리스 최고의 보물'을 바다의 신에게 제물로 바쳐야 한다는 신탁이 내려지자 그 최고의 보물이란 다름 아니라 아가멤논 왕의 맏딸 이피게니에라고 신탁을 해석한 장본인이 바로 오디세우스다. 그런데 이러한 신탁 해석은 오디세우스가 특별히 신앙심이 깊어서 가능했던 것이 아니라 상황에 대한 가장 합리적인 판단의 결과이다. 아가멤논의 입장에서는 그리스군의 총사령관이라는 막중한 책임 때문에 이러한 신탁 해석을 거부하기 힘들기 때문이다. 오디세우스는 이처럼 탁월한 지략가일 뿐 아니라 고향에 두고 온 아내와 아들과 아버지를 잊지 못하는 순정한 가장이기도 하다. 귀향의 과정에서 온갖 난관을 불굴의 투지와 지략으로 헤쳐가는 것도 오로지 고향 땅을 밟고 사랑하는 가족과 재회하기 위해서이다. 그런 오디세우스에게 가족과 다시 결합하는 것은 전쟁의 승리 못지않게 소중한 과업이다.

마침내 귀향한 오디세우스가 아내 페넬로페를 에워싸고 있는 구혼자들을 모조리 큰 활로 쏘아 죽이는 용맹한 전사의 모습을 보이는 뜻밖의 반전도 상황에 맞게 억지로 지어낸 작위적 설정이 아니라 오로지 귀향을 위해 온갖 역경을 헤쳐온 고투의 정점으로 이해하면 자연스럽다. 아가멤논의 충고에 따라 아무도 알아보지 못하게 변장한 오디세우스를 그의 아버지도 알아보지 못하자 오디세우스는 어릴 적에 아버지를 졸라 갖가지 포도 묘목을 구해서 장차 자기 몫으로 심어달라고 했던 기억을 상기시키면서, 포도나무의 종류와 몇 그루인지 숫자까지 정확히 기억해낸다. 오디세우스는 이타카의 왕이면서도 대지에 뿌리내린 삶을 살아온 것이다.

이상에서 살펴본 대로 아킬레우스와 오디세우스를 비롯하여 호메로스의 서사시에 등장하는 인물들은 그리스 민족의 특성에 흩어져 있는 성격적 요소들을 자신의 성격으로 체현하고 있는 "위대하고 자유롭고 인간적으로 아름다운 성격들"이다.[9]

스촌디가 말한 대로 헤겔은 '구체적 총체성'을 서사시의 가장 중요한 특징으로 부각한다.[10] 서사시가 추구하는 총체성은 앞에서 살펴본 대로 민족 공동체의 현실을 반영하는 세계상태와 그 속에서 살아가는 개인들의 행위가 유기적으로 결합할 때 가능해진다. 헤겔은 그런 면에서 역시

---

9 같은 책, 364쪽.
10 Peter Szondi: *Poetik und Geschichtsphilosophie I*, Frankfurt a. M. 1974, S. 502.

『오디세이아』가 '가장 아름다운 전형'을 보여준다고 평가한다.[11] 귀향하는 오디세우스의 방랑과 모험은 평화로운 가정에 대한 인간적 염원, 이 민족들에 대한 생각과 긴밀히 연결되어 전쟁 후 귀환하는 모든 그리스인들의 운명을 오디세우스라는 한 개인의 유일무이한 귀향 행로 속에 집약하고 있기 때문이다. 그러면서도 이 서사시의 이야기는 오디세우스가 아닌 그 누구와도 혼동할 여지가 없는 한 인간의 고유한 개성을 생동감 있게 표현하고 있다. 무엇보다 『오디세이아』에서 귀향의 서사는 작품의 형식과 내용을 아우르며 수미일관하게 통일성을 부여하는 핵심적 모티프가 된다. 『일리아스』에서는 아킬레우스의 분노가 구체적 상황 속에서 다양한 방식으로 표출되면서 서사시의 사건을 추동하는 통일성을 뒷받침한다.

서사시와 소설

헤겔은 서사시에 관해서는 장르의 본질과 특성, 주제와 소재, 구체적 형식과 작품 분석에 이르기까지 상세히 다루고 방대한 분량을 할애하고 있다. 그렇지만 헤겔 당대에 새롭게 부상하는 소설에 대해서는 서사시 항목의 마지막에서 불과 한 페이지 분량으로 근대 소설이 고대의 서사시와 어떻게 다른가를 간략히 서술하고 있다. 논의의 편의를 위해 일단 그 부분 전문을 인용하기로 하겠다.

① 반면에 근대적인 시민적 서사시moderne bürgerliche Epopöe인 소설의 경우에는 완전히 양상이 다르다. ② 여기서는 한편으로 관심들, 상황들, 성격들, 삶의 제반 관계들의 풍요로움과 다양함이 전체적인 세계의 폭넓은 배경과 사건들의 서사적 서술로서 완벽하게 다시 등장한다. ③ 하지만 본래의 서사시를 가능하게 했던, 근원적으로 시적인 세계상태는 소설에서는

---

11 헤겔: 『미학 강의 3』, 381쪽.

결여되어 있다. 근대적 의미의 소설은 이미 산문의 질서로 짜인 현실을 전제하며, 다음으로 그것을 기반으로 자신의 권역 속에서 사건들의 생동성과 관련해서뿐만 아니라 개인들 및 그들의 운명과 관련해서도 시Poesie가 잃어버린 권리를 이런 전제하에 가능한 한 다시 쟁취할 수 있게 해준다. 그러므로 소설에 가장 적합하고 친숙한 갈등 중 하나는 가슴의 시와 이에 대립적인 산문, 즉 제반 관계들과 외적 환경들의 우연이라는 산문 사이에서 벌어지는 갈등이다. ④ 이러한 불화는 비극적으로 또는 희극적으로 해결되거나, 아니면 처음에는 일상의 세계질서를 거스르는 성격들이 그 속에서 진정한 실체를 인정하는 법을 배우고, 그 제반 관계들과 화해하며, 그 속에 효과적으로 편입됨으로써, 그들의 작용과 실행에서 산문적 형상을 지우고 또한 이를 통해 미美 내지 예술과 친밀한 현실로 하여금 기존의 산문적 현실을 대신하게 함으로써 그 해결책을 발견한다. ⑤ 표현에 관해 말하자면, 본래적인 소설 역시 서사시와 마찬가지로 세계관과 인생관의 총체성을 요구하며, 그 다면적 소재와 내용은 개별적 사건의 내부에서 드러나는데, 바로 이 사건이 전체를 위한 중심점을 제공한다. 그런데 여기서는 소재 파악과 창작의 세부 사항과 관련해서는 시인에게 큰 유희 공간이 허락되어야 한다. 시인이 자신의 묘사들 속에 현실적 삶의 산문을 불가피하게 함께 끌어들일수록, 그로 인해 산문적이고 범속한 것에 머물지 않으려면 그만큼 더 큰 유희 공간이 허락되어야 한다.[12](원문 강조, 번호는 인용자에 의함)

① 첫 문장은 근대 소설을 '근대적인 시민적 서사시'로 정의하고 있다. 여기서 '시민적'이라는 말은 근대 소설과 고대 서사시의 본질적 차이를 드러낸다. 이미 언급한 대로 서사시의 주인공은 영웅들이다. 이들은 민족

---

12 Hegel: *Ästhetik*, Bd. 2, Berlin 1955, S. 452 f. 번역본으로는 이창환 옮김, 『미학 강의 3』, 398쪽 이하.

의 대표자로서 전쟁을 수행하고 이끌며, 민족 공동체의 운명이 이들의 손에 달려 있다. 반면에 헤겔 당대의 소설 주인공은 평범한 시민이다. 단적인 예로 괴테의 『빌헬름 마이스터의 수업 시대』의 주인공 빌헬름은 유복한 상인의 아들이다. 그는 서사시의 주인공과 달리 민족과 국가를 대표할 자격도 없고, 사회를 바꿀 능력도 권리도 없다. 그는 귀족과 평민의 차별이 엄연히 존재하는 신분사회에서 평민에 속하는 시민 계급의 일원이기 때문이다. 당시 신분사회에서 일반 시민은 사회에서 공적인 역할을 수행할 수 없었다. 빌헬름은 상인의 아들로 태어났으니 가업을 승계하여 상인의 업에 종사해야 한다. 서사시의 주인공이 자유로운 개인으로서 온전한 전인全人의 모습을 보였다면 소설의 주인공은 점차 분업화되는 사회에서 자신의 직능에 얽매인 기능적 존재가 된다.

② 그럼에도 소설 역시 시민적 '서사시'인 한에는 원래 서사시가 추구했던 객관적 총체성을 최대한 담보해야 한다. 그래서 소설 역시 인간의 다양한 관심사와 삶의 제반 관계 등을 풍부하게 반영하고 '전체적인 세계'를 서술하는 데 주력해야 한다. 다시 『빌헬름 마이스터의 수업 시대』를 예로 들면 이 소설에는 상인의 아들인 주인공 외에도 보수적인 귀족과 개혁적인 귀족, 프리메이슨 조직을 모델로 삼은 계몽주의자들의 집단인 '탑의 결사', 유랑극단의 배우들 등 당대의 시대상을 보여주는 다양한 인물 군상이 등장한다.

③ 그러나 원래 서사시를 탄생케 한 '세계상태'와 인간상이 완전히 달라졌기 때문에 이에 따라 소설에서 인간과 세계의 관계 역시 달라진다. 원래의 서사시를 낳은 '시적 세계상태'란 인간과 세계가 조화롭게 공존하는 상태, 인간의 의지대로 세계를 창조할 수 있다는 믿음이 통하는 상태를 가리킨다. 여기서 '시'Poesie라는 것은 장르적 의미가 아니라 "정신의 무한한 왕국"[13]이 자유롭게 전개되고 외부 세계와 아름다운 조화를 이

---

13 헤겔: 『미학 강의 3』, 245쪽. 스촌디는 그런 의미에서 헤겔이 말하는 '시적 상태'를 "내

룬 상태를 뜻한다. 루카치는 『소설의 이론』에서 그러한 시적 세계상태를 표현하는 서사시의 세계를 인간과 세계가 서로 낯설게 분리되지 않은 채 '하나의 동질적homogen 세계'를 이루고 있는 상태라고 일컬었다.[14]

그러나 근대 소설의 배경이 되는 것은 '산문의 질서'가 지배하는 세계이다. 이 경우에도 '산문'이라는 말은 장르적 의미가 아니라 세계가 인간과 분리된 채 그 자체의 기계적 관성에 의해 돌아간다는 뜻이다.[15] 헤겔이 서사시의 세계와 대비되는 근대 세계의 근간으로 지목한 시민사회의 법질서, 체계적인 국가기구, 현대적 기계와 공장식 생산방식 등은 그런 의미에서 근대 세계의 '산문적 질서'를 지탱하는 핵심적 요소들이다. 그러한 산문적 현실과 '가슴의 시' 사이의 갈등이 근대 소설의 핵심적 갈등이다. 이제 소설은 산문적 현실에 맞서서 '가슴의 시'를 옹호하는 과제를 떠맡게 된다.

④ 헤겔은 소설에서 그러한 갈등이 해결될 수 있는 세 가지 가능성을 제시한다. 비극적인 해결, 희극적인 해결, 화해를 통한 갈등의 해소가 그것이다.

비극적인 해결은 영혼의 아름다운 충만함을 추구하는 주인공이 현실의 산문적 질서에 맞서 투쟁하다가 현실의 힘에 굴복하여 좌절하거나 비극적 최후를 맞는 것이다. 대표적인 사례로 괴테의 『젊은 베르터의 고뇌』 *Die Leiden des jungen Werthers*, 1774를 떠올릴 수 있다. 베르터는 신분사회의 고루한 인습과 관료사회의 억압적 위계질서 그리고 귀족계층의 신분 차별에 맞서서 타협하지 않고 끝까지 자신의 '순수한 가슴'이 명하는 대로 살아간다. 그리고 결국 '감옥 같은 세상'의 질곡을 견디지 못해 자살하고 만다. 헤겔의 용어로 말하자면 베르터는 현실의 산문적 질서에 맞서 끝까지

면과 외부 세계의 통일성"이라 규정한다. Szondi: 앞의 책, S. 488.
14 루카치: 『소설의 이론』, 김경식 옮김, 문예출판사 2015, 32쪽.
15 헤겔의 산문 개념에 대한 자세한 설명은 다음 참조. 권정임: 「헤겔의 '산문(Prosa)' 개념과 그 의미 연구」, 《헤겔 연구》, 2010, 165~205쪽.

가슴의 시를 옹호하다가 비극적 좌절에 이르는 것이다.

희극적인 해결의 대표적인 경우로는 단연 세르반테스Miguel de Servantes의 『돈키호테』Don Quixote, 1605를 꼽을 수 있다. 돈키호테는 중세의 고결한 가치로 숭상되었던 기사도가 이미 몰락한 시대에 뒤늦게 다시 기사도를 옹호함으로써 시대착오적 이상을 추구하는 희극적 인물로 그려진다. 뒤에서 다시 살펴보겠지만, 헤겔은 『돈키호테』가 낭만적 예술이 몰락하는 과정에서 탄생한 중요한 이정표라고 평가한다.

헤겔이 가장 중요하게 생각하는 소설 유형은 주인공이 세계와 갈등을 겪으면서도 결국 화해에 도달하는 경우로, 구체적으로는 괴테의 교양소설 『빌헬름 마이스터의 수업 시대』를 염두에 둔다. 이 소설의 주인공 빌헬름은 장차 상인으로 가업을 잇기를 바라는 아버지의 뜻에 거슬러서 연극의 세계를 선망한다. 그가 생각하기에 상인으로 살아가면 돈벌이 이외에 어떤 가치도 추구할 수 없지만 연극 무대에서는 현실에서는 가로막혀 있는 다양한 역할을 수행함으로써 세상을 조망하고 의미 있는 삶을 모색할 수 있기 때문이다. 『빌헬름 마이스터의 수업 시대』의 미완성 초고가 애초에 '빌헬름 마이스터의 연극적 사명'이라는 제목을 표방했던 것은 그런 이유에서다. 또한 앞의 인용문에서 "미美 내지 예술과 친밀한 현실로 하여금 기존의 산문적 현실을 대신하게 함으로써 그 해결책을 발견한다."는 것도 그런 의미로 이해할 수 있다. 이처럼 교양소설의 전통에서 주인공의 예술적 지향성은 성숙을 위한 교양 과정에서 중요한 계기가 된다. 19세기 중반의 대표적인 교양소설로 꼽히는 켈러Gottfried Keller의 『초록의 하인리히』Der grüne Heinrich, 1855에서도 주인공이 화가 지망생으로 등장한다.

교양소설의 주인공이 현실과 화해하고 현실의 진정한 실체를 인정하는 법을 배우고 현실의 제반 관계들 속에 편입된다는 것은 주인공이 단순히 기존 현실에 무조건 순응한다는 뜻은 아니다. 현실의 '진정한 실체'라는 것은 현실을 움직이는 힘이 어떤 것이고 역사의 동력이 무엇인가를 깨우치는 올바른 현실 인식을 가리킨다. 다시『빌헬름 마이스터의 수업 시대』를 예로 들면, 주인공이 가업을 승계하여 상인이 되라는 아버지의 뜻을 거역하는 것은 상인의 아들은 장사꾼 노릇만 해야 하는 신분사회의 구속에서 벗어나고자 하는 열망을 나타낸다. 그래서 그는 개혁적이고 진취적인 생각을 지닌 계몽주의자들과 어울리며 이들의 모임에 합류하게 된다. 소설 마지막에서 주인공이 진취적인 사고를 가진 귀족 여성과 결혼하는 것도 평민과 귀족의 결혼이라는 점에서 당시 신분사회의 장벽을 뛰어넘는 것이다.

참고로 독일 문학사에서 교양소설 개념을 처음 사용한 모르겐슈테른은 교양소설을 다음과 같이 정의하고 있다.

> 이것은 무엇보다 그 소재로 인해 교양소설이라 일컬어진다. 첫째, 이런 소설은 주인공의 교양 과정을 처음과 그 중간 과정 그리고 일정한 완성의 단계에 이르기까지 서술하기 때문이다. 둘째, 이런 소설은 이러한 서술을 통해 다른 어떤 종류의 소설보다 더 폭넓게 독자의 교양을 촉진하기 때문이다.[16]

교양소설에 대한 이러한 정의는 개인의 성장 과정에 초점을 맞춘 것이다. 이에 비해 괴테의『빌헬름 마이스터의 수업 시대』는 훨씬 폭넓은 시야로 당대 현실을 조망하고 있다.

⑤ 헤겔은 서사시와 마찬가지로 소설에 대해서도 '세계관과 인생관의 총체성'을 요구한다. 바로 앞에서 언급한 대로 교양소설이라고 해서 단지 개인의 성장과 성숙 과정만 서술하는 것이 아니라 개인을 둘러싼 사회 전체의 맥락이 함께 드러나야 한다. 서사시에서 서사적 행위의 기반이 되는

---

[16] Karl Morgenstern: Über das Wesen des Bildungsromans (1820), in: *Romantheorie. Dokumentation ihrer Geschichte in Deutschland 1620~1880*, E. Lämmert u. a. (Hg.), Köln und Berlin 1971, S. 256.

'세계상태'와 개인적 행위가 유기적으로 결합해야 한다는 요구는 소설에 대해서도 타당하다. 소설에서 개인적 경험에 대한 서술은 총체적인 사회적 환경과 결합될 때만 의미 있는 것이 된다. 그런데 사회현실은 공고한 산문적 질서로 짜여 있으므로 현실적 외연에 대한 서술이 확장될수록 소설 역시 '현실의 산문'에 흡수될 위험에 처하게 마련이다. 따라서 소설은 단순히 경험적 현실을 재현하고 모사하는 차원을 넘어서 산문적 질서의 극복을 위한 가치를 지향해야 한다. 그것은 작가가 폭넓은 '유희 공간'을 확보할 때만 가능할 것이다. 이 유희 공간이란 작가가 현실적 소재에 비판적 거리를 두고 예술적으로 가공할 수 있는 능력과 장치를 가리킨다. 『돈키호테』이래 근대 소설에서, 특히 괴테와 헤겔 당대의 소설에서 그런 서사적 장치로 즐겨 활용한 것은 유머와 아이러니이다. 그러나 헤겔은 괴테의 경우를 높이 평가한 것을 제외하면 특히 유머와 아이러니를 즐겨 구사한 당대 낭만주의 작가들에 대해 매우 비판적이었다. 이에 관해서는 뒤에서 다시 살펴볼 것이다.

이상에서 간략히 살펴본 대로 헤겔은 근대 소설을 고대 서사시와는 전혀 다른 역사적 상황의 산물로 규정한다. 헤겔의 미학과 문학이론은 역사철학적 사고에 기반을 둔 것이기 때문에 고대 그리스와는 전혀 다른 시대적 제약에서 탄생한 소설은 서사시와 다를 수밖에 없다. 그럼에도 헤겔은 근대 소설에 대해서도 이 시대에 걸맞은 총체성을 요구하고 있다. 루카치가 근대 소설 역시 총체성을 지향한다고 한 것은[17] 헤겔의 관점을 계승한 것이라 할 수 있다. 특히 서사시에서 세계상태와 개인적 사건의 유기적 결합을 총체성의 관건으로 강조한 것은 구조적 측면에서 보면 근대 소설에도 비슷한 양상으로 적용될 수 있다. 근대 소설이 추구하는 총체성 역시 개인적 경험과 시대 현실에 대한 인식의 유기적 결합을 통해서만 가능할 것이기 때문이다.

---

17 루카치: 『소설의 이론』, 62쪽.

낭만적 예술의 해체와 '소설적인 것'

헤겔의 『미학 강의』에서 낭만적 예술의 쇠락 현상을 다루는 부분은 비록 명시적으로 소설을 앞세우지는 않지만 소설과 관련하여 흥미로운 통찰을 담고 있다. 그 부분을 다루기 전에 우선 헤겔이 '낭만적 예술'이라고 할 때의 '낭만적'romantisch이라는 개념은 독일 문학사에서 19세기 초반 헤겔 당대의 문예 사조를 가리키는 '낭만주의'Romantik와 용어의 명칭 자체는 동일하지만 그 외연이 훨씬 넓다는 점을 유의해야 한다.[18] 이를 해명하기 위해 우선 헤겔의 '낭만적 예술' 개념을 살펴볼 필요가 있다.

헤겔은 인류의 예술사를 인간 정신이 절대자에 대한 표상을 예술로 표현하는 방식에 따라 세 단계로 설명하는데, 상징적 예술, 고전적 예술, 낭만적 예술이 그것이다.[19] '상징적 예술'symbolische Kunst이란 절대자에 대한 표상을 주로 압도적 크기의 자연 대상에 의탁하여 표현하는 예술로, 이런 상징적 예술은 고대 오리엔트에서 피라미드나 스핑크스 같은 거대한 조형물의 숭고미로 표현되었다. 이러한 상징적 예술은 정신성이 자연과 유기적으로 결합하지 못한 채 자연의 소재에 전가된 한계에 머물러 있다. 반면에 '고전적 예술'klassische Kunst은 인간적 관점으로 파악한 절대자를 감각적 현상으로 표현한 경우를 가리키며, 고대 그리스 로마 예술이 여기에 해당한다. 따라서 고전적 예술은 괴테와 헤겔 당대에 독일 고전주의가 예술적 이상으로 설정했던 고전주의와 사실상 일치한다. 고전적 예술은 정신과 감각의 결합을 구현한 예술미의 절정에 도달했지만, 다른 한편으로 정신이 감각적 자연에 의존하는 한계를 지닌다. 이와 달리 정

---

[18] romantisch를 '낭만주의적'이라 하지 않고 '낭만적'이라 번역한 것도 특정한 예술 사조 Romantik보다 외연이 훨씬 넓기 때문이다. 이것은 '상직적'(symbolisch)에 상응하는 '상징주의'라는 예술 사조 자체가 헤겔 당대까지는 존재하지 않았던 데서 더 분명히 알 수 있다. 헤겔은 Romantik이라는 용어도 거의 사용하지 않는다.

[19] 이하 자세한 설명은 박배형, 『헤겔 미학 개요』, 서울대학교 출판문화원 2014, 322쪽 이하 참조. 헤겔 자신의 간결한 압축적 설명은 『미학 강의 3』, 247, 252쪽 참조.

신이 자신의 내면에서 무한한 자유를 추구하는 예술 형식을 '낭만적 예술'romantische Kunst이라 일컫는다. "낭만적 예술의 참된 내용은 절대적 내면성이며, 그에 상응하는 형식은 그 독립성과 자유를 파악하는 정신적 주관성이다."[20] 헤겔은 낭만적 예술의 주관성과 내면성을 이렇게 설명한다.

주관성은 이전에는 어두운 장소였던 자신의 내면에서 빛나는 정신적인 빛이며, 자신을 비춰주고 자각하는 기반이자 대상이 된다. 반면 자연의 빛은 다른 대상을 통해서만 빛난다. 그런데 이러한 절대적 내면성은 현실적인 실존 속에서 인간적인 현상 방식으로 자신을 표현하고 인간적인 것이 전체 세계와 관련됨으로써 이와 결합하여 동시에 정신적 주관성과 정신이 자신의 것으로 관계하는 외부 세계의 폭넓은 다양성이 표현된다.[21]

이처럼 정신의 '절대적 내면성'을 추구하는 낭만적 예술은 중세의 기독교 예술과 기사문학으로 나타난다. 그리고 중세 기독교 예술과 기사문학이 몰락하는 중세 말 근대 초기부터 헤겔 당대에 이르는 시기의 특징적인 예술 현상을 헤겔은 "개별적 특수성들의 형식적 자립성"이라는 개념으로 설명한다. 낭만적 예술의 전성기에는 기독교와 기사도가 보편적인 이념적 구속력을 지녔지만, 중세 후기 이래 그러한 구속력이 점차 이완되면서 보편적 이념과 대립하는 '개별적 특수성들'이 뚜렷이 부각되고 보편 이념과의 내용적 연관성을 상실한 채 '형식적 자립성'을 획득한다는 것이다. 낭만적 예술의 쇠락기에 두드러진 이러한 변화 양상을 헤겔은 다시 ① 개인적 성격의 자립성, ② 모험성, ③ 낭만적 예술의 해체로 나누어 설명한다. 여기서는 그중에서 직간접으로 소설론적 함의를 갖는 측면들을 살펴보기로 하겠다.

---

20 헤겔: 『미학 강의 2』, 139쪽. *Ästhetik I*, S. 500.
21 헤겔: 『미학 강의 2』, 142쪽. *Ästhetik I*, S. 502.

개인적 성격의 자립성

이미 언급한 대로 낭만적 예술은 절대적 내면성을 추구하며, 이에 상응하는 형식은 내면성의 자립성과 자유를 표현하는 정신적 주관성이다. 이에 따라 이제 개인은 외부 현실의 구속에 얽매이지 않고 오로지 자신의 개인적 목적만을 추구하는 성향을 보인다. 헤겔은 이런 양상이 애초부터 낭만적 예술의 본질 속에 뿌리내린 것이라 진단한다.

낭만적 예술은 처음부터 주관성과 현실 사이의 대립을 안고 있었기 때문에 그 자체로 무한한 주관성은 외적인 소재와 결합할 수 없었고 결합하지 않은 채로 남을 수밖에 없다. 두 측면의 이러한 독자적인 대치, 내면적인 것의 자신 안으로의 후퇴는 그 자체로 낭만적인 것의 내용을 이룬다.[22]

주관성과 현실의 이러한 괴리로 인해 근대 문학의 주인공은 '무한한 주관성'을 추구하면서 "자기 자신 안에 갇혀 있는 특정한 개인"[23]으로 나타난다. 대표적인 사례로 헤겔은 셰익스피어 희곡의 인물들을 꼽는다. 예컨대 맥베스는 오로지 명예욕에 눈멀어 앞뒤 돌아보지 않고 어떤 잔인한 행동도 서슴지 않는다. 맥베스가 저돌적인 외향성을 보인다면 그 반대로 『로미오와 줄리엣』에서 줄리엣은 오로지 자신의 내면에 침잠해 있으면서도 "감동적이고 생동하며 온화하고 타오르는 열정, 충만한 정신으로 완성된 고귀한 인물"[24]로서 '낭만적 예술에서 생겨난 매력적인 인물'이다. 그런가 하면 『태풍』에 나오는 미란다는 "깊은 내면의 진실한 영혼의 심연에서 무한히 솟구쳐 오르는"[25] '장미꽃' 같은 인물이다.

독일 문학에서 비슷한 유형의 인물로 쉴러의 『발렌슈타인』*Wallenstein*,

---

22 헤겔: 『미학 강의 2』, 211쪽. *Ästhetik II*, S. 550.
23 헤겔: 『미학 강의 2』, 212쪽.
24 헤겔: 『미학 강의 2』, 219쪽.
25 헤겔: 『미학 강의 2』, 220쪽.

1800에 나오는 테클라 같은 여성이 자신의 풍요로운 환경에 신경 쓰지 않고 오로지 자신에게 활력을 주는 일에만 관심을 기울이는 소박한 성격의 인물로 꼽힌다. 그러나 클라이스트Heinrich von Kleist의 드라마에 등장하는 홈부르크 왕자 같은 인물은 "확고하지 못하고 비몽사몽간에 몽유병자처럼 이끌려 움직이는 성격"이며 "분열되고 산만하고 내적으로 조화를 이루지 못하는 성격"[26]으로 부정적으로 평가된다. 헤겔 당대의 독일 낭만주의에 대해서는 일관되게 부정적인 평가를 하는 것이 여기서도 확인된다.

헤겔이 '개인적 성격의 자립성'이라는 범주로 언급하는 인물은 모두 드라마의 주인공들로, 드라마의 역사에서 보면 전통적인 운명극이 근대적인 성격극으로 바뀌는 변화 양상을 증언하는 인물들이다. 그렇지만 드라마와 소설의 장르 구별을 떠나서 세상에 순응하지 못하고 불화하는 '문제적 개인'에 대한 문학적 탐구는 근대 소설의 핵심적인 주제이기도 하다. 유구한 역사를 지닌 드라마와 달리 근대의 장르인 소설은 근대적 개인의 탄생과 더불어 생겨난 장르인 것이다. 클라이스트의 인물들이 몽상적이고 분열적인 성격을 드러내는 것은 단순히 스타일의 차이라기보다는 클라이스트가 셰익스피어보다 200년 후의 작가라는 사실을 고려할 때만 제대로 이해될 수 있다. 클라이스트 인물의 몽상적이고 분열적인 성격은 현실과의 긴장이 한층 더 첨예해진 시대의 징후로서 현대성의 징표이기 때문이다. 또한 클라이스트 인물의 그런 특징은 드라마적 특성이 강한 그의 소설 인물에도 상당 부분 적용될 수 있다. 비단 클라이스트의 소설뿐 아니라 '개인적 성격의 독자성'이라는 범주에 포함될 수 있는 온갖 유형의 기인奇人과 광인狂人들, 아웃사이더들은 헤겔이 말한 현실의 산문적 질서에 저항하는 소설 주인공들이다.

---

26 헤겔: 『미학 강의 2』, 216쪽.

모험성

앞에서 살펴본 대로 개인적 성격의 자립성을 추구하는 내면적 지향성은 외부의 현실에는 무관심하므로 외적인 행동으로 전개되는 사건들은 주체의 목적의식에 상응하는 질서를 상실하고 우발적이고 혼란스러운 모험의 성격을 띠게 된다. 따라서 모험성은 주관적 내면성의 심화와 표리 관계에 있다. 헤겔은 중세 전성기의 기사문학에 대해서는 전반적으로 부정적인 평가를 내린다. 기독교를 표방하는 기사문학은 십자군 원정의 명분으로 성배聖杯를 되찾겠다는 공허한 목적을 앞세우며, 이처럼 공허한 명분은 세속적인 정복욕, 잔혹한 행위와도 모순된다. 다른 한편 사랑과 충성과 신의 등 기사도를 표방하는 본격적인 기사문학은 실질적인 행위와 사건들을 그런 가치를 입증하기 위한 증거물로 끌어들임으로써 추상적인 모험성을 드러낼 뿐이다.

기사문학의 모험성은 이러한 내적 모순 때문에 내부적으로 붕괴하고, 그렇게 해체되어가는 기사도는 희화의 대상이 된다. 그처럼 기사도의 해체를 희화화하는 기념비적 작품이 세르반테스의 『돈키호테』이다. 이 소설에서는 이미 기사도가 붕괴하는 상황에서 기사도를 추구하는 주인공의 모험이 희극성을 유발한다. 헤겔은 돈키호테의 광기에 가까운 자기 확신이 그를 매력적인 낭만적 성격으로 탄생시켰고, 이로써 세르반테스는 셰익스피어에 버금가는 문학적 성취를 이루었다고 높이 평가한다.

『돈키호테』에 대한 헤겔의 평가에서 또 하나 주목할 점은 낭만적 기사도를 희화화하는 서술 태도에서 '진정한 아이러니'의 정신을 구현하고 있다고 높이 평가하고 있다는 사실이다. 이것은 헤겔이 『미학 강의』 서론 부분에서 당대 독일 낭만주의의 (주관적) 아이러니를 신랄하게 비판하는 것과 대비된다. 아이러니는 독일 낭만주의 문학의 핵심 원리에 속한다. 프리드리히 슐레겔이 "철학은 아이러니의 본래적 고향이다."[27]라고 했듯

---

27 F. Schlegel: Fragmente, in: *Theorie der Romantik*, Herbert Uerlings (Hg.), Stuttgart 2000,

이 낭만적 아이러니의 원류는 소크라테스로 소급한다. 소크라테스가 무지의 자각을 앎의 출발점이라고 했듯이 어떤 대상에 대한 인식이 제한적이고 잠정적이라는 것을 자각하는 자기성찰적 사유는 객관적 인식으로 나아가기 위한 출발점이 된다. 그런데 헤겔이 비판한 아이러니는 아이러니의 이러한 반성적 사유의 측면보다는 모든 인식이 자아의 선험적 구성에 기초한다는 피히테Johann Gottlieb Fichte의 자아 중심 철학을 겨냥한 것이다. 헤겔에 따르면 피히테의 선험철학은 자아를 모든 인식의 절대적 원리로 설정함으로써 "추상적 자아의 절대성"을 추구하고 대상 세계를 부정하는 결과에 이른다. "존재하는 모든 것은 오로지 자아를 통해 존재하며, 나는 나를 통해 존재하는 것을 또한 마찬가지로 다시 파기할 수도 있는 것이다."[28] 결국 모든 존재의 존립이 자아에 의존하는 유아론唯我論에 빠진다는 것이다. 헤겔은 이러한 비판을 낭만적 아이러니에도 그대로 적용하여 모든 것을 스스로 정립하고 해체하는 낭만적 예술가의 자아를 비판한다. 이와 달리 『돈키호테』는 진정한 아이러니를 철저히 구현하고 있다고 강조하는 것은 이 작품이 인식의 상대주의에서 벗어나 기사도라는 사멸하는 가치를 비판함으로써 낭만적 내면성의 자아 중심적 폐쇄성을 극복하고 시대의 변화를 읽어내는 객관적 인식에 도달했다고 보기 때문이다. 그런 맥락에서 헤겔이 말하는 '진정한 아이러니'는 나중에 루카치가 『소설의 이론』에서 아이러니를 근대 소설의 핵심적 구성 원리로 보면서 '형상화의 객관성을 위한 선험적 조건'이자 '총체성을 창조하는 진정한 객관성의 유일하게 가능한 선험적 조건'으로 평가하는 입장으로 계승된다.[29]

기사문학과 『돈키호테』를 중심으로 낭만적 예술의 모험성을 다루는 마지막 부분에서 헤겔은 낭만적 예술이 해체되는 마지막 단계로 "근대적

S. 135.
28 헤겔: 『미학 강의 1』, 97쪽.
29 루카치: 『소설의 이론』, 107쪽 이하 참조.

인 의미에서 소설적인 것"³⁰을 다룬다. 이 단계에서는 소설의 주인공과 현실이 『돈키호테』와도 판이한 국면에 이른다. 『돈키호테』까지만 해도 주인공의 활동 무대인 현실 상황이 우발적이고 혼란스러운 모험의 장場이었다면 이제 더 이상 그런 모험은 용납되지 않는다. 국가와 시민사회가 공고한 질서로 구축되었기 때문이다. 가족과 직업 세계 역시 그러한 질서의 일부로 편입되었기 때문에 황당한 모험과 일탈을 용인하지 않는다. 소설 주인공은 이러한 질서의 냉혹한 법칙에 맞서 "사물의 질서에 구멍을 내고 세상을 변화시키거나 개선하려는" 투쟁에 나서지만 결국 세상과 타협하고 다른 사람들처럼 결혼해서 행복을 찾고 "속물"이 된다. 서론에서 언급한 대로 이러한 현실적 갈등과 방황의 과정을 헤겔은 '수업 시절'에 견줌으로써 교양소설의 모델을 암시한다. 그런 맥락에서 헤겔 미학에서 소설은 "개인이 세계와 대결하고 자기 시대의 문화와 대결하면서 자기의 식과 자신의 개성을 완성해가는 성장 과정을 다루는 이야기로서 구상된 것"³¹이라 할 수 있다. 주인공이 현실과 타협할 수밖에 없는 한계에도 불구하고 이러한 화해의 길을 새로운 소설 유형으로 설정하는 것은 낭만적 예술에서 내면성과 외부 현실이 분리되었던 단절을 극복하고 공허한 모험성을 현실 인식의 과정으로 대체하는 새로운 가능성을 모색하기 때문일 것이다. 루카치는 그런 맥락에서 교양소설이 19세기의 본격적인 사회소설로 이행하는 짧은 과도기의 양식이라 평가한다.³²

앞에서 헤겔이 소설을 '근대적인 시민적 서사시'라 규정할 때 소설 주인공이 낯선 세계와 화해하고 자아의 성숙을 추구하는 과정을 긍정적으로 평가한 것과 비교하면 낭만적 예술의 몰락이라는 맥락에서 교양소설을 언급할 때는 현실과 타협하고 '속물'로 전락할 위험을 부정적으로 평가하는 차이점이 눈에 띈다. 이러한 양가적 평가는 헤겔의 교양Bildung 개

---

30 헤겔: 『미학 강의 2』, 234쪽.
31 Annemarie Gethmann-Siefert: *Einführung in Hegels Ästhetik*, München 2005, S. 336.
32 루카치: 『리얼리즘 문학의 실제 비평』, 반성완 외 옮김, 까치 1987, 75쪽 이하 참조.

념 자체에 연유하는 동시에 교양소설의 본질에서 유래하는 것이기도 하다. 헤겔의 정신현상학에서 정신의 발전 과정은 직접적인 자기동일성에 의해 규정되는 것이 아니라 타자와의 관계 속에서 규정된다.[33] 헤겔이 정신의 외화Entäußerung라 일컫는 정신의 이러한 전개 과정은 타자와의 교섭을 통해 자신을 확장하고 성숙할 수도 있고 단지 절충과 타협, 그로 인한 자기소외에 그칠 수도 있다. 정신의 발전 과정에 수반되는 이러한 문제는 바로 교양소설이 직면하는 문제이기도 하다. 교양소설의 주인공은 낯선 사회적 경험을 통해 성숙할 수도 있고 단지 외적 강제에 순응하고 타협하는 데 그칠 수도 있기 때문이다. 헤겔은 교양소설의 이러한 양면성이 어느 방향으로 전개될 것인가에 대한 전망이나 가치판단은 유보한 채 다만 이것이 교양소설의 핵심적 갈등과 긴장이라는 점을 강조하고 있다. 실제로 이러한 갈등은 19세기 사회소설에서도 핵심적 비중을 차지한다. 예컨대 발자크Honoré de Balzac의 소설은 괴테의 교양소설과는 비교할 수 없을 정도로 총체적인 사회상을 전면에 부각하지만, 갈등의 기본 축은 나름의 가치와 이상을 추구하는 주인공과 그런 이상의 실현을 허용하지 않는 자본주의 현실 사이의 갈등인 것이다. 근대 소설은 고대 서사시와 마찬가지로 개인과 공동체의 유기적 결합을 추구하지만 자본주의적 현실에서 그런 시도는 좌절할 수밖에 없다는 통찰에서 헤겔 소설론의 역사적 의의를 찾을 수 있을 것이다.[34]

낭만적 예술의 해체와 '주관적 유머'

낭만적 예술이 완전히 해체되는 단계에 이르면 주관적 내면성과 외부 세계는 완전히 분리되고, 이에 따라 외부 세계는 우연에 맡겨지며, 그 결과 삶의 모든 현상들이 예술의 소재로 유입된다.

---

33 이하 설명은 다음 참조. Birgit Sandkaulen: *Bildung bei Hegel — Entfremdung oder Versöhnung?*, in: *Hegel-Studien* 2014, S. 430~439.
34 루카치:「소설」, 비평동인 크리티카 엮음, 『소설을 생각한다』, 문예출판사 2018, 57쪽.

내면의 깊은 감정이 자기 안으로 되돌아가는 낭만적 예술에서는 외부 세계의 전체적인 내용은 독자적으로 자신의 길을 가는 자유, 자신의 고유성과 특이성을 보존하는 자유를 얻는다. 역으로 심정의 주관적인 깊은 감정이 서술의 본질적 계기가 되는 경우에는, 심정이 어떤 특정한 내용의 외적 현실로 구현되고 어떤 내용의 정신세계로 구현되는가 하는 문제는 마찬가지로 우연에 맡겨진다. 따라서 낭만적 내면성은 모든 상황에서 자신을 드러낼 수 있으며, 헤아릴 수 없이 수많은 상황, 여건, 관계들, 방황과 혼란, 갈등과 만족 속에서 중구난방으로 표출될 수 있다. 왜냐하면 여기서 추구되고 중시되는 것은 그 자체로 타당한 객관적 내용이 아니라 마음의 주관적 형상화 자체, 표현과 수용 방식이기 때문이다. 낭만적 예술의 서술에서는 삶의 모든 영역과 현상들, 가장 위대한 것과 가장 사소한 것, 숭고한 것과 미천한 것, 윤리적인 것, 비윤리적이고 사악한 것까지도 자리 잡을 수 있다.[35]

이로써 전통적으로 예술미의 기준이 되는 차이들이 사라지고 미美와 추醜의 구별도 사라지게 된다. 헤겔은 낭만적 예술이 원래 고전적 예술의 붕괴 과정이기도 하다고 말한다. 이로써 낭만적 예술의 해체는 낭만적 예술에 흔적으로 남아 있는 고전적 예술의 근본적인 해체까지도 포함한다. 그래서 낭만적 예술의 종말은 흔히 '예술의 종언'으로 확대 해석되기도 하지만, 엄밀히 말하면 고전적 예술과 낭만적 예술을 아우르는 모든 '전통적 예술' 개념의 해체를 가리킨다고 보아야 할 것이다.[36] 그러나 한 시

---

35 헤겔: 『미학 강의 2』, 235쪽 이하. *Ästhetik II*, S. 568 f.
36 종교, 철학, 예술의 상관관계를 기본축으로 전개되는 헤겔 미학의 체계에서 보면, 이른바 '예술의 종말'은 예술이 절대자의 표현을 추구하는 패러다임의 종말을 뜻하며, 다른 한편으로는 '철학' 즉 개념적 인식이 '예술'의 권능을 추월하는 시대의 시작이라는 의미로 흔히 해석된다. 전자의 측면은 예술이 종교적 구속에서 완전히 벗어나는 세속화 과정으로 이해될 수 있고, 이것이 예술이 종교적 간섭에서 벗어나는 예술적 자유의 확장 과정이라 할 수 있다. 후자의 측면은 예술이 전통 예술의 구상성에서 벗어나 성찰적

대의 종말은 새로운 시대의 시작이기도 하다. 그런 맥락에서 헤겔은 네덜란드 풍속화에서 농부와 어부의 일상생활을 소재로 하는 범속한 현실의 묘사가 훌륭한 예술적 경지에 이른 것을 높이 평가한다. 낭만적 예술의 영향권에서 벗어난 이러한 새로운 흐름은 넓은 의미에서 사실주의 예술의 발전을 예고하는 것이라 하겠다.

이제 본격적으로 개화하는 소설의 역사에서 보면 숭고한 것과 미천한 것의 경계가 사라진다는 것은 오히려 소설이 새로운 소재를 개척하여 그만큼 더 풍요로워질 수 있다는 뜻이기도 하다. 그러나 헤겔은 당대에 풍미하던 낭만주의 소설에 대해서는 시종일관 부정적이었기 때문에 소설의 새로운 가능성을 탐색하는 대신 낭만주의 소설의 '주관적 유머'를 비판하는 데 집중한다. 헤겔은 '주관적 유머'의 해체적 특성을 다음과 같이 비판한다.

이제 유머의 과제는 어떤 내용을 그 본질적 특성에 맞게 객관적으로 전개하고 형상화하여 이러한 발전 속에서 스스로 예술적으로 구성되고 완성되도록 하는 것이 아니다. 오히려 예술가 자신이 소재 속에 발을 들여놓고서 그의 주된 활동은 객관적으로 만들어져야 할 모든 것, 현실의 확고한 형태로 표현되거나 외부 세계에서 취할 수 있을 법한 모든 것을 주관적 착상과 번득이는 생각과 기발한 이해방식으로 허물어뜨리고 해체하는 데 있다. 이로 인해 객관적인 내용의 모든 자립성과 사물에 근거하는 형상의 확고한 연관성 자체가 파괴되고, 표현은 대상들과의 한낱 유희가 되며, 소재를 왜곡하고 뒤집어놓고 주관적 표현과 견해와 태도를 뒤죽박죽으로 무질서하게 뒤섞어놓으며, 이로 인해 작가는 자기 자신과 대상을 포기하기에 이른다.[37]

성향이 강화되는 양상으로 나타나며, 이것은 대체로 20세기 추상 예술로 이어지는 모더니즘 예술의 경향성과 일치한다. 문학에 국한해서 말하면, 반성적 성향이 본격적으로 대두하는 시발점이 바로 낭만적 아이러니라 할 수 있다.

요컨대 작가의 자의적 주관성이 외부 세계의 객관성을 완전히 대체하고 해체한다는 것이다. 주관적 유머에 대한 이러한 비판은 특히 당대 최고의 유머 작가로 통하던 장 파울을 겨냥한 것이다. 그런데 헤겔 자신도 다른 곳에서는 '천재적인 유머 작가'라고 인정한 장 파울은 유머에 관한 이론가로서도 일가견을 갖고 있었고 창작 경험에 기반하여 나름의 소신을 피력했다. 장 파울은 『미학 서설』에서 유머를 "전도된 숭고함"das umgekehrte Erhabene이라 정의했다.[38] 그러니까 숭고한 것을 뒤집어서 다른 각도에서 관찰함으로써 숭고함에 대한 고정관념을 허물고 숭고함과 비천함이라는 이분법적 기준 자체를 해체하려는 발상의 전환이다. 이해를 돕기 위해 장 파울이 그런 유머를 어떤 방식으로 구사하는지 간단한 예를 하나 살펴보자. 장 파울의 장편소설 『지벤캐스』Siebenkäs, 1796에 삽입된 짧은 이야기 중에 「죽은 그리스도가 우주에서 내려다보며 신은 존재하지 않는다고 한 말」Rede des toten Christus vom Weltgebäude herab, daß kein Gott sei이라는 글에는 다음과 같은 구절이 나온다.

독서를 많이 하는 석사과정 학생처럼 학식이 깊지 않은 다른 사람들에겐 무신론에 대한 믿음이 불멸에 대한 믿음과 모순 없이 결합될 수 있다는 것을 나는 깨닫는다. 왜냐하면 이생에서 맑은 이슬 같은 나의 자아를 태양 아래에서 꽃받침에 이슬로 맺히게 하는 필연성은 다음 생에도 반복될 수 있기 때문이다. 사실 그러한 필연성은 처음보다는 두 번째에 더 쉽게 나를 구현할 수 있을 것이다.[39]

여기서 숭고함을 뒤집는 발상의 전환은 '나의 자아'를 '꽃받침에 맺힌 이슬'에 견주는 것이다. 사후의 영원한 삶과 영혼 불멸을 믿지 않는 — 따

---

37 헤겔: 『미학 강의 2』, 244쪽. *Ästhetik II*, S. 574 f.
38 Jean Paul: *Vorschule der Ästhetik*, Hamburg 1990, S. 125.
39 Jean Paul: *Siebenkäs*, in: *Werke*, Bd. 1, hg. v. Nobert Miller, München 1975, S. 641.

라서 신을 믿지 않는—사람에게 자아라는 것은 간밤에 이슬로 맺혔다가 아침 햇살에 금방 증발해 사라지는 이슬처럼 덧없는 것이다. 그렇지만 다른 관점에서 보면 그렇게 이슬이 맺히고 사라지는 자연의 운행은 영원불변의 법칙에 따른다. 따라서 자아가 아침 이슬처럼 덧없는 존재라는 "무신론에 대한 믿음"은 자연의 "불멸에 대한 믿음과 모순 없이 결합될 수 있다." 이런 방식으로 장 파울은 무한한 것(숭고함)과 유한한 것(무상함)을 위계적으로 대립시키지 않고 숭고함을 뒤집어서 무상한 것과 나란히 병치함으로써 고정관념을 허물고, 모순과 대립이 지양된 다른 세계를 상상한다. 우주에서 지구를 내려다보는 죽은 그리스도가 보기엔 잘난 인간이든 못난이든 모두 이슬 같은 존재들이다. 그런데 아침 햇살에 비친 이슬은 얼마나 영롱하고 아름다운가. 그러니 내가 죽은 뒤에도 그 아름다움이 영원하리라는 믿음은 신의 존재 여부에 구애받지 않는다. 그래서 죽은 그리스도마저도 신을 부정한다. 끝없이 펼쳐진 막막한 우주 공간에서 하늘나라는커녕 아무것도 발견할 수 없기 때문이다. 그러나 이 장면의 마지막에 가서 그리스도는 그러니 죽기 전에 성실히 기도하라고 호소한다. 역설적이게도 지상의 덧없는 찰나적 삶 자체가 다시 믿음의 실마리가 될 수도 있는 것이다. 이 짧은 이야기는 이런 식으로 우리가 자명하게 여기는 사태를 미처 생각하지 못했던 새로운 관점에서 사유할 수 있는 풍부한 실마리를 제공한다. 이런 발상의 전환 역시 헤겔이 말한 '산문적 질서'에 균열을 일으킬 수 있는 문학적 상상력의 힘이 아닐까? 그러나 헤겔에 따르면 이런 류의 유머는 대상을 왜곡하는 자의적 주관성의 표현일 뿐이다. 주관적 유머에 대한 헤겔의 비판은 낭만적 아이러니에 대한 비판과 같은 맥락에서 낭만주의에 대한 뿌리 깊은 거부감을 드러낸다. 그러나 낭만주의자 슐레겔은 장 파울의 유머를 "비낭만적인 우리 시대에 유일하게 낭만적인 창안"[40]이라며 적극 옹호했다.

---

40 F. Schlegel: Brief über den Roman, in: *Über Goethes Meister. Gespräch über die Poesie*,

헤겔은 '낭만적 아이러니'와 '진정한 아이러니'를 구별했듯이 '주관적 유머'와 '객관적 유머'를 구별한다. 자의적 주관성에 치우친 주관적 유머와 달리 객관적 유머는 "깊고 풍부한 정신으로 실체적인 것을 드러내는"[41] 스타일이다. 이런 객관적 유머가 주효한 대표적인 경우로 헤겔은 영국 작가 스턴 Laurence Sterne과 당대의 독일 작가 히펠 Theodor von Hippel의 소설 그리고 노년기 괴테의 『서·동 시집』을 꼽는다. 그렇지만 히펠은 후대의 문학사에서 거명조차 되지 않는다는 점을 고려하면 당대의 독일 소설에서 헤겔이 인정하는 객관적 유머의 기준에 부합하는 작품은 전무한 셈이다. 여기서도 낭만주의에 대한 헤겔의 과도한 부정적 인식이 치우친 평가를 낳는다는 것을 거듭 확인할 수 있다.

새로운 예술의 가능성

낭만적 예술의 해체를 다룬 마지막에 이르러 헤겔은 낭만적 예술이 종말에 이른 상황에서 새로운 예술이 가능하기 위한 조건을 언급한다. 상징적·고전적·낭만적 예술 형식으로 대별되는 종래의 보편적 예술 형식은 모두 '절대적 진리' 즉 종교와 연관되었지만,[42] 오늘날 예술은 어떤 절대적 이념의 구속에도 얽매이지 않는 '백지 상태' tabula rasa에 처했고, 어떤 내용과 형식 및 소재도 더 이상 구속력을 갖지 못하게 되었다. 이런 상황에서 과거의 위대한 작가들이 아무리 훌륭하더라도 과거의 모범을 답습하기보다는 예술이 이념에 구속된 상태를 벗어나 오로지 현재적 과제에 충실하게 '인간'을 '새로운 성자'로 삼아 보편적인 인간성을 탐구하는 것이 무엇보다 중요하다.

Hans Eichner (Hg.), München 1985, S. 164.
41 헤겔: 『미학 강의 2』, 246쪽. 헤겔의 객관적 유머 개념에 대해서는 다음 참조. Otto Pöggeler: Hegel und Heidelberg, in: *Hegel-Studien* 6 (1971), S. 65 ff.
42 상징적 예술은 신성이 자연 속에 깃들어 있다고 보는 범신론에 가깝고, 고전적 예술은 인간성을 신성에 투사한 다신교에 가까우며, 낭만적 예술은 기독교를 이념적 배경으로 삼는다.

그럼으로써 예술은 특정한 영역의 내용과 이를 이해하도록 확실하게 한정짓는 모든 것을 스스로에게서 떨쳐버린다. 그리고 인간다운 인간 Humanus을, 인간의 심정 자체를, 그의 기쁨, 슬픔, 노력, 활동, 운명 속에 들어 있는 보편적인 인간적인 것을 예술의 대상인 새로운 성자聖者로 삼는다. 이로써 예술가는 자기가 원하는 내용을 스스로에게서 얻고, 실제로 자신을 규정하고, 자신의 감정과 상황들의 무한성을 고찰하고 사유하며 표현하는 인간 정신이 되었다. 그에게는 인간의 가슴속에서 생생하게 움직이는 것이면 그 어떤 것도 더 이상 낯설지 않다. 이 내용은 절대적으로 예술적으로 규정되어 머물지 않으며, 오히려 내용과 형상화하는 것을 자의적인 창의에 맡긴다. 하지만 어떤 관심사도 배제하지는 않는다. 왜냐하면 예술은 더 이상 그 특정한 단계에 절대적으로 귀속되는 것만 표현할 필요가 없게 되었고, 오히려 대체로 인간이 친숙해질 수 있는 것이라면 무엇이든 표현할 수 있게 되었기 때문이다. (…) 우리에겐 오직 현재만이 신선하며 그 밖의 다른 시대는 이미 빛이 바랜 것이고 점차 바래가고 있다. (…)

모든 소재는 어느 시대 어느 민족의 것이든 바로 이 생생한 현재성을 통해서만 예술적 진리를 얻게 된다. 그 현재성 속에 들어 있는 소재는 인간의 가슴과 그 가슴에 반영된 것을 채워주고 우리에게 진리를 느끼고 표상할 수 있게 해준다. 영원히 인간적인 것이 다양한 의미와 무한한 형상으로 나타나 효력을 발휘할 때 바로 이러한 인간적인 상황들과 감정들이 혼합되어 들어 있는 것 안에서 우리의 예술은 절대적인 내용에 이를 수 있다.[43]

'낭만적 예술 형식의 종말'이라는 제목하에 서술한 이 대목은 『미학 강의』에서 '시학' 즉 문학론의 종결부일 뿐 아니라 『미학 강의』 전체의 대미를 장식하는 부분이기도 하다. 인류 역사와 인간 정신의 진보라는 역사철학적 체계 속에서 거대한 미학 체계를 구축한 헤겔은 그의 동시대에까지

---

43 헤겔: 『미학 강의 2』, 252쪽 이하. *Ästhetik II*, 581 f.

이어지는 낭만적 예술의 종언을 진단하면서 과거의 그 어떤 이념적 구속에도 얽매이지 않는 '백지 상태'에서 인간사의 희로애락 자체에 함축된 보편인간적 가치를 탐구할 것을 요구하고 있다. 그런 맥락에서 가다머는 "낭만적 예술 형식의 와해가 전적으로 예술적 에너지를 자유롭게 방출하는 것이며 과거에 귀속되는 실체적 내용으로부터 완전히 해방되는 것"을 뜻한다고 본다.[44] 여기서 가다머가 말하는 '과거에 귀속되는 실체적 내용'이란 상징적·고전적·낭만적 예술이 표현하고자 했던 절대자 내지 신적인 존재를 가리킨다. 그런 절대자와의 관계 속에서 예술의 존재의의를 찾았던 전통적 예술은 이제 과거지사가 되었으며, 따라서 절대자의 중압에서 벗어나 있는 그대로의 인간적 현실과 보편적인 인간적인 것이 예술의 원천으로 자리 잡은 것이다. 비록 헤겔은 이러한 상황 변화를 직접 소설론과 연결하고 있지는 않지만, 인류사의 역사적 변화를 반영하는 이 새로운 창작 조건이 무엇보다 근대의 신생 장르인 소설의 풍부한 원천이 되리라는 것은 어렵지 않게 짐작할 수 있다.

맺는말

과거의 문학적 규범으로부터의 이러한 해방은 특히 소재와 형식의 다양성을 향해 열려 있는 소설 장르에 전례 없이 풍요로운 예술적 에너지를 제공한다. 비록 헤겔 자신은 당시만 해도 신생 장르로 여겨지던 소설에 대해 체계적인 이론을 전개하지 않았지만 소설 장르의 역사적 형성 배경과 기본 특성에 대한 선구적 통찰은 한 세기 후 루카치의 『소설의 이론』에 밑그림을 제공했다 해도 과언이 아니다. 헤겔은 소설을 '시민적 서사

---

[44] Hans-Georg Gadamer: Die Stellung der Poesie im System der Hegelschen Ästhetik und die Frage der Vergangenheitscharakters der Kunst, in: A. Gethmann-Siefert u. Otto Pöggeler (Hg.): *Welt und Wirkung von Hegels Ästhetik*, Bonn 1986, S. 218.

시'로 규정함으로써 고대 그리스의 서사시와 근대 소설의 차이에 대한 역사철학적 고찰을 시도했다. 루카치 역시 『소설의 이론』의 부제 '대大서사문학의 형식들에 대한 역사철학적 시론'에서 보듯이, 고대 서사시와 근대소설을 아우르는 '대서사 문학'을 상위 개념으로 설정하고 고대 서사시의 발생 조건이 사라진 근대적 상황에서 소설 장르의 발생적 특성을 규명하고 있다. 특히 루카치가 제시하는 소설의 세 가지 유형, 즉 추상적 이상주의, 환멸의 낭만주의, 그리고 종합의 시도로서의 교양소설은 헤겔의 구상을 발전시킨 것이다.

『돈키호테』를 모델로 하는 추상적 이상주의는 현실의 지배적인 힘과 충돌하는 이상적 가치를 추구하는 주인공을 통해 자아와 세계의 화해 불가능한 갈등과 대립을 주제화하는 소설 유형이다. 루카치는 『소설의 이론』에서 '세계문학 최초의 위대한 소설' 『돈키호테』를 바야흐로 기독교의 신이 세계를 떠나기 시작한 시대의 초엽에 위치하는 소설이자 또한 인간이 어디에도 안주하지 못한 채 오로지 자신의 영혼 속에서만 의미를 발견할 수 있는 시대의 시작을 알리는 소설로 자리 매김한다.[45] 루카치가 말하는 추상적 이상주의는 헤겔이 낭만적 내면성을 외부 세계와 무관한 주관적 정신성으로 파악한 관점을 계승한 것이다. 여기서 더 나아가서 루카치는 『돈키호테』 유형의 추상적 이상주의를 일반화하여 예컨대 발자크의 소설까지도 이런 유형에 포함시키는데,[46] 이러한 확장적 해석 역시 헤겔의 관점에서 유추할 수 있다. 『돈키호테』가 기사도라는 시대착오적 이상을 패러디하고 있다면 예컨대 발자크의 '인간 희극' 연작에 속하는 『잃어버린 환상』 같은 소설은 자본과 권력이 신기루처럼 만들어내는 허황한 명예를 탐해서 영혼을 팔아먹는 인간 군상에 대한 패러디로 읽을 수 있는 것이다.[47] 헤겔이 『돈키호테』를 모험성의 측면에서 포착했다면 루카치는

---

45 루카치: 『소설의 이론』, 120쪽 이하 참조.
46 같은 책, 126쪽 이하 참조.
47 루카치는 나중에 『발자크와 프랑스 리얼리즘』(1952)에서는 『잃어버린 환상』을 '환멸

"외적 삶의 저열함에 맞서 내면성이 벌인 최초의 위대한 싸움"[48]을 형상화한 『돈키호테』에서 발자크 소설로 이어지는 맥락의 확장을 통해 인간의 영혼이 타락한 세계와 충돌하는 소설적 갈등을 추상적 이상주의 소설의 핵심으로 일반화하고 있다.

환멸의 낭만주의Desillusionsromantik는 현실에서 이상을 실현할 수 있다는 신념과 환상이 깨지고 오로지 내면의 진실과 영혼의 충만함을 추구하는 소설 유형이다. 발자크의 소설에서 보듯이 추상적 이상주의 소설에서 현실과 충돌하는 모험성이 소설적 사건 전개의 추동력이 된다면 순전히 내면성 자체를 추구하는 환멸의 낭만주의 소설에서는 모험성이 현저히 약화되고 소설 전개의 유의미한 역할을 하지 못한다.

따라서 추상적 이상주의의 심리 구조에서는 바깥으로 향한 과도하고 아무런 방해도 받지 않는 능동성이 특징적인 반면, 여기서는 수동성에의 경향이 더 크다. 외적인 갈등과 투쟁을 받아들이기보다는 회피하는 경향, 영혼과 관계되는 모든 것을 순전히 영혼 속에서 처리하는 경향이 더 큰 것이다.[49]

그 결과 소설의 플롯은 심리 분석으로 대체되고, 서사적 조형성이 현저히 약화되며, 이에 따라 외부 세계도 원자화된다. 환멸의 낭만주의에 대한 이러한 규정은 헤겔이 말한 낭만적 예술의 해체 경향이 더욱 심화된 양상을 포착한 것이라 할 수 있다. 나중에 루카치가 마르크스주의로 선회한 이후 1940년에 쓴 소설론에서는 플로베르Gustave Flaubert 소설의 출발

소설'(Desillusionsroman)이라 일컫는다. 루카치가 마르크스주의적 역사관과 리얼리즘적 문학관을 확립한 이후에는 발자크 소설의 모험적 양식보다는 승승장구하는 자본주의에 대한 발자크의 비판적 인식이 '환멸'로 귀결되는 양상에 더 주목한 결과로 보인다.

48 루카치: 『소설의 이론』, 121쪽.
49 같은 책, 133쪽.

점이 "부르주아적 현실에 대한 증오와 경멸"이라고 명확히 진단한다.[50] 플로베르는 그런 산문적 현실에 대한 반항이 무기력하게 좌절하는 양상을 보여주기 위해 가능한 한 행위Handlung를 거의 만들어내지 않고 "서사적인 이야기 없이, 상황들 없이, 주인공들 없이 작업한다."

루카치가 괴테의 교양소설 『빌헬름 마이스터의 수업 시대』를 추상적 이상주의와 환멸의 낭만주의 소설의 편향성을 극복하는 종합의 시도로 평가하는 것 역시 헤겔의 입장을 계승한 것이다. 추상적 이상주의는 현실적 기반을 갖지 못한 채 모험에 빠져들고, 환멸의 낭만주의는 그 반대로 외부 세계에 대한 기대를 접은 채 내면성에 몰입한다. 양쪽의 치우친 경향을 극복하려는 교양소설의 주인공은 현실의 공고한 질서에 저항하면서 일련의 모험을 경험하며, 그러한 모험은 현실 인식과 인간적 성숙을 위한 자양분으로서 유의미한 것이 된다. 소설의 주인공은 구체적인 사회 현실과 화해하지만, 그 화해는 타협이나 처음부터 주어져 있는 조화가 아니라 의식적으로 추구해야 한다. 이러한 과정을 통해 폭넓은 사회적 경험을 기반으로 인격의 자유로운 발전을 추구하는 화해가 비로소 가능해지는 것이다. 추상적 이상주의와 환멸의 낭만주의가 내면성과 현실 사이의 단절을 전제한다면, 이와 달리 교양소설은 "사회의 형성물 속에서 영혼의 가장 깊은 내면과 통하는 연결 고리와 성취들을 발견하는 것을 내용이자 목표로 삼는다."[51] 루카치는 주인공의 인격적 성숙과 사회 공동체의 변화 가능성을 열어두고 특히 인격적 성숙의 궁극 목표가 "자유로운 인간성의 이상"[52]이라는 것을 강조하고 있다.

루카치가 『소설의 이론』에서 근대 소설의 유형을 세 가지로 나눈 것과는 또 다른 맥락에서, 헤겔 미학에서 소설과 서사시의 관계, 그리고 낭만

---

50 루카치: 「소설」, 『소설을 생각한다』, 2018, 92쪽 이하. 예컨대 플로베르의 『감정 교육』에서 작품의 사건 전체는 마지막에 이르러 회상의 장면으로 처리된다.
51 루카치: 『소설의 이론』, 159쪽.
52 같은 곳.

적 예술 형식의 몰락과 겹치는 낭만적 아이러니에 대한 부정적 평가는 다른 각도에서 재고할 여지가 있다. 헤겔이 근대 소설을 근대의 '시민적 서사시'라 규정한 것은 소설이 서사시와 엄연히 구별되는 차별성을 드러내는 동시에 소설이 서사시의 근본적인 지향성을 계승하는 측면도 함축한다. 앞에서 살펴본 대로 서사시는 개인과 공동체가 유기적 조화를 이루면서 개개인의 개성이 마음껏 펼쳐질 수 있는 세계의 산물이다. 그러나 근대 소설에서 '시민적' 개인은 국가와 법과 사회체제의 '산문적' 질서가 옥죄는 압박에 굴복할 수밖에 없다. 그래서 오히려 '자유로운 인간성의 이상'을 추구하는 서사시적 동경은 일종의 유토피아적 열망으로 잠복하게 된다. 그런 의미에서 루카치는 근대 소설이 '서사시의 부활'을 꿈꾼다고 말한다.[53] 그런 서사시적 충동은 이상의 실현을 허용하지 않는 부정적 현실을 성찰하게 하는 서사의 동인으로 작용하는 것이다.

다른 한편 헤겔이 교양소설을 당대 소설의 모범으로 설정하면서 '낭만적 아이러니'와 '주관적 유머'를 즐겨 구사한 낭만주의 소설을 단호히 배격한 것은 헤겔 미학의 맹점이라 할 수 있다. 낭만적 예술 형식의 해체 과정에서 새롭게 생겨난 독일 낭만주의 소설은 새로운 예술 시대의 시작을 알리는 실험적 시도들이기 때문이다. 장 파울의 사례에서 보았듯이 낭만적 아이러니 내지 유머는 전근대의 신학적 세계관의 붕괴 이후 코페르니쿠스적 전회와 더불어 인간의 유한한 경험적 실존에 대한 자각의 산물이다. 낭만적 아이러니는 더 이상 신적 권위에 의존할 수 없는 모든 인식의 상대성을 인정하고 그 한계를 부단히 지양하려는 시도이다. 바로 그런 의미에서 루카치가 『소설의 이론』에서 적확하게 통찰한 대로 "끝까지 간 주관성의 자기 지양으로서의 아이러니는 신이 사라진 세계에서 가능한 최고의 자유이다. 그렇기 때문에 그것은 총체성을 창조하는 진정한 객관성의 유일하게 가능한 선험적 조건일 뿐만 아니라, 이러한 총체성, 즉 소

---

53 루카치: 『미학 논평』, 홍승용 옮김, 문화과학사 1992, 151쪽.

설을 (…) 이 시대의 대표적 형식으로 끌어올린다."[54]

헤겔에서 루카치로 이어지는 소설 유형론이 20세기 소설에 어느 정도나, 어떻게 적용될 수 있을지 해명하는 것은 이 글의 범위를 벗어나는 또 다른 과제이다. 다만 헤겔의 소설론에서 '현실의 산문'에 맞서 '가슴의 시'를 옹호하는 것이 소설의 과제라고 파악한 통찰은 지금도 유효하다고 여겨진다. '현실의 산문'이 현실의 기존 질서를 유지하려는 어떤 관성적 힘을 가리킨다면, 그것은 인간이 원래의 자기실현을 위해 만들었으나 결국 자기 유지를 위해 인간에 반反하는 것으로 변질되는 모든 것을 뜻한다. 소설이 '가슴의 시'를 옹호한다는 것은 그런 산문적 질서에 대한 비판적 성찰과 극복을 추구하고 마음과 세상의 통일을 지향한다는 뜻이다. 이것은 헤겔 시대에는 물론 산문적 질서의 총체적 지배가 일상이 되어버린 현대적 삶에서 더욱 절실한 소설 본연의 과제일 것이다.

(2024년)

---

54 루카치: 『소설의 이론』, 108쪽.

로젠크란츠의 '추의 미학'

로미美와 추醜의 변증법

미학은 문자 그대로 '아름다움'을 탐구하는 학문이다. 따라서 아름다움의 반대 개념인 '추'의 미학은 얼핏 어불성설처럼 들린다. 실제로 18세기 이래 근대 미학의 성립 과정에서는 이러한 통념이 지배적이었다. 근대 미학을 처음 체계적으로 확립한 바움가르텐은 그의 『미학』1750에서 "미학의 목표는 감각적 인식 자체의 완전함, 즉 아름다움을 해명하는 것이다. 따라서 감각적 인식 자체의 불완전함, 즉 추한 것은 미학에서 피해야 한다."[1]라고 단언했다. 바움가르텐은 미적인 아름다움을 이성적 인식과 구별하여 감각적 인식이라 보았고, 아름다움의 이상은 감각적 인식의 완전함을 추구하는 것이며, 그 완전함에 미달하는 불완전함을 넓은 의미에서 '추'의 영역으로 설정한 것이다. 1800년을 전후한 시기 쉴러와 괴테의 고전주의 미학은 아름다움을 진眞·선善·미美의 통일로 규정했고, 이로써 '추'의 영역은 더욱 체계적으로 배제된다. 보편타당한 진리와 윤리적인 선함에 부합하는 것만이 아름다움의 자격을 얻으므로 아름다움의 반대 개념인 추함은 진리에 위배되는 거짓으로, 선함에 어긋나는 악으로 단죄되기 때문이다.

---

1 Alexander Gottlieb Baumgarten: *Ästhetik*, Bd. 1, Hamburg 2007, S. 11.

이로써 추함은 미의 영역에서 원천적으로 배척되어야 할 금기가 된다. 아름다움에 대한 헤겔의 유명한 정의, 즉 아름다움을 '이념의 감각적 현현'이라 정의한 것도 근본적으로 고전주의 미학과 맥락을 같이한다. 헤겔의 이러한 정의는 특히 예술작품의 이념적 내용과 감각적 표현 형식 사이의 조화를 부각하는 것으로 이해할 수 있다. 헤겔은 그러한 조화를 예술적 아름다움의 이상으로 설정하면서도 다른 한편 그러한 미적 이상과 충돌하는 예술 현상에도 관심을 기울였는데, 예술작품에서 내용과 형식이 괴리를 빚는 현상을 '특이성'das Charakteristische이라는 개념으로 표현했다.[2] 그런 개별적 특성이 강한 예술작품은 내용과 형식의 괴리로 인해 '조화'의 아름다움에 균열을 일으키는 '부조화'로 기운다. 이러한 부조화의 예술은 괴테와 쉴러의 고전주의 미학에 반기를 드는 낭만주의를 비롯하여 당대의 '현대적' 예술의 새로운 경향을 아우른다.

카를 로젠크란츠Karl Rosenkranz, 1805~1876의 『추의 미학』Ästhetik des Häßlichen, 1856은 이러한 시대적 배경 속에서 전통적인 미의 개념과 충돌하는 '추함'을 적극적으로 탐구한 최초의 미학 저술이다. 추함das Häßliche은 독일어로 '혐오스러운 것'을 뜻하므로 용어 자체가 이미 미의 영역에 들어올 수 없는 혐오스러운 대상이라는 뜻을 내포하고 있다. 그래서 로젠크란츠는 '추의 미학'을 논하는 일이 '미의 지옥'으로 내려가는 것과 진배없다고 말한다. '미의 지옥'이라는 비유는 혐오스러운 추함을 지옥으로 추방되어야 마땅한 절대악으로 금기시해온 종래의 지배적 통념을 말해준다. 『추의 미학』 머리말에서 로젠크란츠는 그런 통념에 따라 오로지 '고상하고 순수하고 아름다운' 것만을 모범으로 장려하고 가르쳐온 "우리 독일 문학의 역사는 기숙사 여학교와 상급 여학교를 위해 정비됨으로써 이미 완전히 거세되어버렸다."[3]라고 개탄한다. 미의 영역에서 추함을

---

[2] 권정임: 「헤겔의 '예술미' 개념에 기초한 근대 부조화적 미(추)의 성립원리에 대하여」, 《미학·예술학 연구》 27집, 2008, 22쪽.
[3] 카를 로젠크란츠: 『추의 미학』, 조경식 옮김, 나남 2008, 15쪽. 앞으로 이 책에서의 인용

배제함으로써 오히려 아름다움 자체가 건강한 활력을 상실하고 빈약해지는 결과를 초래했다는 것이다. 그러나 생물학이 질병을 다루고 윤리학이 악을 다루고 법학이 불의를 다루는 것과 똑같은 이치에서 미학이 혐오스러운 대상을 다루는 것은 너무 당연하다고 로젠크란츠는 강조한다.

그 점은 실제로 문학사와 예술사에서 확인된다. 이미 고대 그리스 신화와 서사시에는 온갖 흉악한 괴물들이 등장하며, 숭고한 장르로 여겼던 비극에서도 오이디푸스와 오레스테스처럼 친부모를 살해하여 천륜을 거스르는 인물이 등장한다. 로젠크란츠는 특히 중세와 근대 기독교 미술에서 추함이 온전히 예술의 세계로 진입했다고 진단하면서, 예컨대 반 아이크 Jan van Eyck의「최후의 심판」1425~1430 같은 그림을 대표적인 본보기로 꼽는다.(58쪽 이하) 로젠크란츠의 설명에 따르면 이 그림에서 지옥의 풍경을 묘사한 부분은 절대악을 적나라하게 보여주고 있지만 그럼에도 궁극적으로 악을 이기는 신앙의 힘을 형상화한 그림 전체의 구도 속에 통합되어 예술적 정당성을 확보한다.

이러한 해석은 기독교 교리에서 오랜 논란이 되어온 변신론辨神論, Theodizee을 떠올리게 한다. 하느님이 전지전능하고 절대선의 주재자라면 어째서 세상에 악이 들끓는가 하는 의문에 대해 변신론은 세상에 존재하는 악 또한 신적 섭리의 일부라고 주장한다. 그 대표적인 논거로 곧잘 인용되는 아우구스티누스Augustinus의 견해에 따르면 세상에 악이 존재하는 것은 인간이 악을 통해 시련을 겪고 단련되어 더 견고한 믿음으로 성숙하기 위함이다. 이런 생각은 예컨대 괴테의『파우스트』서두 '천상의 서곡'에 등장하는 하느님이 악마의 종자 메피스토펠레스에게 주님의 종 파우스트를 유혹하도록 기꺼이 허락해주면서, 인간은 본래 나태해지기 쉬우니 악의 유혹을 통해 단련되도록 메피스토펠레스를 친구 삼아 붙여주겠노라고 하는 발상과 통한다.

은 본문에 쪽수를 표기함.

기독교 교리의 변신론에서 악이 정당화되는 논거는 흥미롭게도 로젠크란츠의 추의 미학에서 추함이 예술적 정당성을 얻는 논리와 유사한 측면이 있다. 추함은 넓은 의미에서 아름다움에 대한 부정을 통해 성립하는데, 그런 점에서 추함은 아름다움과의 관계 속에서 유의미한 미적 현상이 될 수 있다. 여기서 아름다움에 대한 부정의 성격을 어떻게 판단할 것인가 하는 까다로운 문제가 제기된다. 예컨대 추함은 아름다움에 대한 전면적인 부정과 파괴로 나타날 수도 있고, 아름다움을 의도적으로 비틀고 변형해서 색다른 효과를 노릴 수도 있을 것이다. 어느 경우든 아름다움이라는 미적 기준은 추함이라는 미적 현상을 판별하는 하나의 기준으로 작용하게 마련이다. 여기서 아름다움과 추함의 관계를 유추해보면, 추함은 아름다움의 가치 기준에 의존하면서 아름다움의 영역을 보완·확장하는 역할을 할 수도 있고, 기존의 아름다움의 기준을 허물고 그것을 대체하는 새로운 미적 현상으로 나타날 수도 있으며, 아예 미적 가치를 인정받을 수 없는 추함도 있을 수 있다. 이에 대한 로젠크란츠의 입장 역시 각각의 경우에 따라 달라진다. 로젠크란츠는 우선 아름다움의 부정으로 성립하는 추함을 미적인 현상으로 모두 인정하는 데서 출발한다. 그런데 추함의 미적 현상에 대한 평가는 이중적이다. 한편으로 아름다움을 확고한 기준으로 설정하고 그 기준에서 벗어나는 추함을 부정적으로 평가하며, 다른 한편으로는 아름다움의 부정인 추함이 나름의 쇄신을 통해 아름다움의 영역을 확장하는 순기능을 인정한다. 드물게, 기성의 미적 관념으로 보면 추함에 속하는 새로운 미적 현상을 기존 규범을 대체하는 새로움으로 인정하기도 한다. 어느 경우든 중요한 것은 구체적 작품에 대한 평가인데, 로젠크란츠는 『추의 미학』을 준비하는 과정에서 방대한 작품들을 섭렵했지만 이 책에서는 그 자료의 절반밖에 활용하지 못했노라고 아쉬워했다. 실제로 이 책에서 추상적인 이론적 서술보다는 오히려 구체적 작품 해석 부분에서 로젠크란츠의 생각이 훨씬 명료하게 드러난다. 특히 작품론은 오늘의 관점에서 그의 생각을 객관적으로 평가할 수 있는 중요한 근거를 제공한다. 이 점을 고려하여 이 글에서는 먼저 추함에 대한 로젠크란츠의 생각을 간략히 살펴보고, 그가 분류한 추함의 범주 가운데 특징적 사례를 구체적인 작품 평가와 연결해서 살펴보고자 한다.

추의 현상학

로젠크란츠는 먼저 아름다움das Schöne을 자유의 개념으로 정의한다. 아름다움의 참된 내용은 자유이며, 그 자유는 다시 '의지의 윤리적 자유'와 '지성의 자발성' 그리고 '자연의 자유로운 운동'으로 구현된다. 이러한 일반적 의미에서의 자유가 미적 현상인 아름다움으로 구현되는 것은 '내용의 무한성과 형식의 유한성의 통일'로서 가능해진다. 아름다움은 다시 숭고함과 쾌감으로 나누어지는데, 자유가 자기제한의 유한성을 지양할 때 숭고함이 생겨나고, 자유가 유한한 형식 속에 스스로를 제한할 때 쾌감이 생겨난다.

아름다움에 대한 부정인 추함은 크게 세 유형으로 나뉜다. 아름다움의 가장 보편적 정의인 통일성을 해치는 추함은 무형식Formlosigkeit으로 정의된다. 그리고 표현 대상의 법칙성에 어긋나는 것을 부정확성Inkorrektheit이라 일컫는다. 예컨대 자연을 묘사할 때는 자연의 법칙성을 따라야 하고, 역사소설은 해당 시대에 대한 올바른 역사 인식에 기초해야 한다는 뜻이다. 마지막으로 형식 해체Disfiguration 또는 기형화Verbildung라 일컫는 것은 무형식과 부정확성의 바탕이자 '내적 기형화'에 해당하는 것이다. 로젠크란츠는 이상의 세 가지 유형을 다시 다음과 같이 세부적으로 나눈다.

> 무형식
>   무형태
>   비대칭
>   부조화
> 부정확성
>   보편적 의미에서의 부정확성
>   특수한 양식에서의 부정확성
>   개별 예술에서의 부정확성
> 형식 해체 또는 기형화
>   천박함
>   하찮음
>   허약함
>   저급함: 범상함, 우연성과 자의성, 조야함
>   역겨움
>   졸렬함
>   죽어 있고 공허함
>   추악함: 범죄적인 것, 유령적인 것, 악마적인 것
>   캐리커처

여기서는 세부 항목을 낱낱이 설명하기보다 로젠크란츠의 생각이 분명히 드러나는 특징적 사례를 중심으로 살펴보기로 하겠다.

무형식

아름다움에 대한 보편적인 정의는 '통일성'이다. 통일성은 구성 요소들의 차이와 분화를 전제하며, 상이한 요소들이 적절한 균형과 유기적 통일성을 이룰 때 비로소 예술적 아름다움이 생겨난다. 반대로 구성 요소들의 균형과 조화가 깨질 때 나타나는 추함을 '무형식' 내지 형식 상실이라 일컫는다. 그중에 무형태Amorphe는 작품 구성 요소들의 차이가 모호하거나 희석되어서 의미 있는 차이가 형성될 수 없고 따라서 통일성도 생겨날

수 없는 경우를 가리킨다. 예컨대 그림에서 끝없이 드넓은 바다 또는 우주 공간의 무한성을 표현한다고 해서 화면을 마냥 푸른색으로만 칠할 수는 없을 것이다. 따라서 실제로 무형태는 시각적으로는 성립하기 힘들다. 마찬가지로 언어예술인 문학에서는 일종의 동어반복적 표현이 무형태에 해당하므로 이 경우도 실제로는 성립하기 어렵다.

  작품 구성 요소들 사이의 적절한 대조는 통일성을 구현하는 중요한 수단이다. 그 반대로 구성 요소들 사이의 부적절한 대조를 비대칭Asymmetrie이라 일컫는다. 이러한 비대칭의 표본적 사례로 로젠크란츠는 동시대의 극작가 헤벨Friedrich Hebbel의 희곡 『마리아 막달레나』Maria Magdalena, 1853를 꼽는다.(115쪽 이하) 헤벨은 작품 서문에서 이것이 비극임을 강조했고 관객들 역시 그렇게 받아들였지만, 로젠크란츠는 이 작품이 전혀 비극이 아니며 그 이유는 비극에 어울리지 않는 잘못된 대조 때문이라고 주장한다. 목수 안톤의 딸 클라라는 원래 좋아하는 청년이 있지만 청년은 대학생이 되어 클라라를 잊은 것처럼 보인다. 그러자 클라라는 감정도 없고 비열하고 계산적인 레온하르트와 관계를 맺고 그에게 순종하고자 순결을 바치고 임신한다. 그러나 레온하르트는 부유한 여자와 결혼하려고 클라라를 버린다. 다시 클라라의 전 애인이 나타나 그녀에게 사랑을 고백하고 결혼하고 싶어 하지만 클라라가 다른 남자의 아이를 가진 것을 알고 절망에 빠진다. 그는 레온하르트와 결투를 하고 높은 서보를 쏘아 죽인다. 다른 한편 아버지는 딸이 혼전에 임신해서 명예를 더럽히면 자살하겠다고 위협한 터이므로 궁지에 몰린 클라라는 자살하고 만다. 로젠크란츠는 이 모든 이야기가 슬프고 클라라의 운명이 딱하긴 하지만 결코 비극은 아니며 '신문 지상에 넘쳐나는 악취 나는 소재'일 뿐이라고 단언한다. 이러한 부정적 평가는 무엇보다 인물의 성격이 비극의 품격에 어울리지 않기 때문이다. 클라라가 자신의 감정과 무관하게 레온하르트와 관계를 맺는 것도 앞뒤가 맞지 않고, 레온하르트의 비열한 성격은 그녀의 선의와 균형이 맞지 않는다. 아버지가 오로지 가부장의 체면 때문에 딸이 명예를 더럽히면 자살하겠다고 위협하는 것도 옹색하기 짝이 없고, 딸이 그런 아버지 때문에 자살하는 것도 비장함과는 거리가 멀다. 로젠크란츠는 이런 이유를 들어 이 작품이 비극이 아니라고 평가한다.

그러나 달리 생각하면 로젠크란츠가 비극의 필수 요건이라 생각하는 고결한 성격의 인물은 전통적인 비극의 등장인물에 해당한다. 헤벨은 일부러 그런 전통 비극의 틀을 깨고 평범한 소시민을 주인공으로 '시민 비극'을 썼다. 소시민 가정의 가장인 아버지의 완고한 가부장적 체면 의식이 연약한 딸을 죽음으로 몰아가는 이야기는 전통 비극의 숭고함에 비하면 볼품없어 보이겠지만 그러나 이런 상황에서 벗어날 수 없는 수많은 보통 사람들에겐 감당하기 힘든 비극인 것도 사실이다. 로젠크란츠가 "우리 이웃에게 매일 반복해서 일어날 수 있는 이 불행한 이야기"(117쪽) 자체에는 공감하면서도 '비극'은 아니라고 평가하는 것은 지나치게 전통적인 비극의 규범에만 매달리는 편협한 견해라 하겠다. 또한 로젠크란츠는 정신적 자유를 아름다움의 최고 가치라 여겼기 때문에 헤벨의 시민 비극에서 인간의 자유의지가 고루한 가부장적 인습에 의해 질식하는 것을 자유의 파탄이라 보고 부정적인 평가를 내린다. 전체에 저항하는 개인은 파멸할 수밖에 없다는 헤벨의 범汎비극론Pantragimus은 로젠크란츠의 자유 개념과는 정면으로 모순되는 것이다. 그렇지만 비극 장르의 역사에서 보면 로젠크란츠가 '악취 나는 소재'를 다룬다고 폄하한 헤벨의 시민 비극은 비극의 영역을 평범한 소시민의 삶으로 끌어내림으로써 오히려 비극의 저변을 확장한 경우로 보아야 할 것이다.

형식 해체 : 천박함과 역겨움

'형식 해체' 내지 '기형화'는 용어에서도 알 수 있듯이 아름다움의 미적 규범에 대한 적극적인 부정과 해체, 왜곡을 통해 의식적으로 추함을 추구한다. 아름다움의 미적 이상이 진·선·미의 통일이라면 이에 대한 급진적 부정은 따라서 기존의 이성적 진리와 윤리적 가치에 대한 도발을 동반하게 마련이다. 이 유형에 속하는 '천박함'das Gemeine은 숭고함의 반대 개념이고 '역겨움'은 미적인 쾌감의 반대 개념이다. 천박함과 역겨움은 혐오감을 유발하는 추함이다. 이와 달리 아름다움을 과장되게 왜곡하는 캐리커처는 코믹한 효과를 유발한다.

천박함은 숭고하고 성스러운 것을 천박한 밑바닥으로 끌어내리는 추함이다. 아름다움의 원천을 정신적 자유에서 찾는 로젠크란츠의 가치 체계에서 숭고함은 정신적 자유의 무한성을 표현하는 미적 범주이다. 따라서 정신적 자유의 표상인 숭고함을 파괴하는 천박함은 추한 현상 중에서도 가장 추한 것이다. 특히 '천박함' 중에서도 '조야한 것'das Rohe의 가장 극단적 표현인 '오만방자함'das Frivole이 숭고함과 완전히 대척 지점에 있는데, 로젠크란츠는 하이네Heinrich Heine의 기독교 풍자시를 그 표본으로 지목한다. 예컨대 기독교와 유대교 사이의 갈등을 다룬 하이네의 풍자시 「논쟁」Disputation, 1851에서 기독교를 옹호하는 수도사는 다음과 같이 말한다.

> 그리스도는 내 양식이니
> 아마도 사탄이 요리했을
> 하얀 마늘 소스로 인해
> 리워야단보다 맛있을 것이다.(283쪽에서 재인용)

수도사의 의도 자체는 그리스도가 마음의 양식이라는 신앙 고백이지만 그 믿음의 양식을 사탄이 요리한 거대한 괴물 물고기 리워야단(영어식 표기 '리바이어던': 성경 욥기 3장 참조)과 비교함으로써 결과적으로 성스러운 신앙의 양식을 사탄의 요리 수준으로 격하하는 신성모독을 저지른 셈이다. 하필 독실한 수도사에게 그런 불경스러운 신앙 고백을 하게 함으로써 하이네는 기독교 신앙 자체를 부정하는 무신론의 입장을 공공연히 설파하는 것이다. 하이네의 이러한 시풍에 대해 로젠크란츠는 이렇게 개탄한다. "하이네는 가차 없는 조야함으로 성스러운 것마저도 위트의 제물로 삼아 실제로 오만방자하게 됨으로써 종종 아주 천박해졌다. 그의 문학은 이 오만방자한 지류가 없었더라면 더 많은 문학성을 띠었을 것이다."(280쪽) 여기서 로젠크란츠가 말하는 '문학성'의 기준은 문학적 표현이 윤리적 선함과 합치되어야 한다는 것이다. "진실로 미적인 것은 오직 진실로 선한 것과 통일성을 이룰 때만 완성될 수 있고, 따라서 이 원칙에 어긋나는 미적 생산물은 실제로도 아름다울 수 없고 그 결과 다소간 추하다."(281쪽) 여기서 보듯이 로젠크란츠는 진·선·미의 통일이라는 고전주의 미학의 규범으로 하이네의 풍자시가 천박하다고 단죄한다. 그렇지만 이러한 부정적 평가는 진리와 선함의 절대적 기준으로 기독교 신앙을 전제하고 있다. 그런데 하이네는 이 시에서 특히 기독교 신앙의 독선적 맹신을 비판적으로 풍자하고 있다. 그렇다면 로젠크란츠의 기독교 옹호론적 입장이 과연 하이네의 비판적 태도를 천박하다고 단죄할 만큼 보편적인 진리와 선함을 대변하고 있는가는 의문의 여지를 남긴다.

숭고함의 반대인 천박함이 진리와 선함의 가치에 대한 부정의 성격이 강하다면 역겨움은 미적인 쾌감의 반대이므로 미적인 추함의 성격이 강하다. 로젠크란츠는 역겨움에 포함되는 미적 현상 중에 특히 '유령적인 것'das Gespenstische과 '악마적인 것'das Diabolische에 상당한 지면을 할애하고 있다. 이것은 호메로스의 『오디세이아』에 나오는 요괴들이나 셰익스피어의 『햄릿』에 등장하는 아버지의 혼령, 그리고 괴테의 『파우스트』에 나오는 메피스토펠레스처럼 유령과 악마적 형상이 이미 문학사의 고전 속에 자리 잡은 객관적 사실을 수용한 측면도 있다. 헤겔은 『미학』에서 유령이나 악마적 형상을 정신성이 결여된 허위이기 때문에 문학적인 활용 가치가 없다고 단호히 비판했다.(369쪽 이하 참조) 그러나 로젠크란츠는 이 문제에 관해서는 헤겔의 견해를 논박하면서 유령과 악마적 형상의 문학적 활용 가능성을 적극 옹호한다.

문학은 악을 생산하는 독특한 광기를 그 궁극적 근원에서 보여줄 수 있기 때문에 악을 전적으로 흥미롭게 형상화할 수 있다. 문학은 조형예술처럼 알레고리와 상징적 수단으로 악을 표현하기 위한 자구책을 마련할 필요가 없으며, 사악한 자기의식의 독자적이고 부정적인 심연으로 하여금 스스로 말하게 할 수 있다. 괴테의 메피스토의 위대함은 바로 항상 부정하는 정신의 소유자인 악한이 말하는 수단인 아이러니의 명증성에 있지 않은가?(372쪽 이하)

여기서 보듯이 로젠크란츠는 메피스토를 기독교적 의미에서 절대악이나 악마가 아니라 '악을 생산하는 광기' 내지 '사악한 자기의식'이라 파악하고 그 핵심적 특성을 메피스토 스스로 말한 대로 '부정하는 정신'이라 보고 있다. 그런 한에는 메피스토는 인간 의식의 부정적 특성만을 구현한 존재이며, 그런 부정성에 속박된 존재이기 때문에 자유를 본질로 하는 인간 정신에 비해 열등한 존재이다. 로젠크란츠가 메피스토 같은 악마적 형상의 문학적 활용 가능성을 옹호하는 것은 이처럼 인간 정신의 무한한 자유가 그런 일면적 부정성을 능히 극복할 수 있다는 낙관의 소산이다.

캐리커처: 추함의 해소

캐리커처는 어원상 '짐을 너무 많이 싣다', '과적過積하다'라는 뜻을 가진 이탈리아어 caricare에서 유래하며, 어떤 대상의 특징적인 요소를 과장되게 비틀어서 흔히 대상을 희화화하는 표현 기법을 가리킨다. 그런데 로젠크란츠는 캐리커처가 단순히 추한 현상에 그치지 않고 자기 지양을 통해 추함을 해소하고 심미적 즐거움을 유발할 수 있는 표현 수단이라고 본다. 캐리커처는 대상을 과장해서 왜곡한다는 점에서는 추함의 범주에 속하지만, 그것이 모방하는 원래 이미지와의 관계에서 — 다시 말해 원래 이미지와 왜곡된 이미지 사이의 대비를 통해 — 코믹한 효과가 발생한다는 것이다. 이 과정을 로젠크란츠는 다음과 같이 설명한다.

> 캐리커처는 (…) 숭고하고 매력적이며 아름다운 원래 이미지의 비틀린 이미지로서 원래 이미지의 질과 형태를 개별적 방식으로 자체 안에서 반사한다. 그 결과 원래 이미지의 질과 형태는 (…) 그 자체가 상실됨으로 인해 오히려 더 강한 효과를 불러일으킨다.(83쪽)

예컨대 세르반테스의 돈키호테를 보자. 돈키호테는 중세 기사도가 이미 몰락한 시대에 고결한 기사도를 진지하게 모방하지만 그럴수록 그의 모방은 그의 진지한 기사도 정신을 뒤틀린 모습으로 보여주고 그의 망상을 드러내는 캐리커처가 되어 웃음을 자아낸다. 그런데 세르반테스의 위대함은 돈키호테를 통해 단지 기사도의 몰락을 보여주는 데 그치지 않고, 몰락한 기사도의 고결한 이상을 상기시킴으로써 부조리한 현대 사회에 대한 비판적 성찰을 이끌어낸다는 것이다.

> 국가가 있고 경찰이 존재하며 계몽이 되고 있음에도 불구하고 종종 썩어빠진 상태에 있는 사회에 대해 실천력 있고 뜨거운 심장을 지닌 개인의 자발적인 참여가 자선 행위가 된다는 점을 우리는 작가에게 고백해야만 한다. 캐리커처는 ― 천재에 의해 ― 이렇게 위대하게, 이렇게 다양하게, 이렇게 의미심장하게 될 수 있다!(85쪽)

또한 캐리커처는 기존의 가치를 비틀고 역전시키는 방식에 힘입어 신분과 계층의 차이를 드러내고 특히 통념상 미적 표현에서 배제되는 하위문화를 충격적인 방식으로 표현할 수 있는 유력한 수단이 된다.

문화 중심지에서 계속되는 사회의 해체에서 이미지 비틀기의 소재는 무궁무진하다. 메이휴Henry Mayhew는 그의 아주 중요한 런던 빈민들에 관한 작품으로 런던의 비참한 길거리와 초라한 집에 사는 특징적 인물들을 묘사하려는 생각을 실천에 옮겼고, 그 결과 우리는 유령이 출몰하는 런던 문명의 하데스에 대해 무시무시할 정도로 사실에 충실한 묘사를 볼 수 있게 되었다. 런던 문명의 무산계급은 거의 캐리커처로 형상화되어 있다.(425쪽)

런던의 유복한 계층이 누리는 '문화적 중심'의 관점에서 보면 빈민층의 생활 환경은 '유령이 출몰하는 저승세계'처럼 무시무시한 느낌을 준다. 이 경우는 일반적으로 캐리커처가 코믹한 효과를 유발하는 것과는 반대로 섬뜩한 이미지를 산출한다.[4] 이를 통해 비교 대상이 되는 원래의 이미지(즉, 중심부의 상위 문화)는 그것을 위협하는 캐리커처에 의해 무력화되는 전복적 효과가 발생한다. 여기서 캐리커처의 작동 방식을 다시 상기해보면, 캐리커처는 대상의 특징적 요소를 과장해서 왜곡함으로써 대상의 보편적 특성을 희석한다. 이를 통해 캐리커처는 대상의 보편적 특성에 대한 비판적 성찰을 유도한다. 캐리커처는 보편과 특수, 중심과 주변의 관계를 뒤집어서 비판적으로 조명할 수 있는 효과적 수단이 되는 것이다. 로젠크란츠가 인상적인 사례로 인용하는 캐틀린George Cathlin의 『북아메리카의 인디언』(독일어판 1848)은 북미 인디언에게 서구 문명이 얼마나 거추장스러운 무용지물인가를 보여주는 캐리커처이다. 이 작품에서 인디언 추장은 화려한 전통의상을 입고 워싱턴으로 갔다가 여러 도시를 순회한 후 유럽인의 복장으로 치장한 채 인디언 마을로 돌아온다.

그가 증기선의 선상에 모습을 드러냈을 때 그는 어깨에 엄청난 견장

---

[4] 로젠크란츠는 캐리커처가 추함의 모든 현상을 포괄할 수 있다고 본다. "캐리커처는 얕은 것도 있고 깊은 것도 있으며, 즐거운 것도 음울한 것도 있고, 천박한 것도 숭고한 것도 있으며, 소름 끼치는 것도 사랑스러운 것도 있고, 우스꽝스러운 것도 공포스러운 것도 있다."(83쪽)

을 달고 있고, 금띠로 장식된 최고급 파란 천으로 된 양복을 입고, 목에는 빛나는 검은색 장식끈을 맸으며, 발은 굽이 높은 방수 장화에 억지로 끼워 맞춰져서 걸음걸이가 불안정하고 비틀거렸다. 머리에는 폭이 넓은 은색 띠를 두르고 2피트 길이의 빨간 깃털 장식이 달린 높은 비버 모자를 쓰고 있었다. (…) 워싱턴 사람들은 이 불쌍한 인디언 추장을 그렇게 치장했다! (428쪽에서 재인용)

그런데 집에 돌아온 다음 날 추장의 아내는 양복을 부위별로 잘라서 각반을 만들고 모자 띠로는 바지 대님을 만들고 하는 식으로 화려한 복장을 가위질한다. 이러한 가위질을 통해 완성되는 캐리커처는 인디언을 야만족이라 여기는 서구 문명인의 문화라는 것이 도대체 누구를 위한 것이고 무엇을 위한 것인지 근본적인 의문을 자아낸다.

미와 추의 변증법

이상에서 살펴본 대로 로젠크란츠의 '추의 미학'은 그가 살았던 시대의 한계와 새로운 가능성을 동시에 보여준다. 추함에 대한 분류 체계에서 '무형식'의 범주에 드는 사례들은 헤벨의 시민 비극의 예에서 보듯이 지금 기준으로 보면 '추함'에 속한다기보다는 그 이전의 미적 규범에서 벗어나려는 새로운 예술적 시도로 보는 것이 합당할 것이다. 하이네의 기독교 비판적 풍자시 역시 전통적 신앙과 가치를 부정하는 새로운 시대정신의 표현이다. 이러한 급진적 경향에 대해 로젠크란츠는 여전히 전통적인 미적 규범과 가치관을 기준으로 부정적인 평가를 내린다. 이것은 독일 고전주의와 헤겔 미학의 영향권을 벗어나지 못했던 로젠크란츠의 한계를 드러낸다. 그러나 다른 한편으로 로젠크란츠는 전통적인 가치와 규범을 비틀어서 희화화하는 캐리커처에 대해서는 전통을 허물고 쇄신하는 역할을 긍정적으로 평가하며, 특히 기존의 상층 문화에서 배제되었던 하층 문화의 표현 가능성에 주목한다. 로젠크란츠 당대에 캐리커처라는 새로운 양식이 유행했던 것은 바로 그 시대에 전통적 양식을 해체하려는 다양한 시도가 분출했기 때문일 것이다. 로젠크란츠의 기본적 입장은 고전주의 미학의 연장선에 있지만 고전주의 미학의 규범에서 벗어나는 새로운 예술 현상을 넓은 의미에서 '추함'의 범주로 수용하고 적극적으로 평가했던 셈이다.

기존의 이미지를 비틀어서 일그러진 이미지를 만들어내는 캐리커처의 창작 방식은 미와 추의 관계가 변증법적인 상호작용을 한다는 것을 말해준다. 미의 규범으로 정착된 기존 양식이 새로운 시대적 요구를 담아낼 수 있는 수용 능력을 상실할 때 그 규범을 비틀고 허물어뜨리는 일탈과 파격은 예술의 자기 쇄신을 위한 생산적인 자극으로 기능하기 때문이다. 예술이 창조성을 발휘하는 것은 고정된 미의 규범을 충실히 지켜서 가능한 것이 아니라 규범에서 벗어나는 낯설고 새로운 표현 가능성을 적극적으로 수용할 때만 가능하다. 그렇게 보면 아도르노가 말한 대로 "미에서 추가 나왔다기보다는 추에서 미가 나왔다는 말이 더 적절할 것이다."[5] 아도르노에 따르면 예술은 원시 예술이 탄생할 때부터 자연에 대한 두려움을 극복하는 과정에서 두려움을 유발하는 추악함을 배제하고 순치하는 방향으로 예술미를 가공해왔다.[6] 그렇지만 극복의 대상인 추악함은 예술의 잠재적 요소로 보존되어왔다. 근대의 자율적 예술은 그러한 추악함의 잔재를 완전히 극복한 것처럼 보였지만, 자율적 예술의 조화로운 미의 이상을 해체하는 현대 예술은 다시 추함을 부조화의 계기로 수용하는 경향을 보여준다. 특히 추함은 현실의 모순을 탄핵하기 위한 효과적 수단으로 활용된다. 로젠크란츠가 추함이 희극성의 효과적 표현 수단이 될 수 있

---

5 아도르노: 『미학 이론』, 홍승용 옮김, 문학과지성사 2014, 89쪽.
6 같은 책, 82쪽 이하.

다고 강조하는 것도 같은 맥락에서 이해할 수 있다. "흉측한 형상은 그 자체로 물론 추하지만 기괴하고 그로테스크한 형상화로 인해 희극성의 훌륭한 표현 수단이 될 수 있다."(414쪽) 희극성 중에서도 특히 풍자와 해학은 현실의 부조리와 모순을 고발하는 유력한 수단이 될 수 있다. 추의 미학에 함축된 그런 현실 비판적 잠재력은 한국 현대 문학사의 한 장면과도 연결되어 이목을 끈다. 염무웅 선생의 증언에 따르면 시인 김지하가 대학 시절 로젠크란츠의 추의 미학을 소개하는 학술 발표를 한 적이 있는데, 그 자리에서 김지하는 "괴기·왜곡·과장·골계·해학·풍자 등 정통 미학에서 저급한 것으로 취급해오던 미학적 요소들의 적극적 가치를 설명하는 내용"으로 발표했으며, 이로써 "로제크란츠의 미학을 발판 삼아 우리 고유의 전통 예술에 새로운 미학적 생명을 불어넣을 이론적 전이轉移를 시도하고 있었던 것이다."[7] 아마도 그런 창조적 수용의 결실이 나중에 독재정권과 지배 세력에 대한 통렬한 풍자로 암울한 현실을 고발했던 김지하의 담시譚詩 「오적五賊」, 「비어蜚語」 연작으로 표현되지 않았을까 짐작된다.

로젠크란츠는 『추의 미학』 결론부에서 그리스 신화에 나오는 헤파이스토스를 언급한다. 헤파이스토스는 신의 위엄에 어울리지 않게 못생기고 다리를 절지만 가장 아름다운 미의 여신 아프로디테와 결혼하며, 조형예술의 신으로서 아름다운 예술작품을 만들 줄 알았다. 로젠크란츠가 결론부에서 이것을 언급하는 이유는 통념적인 미의 영역에서 배제되고 배척되는 다양한 추함이 오히려 예술의 쇄신을 위한 충전의 활력소가 된다는 것을 강조하기 위해서다.

(2022년)

---

[7] 염무웅: 「시인 김지하가 이룬 것과 남긴 것들」, 《창작과비평》 2022년 가을호, 331쪽 이하.

니체의 언어관과 비판적 근대인식

언어의 규약과 생성의 사유

프리드리히 니체Friedrich Nietzsche, 1844~1900는 그의 시대에 승승장구하던 근대 과학이 만인의 삶에 풍요와 축복을 안겨줄 것처럼 보였던 환상에 조금도 공감하지 않았으며, 또한 근대인의 자부심으로 통하는 인본주의가 과연 진정으로 인간다운 삶과 인간적 가치의 고양에 기여했는가에 대해 누구보다 미심쩍어했다. 그는 "'진보'의 크기와 의의는 그것을 위해 희생되어야 했던 모든 것의 양에 의해 측정될 수도 있다."는 것이 자신이 견지하는 "역사적 방법론의 기본 관점"임을 밝히고 있으며, 더구나 그런 관점이 "오늘날의 지배적인 본능과 취향에 반대되는 것이기에 더더욱 강조한다."라고 역설하는 것이다.[1] 니체가 말하는 '오늘날의 지배적인 본능과 취향'이란 "모든 사건의 절대적 우연성과 기계론적 난센스를 결합하려는" 그것이다. 말하자면 역사의 장에서 벌어지는 모든 사건을 '해석'하고 '평가'하여 자신의 것으로 만드는 인간의 역사적 행위는 어디까지나 역사적 인간의 주관적 자의에 바탕을 둔 것이면서도 그러한 행위에 과학의

---

[1] Nietzsche: *Werke, Kritische Studienausgabe*, G. Colli/M. Montinari (Hg.), 2. Aufl., München 1988, Bd. 5, S. 315. 앞으로 본문에서 인용 출처를 밝힐 때는 이 판본의 책 권수와 쪽수를 '5, 315'의 형식으로 표기하며, 각주에서는 'KSA 5, 315'의 형식으로 표기한다.

'법칙성'을 부여함으로써, 결과적으로 자기기만을 통해 자기 행위의 보편적 정당성을 주장하는 자기모순에 빠진다는 것이다. 그러나 그 모순을 살아 있는 역사로 작동시키는 원리가 다름 아닌 권력의 증대에서 자기 존재를 확인하려는 인간의 '본능'이고 또 그 본능을 충족해주는 '의미' 있는 것에서 느끼는 쾌감이 곧 '취향'Geschmack의 원천이라면, 그러한 모순은 예컨대 논리적 모순이나 한낱 관념의 허상이 아니라 삶의 기본 조건이자 어쩌면 삶 자체에 해당되는 것인지도 모른다. 문제는 그러한 본능 혹은 취향이 어떻게 그 '무의미함'을 꿰뚫어 보는 인간의 의식과 삶을 지배할 수 있으며 더구나 그 지배적인 의식이 어떻게 '진보'의 시대정신으로 격상될 수 있는가 하는 것이다. 니체의 비판적 사유는 바로 이러한 의문에서 출발하는 것으로 보인다. 그러한 본능의 지배가 정점에 이른 현대인에게서 인간은 자기 모멸의 밑바닥에 떨어지고 있으며, 문자 그대로 '동물'로 전락해 있다고 니체는 진단한다.

눈에 보이는 사물의 질서 속에서 인간의 생존이 더욱 임의적이고 비천하고 보잘것없는 것으로 보이기 때문에 인간은 삶의 수수께끼에 대한 초월적인 해결을 덜 바라게 된 것은 아닐까? 인간의 자기 멸시, 자기 멸시에의 의지는 코페르니쿠스 이래 끊임없이 증가해온 것이 아닐까? 슬프게도 인간의 고유성과 품위에 대한 믿음은 이제 흘러간 과거의 일이 되었다. 인간은 문자 그대로 동물이 되었다. 과거에는 스스로를 '신의 아들', '신과 동등한 인간'이라 믿었는데 말이다. 코페르니쿠스 이래 인간은 경사면에 놓여 있는 것처럼 보인다. 이제 인간은 점점 더 빨리 중심에서 멀어져가고 있다. 무엇으로? 무로? 뼈저린 허무감 속으로? 그렇다.(5, 404 f.)

코페르니쿠스와 더불어 근대인이 발견한 우주의 무한함은 근대인에게 또한 자유의 무한한 가능성을 열어주는 것처럼 보이지만, 그 가능성의 공간을 현실성의 공간으로 채워가는 것은 어디까지나 인간의 몫이다.

그런 의미에서 근대인에게 주어진 자유의 무한한 가능성은 인간다운 삶의 가능성에 대한 실천적 요청인 동시에 벗어던질 수 없는 짐이 된다. 니체가 보기에 근대인은 그 자유의 공간을 그야말로 '아무것도 아닌 것' 즉 '무'Nichts로 가득 채움으로써 스스로의 존엄과 주인된 지위를 상실하기에 이르렀다. 중세적 미망과 혼돈에 빠져 있던 삶의 공간을 이성적 사유에 의해 인간적 질서로 새롭게 창조하고자 했던 근대인은 자신의 약속을 저버리고 본연의 인간에서 가장 멀어져 있는 것이다. 자유의 약속과 함께 다시 동물로 퇴행하는 인간, 그것이 니체가 진단하는 근대인의 실상이며, 니체의 비판철학은 이 역설을 해명하려는 시도라 볼 수 있다. 오늘날 역사적 근대의 공과功過를 문제 삼는 논의에서 니체의 문제 제기가 각별히 주목받는 것도 그런 맥락에서 이해될 수 있을 것이다. 근대의 극복 또는 '탈'근대를 지향하는 다양한 사상적 모색에서 거의 예외 없이 니체의 영향은 확인되거니와, 그것은 무엇보다 서구적 형이상학의 전통에 대한 니체의 근본적인 비판적 성찰과 결부되어 있는 것으로 보인다. 니체적 사유의 철저성은 단순히 전근대적 유물로서의 종교적 형이상학과 결별했다는 차원에 그치는 것이 아니라 니체 당대의 19세기인들이 극복했다고 자부하던 낡은 관념들이 오히려 얼마나 집요하게 '현대적' 의식과 삶을 지배하고 있는가를 그 뿌리에까지 파고드는 철저함에서 찾아야 할 것이다. 문제는 전근대적 형이상학의 논리를 전복·대체한 것으로 자임하는 근대 과학의 패러다임이 오히려 자신의 비판 대상과 깊은 친화성을 보여주고 있다는 것이다. 이 점에서 니체의 비판적 사유는 오늘날 탈근대론자들의 방법적 회의에 바탕이 되는 해체적 사유의 중요한 계기들을 대부분 선취하고 있다 해도 과언이 아니다.[2] 말년의 니체가 '세계의 가치는 우리의 해석 속에 있다'는 것이야말로 자신의 저작에 일관된 생각이었음을 거듭 밝

---

2 해체적 사유의 계보에서 데리다, 푸코, 폴 드 만 등에게서 확인되는 니체의 영향을 개괄한 입문서로는 다음을 참조할 수 있다. Peter Zima: *Dekonstruktion*, München 1994.

히고 있듯이, 세계에 대한 인식과 가치판단은 '객관' 세계에 내재하는 그 어떤 '법칙성'의 재현을 통해서가 아니라 어디까지나 인간 주체의 '구성물'Konstruktion로서 얻어지며, 나아가서 그 '주체' 역시 흔히 유기체의 통일성으로 표상되는 단일한 통일체가 아니라 다양한 이질적 요소들의 집합적 구성물로 이해되는 것이다.³ 그럼에도 '객체'와 '주체'를 전통적 형이상학의 고정관념인 '실체'로 상상하는 것은 앞서 말한 인간적인, 너무나 인간적인 '본능' 탓이다. 니체가 보기에 그러한 본능은 근대 과학에서 극복되기는커녕 오히려 최고도로 조직화되었으며, 그것이 곧 근대적 이성의 영예로 받들어지기까지 한다. 이러한 지배적 본능과 취향에 맞서는 니체의 '탈구성'De-Konstruktion은 우선 그러한 구성물들의 발생 과정을 드러내는 방식으로 전개된다. 이때 전통적 형이상학이나 근대 과학의 인식 범주들을 모두 피해 가고자 하는 니체의 비판적 접근 방식은 삶의 추진력인 동시에 인식의 구조를 이루는 그러한 본능에 대한 '생리학적 해부'에 비견될 수 있다. 그렇지만 니체의 해체는 결코 해체 자체를 위한 것이 아니다. 지식과 가치의 본래적인 생성 과정에 대한 망각을 통해 '진리'에 도달했다고 믿는 이중의 환상에 힘입어 근대인이 자기 자신으로부터 가장 멀어진 낯선 존재가 되어 있다면,⁴ 니체의 해체는 그런 의미에서 철저히 — 자기 자신으로부터, 또한 자신의 구성물인 이 세계로부터 — 소외되어 있는 인간을 그 동물적 상태로부터 구제하여 본연의 존엄을 되돌려주려는 실천적 관심에서 비롯되는 것으로 보인다. 그런 점에서 니체의 해체적 사유는 역사적 근대에 대한 비판적 극복의 시도로 이해될 수 있는데, 이 글에서는 이 문제를 우선 니체의 언어 비판과 결부해 살펴보고

---

3 니체는 '주체'의 '복수(複數)적 성격'이 곧 자신의 방법적 가설이라고 말하기도 한다. Vgl. Nietzsche: *Werke*, K. Schlechta (Hg.), Darmstadt 1997(초판 München 1956), III, S. 473. (앞으로 이 판본의 인용은 'III, 473'의 방식으로 표기함.)
4 『도덕의 계보학』 서문에서 니체는 "모든 사람은 자기 자신으로부터 가장 먼 존재이다."(KSA 5, 248)라고 말한다.

자 한다. "나는 우리가 아직도 문법을 믿고 있는 까닭에 신으로부터 벗어날 수 없게 되지는 않을까 우려된다."(6, 78)라는 말에서 짐작할 수 있듯이, 니체에게 언어는 사물에 대한 인식과 가치판단의 성격을 파악하기 위한 결정적 준거점이 된다. 이 글에서는 먼저 언어에 대한 니체의 기본적인 생각을 살펴보고, 이어서 사물에 질서를 부여하여 의미와 무의미 혹은 진리와 거짓을 분별하는 언어의 논리가 어떻게 언어 사용자인 인간 주체의 이데올로기로 작용하는가를 검토한 다음, 마지막으로 언어 비판을 매개로 하는 니체의 비판철학이 시사하는 실천적 의의를 근대적 허무주의의 극복이라는 관점에서 생각해보고자 한다.

비유로서의 언어

니체는 「비도덕적 의미에서의 진리와 거짓에 관하여」[5]라는 글에서 언어의 발생 과정을 다층적인 '비유 형성'의 과정으로 설명하고 있다. 그에 따르면 인간에 대한 사물들의 관계를 나타내는 비유로서의 언어는 첫째, 인간의 감각기관에서 촉발되는 신경 자극을 우선 하나의 형상 내지 이미지 Bild로 옮기고, 둘째로 그렇게 얻어진 이미지를 다시 하나의 소리 Laut로 고정하는 이중의 비유화 과정을 거쳐 형성된다. 그리고 이 과정에서 인간의 의식은 언어가 가리키는 의미영역들을 수시로 건너뛰어 새 영역으로 진입함으로써 사물에 대한 인식과 가치판단을 동시에 수행한다. 니체는 이 모든 과정이 극히 주관적이고 자의적이라는 것을 거듭 강조한다. 가령 태어날 때부터 소리를 듣지 못하는 청각장애자는 음향 진동판의 떨림에 의해 그려지는 음상音像을 촉각으로 더듬어서 유추해내며, 그런 식으로 촉

5　Nietzsche: Über Wahrheit und Lüge im außermoralischen Sinn, in: KSA 1, S. 875~890. 이 글의 우리말 번역은 다음 참조. 프리드리히 니체: 『비극적 사유의 탄생』, 이진우 옮김, 문예출판사 1997, 193~212쪽.

각에 의해 재구성된 음향 감각을 근거로 어떤 악기가 특정한 음향의 원인이라고 상상할 뿐 아니라, 어떤 음에 대해 제대로 알게 되었다고 믿기까지 한다는 것이다. 이처럼 인간의 지성은 직접적인 감각의 단계에서부터 감각의 실상과는 전혀 상관없는 어떤 이미지를 만들어낸다. 감각적 지각을 해석하는 일차적 비유화의 과정에서부터 실제 사물과는 전혀 다른 어떤 이미지를 표상하는 것이다. 그런 뜻에서 니체는 "인식의 가장 일반적인 효과는 착각이다."(1, 876)라고 말한다. 이러한 '착각'에 의존하는 '비유'들은 그럼에도 불구하고 사물을 지칭하는 말('소리')로 고정되어 구속력을 갖기 시작하며, 마치 사물에 대한 '보편타당한' 인식을 보증하는 듯이 통용된다. 어떻게 이런 일이 가능한 것일까? 니체에 따르면 '착각'의 효과에 의존하는 비유적 언어의 의사소통 능력은 인간 개개인의 자연스럽고도 의식적인 삶의 현상에 속한다. 인간은 지성의 '소유자'와 '생산자'임으로 해서 마치 이 세계가 인간의 지성을 중심축으로 돌아가는 듯한 착각에 빠져든다. 그러나 이처럼 숭고한 지성도 인간의 자연적·사회적 실존의 제약을 결코 벗어나지 못할뿐더러 오히려 삶을 유지하고 가치 있게 보이도록 하기 위한 보조 수단에 지나지 않는다. 그런 까닭에 만일 '모기'들조차도 인간과 의사소통할 능력이 있다면 모기들 역시 그들의 내면에서 이 세계의 중심을 느낄 것이라고 니체는 말한다. 이처럼 니체는 인간에게 존엄성을 부여하는 지성 혹은 이성의 특권적 지위를 조금도 인정하지 않는다. 이로써 이성적 존재로서의 보편적 인간이라는 가설은 니체의 비판적 사유에서 설 자리를 잃는다. 자연의 세계에서 '개별적인 것'과 '현실적인 것'을 무시함으로써만 '이미지'와 '개념'이 도출되는 것과 마찬가지로[6] 보편적 인간이라는 가정 역시 개체적 차별성을 무시한 바탕 위에서나 가능한 '이미지' 혹은 '개념'에 해당된다. 따라서 개

---

6 KSA 1, 880: "개별적인 것과 현실적인 것을 무시함으로써 우리는 형상(Bild)과 개념을 얻는다. 이에 반하여 자연은 어떤 형상과 개념도, 따라서 어떠한 종(種, Gattung)들도 알지 못하며, 단지 우리가 접근할 수도 정의할 수도 없는 X만을 알고 있을 뿐이다."

체로서의 인간은, 니체의 비유를 그대로 빌리면, 모기나 파리 혹은 맹수일 수도 있는 그런 존재들이다. 동물들이 나날의 생존투쟁에서 살아남기 위해 '위장'을 해야 하듯이 사회적 동물인 인간에게도 사정은 그다지 다르지 않다. 사물을 사물의 본래 모습과 무관하게 표상하는 인간의 비유적 언어 역시 그런 '위장'의 절박한 필요에 의해 생긴 것이기 때문이다. "개체 보존을 위한 수단으로서의 지성은 자신의 주된 힘을 위장을 통해 펼친다. 왜냐하면 위장은, 뿔을 지녔거나 날카로운 맹수의 이빨을 가진 자들과 생존을 위해 투쟁할 능력이 없는 약하고 건장하지 못한 개체들이 스스로를 보존하는 수단이기 때문이다. 그 위장술은 인간에게서 정점에 이른다."(1, 876) 사물에 대한 비유적 인식 즉 '표상'Vorstellung은 그런 의미에서 '위장'Verstellung인 셈이다. 따라서 인간이 비유의 언어를 통해 사물에 부여하는 질서는 사물의 본성과는 거리가 먼 것일 뿐 아니라, 어디까지나 인간 자신의 필요와 관점에 따라 그때마다 사물의 의미와 위상을 다르게 매기는 '자리 바꾸기'Ver-stellung의 연속일 따름이다. 자기의식을 지닌 존재인 인간에게서 그런 '위장술'이 가장 발달하는 것은 당연하다. 인간의 의사소통 능력이 의사소통의 필요성에 비례하여 증대된다면, 역으로 의사소통의 필요성을 더욱 고도로 의식할수록 사물을 최대한 다양한 위치에서 묘사하는 '자리 바꾸기'의 기술 역시 그만큼 고도화될 것이기 때문이다.[7] 이리하여 애초에는 실제 사물과는 무관한 임의의 '이미지'를 임의의 '소리'로 옮겨놓은 것에 불과했던 비유로서의 언어는 인간들 사이의 의사소통 과정에서 사물을 하나의 실체로서 가리키는 '기호'Zeichen로 자리 잡게 된다. 그 기호의 성격을 니체는 이렇게 말하고 있다. "우리의 인식에 감각적 인상이 생겨나고 그 인상들을 고정하거나 외부로 표출하는 능력은, 그 인상들을 기호에 의해 타인에게 전달할 필요성이 증대한 것에

---

[7] KSA 3, 590 f.: "의식의 섬세함과 강도는 의사전달 능력에 비례하며, 다시 그 의사전달 능력은 의사전달의 필요성에 비례한다."

비례하여 늘어났다. 기호를 고안해낸 인간은 동시에 자기 자신을 더욱 날카롭게 의식하게 된 인간이다. 사회적 동물로서의 인간은 스스로를 의식하는 법을 배웠다."(3,591)

언어의 규약

이처럼 사회적 동물인 인간이 생존의 필요에 의해 의식적으로 고안해낸 언어적 기호는 그러한 발생 조건을 뛰어넘어 거꾸로 인간의 의식을 규제하기에 이른다. 기호들의 의사소통 능력을 인지한 인간은 그만큼 더 의식적으로 기호화된 언어의 규범에 따라 사고하고 행동하게 되는 것이다. 그런 뜻에서 니체는 "의식적인 사유는 말을 통해, 즉 의사전달의 기호를 통해 발생한다."(3,592)고 말한다. 이리하여 사물의 질서 혹은 법칙들은 다름 아닌 '언어의 입법'에 의해 확증되는 것처럼 보인다. 나아가서 언어의 입법에 의거한 언어적 규약들이 사물들에 대해 구속력을 행사하면서 '거짓'과 '진리'의 대비가 생겨난다면, 결국 "언어의 입법은 진리의 으뜸가는 법칙을 제공한다."(1,877)라는 주장까지도 가능해진다. 사물에 대한 '위장'된 비유로서 생겨난 언어적 기호가 이처럼 우리가 '진리'라고 믿는 것의 제1의 법칙을 제공한다면 그런 식으로 언어에 의해 보증되는 '진리'란 도대체 무엇인가. 이 물음에 니체는 이렇게 답한다.

진리란 유동적인 한 무리의 비유, 환유, 의인적 형상들Anthropomorphismen들이다. 요컨대 시적·수사학적으로 전용되고 치장되어 이를 오랫동안 사용한 민족에게는 확고하고 교의적이며 구속력 있는 것으로 여겨지는 인간적 관계들의 총계이다. 진리들은 환상들이다. 진리들은 마모되어 감각적 힘을 잃어버린 비유들이라는 사실을 우리가 망각해버린 그런 환상들이며, 문양이 사라질 정도로 표면이 닳아버려서 이제는 동전이라기보다는 그저 쇠붙이로만 여겨지는 그런 동전들이다.(1, 881 f.)

진리의 문제를 언어적 구성물이라는 관점에서 정의하고 있는 이러한 견해는 언어의 비유적 성격에 대한 비판적 가치판단을 함축하고 있다. 먼저 언어적 비유로 표상되는 '진리들'이 결코 고정되어 있지 않은 '인간적 관계들의 총계'라는 주장은 니체적 언어관의 자연스러운 귀결인 동시에 다시 새로운 문제를 제기한다. 비유로서의 언어가 표현 대상의 '자리바꿈'과 스스로의 '위장'을 함께 필요로 하는 인간적 욕구의 소산이라면 그러한 언어적 구성물에 대한 해체적 인식은 '인간적 관계들의 총계'가 어떤 성질의 것인가 하는 의문을 동반하는 것이다. 이 의문에 대한 하나의 비유적 해답은 위 인용문의 후반부에 제시되어 있다. '인간적 관계들의 총계'에 대한 언어적 인식과 그것이 지닌 구속력은 다름 아닌 보편적 진리성을 주장할수록 인간관계의 생생한 감각적 현실성을 잃고 마치 '동전'의 원래 교환가치마저 상실한 '쇠붙이'처럼 통용되는 그런 '환상'이라는 것이다. 그 환상은 당연히 언어적 비유들을 고안해낸 인간의 의식이 만들어낸 것이다. 그리고 이때의 인간 의식은 사물의 본래 가치와는 무관한 '쇠붙이'를 '화폐'로 유통시키는 인간들의 의식, 그것도 '무리'를 지어 그런 '환상'을 일삼는 인간들의 의식이다. 여기서 니체는 비유들의 '체계'라는 말 대신 '한 무리의' 비유들이라는 표현을 쓰고 있으며, 마찬가지로 19세기 이래의 '변증법'과 결부된 '전체(성)'이나 '총체(성)'이라는 개념어 대신 질적인 가치 부여가 철저히 배제된 '총계'Summe — 말 그대로 '숫자들의 합계' — 라는 표현을 사용하고 있다. 이처럼 계산된 수사적 어법에서도 짐작되지만, 인간 공동체의 규약으로서 가치를 획득하는 언어적 규약은 경험의 직접성과 결부된 사물의 본래적 가치를 박탈함으로써 '쇠붙이'에 비유되는 '몰가치적 가치'들의 교환 체계를 성립시킨다. 폴 드 만이 설명하듯이[8] 언어적 표현 대상으로서의 사물은 언어 사용자의 의식적이고 의도적인 '위장'에 의해 사물 자체의 고유성을 희생하는 대가를 치름으로써만 자신을 드러낼 수 있으며, 그렇다면 사물과 언어의 관계에서 언어는 사물을 본래의 자리에서 밀어내고 스스로가 중심이 되는 것처럼 보인다. 그렇지만 이러한 사태가 무엇보다 '언어적 사건'이라는 사실이 가장 중요하다는 폴 드 만의 주장은[9] 언어와 사물 각각의 고유성을 희생시키는 '교환'의 성격이 해명되지 않는 한 공허한 것이 되기 쉽다. 물론 폴 드 만은 언어적 비유가 '무리'의 언어로서 집단성을 띠는 사태가 '폭력'에 관계될 거라는 단서를 덧붙이긴 하지만, 니체의 경우 비유적 언어가 유발하는 '환상들'은 그보다 훨씬 더 포괄적인 문맥에 자리 잡고 있는 것으로 보인다. '동전'의 비유가 시사하듯이 그런 환상들은 적어도 인간적 생존의 기본 조건과 떼어놓을 수 없는 관계에 있으며 따라서 자발적 관심과 목적의식까지도 동반하는 인간 활동과 결부되어 있다. 단순히 폭력적인 사태만으로 환원될 성질의 현상은 아닌 것이다. 사물과 언어의 관계에서 언어의 중심성이 강조되는 만큼 양자의 연관성은 단순화되는 것이다. 다른 한편 니체의 언어관과 유사해 보이는 구조주의적 언

---

8 Vgl. Paul de Man: *Allegorien des Lesens*, Frankfurt a. M. 1988, S. 155: "사물 자체의 가치를 박탈하는 언어는 스스로가 중심이 된다. 이로써 언어는 사물 자체가 한낱 언어적 비유로서 무의미하고 공허한 것임을 확인해주는 바로 그 순간에 사물 자체를 구제한다. 애초에는 경험적 지시 대상으로서 언어의 중심이었던 사물 자체는 이제 허구로서의, 즉 사물의 비유로서의 중심의 언어가 된다. 원래는 단지 대상을 가리키는 텍스트에 불과했던 것이 이제 텍스트의 텍스트, 비유의 비유가 되는 것이다. 그러나 사물 자체가 하나의 비유로서 해체된다고 해서 그 결과 사물 자체와 비유라는 두 범주가 엄격히 분리되는 것은 아니며 오히려 (사물 자체와 비유로서의 언어에 내재하는 — 인용자) 여러 속성들의 교환(Austausch)이 생겨나는데, 그러한 교환에 힘입어 사물 자체와 비유로서의 언어는 존속할 수 있게 된다. 물론 이때 그러한 속성들이 지니는 문자 그대로의 진실성은 희생된다." 여기서 드 만이 말하는 '사물 자체'(das Selbst)는 칸트의 '물 자체'(Ding an sich)와는 차원이 다른 것이다. 칸트에게 '물 자체'가 인간에게 인식될 수 없는 그 무엇이라면, 니체는 여기서 한 걸음 더 나아가서 '물 자체'라는 것은 언어를 통해 이해할 수도 이해할 가치도 없는 것이며 '인간적 관계들의 총계'에 '아무런 작용도 미치지 않는 순수 진리'일 뿐이라고 단언한다(KSA 1, 879). 말하자면 '물 자체'라는 개념 자체가 '순수한 환상'으로 해체된다.

9 de Man: 같은 책, S. 150 참조.

어관 역시 니체의 문제의식과는 상당한 거리가 있다. 예컨대 롤랑 바르트Roland Barthes는 구조주의 언어관과 인식론의 중요한 인식소인 '시뮬라크룸'이 인식 대상의 작동원리를 드러내는 유효한 장치라고 설명한 바 있다.

모든 구조주의적 활동의 목표는 (…) 어떤 '대상'이 어떤 규칙에 따라 기능하는가를 드러내는 방식으로 그 대상을 재구성하는 데 있다. 구조라는 것은 말하자면 오로지 대상의 모상模像, simulacrum일 뿐이다. 하지만 그것은 목표와 '관심'에 의해 얻어지는 모상이다. 왜냐하면 그렇게 모방된 대상은 자연적 대상에서는 가시적으로 드러나지 않는 ─ 아니, 어쩌면 인식될 수도 없는 ─ 무엇인가를 전면에 드러내기 때문이다.[10]

그러나 이러한 의미에서의 '모상'은 인식 대상의 작동 규칙 또는 기능들을 분석하는 데에는 유효한 수단일지 몰라도 그 유효성은 대상을 익명의 기능들로 환원하는 한계에 갇히고 만다. 또한 '자연적' 대상이 인식될 수 없다는 말은 인간의 의식('목표'와 '관심')에 의해 재구성되지 않는 대상은 인식될 수 없다는 식의 동어반복이 되며, 이는 다시 대상을 그 언어적 '모상'Ab-bild ─ 드 만이 말하는 '비유의 비유'와 마찬가지로 ─ 으로 대체할 가능성을 예고하는 것이다.[11]

다시 니체로 돌아오면, 니체는 사물과 언어의 관계에서 언어에 대해 그와 같은 특권적 지위를 인정하지 않는다. 니체가 보기에 사물을 완벽하게 재현할 수 있다는 믿음에서 나오는 '실재론적' 관념들은 "우리가 절대로 상상할 수 없는 눈(目), 즉 어떤 특정한 방향으로도 향하지 않는 눈을 사용

---

10 다음에서 재인용. H.-J. Ortheil: Texte im Spiegel von Texten. Postmoderne Literaturen, in: R. Grimminger (Hg.): *Literarische Moderne*, Hamburg 1995, S. 808.
11 여기서 자세히 다룰 수는 없지만 포스트모더니즘의 문맥에서 사용되는 시뮬라크룸 개념은 그런 예상을 적중하는 것으로 보인다.

해야 한다고 주장한다. 활동적이고 해석적인 방향을 통해서만 무엇인가를 볼 수 있음에도 불구하고 우리가 그러한 방향을 완전히 포기해야 한다는 것이다."(III, 12) 이처럼 특정한 방향성을 지닌 해석 활동이 앞서 말한 '무리'의 언어로서 '환상들'을 산출하는 경위를 니체는 일단 비유적 언어의 발생 조건에 해당되는 '무리의 의식'에서 찾는다. 개인에게든 집단에게든 인간의 행위 자체는 일회적인 사건이지만, 그 행위가 의식에 투영되는 순간부터 사회적 동물인 인간에게는 '무리의 본능'이 발동한다. 이 '무리의 본능'은 사회적 유용성을 최고의 척도로 삼기 때문에 서로간에 '교환'될 수 없는 일체의 것은 배제하며 최대한 '평균적인 것'을 추구하는 방향으로 발달한다. 이러한 '동물적 의식'의 본성에 연유하는 필연적인 결과를 니체는 다음과 같이 말하고 있다.

우리가 의식할 수 있는 세계는 단지 표면의 세계, 기호의 세계에 불과하며, 일반화된verallgemeinert 세계, 범속화된gemeinert 세계일 뿐이다. 의식되는 모든 것은, 다름 아니라 의식됨으로 인해, 평면적이고 얄팍하고 상대적으로 어리석고 일반적인 것이 되며, 기호가 ― 다시 말해 무리의 표식이 ― 된다. 따라서 모든 의식화는 엄청나게 철저한 타락, 위조, 피상화, 일반화와 결부되어 있다. 결국 증대하는 의식은 위협이 되고 있다. 그리고 가장 의식적인 유럽인들 틈바구니에서 살아가는 사람은 그것이 질병이라는 것도 알고 있다.(3, 592)

'무리'가 공유하는 의식의 징표이자 산물인 '기호'의 세계는 의식적으로 보편성을 주장할수록 그만큼 더 천박한 세계의 표현이 된다. 언어적 기호는 더 이상 보편적 가치와 의미의 전달 매체가 아니라 보편성을 참칭하는 허구적 가치들의 발생 지점이 된다. 그런 의미에서 의식의 증대는 기호의 피상화와 가치의 타락을 동반하는 위협적인 현상이며, 건강한 삶을 갉아먹는 질병이라 진단된다. '가장 의식적인 유럽인'을 언급하는 데서도 알 수 있듯이, 그러한 진단은 언어적 기호 일반에 관한 것이라기보다는 니체 당대의 시대정신에 대한 비판의 성격을 띤다. '평균적인 것'이 마치 등가의 가치인 것처럼 교환되는 지배적 현상을 니체는 그의 시대가 앓고 있는 거대한 질환이라고 보는 것이다. 여기서부터 니체의 언어 비판은 이제 언어 자체에 대한 비판의 차원을 넘어 언어적 기호들로 표상되는 '가치들의 가치'를 되묻는 작업이 된다. 이에 대해 니체는 근대 과학의 인식 범주 자체가 언어를 살아 있는 삶으로부터 유리시켜 삶에 대립시키고 종국에는 삶을 무의미한 것으로 단죄하는 주범이라는 것을 그의 저작 도처에서 역설하고 있다. 이와 관련하여 다음 장에서는 인식의 범주들에 의해 사물에 부여되는 '의미'들이 어떻게 해서 생생한 삶을 억누르며 체계적으로 '무의미'를 낳는가를 살펴볼 것이다.

'주체'의 신화

언어가 사물에 대한 비유의 형성을 통해 사물에 대한 환상적이고 허구적인 이미지를 만들어내는 것과 마찬가지로 사물에 대한 대상적 인식은 인식 주체에 의한 구성물일 뿐 아니라 무엇보다 주체라는 관념 자체가 그러한 허구화의 출발점이다. 이때 니체가 문제 삼는 '주체'는 근대적 주체 개념의 핵심으로 이해되어온 '사유하는 주체'이다. 의식적 사유 능력의 증대를 인간적 자유의 확장이라고 상상하는 주체, 나아가서 그런 관념의 바탕 위에 이 세계를 인간적 자유의 실현공간으로 상정하고 실천하는 주체이다. 그러나 니체에 따르면 근대 과학의 기본적인 인식틀로 자리 잡은 이러한 주체/객체의 순환적 체계는 '통속화된 형이상학'인 '문법'의 체계를 실재의 세계로 간주하는 언어적 관습에 불과하며, 그런 언어적 관습을 과학적 인식의 기본 범주라고 믿는 논리학자들의 미신에 지나지 않는다. 니체는 데카르트의 유명한 명제 "나는 생각한다. 고로 존재한다."

라는 언술 속에 그런 사유 체계의 원형이 들어 있다고 본다. 우리의 일상적 언어관습에서 가령 '번개가 친다'es blitzt라는 식의 표현은 그 자체로는 어떤 대상과도 동일시될 수 없는 단순한 문법적 주어 es를 특정한 자연 현상의 유일무이한 원인이자 주체인 것처럼 가정하는 셈이다. 이와 마찬가지로 데카르트의 명제는 어떤 사건 혹은 행위에는 반드시 그 행위의 원인 또는 주체가 불변의 실체로 존재해야 한다는 형이상학적인 요청 —"행위에 행위자를 부가하는 문법적인 관습"(II, 616) — 의 결과인 동시에 역으로 어떤 '사건'Geschehen을 그 자체로서가 아니라 마치 특정한 행위자의 단일한 의지에 의해 유발된 하나의 '행위'Tun인 것처럼 해석하려는 — '사건'을 실체적 '존재'Sein로 확증하려는 — 이중의 허구화 과정을 보여준다. 이처럼 문법적 '주어' / '술어'와 실체적 '주체' / '존재'를 혼동하는 것은 어떤 사건을 특정한 '의도'와 '기원'에 종속된 것으로밖에 해석하지 못하는 무능력의 결과일 뿐 아니라 일상화된 '문법'의 유혹을 뿌리치지 못하는 뿌리 깊은 신앙의 결과이다. 그 신앙이란 "고도의 실재 감정을 유발하는 모든 다양한 계기들 사이에 통일성이 있을 거라는 우리의 믿음"이다. 그리고 이 믿음의 중심축인 '주체'라는 것은 "마치 우리가 처한 수많은 대등한 상태들이 유일무이한 실체의 결과인 것처럼 여기는 허구"(III, 627)이다. 다시 말해 우리로 하여금 살아 있음을 느끼게 하는 계기들은 무수히 다양하며, 우리는 삶의 매 순간 제각기 대등한 권리를 요구하는 그 다양한 계기들의 복합적인 작용을 경험하지만, 의식적인 사유의 차원에서는 그 계기들 사이의 단일한 질서 즉 '통일성'을 상정함으로써 종교적 믿음이 주는 것과 흡사한 안도감을 얻는다는 것이다. 자신의 궁극적인 존재 근거를 인식 주체에서 확증하려는 의식적 사유는 스스로 쳐놓은 의식의 덫에 걸려들어 '신화'의 세계로 회귀한다.[12] 세계의 혼

---

12 "술어란 무엇인가? 우리는 자신의 몸에서 일어나는 변화를 그 자체로 받아들이지 않고, 우리에게 소원한, 우리가 '지각'하는 것에 지나지 않는 '어떤 실체적 존재'(ein Ansich) 라고 간주해왔다. 더구나 우리는 그것을 사건(ein Geschehen)으로서가 아니라 존재로

돈을 견딜 수 없는 공포심에서 신화가 생겨나듯이, 그런 맥락에서 니체는 "우리에게 인식을 명령하는 것은 '공포의 본능'이 아닐까?"(3, 594)라고 묻는다. 공포의 본능은 그 속성상 공포심을 유발하는 낯선 경험과 기억을 의식에서 몰아내려고 애쓰게 마련이며, 그 과정에 모종의 인식론적 비약이 개입한다.

'나는 생각한다'라는 진술은, 그것이 무엇인가를 규정할 수 있으려면, 지금 이 순간의 나의 상태와 내가 아는 나 자신의 다른 상태와의 비교를 전제한다. 이처럼 다른 '앎'에의 소급적 관련성으로 인해 어떤 경우에도 그런 진술은 나에게 여하한 자명한 확실성도 지니고 있지 않다.(I, 16)

이러한 인식론적 유보에서 우리는 니체가 어째서 일상적 의식과 과학적 사유 체계에서 당연시되는 '주체' 개념을 인식의 허구일 뿐이라고 역설하는지 엿볼 수 있다. 인식의 주체인 '나'라는 존재는 나의 정체성 혹은 자기동일성으로 인지되는 '나'와는 또 다른 상태에 있는 다수의 '나'에 대한 차별화를 통해 의식적으로 구성된 주체이다. 따라서 결코 어느 순간에도 단일한 주어의 '나'로 환원될 수 없는 존재이다. 그런 의미에서 "주체라는 원자는 없다. 주체의 영역은 말하자면 끊임없이 증대거나 줄어들며, 체계의 중심은 끊임없이 변동한다."(III, 537) 따라서 인식과 실천의 단일한 '기원'에 해당하는 주체의 영역은 존재하지 않는다. 그럼에도 그런 불변의 '기원'을 상정하는 실체론적 가정은 푸코의 말을 빌리면 일종의 "비非공간non-place"[13]을 상상하는 것과 같다. 그렇지만 현실 속의 인간

서, 존재의 속성(Eigenschaft)으로 확립하고, 나아가서는 그것에 수반되는 본질을 날조하여 덧대어왔다. (…) '모든 변화에는 그 유발 원인이 없어선 안 된다.'라는 추론은 이미 신화이다. 즉 이 추론은 결과를 야기하는 자와 결과를 야기하는 행동을 분리하고 있는 것이다."(III, 502)

13 Foulcault: Nietzsche, Genealogy, History, in: D. W. Conway (ed.): *Nietzsche*, vol. 2, London/New York 1998, p. 67.

은 그 무모한 시도에 참여하지 않을 수 없게 되어 있다. 자신이 마주하는 삶의 소재를 유기적으로 조직하여 자기화하지 못하는 주체는 자기분열의 운명을 피할 수 없기 때문이다. 또한 자기보다 약체인 주체들을 자신의 삶에 동화시키려는 의식적인 노력을 통해서만 '나'라는 가상적 주체의 영역은 확보되기 때문이다. 우리가 자신의 삶에 부여하는 '의미'의 가상은 그러한 인간 조건의 산물인 것이다. 니체는 근대 과학의 주요한 인식 범주인 연속성, 인과율, 동일성 등의 범주들이 바로 그러한 '의미의 가상'에 기초하고 있음을 강조한다.

연대기적 역전chronologische Umdrehung에 의해 원인이 사후적으로 결과로서 의식되기에 이른다. 우리는 고통이 육체의 어떤 부분에 가해지지만 거기에 자리 잡고 있지는 않다는 사실을 배웠다. 또한 외부 세계에 의해 제약받고 있다고 소박하게 가정하는 감각적 지각이 오히려 내부 세계에 의해 제약받고 있다는 사실, 외부 세계에서 벌어지는 본래의 행위는 언제나 우리의 의식과 무관하게 진행된다는 사실을 배웠다. (…) 우리가 의식하는 외부 세계라는 것은 외부로부터 우리에게 가해진 작용에 따라 산출되며, 사후적으로 그 작용의 '원인'으로 투사된다.(III, 804)

앞서 말한 대로 주체의 영역이 끊임없이 축소되거나 확장하며 변동하는 것과 마찬가지로 우리의 의식 '바깥'에 있다고 가정하는 사물의 흐름 역시 그런 변동의 와중에 있을 것이다. 그럼에도 우리는 의식의 '안'과 '밖'에 어떤 상응하는 질서가 인과관계로 작용한다고 믿으며, 또한 사물이 운동하는 시간적 흐름을 일정한 순서와 체계에 따라 재구성함으로써 '원인'과 '결과'가 있다고 믿는다. 그런 믿음의 결과 "날조된 인과성의 연쇄"(같은 곳)가 생겨난다. "원인, 순서, 상관성, 필연성, 수數, 법칙, 자유, 근거, 목적 따위를 꾸며낸 것은 다름 아닌 우리 자신이다."(I, 21) 우리는 그러한 '기호들의 세계'를 마치 사물의 '본질'인 양 사물에 투사하고 뒤섞는다는 것이다. 그런 '신화'를 만들어낸 장본인이 인식하는 '주체'라면 거꾸로 그 주체에 의해 불변의 실체라고 인식되는 '원자'Atom조차도 '물자체'라는 순수개념과 마찬가지의 허구이며, 주체라는 가상의 '기원'을 떠나서는 존재할 수 없는 "원原주체Ursubjekt"(III, 767)라고 니체는 말한다. 주체의 신화를 완성하는 '주체'와 '객체'의 동일성이라는 가정은 그런 인식론적 허구에 바탕을 두고 있는 것이다.

허무주의

결국 인식 주체의 해체에까지 이르는 근본적 문제 제기는 단지 근대 과학의 인식 체계 자체를 비판하기 위함도 아니며, 이른바 '주체의 죽음' 자체를 설파하기 위함은 더더욱 아니다. 문제는 그러한 인식 체계가 인간적 가치와 자유의 확대를 보증하는 것 같지만, 종국에는 정반대로 인간 주체를 스스로 만들어낸 가공물의 포로로 만들어 몰락을 자초한다는 데 있다. 그런 맥락에서 19세기의 지배적 가치 규범들은 인식 범주들의 허구성에 상응한다. 예컨대 근대 휴머니즘의 원리가 되는 '자유 의지'라는 관념은 자신의 기원을 자기 자신에게서 구하는 일종의 동어반복이며, "자신의 머리채를 잡아 올림으로써 스스로를 무의 수렁에서 존재에로 끌어 올리려는"(I, 21) 무모함이다. 인식의 단일한 주체가 허구이듯 '자유 의지' 역시 그릇된 인과율의 적용에 불과한 셈이다. 또한 니체 당시 인류의 진보에 관한 믿음에 최대의 자양분을 제공한 다윈주의에 대해서도 니체는 신랄하게 비판한다. 자연계에서든 인간에게든 더 많이 발달한 이른바 '고급종種'이라는 것은 보다 복잡해지고 따라서 그만큼 더 통제하기 힘든 혼합적 구성물을 뜻하기 때문에 '진화'에 비례하여 해체와 파멸의 위험성도 커지며, 따라서 유類로서의 인간이 진보한다는 믿음도 무모하고 위험한 환상인 것이다. 그러한 환상은 '잘 조직된 행복한 사회'에서 '사회의 성취를 자신의 성취와 동일시하는 지배계급'의 논리이기도 하다(I, 19).
더 일반적인 차원에서, 도덕적 선악과 사회적 규범의 형태로 모든 가치의
우열을 나누는 대립 역시 같은 연원에서 발생한다.

고급의 지배종족이 하급의 종족 즉 하층민에 대해 느끼는 지속적이고
지배적인, 근원적인 감정의 총체, 그것이 바로 우열이라는 대립의 기원이
다. 명칭을 부여하는 지배자의 권리가 아주 멀리에까지 미쳐서 언어 자체
의 기원을 지배자의 권력 표시로 간주하기에 이르렀다. 그들은 '이것은 이
러이러하다'고 말한다. 그들은 모든 사물과 사건을 한 마디 소리로써 봉인
하고, 그리하여 점유해버리는 것이다.(5, 259)

니체가 언어적 기호의 자의성을 '언어의 입법'이라는 맥락에서 강조
한 이유가 여기서 분명해진다. 그 자체로는 명목에 불과한 언어에 규범
적 가치를 부여하는 것은 바로 현실의 입법자들인 것이다. 그렇다면 허구
로서의 인식의 범주는 언어적 입법의 '기원'을 찬탈하여 지배의 정당성
을 확보하려는 동기에 유력한 수단을 제공하는 셈이다.[14] 니체가 이해하
는 인간 역사는 그런 의미에서 "장악의 드라마"play of domination[15] 이외의
아무것도 아니다. 그 장악의 게임에서 사물의 입법자가 되는 언어는 "말
과 개념이라는 현대의 유통화폐"(1, 330)로서 위력적인 도구가 된다. 지

---

14 KSA 5, 314: "모든 형벌도 처벌하기 위해 고안된 것이라 생각되어왔다. 그러나 모든 목
적과 효용은 어떤 권력에의 의지가 힘이 더 약한 자를 지배하여 그에게 하나의 기능의
성질을 강제로 부과했다는 표시에 불과하다. 따라서 어떤 '사물', 어떤 기관, 어떤 관습
의 모든 역사도 똑같은 방식으로 항상 새로운 해석과 조정의 지속적인 기호의 연쇄일
수 있으며, 그 해석과 조정의 원인들이 서로 연관성을 가질 필요는 없으며 오히려 경우
에 따라서는 단지 우연히 계속되고 교체될 뿐이다."
15 Foucault: 앞의 글, 68쪽 참조. 여기서 푸코는 "그 자체로는 아무런 의미도 없는 통치 체
제에 어떤 방향성을 부여하고 새로운 의지에 순응하도록 하기 위해, 또 다른 게임에 참
여하도록 강제하고 제2의 규칙에 따르도록 하기 위해, 폭력적으로 혹은 은밀하게 그런
통치 체제를 전유해나가는 것이 곧 해석"이라고 말한다.

배의 논리가 각인되어 있는 그런 '유통화폐'의 '효용'을 절대적 가치로 섬기는 '무리의 본능'은 공인된 가치를 자신이 소유한 듯한 착각에 빠져들어 마치 주인의 자리에 오른 듯한 노예의 환상을 공유한다. 근대적 개인이 사회 속에서 누리는 자유의 최대치는 바로 그런 성질의 것이다. "도덕 속에서 개인은 '분할될 수 없는 개체'individuum가 아니라 '분할된 개체'dividuum로서 행동한다."(2, 76)라는 말도 그런 맥락에서 이해할 수 있다. 니체의 문맥에서 '도덕'이란 '무리의 본능'에 가장 충실한, 즉 가장 널리 공인된 가치 규범의 대명사이다. 그런 뜻의 도덕을 자신의 가치라고 확신할수록 '나'라는 존재는 그만큼 더 깊숙이 '장악의 게임'에 말려들게 마련이며, 그 게임의 성패에 관계없이 더욱 지배적인 힘들의 도구로, 토막토막 조각난 몰개성의 존재로, 요컨대 소외된 존재로 전락하는 것이다. 마르크스의 경우와 마찬가지로 니체에게도 이러한 소외는 사회적 노동의 과정과 긴밀히 결부되어 있다.[16] 인간의 인격적 성숙과 사회적으로 유용한 노동이 양립할 수 없는 사회체제에서 한 인간이 진정한 의미에서 '분할될 수 없는 개체'로 성숙하는 것은 '노동시장에서 대량의 노동력을 빼앗는 사치'로 간주되는 것이다.[17] 여기서 국가라는 것은 '더 아름다운 노래를 부르게 하기 위해 새의 눈을 멀게 하는 사람들'을 양산하는 체제, 그 과정을 조직적으로 관리하는 '명령과 책임과 실행의 분담 체계'로 작동한다.[18] 결론적으로 니체는 "인간이 국가에 봉사하여 행하는 모든 일은

---

16 가령 푸코는 고전적 상징 체계의 붕괴를 증언하는 니체의 언어 비판이 19세기적 삶의 양식, 특히 노동의 체험과 관련되어 있음을 지적한다. Vgl. Foucault: *Die Ordnung der Dinge*, Frankfurt a. M. 1974, S. 425.
17 KSA 1, 299: "인간은 최대한 신속하게 시대의 목적에 맞게 쓸모 있는 존재로 훈련되어야 한다. 성숙하기 이전에, 아니 전혀 성숙하지 못하도록, 보편적 효용이라는 공장에서 일해야 한다. 인간적 성숙이란 '노동시장'으로부터 대량의 힘을 탈취하는 사치인 것이다."
18 "(국가라는 것은) 내부적으로는 경찰, 형법, 신분, 상업, 가족으로 조직화된 부도덕성이며, 외부적으로는 권력, 투쟁, 정복, 복수에의 의지이다. 개개인이 결코 받아들이지 않는 것을 군중이 수행하는 것은 어떻게 가능한가? 책임과 명령과 실행의 분담에 의해서이

인간의 본성에 위배된다."(III, 658)라고 단언한다. 그러나 집단의 공유물로 교환되는 가치에서만 자신의 존재 근거를 찾고 안도감을 느끼는 개인들은 '기세등등한 국가주의'에 맞서기보다는 오히려 자발적으로 순응하며, 그런 소외의 극치에서 최대의 희열감을 느낀다.[19] 자신이 타자에 의해 '분할된 존재'이기를 적극적으로 갈망하는 이 역설이 허무주의Nihilismus의 기원이다. 요컨대 "텅 빈 상태에 대한 공포"horror vacui(5, 339)를 견디지 못하기 때문에 차라리 '무'Nichts를 갈망한다는 것이다. 하이데거가 통찰하였듯이 이 세계 속에 환상의 가치들을 주입하는 행위 자체가 허무주의의 원인이자 결과인 것이다.[20]

니체 당대의 지배적 환상들 — 진화론, 공리주의, 국가주의 등등 — 은 모두 그런 허무주의의 다양한 변종들이다. 그 허무주의에 감염되어 있는 개인들은 "생각하는 기계, 글쓰는 기계, 계산하는 기계"(1, 282)로 전락해 있다. '말과 개념이라는 화폐'를 쉽게 내던지지 못하는 인간에게 그것은 너무나 친숙한 삶의 방식이기도 하다. 그러나 친숙한 것은 쉽게 인식되지 않는다. 그것을 문제라고 느끼기 힘들기 때문에, 의식의 '안'과 '밖'을 나누고 꿰어 맞추는 데 익숙해 있는 우리에게 의식의 '바깥'에 있는 낯선 상태라고 보이지 않기 때문이다. 그처럼 친숙하게 믿는 가치들의 공허함을 집요하게 추적하는 자신의 철학적 탐색을 '능동적 허무주의'라 불렀던 니체는 '회색의 인식'과 '푸르른 삶' 사이에서 방황하는 파우스트처럼 이렇게 탄식한다.

다."(III, 635)

19 게르하르트에 따르면 니체가 비판하는 '도덕'은 도덕의 발생기원을 잊으려는 몸부림에서 정점에 이른다. 피지배자의 입장에서 '도덕'에 각인된 지배의 논리를 망각하고 역전시킬 수 있는 가장 효과적인 방편은 지배의 논리를 자기 것으로 공유하는 것이라는 뜻이다. Vgl. Volker Gerhardt: *Friedrich Nietzsche*, München 1994, S. 169. 한때 니체를 파시즘의 이념적 선구자로 보았던 견해는 이런 시각에서 교정될 필요가 있다.

20 Vgl. Heidegger: *Nietzsche*, Bd. 1, Pfullingen 1961, S. 58.

나는 말이라는 병마에 시달려서 미처 말로써 날인되지 않은 나 자신의 어떠한 감각도 믿지 못한다. 이처럼 생기를 잃고 불쾌하게 활동하는 개념과 말의 제작소인 나는 아마 아직도 나 자신에 대하여 '나는 생각한다, 고로 존재한다.'라고 말할 권리는 있을지언정 '나는 살아 있다, 고로 생각한다.' vivo, ergo cogito.라고 말할 권리는 갖고 있지 않은 것 같다. 나에게 보장되어 있는 것은 공허한 '존재'이지 온전히 푸르른 '삶'이 아니다.(1, 329)

'온전히 푸르른 삶'을 희생시키고 '공허한 존재'를 허구의 가치들로 가득 채운 인간, 자연의 열쇠를 잃고 의식의 감옥에 갇혀 있는 인간, 그것이 근대적 지식 주체의 초상이다. 그런 지식의 증대가 더 많은 자유를 약속할 거라는 믿음이 니체 시대에나 지금이나 변함없는 믿음으로 통한다면, 그것은 자신이 보다 '현대적'이라는 데서 희열과 우월감을 느끼는 우리 모두의 실상이기도 하다. 이런 이유에서 니체는 지식의 증대가 자유로운 주체를 구성하지 않으며 오히려 지식의 본능적 폭력성에 갈수록 더 예속시킨다고 본다. 일찍이 종교가 건강한 감각의 삶을 희생시켰다면 이제 지식은 우리 자신에 대한 실험을 요구하며 지식 주체의 희생을 요구하고 있다는 것이다. 그렇게 보면 이성적 주체로서 자신을 정립하고 세계를 정복하고자 했던 근대적 주체는 결국 그 이성의 승리에 비례하여 자신에게 적대적인 세계를 만들어내면서 스스로를 파멸의 위기로 몰아가고 있다. 그런 점에서 니체의 비판철학은 근대의 계몽적 자기의식에 대한 반성적 성찰의 시도로 평가될 수도 있을 것이다.[21] 어떻든 분명한 것은 니체가 인간의 삶에서 본래의 생기를 박탈하고 인간을 말의 모든 의미에서 노예 상태로 격하하는 일체의 인식 체계와 가치 규범을 근본적으로 문제 삼고 있다는 사실이다. 니체가 시도한 '해체'의 핵심은 이것이다. 그렇지만 니체가

---

21 Vgl. Peter Sloterdijk: *Der Denker auf der Bühne. Nietzsches Materialismus*, Frankfurt a. M. 1986, S. 70.

단지 '해체를 위한 해체'를 의도했던 것은 아니다.[22] 그는 인간을 무의 심연으로 끌어들이는 저 '공허한 존재'의 세계에 맞서 '온전히 푸르른 삶'이라 칭한 어떤 상태를 갈망하고 또 어렴풋이 예감했던 것으로 보인다.

생성의 사유

앞에서 살펴본 의미에서 '허무'에 탐닉하는 근대인은 자신과 종족의 역사에 대해서도 특정한 '기원'에서 시작하여 특정한 '목표'로 이어지는 체계적 의미를 부여한다. 하지만 그렇게 구축된 인과의 사슬에 갇히는 것은 바로 인간 자신이다. 스스로 부과한 의미의 사슬에서 헤어나지 못하는 근대인의 삶에서 과거는 언제나 현재를 위해서만 의미가 있고, 현재는 다시 미래를 위해서만 의미 있는 것이기 때문이다. 한순간도 자신의 삶을 있는 그대로 받아들이고 긍정하지 못하며, 한순간도 창조적인 삶으로 살아가지 못하는 것이다. 그리하여 근대인의 자랑스러운 교양 목록에 올라 있는 '역사의 과잉'은 '삶의 조형력'die plastische Kraft des Lebens을 잠식하는 '역사적 질병'이 된다.(1, 329) 그 질병을 앓고 있는 환자에게 삶의 매 순간은 무의미한 반복의 연속일 것이다. 그런 뜻에서 니체는 "산다는 것이 더 이상 아무런 의미가 없도록 살아가는 것, 그것이 삶의 의미가 되었다."(6, 217)라고 진단한다. 그렇게 살아가는 인간의 등 뒤에서 니체의 '악마'는 이렇게 속삭인다.

'네가 지금 살고 있는 삶과 지금까지 살아온 삶을 다시 한 번, 아니 수없이 되살아야 한다. 거기에는 무엇 하나 새로운 것은 없을지니, 일체의 고

---

[22] 니체의 문체와 사유의 관계에서 '해체'를 넘어서는 재구성의 가능성을 보여주는 흥미로운 시도로는 다음 참조. Derrida: Sporen. Die Stile Nietzsches, in: W. Hamacher (Hg.): *Nietzsche aus Frankreich*, Frankfurt a. M. 1986, S. 129~168.

통과 기쁨, 일체의 사념과 탄식, 낱낱이 열거하기 힘든 네 삶의 크고 작은 일들이 거듭 반복될 것이다. 게다가 모조리 똑같은 순서로. 나무들 사이에 걸려 있는 이 거미와 이 달빛도, 지금까지 흘러온 이 순간도, 그리고 나 자신까지도. 삶의 영원한 모래시계는 늘 다시 되돌려지며, 그와 더불어 한낱 모래알보다 작은 너 또한 그럴지니!' (…) 이런 생각이 그대를 엄습하면 지금의 그대를 변화시키든가 어쩌면 짓이겨버릴지도 모르겠다. 하지만 그 어떤 경우에도 '이것이 다시 한 번, 아니 수없이 반복되기를 바라는가?'라는 질문이 가장 무거운 무게로 그대의 행위에 얹혀질 것이다! 그런즉 최종적으로 확증되고 영원히 봉인된 이것(동일성의 반복을 초극한 유일무이한 삶을 향해 매 순간 나아가는 것 — 인용자) 말고는 더 이상 아무것도 바라지 않으려면 얼마나 그대 자신과 삶에 충실해야 하는가!(3, 570)(인용자 강조)

늘 똑같은 삶의 반복이 피할 수 없는 숙명이라면 그 굴레에 갇혀 사는 인간은 마치 늘 다시 되돌려놓아야 하는 모래시계의 모래알 같은 존재일 것이다. 그런 한에서 니체의 '메피스토'는 우리에게 삶을 등지고 체념하라고 종용하는 것처럼 들린다. 혹은 매 순간을 아무렇게나 살아도 좋다고 유혹하는 것처럼 들리기도 한다. 그러나 금욕주의나 쾌락주의 모두 니체의 생각과는 거리가 멀다. 삶의 그 어떤 순간에도 자신의 운명을 '가장 무거운 무게'로 지고 사는 자는 또 다른 목소리를 듣는 것이다. '지금 이 순간이 다시 한 번, 아니 수없이 반복되기를 바라는가?' 삶의 어느 순간에도 운명의 무게를 느끼는 자는 '이 순간이 영원히 반복되어도 긍정할 수 있는 그런 삶을 살겠는가' 하는 실존적 결단의 요청에 직면하는 것이다.[23] 더구나 그 요구를 어떤 순간에도 가장 무거운 것으로 받아들인다

---

23 뢰비트는 이런 의미에서 니체의 '영겁 회귀' 사상이 '윤리적 정언명령 an ethical imperative'으로 귀결된다고 본다. Vgl. Karl Löwith: Nietzsche's Revival of the Doctrine of Eternal Recurrence, in: D. W. Conway (Hg.): *Nietzsche*, Bd. 2, London/New York 1998, S. 177.

면 매 순간의 행위는 자기 자신과 삶에 가장 충실하지 않을 수 없다. 그런 뜻에서 니체는 '염세주의로부터 달아나지 않음으로써' 오히려 그 반대의 이상, 즉 삶의 긍정에 도달하게 되었다고 말한다. 반복되는 삶을 그런 무게로 견뎌낼 때에야 비로소 언제나 '처음부터 다시'da capo라고 외치며 가장 충실한 삶을 바랄 수 있게 된다는 것이다.(5, 75) 여기서 운명에 짓눌린 수동적 '견딤'은 운명을 능히 감당하는 능동적 '견딤'으로 반전된다.[24] 지금 이 순간의 삶이 반복되어도 다시 지금처럼 살기를 바라는 것은 더 이상 반복되는 삶의 강요에 의한 것이 아니라, 시간 속에서 마모되는 자신을 본래의 모습으로 되찾으려는 자발적인 바람으로 고양되는 것이다. 차라투스트라의 말을 빌리면 "순환에의 갈증은 그대들 속에 있으니, 다시 그대들 자신에게 도달하기 위해, 그러기 위해 순환의 고리는 돌고 도는 것이다."[25] 그런 이유에서 회복기의 차라투스트라는 "가장 큰 일에서 가장 사소한 일에 이르기까지, 우리가 우리 자신과 같아지도록"(4, 276) 살아가기를 소망한다. 이로써 인간의 자아는 새롭게 정립된다. 이미 살펴보았듯이 니체에게 있어 의식 주체의 판단은 '나에 대한 다른 앎'과의 관련성으로 인해 끊임없이 유보된다. 이때 '다른 앎의 가능성'이란 곧 '다른 삶의 가능성'을 함축한다. '반복되는 삶'의 맥락에서 보면 따라서 오직 지금 이 순간의 삶을 바라는 '최종적 봉인'에 이르기까지 내가 바라는 삶의 가능성은 무수히 열려 있다는 뜻이 된다. 그것도 매 순간 그 무수한 가능성을 의식하고 경험하는 것이다. 그런 뜻에서 니체는 "의지라는 것은 없으며, 다만 끊임없이 그 힘이 증감되는, 구두점처럼 찍혀 있는 의지들Willens-Punktationen이 있을 뿐"(11, 278f.)이라고 말하기도 한다. 삶의 시

---

24 가령 슬로터다이크는 니체 철학의 주된 관심이 '어떻게 세상의 고통을 견뎌낼 수 있는가' 하는 데 있다는 뜻에서 Algodizee라고 부르기도 한다. Sloterdijk: 앞의 책, 159쪽 참조.
25 번역문으로 그 뜻이 제대로 전달되지 않으므로 원문을 옮기면 이렇다: Des Ringes Durst ist in euch: sich selber wieder zu erreichen, dazu ringt und dreht sich der Ring. (KSA 4, 121)

간을 문장의 흐름에 비유하면, 우리가 경험하는 자신의 의지란 그때그때 '구두점'으로 찍혀지는 점들에 해당한다는 것이다. 구두점의 역할이 단지 문장의 호흡을 조절하는 데 그치지 않고 때로는 한순간 문장 전체의 의미를 바꾸어놓듯이, 삶의 모든 순간마다 우리가 감당하는 운명의 무게에 따라 삶의 의미는 전혀 달라질 수 있다. 그렇게 보면 흔히 반복으로 경험되는 삶의 매 순간이야말로 삶의 중심들이다. 데리다가 말하듯이 니체적 사유에서 '전체'das Ganze는 언제나 '부분' 속에 들어 있는 것이다.[26] 그렇다면 매 순간을 삶의 중심으로 받아들이고 그 무게를 감당해내는 정도에 따라 우리가 느끼는 삶의 '힘'[27]이 '증감'되는 것도 당연한 귀결이다. 니체가 새로운 인간상으로 예감하는 이른바 '초인'Übermensch은 그런 의미에서 반복적 순환의 사슬에 옥죄이는 삶의 순간마다, 그 순간을 회피하는 것이 아니라 '최대의 무게'로 버팀으로써, 자기 자신을 '극복하는 인간'Über-Mensch이다.[28] 삶의 무의미를 견디지 못하는 근대인은 삶의 '텅 빈 공간'을 인식의 허구들로 가득 채우지만, 그에 맞서 역행하는 존재인 '극복하는 인간'은 "대지의 감각/뜻"der Sinn der Erde(6, 248)에 충실한 자이다. 니체가 열망한 것은 그런 뜻에서 진정으로 "자기 자신의 주인인 인간"(3, 37)이다. 그 이상理想을 니체는 이렇게 말한다. "우리는 존재하는 그대로의 우리 자신이 되고자 한다! 새로운 인간, 유일무이한 인간, 비교될 수 없는 인간, 스스로의 입법자, 스스로의 창조자!"(3, 563) 누구나 스스로의 '창조자'가 되어야 한다는 이 요청에 충실한 삶을 통해 새롭게 일궈질

---

26 Jacques Derrida: Guter Wille zur Macht (II). Die Unterschriften interpretieren (Nietzsche/Heidegger), in: Ph. Forget (Hg.): *Text und Interpretation*, München 1984, S. 76.
27 게르하르트의 설명에 따르면 니체가 말하는 '힘'(Macht)은 오늘날 흔히 사용되는 협의의 '권력'이라는 뜻과는 전혀 다르다. 역사적으로 보면 니체의 '힘'이라는 개념은 고대 자연철학에서 자연계에 내재하는 역동적인 생성의 힘을 뜻했던 dynamis 혹은 근세의 potentia 개념을 이어받은 것이며, 니체의 경우엔 특히 인간화된 '권력'이나 물리적 세계의 '힘'(Kraft)에 맞서는 함의를 지닌다. Gerhardt: 앞의 책, 183쪽 이하 참조.
28 같은 책, 177쪽 참조.

문화를 니체는 이렇게 상상하고 소망한다.

> 우리 모두는 자신의 진정한 욕구가 무엇인가를 되새겨봄으로써, 혼돈을 자기 내부에서 유기적으로 조직해야 한다. (…) 안과 밖이 따로 없고 위장도 인습도 없는, 더 나아진 새로운 자연Physis으로서의 문화의 개념이 — 삶과 사유가, 외관과 욕구가 서로 일치된 문화의 개념이 — 우리 각자에게 모습을 드러낼 것이다.(1, 334)

결국 니체가 바라는 창조적 삶은 '자연'의 생동하는 힘을 충실히 구현하는 삶이다. 그런 상태에서 비로소 우리가 사는 세계는 더 이상 적대적인 것이 아니라 "스스로를 낳는 예술작품"(12, 119)처럼 바뀔 수 있으며, 우리 자신이 그 세계의 유기적 일부로서 다시 그 세계를 창출할 수 있는 것이다.

맺는말

우리가 말과 생각의 뿌리 깊은 관습에 따라 '진리'나 '도덕' 혹은 '가치'라고 부르는 것들은 있는 그대로의 우리 자신을 보지 못하게 가로막으며, 매 순간 우리 자신을 새롭게 창조해야 할 생성의 힘을 억누른다. 니체는 인간의 언어와 사유가 가장 과학화된 근대인의 삶에서 그런 억압이 정점에 이르렀음을 누구보다 예민하게 감지했던 것 같다. 유고로 남겨진 글에서 니체는 "나는 언제나 나 자신에게 생성의 무구함Unschuld des Werdens을 입증해 보이고자 애썼다."(10, 237)라고 말하고 있거니와, 인간 스스로 만들어낸 것들에 빚지고 살면서 그 '부채' 혹은 '죄책감'Schuld에 시달리다 끝내는 파산 혹은 자멸할지도 모른다는 위기의식을 깊이 절감했던 것이다. 그 위기의식은 니체의 시대에 전형적인 이중성을 띤다. 생명을 잃은 공허한 '전체'와 '원자들의 무정부 상태'가 공존하는 양상은[29] 바그너의 음악이나 문학적 데카당스에 관한 진단일 뿐 아니라 무엇보다 그의 시대가 앓고 있던 첨예한 위기의 징후라 보아도 무방할 것이다. 여기서 위기에 대한 니체의 대응 역시 이중적임을 다시금 강조할 필요가 있겠다. 니체는 '전체'의 공허함을 가차 없이 드러내 보이고 그 억압성에 치열하게 맞서지만, 그와 동시에 덧없이 사라져가는 파편화된 삶에 대해서도 못지않은 열정으로 저항하면서 온전하게 인간다운 삶의 회복을 열망하는 것이다. 그 이중적 투쟁의 과제가 매 순간의 삶을 '가장 무거운' 중심으로 감당하라는 요구로 집약된다. 니체적 사유의 실천적 의의를 "계몽적 앙가주망"[30]이라 평가할 수 있다면 그런 맥락에서일 것이다. 짐작건대 니체는 그릇된 '전체'나 '원자들의 무정부 상태'에 맞서는 힘의 원천을 무엇보다 문학과 예술에서 기대했던 것으로 보인다.[31] 가령 종교와 도덕과 철학은 데카당스의 형식이요 그 반대의 운동이 예술이라거나(III, 717) 예술적 아름다움을 가리켜 '온갖 위계질서의 바깥에 있는 어떤 상태'(III, 882)라고 할 때 니체는 예술적 창조성에서 생성의 원리가 구현될 가능성을 찾고 있는 것이다. 이 글에서는 다루지 못했지만 니체의 영향을 받은 '고전적 모더니즘'의 작가들이[32] 창작 성향의 다양한 편차에도 불구하고 하나

---

29 KSA 6, 27: "모든 문학적 데카당스의 특징은 무엇인가? 전체 속에는 더 이상 생명이 깃들어 있지 않다는 것이 그 특징이다. 낱말이 절대적 주권을 얻어 문장 밖으로 뛰쳐나간다. 문장은 제 위치를 넘어 그 페이지의 의미를 모호하게 만든다. 각 페이지는 전체를 희생시켜 의미를 얻는다. 이제 전체는 전체가 아니다. 이는 모든 데카당스 양식을 나타내는 비유다. 언제나 원자들이 무정부 상태를 이루며 의지는 분산된다. (…) 전체는 완전히 생명을 잃었다. 그것은 결합되고 조립된 것이며 계산된 것, 인공적인 공예물이다."
30 Gianni Vattimo: *Friedrich Nietzsche*, Stuttgart 1992, S. 31.
31 니체가 말하는 '힘에의 의지'를 그런 의미에서 '예술에의 의지'라고 보는 대표적인 견해로는 다음을 참조. 같은 책, 87~96쪽; Sarah Kofman: *Nietzsche and Metapher*, Stanford University Press 1994.
32 19세기 말 20세기 초의 모더니스트들에게 니체가 끼친 영향을 개관한 글로는 다음 참조. Theo Meyer: Nietzsche als Paradigma der Moderne, in: H. J. Piechotta (Hg.): *Die literarische Moderne in Europa*, Bd. 1, Opladen 1994, S. 136~170.

같이 근대적 삶의 황폐함에 가장 민감하게 반응했다는 문학사적 사실에 서도 그 점은 확인된다 하겠다.

(1999년)

프로이트의 '두려운 낯섦'과 호프만의 「모래 사나이」

정신분석 비평과 텍스트의 심층 구조

아도르노는 지그문트 프로이트Sigmund Freud, 1856~1939의 정신분석에 근거한 예술이론이 작가의 무의식을 작품의 소재에 적용하는 것으로 작품 해석을 대신하고 작품의 형식 범주를 완전히 도외시한다고 신랄하게 비판한 바 있다.[1] 아도르노의 말처럼 정신분석 이론이 작품의 소재로 드러난 작가적 무의식을 확인하는 데 그친다면 그런 비판은 지당하다. 실제로 프로이트의 이론은 궁극적으로 환자에 대한 임상적 진료와 치료의 '해법'을 추구하는 가설의 성격을 띠기 때문에 프로이트의 이론을 기계적으로 문학작품에 적용하는 방식은 작품 자체의 심미적 특성과 무관한 결론에 이르기 십상이다. 이 글에서는 그런 위험을 경계하면서 프로이트의 이론적 가설이 문학작품의 심미적 구조와 유기적으로 결합될 수 있는 가능성을 구체적 작품 분석을 통해 살펴보고자 한다.

프로이트가 1919년에 집필한 「두려운 낯섦」Das Unheimliche은 프로이트 심리학의 기본 개념 중 하나인 거세공포와 거기에서 파생되는 나르시시즘, 도펠갱어Doppelgänger 등의 문제를 다루고 있다. 이 글은 특히 낭만주의 작가 호프만의 유명한 노벨레 「모래 사나이」를 이론 전개의 핵심적

---

1 아도르노: 『미학 이론』, 홍승용 옮김, 문학과지성사 1997, 22쪽 참조.

근거로 활용하고 있고, 그래서 프로이트가 자신의 정신분석 이론을 문학 작품에 적용한 대표적인 본보기로 곧잘 거론된다. 이 글에서 프로이트는 먼저 heimlich라는 말의 의미가 어떻게 변천했는지 사전에 제시된 용법을 검토하며, 그다음에 호프만의 작품을 집중적으로 분석한다. 이러한 분석 과정을 통해 프로이트는 ① 원래 '친숙한'이라는 뜻을 지닌 heimlich라는 낱말이 반대어 unheimlich의 '섬뜩한'이라는 뜻을 획득하는 언어적 변천 과정을 개관한다. 그다음으로 프로이트는 ② 유년기의 거세공포 트라우마가 잠복해 있다가 성년이 되어 다시 나타나는 심리적 증상을 호프만의 작품을 통해 분석하여 ①과 ②의 규칙적 유사성을 도출해낸다. ②와 관련하여 프로이트는 이 증상이 원래 다양한 심리 상담 사례를 통해 공통적인 문제로 추출한 결과임을 밝히고 있는데, 호프만의 노벨레 「모래 사나이」가 심리 상담에서 확인된 문제를 집약적으로 표현한 작품이라 간주한다. 프로이트는 먼저 ②의 임상 사례를 연구한 다음 ①의 언어적 문제를 검토하는 순서로 연구를 진행했지만, 「두려운 낯섦」이라는 글에서는 ①의 언어적 문제를 먼저 다룬 다음 임상 사례에 관한 논의는 생략한 채 곧장 호프만의 노벨레를 다루고 있다.

heimlich의 언어적 양가성

먼저 언어의 변천 과정을 살펴보자. 독일어 heimlich는 원래 '자기 집'을 뜻하는 heim에서 파생된 말이므로 자기 집처럼 편안하고 친숙하다는 뜻이다. 그런데 언제부터인가 heimlich는 그 반대어 unheimlich의 의미를 지니게 된다. 이러한 의미 반전의 이유에 관해 프로이트 자신도 사전적 용례를 제시하는 것 외에는 달리 언어학적 해명을 하지 않는다. 짐작건대 근대 독일어에서 heimlich는 (아마도 자기 집의 은밀한 사정과 관련이 있는) '비밀스러운'의 뜻을 지니게 되는데, 그런 의미에서 은밀하게 감춘 어떤 것이 갑자기 노출되었을 때 낯설고 두렵게 느껴진다는 의미로 전성되지 않았을까 추정된다. 이런 용법은 프로이트 심리학에서 심리적 방어 기제에 의해 감추고 억눌렀던 트라우마가 갑자기 노출되었을 때 느끼는 고통 내지 두려움과 일맥상통한다. 이런 맥락에서 프로이트는 철학자 셸링 Friedrich Schelling이 unheimlich를 가리켜 '원래 어둠 속에 감추어져야 하는데 드러나버린 어떤 것'이라 규정한 선례를 자신의 용어 사용에 가장 근접한 사례로 끌어들인다.[2] 그런데 프로이트는 셸링이 어떤 맥락에서 이런 말을 했는지는 밝히지 않는다. 나중에 다시 살펴보겠지만 프로이트의 정신분석을 문자 그대로의 의미에서 '거세공포' 개념으로만 환원하지 않고 탄력성 있게 일반화하기 위해서는 셸링의 용어 사용 맥락을 짚고 넘어갈 필요가 있다.

셸링은 『신화학의 철학』1842에서 호메로스의 서사시가 '그리스 세계 위에 펼쳐진 청명한 하늘'을 표현할 수 있었던 것은 과거의 원시 종교, 특히 오리엔트 세계에서 지배적이었던 섬뜩한 요소를 극복하고 내면화했기 때문이라고 말한다.

호메로스의 서사시에서 그리스 세계 위에 펼쳐진 청명한 하늘을 표현할 수 있었던 것은 낯설고 섬뜩한 (은밀하게 감춰져 있어야 하는 것이 겉으로 표출될 때 그런 모든 것은 낯설고 섬뜩한unheimlich 것이라 일컫는다.) 원리의 알 수 없는 힘을, 다시 말해 과거의 원시 종교와 오리엔트 세계에서 지배적이었던 섬뜩한 요소를 신비 의식儀式으로 표현할 수 있었기 때문이다.[3]

여기서 '청명한 하늘'은 인간과 신과 자연이 조화를 이룬 세계, 훗날 근대에 와서 서양 문화의 고전적 모범으로 칭송되었던 바로 그 세계를 가리

---

2 프로이트:「두려운 낯설음」, 프로이트:『예술, 문학, 정신분석』, 장정진 옮김, 열린책들 1996, 434쪽 참조.
3 Schelling: *Philosophie der Mythologie* (1842), 1985, Bd. VI, S. 661.

킨다. 그런 조화로운 세계는 문명화 이전의 원시 종교와 오리엔트 세계에 지배적이었던 섬뜩한 요소를 극복함으로써 가능했다는 것이다. 호메로스의 세계와 관련지어 말하자면, 호메로스의 서사시에 나오는 무섭고 섬뜩한 괴물들, 예컨대 인간을 잡아먹는 칼립소와 세이렌 등의 괴물을 물리치고 고향을 찾아가는 귀향의 서사가 그리스의 '청명한 하늘' 아래 펼쳐지는 인간의 운명이다. 칼립소와 세이렌 등이 가공할 자연의 위협을 가리키는 은유라면, 셸링은 그런 자연의 위협과 그리스 바깥의 타자를 '섬뜩한'unheimlich 요소라 일컬었던 것이다. 원시 종교가 자연의 위협에 대처했던 방식은 두려운 자연에 영혼을 부여하고 신성시했던 애니미즘이다. 그리고 호메로스의 세계가 자연의 위력을 극복한 것은 그리스 문명을 탄생시킨 인간적 이성의 힘이다. 「두려운 낯섦」에서 프로이트는 그중에서 원시 종교의 애니미즘도 '섬뜩함'을 유발하는 요소로 상정하는 반면 그리스 문명의 타자에 관해서는 언급하지 않는다.

호프만의 「모래 사나이」에 대한 프로이트의 해석

프로이트는 호프만의 「모래 사나이」에 대한 분석에 앞서 작품의 개요를 상세히 재구성하고 있는데, 프로이트의 논지를 이해하는 데 필요한 범위 안에서 작품의 개요를 소개하면 아래와 같다.

  주인공인 대학생 나타나엘은 클라라라는 여성을 사랑하면서 어린 시절의 두려운 기억을 떠올리게 된다. 어린 시절에 나타나엘이 일찍 잠자리에 들지 않으면 어머니는 모래 사나이가 와서 눈에 모래를 뿌릴 거라고 이야기했고, 보모는 모래 사나이가 눈을 뽑아 간다는 이야기를 들려주었다. 아버지는 변호사 코펠리우스와 함께 자동인형(로봇)을 만드는 실험을 하곤 했는데, 나타나엘이 그 실험 장면을 몰래 훔쳐보다 들키자 코펠리우스는 나타나엘의 눈을 뽑아버리겠다고 위협하지만 다행히 아버지가 무마해 준다. 이 사건을 계기로 나타나엘은 코펠리우스가 모래 사나이라고 믿는다. 아버지는 결국 실험을 하다가 폭발 사고로 죽게 되며, 나타나엘은 코펠리우스가 아버지를 죽게 만들었다고 생각한다. 여기까지가 어린 시절에 대한 회상이다.

현재 시점에서 나타나엘은 코폴라라는 안경 상인에게서 망원경을 구입하고, 건너편 집에 사는 스팔란차니 교수의 딸 올림피아를 망원경으로 관찰하며 매료된다. 나타나엘은 코폴라가 코펠리우스와 동일 인물이라 믿는다. 그리고 올림피아에 매료되면서 자신의 상상력을 이해하지 못하는 약혼녀 클라라를 '생명이 없는 자동인형'이라고 비판한다. 그러나 사실은 올림피아가 스팔란차니 교수와 코폴라가 함께 만들어낸 자동인형이다. 그런 줄 모르는 나타나엘은 많은 지인들이 모인 연회에서 올림피아와 함께 춤을 추며, 스팔란차니 교수에게 올림피아와 결혼할 의향까지 내비친다. 그러나 스팔란차니 교수와 코폴라가 올림피아를 놓고 실랑이를 벌이다가 올림피아의 몸이 찢어지자 나타나엘은 분노가 폭발하여 스팔란차니 교수를 목 졸라 죽이려 한다. 이 사건으로 나타나엘은 정신병원에 입원했다가 퇴원한 후 정상을 되찾고 클라라와의 관계도 회복하는 것처럼 보인다. 그러나 시청 첨탑 위에 올라가서 망원경으로 사방을 관찰하기 시작하자 다시 광기가 발작하여 망원경에 비친 클라라를 죽이려 하다가 결국 스스로 탑에서 뛰어내려 죽는다.

이에 대한 프로이트의 해석에서 핵심 논지는 다음과 같다.

(1) 모래 사나이가 눈알을 뽑아 갈지도 모른다는 두려움은 거세공포의 변형이다. 모래 사나이는 거세를 집행하려는 아버지에 해당한다.

(2) 좋은 아버지와 나쁜 아버지가 병존하는 양가감정 Ambivalenz으로 인해 아버지 이마고 Imago가 두 부분으로 나뉘어, 코펠리우스가 나쁜 아버

지 역할을 맡아 좋은 아버지를 죽이는 악역을 한다. 나쁜 아버지를 죽이고 싶다는 억압된 욕망이 좋은 아버지의 죽음으로 형상화되어 나타난다.

(3) 유년기에 경험했던 거세공포가 대학생 나타나엘에게 다시 나타난다. 코폴라와 스팔란차니는 코펠리우스와 아버지의 역할을 이어받고 있다.

(4) 올림피아는 나타나엘이 유년 시절에 아버지에 대해 취했던 여성적 태도를 의인화한 것이다. 올림피아는 나타나엘의 분신(도펠갱어)이다.

(5) 따라서 올림피아에 대한 나타나엘의 집착과 사랑은 나르시시즘적 사랑이다.

프로이트의 해석에 근거하여 위의 항목별로 작품을 좀 더 구체적으로 살펴보기로 하겠다.

거세공포

눈을 빼앗길지도 모른다는 불안감을 거세공포의 한 변형으로 볼 수 있는 이유를 프로이트는 다양한 방식으로 설명한다. 어린아이는 물론 어른에게도 눈을 잃는다는 것은 문자 그대로 눈앞이 캄캄해지고 세상을 볼 수 없으니 결국 세상의 모든 것을 잃는 것이다. 신화에서는 오이디푸스가 인류를 저버린 죄업에 대한 징벌로 스스로의 눈을 찔러 실명함으로써 자신이 살아온 인생 전부를 부정하고 세상과 단절한다. 바로 그런 맥락에서 프로이트의 이론에서 오이디푸스 콤플렉스는 거세공포에 해당한다. 물론 프로이트 자신도 합리적 사고의 관점에서 실명의 두려움을 거세 불안과 연결하는 논리에 대한 비판이 제기될 수 있음을 인정한다. 그리고 눈과 남근 사이의 상호 대체 관계를 논리적으로는 납득할 수 없다는 것도 인정한다. 그래서 프로이트는 성기를 잃어버릴지 모른다는 두려움이 다른 신체 기관들에까지 강력한 반향을 남긴다는 유추로 설명한다. 이러한 유추는 프로이트 자신의 의도와 무관하게 거세공포를 남근의 상실이라는 생리적·신체적 손상으로만 환원하지 않고 자신의 몸과 마음, 즉 자신의 존재에 대한 심각한 위협으로 상징적으로 해석할 여지를 열어준다. 실제로 「모래 사나이」에 대한 해석에서 그 점을 확인할 수 있다.

소설에서 모래 사나이는 매번 친밀한 애정 관계를 방해한다. 유년 시절의 모래 사나이 코펠리우스는 아버지 말고는 아무도 모르게 은밀한 실험을 함으로써 친밀한 가족적 유대를 방해한다. 코펠리우스가 찾아오면 아버지는 어머니에게 아이들을 데리고 자러 가라고 식구들을 몰아내며, 코펠리우스를 '선생님'Meister으로 모시고 순종하는 태도를 보인다. 코펠리우스는 이런 가족들 위에 악마적 존재로 군림한다. 그의 신체적 특징과 행동거지에 대한 묘사는 세밀하고 사실적이면서도 상징적이다. 아이들이 무엇보다 싫어하는 것은 "털이 숭숭 난 크고 울뚝불뚝한 주먹"[4]이다. 코펠리우스는 그것을 알아차리고 어머니가 몰래 아이들 접시에 놓아준 "달콤한 과일"을 건드리고 아버지가 아이들에게 조금 맛보라고 따라준 "달콤한 포도주" 잔에 입술을 갖다 대고는 "악마처럼" 웃어댄다. 코펠리우스의 등장과 더불어 아버지는 가장의 권위를 박탈당하고, 그래서 코펠리우스가 나타날 때마다 어머니는 우울해지고 안색이 창백해진다. 남편을 빼앗기는 것이기 때문이다.

코펠리우스의 이러한 행동은 가족의 잔치 분위기를 깨뜨리는 이상의 상징성을 띤다. 다른 식구들을 따돌리고 아버지와 함께 은밀히 '연금술' 실험을 하고 아이들에게 범접해서는 안 되는 어떤 에로틱한 금기를 연상케 하는 것이다. 알다시피 연금술은 중세에는 악마와 결탁한 이단으로 단죄되었다. 이 작품에서는 로봇, 즉 인조인간을 만드는 실험을 하고 있으니 중세의 연금술 못지않게 자연의 섭리를 거역하는 괴이한 실험이다. 더구나 이 실험은 모래 사나이 전설과 겹쳐져서 아이들의 눈을 뽑아 인조인

---

4 호프만: 『모래 사나이』, 신동화 옮김, 민음사 2021, 14쪽. 앞으로 작품 인용은 이 번역본의 쪽수를 본문에 표기하며, 번역은 인용자가 부분적으로 수정하였다.

간의 눈을 만드는 실험이기도 하다. 아버지가 이 실험에 끌려들어가 가장의 권위를 박탈당하듯, 아이들이 눈을 빼앗길지도 모른다는 불안은 아버지의 자리를 계승할 능력의 상실, 즉 상징적 거세의 두려움이다. 결국 이 실험 사고로 인해 아버지가 죽는 불행한 사건은 나타나엘의 비극적 운명을 예고하는 전조라 할 수 있다.

코펠리우스로 인해 가정이 파탄난 유년기의 기억은 또한 작품의 현재 시점에서 대학생 나타나엘과 클라라의 관계에서 반복된다. 나타나엘이 클라라를 사랑하고 약혼해서 새 가정을 꾸릴 기회가 오자 다시 코펠리우스의 분신 같은 코폴라가 등장하여 클라라와의 관계를 무너뜨리는 것이다. 모래 사나이가 나타나엘의 눈을 뽑아버릴지 모른다는 불안은 나타나엘이 사랑을 통해 성숙하고 한 가정의 가장으로 자립할 수 있는 기회를 박탈하는 것이다. 모래 사나이는 나타나엘의 남성적 성숙에 대한 위협이다. 그런 모래 사나이가 나쁜 아버지로 표상되는 것은 모래 사나이(코펠리우스)가 아버지와 공모하여 은밀한 실험을 하기 때문이다.

아버지에 대한 양가감정과 도펠갱어

그래서 나타나엘의 자아는 아버지를 좋은 아버지와 나쁜 아버지로 분리하여 아버지의 분신(도펠갱어)을 만들어낸다. 분신을 만들어내는 심리적 기제는 자아의 분할을 통해 위협에 효과적으로 대처하고 지속적인 자기보존을 도모하려는 것이다. 나타나엘은 아버지를 나쁜 아버지(코펠리우스)와 좋은 아버지로 분리하여 나쁜 아버지를 제압하거나 제거하고 좋은 아버지와 친밀한 관계를 만들어가려는 것이다. 이러한 분리 전략이 성공하면 트라우마를 겪지 않고 유년기를 통과하여 남성으로 성숙할 길이 열릴 것이다. 그러나 나타나엘은 이러한 분리에 실패하며, 그 실패는 아버지의 죽음으로 귀결된다. 나타나엘은 나쁜 아버지 코펠리우스가 죽기를 바라지만, 정작 착한 아버지가 실험 사고로 죽음을 맞게 된다. 나타나엘이 아버지의 죽음을 코펠리우스 때문이라고 믿고 그 믿음이 고착되는 것은 심리적 억압Verdrängung과 관련이 깊다. 좋은 아버지도 나쁜 아버지 코펠리우스와 결탁하여 나타나엘을 배제한 채 비밀 실험을 하고 있으므로 나쁜 아버지가 죽기를 바라는 것은 원칙적으로 좋은 아버지도 죽기를 바라는 것과 구별될 수 없다.(좋은 아버지도 나쁜 아버지를 집안에 끌어들인 장본인이다.) 그것이 나타나엘 스스로는 명확하게 자각하지 못하는 무의식적 충동이라면, 그의 또렷한 의식적 분별심은 나쁜 아버지만 죽기를 바란다.

이처럼 의식이 무의식을 검열하여 은폐하고 억압하는 양상은 heimlich와 unheimlich의 관계로 설명될 수 있다. 나타나엘의 무의식에 '자기 집처럼 친숙하게'heimlich 자리 잡고 있는 충동은 나쁜 아버지와 좋은 아버지가 함께 죽기를 바라는 것이다. 그래야 나쁜 아버지를 완전히 제거할 수 있다. 그렇지만 그것은 인륜에 위배되므로 나타나엘의 의식은 나쁜 아버지만 죽기를 바라며, 자신의 무의식에 잠복해 있는 친숙한heimlich 생각을 부정한다. unheimlich에서 부정의 접두어 un은 바로 그러한 '부정'을 가리킨다. 모래 사나이의 출현이 섬뜩한unheimlich 까닭은, 모래 사나이가 아버지를 죽음으로 몰아간 충격적 사건이 다름 아닌 나타나엘 자신의 무의식적 충동의 표현이기 때문이다. 그러나 나타나엘 자신은 그것을 명확히 자각하지 못하기 때문에 낯설고 섬뜩하게 느껴지는 것이다. 나타나엘의 무의식이 그를 지배하고 있지만, 정작 그 자신은 그런 사실을 자각하지 못하고 있다. 프로이트의 유명한 말처럼 그런 의미에서 인간은 자기 마음의 집에서 '주인'이 아니다.

억압된 것의 회귀

대학생 나타나엘에게 안경 장수 코폴라와 스팔란차니 교수는 어린 시절 코펠리우스와 아버지의 공모 관계를 재현한다. 나타나엘의 무의식 속에 억눌려 있던 감정이 다시 섬뜩하게 분출하는 것이다. 어린 시절 거세공포가 눈을 뽑힐지 모른다는 상상으로 나타났다면, 이제 성년이 된 나타나엘은 약혼녀 클라라와의 관계가 방해받는 현실적 장애에 부닥친다. 여기서 나타나엘이 클라라에게 어엿한 남성적 역할을 해주지 못하는 무기력한 모습을 눈여겨볼 필요가 있다. 이와 관련하여 클라라가 이름처럼 명석한 이성의 소유자라는 것은 의미심장하다. 나타나엘은 클라라에게 보낸 편지에서 유년 시절의 공포와 충격을 자세히 들려주고, 지금 나타난 안경장수 코폴라가 코펠리우스라고 주장한다. 그러나 클라라는 나타나엘의 이야기가 그의 마음속에 만들어낸 환영과 망상일 뿐이라고 일축한다. 나타나엘의 마음을 옥죄는 심각한 사태가 냉철한 지성의 소유자인 클라라가 보기엔 한낱 허상에 지나지 않는 것이다. 그러나 나타나엘의 입장에서 보면 클라라는 자신의 괴로움을 이해하지 못하는 차가운 심성의 소유자일 뿐이다. 프로이트의 관점에서 말하면, 유년기에 고착된 거세공포는 냉철한 이성으로 부정한다고 해서 간단히 사라지는 것이 아니다.

두 사람 사이의 이러한 거리감은 나타나엘이 창작한 '시'에 대한 클라라의 반응에서 극대화된다. 나타나엘은 클라라와의 사랑을 소재로 두 사람의 행복한 결혼을 시로 쓴다. 나타나엘의 의도와 무관하게 시에는 두 사람의 결혼식에 코펠리우스가 나타나서 클라라의 눈을 빼앗고 나타나엘을 불구덩이 속으로 내던지며, 나타나엘이 클라라의 눈을 보자 그를 바라보는 것은 '죽음'이다. 클라라의 냉철한 이성적 통찰('눈')이 나타나엘에게 '죽음'을 선고하는 것이라 할 수 있다. 나타나엘이 이런 내용의 시를 클라라에게 들려주자 클라라는 "그런 미치고 터무니없고 정신 나간 동화는 불 속에 던져버려."(38)라고 코웃음을 친다. 그러자 나타나엘은 클라라를 "이 생명도 없는 로봇 같으니!"라고 내친다.

두 사람의 이러한 충돌과 단절은 나타나엘의 거세공포가 광증으로 치닫는 것을 보여준다. 그럴수록 클라라의 이성은 나타나엘의 심리적 증상을 망상으로 단정한다. 그러나 나타나엘은 자신에 대한 자각이 없으므로 자신의 '시'를 열정적 상상력의 산물이라 여기고 이 시에 담긴 '사랑'이 클라라의 마음을 뜨겁게 달굴 거라고 오판한다. 그러나 시의 절정에서 코펠리우스가 나타나 잔치를 망치는 것은 나타나엘의 마음이 거세공포에 완전히 점유되어 있다는 뜻이다. 그리고 코펠리우스가 클라라의 눈을 뽑아버리고 그 눈구멍이 '죽음'처럼 나타나엘을 바라본다는 것은 클라라의 냉철한 이성으로는 나타나엘과 교감할 수 있는 소통의 창('눈')을 열 수 없으며 오히려 나타나엘의 증상을 더욱 고착시킬 뿐임을 보여준다. 그래서 나타나엘은 현실에서 클라라와 부딪쳐서 문제를 해결하려 하지 않고 '시'라는 상상의 세계로 도피하는 것이다.

나타나엘과 클라라의 어긋남은 소설의 형식에서도 정교하게 투영되어 있다. 나타나엘이 클라라에게 자신의 고충을 고백하는 편지의 수신자는 클라라가 아니라 그녀의 오빠 로타어로 되어 있다. 이렇게 자기도 모르게 저지른 '실수'는 나타나엘의 무의식 속에 냉철한 이성의 소유자인 클라라에 대한 두려움이 잠복해 있음을 시사한다. 그렇지만 클라라는 그 편지를 자신에게 보내온 편지로 오인하여 개봉해서 읽는다. 발신자와 수신자 양쪽 다 상대방을 오인하는 이중의 착각이 일어나는 것이다. 이것은 두 사람 사이에 애초부터 정상적인 의사소통이 불가능하다는 것을 시사한다. 이전에 보낸 편지에서도 역시 겉봉의 수신자를 로타어라 써놓고 편지 내용은 클라라에게 보낸 것으로 되어 있다. 그러니까 이렇게 문자상의 수신자와 실질적 수신자를 혼동하는 것은 나타나엘이 클라라를 동일한 현실적 차원에서 정면으로 대면해서 진솔하게 얘기하기를 기피하고 있다는 것을 보여주는 무의식적 실수라 할 수 있다. 그리고 이런 실수가 반복되는 것은 그런 증상이 치유 불능으로 고착되고 있음을 나타낸다. 요컨대 나타나엘은 클라라의 냉철한 이성의 눈으로 자신의 문제점이 관찰당하는 상황을 회피하고 거부하는 것이다. 그것은 자신의 무의식에 잠재해 있는 섬뜩한unheimlich 충동을 직시하기를 회피하는 태도가 클라라와의 관계에 전이된 형국이라 할 수 있다.

여성적 분신 올림피아

이미 언급한 대로 올림피아는 나타나엘이 대학생이 되었을 때 스팔란차니 교수와 코폴라가 합작으로 만들어낸 자동인형(로봇)이다. 프로이트는 "나타나엘의 콤플렉스가 분리되어 물질화한 대상"이 올림피아라고 말한다. 거세공포에 대한 어린 시절의 불안감을 — 유년기의 자의식으로는 자기 존재감을 인정받지 못하는 불안감을 — 해소하기 위한 방편으로 여성적 자아를 대상에 투사했다는 뜻이다. 이것은 작품의 디테일에서도 암시된다. 나타나엘이 어린 시절 코펠리우스와 아버지의 실험을 몰래 지켜보다 들키자 코펠리우스는 나타나엘의 눈을 뽑으려 하고, 그의 팔다리를 마치 로봇을 조립하듯이 주무른다. 물론 이것은 나타나엘의 공포심이 만들어낸 환각Phantasma이다. 올림피아는 나타나엘의 어린 시절에 형성되고 고착된 그러한 두려운 환각이 물질로 구현된 것이다. 그래서 스팔란차니 교수는 나타나엘에게 "네 눈을 훔쳐서"(56) 올림피아의 눈을 만들었다고 말한다.

그러나 나타나엘은 올림피아가 교수의 딸이자 살아 있는 사람이라 믿는다. 이런 상황을 가리켜 프로이트는 올림피아가 나타나엘의 "어린 시절에 아버지에 대해 취했던 여성적 태도를 의인화한" 것이라 해석한다. 다시 말해 올림피아는 나타나엘의 여성적 분신이라는 것이다. 어린 시절 나타나엘은 아버지의 관심을 끌지 못하고 배척당하는 사내아이 역할에서 벗어나 차라리 아버지의 사랑을 받는 딸이 되기를 선망했다는 뜻이다. 자기보존을 위해 필요에 따라 자아를 이중으로 분할하는 전략은 이처럼 자신의 성적 정체성마저 여성으로 바꿀 만큼 절박하다. 그런데 나타나엘은 올림피아를 살아 있는 여성이라 믿고 결혼까지 생각한다. 흔히 아이들 놀이에서 인형을 실제 인간처럼 대한다는 것을 떠올리면, 나타나엘의 이러한 감정 역시 유년기에 고착된 것이다.

나타나엘의 감정을 이해하기 위한 하나의 단서는 클라라와 올림피아의 비교에서 찾아볼 수 있다. 클라라는 나타나엘이 유치한 망상에 사로잡혀 있다고 얕잡아 보며, 그래서 나타나엘은 클라라의 시선을 회피한다. 반면에 올림피아는 나타나엘의 모든 말에 무조건 공감하는 반응을 보인다. 물론 올림피아는 인형이므로 말을 못 하지만 나타나엘의 말에 공감하는 뜻으로 '아, 아' 하는 탄성을 매번 똑같이 반복하는 것이다. 올림피아의 공명은 나타나엘 목소리의 메아리인 셈이다. 올림피아에 대한 나타나엘의 사랑은 자신의 메아리에 도취한 사랑, 즉 나르시시즘적 사랑이다. 자신의 분신을 사랑하는 자기애이다.

이것은 자기방어를 위한 자구책이지만 결과적으로 자아의 분열을 초래한다. 그 분열은 무엇보다 환상과 현실의 역전으로 나타난다. 나타나엘은 자신의 환각이 만들어낸 자동인형 올림피아를 아름다운 여성으로 사랑하고, 그 대신 이전까지 사랑했던 클라라는 생명이 없는 자동인형이라 배척한다. 클라라가 말하듯 코펠리우스와 코폴라를 모래 사나이의 화신으로 여기는 것은 나타나엘의 자아가 만들어낸 환영이고 오로지 그의 믿음 속에만 존재한다. 그러나 나타나엘에겐 이 믿음 속의 환영이 절대적 현실이 된다. 그런 나타나엘도 드물게 환각에서 깨어날 때면 클라라의 냉정한 현실 인식에 수긍하고 코폴라가 코펠리우스의 도펠갱어가 아니라 성실한 기술자일 뿐이라고 생각한다. 그러나 그렇게 이성적으로 사고하는 것은 나타나엘이 들뜬 환각에서 깨어나 잠시 탈진한 상태에서만 가능하며, 심신의 에너지가 되살아나 활동하기 시작하면 어김없이 환각 상태로 빠져든다. 나타나엘이 현실에서 멀어질수록 환각 상태는 더욱 깊어지고 생생한 현실감을 얻게 된다.

나르시시즘

자동인형 올림피아에 매료되면서 나타나엘은 클라라를 완전히 잊어버린다. 오로지 상상으로 만들어낸 자기 모습에 대한 애착에 빠져 있으므로 이성의 여성에 대한 관심 자체가 사라지는 것이다. 이런 상태를 가리켜 프로이트는 거세 콤플렉스에 의해 아버지에 얽매인 청년은 여성을 사랑할 수 없다고 말한다. 모든 심적 에너지는 오로지 자신을 지키기 위한 자기애에 집중되기 때문이다. 나타나엘의 자기애는 인형과 사람을 구별하지 못할 만큼 강박적이다.

자신의 여성적 분신 올림피아에 대한 나타나엘의 사랑이 나르시시즘에 빠져 있다는 것은 작품에서 상세히 묘사된다. 여기서 코폴라의 망원경은 현실에서 보이지 않는 것을 "깨끗하고 선명하고 명확하게 바로 눈앞에 보여주는"(43) 마법의 힘을 발휘한다. 망원경의 마법에 힘입어, 스팔란차니 교수의 집 창문 너머로 올림피아를 관찰하는 나타나엘에게 비로소 올림피아의 "시력이 점화된 듯 눈빛이 점점 더 생기를 띠며 타오르는 것처럼 보였다."(43) 바로 다음 문장에서 나타나엘은 "마법에 걸려 붙박인 듯 창밖으로 완전히 몸을 내민 채 천상의 존재처럼 아름다운 올림피아를 계속 관찰했다."(43, 인용자 강조)라고 묘사된다. 올림피아의 눈에 시력이 점화되고 눈빛이 타오르는 듯한 변화는 다름 아닌 나타나엘 자신의 마음속에 타오르는 불빛이 투영된 것이다. 천상의 신적인 아름다움을 가리키는 올림피아라는 이름 자체도 나타나엘의 환상이 지상의 현실과 무관한 것임을 분명히 일깨워준다. 나타나엘의 환상은 지상의 현실과 무관하므로 천상의 아름다움으로 승화된 것이라 할 수 있다.

이런 양상은 무도회 장면에서 절정에 이른다. 이 장면에서 나타나엘은 올림피아와 열정적으로 춤을 추고, 뜨거운 사랑의 고백을 하며, 올림피아가 기계장치에 의한 자동응답으로 "아ㅡ아ㅡ" 하고 메아리를 울리면 사랑의 응답을 받았다고 믿는다. 올림피아의 그런 반응에 나타나엘은 이렇게 생각한다. "그녀가 보내는 사랑의 눈빛은 오직 나에게만 떠오르고, 내 마음과 생각을 구석구석 비춰주지. 오직 올림피아의 사랑 속에서만 나는 나 자신을 발견해."(51) 다시 말해 올림피아는 나타나엘의 모습과 소망을 거울처럼 그대로 비춰주는 것이다. 심지어 나타나엘은 자신이 하는 말을 올림피아가 들려주는 말로 완벽하게 착각한다. 자신의 말에 대한 메아리는 "아ㅡ아ㅡ" 하는 후렴구만 나오는 것이 아니라 마치 동시 녹음과 재생처럼 자신의 말로 들리는 것이다.

그러나 올림피아는 나타나엘의 거울상이기 때문에 깨지기 마련이다.

올림피아의 아버지 격인 스팔란차니 교수와 코폴라가 올림피아를 서로 차지하려고 다투다가 올림피아의 몸통은 찢어지고 만다. 나타나엘이 자기애를 투사한 거울이 산산조각 나는 것이다. 마치 신화에서 나르키소스가 물속에 비친 미소년이 바로 자기라는 것을 알아보는 순간, 자신을 비추던 수면 거울이 산산조각으로 깨지는 것과 같은 형국이다. 나타나엘에게 올림피아는 거세공포와 현실적 무기력을 보상해주는 유일한 도피처였지만, 올림피아의 해체와 더불어 그의 거울상도 산산조각이 나는 것이다. 올림피아가 해체되자마자 나타나엘이 스팔란차니 교수를 목 졸라 죽이려 하는 것은 유일하게 자신에게 순종하고 응답하는 올림피아의 소멸로 인한 분노의 폭발이다. 스팔란차니가 20년 동안 공들여 만들었다는 올림피아가 한낱 자동인형에 불과했다는 환멸감이 분노를 더욱 부추겼을 것이다. 그것은 단지 분노의 폭발에 그치지 않고 광기의 발작으로 치닫는다.

'은유의 변신'

올림피아가 해체된 장면을 목격하고 나서 나타나엘은 광기의 발작을 일으키고 혼절했다가 다시 깨어나면서 마치 무서운 악몽에서 깨어나는 듯한 경험을 한다. 사실 악몽보다 더 끔찍한 충격을 겪은 셈이다. 이 사건을 두고 작품에서 '시학과 웅변술 교수'로 등장하는 인물은 "이 모든 것은 알레고리입니다. 계속되는 은유입니다."(57~58)라고 말한다. 이 말은 일찍이 퀸틸리아누스Quintilianus가 알레고리를 '계속되는 은유'continua metaphora라고 정의했던 것을 그대로 인용한 것이다.[5] 여기서 알레고리는

---

5 Ulrich Hohoff: *E. T. A. Hoffmann, Der Sandmann. Textkritik, Edition, Kommentar*, Berlin/New York 1988, S. 273.

은유의 숨은 뜻이 구체적인 감각적 대상으로 명확히 표현되는 비유를 가리킨다. 중세와 근대 형이상학의 이원론적 사고 체계에서는 비가시적 초월과 환상의 세계가 가시적인 형상으로 표현되는 것을 가리킨다. 예컨대 신의 계시가 비근한 사물로 현현하는 것이 그런 경우다. 그런 맥락에서 중세 그림을 보면 교훈적 내용을 담은 종교적 알레고리가 많다. 또한 호프만의 시대에는 낭만주의가 추구하는 경이로운 세계가 꿈의 형상이나 일상적 경험 사물로 표현되는 방식이 알레고리에 해당한다. 올림피아에 매료된 나타나엘의 관점에서 말하면, 올림피아는 그 이름이 유래하는 천상의 여신이 나타나엘의 눈앞에 현현한 것인 셈이다. 바로 그런 의미에서 나타나엘은 올림피아를 가리켜 '천상의 별'이니 '사랑의 피안'이라 일컫는다. 사랑에 눈먼 나타나엘의 '눈'은 지상의 감각적 사랑으로는 도달할 수 없는 '피안의 사랑'을 바로 눈앞에 경험하는 것이다. 물론 보통 사람의 정상적인 눈으로 보면 올림피아는 그저 기계적으로 움직이는 자동인형일 뿐이다. 그러나 보통 사람의 자연적 감각을 뛰어넘는 특별한 능력을 획득한 나타나엘의 눈은 '천상의 별' 올림피아가 발산하는 황홀한 빛을 "약속된 사랑의 피안에서 빛나는 광채"(48)로 받아들인다. 여기서 '약속된'verheißen이라는 표현은 중의적이다. 올림피아라는 이름에 담긴 '신에 의해 점지된'이라는 뜻과 더불어 '신이 선물한'이라는 뜻을 지닌 나타나엘 자신의 이름도 가리킨다. 그러니까 나타나엘과 올림피아의 사랑은 이중으로 신의 축복을 받은 운명적 사랑이다. 물론 나타나엘의 관점에서 그렇게 받아들이는 것일 뿐이고 둘의 사랑은 뭇사람의 웃음거리가 되므로 이야기의 화자는 반어적 거리를 취하고 있다.

'계속되는 은유'란 은유가 특정한 하나의 비유로 완결되어 표현되지 않고 계속 형태를 달리하여 변화하는 것을 가리킨다. 다시 말해 은유가 계속 변형되면서 새로운 의미를 생성한다는 뜻이다. 프로이트의 '꿈 작업'Traumarbeit 개념으로 말하자면, 억압적 요소의 '압축'Verdichtung이 '전위'Verschiebung와 결합하여 계속 형상을 바꾸어 연속되는 양상을 가리킨다.

작품에서 시학 교수가 '이 모든 것은 계속되는 은유'라고 할 때 '이 모든 것'은 좁게 보면 나타나엘과 올림피아가 벌인 해프닝을 가리키며, 넓게 보면 이 작품 전체를 가리킨다. 그러니까 나타나엘이 올림피아와 벌인 사건은 작품 전체에서 계속 전개되는 은유가 하나의 퍼포먼스로 구현된 장면이라 할 수 있다. 이런 의미에서 은유는 살아 움직이면서 계속 탈바꿈한다. 이러한 '은유의 변신'은 이 작품의 핵심적 구성 원리로서 프로이트의 압축 및 전위 개념에 상응하는 방식으로 작동한다. 이것을 좀 더 구체적으로 살펴보자.

「모래 사나이」에서 작품 전체를 집약해서 보여주는 은유는 당연히 '눈'이다. 어린 나타나엘의 어머니가 저녁마다 9시에 아이들이 잠자리에 들지 않으면 모래 사나이가 나타나서 눈에 모래를 뿌린다고 말하는 대목에서부터 '눈'의 은유는 '눈에 모래를 뿌린다'라는 이야기로 변형되기 ─ 이러한 변형은 프로이트의 용어로는 '전위'에 해당한다. ─ 시작한다.[6] 그러나 이런 이야기 자체는 매일 밤 반복되는 '친숙한'heimlich 동화적 상상일 뿐이다. 그러나 보모가 들려주는 이야기를 통해 모래 사나이는 낯설고 섬뜩한unheimlich 상상을 불러일으킨다. 보모의 이야기에 따르면, 모래 사나이는 잠자지 않는 아이들의 눈에 모래를 뿌려서 튀어나오는 눈알을 자루에 담아 가져가서는 '올빼미처럼 굽은 부리'를 가진 새끼들에게 모이로 먹인다는 것이다. 이런 이야기를 들은 어린 나타나엘은 밤마다 모래 사나이의 '섬뜩한 환영'에 시달리게 된다.

그 환영은 변호사 코펠리우스가 나타나면서 실체를 얻는다. 코펠리우스는 아이들의 눈을 뽑아 자동인형을 만드는 실험을 하므로 진짜 모래 사나이로 등장하는 것이다. 물론 코펠리우스가 아이들의 눈을 뽑는다는 것은 어머니와 보모에게서 들은 이야기의 허구가 코펠리우스의 수상쩍은

---

6 모래 사나이 이야기의 유래를 경험적으로 추론해보면, 몹시 졸릴 때 눈가에 아지랑이처럼 가물거리는 점들이 마치 모래를 뿌린 것처럼 느껴지는 것을 떠올릴 수 있다.

행동과 결합하여 빚어낸 끔찍한 상상일 뿐이다. 그러나 코펠리우스와 아버지의 실험 현장을 목격한 나타나엘에게 그런 상상은 현실이 된다. 나타나엘의 눈에 비친 실험 장면의 묘사를 보면, 불꽃이 이글거리는 화덕 주위로 사람들 얼굴이 어른거리는데, 얼굴에는 눈이 없고 '검은 구멍'만 보인다. 게다가 코펠리우스는 아버지에게 "눈을 줘, 눈을 달라고!"(16)라고 소리치기까지 한다. 코펠리우스는 인간 로봇의 눈알로 끼워 넣을 부품을 달라고 하는 것이지만, 겁에 질린 나타나엘에겐 어른거리는 얼굴들의 눈에서 뽑아낸 눈알을 달라고 하는 것처럼 보인다. 이 장면을 몰래 훔쳐보던 나타나엘을 발견한 코펠리우스는 나타나엘을 화덕 위로 던지고는 '아이의 예쁜 눈'을 뽑으려 한다. 이 위기의 순간에 아버지가 코펠리우스에게 애원하여 위기를 모면하지만, 이어서 코펠리우스는 나타나엘의 손과 발을 끼웠다 뺐다 하면서 마치 로봇을 조립하듯 다룬다. 실제로 손과 발을 끼웠다 뺐다 했을 리 없지만 겁에 질린 나타나엘은 그렇게 느끼며, 그래서 공포에 질려서 눈앞이 캄캄해지고 기절을 하고 만다. 여기까지를 보면 어린 나타나엘은 정말 모래 사나이에 의해 눈알이 뽑힐지도 모르고 자신의 몸이 로봇으로 대체될지도 모른다는 섬뜩한 공포에 사로잡혀 있다. 프로이트가 말한 거세공포의 일차적 의미는 이것이다.

이 대목에서, 모래 사나이라는 은유가 실제 인간으로 현현한 코펠리우스라는 이름의 상징성을 짚고 넘어갈 필요가 있다. 코펠리우스Coppelius와 나중에 나타나엘이 동일 인물이라 믿는 코폴라Coppola는 그 이름의 어간의 자음과 모음이 비슷하다. 프랑스어로 coupeller는 '연결하는 사람'이라는 뜻에서 속어로는 '뚜쟁이'라는 뜻도 있다. 코펠리우스의 실험은 중세의 연금술 실험을 방불케 하는데, 연금술이란 물질을 분해하고 융합하는 기술이므로 코펠리우스는 연금술사라는 뜻이기도 하다. 또한 이탈리아어 coppo는 눈의 '동공'을 뜻하며, coppella는 쇠붙이를 녹이는 '도가니'를 뜻한다. 그런가 하면 코폴라와 함께 올림피아를 만드는 스팔란차니 교수의 이름이 유래하는 이탈리아어 spalancare는 '(눈을) 번쩍 뜨다'라는 뜻이다. 또한 18세기 말에 실존했던 생물학자 스팔란차니Lazzaro Spalanzani는 최초로 동물 인공수정에 성공한 것으로 유명하다.

이들이 모두 동원된 상징적 의미 작용은 나타나엘의 자연적인 눈이 상징하는 정상적인 인지 능력을 빼앗고 망원경이 상징하는 특별한 인지 능력을 증폭하는 방향으로 집중된다. 다시 말해 현실을 환상으로 대체하는 것이다. 클라라의 명석한 인식을 빌리자면, 나타나엘은 자신의 '자아가 만들어낸 환영'에 점점 깊이 빠져든다. 그의 상상력이 한껏 고조되어 창작한 시는 그런 환영의 망상이 광기로 치닫고 있다는 것을 생생히 보여준다. 시에서 나타나엘은 클라라와 함께 결혼식 제단 앞에 등장하지만, 코펠리우스가 나타나 클라라의 눈을 뽑아내고 나타나엘을 활활 불타는 화염의 원圓 속에 내던진다. 이러한 '시적' 상상은 환영에 사로잡힌 나타나엘이 자신을 이해하지 못하는 클라라를 '생명 없는 로봇'으로 취급하고 그 대신 생명 없는 로봇 인형 올림피아에게 맹목적으로 빠져드는 광기를 예고한다. 나타나엘은 올림피아의 눈에서 천상의 광채가 빛난다고 착각하지만 올림피아의 동공Augenhöhle은 결국 나타나엘의 생명과 열정을 빨아들이는 '눈의 지옥'Augenhölle이 될 터이다.[7] 나타나엘은 올림피아의 마력에 빠져들수록 현실에서 멀어지고 결국 광기에 사로잡혀 헤어나지 못하기 때문이다. 올림피아가 해체된 직후 광기의 발작을 일으키는 나타나엘에 대한 묘사는 섬뜩한unheimlich 두려움을 자아낸다.

광기가 불타는 발톱으로 그를 움켜쥐었고 그의 마음과 생각을 갈기갈기 찢으면서 그의 내면을 파고들었다. "휘 — 휘 — 휘! — 불타는 원 — 불타는 원아! 돌아라, 불타는 원아 — 신나게 — 신나게 — 나무 인형, 휘,

---

[7] Detlev Kremer: *Erzählungen und Romane*, Berlin 1999, S. 84. 여기서 -höhle와 -hölle는 발음이 같다. 이와 유사한 언어적 기호의 양가성은 나타나엘이 창작한 시에서 클라라와 결혼식을 올리는 '혼례의 제단'(Traualtar)이 결국 '추모의 제단'(Traueraltar)으로 바뀌는 데서도 나타난다.

예쁜 나무 인형아, 돌아라 ─ ."(56)

그러고서 나타나엘은 스팔란차니 교수를 목 졸라 죽이려다 제지당하고 결국 정신병원으로 보내진다. 그리고 퇴원한 후 '무서운 악몽'에서 깨어나 다시 정신을 차린 것처럼 보인다.

광기는 흔적도 없이 깨끗이 사라졌고 나타나엘은 어머니와 애인과 친구들의 간호 속에 곧 기운을 되찾았다. (…) 나타나엘은 과거 어느 때보다 더 온화해지고 천진난만해졌으며 클라라의 천사처럼 순수하고 훌륭한 마음을 이제야 제대로 알아보았다.(59)

이렇게 평온을 되찾고 클라라와 함께하는 전원생활을 꿈꾸는 나타나엘은 그러나 도시를 떠나기 전에 클라라와 함께 시청 첨탑에 올라갔을 때 다시 광기의 발작을 일으킨다. 첨탑에서는 멀리까지 조망할 수 있으므로 일종의 망원경 효과가 일어나는데, 클라라는 멀리 떨어져 있는 숲을 바라보며 이렇게 말한다. "저 조그맣고 이상한 회색 덤불 좀 봐. 정말 우리 쪽으로 걸어오는 것처럼 보여."(60) 그러자 나타나엘은 조건반사적으로 주머니에서 망원경을 꺼내어 옆쪽을 바라본다. 클라라가 망원경 앞에 서 있고, 나타나엘은 사색이 되어 클라라를 응시하며 다시 발작을 일으킨다. 클라라가 언급한 '이상한 회색 덤불'은 나타나엘에게 코펠리우스의 '덥수룩한 수염'을 떠올리게 하며, 그래서 그는 이를 확인하려고 '조건반사적으로' 망원경을 꺼내는 것이다. 그런데 하필 바로 옆에 있는 클라라가 망원경의 렌즈에 클로즈업되면서 나타나엘의 광기를 점화하는 것이다.
어째서 클라라의 모습이 광기를 유발하는 것일까? 망원경의 특성을 고려하여 경험적으로 추측하자면, 클라라가 너무 가까이 클로즈업되어 눈이 엄청나게 크게 보이거나 아니면 아예 눈의 형체는 보이지 않고 검게 그늘진 동공처럼 보이는 것으로 짐작된다. 망원경으로 포착된 거대한 눈

또는 어두운 동공은 다름 아니라 올림피아를 망원경으로 관찰했던 기억을 되살아나게 하며, 그래서 광기가 도지는 것으로 추정할 수 있다. 나타나엘의 기억과 무의식에 각인된 트라우마는 외부의 미세한 자극에도 다시 곪아터질 정도로 치유하기 힘든 깊은 상처를 남긴 것이다. 망원경에 클로즈업된 클라라의 눈은 잠복한 광증을 되살리는 자극적 기호가 되는 셈이다. 그래서 나타나엘은 잊힌 듯했던 공포를 몰아내려고 조건반사적 행동으로 클라라를 첨탑 아래로 밀어내려 한다. 그러다가 클라라의 오빠 로타어의 개입으로 제지당하고서 다시 아래를 내려다보는 나타나엘의 눈에 '거인처럼 우뚝 솟은' 코펠리우스의 모습이 보인다. 그러자 나타나엘은 아래로 뛰어내려 죽음을 맞는다. 끔찍한 악몽을 되살리는 원흉 코펠리우스에 대한 공격이 자살로 끝나는 것이다.

마지막으로 지금까지 작품 내내 '계속된 은유'의 종착점인 첨탑의 상징성을 생각해보자. 이미 언급한 대로 높은 첨탑은 도시 전체를 조망하게 해주고 멀리까지 보게 해주는 망원경의 효과를 제공한다. 그런 점에서 첨탑 역시 눈의 은유가 공간적 조형물로 전이된 형상이라 할 수 있다. 그런 첨탑의 의미를 다시 눈에 소급하여 적용해보면, 눈은 사람 사는 세상을 두루 조망하게 해주는 탁월한 인식 기관이다. 이런 조망의 능력을 갖출 때 인간은 자립적 주체로 우뚝 설 수 있다. 뿐만 아니라 첨탑의 수직적 상승의 이미지는 세상을 굽어볼 수 있는 지배력을 함축한다. 다시 말해 인식은 곧 힘과 권력의 유력한 수단이 된다. 베이컨의 말처럼 아는 것이 힘인 것이다. 마지막 장면의 묘사에서 **'거대한 도시'** Riesenstadt, 첨탑의 **'거대한 그림자'** Riesenschatten가 다시 나타난 코펠리우스의 **'거대한'** riesengroß 모습과 겹쳐진다. 이것은 프로이트가 말한 중첩과 압축의 전형적인 양상이다. 여기서 우리는 나타나엘이 끝까지 자각하지 못하는 두려움의 실체는 결국 마음속의 환영이 만들어낸 악마적 힘이 아니라 세상을 지배하는 이 거대한 힘이 아닐까 추정해볼 수 있다. 프로이트가 말한 거세공포도 그 거대한 힘에 짓눌린 두려운 자의식이 아닐까. 이런 추정이 타당하다면 프로이트가 말하는 거세공포 또한 남근을 육체를 포함하는 상징적인 기표로 해석할 때 오히려 더 설득력이 있을 것이다. 쉽게 생각하면 나타나엘은 클라라와의 관계에서 그녀의 냉철한 이성에 의해 자신의 환상이 깨지는 것을 두려워한다. 사랑하는 여성의 인정을 받지 못하고 자신의 존재감을 무시당하는 수모를 겪는 것이다. 그래서 클라라를 생명도 없는 자동인형이라고 공격한다. 눈에는 눈으로 응수하는 셈이다. 마지막으로 높은 첨탑에 오르는 행위는 지상의 횡적인 인간관계에서 좌절한 나타나엘이 자존심을 세우고자 하는 수직적 상승 욕구를 나타내는 상징적 행위라 할 수 있다. 독일어 관용어법대로 '높이 오르다'in die Höhe gehen라는 말은 '출세하다'라는 뜻이다. 나타나엘의 수직 상승 욕구는 현실의 좌절을 보상하려는 욕구의 표현이다. 프로이트 역시 『꿈의 해석』Die Traumdeutung, 1899에서 그런 의미로 해석하고 있다.[8] 또한 프로이트 이전부터 꿈의 해석자들이 전형적인 꿈의 상징으로 해석해온, 계단을 오르는 행위는 전형적으로 성행위를 상징하며, 프로이트 역시 그런 전통적 해석을 받아들인다.[9] 나타나엘의 경우로 말하면, 여전히 유년기의 트라우마에서 벗어나지 못한 나타나엘이 생전 처음으로 남성적 자존심을 세워보려는 무의식적 욕망이 전이된 환유적 표현인 셈이다. 그러나 지상에서 나타나엘의 최후의 시도를 지켜보는 '거인' 코펠리우스는 나타나엘이 스스로 탑에서 내려올 거라고 장담한다. 그의 예견대로 나타나엘은 탑에서 뛰어내려 죽는다. 프로이트가 말한 거세공포는 삶의 모든 것을 잃는다는 총체적 의미에서 거세로 귀결된다.

---

8 프로이트: 『꿈의 해석』, 김인순 옮김, 열린책들 2014, 375쪽 참조.
9 같은 책, 437쪽 참조.

맺는말

지금까지 살펴본 대로 프로이트의 정신분석 개념은 문학작품의 심층적 이해를 위해 유익한 실마리가 될 수 있다. 그것은 프로이트의 개념을 기계적으로 적용하지 않고 작품 해석을 위한 하나의 길잡이로 삼을 때 가능하다. 그럴 때 프로이트의 개념은 기존의 미학 범주로는 포착되지 않는 텍스트의 의미를 드러내는 적절한 방편이 될 수 있다. 프로이트가 '두려운 낯섦'이라는 용어를 정신분석의 영역으로 끌어들이는 접근 방식 자체가 그런 독창적 발견술을 보여준다. 프로이트는 애초에 '친숙한'이라는 뜻을 지녔던 heimlich가 그 반대로 '섬뜩한' unheimlich이라는 의미를 획득한 '언어적 진화' 현상에 주목하여 우리에게 친숙한 의식의 표면 아래 감춰진 무의식의 섬뜩한 두려움을 발견하는 것이다. 의식 층위의 친숙함heimlich과 무의식 층위의 두려움unheimlich은 별개로 분리된 것이 아니라 동전의 양면처럼 표리 관계에 있다는 것이 프로이트의 독창적 통찰이다.

프로이트가 호프만의 「모래 사나이」에서 이러한 발견의 영감을 얻은 것은 역설적이게도 호프만의 작품이 익히 알려진 미적 규범에서 벗어난 파격을 보여주기 때문이다. 프로이트는 「두려운 낯섦」의 서두에서 정신분석가는 본래 미학적 주제에 관심을 갖지 않는다고 말한다. 그 이유는 미학적 범주에 의해 정제되고 순화된 감정들은 정신분석의 흥미를 끌 수 없기 때문이다. 그렇게 정제된 감정은 적나라한 인간 욕망을 있는 그대로 보여줄 수 없는 까닭이다. 그렇지만 프로이트는 아주 드물게 '별개의 학문으로 특화된 미학에서 멀리 떨어진 채 경시되어온 특수한 영역'에는 관심을 가진다고 말한다.[10] 다시 말해 이미 이론으로 확립된 미학에서는 관심을 기울이지 않는 미개척 영역에 오히려 관심을 가지며, '두려운 낯섦'

---

10 프로이트: 『예술, 문학, 정신분석』, 403쪽 참조.

이 바로 그런 경우라는 것이다. '두려운 낯섦'은 전통적인 미학에서 말하는 '아름다움'이나 '숭고함' 또는 '비장함'이나 '고결함' 등 그 어떤 미적 범주와도 무관한 낯선 현상이다. 호프만의 소설 「모래 사나이」는 그런 친숙한 미적 범주들에서 벗어나는 '두려운 낯섦'을 통해 인간 존재의 심연을 탐색하고 있다. 이를 통해 이전의 문학적 상상력이 접근하지 못한 미지의 영역을 개척하고 있다. 바로 그런 점에서 미지의 영역을 탐구하려는 호프만의 문학적 상상력은 무의식이라는 신천지를 탐구하려는 프로이트의 정신분석과 만나게 되는 것이다.

(2023년)

3부

크라카우어의 비판적 문화이론

물질적 구체성과 직관적 구성의 변증법

지크프리트 크라카우어Siegfried Kracauer, 1889~1966는 20세기 독일 지성사에서 독특한 위치에 있는 문화이론가이다. 대학에서 건축학을 전공하고 졸업 후 건축설계사로 사회생활을 시작한 그는 1914년 프랑크푸르트 시가 주관한 전몰 용사 추모공원 설계 공모에 당선되기도 했다. 그 전에 18세 때부터 이미 《프랑크푸르트 신문》 문예란에 기고를 시작하여 히틀러 집권 후 망명할 때까지 이 신문의 문예란 수석 기자 및 편집장으로 재직하면서 2,000여 편의 방대한 글을 발표했다. 여기에 발표한 글들이 다루는 주제는 짐멜Georg Simmel, 베버Max Weber, 후설Edmund Husserl, 벤야민, 카프카의 저작에 대한 서평을 비롯하여 영화와 다양한 대중문화 현상을 분석한 에세이에 이르기까지 철학과 사회학, 문학과 문화예술 전반을 망라하고 있다. 또한 크라카우어는 전통적인 노동자 계급이나 시민 계급과는 구별되는 신중간층이라 할 수 있는 (그리고 영화의 주요 관객인) 사무직 노동자에 대한 최초의 사회학적 연구로 평가받는 『사무직 노동자』 *Die Angestellten*, 1929를 집필하기도 했다. 그리고 자전소설과 시대소설의 특성을 겸비한 『긴스터』 *Ginster*, 1925, 『게오르크』 *Georg*, 1934 등의 소설도 발표했다. 히틀러 집권 후 파리를 거쳐 미국으로 망명한 크라카우어는 독일 초기 영화부터 히틀러 시대의 독일 영화까지를 다룬 『칼리가리에서 히틀러까지』*From Caligari to Hitler*, 1947와 『영화의 이론』*Theory of Film*, 1956 을 발표하여 현대 영화이론의 선구자로도 평가받는다. 그리고 그의 사후 출간된 유고집 『역사: 끝에서 두 번째 세계』*History: the last things before the last*, 1969는 거시사와 미시사의 상관성을 새로운 시각으로 천착한 문제작이다.

이상에서 간략히 살펴본 폭넓은 지적 이력에서 알 수 있듯이 크라카우어는 명실상부하게 '멀티플레이어'의 면모를 갖춘 지식인이다. 그런 점에서 크라카우어의 저작은 오늘날 인문사회과학의 거의 모든 분야를 망라하는 학제적 연구의 선구적 본보기를 보여주며, 그의 문화이론에 대한 종합적인 연구가 필요한 일차적 이유는 바로 그런 점에서 찾을 수 있다. 또한 크라카우어의 저작은 그 분석 대상의 다양성이라는 측면 외에도, 전통적 이론과는 구별되는 독특한 분석 방법의 측면에서도 주목을 요한다. 일찍부터 아도르노와 함께 칸트를 공부했고 짐멜과 후설을 거쳐 마르크스를 섭렵한 크라카우어는 생동하는 현실과는 유리된 관념론적 체계철학과 정형화된 이념철학의 폐해를 극복하고 후설이 말한 '생활세계'Lebenswelt의 모든 표층적 현상들이 한 시대나 사회의 역동적 움직임과 어떤 심층적 연관성을 맺고 있는가를 천착하고자 했다. 「지식인에 대한 최소한의 요구」1931라는 글에서 크라카우어는 "이론적 사유의 과도한 긴장으로 인하여 우리는 살아 있는 사물들과 인간들로 가득 차 있고 따라서 구체적으로 파악되어야 할 지금 이곳의 현실로부터 너무나 동떨어져 있다."[1]라고 강단 철학의 관념적 폐쇄성을 비판하면서 구체적 생활세계의 역동성에 주목할 것을 요구한다. 다른 한편 크라카우어는 '시대정신'이나 '이념형' 혹은 '집단 이데올로기' 같은 정형화된 틀로 현실에 접근하는 태도 역시 상투적 관념으로 현실을 재단하기 때문에 오히려 진정한 현실을 은폐한다고 본다. 그런 의미에서 "모든 이념은 이 세상을 거치면서

---

[1] Kracauer: Minimalforderung an die Intellektuellen, in: *Werke*. Bd. 5.1: Essays, Feulletons, Rezensionen, Frankfurt a. M. 2011, S. 169.

조잡해지고 납작해지고 일그러진다. (…) 이념이 제도가 되면 먼지구름이 그 이념을 에워싸고 이념의 윤곽과 내용을 흐리게 한다. 이념의 역사는 오해의 역사다. 이념이 그 진실함과 온전함을 보존할 수 있는 때는 널리 인정받는 믿음에 수반되는 확고함이 없는 때로 한정된다."[2]

그런 맥락에서 크라카우어의 문화 분석 방법은 근본적인 의미에서 이데올로기 비판적 특성을 갖는다. 크라카우어는 주요 분석 대상으로 삼는 바이마르 공화국 시기의 지배적인 주류 이데올로기, 즉 파시즘으로 귀착되는 보수반동적 이데올로기와 그 대척에 있는 급진적 진보주의 내지 메시아주의 양쪽 모두에 대해 비판적이다. 후자의 측면에서 크라카우어는 벤야민이나 아도르노로 대표되는 프랑크푸르트학파의 문제의식을 공유한다고 볼 수 있다. 그러나 크라카우어 자신은 벤야민의 사유 저변에 깔려 있는 구원신학적 모티프에 대해서는 지나치게 '낭만적'이라고 비판적 거리를 두며, 아도르노에 대해서는 끝내 '헤겔주의'와 결별하지 못한 문제점을 지적한다. 서구나 국내 학계에서 벤야민과 아도르노가 집중적인 연구 대상으로 주목받은 반면 크라카우어에 대한 연구는 상대적으로 미진한 것도 바로 그런 사정에 연유하는 것으로 보인다. 어떤 이념형으로도 좀처럼 포착되지 않는 생동하는 현실, 크라카우어 자신의 표현을 빌리면 '미지의 땅'으로 남아 있는 구체적 현실을 역시 '미지의 땅'으로 남아 있는 사유로 해명하려는 것이 곧 그의 저작에 일관된 문제의식이며, 따라서 그의 저작에 대한 내재적 이해와 체계적 설명을 뒷받침할 이론적 틀을 찾기가 쉽지 않은 것이다.

프랑크푸르트학파의 그늘에 가려서 한동안 주목받지 못했던 크라카우어에 대한 연구는 1990년대 후반 이래 다소 활발해지는 편인데, 서구 학계에서 크게 두 가지 흐름으로 대별될 수 있다. 크라카우어가 영화이론의 선구자인 만큼 그의 영화이론에 관해서는 영화사와 영화이론의 맥락

---

[2] 크라카우어: 『역사: 끝에서 두 번째 세계』, 김정아 옮김, 문학동네 2012, 22쪽.

에서 체계적인 연구가 나와 있고,[3] 초기의 신문 기고문을 주로 다룬 대중문화 분석에 관해서도 종합적인 연구서가 나와 있다.[4] 다른 한편 크라카우어의 사상을 그와 직간접으로 교류한 20세기 지성사의 맥락에서 다룬 최근의 연구서는 그의 사유를 벤야민, 아도르노, 카시러Ernst Cassirer, 블루멘베르크Hans Blumenberg, 블로흐Ernst Bloch, 리글Alois Riegl, 바르부르크Aby Warburg 등과 비교하고 있다.[5] 그리고 국내에서는 크라카우어의 『사무직 노동자』를 중심으로 대중문화론을 다룬 논문과 크라카우어의 영화미학을 네오리얼리즘의 맥락에서 다룬 논문이 있다.[6]

따라서 기존 연구들은 주로 크라카우어의 저작을 특정 시기나 분야의 특정 저작 중심으로 다루거나 다른 사상가들과 비교하는 관점에서 다루고 있어서 그의 전 저작을 관통하는 사유의 방법을 내재적으로 재구성하려는 시도는 거의 없다. 특히 크라카우어 사후에 『역사: 끝에서 두 번째 세계』(이하『역사』)를 간행한 역사학자 크리스텔러Paul Oskar Kristeller가 1994년판 서문에서 지적한 대로, 크라카우어 연구자들을 "당혹스럽게 만드는 것은 크라카우어가 자신의 생각 중 일부를 프랑크푸르트학파의 바깥에서 차용했다는 점"인데, 무엇보다 "프랑크푸르트학파의 사회학적 접근과 선명하게 갈라지는 저서"인 『역사』에 대한 연구를 이전의 저작과 연결하는 작업은 거의 공백으로 남아 있다.

연구의 이러한 공백 내지 단절을 고려하여 이 글은 크라카우어의 저작 전체를 관통하는 방법론을 재구성하는 데 초점을 맞추고자 한다. 이를 위해서는 무엇보다 크라카우어 자신이 '사물에 관한 사유가 아니라 사물

---

3 Heide Schlüpmann: *Ein Detektiv des Kinos. Studien zu Kracauers Filmtheorie*, Basel 1998.
4 Inka Mülder-Bach: *Siegfried Kracauer. Grenzgänger zwischen Theorie und Literatur: seine frühen Schriften 1913~1933*, Stuttgart 1985.
5 Dorothee Kimmich (Hg.): *Denken durch die Dinge. Siegfried Kracauer im Kontext*, Padeborn 2009.
6 서요성: 크라카우어의 대중문화론,《브레히트와 현대연극》, vol. 13, 2005, 293~316쪽; 피종호: 크라카우어의 영화미학,《뷔히너와 현대문학》, 2003, 183~199쪽.

을 관통하는 사유'Denken nicht über die Dinge, sondern durch die Dinge라 언급한 '물질적 구체성'의 사유가 바이마르 공화국 시대에 르포르타주 형식으로 유행했던 즉물주의Sachlichkeit와는 변별되면서도 특유의 직관적 구성과 결합되는 양상을 해명하는 것이 관건이라 여겨진다. 이 문제에 접근하기 위하여 먼저 크라카우어의 저작 전반에 바탕이 되는 방법론적 기초를 살펴보고자 한다. 그리고 그의 영화이론에서 중요한 논거가 되는 이미지 이론과 영상의 인지 효과를 구체적 사례를 통해 분석하고자 한다. 그다음으로 크라카우어가 고도로 발달한 자본주의 시대의 새로운 집단문화로 주목하는 군중 장식물이 어떻게 자본주의 체제와 결부되어 있으며 나아가서 파시즘에 의한 정치의 예술화와 어떻게 관련되는지 살펴보고자 한다. 마지막으로는 『역사』에서 거시사와 미시사의 상호 결합이 단지 분과학문으로서의 역사학의 방법론 문제에 국한되지 않고 구체적 인간현실과 미지의 역사 세계를 향해 열려 있는 진정한 인문주의 정신의 회복을 탐색한 것임을 해명하는 한편, 그것이 그의 이미지 이론과 어떻게 연결되는가를 살펴보고자 한다.

크라카우어 문화이론의 방법적 기초

크라카우어의 문화이론에 대한 내재적 이해와 종합적 재구성을 시도하면서 여기서는 그의 문화 분석 방법 자체를 연구의 방법으로 원용하고자 한다. 따라서 기존의 매체론적 방법이나 영화미학 또는 사회학적 접근 방법과는 달리 크라카우어의 문화 분석에 바탕으로 깔려 있는 몇 가지 전제 내지 사유의 모티프를 연구의 길잡이로 삼을 것이다.

첫째, 크라카우어의 문화 연구에 바탕이 되는 역사 이해는 종전의 거시사 중심의 역사 서술과 달리 거시사와 미시사의 상호 침투에 주목한다. 『역사』에서 크라카우어는 근대의 주류적 역사 담론인 거시사가 역사적 시간을 연속적이고 '균질적인'homogeneous 흐름으로 파악하여 자연과학적 인과율을 인간사에 적용하는 오류를 범했다고 비판한다. 거시사의 입장에서 역사를 균질적 시간의 흐름으로 파악하는 방식은 역사의 실재를 은폐한다.

동시적 사건들이 많은 경우 본질적으로는 비공시적이므로, 역사적 과정이 균질적 흐름이라는 생각은 터무니없다. 균질적 흐름이라는 이미지는 역사적 사건이 펼쳐지는 실질적인 배열체의 시간들을 은폐한다.[7]

동시적 사건들이 대개는 비공시적이라는 것은 경험적으로 동시에 일어난 다양한 사건들도 제각기 상이한 발생적 기원에서 유래하는 것이기 때문이다. 따라서 동시적 사건들을 공시적 집합체로 엮어서 '시대정신'을 도출하는 방식의 역사 서술은 이질적인 혼합적 구성물인 역사적 시간들을 은폐하는 결과에 이를 수밖에 없는 것이다. 그런 식으로 역사의 순차적 진화를 가정하는 모든 역사 담론은 역사의 모든 시대가 단일한 '시대정신'의 통일체가 아니라 서로 모순되고 대립하는 '다양한 경향들과 목표들과 활동들의 덩어리'라는 점을 간과함으로써 역사 인식을 단순화한다. 그런 거시사의 관점으로 포착되지 않고 은폐된 다양한 잠재적 가능성들을 재발견함으로써 과거와 현재가 새로운 맥락으로 연결되고 그렇게 역사가의 자아가 확장되는 과정을 통해 현재에 대한 새로운 인식과 미래에 대한 새로운 전망이 열릴 수 있다고 보는 것이 크라카우어의 기본 관점이다.

둘째, 크라카우어는 주로 현대 대중사회의 집단적 문화현상에 주목하는데, 그의 문화 연구에 바탕이 되는 것은 개인과 집단의 관계에 대한 역동적 이해이다. 크라카우어의 주요 연구 대상은 바이마르 공화국 시기의

---

7 크라카우어: 『역사』, 165쪽.

(파시즘으로 수렴되는) 집단적 이데올로기와 그 문화적 현상들이기 때문에 개인과 집단의 관계를 어떻게 볼 것인가 하는 문제도 그의 사유를 이해하는 중요한 단서가 된다. 「이념의 담지자로서의 집단」1922[8]이라는 글에서 크라카우어는 집단을 개인들의 단순한 유기적 총합으로 보는 '자유주의적' 관점과 집단(의 이념)을 초개인적 실체로 보는 '낭만주의적' 관점 모두를 비판하면서 '정신활동의 경제성'mentale Ökonomie이라는 관점에서 개인과 집단의 역동적 상호작용을 대안적 설명 모델로 제시한다. 초기 마르크스의 입장을 계승하여 '살아 있는 구체적 개인'에 주목하는 크라카우어는 인간이 특정한 관심사에 몰입하면 그 밖의 다른 영역들은 그만큼 소홀히 대할 수밖에 없으며, 그렇게 해서 '정신활동의 비활성 영역'이 생겨난다고 본다. 집단에 몰입하여 그런 비활성 영역이 과도하게 증대할 때는 온전한 인격체로서의 판단력을 상실하고 편견에 항복하며 습관의 노예가 된다는 것이다. 그런 점에서 집단에 속해 있는 개인들은 그 집단에 의해 이끌릴 뿐 아니라 심지어 '창조'될 수도 있는 '인간 쪼가리들'이다. 다시 말해 그 '쪼가리들'이 어떤 형태로 합성되는가에 따라 집단의 에너지도 지극히 다양한 형태로 분출될 수 있는 것이다. 크라카우어가 역사의 시대를 '다양한 경향들과 목표들과 활동들의 덩어리'라고 할 때의 '덩어리'가 '군중'Masse의 원래 의미인, 효소를 넣지 않은 상태에서 '반죽한 밀가루 덩어리'mazza라는 말과 유비되는 것은 그런 점에서 흥미로운 발상이다.

셋째, 크라카우어는 우리에게 너무 친숙해져서 '피부'처럼 우리 자신의 일부가 되어버린 일상 현실이 오히려 자신과 현실에 대한 인식을 가로막는다고 본다.

우리는 친숙한 것조차도 지각하지 못한다. 그것은 우리가 낭떠러지를

---

[8] Vgl. Kracauer: Gruppen als Ideenträger, in: *Das Ornament der Masse*, Frankfurt a. M. 2009, S. 123~156.

바라볼 때 무서워서 주춤하는 것과는 다르다. 우리는 친숙한 것에 대해서는 더 이상 생각하지 않는 것을 당연시하는 것이다. 오래전부터 알던 얼굴들, 매일 걸어 다니는 길거리, 우리가 사는 집 — 이 모든 것들은 우리의 피부와 마찬가지로 우리 자신의 일부이다. 우리는 정말로 그것들을 속속들이 알기 때문에 오히려 그 외적 현실은 알지 못한다. 그것들이 우리의 실존에 육화되는 바로 그 순간부터 그것들은 우리의 지각 대상이 되지 않고 욕망의 목표가 되지 않는다.[9]

이러한 진단에서 출발하여 크라카우어는 우리가 일상적으로 늘 경험하지만 타성적으로 무심코 지나쳐서 그 의미를 간파하지 못하는 '표층 문화'Oberflächenkultur의 바탕에 깔려 있는 심층적 맥락에 주목한다. 크라카우어는 그의 대중문화 분석의 방법론적 맹아를 압축한 글이라 할 수 있는 「군중 장식물」1927이라는 글에서 우리의 시야에 제대로 포착되지 않는 표층 문화가 당대 현실의 근본적인 이해에 오히려 적절한 소재를 제공한다고 역설적인 주장을 편다.

역사 과정에서 한 시대가 차지하는 위상은 그 시대가 스스로에 대해 내리는 판단들을 분석하는 것보다는 별로 눈에 띄지 않는 표층의 표현들을 분석할 때 더 설득력 있게 규명될 수 있다. 그 시대가 내리는 판단들은 시대적 경향들의 표현으로서 그 시대의 전체적인 구조에 대한 적절한 증거가 되지 못한다. 그 반면 눈에 띄지 않는 표층의 표현들은 그 무의식적 특성에 힘입어 당대 현실의 근본 내용을 직접적으로 파악할 수 있는 근거가 된다. 그러한 근본 내용을 인식할 때 그 시대에 대한 해석이 가능해진다. 한 시대의 근본 내용과 그 시대의 주목받지 못한 충동들은 서로를 해명해준다.[10]

---

9 Kracauer: *Theorie des Films*, Frankfurt a. M. 2012, S. 88.

우리의 의식적 판단에 따라 파악된 한 시대의 두드러진 경향들은 앞서 언급한 정신활동의 경제성 원리에 의해 주변적이고 부차적인 현상들을 뒷전으로 밀어내기 때문에 오히려 우리의 의식이 개입하지 않는 무의식적 표층 현상들이 당대 현실의 '근본 내용'을 파악할 수 있는 근거가 된다는 것이다. 크라카우어의 이러한 발상은 서로 무관해 보이는 다양한 문화 현상들 사이의 전체적 연관성을 규명하고자 했던 짐멜의 영향을 강하게 받은 것으로, 크라카우어는 짐멜에 관한 글에서 그러한 문제의식을 "사물들을 고립된 상태로부터 해방하는 것"[11]이라 언명한 바 있다. 크라카우어가 거시사에 의해 은폐된 역사적 경향들의 발견이 주는 인식 효과를 '낯설게 하기'에 비견하듯이, 얼른 눈에 띄지 않는 표층 문화의 인식 효과 역시 같은 맥락에서 이해할 수 있을 것이다. 특정한 시대와 사회가 집단적으로 공유하는 생활세계의 일상 문화인 '표층의 표현들'은 일상적으로 관습화되고 자동화됨으로써 오히려 지각의 대상에서 배제되고 은폐되기 때문에 그런 표층 현상들을 재발견할 때 비로소 집단을 움직이는 무의식적 힘을 더 효과적으로 드러낼 수 있다고 보는 것이다.

마지막으로, 크라카우어의 미학적 사유와 역사적 사유를 연결하는 공통된 상수常數는 그 자신의 개념을 빌리면 '리얼리즘 충동'과 '조형 충동'으로 집약될 수 있다. 리얼리즘 충동이란 대상을 그 소재와 질료에 합당하게 가능한 한 있는 그대로 재현하고자 하는 예술적 지향을 가리킨다. 그 반면 조형 충동은 예술가의 지각 방식과 관점에 따라 대상을 새롭게 구성하려는 충동을 가리킨다. 크라카우어는 이 양자의 결합을 사진을 예로 들어 설명하는데,[12] 가령 스티글리츠Alfred Stieglitz의 「춤추는 나무들」Die tanzenden Bäume, 1922이라는 사진은 얼핏 보면 '비대상적 구상' 같지만 사실은 빽빽이 늘어서 있는 나무들을 근접 촬영한 것이며, 그런 점에서

---

10 Kracauer: *Das Ornament der Masse*, S. 50.
11 Kracauer: Georg Simmel, in: *Das Ornament der Masse*, S. 221.
12 『역사』, 66쪽 이하 참조.

스티글리츠의 「춤추는 나무들」

이 사진은 실물 나무들의 리얼리즘적 재현인 동시에 '가을날의 슬픔을 표현하는 잊지 못할 이미지 혹은 알레고리'이기도 하다는 것이다.

원근법의 원리에 따라 대상을 신축성 있게 '클로즈업'하는 사진의 구성 원리는 크라카우어에 따르면 생동하는 역사 서술의 원리이기도 하다. 역사 서술은 과거의 죽은 사실들을 연대기로 나열하는 것이 아니라 역사적 사건에 대한 원근법과 역사가의 현재적 관점이 상호작용하여 재구성되는 것이기 때문이다. 또한 과거의 역사적 사건에 대한 해명이 과거의 단순 재현이 아니라 현재를 재인식하게 함으로써 미지의 미래를 향해 열려 있듯이, 사진 예술 역시 일차적 외양과 달리 사진의 프레임에 갇혀 있는 완결된 것이 아니라 프레임 바깥의 다양한 현실들을 향해 열려 있다는 점을 강조한다. 크라카우어의 문화 분석과 관련지으면, 그가 다루는 일상 문화의 미시적인 '표층적 표현들' 역시 당대 현실의 다양한 맥락과 얽혀 있다고 할 수 있다. '리얼리즘 충동'과 '조형 충동'의 관계를 크라카우어는 '리얼리즘 충동≥조형 충동'이라는 수학적 공식으로 설명하는데, '조형 충동'이 현실을 왜곡하는 자의성에 빠져서는 안 된다는 점을 강조하는 것이다.

크라카우어의 이미지 이론과 영상의 인지 효과

크라카우어의 이미지 이론: 상징에서 알레고리로

크라카우어의 사유를 이끄는 모토 중 하나는 "현실은 구성물이다."[13]라는 것이다. 이미 언급한 대로 한 시대의 사회현실은 '시대정신'의 통일체가 아니라 복잡다기한 경향들이 들끓는 무정형의 '덩어리'이기 때문에 그런 현실을 지각하는 방식에 따라 동시대의 현실도 개인과 집단마다 다르게 경험된다. 마찬가지로 그런 현실을 '재현'하는 동시에 '조형'하는 예술적 표현 역시 같은 의미에서 '구성물'이다. 크라카우어는 사진이 출현하기 이전의 예술과 이후의 예술을 대별하여 예술적 표현 방식이 어떻게 달라지는가를 역사적으로 설명한다. 그것은 상징 예술이 알레고리 예술로 전환되는 과정, 사물과 재현의 유사성이 해체되는 과정, 연속적 형식이 비연속적 형식으로 대체되는 과정의 세 측면으로 나누어 살펴볼 수 있다.[14] 크라카우어에 따르면 전통적인 상징 예술은 발생사적으로 보면 자연과의 유기적 친화성을 간직한 공동체 의식의 표현으로, 여기서 대상과 재현은 미메시스적 유사성의 관계로 정립된다. 이러한 상징 예술은 자연의 힘에 종속된 인간의 의식 상태의 표현이다. 그러나 자연에 대한 지배가 강화될수록 상징의 재현적 가치는 상실되고 자연사물과의 유기적 친화성도 해체되는 반면 재현 형식의 구성적 특성이 강화된다. 그렇게 탈상징화된 예술 형식을 크라카우어는 알레고리라 일컫는다.(앞에서 언급한 스티글리츠의 사진에서 구성적 특성을 '알레고리'라 한 것도 바로 그런 맥락에서 이해할 수 있다.) 그런데 크라카우어는 상징에서 알레고리로의 전환을 예술사적 사실로 설명하는 데 그치지 않고, 그처럼 구성적 요소가 강화된 알레고리적 예술이 현대의 조건에 더 적합한 현실 인식의 효과를 낳는다고

---

13 Kracauer: *Die Angestellten*, S. 16.
14 Vgl. Kracauer: Die Photographie, in: *Ornament der Masse*, S. 35 ff.

말한다. 대상과의 유기적 친화성에 의존하는 상징 예술이 현실 인식의 관습화와 타성화로 기우는 반면, 알레고리는 그 구성적 특성에 힘입어 관습적인 의미연관에서 벗어난 사물의 본래적 현존을 더 효과적으로 드러낸다고 보기 때문이다.

크라카우어는 알레고리적 표현에서 사물에 대한 인식이 강화되는 근거를 알레고리가 역사적 기억의 구성물이라는 데서 찾는다. 가령 사진의 역사에서 초기의 인물사진은 인물의 실물적 재현에 몰입함으로써 인물의 삶을 '정물'로 고정하는 역효과를 낳는다. 그 반면 원근법과 클로즈업을 원용하여 '카메라-현실'을 추구하는 현대의 사진은 삶의 시간 속에서 '부스러기들로 붕괴된 요소들을 쌓아 올림으로써' 그 파편적 디테일과 장구한 세월에 걸친 삶의 다양한 연관성을 더욱 강하게 환기한다는 것이다. 그런 의미에서 크라카우어는 단순한 표층의 연관성은 해체되어야 한다고 주장한다.

> 역사가 서술되기 위해서는 단순한 표층의 연관성은 해체되어야 한다. 예술작품에서는 대상의 의미가 공간적 현상이 되지만 사진에서는 대상의 공간적 현상이 그 대상의 의미가 되기 때문이다. 이 두 가지 공간적 현상, 즉 자연적 공간 현상과 인식된 공간 현상은 서로 합치되지 않는다. 예술작품은 인식된 공간 현상을 위해 자연적 공간 현상을 지양함으로써 그와 동시에 사진이 추구하는 **유사성**을 부정한다. (…) 예술작품 역시 시간 속에서 붕괴된다. 하지만 예술작품이 부스러기들로 붕괴된 요소들로부터 작품이 의도하는 의미가 생겨나며, 그 반면 사진은 그 요소들을 쌓아 올린다.[15]

이러한 주장은 앞에서 '표층의 표현들'이 한 시대의 심층적 움직임을 더 잘 드러내 보인다고 했던 주장과 모순되는 것 같지만 전혀 그렇지 않

---

15 같은 책, S. 27.

다. 이미 언급한 대로 크라카우어는 표층적 현실의 즉물주의적 재현을 지향하는 것이 아니라 어디까지나 새롭게 (재)구성되어야 함을 일관되게 역설하기 때문이다. 1920년대에 유행한 르포 형식들은 대상과의 직접적이고 유기적인 연속성을 추구하지만, 그것은 대상의 외연적 단순 모사라는 점에서 대상에 대한 인식을 오히려 은폐하는 거짓된 가상인 것이다. 대상의 단순 모방이 아니라 구성을 추구하는 사진이 '삶의 시간에 붕괴된 부스러기들을 쌓아 올린다'는 말에서 엿볼 수 있듯이 크라카우어가 주목하는 현대의 예술적 이미지는 르포가 아니라 '모자이크'에 가깝다. 르포 형식에 대한 비판에서 그것은 분명히 드러난다.

> 어느 공장의 실태에 관한 100개의 보고서는 그 공장의 실상을 제시한 것으로 합산되는 것이 아니라 언제까지고 그 공장에 대한 100개의 관찰로만 남을 뿐이다. 현실은 구성물이다. 현실의 구성물이 생겨나기 위해서는 삶이 관찰되어야 한다는 것은 분명하다. 그렇지만 어느 정도는 우연적일 수밖에 없는 르포에는 결코 현실의 구성물이 담겨 있지 않으며 오로지 모자이크 속에만 숨겨져 있다. 모자이크는 개별적인 관찰을 바탕으로 관찰 내용에 대한 인식을 통해 합성되는 것이다.[16]

공장의 실태에 관한 르포 형식의 보고서를 아무리 많이 모은다 하더라도 공장의 실상이 어떻게 구성되어 있는가는 드러내지 못한다는 것이다. 위의 인용문 바로 앞부분에서 크라카우어는 1920년대의 르포 붐이 '독일 관념론으로 인한 영양 실조의 반대 급부'일 뿐이라고 비판한다. 관념론이 현실의 실상을 보지 못하게 만들었다면 그에 대한 반작용인 르포는 경험 자체에 매몰되어 경험이 어떻게 현실의 구성물로 짜여 있는가를 전혀 보지 못하게 한다는 것이다. 르포 형식의 문제점을 비판한 또 다른 글

---

16 Kracauer, *Die Angestellten*, S. 16.

「직업소개소에 대하여」1930에서 크라카우어는 르포 형식을 "구멍이 뚫린 두레박으로 삶의 내용물을 길어 올리려는"[17] 부질없는 시도라고 비판한다. 르포는 있는 그대로의 '사실'의 재현을 표방하지만, 실제로는 이미 관찰자의 특정한 의도에 의해 걸러지는 사실의 편린들만 본다는 것이다. 이러한 르포 형식과 달리 '현실의 구성물'을 포착하게 해주는 모자이크의 탁월한 가능성을 크라카우어는 "지금까지 인지되지 않은 인간관계의 역동성을 농축한 시각적 상형문자"[18]인 영화에서 발견한다.

영상의 인지 효과

크라카우어는 모자이크적 구성이 성공하려면 자의적 이미지의 산출이 아니라 '질료에 대한 내재적 인식'에 근거하는 구성이 되어야 한다는 점을 역설한다. 그것은 사물의 물질성 자체에 충실한 표현을 촉구하는 것인 동시에 매체론적 관점에서 표현 매체의 고유한 특성이 최대치로 표현되어야 한다는 이중적 요청으로 이해할 수 있다. 그러한 이중적 요청이 영화 이미지 분석에 적용된 대표적 사례로 영화의 내러티브에서 클로즈업과 롱숏의 역설적 관계에 관한 논의를 꼽을 수 있다. 크라카우어에 따르면 그리피스David Wark Griffith의 무성영화 「비관용」Intolerance, 1916에 나오는 재판 장면에서 마쉬Marsh의 손이 클로즈업되는 장면은 내러티브에 통합되는 요소이자 물리적 현실의 새로운 측면을 드러낸다.[19] 그 장면을 보는 관객은 그것이 보통의 손이라는 것을 잊어버리는데, 몸통에서 분리되어 크게 확대되는 손은 우리가 익히 알던 손에서 "스스로 살아 움직이는 미지의 생명체"로 변형된다. 이러한 클로즈업은 영화의 매체적 특성에

---

17 Kracauer: Über die Arbeitsnachweise, Zit. nach: H. Stadler: Das anschmiegende Denken, in: D. Kimmich (Hg.): *Denken durch die Dinge. Siegfried Kracauer im Kontext*, Padeborn 2009, S. 56.
18 Kracauer: *Von Caligari zu Hitler*, Frankfurt a. M. 2011, S. 13.
19 크라카우어: 『역사』, 145쪽 이하 참조.

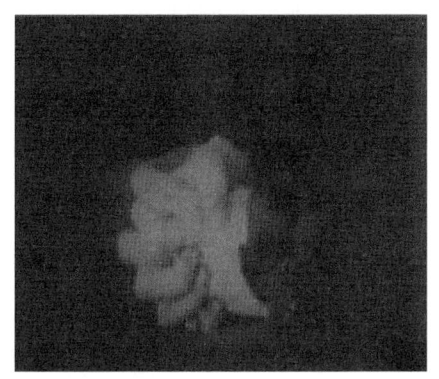
그리피스의 「비관용」

힘입어 현실의 구체적 디테일의 내러티브적 연속성을 끊을 만큼 충격 효과를 발휘함으로써 작중 인물과 사건들이 새로운 각도에서 조명될 여지를 제공하는 것이다. 이러한 역설은 역사가의 과제와 합치된다. 거시사의 틀과 합치되지 않는 작은 사건들을 클로즈업함으로써 대규모 역사 속의 사건들이 전달할 수 없는 다른 가능성과 전망을 암시하고, 역사에 대한 새로운 이해를 연다고 보는 것이다. 이처럼 파편화된 이미지를 통해 전체를 보는 시야를 열어주는 영화적 시각은 "벽에 뚫린 작은 구멍으로 끝없이 광활한 풍경을 보는 시각"[20]에 비견된다.

영화 매체를 통해 비로소 가능해지는 또 다른 중요한 인지적 기능으로 크라카우어는 실제 현실에서 경험할 때는 너무 끔찍해서 우리의 의식을 마비시키는 사건들을 제대로 볼 수 있게 해주는 인식 효과를 강조한다. 이것을 그는 그리스 신화에서 페르세우스가 어떻게 '메두사의 머리'를 제압하는가 하는 비유로 설명한다. 메두사의 머리는 너무나 공포스러워서 아무도 똑바로 바라보지 못하지만, 페르세우스는 아테네 여신의 방패 거울에 비친 메두사를 보고서 공포심을 극복하고 그 머리를 벤다. 그런 맥락에서 "영화의 화면은 아테네의 방패 거울이다."[21]라고 하면서 크라카우어는 우리를 마비시키는 가공할 현실을 여실히 바로 보게 해주는 인식 효과를 영화의 이미지가 갖는다고 말한다.

---

20 Gertrud Koch: *Siegfried Kracauer zur Einführung*, Hamburg 2012, S. 120.
21 Kracauer: *Theorie des Films*, S. 395.

그 자체를 위해 존재하는 영상은 현실에서 직접 보기에는 너무나 끔찍한 사물들의 민낯을 기억에 각인시키도록 관객들을 유혹한다. 우리가 줄줄이 매달린 송아지 머리들(프랑주Georges Franju 감독의 파리 도살장 다큐 영화를 가리킴 — 인용자), 또는 나치 수용소에서 고문당해 죽은 시체 더미를 볼 때 — 다시 말해 경험할 때 — 우리는 그 끔찍한 형상을 패닉과 환상의 베일 뒤에 가려진 상태로부터 구제하는 것이다.[22]

그런데 그리스 신화에서 페르세우스는 메두사의 잘린 목을 가지고 다시 적들을 제압하는 공포의 수단으로 이용한다. 이 대목을 가리켜 크라카우어는 "거울상의 관찰자인 페르세우스는 괴물을 영원히 몰아내지는 못했다."라고 말한다. 현실의 끔찍한 사건들을 날것으로 보여주는 영화가 때로는 작가의 의도와 달리 가공할 폭력의 불가항력을 추인하는 결과에 이를 수도 있음을 비판하는 것이다.

프리츠 랑Fritz Lang의 '마부제'Mabuse 영화에 대한 크라카우어의 비평은 역으로 '사물들의 민낯'이 아니라 철저히 '마술적 환상'에 의존하는 영상이 어떻게 상반된 효과를 낳을 수 있는가를 분석한 흥미로운 글이다. 랑의 영화「도박사 마부제 박사」Dr. Mabuse, Der Spieler, 1922는 1차 대전이 끝난 직후 무정부적 혼돈 속에서 정신과 의사 마부제가 신출귀몰하는 마법을 부리면서 저지르는 살인과 지폐 위조 등의 온갖 범죄와 만행을 보여줌으로써, 가공할 독재자의 출현 가능성을 경고하는 작품이다. 이 영화에서 칠흑 같은 화면을 배경으로 마부제의 얼굴이 클로즈업되면서 빠른 속도로 앞으로 다가오는 장면을 가리켜 크라카우어는 마부제의 무시무시한 시선이 관객을 똑바로 직시하면서 사로잡는 이 영상이 전후의 혼란스러운 시대 상황에서 갈피를 잡지 못하는 대중집단이 마부제 같은 타입의 독재자에게 언제라도 휘둘릴 수 있음을 탁월하게 묘파하고 있다고 높

---

22 같은 책, S. 396.

프리츠 랑의 「도박사 마부제 박사」

이 평가한다.[23] 그리고 수시로 변신하는 마부제가 도처에 존재하면서도 어디에서도 좀처럼 정체가 드러나지 않는 양상은 '만인에 대한 만인의 불안'이 팽배한 대중사회에서 누구나 독재자의 하수인으로 동원될 수 있는 군중심리에 상응한다. 그런 점에서 파시즘이 작동하는 기제를 적확한 영상으로 구현하고 있다고 보는 것이다.

랑은 바이마르 공화국 말기에 마부제를 소재로 삼은 두 번째 영화 「마부제의 유언」Das Testament des Dr. Mabuse, 1932을 제작했는데, 훗날 감독 자신이 '히틀러의 테러 책동을 드러내기 위한 알레고리'로 구상한 것이라 밝힌 이 영화는 상영이 금지되었다. 마부제의 후계자로 역시 정신과 의사로 등장하는 주인공 바움은 마부제와 마찬가지로 온갖 범죄를 자행하는데, 이 영화에 대한 크라카우어의 평가는 양면적이다.[24] 한편으로 크라카우어는 '가장 단순한 사건으로 테러를 연출할 줄 아는 랑의 비범한 재능'이 이 영화에서도 빛을 발한다고 높이 평가한다. 가령 영화의 시작 장면에서 한 남자가 소음으로 가득한 황량한 작업실을 유심히 둘러보고 있는데, 관객은 이 남자가 바움의 위조지폐 제작을 추적하는 형사이고 또 작업실에 가득한 소음이 인쇄기가 돌아가는 소리라는 것을 미처 모르는 상태에서 이 화면을 접한다. 관객은 모종의 위험이 임박했다는 것을 시각과 청각으로 고스란히 느끼지만 언제 어디서 어떻게 위험이 닥칠지는 전혀

---

23 Vgl. Kracauer: *Von Caligari zu Hitler*, S. 88 ff.
24 같은 책, S. 261 ff.

모르기 때문에 테러 통치하의 불안한 삶을 이보다 더 인상적으로 제시하기는 힘들다고 크라카우어는 평한다. 우리가 익히 아는 기성의 관념으로는 파악할 수 없지만 온몸으로 감지되는 파시즘의 전조를 감각적으로 제시하고 있다는 것이다. 하지만 다른 한편 관객이 뻔히 인지할 수 있는 상투적 영상이 반복된다는 측면에서는 이 영화가 첫 번째 마부제 영화보다 못하다고 크라카우어는 비판한다. 예컨대 바움이 마부제의 주술에 빠져들 때마다 마부제의 환영이 시각적 영상으로 나타나는데, 감독의 의도는 긴장 효과를 지속시키기 위한 것이지만 정작 관객의 입장에서 보면 예측 가능한 장면의 지루한 반복으로 오히려 역효과를 낸다는 것이다.

크라카우어는 또 다른 차원에서 두 영화의 근본적인 문제점을 지적하는데, 감독이 마부제와 바움의 카리스마적 마력을 부각하는 데 너무 몰입한 나머지 이들에게 도저히 거역할 수 없는 마력을 부여하여 역설적으로 이들의 우월함을 보여주는 형국이 된다는 것이다. 그런 의미에서 파시즘을 비판하려는 감독의 의도와 달리 "이 반파시즘 영화는 나치즘의 마력에 저항할 능력이 없는 관객층의 의식을 나치즘이 지배하고 있다는 것을 드러낸다." 랑의 마부제 영화에 대한 크라카우어의 비평은 이처럼 영화의 모자이크 이미지가 제작자의 의도까지도 넘어서는 독자적인 영상 세계를 구축하여 관객층의 의식을 지배하는 현실적 구성물임을 보여준다. 두 영화의 결말부에서 결국 형사가 범죄자를 제압하긴 하지만 그럼에도 오히려 "무법자가 더 빛나는 존재"로 관객의 뇌리에 각인되는 것도 그런 맥락에서 이해될 수 있다. 법이 승리함에도 무법자가 더 빛나는 존재로 부각된다는 것은 법이 무용지물이 되고 파시즘의 선동이 득세하는 현실적 사태의 반영이기도 하다.

군중 장식물과 정치의 예술화

크라카우어가 1920년대에 집필한 수많은 대중문화 분석은 나중에 파시즘의 집단 선전 도구로 악용되는 '군중 장식물'에 대한 방법론적 성찰을 그 바탕으로 삼는다. 크라카우어는 먼저 그의 당대에 화보 잡지들을 뒤덮은 육체 문화의 변화에서 논의를 시작하는데, 고도로 발달한 자본주의 시대와 결부된 새로운 육체 문화의 징후로 주목하는 것은 댄스 걸의 집단 율동이다. 댄스 걸들의 쇼는 거의 반나체로 육체를 노출함에도 불구하고 에로틱한 관능미를 느끼게 하지 않는데, 그것은 이러한 집단 쇼 자체가 육체를 '재료'로 만들어진 '장식물'로서 '아메리카식 오락공장의 제품'이기 때문이다. 다시 말해 댄스 걸의 집단 쇼에서 육체는 상품적 소비 가치 이외의 그 어떤 효용도 갖지 않는다는 것이다. 전통적인 발레에서는 연기자 개개인이 전체의 안무를 조망하면서 연기에 참여하지만, 댄스 걸의 쇼에 참여하는 개개인은 전체적인 율동을 조망하지 못하며 단지 기계식 생산의 재료나 생산수단처럼 투입될 뿐이다. 그런 의미에서 "댄스 걸의 다리는 공장 노동자의 손에 상응한다."[25]

이처럼 크라카우어는 새로운 대중문화에서 인간의 신체까지도 집단적 장식물로 상품화되는 양상을 고도화된 자본주의적 생산양식에 상응하는 것으로 유추한다.

군중 장식물의 구조는 현대 세계의 전체적인 상황을 반영한다. 자본주의적 생산과정의 원리는 순전히 자연으로부터 생겨나는 것이 아니기 때문에 자본주의적 생산과정의 수단이 되거나 방해가 되는 자연 유기체를 부수지 않을 수 없다. 계산 가능성이 요구되면 주민 공동체나 인격은 사멸한다. 인간은 오로지 군중의 작은 부분으로서만 마찰 없이 (자본주의적 생

---

25 Kracauer: *Ornament der Masse*, S. 54.

산력을 나타내는 — 인용자) 도표에 기입되거나 기계를 사용할 수 있다. 형태의 차이에 아랑곳하지 않는 시스템은 자동적으로 민족적 특성을 희석하고, 지구상의 모든 지점에서 균일하게 투입되는 노동자 대중을 제조해낸다.[26]

테일러 시스템의 자본주의적 상품 생산양식을 현대적 삶의 기본 모델로 설정하는 이러한 유추는 '형태의 차이에 아랑곳하지 않는 시스템'이 전통적으로 개인의 집단적 귀속성을 규정하던 '민족적 특성'마저 희석하고 '지구상의 모든 지점에서 균일하게 투입되는 노동자 대중'을 마치 상품처럼 '제조'해낸다고 진단한다. 그런 점에서 군중/대중을 구성하는 개개인의 모든 삶이 송두리째 자본의 생산력을 극대화하기 위한 '제조 공정'에 노동력으로 소모되고 '산술적 숫자'로 기입되는 현재의 사태를 예견하는 통찰을 보여준다. 파시즘이 설파한 '아리안족'의 집단신화는 그 자체가 '비균질적 요소의 덩어리'인 독일(민족)사의 이미지 조작이다. 시대가 낳은 산물인 역사가의 자아가 다시 역으로 자신의 아버지인 '시대정신'을 만들어내므로 — 다시 말해 아들이 아버지를 낳은 형국의 — '시대정신'이라는 추상적 실체는 '생물학적 괴물'이듯이, 파시즘은 그러한 괴물적 집단표상의 산물인 셈이다. 나아가서, 그러한 집단적 표상의 야만적 공격성이 개개인의 일상 문화를 통해 내면화되고 문화적으로 순치되고 육화됨으로써 생활세계에서 자본의 상품적 생산력을 자신의 인격적 가치로 오인하는 총체적 물신주의가 지배하는 작금의 현실에서 크라카우어의 예지적 통찰은 거듭 되새겨볼 여지가 있다.

크라카우어는 군중 장식물의 분석에서도 특유의 구성적 직관력을 발휘하여 군중 장식물을 운동경기장 모형에 견준다.

운동경기장 모형처럼 조직은 군중의 위에 군림한다. 이것은 그 모형의

---

[26] 같은 책, S. 53.

제작자에 의해 그 모형을 떠받치고 있는 사람들의 시야에는 보이지 않는 기괴한 형상으로, 심지어 제작자 자신조차도 그 관찰자가 되기 어렵다.[27]

운동경기장에서 개인은 집단의 일부로 미리 지정된 장소에 편입되어 있지만 결코 전체를 조망하지 못하고 따라서 자신의 위치를 자각하지 못한다. 크라카우어는 이러한 군중 장식물이 상품처럼 대량소비와 향유의 대상이라는 점에서 자본주의 경제체제가 추구하는 균질적 합리성의 미적 반영물이라고 보면서, 군중 장식물의 흡인력은 그 현실성의 강도 면에서는 오히려 전통적인 예술작품을 능가한다고 본다.

크라카우어에 따르면 이른바 '교양인'들은 이러한 대중문화 현상을 단지 대중의 '여흥' 정도로 폄하하지만, 그들의 견해와 달리 군중 장식물에서 대중이 느끼는 '미적 쾌감'은 '적법한'legitim 것이다. 댄스 걸의 집단 율동을 관람하거나 군중 집회에 참여하는 사무직원과 노동자들은 그들이 작업장에서 일하는 방식과 똑같이 주어진 '재료'에 '형식'을 부여하는 집단 연행에 참여하는 것이기 때문이다. 나아가서 익명의 추상성이 지배하는 대중사회에서 전통 예술의 소재가 고급 취향을 가진 소수 수용자의 감상물로 위축되는 상황에서는 "종래의 미적 영역 바깥에 있는 현실을 더 많이 차용할수록 미적 표현은 그만큼 더 리얼해지기 때문이다."[28] 다시 말해 전통적인 예술에서는 관심 밖으로 밀려나는 생활세계의 집단적 경험을 심미적으로 조직하는 집체 예술이 거기에 참여하는 집단 대중에게 훨씬 더 큰 호소력을 발휘한다는 것이다. 크라카우어의 이러한 설명은 바이마르 공화국 말기에 사무직원으로 대표되는 신중간층과 노동자 대중이 파시즘의 '정치예술'에 열광했던 태생적 연원에 대한 해명으로서 설득력을 갖는다. 군중 장식물에 대한 크라카우어의 분석은 파시즘의 득

---

27 같은 책, S. 60.
28 같은 책, S. 54.

세와 승리를 가능하게 했던 '정치의 예술화'에 대한 해명인 것이다.

거시사와 미시사의 상호 침투

크라카우어의 마지막 역작 『역사』는 '끝에서 두 번째 세계'라는 부제가 암시하듯 '궁극적인 것' 내지 '절대자'에 대한 관심에만 몰입해서 발밑의 현실을 보지 못하는 관념적 사변철학과 거시사 중심 역사 서술의 맹점을 비판하면서 '눈에 띄지 않는 현실의 표층들'이 제공하는 발견적 인식 효과를 논하고 있다. 그런 점에서 이 책은 '미시사에 관한 최고의 안내서'라는 평가를 받기도 하지만, 크라카우어의 관심은 단순히 미시사의 복권에 머물지 않고 어떻게 미시사와 거시사의 유기적 상호 침투가 가능한가를 파헤치는 데 있다. "과학의 논리와 역사철학 모두에 가장 큰 발전을 가져오는 것은 꼭대기에서 밑바닥까지 서로 다른 수위들의 결합 유형들에 대한 정밀 분석이다."[29]라는 아롱 Raymond Aron의 말을 원용하여 크라카우어는 서로 다른 심급('수위')의 역사적 단위들이 상호 침투할 때 과거와 현재의 활발한 소통이 가능한 진정한 원근법적 통찰이 얻어진다고 본다. 그러한 역사가의 과제를 크라카우어는 영화의 작업에 견준다.

어떤 시위에 대한 선명하고 정확한 인상을 얻기 위해 관찰자는 여러 가지 작업을 병행해야 한다. 우선 옥상으로 올라가야 한다. 시위대 전체를 내려다보면서 규모를 가늠하기 위해서이다. 이어서 그는 옥상에서 내려와 1층 창문 앞에 서야 한다. 시위자들의 플래카드를 읽기 위해서다. 마지막으로 그는 군중 속에 섞여 들어가야 한다. 참여자들의 면면을 알기 위해서다.[30]

---

29 크라카우어: 『역사』, 120쪽.

전체와 부분 사이를 부단히 오가는 이러한 작업 과정에서 디테일을 확대하는 '클로즈업'은 단지 큰 단위들 사이의 빈틈을 메우는 '접착제'가 아니라 총체적 그림을 구성하는 '통합적'integrant 요소들이어야 한다. 또한 이때의 통합성은 역사적 시간의 비균질성을 균질적인 것으로 변환하는 것이 아니라 모순과 대립을 끝까지 지탱하는 비균질성을 극대화하는 방향을 취해야 한다. 역사가의 그러한 작업을 두고 크라카우어는 '영화적인 것'과 '연극적인 것'의 딜레마에 대한 그리피스의 '비해결'non-solution에 정확히 유비되는 것이라고 말한다. 그리피스의 영화에는 내러티브의 '연극적 흐름'을 끊거나 교란하는 클로즈업이 곧잘 등장하는데, 앞에서 언급한 '마쉬의 손'처럼 그 자체로 흥미를 유발함으로써 전혀 새로운 '물리적 현실'을 일깨우고, 때로는 영화의 연극적 내러티브를 잊게 하는 효과까지도 발휘한다는 것이다. 바로 그러한 망각, 후설의 개념을 빌리자면 '판단 중지'epoché를 통해 비로소 현실에 대한 전혀 새로운 인식이 가능해진다는 것이다. 그러한 과정을 통해 역사가의 자아가 활성화되고 풍요로워지는 과정의 생생한 비유를 크라카우어는 프루스트Marcel Proust 작품의 한 장면에서 발견한다.『잃어버린 시간을 찾아서』 *A la Recherche du Temps Perdu*, 1913~1927의 한 대목에서 주인공 마르셀은 마차를 타고 길거리를 지나가다가 점점 멀어지는 나무들을 보면서 이렇게 상상한다.

유령들처럼 그 나무들은 내게 자기들을 데려가달라고, 되살려달라고 말하는 듯했다. (…) 그 나무들은 내게 이렇게 말하는 듯했다. '우리는 너를 향해 이토록 발돋움했는데 네가 우리를 이 길 위에 그냥 내버려둔다면, 우리가 네가 건네주려 했던 너 자신의 한 부분은 영영 모조리 소멸될 것이다.'[31]

---

30 같은 책, 138쪽.
31 같은 책, 94쪽.

점점 멀어져가는 나무들이 우리 자신에게 건네주려 했던 우리 자신의 일부를 되살리는 것, 바로 그것이 역사가의 과제라는 것이다. 그처럼 죽은 사물로 묻혀 있던 과거가 우리 자신의 삶으로 틈입해 들어오는 과정은 프루스트의 기억술인 '무의지적 기억'처럼 대개는 우리 자신도 미처 알지 못하는 은밀한 방식으로 이루어진다. 예컨대 오래전에 내 인생관을 송두리째 바꾸어놓은 친구가 정작 그 자신은 내가 그렇게 바뀐 줄 모르는 것과 같은 형국이다. 그러한 영향 관계의 수수께끼를 자신의 삶으로 보여주는 '유일하게 믿을 만한 제보자'의 형상을 크라카우어는 '방랑하는 유대인' 아하수에로에게서 발견한다.

그는 발전과 이행들을 직접 체험하여 알고 있다. 그는 역사를 통틀어 유일하게 생성과 사멸의 과정 그 자체를 경험할 기회를 원치 않게 얻은 인물이다. (필경 그는 형언할 수 없이 끔찍한 모습일 것이다. (…) 그는 여러 개의 얼굴을 가졌고, 각각의 얼굴은 그가 거친 시대들을 반영하며, 그의 모든 얼굴은 수시로 새로운 패턴으로 결합된다. 그는 자신의 얼굴에 반영되어 있는 모든 시간들로부터 자신의 얼굴이 끝내 구현해야 할 하나의 시간을 재구축하기 위해 그 헛된 방랑을 멈추지 않는다.)[32]

끝없는 방랑 속에서 간난신고의 역사를 겪은 후의 '형언할 수 없이 끔찍한 얼굴'에서 그가 경험한 시대들의 '관상'을 읽어내는 것이 곧 역사가의 과제라는 것이다. 그렇지만 '끝내 구현해야 할 하나의 시간을 재구축'하는 궁극의 과제는 역사가에게 언제나 미완의 과제로 열려 있다는 것이 크라카우어의 기본 입장이다. 역사 세계에서 과거가 '미지의 땅'이듯이 미래 역시 '끝'이 없이 열려 있기 때문이다.

역사가의 과제에 대한 크라카우어의 이러한 생각은 단지 역사 서술에

---

32 같은 책, 173쪽.

국한된 방법론의 문제라기보다는 인간 경험의 무궁무진한 폭과 깊이를 향해 최대한 개방적인 자세를 견지해야 하는 모든 학문 분야에서 두루 요청되는 과제일 것이다. 크라카우어는 『역사』의 서론에서 그런 과제를 굳이 이름 붙이자면 '인문주의적' 정신의 회복이라고 말하거니와, 문학이든 역사든 철학이든 인문학이 현실적 설명력을 확보하기 위해 긴요한 탐구 자세일 것이다.

맺는말

아도르노는 김나지움 시절 매주 토요일 크라카우어와 함께 칸트의 『순수이성비판』을 읽었던 경험을 회고하면서 크라카우어의 지적 자극 덕분에 칸트의 저서를 단지 인식론으로 읽은 것이 아니라 '일종의 암호화된 문자'로 해독했으며, 그런 독서 과정을 거치면서 나중에 대학에서 배운 것보다 더 많은 것을 배웠노라고 회고한 바 있다.[33] 그리고 이러한 경험을 바탕으로 철학서를 읽을 때 체계적 일관성의 측면보다는 정합적으로 설명되지 않는 단절과 균열에 더 주목하는 지적 훈련이 가능해졌다고 말한다. 아도르노의 이러한 회고담은 크라카우어 사유의 특색을 가리키는 것으로도 이해할 수 있다. 크라카우어는 이미 공고한 이론 체계로 구축되어 있는 기성의 사유에 비판적 거리를 두고 특정한 이론 체계의 틀로는 포착되지 않는 생생한 현실경험을 특유의 직관적 구성으로 규명하는 데 주력했기 때문이다. 아도르노가 말하듯이 브레히트가 도입한 '낯설게 하기'의 효과도 더 이상 낯설지 않고 친숙해진 상황에서 크라카우어는 모든 사물을 낯선 경이의 눈으로 바라보면서 우리의 의식에서 배제되고 망각된

---

[33] Vgl. Adorno: Der wunderliche Realist, in: *Noten zur Literatur*, Frankfurt a. M. 1981, S. 381 f.

새로운 현실을 드러낸다. 지금까지 살펴본 대로 크라카우어는 나날의 일상에서 우리에게 너무 친숙해져서 오히려 인지되지 못하는 표층의 문화현상이 그것을 작동시키는 사회적 에너지와 어떻게 연관되어 있고 또 우리의 의식 구조와 어떻게 연결되어 있는가를 천착하였다. 그런 점에서 크라카우어의 시각은 일찍이 짐멜이 「대도시와 정신생활」에서 말한 바 있듯이 '삶의 표층에 존재하는 모든 지점들에서 영혼의 심층을 탐사하는 탐침探針을 내리는' 투시력을 발휘한다. "삶의 표층에 존재하는 모든 지점들에서 영혼의 심층을 탐사하는 탐침을 내릴 수 있으며, 아무리 하찮은 외적 현상들이라 할지라도 삶의 의미와 생활양식에 대한 궁극적인 결단들과 연관되어 있다."[34] 군중 장식물에 대한 분석에서 보듯이 일상생활에서 단지 여흥의 오락 정도로 가볍게 스쳐 가는 문화현상이 그 심층적 맥락에서는 고도로 발달한 자본주의의 작동 체제와 같은 원리에 의해 움직이면서 우리의 의식을 마비시키고 파시즘의 군중심리로 작동하는 것이다. 우리가 주어진 경험적 사실로 당연시하는 모든 현실경험은 우리가 그것을 제대로 인지하지 못하는 순간에도 이미 우리 자신이 참여해서 만들어가는 구성물인 것이다. 크라카우어가 현대의 문화이론에 남긴 유산은 그러한 현실적 구성물이 복합적인 사회문화적 맥락과 물적 토대에 의해 어떻게 중층적으로 구성되고 현실적 힘으로 작동하는가를 기존의 이론 체계 바깥에서 새롭게 규명하고자 했다는 데서 찾을 수 있다.

(2014년)

---

[34] Simmel: Großstädte und Geistesleben, in: *Gesamtausgabe*, Bd. 7.1, Frankfurt a. M. 1995, S. 120.

아우슈비츠의 기억과 재현의 문제

생존자들의 증언을 중심으로

아우슈비츠 — '과거가 되지 않는 과거'

1986년 베를린 대학 역사학 교수 놀테는 '볼셰비키의 계급 학살'이 '나치 인종 학살의 원조'가 아닌가 하는 도발적인 문제 제기로 이른바 '역사학자 논쟁'Historikerstreit[1]을 촉발했다. 그의 주장에 따르면 나치의 유대인 학살이 '가스실이라는 기술적 공정'을 동원한 것을 제외하면 스탈린 치하의 집단숙청과 다를 바 없고, 소련의 집단수용소가 아우슈비츠보다 '더욱 근원적인' 사태이며, 히틀러의 전쟁 도발은 볼셰비키의 잠재적 위협을 차단하기 위한 선제공격으로 이해될 수 있다는 것이다.[2] 놀테의 이러한 생각은 나치의 만행이 현대사의 전무후무한 야만이 아니라 비교 가능한 선례를 통해 '역사적 맥락'에서 재해석되어야 한다는 이른바 '역사화' 테제를 바탕에 깔고 있고, 그런 발상은 전후 40년이 넘은 시점의 독일이 이제는 전범 국가의 오명을 벗고 '정상 국가'로 거듭나야 한다는 당시

---

[1] 역사학자 논쟁의 전말에 관해서는 국내에도 자세히 소개된 바 있다. 대표적인 논저로 다음 참조. 구승회: 『나치즘의 역사화?』, 온누리 1992.
[2] Vgl. Ernst Nolte: Vergangenheit, die nicht vergehen will, in: Rudolf Augstein u. a. (Hg.): *Historikerstreit*, München 1987, S. 45 f.

헬무트 콜 정부의 정치 노선과 맥을 같이한다. '과거가 되지 않는 과거' 라는 놀테의 글 제목이 말해주듯 나치 시대도 이제는 역사적 과거로 자리 매김을 해야 한다는 이러한 주장은 그러나 바야흐로 냉전 체제가 와해되기 시작하는 시점까지도 아우슈비츠가 결코 '과거가 되지 않는 과거'로 남을 수밖에 없는 이유를 반증한다. 나치와 볼셰비키를 동렬에 놓으려는 그런 식의 '역사화'는 나치의 만행을 희석하는 것일 뿐 아니라, 그러한 역사 인식을 통해 추구되는 '정상 국가'에의 열망이 은연중에 나치 과거사까지도 '정상화'하려는 그릇된 애국주의와 결탁할 가능성마저 배제할 수 없는 것이다. 물론 과거의 그늘에만 갇혀 있는 것도 오늘을 사는 바람직한 자세는 아닐 것이며, 특히 직접 전쟁을 겪지 않은 전후 세대에게 전쟁 당시의 죄과를 물을 수도 없는 노릇이다. 그런 점에서 나치 시대의 역사화는 불가피하지만, 과거에 대한 올바른 역사 인식이 전제될 때 비로소 진정한 역사화도 가능할 것이다.

그러나 놀테와 같은 역사수정주의자의 입장을 논외로 하더라도 아우슈비츠에 대한 올바른 역사적 인식은 여전히 간단치 않다. 역사적 사실 자체에 관해서는 전모가 밝혀졌다고 하지만, 사실을 해석하고 평가하는 문제는 사실 확인만으로는 설명될 수 없는 또 다른 문제들을 제기하기 때문이다. 무엇보다 유럽 전역에서 600만 명이 학살된 엄청난 참극이 벌어졌음에도 정작 이 사건에 대한 인식이 엇갈리고 극히 제한적이라는 것이 문제다. 특히 학살 주범들의 경우 대부분 전시 비상 상황에서 주어진 '직책'을 다했을 뿐이라는 태도를 보였다는 것은 익히 알려진 사실이다. 단적인 예로 학살의 최고 책임자였던 아이히만은 전범 재판 과정에서 "신 앞에서는 죄책감을 느끼지만 법 앞에서는 죄책감을 느끼지 않는다."라는 취지의 발언으로 '법적 무죄'를 강변했던 것이다.[3] 아이히만 재판 과정을 취재했던 아렌트가 '악의 평범함'Banalität des Bösen에 경악한 것도 그런 이

---

3 Vgl. Giorgio Agamben: *Was von Auschwitz bleibt*, Frankfurt a. M. 2003, S. 85.

유에서다. 아렌트가 보기에 아이히만이라는 한 인간은 결코 '악의 화신'이 아니라 '끔찍할 정도로 평범한' 인간이어서 어떻게 그런 만행을 저질렀는지 '형언할 수도 생각할 수도 없다'는 것이다.[4]

그런가 하면 죽음의 문턱에서 구사일생으로 살아남은 생존자들은 인간적 한계를 초월하는 극한상황을 직접 겪었기 때문에 오히려 말로 설명할 수 없는 또 다른 딜레마에 봉착한다. 아우슈비츠에서 살아남은 이탈리아 작가 레비Primo Levi가 말한 대로 생존자의 대다수는 수용소의 기억을 다시 들추는 것 자체를 꺼리고 그 기억을 지우기 위해 애쓰며, 정치적·종교적 신념을 지닌 극소수의 생존자들만이 수용소 경험에 대한 증언을 자신들의 의무로 받아들였던 것은 그런 맥락에서 이해할 수 있다.[5] 그나마 극소수의 증언조차도 저마다의 '생존 조건'에 의해 제약된다는 것이 레비의 설명이다. 그에 따르면 아우슈비츠에 장기간 수감되어 있던 유대인 15만 명 가운데 수백 명만이 생존했는데, 그중에 일반 수감자는 단 한 명도 없으며, 생존자는 모두 "의사, 재봉사, 구두 수선공, 음악가, 요리사, 매력적인 젊은 동성애자, 수용소 권력자의 친구이거나 동향 사람"[6]이었다는 것이다. 어떤 형태로든 실낱같은 생명줄이라도 잡을 기회가 있었던 사람들만 가혹한 자연도태에서 살아남을 수 있었던 것이다. 따라서 이들의 증언은 그러한 생존 조건이 허용하는 만큼의 경험에 국한될 수밖에 없고, 그것도 저마다의 경험을 되돌아보는 입장에 의해 가공될 소지가 크다. 아우슈비츠에 대한 증언이 결코 사실의 재현이 아니라 기억의 구성물로 서술될 수밖에 없다는[7] 주장이 가능한 이유도 여기에 있다. 예컨대 '홀로코스트'Holocaust와 '쇼아'Shoah라는 용어 자체도 사후적 의미 부여의 과잉

---

4 Vgl. Hannah Arendt: *Eichmann in Jerusalem*, München 1986, S. 371.
5 프리모 레비: 『이것이 인간인가』, 이현경 옮김, 돌베개 2007, 284쪽 참조.
6 같은 책, 135쪽. 화학 전공자였던 레비 자신도 수용소 말기에 이른바 '화학 작업반'에 '열외로' 배속된 덕분에 최악의 상황을 모면할 수 있었다.
7 Vgl. James E. Young: *Beschreiben des Holocaust*, Frankfurt a. M. 2000, S. 36.

이다. '홀로코스트'는 원래 초기 기독교에서 '순교'를 뜻하는 말이며 '쇼아'는 '천벌'에 의한 '대재앙'을 뜻한다고 한다.[8] 따라서 인간의 이성으로 설명할 수 없는 대참사를 신의 섭리로 돌림으로써 결과적으로 대학살의 역사성을 소거하는 부적절한 용어인 것이다. 다른 한편 생존자들의 증언이 예외적 생존 조건에 힘입은 것이라는 사실은 수용소에서 죽어간 절대다수의 희생자들의 입장에서 보면 — 죽은 자들의 입장을 상정하는 것 자체가 불가능한 가정이지만 — 어떤 의미에서는 '아웃사이더'의 증언이라 할 수 있다. 따라서 아우슈비츠의 기억에 대한 서술은 인간의 이성과 언어로는 설명할 수 없는 극한상황을 증언해야 하고, 또한 죽음의 문턱 너머로 사라진 자들에 대해 증언해야 하는 이중의 아포리아에 직면한다. 요컨대 증언 불가능한 사태에 관해 증언해야 하는 이러한 딜레마를 '레비의 패러독스'라 지칭한 조르조 아감벤Giorgio Agamben, 1942~ 은 아우슈비츠에 관한 '사실'과 '이해'의 간극에 상응하는 이 공백이 아우슈비츠의 아포리아라고 말한다. 이 글에서는 아우슈비츠에 관한 새로운 역사철학적 해석으로 큰 반향을 불러일으킨 아감벤의 견해를 주로 참조하여 생존자들의 회고와 증언이 그러한 공백에 어떻게 응답하고 있는가를 경험집단별로 나누어 분석하고자 한다.[9]

'레비의 역설': 증언 불가능에 대한 증언

'무젤만': '비인간'에 대한 증언

아우슈비츠에서 죽어간 대다수의 수감자들 중에도 특히 증언의 사각지대에 처해 있던 인물군이 당시 수용소 내부에서 '무젤만'Muselmann이라

---

8 Vgl. Agamben: 앞의 책, S. 24 f.
9 이 글에서는 주로 다음 앤솔러지에 수록된 회고록들을 분석 대상으로 삼는다. Sascha Feuchert (Hg.): *Holocaust-Literatur Auschwitz*, Stuttgart 2000.

지칭되던 사람들이다. 아우슈비츠에서 생겨나 다른 수용소로 전파된 것으로 알려진 이 호칭은 외부의 자극에 일절 반응하지 않고 극단적 무기력과 무감각 상태에 빠진 빈사 직전의 수감자들을 가리키는데, 이 말의 생성 경위 자체가 이들에 대한 증언 불가능을 말해준다. 예컨대 눈앞에 닥친 죽음의 위협에도 무심할 만큼 절대적 무감각 상태에서 땅바닥에 몸을 웅크린 채 가부좌를 틀고 앉아 있는 특이한 자세 때문에 알라 신에 대한 경배에 혼을 바친 이슬람교도를 연상시킨다고 해서 사전적 의미로 '무슬림'을 뜻하는 '무젤만'이라는 호칭이 생겨났다는 설명도 있다.[10] 하지만 그런 궁색한 설명이야말로 같은 유대인의 입장에서도 '무젤만'은 결코 이해도 접근도 불가능한 완벽한 타자임을 말해준다. 그들이 '걸어 다니는 시신'이나 '미라 인간' 혹은 '살아서 죽은 자' 등으로 불린 것도 동일한 사태를 반영한다. 그런데 수용소의 규칙에서 노동 능력을 상실한 자들은 주기적으로 '선별' 과정을 거쳐 가스실이나 소각로로 보내졌기 때문에 '무젤만'으로 분류된다는 것은 곧 죽음을 의미하며, 따라서 '살아서 죽은 자'라는 말이 반드시 형용모순이라 할 수도 없다. 정신적·육체적으로 이미 기본적인 생존 의욕마저 상실했고 수용소 규칙에 의해 죽음이 예고되어 있으므로 '무젤만'들은 사실상 죽음의 문턱에 들어선 상태인 것이다. 레비가 이들의 '죽음을 죽음이라고 부르기조차 망설여진다'고 하는 것은 그런 이유에서다.

가스실로 가는 무젤만들은 모두 똑같은 사연을 갖고 있다. 아니, 더 정확히 말하면 아무런 사연도 갖고 있지 않다. (…) 그들은 끊임없이 교체되면서도 늘 똑같은, 침묵 속에 행진하고 힘들게 노동하는 익명의 군중, 비인간들이다. 생명의 불꽃은 이미 그들 내부에서 꺼져버렸고, 그들의 내면은

---

10 『유대교 백과사전』(*Encyclopedia Judaica*)에서 그렇게 설명하고 있다. Vgl. Agamben: 앞의 책, S. 39.

텅 비어서 정녕 고통스러워할 수도 없다. 그들을 살아 있다고 부르기가 망설여진다. 죽음을 이해하기에는 너무나 지쳐 있기 때문에 죽음을 두려워하지 않는 그들 앞에서, 그들의 죽음을 죽음이라고 부르기조차 망설여진다. 얼굴 없는 그들의 존재가 내 기억을 가득 채우고 있다. 우리 시대의 모든 악을 하나의 이미지로 형상화할 수 있다면 나는 내가 아는 이 형상을 고를 것이다.[11]

이렇게 말하는 레비나 그의 동료 수감자들도 이미 살아 있는 것이 산 것이 아닌 극한상황에 갇혀 있다면 무젤만들은 죽는 것도 죽음으로 여겨지지 않는 또 다른 극한상황에 몰려 있는 것이다. 살아 있음의 마지막 징표라 할 생존 욕구를 지닌 '정상적인' 수감자들에게 이들이 '비인간'Nichtmensch으로 보이는 것은 당연하다. 실제로 무젤만은 일반 수감자들에게 철저한 멸시와 기피의 대상이었으며, 생존자의 증언 중에는 무젤만으로 전락하지 않기 위해 그들의 행태를 관찰하며 '생존 훈련'을 연습했다는 기막힌 사연도 있다.[12] 이처럼 죽음을 향한 불가역의 과정에 편입되어 있는 무젤만의 운명은 수용소라는 가혹한 생존 조건에서 빚어진 극단적 예외 상황의 결과라 할 수 있다. 그러나 인간의 생명을 소진시키며 '익명의 비인간'을 만들어내는 수용소의 작동 체계는 애초에 전쟁을 도발하기 전부터 나치의 우생학적 인종 차별 정책에 의해 기획된 철저한 계획의 산물이다. 그렇게 보면 인종적 계급 서열의 밑바닥 이하로 추방당한 무젤만은 나치의 인종 차별 정책이 만들어낸 필연적 귀결이며, 익명의 비인간을 끊임없이 재생산하는 수용소의 작동 체계에서 그들의 존재는 '예외 상황'이 아니라 '정상적인 규칙'이 된다. 아감벤이 괴벨스의 말을 인용하여 '불가능을 가능케 하는 기술'이 파시즘 정치의 작동 원리라고 설명

---

11 레비: 앞의 책, 136쪽.
12 Vgl. Leo Klüger: Theater, in: S. Feuchert: 앞의 책, S. 94 f.

하듯이, 죽음까지도 '제조'하는 수용소의 작동 체계야말로 파시즘의 완벽한 구현태인 것이다.[13] 그래서 레비는 파시즘의 가장 참혹한 희생자들인 무젤만이야말로 아우슈비츠의 '진정한 증인'이라고 하지만, 문제는 그들의 증언은 원천적으로 불가능하다는 것이다.

생존자인 우리는 진정한 증인이 아니다. (…) 생존자인 우리는 언약을 어겼거나 수완이 좋거나 운이 좋아서 심연의 가장 깊은 밑바닥까지는 가 보지 못한 사람들이다. 그 밑바닥에 가 닿은 자, 고르곤Gorgo을 바라본 자는 결코 살아 돌아와 증언하지 못하거나, 설령 살아 돌아왔다 하더라도 할 말을 잃었다. 무젤만들이야말로 진정한 증인들이다 (…). 생존자들의 증언은 비록 가까이서 지켜보긴 했지만 직접 몸으로 겪지 못한 사태에 관한 보고일 뿐이다. 죽어간 자들은 설령 종이와 연필이 있었다 해도 증언하지 못했을 것이다. 그들의 죽음은 육체의 사멸 이전에 이미 시작되었고, 죽기 몇 달 전부터 이미 관찰과 기억, 사고와 표현의 능력을 상실했기 때문이다. 이제 우리가 그들의 위임을 받아 대신 말하는 것이다.[14]

이처럼 죽기 전부터 이미 일체의 증언 능력을 상실한 자들의 '위임을 받아 대신 말하는' 증언은 과연 어디까지, 어떻게 가능할까. 아우슈비츠에서 살아남아 나중에 유명한 정신과 의사가 된 베텔하임Bruno Bettelheim은 '무젤만'의 병리적 증상을 '아동 자폐증'에 견주기도 했지만, 그런 설명도 비교 불가능한 사태의 유추일 뿐이다. 베텔하임은 특히 '인간적 감정'과 '자존심'의 완벽한 결여를 무젤만의 행태적 특성으로 지목하면서 아우슈비츠 수용소장이었던 회스Rudolf Höß 역시 그런 점에서는 '일종의 무젤만'이라는 엉뚱한 유추 해석을 하기도 했다.[15] 발언 의도의 진정성을

---

13 Vgl. Agamben: 앞의 책, S. 65.
14 다음에서 재인용. 같은 책, S. 29 f.
15 같은 책, S. 49 f.

의심할 수 없는 베텔하임의 이러한 증언은 — '자존심'은 고사하고 '죽음'에도 무심한 — '무젤만'의 극한상황을 '직접 몸으로 겪지 못한' 생존자들로서는 — '자존심'이 일상의 덕목으로 통하는 — 생존 이후의 정상적 인간 조건을 아우슈비츠에 투사하는 방식으로 증언할 수밖에 없는 어떤 한계를 여실히 보여준다. 더구나 수용소 '먹이사슬'의 양극단을 행태적 유사성으로 비교하는 설명 방식은 수용소의 생존 환경이 '초인'을 요구하는 '선악의 피안'이 아니라 '비인간'으로 떨어지기를 두려워하는 '선악의 차안'이었음을 확인해준다.

그런데 생존자들의 증언 중에는 자신이 한때 무젤만이었다는 몇 명의 증언이 있다. 이들의 증언에서 공통된 것은 스스로 무젤만 상태를 겪어보지 못한 사람은 그들의 극단적인 무기력과 무감각 상태를 결코 이해할 수 없다는 것이다. 그런데 이것은 레비와 같은 '아웃사이더'의 증언과 다를 바 없다. 다시 말해 당사자들조차 스스로 경험한 '비인간'의 상태를 결코 인간의 언어로 재현할 수 없는 것이다. 이러한 사태를 설명할 수 있는 다른 하나의 단서는 이들의 증언 중에 "무젤만들 사이에도 정상적인 조건에서 살아가는 인간들 사이에 존재하는 것과 똑같은 차이가 존재한다."[16]라는 것이다. 바꾸어 말하면 이들이 한때 무젤만이었으면서도 생존할 수 있었던 것은 생존 불가능한 최악의 상태는 아니었기 때문일 거라는 추정이 가능하다. 어떤 증언자는 더 이상 설명할 수 없는 무젤만 상태를 당시 수용소에서 떠돌았던 말로 대신한다.

> 무젤만에게 더 나쁠 게 뭐가 있어? 무젤만은 생존할 권리도 없잖아? 무젤만은 짓밟히고 내팽개쳐지고 얻어터지기 위해 있는 거잖아? 주인 잃은 개처럼 수용소를 어슬렁거리지. 아무나 그를 걷어찰 수 있고, 그의 구원은 소각로야![17]

---

16 다음에서 재인용. 같은 책, S. 146.

결국 자신을 '주인 잃은 개처럼' 취급하는 타자의 눈으로만 표현할 수 있는 무젤만은 비인간의 극한상황을 직접 경험한 '완벽한 증인'이면서도 스스로를 증언할 수 없다는 패러독스가 다시 한 번 확인된다. 이러한 딜레마에 직면하여 아감벤은 무젤만의 상태에 대한 유일한 증언 가능성은 "말할 수 있는 것과 말할 수 없는 것 사이의 예견할 수 없는 연관성"[18]을 표현하는 것이라고 말한다. 여기서 '예견할 수 없다'unvordenklich라는 말은 정상인이 공유하는 기성의 관념으로는 설명할 수 없고, 인간의 사유와 상상으로 접근할 수 있는 한계의 바깥을 가리킨다고 보아도 무방할 것이다. 언어의 관점에서 보면 의사소통이 불가능한 '비언어'의 언표일 것이다. 정상인에게 '비인간'이 추상적 실체인 것과 마찬가지로 역시 추상적 개념인 '비언어'의 상태를 막연하게나마 실감할 수 있는 드문 사례로 '후르비네크'라는 세 살짜리 고아에 대한 레비의 증언을 들 수 있다.

후르비네크는 아무것도 아닌 존재, 죽음에 내맡겨진 아이, 아우슈비츠의 아이였다. 세 살쯤 되어 보이는 그 아이에 관해 아는 사람은 아무도 없었다. 아이는 말을 못했고, 이름도 없었다. 우리는 후르비네크라는 기이한 이름을 지어주었다. (…) 아이는 하반신이 마비 상태였고, 꼬챙이처럼 메마른 다리는 휘어 있었다. 하지만 세모꼴로 앙상하게 마른 얼굴에서 움푹 들어간 눈은 소름 끼치도록 살아서 번득였고, 해방되고자 하는 의지, 침묵의 감옥을 부수려는 의지와 생존 욕구로 가득 차 있었다. 아이의 눈빛은 아무도 가르쳐주려고 하지 않았던, 자신에게 결핍된 언어를 찾으려는 갈망, 말하고 싶은 갈망을 폭발할 듯한 기세로 말하고 있었다.[19]

이 아이의 눈빛이 무언의 언어로 말하는 형언할 수 없는 어떤 욕구는

---

17 같은 책, S. 150.
18 같은 책, S. 137.
19 같은 책, S. 33.

밤이 되면 혼자서 '마스-클로'mass-klo 혹은 '마티스클로'matisklo라고 웅얼거리는 소리로 표현된다. 수감자들은 이 뜻 없는 소리가 보헤미아어로 '빵'이나 '고기'가 아닐까 하고 상상을 해보지만 그런 상상도 이해할 수 없는 '소리'에 대한 막연한 짐작일 뿐이다. 언어도 아니고 문자도 아니고 그저 어떤 신호라고나 해야 할 이 '비언어'의 언표가 어쩌면 '말할 수 있는 것과 말할 수 없는 것 사이의 예견할 수 없는 연관성'에 대한 하나의 증언일지 모른다. 그것은 증언의 공백을 재구성한 정상인의 언어를 다시 허물어뜨리고 인간의 사유와 상상이 범접하지 못하는 '아무것도 아닌 존재'ein Nichts의 극한적 실존을 증언하는 비인간의 언어일 것이다.

'회색지대'에서 본 희생자들

수용소 수감자들 중 또 다른 증언의 사각지대는 이른바 '특별 작업반' Sonderkommando이라 불리던 사람들이다. 유대인 수감자들 중에서 선발된 이들에게 '특별 작업'이 주어졌는데, 이는 사형 선고를 받은 수감자들을 가스실로 데려가서 소지품을 압수하고 가스를 주입한 다음 시신에서 금니 등을 수거한 후 다시 소각로를 가동하고 유해를 처리하는 끔찍한 일을 가리킨다. 이처럼 동료 수감자들의 살해 도구로 이용된 특수한 처지 때문에 수용소의 '회색지대'Grauzone로 불리기도 하는 이들은 집단학살의 현장에 있었던 유일한 증인들이라 할 수 있다. 그러나 학살 현장의 증인이기 때문에 이들 자신도 주기적으로 가스실로 보내지고 새로운 인력으로 교체되었으므로 수용소 마지막 시기의 극소수를 제외하면 이들 중에도 생존자는 거의 없으며, 설령 생존했다 하더라도 동료들을 직접 불태운 끔찍한 경험으로 인해 증언 불능 상태에 빠진다. '특별 작업반'을 '나치가 고안해낸 가장 극악한 범죄'라고 말하는 레비가 당사자들로부터 전해 들은 간접 증언에 따르면 이들은 '작업'에 투입된 첫날 대개는 신속하게 적응하는 양상을 보였다고 한다.[20] 생존을 위해서는 무젤만과는 또 다른 의미에서 '비인간'이 되어야 했던 것이다.

이 모든 이유에서 '특별 작업반'에 속했던 이들로부터는 어떤 증언도 기대할 수 없다. 그런데 1952년 여름 아우슈비츠의 분소였던 비르케나우Birkenau 수용소의 소각로 부지에서 필자 미상의 기록 노트가 발견되었다. 필자가 '특별 작업반' 소속이었음이 분명한 이 기록 중에는 가스실에서 죽기 직전의 희생자들에 관한 증언이 포함되어 있다.[21] 기록의 시점이 1943년 말부터 다음 해 말까지 분산되어 있으므로 이 기록자는 1년 가까이 가스실의 죽음들을 목격한 셈이다. 그러나 증언으로 남겨진 것은 불과 대여섯 토막의 짤막한 기록이 전부이며, 거기에는 예외적으로 특별한 반응을 보인 희생자들에 관한 증언만 포함되어 있다. 예컨대 어떤 폴란드 여성은 모두가 벌거벗은 가스실에서 당당하게 '특별 작업반'의 유대인들을 꾸짖으며 '복수의 신성한 의무'를 명하고, 독가스가 유입되는 상태에서도 끝까지 찬송가를 부르며 '종교적 황홀경' 속에서 숨을 거둔다. 또 어떤 사람들은 피할 수 없는 죽음 앞에서 집단으로 회개를 하기도 하며, 어떤 젊은이는 죄 없는 사람들을 끔찍하게 죽이는 일은 절대로 없을 거라고 일행을 다독거리기도 한다. 이처럼 죽음의 가스실에서도 죽음을 두려워하지 않고 당당한 신념과 소신을 천명하는 이들의 모습을 기록자는 '유대인의 영원한 정신력을 입증하는 숭고한 광경'[22]이라 적고 있다. 기록자 자신도 조만간 가스실에서 죽어갈 운명에 처해 있으므로 이 경우에도 증언의 신빙성과 진정성을 의심할 여지는 없다. 그러나 수백만 중에 몇몇에 불과한 이런 예외적 사례를 근거로 '아우슈비츠에서도 파괴되지 않은 인간의 숭고함'을 운위한다면 그것은 '비인간'의 밑바닥으로 떨어져 가스실로 사라진 절대다수의 희생자들에 대한 모독일 것이다. 그렇게 보면 이 기록자의 증언에는 동료들을 살해해야 하는 연옥의 상태에서 아비규환의 생지옥은 차마 직시하지 못하고, 그럼에도 이 모든 악을 견디고 이

---

20 같은 책, S. 22.
21 Vgl. Unbekannter Autor: Das Sonderkommando, in: S. Feuchert: 앞의 책, S. 152 ff.
22 같은 책, S. 155.

기는 인간의 숭고함이 구제되기를 바라는 이중감정이 교차한다고 볼 수 있다.

이 기록자의 증언 중에는 그런 이중감정이 더욱 극적으로 투사된 사례가 있다. 한번은 어린아이들로만 구성된 희생자들[23]이 가스실로 호송되어 탈의실에서 옷을 벗기는데, 그중에는 다섯 살가량의 여자아이와 한 살짜리 사내아이 남매가 포함되어 있었다. 그런데 특공대의 일원이 한 살짜리 유아한테 다가가서 옷을 벗기려 하자 여자아이가 이렇게 큰소리로 외쳤다.

"저리 비켜, 유대인 살인마야! 유대인의 피로 더럽혀진 손으로 내 예쁜 동생을 건드리지 마! 이제는 내가 엄마니까 내 품에서 함께 죽을 거야." 그러자 옆에 있던 일고여덟 살쯤 되어 보이는 사내아이가 이렇게 말했다. "너는 유대인이면서 이렇게 예쁜 아이들을 가스실로 보낸단 말이야? 오로지 너 혼자만 살겠다고? 살인마들과 한 패거리인 네 목숨이 정말 수많은 유대인 희생자들의 목숨보다 더 소중하다는 거야?"[24]

이 대목에 대하여 '특별 작업반에 소속된 개개인의 견딜 수 없는 내면적 분열상이 여실히 드러난 사례'라고 언급한 해석도 있지만,[25] 어린 희생자들의 입을 빌려 증언자 자신의 견딜 수 없는 양심의 가책을 토로한 것이라 볼 수밖에 없다. 부모의 품에서 강탈해 온 아이들을 가스실로 몰아넣는 일에 가담하고 있는 이 기록자에게 인간의 눈으로는 대면할 수 없는 참혹한 사태를 있는 그대로 재현한다는 것은 불가능한 일이며, 그가 택하

---

[23] 일반적으로 수용소에 끌려오는 사람들 중 15세 이하와 45세 이상은 노동 능력이 없다는 이유로 처음부터 입소 과정에서 '선별'되어 바로 가스실로 보내졌는데, 이 경우에는 부모가 있는 가정에서 아이들을 강탈해 온 것으로 설명되고 있다.
[24] Feuchert: 앞의 책, S. 156.
[25] Vgl. Sem Dresden: *Holocaust und Literatur*, Frankfurt a. M. 1997, S. 174.

는 차선의 증언 방식은 희생자의 눈으로 자신의 찢어진 양심을 고발하는 것이다. 그리고 실제로는 아마 공포에 질려 아무 말도 못 했을 다섯 살짜리 여자아이에게서 "내가 엄마니까 내 품에서 함께 죽을 거야."라는 환청을 듣는 것은 죄 없이 죽어가는 아이들이 구원받길 바라는 절망적 염원이 투사된 것이라 할 수 있다. 그런데 이 장면을 앞서 언급한 '유대인의 영원한 정신력을 입증하는 숭고함'과 겹쳐서 읽으면 이 증언자가 희생자들의 죽음을 '순교'로 표상하고 있다는 해석도 가능하다. 비록 지상에서는 악의 세력에 죽임을 당하지만 죽음마저 이겨내는 믿음의 힘에 대한 증언이기 때문이다.

희생자들에 대한 이러한 해석은 서론에서 언급한 대로 죽음으로써 믿음을 '증언'하는 '순교'를 뜻하는 '홀로코스트'의 의미망과 연결된다. 수많은 동족의 무고한 죽음을 헛되이 하지 않기 위해 유대인의 역사적 운명 속에서 죽음의 의미를 점지하는 이러한 해석에 비장한 추모의 뜻이 담겨 있다는 것은 그 자체로 존중되어 마땅하다. 그러나 이런 의미 부여가 시오니스트적 해석의 유력한 근거가 된다는 점도 유의할 필요가 있다. 유사 이래 끝없는 이산離散, Diaspora의 운명을 겪어온 유대인들의 수난사에서 '홀로코스트' 역시 불가피한 숙명의 일부로 파악하고 그 수난의 역사에서 이스라엘 건국의 정당성을 찾는 시오니스트적 해석은 유대인 대학살을 운명적 필연의 유기적 일부로 편입시킨다는 점에서 과거사를 오로지 현재의 정치적 필요에 따라 재단하는 것일 뿐이다. 그러나 시오니스트적 해석을 옹호하는 화이트Hayden White 같은 역사학자는 "홀로코스트에 대한 하나의 역사적 해석으로서 시오니스트적 해석의 진리성은 이스라엘의 정책을 광범위하게 정당화할 수 있는 효과에 달려 있다."[26]라고 주

---

26 Hayden White: *The Content of the Form. Narrative Discourse and Historical Representation*, Johns Hopkins Uni. Press 1987, S. 80. 화이트의 입장에 대한 체계적인 비판은 페리 앤더슨의 다음 글 참조. Perry Anderson: On Emplotment: Two Kinds of Ruin, in: Saul Friedlander (Hg.): *Probing the Limits of Representation. Nazism and the "Final Solution"*,

장하기도 한다. 모든 역사적 사건은 그것을 재구성하는 역사적 내러티브에 따라 얼마든지 다양하게 해석될 수 있다고 보는 화이트의 입장에서는 그런 해석이 '수난의 역사에 대한 정당한 도덕적 반응'으로 당연시될 법도 하다. 그러나 '홀로코스트'의 내러티브로 대학살을 재구성하는 논법이 다시 팔레스타인에 대한 폭력을 정당화하는 빌미가 될 수도 있다는 착잡한 현실을 상기하면 그런 역사 해석이 과연 희생자들에 대한 온당한 추모인지 되새겨볼 일이다.

'악의 평범함'과 '얼굴 없는 폭력'

가해자에 대한 증언의 딜레마

레비가 '무젤만'을 통해 '이 시대의 악의 형상'을 떠올리거나 '특별 작업반'을 '나치의 가장 극악한 고안'이라고 한 것은 악의 원흉 자체는 직접 증언할 수 없는 한계를 말한 것이기도 하다. 실제로 레비 자신도 독일군이 패주하는 상황에서 아우슈비츠 수용소가 소개될 때 우연히 나치 친위대원과 정면으로 마주친 것이 직접 '악의 얼굴'을 대면한 유일한 경험이라고 회고하고 있다. 나치 친위대원이라고 해야 체제의 말단 하수인에 불과하지만 레비의 이러한 회고는 책임 있는 위치에 있었던 학살 주범들에 대한 직접적인 증언이 사실상 불가능한 사태의 일단을 드러낸다. 실제로 수용소의 극단적 폭력으로 가시화된 악의 작동 체계는 마치 포드 시스템처럼 철저한 기능적 분업에 의해 가동되었기 때문에 정작 악의 실체는 익명화된 추상성을 띨 수밖에 없다. 생존자들이 희생자들에 대한 증언의 한계에 부닥치는 것과는 또 다른 이유에서, 가해자들에 대한 실체적 증언이 어려운 것은 이런 사정에 기인한다. 그런 점에서 '학살 체계의 추상성'을

Harvard Uni. Press 1992, S. 97~107.

언급한 역사학자 디너는 아우슈비츠의 형성 경위와 작동 체계를 역사적으로 재구성하고자 할 때 처음부터 계획된 '의도'로만 설명할 수도 없고, 그렇다고 시스템 자체의 맹목적 '관성' 탓으로 돌릴 수도 없는 어려움을 토로한 바 있다.[27] 학살 주동자들과 가담자 개개인에 관해 말하면 '확신범'과 '기능범'의 구분도 모호하다는 뜻이 된다. 그래도 확신범 중의 확신범에 해당될, 전범재판에 회부된 자들의 증언은 자기방어도 허용되는 법정 진술에 불과하므로 희생자의 유족이나 생존자들이 납득할 수 있는 실체적인 증언과는 거리가 멀다. 이미 언급한 대로 그들의 방어논리에 공통된 것은 ─ '신 앞에서는 죄책감을 느끼지만 법 앞에서는 그렇지 않다.'고 했던 아이히만의 태도에서 극명히 드러나듯이 ─ 전시 상황의 '명령'과 '복종'의 규율 체계 속에서 자신들의 '임무'에 충실했을 뿐이기 때문에 '범법 행위'는 아니었다는 것이다.[28] 그러나 관점을 달리해서 보면 끔찍한 대학살을 주도하거나 적극적으로 가담하면서도 자신들의 범죄 행위를 '적법한 임무 수행'으로 여길 만큼 말살의 체계가 완벽했고 '분업 체계'의 어떤 단위에서도 학살을 제어할 일말의 여지도 없었다는 말이 된다. 파시즘 지배 체계에서 죽음의 수용소가 극한적 예외 상황이 아니라 정상적 기능으로 작동했듯이, 학살이 일상적 임무로 통하는 악의 체계 안에서 선악의 판별 기준은 사라지는 것이다.

아우슈비츠 수용소장 회스의 진술은 학살 '분업 체계'의 단면과 주동자들의 전형적 태도를 보여준다.[29] 예컨대 가스실 희생자들의 시신에서 금니를 뽑아내고 여성 시신의 머리카락을 잘라서 수거하라는 지시는 나

---

27 Vgl. Dan Diner: Negative Symbiose, in: D. Diner (Hg.): *Ist der Nationalsozialismus Geschichte? Zu Historisierung und Historikerstreit*, Frankfurt a. M. 1987, S. 188.
28 뉘른베르크 전범재판은 부당한 명령에는 불복할 수 있다는 또 다른 법리를 근거로 이들의 변명을 기각하긴 했지만 그런 법리 공방은 사태의 본질에서 한참 비켜난 것이다.
29 Vgl. Feuchert: 앞의 책, S. 182 ff. 종전과 동시에 잠적했던 회스는 1년 후 체포되어 폴란드로 압송된 후 재판을 받고 아우슈비츠에서 교수형을 당했는데, 그의 진술은 다른 전범들의 법정 진술과 달리 자서전 성격을 띤 '수기'의 형식으로 서술되어 있다.

치 친위대장 힘러Heinrich Himmler의 명령을 아이히만이 하달한 것이며, 이미 언급한 '특별 작업반'이 직접 그 일을 맡았고, 현장감독은 수감자 관리부서 책임자가 맡았으며, 가스실로 보낼 수감자를 '선별'하는 일은 친위대에서 파견된 의사들이 했다는 식이다. 이처럼 수용소의 작동 체계가 철저히 기능적으로 분화되어 있었고 학살 현장의 구체적인 디테일까지도 권력 핵심부의 최고 책임자가 하달한 명령에 따라 집행되었다는 것은 수용소장인 회스 자신도 그러한 분업 체계와 지휘 계통에서 본인에게 주어진 기능적 역할에만 충실했을 뿐이라는 논리를 가능케 한다. 노동 능력이 없는 수감자들을 '선별'하는 기준을 놓고 친위대 소속 의사들과 일반 지휘관들 사이에 종종 의견 충돌이 있었고, 그 과정에서 수용소장 자신도 모르게 혹은 승인도 없이 임의적인 기준으로 '선별'이 이루어졌다고 진술하는[30] 회스의 태도는 마치 자신의 '근무 태만'을 자책하는 듯한 인상마저 준다. 이른바 '회스 작전'Höß-Aktion으로 악명을 떨친 아우슈비츠 학살의 최고 책임자에게는 수없이 죽어나간 무고한 인명이 중요한 것이 아니라 자신의 '임무'를 제대로 수행했는가 여부가 관심사인 것이다. 회스의 '수기'를 독일에서 처음 편집 간행한 역사학자 브로스차트Martin Broszat는 그의 수기에 대한 면밀한 검토를 바탕으로 회스라는 인물이 '잔혹한 야수성을 지닌 사디스트'가 아니라 단지 '질서 의식'과 '의무감'이 투철한 '평균적 인간'이고 '동물애호가'이기도 하며 심지어 그 나름의 '내면성'과 '도덕심'까지 겸비한 인물이라고 평한 바 있다.[31] 아렌트가 아이히만에 대해 '지독한 출세욕으로 뭉쳐진 것 말고는 그 어떤 학살 동기도 찾아볼 수 없는 지극히 평범한 인물'이라며 '악의 평범함'에 경악한 것과 똑같은 사태가 회스의 경우에도 사실로 확인되는 셈이다. 이러한 '악의 평범함'이 학살의 기능적 분업 체계에서 비롯된 결과라는 설명은 가

---

30 Vgl. 같은 책, S. 188.
31 같은 책, S. 224.

능할지 모르지만, 그러한 설명보다 더욱 근본적인 문제는 그 어떤 극단적 야만과 폭력도 결코 '악'으로 인지되지 않을 만큼 극악한 사태가 일상의 타성으로 반복되었다는 것, 그리고 당사자들에게서는 그 어떤 통회痛悔의 고백도 기대할 수 없다는 것이다.

회스 같은 인물이 체제에 충직한 정치적 확신범이라면 직업정신에 투철한 기능범으로 분류될 수도 있을 친위대 소속 의사들의 행적은 그처럼 일상화된 악이 오히려 더 끔찍할 수 있다는 가공할 양상을 보여준다. 대부분 당시 독일 의학계의 최고 엘리트들로 구성된 그들은 수용소에서 가스실로 보낼 수감자들을 직접 '선별'하는 역할을 맡았을 뿐 아니라, 갖가지 생체 실험까지 자행한 것으로 악명이 높다. 그 의사들 중에 크레머Johann Kremer는 1942년 아우슈비츠에 '재직'한 3개월 동안 12,000명의 수감자들 중에 10,000여 명을 가스실로 보낸[32] 장본인으로 '재직 기간' 중의 '일지'를 남긴 희귀한 증언 사례에 속한다. 그의 일지는 노동력 상실자나 무젤만을 가스실로 보내는 과정에 대해 '세상의 종말'이라거나 '단테의 지옥도 이것에 비하면 코미디'라고 언급한 두어 군데를 제외하면 처음부터 끝까지 '정상적인' 실험실의 작업 일지와 똑같은 형식과 어조로 기술되어 있다.[33] 요컨대 자기 손으로 연출하는 현실의 생지옥도 의사의 '본업'에 충실한 냉정한 '실험정신'의 소유자에게는 그저 '과학적 탐구심을 유발하는 흥미로운 관찰 대상'으로 보이는 것이다.[34] 크레머의 이 냉정한 '관찰 정신'은 '특별 작업반'에 속했던 수감자들이 가스실의 희생자들이 죽어가는 모습을 차마 그대로 증언하지 못하는 것과 대조적임은 물론이고, 회스 같은 학살 주범이 '분업 체계'로 책임을 떠넘기는 것과도 비교되는 대목이다. 수용소의 의사들이 저지른 가공할 야만적 폭력을 정작

---

32 새로 압송되는 유대인들의 숫자가 급증할 때는 수감자들을 수용할 공간 확보를 위해 단기간에 무차별 대량 살상이 자행되었다.
33 Vgl. 같은 책, S. 192 ff.
34 크레머의 일지에는 '신선한 장기(臟器) 확보'라는 표현이 종종 등장한다.

당사자들 자신은 일상적인 '실험'으로 여긴 배경에는 나치의 우생학적 '생명 정치'Biopolitik에 과학적·윤리적 논거를 제공한 것이 바로 의사들 자신이라는 공범 관계가 작용한다. 전쟁 발발 직후 독일 의학계의 지도급 인사들은 이른바 '생존 가치가 없는 생명'Lebensunwertes Leben에 관한 입법으로 중증 정신질환자들에 대한 안락사 프로그램을 가동시켰고, 안락사 희생자들의 죽음을 '자비로운 죽음'Gnadentod이라 명명하며 윤리적 정당성까지 부여했던 것이다.[35] 나중에 전범재판에서 사형 선고를 받은 안락사 프로그램 책임자들이 안락사 문제는 다시 제기될 것이기 때문에 전혀 죄의식을 느끼지 않는다고 당당하게 진술한 것도 그들이 의사로서 당연히 할 일을 했다는 확신을 가지고 '생존 가치가 없는 생명'을 살해했다는 사실을 입증한다.[36] 아우슈비츠에서 가스실 학살과 생체 실험이 '특별요법'Sonderbehandlung으로 불린 것도 그런 맥락의 연장선에 있음은 물론이다.

지금까지 살펴본 대로 아우슈비츠의 학살 주범들은 어떤 경우에도 자신들의 행위에 대해 죄의식을 느끼지 않았으며, 가해자들의 내부 증언이 공백으로 남아 있는 것도 그 때문이다. 그 반면 수용소에서 살아남은 생존자들이 거의 예외 없이 자괴감에 시달리는 것이야말로 아우슈비츠가 남긴 최대의 아이러니가 아닐 수 없다. 레비가 말한 대로 생존자들의 대부분이 끝내 침묵한 것은 수용소 경험의 끔찍한 악몽에서 헤어나지 못했기 때문이기도 하지만, 가족이나 동료의 죽음을 막지 못했고 누군가가 자신 대신 죽어갔다는 자책감도 작용한다.[37] 그 자괴감이 얼마나 끔찍한가를 보여주는 사례로, 가장 악명 높은 생체 실험 전문가였던 멩겔레Joseph Mengele[38]의 실험 대상이 되었다가 극적으로 살아남은 한 여성의 증언이

---

35 Vgl. Agamben: *Homo Sacer*, Frankfurt a. M. 2002, S. 145 ff.
36 Vgl. 같은 책, S. 152.
37 Vgl. Agamben: *Was von Auschwitz bleibt*, S. 76 f.
38 비르케나우 분소의 여성사동(舍棟) 담당 수석의사였던 멩겔레는 특히 유아와 쌍둥이, 성장지체아 등을 상대로 잔혹한 생체 실험을 자행했는데, 종전 후 당국의 검거를 피해 국외로 탈출하여 남미에 잠적했다가 1978년에 사망한 것으로 알려져 있다. Vgl.

있다.[39] 루트 엘리아스라는 이 체코 여성은 1944년 여름 아우슈비츠의 비르케나우 분소에서 여아를 출산했는데, 멩겔레는 신생아가 수유를 중단한 상태에서 얼마나 견딜 수 있는가를 시험하기 위해 산모의 젖가슴을 붕대로 동여매고 매일 산모와 아이를 관찰하는 끔찍한 실험을 자행한다. 6일째 되는 날까지도 아이의 숨이 붙어 있는 것을 확인한 멩겔레는 다음날 아침 모녀를 데리러 오겠다고 말하는데, 그것은 곧 '생체 해부실'로 데려간다는 뜻이다. 이 절체절명의 상황에서 엘리아스의 목숨을 구해준 것은 마카 슈타인베르크라는 보조 의사였다. 역시 체코 출신의 여성 수감자인 이 의사는 엘리아스에게 당신은 아직 젊으니 살아야 하고, 그러자면 아이를 포기하는 수밖에 없으니 아이에게 모르핀 주사를 놓으라고 설득한다.

"루트, 당신은 아직 젊어요. 당신은 살아야만 해요. 아이를 한번 봐요. 어차피 살아날 가망은 없어요. 몇 시간 후면 죽을 거예요. 하지만 멩겔레가 오기 전에 죽어야만 해요. 아이가 살아 있으면 둘 다 데려갈 거라고요. 당신은 젊으니까 살아야 해요. 나는 히포크라테스 선서를 했고, 인명을 구해야 해요. 당신을 구해야 해요. 나는 사람을 죽여선 안 돼요. 그러니 당신이 해야만 해요. 목숨을 건지려면. 아이는 죽어야 하고, 당신은 살아야 해요. 목숨을 건지려면 어쩔 수 없어요. 어서 빨리 아이한테 주사를 놓아요. 어서, 어서." 이런 말을 듣자 나의 저항력은 점점 약해졌다. 나는 더 이상 생각을 가다듬을 수 없었다. 내 감정은 갈가리 찢어졌다. 마카는 말을 계속했다. 그렇게 얼마가 지나자 나는 기력과 의지를 완전히 상실했다. 나는 시키는 대로 했다. 나 자신의 아이를 죽인 것이다. 멩겔레 박사님, 당신은 나를 영아 살해자로 만들었군요. 나는 내 몸으로 낳은 아이를 죽였어요.[40]

S. Feuchert: 앞의 책, S. 84.
39 Ruth Elias: Geburt und Tod meines Kindes in Auschwitz, in: S. Feuchert: 앞의 책, S. 114~126.

이 참혹한 상황을 겪고 살아남은 엘리아스는 수십 년 동안의 침묵 끝에 손자 손녀들을 위해 이 증언록을 썼다고 한다. 그녀의 진술에서 죄 없는 산모를 '영아 살해자'로 만든 멩겔레에 관한 것은 '어떻게 인간의 머리로 이런 생각을 할 수 있을까.'라는 항변이 전부다. 그에 대한 분노의 표출을 가로막는 것은 아마도 '내 몸으로 낳은 아이'를 죽일 수밖에 없었던 참담한 죄의식일 것이다. 가해자는 말이 없고, 생존자의 비애는 영원한 것이다. 마카가 말하는 '히포크라테스 선서'의 — 인명을 구하기 위해 타인의 손을 빌려 살인을 종용해야 하는 — 이율배반은 그 어떤 정언명령도 이 극한상황에서는 휴지 조각이 될 수밖에 없음을 극명히 보여준다. 멩겔레에 대한 항변이 추상적인 반면 마카의 '악역'에 대한 서술이 구체적인 것도 그녀가 원망스러워서가 아니라, 그녀의 설득에 굴복한 끝없는 회한의 메아리일 것이다.

아우슈비츠에 관한 '서사'의 가능성

알렉산더 클루게Alexander Kluge의 단편 「어느 사랑의 실험」*Ein Liebesversuch*, 1962은 아우슈비츠에 관한 증언의 공백으로 남아 있는 가해자의 시각을 역사적 기억의 전승 문제와 결부지은 문제작이다. "쇼아 문학에서 가장 급진적인 작품의 하나"[41]로 평가받는 이 작품의 소재는 수감자들을 방사선으로 몰래 거세시킨 다음 이 '시술'의 성공 여부를 검증하기 위해 '사랑의 실험'을 한 기괴한 생체 실험이다.[42] 역사적 기록과 문학적 허구, 문

---

40 같은 책, S. 124.
41 Christian Schulte: Alexander Kluge: Ein Liebesversuch, in: Werner Bellmann (Hg.): *Klassische deutsche Kurzgeschichten*, Stuttgart 2004, S. 247.
42 1942년 7월 친위대장 힘러가 이 실험을 직접 지시한 것으로 알려져 있다. Vgl. Ulrike Bosse: *Alexander Kluge—Formen literarischer Darstellung von Geschichte*, Frankfurt a. M. 1989, S. 43. 아감벤에 따르면 나치의 잔혹한 생체 실험은 유대인 말살 정책에 국한되지 않고 전 국민에 대한 우생학적 '선별' 정책의 일환으로 추진되었다. 전쟁 막바지에 히틀러는 전 국민을 대상으로 방사선 검사를 실시하여 심각한 질환자들의 사회 활동을 금지하고 출산도 금지하는 '보건법'을 시행할 계획이었다. Vgl. Agamben: *Homo Sacer*, S. 159.

학적 상상과 미디어적 재현의 다양한 접점과 상호 변주 가능성을 창작의 화두로 삼았던 클루게의 독특한 문제의식을 고스란히 담고 있는 이 단편은 이렇게 시작된다.

강제수용소에서 한꺼번에 집단으로 불임 시술을 하기 위한 가장 간편한 방법으로 1943년에 방사선 시술이 도입되었다. 하지만 그렇게 시술된 불임 상태가 지속적으로 효력이 있는지가 미심쩍었다. 그래서 우리는 남자 포로 한 명과 여자 포로 한 명을 한 방에 집어넣고 실험을 해보기로 했다. 실험실로 사용할 방은 보통 감방보다 더 컸고, 수용소 지도부에서나 쓰는 양탄자를 바닥에 깔았다. 이렇게 신방처럼 꾸며놓은 방에서 남녀 포로들이 실험에 만족스러운 반응을 보이기 바랐으나, 그런 희망은 수포로 돌아갔다

두 남녀는 불임 시술이 성공했다는 걸 알고 있었던 것일까? 그렇다고 보기는 어려웠다. 두 남녀는 마룻바닥에 양탄자까지 깔아놓은 방에서 제각기 다른 구석에 앉아 있었다. 밖에서 방 안을 관찰할 수 있게 달아놓은 동그랗게 생긴 작은 유리창으로는 둘을 한 방에 넣은 후 과연 서로 이야기나 나누긴 했는지도 확인하기 힘들었다. 어떻든 관찰하고 있는 동안에는 이들은 서로 이야기도 하지 않았다. 이러한 수동적 태도가 마음에 들지 않았다. 더구나 고위급 손님들이 이 실험을 시찰하러 오겠다고 통보해 온 터여서 더더욱 마음에 들지 않았다. 그래서 실험의 진행을 가속화하기 위해 이 수용소 수석의사인 실험 책임자는 두 포로의 옷을 벗기라고 지시했다.[43]

'거세'가 아니라 '불임 시술'이라는 가치중립적 용어를 쓰는 화자는 직접 이 실험을 진행했던 의사다. 가해자 스스로 묻고 답하는 자문자답의

---

43 알렉산더 클루게: 「어느 사랑의 실험」, 임홍배 옮김, 『어느 사랑의 실험』, 창비 2010, 291쪽.

형식을 취하고 있는 것이다. 가해자 자신이 무비 카메라로 실험실 안을 보여주고서, 다시 그 카메라 앞에서 촬영 장면에 대해 논평하는 기록영화의 연출 방식을 연상할 수도 있다. '작은 유리창'을 통해 실험실 안의 남녀가 과연 성적으로 흥분하는지 관찰하는 의사의 시선에는 관음증觀淫症의 호기심과 냉혹한 실험정신이 겹쳐 있다. 이 의사(카메라)의 눈으로 '사건'을 접하는 독자(시청자) 역시 같은 방식으로 보기를 유도당하는 것이다. 그러나 어떤 방법을 동원해도 실험 대상이 전혀 반응을 보이지 않자 의사는 이렇게 묻고 답한다.

> 우리 자신은 과연 흥분했던가?
> 어떻든 방 안에 있는 두 남녀보다는 그래도 더 흥분했다고 할 수 있다. 적어도 다들 그렇게 보였다. 그런데 이런 실험을 수행하는 특별한 경우가 아니면, 그렇게 흥분하는 것은 금지되어 있었다. 따라서 나는 우리가 흥분했다고는 생각하지 않는다. 어쩌면 실험이 제대로 되지 않아서 흥분했을 수는 있겠지만.[44]

스스로 실토한 진술마저 곧바로 뒤집는 이 자기검열은 수용소의 명령체계에서 오로지 실험의 성패 여부를 관장하는 것이 자신의 임무였음을 강변하는 수용소 의사들의 전형적인 방어논리를 그대로 보여준다. 잔혹한 과거사는 가해자에 의해 손바닥을 뒤집듯이 조작되는 것이다. 그런데 위 인용문 바로 다음에는 뜬금없이 이런 구절이 나온다.

> 나는 사랑으로 그대의 것이 되려고 하니,
> 그대, 오늘 밤 내게로 오지 않으려오?

---

[44] 같은 책, 295쪽.

이 세레나데 풍의 노래가 흘러나오는 시공간은 애매하다. 이야기의 흐름을 끊는 별개의 단락으로 '몽타주' 처리가 되어 있기 때문이다. 그런데 이야기 전반부에는 남녀가 실험에 응하지 않자 '에로틱한 무드'를 조성하기 위해 음악도 틀어주었다는 진술이 나온다. 이야기의 서술 시점이 과거형이라는 사실에 비추어 보면, 이 의사가 실험 당시 스스로 '흥분'했던 기억과 그 음악을 함께 떠올리는 상황으로 해석할 수 있다. 최악의 시나리오로, 어쩌면 현재의 시점에서 바로 그 음악을 들으며 과거를 회상하고 있을 가능성도 배제할 수 없다. 만약 그렇다면 야만적 생체 실험의 현장이 관음증 환자의 성적 자위의 소재로 재현되고, 키치 음란물의 한 장면으로 현재화되는 형국이다. 실제로 1979년 바덴-뷔르템베르크 주의 한 교사는 학생들한테 이 '포르노 이야기'를 읽혔다는 이유로 징계를 받은 일도 있다고 한다.[45] 아우슈비츠의 야만을 '정상화'하려는 논리는 온갖 역사 왜곡과 조작의 빌미가 된다는 것을 보여주는 끔찍한 경우라 할 수 있다.

결국 실험 대상이 교체되고 "말을 듣지 않은 실험 대상들은 총살되었다."라는 짤막한 보고에 이어 작품은 이렇게 끝난다.

이 실험은 불행이 일정한 도를 넘으면 더 이상 사랑을 작동시킬 수 없다는 걸 말해주는 것일까?

이 실험에 동의하지 않는 독자라면 당연히 인도적인 견지에서 이 질문에 수긍하겠지만, 그러는 순간 이 생체 실험의 정당성을 용인하는 함정에 빠진다. 질문을 거꾸로 재구성해보면, 이처럼 '극단적인 불행'에 처한 경우가 아니면, 다시 말해 폭력의 강도가 덜하다면, 사랑을 마치 실험 공정처럼 '작동시킬'bewerkstelligen 수도 있다는 말이 성립되며, 그런 발상은 사

---

[45] Vgl. Schulte: 앞의 책, S. 247.

랑마저도 파블로프의 개처럼 실험 대상으로 삼은 나치의 생체 실험의 논리와 맞닿아 있기 때문이다.

맺는말

지금까지 살펴본 대로 죽음의 수용소에서 살아남은 생존자들조차 증언의 한계에 부딪치는 것은 수용소에서 강요된 비인간의 상태는 인간의 언어로 재현될 수 없기 때문이다. 그처럼 증언 불가능한 사태에 관해 증언한 극소수의 생존자들마저 이제는 대부분 사망한 시점에서 아우슈비츠의 기억은 어떤 의미로든 역사화될 수밖에 없다. 놀테와 같은 역사수정주의자들의 '역사화' 시도는 언젠가는 아우슈비츠 역시 상이한 입장의 담론들이 경합하는 역사 해석의 장이 될 수밖에 없음을 보여주는 착잡한 사태라 할 수 있다. 그렇기 때문에 오히려 '고르곤의 얼굴을 본 자들'의 기억을 상상으로 되살려내는 데 기여할 문학의 몫은 그만큼 더 커졌다고 할 수도 있다.

클루게의 짤막한 이야기는 단지 가해자의 폭력에 대한 고발을 넘어, 아우슈비츠에 관한 역사적 기억의 재현과 전승에 개입할 수 있는 역사적 내러티브의 정당성 자체에 대한 비판적 성찰을 함축하고 있다. 아우슈비츠에 관한 기억은 심지어 가해자의 입장에서도 모종의 '인도주의'를 환기하는 '역사적 교훈'의 소재로 차용될 수 있는 것이다. 입장을 달리하더라도 아우슈비츠에 관한 일체의 '합리적' 해석은 합리성이라는 기준으로는 접근조차 할 수 없는 야만적 사태를 호도할 여지를 남긴다.[46] 아도르노가

---

46 디너는 합리성/비합리성의 이항대립적 개념 대신 '반합리성 Counterrationality' 이라는 개념을 제안하기도 한다. Vgl. D. Diner: Historical Understanding and Counterrationality: The *Judenrat* as Epistemological Vantage, in: S. Friedlander (Hg.): 앞의 책, S. 128 ff.

아우슈비츠 이후의 '문화'와 관련하여 "문화를 거부하는 자가 직접적으로 야만을 조장한다면, 철저하게 죄악에 물든 닳아빠진 문화를 옹호하는 자는 부역자의 조력자가 된다."[47]라는 딜레마를 역설한 것도 그런 이유에서다. 아우슈비츠에 관한 서사가 '부역자의 조력자'Helfershelfer 역할로 떨어지지 않기 위해서는 정상적인 상황에서 보편적 믿음으로 통용되는 일체의 가치에 대한 근본적인 재검토를 거칠 수밖에 없을 것이다. 예컨대 앞의 작품에서 의사는 "실험 대상들은 서로 부끄러워했을까?"라는 질문을 던진다. '거세'된 상태에서 실험실 안에 알몸으로 갇혀 관찰을 당하며 죽음을 기다리고 있는 남녀에게 과연 인간적 존엄의 징표인 '부끄러움'이란 가치 척도가 성립될 수 있을까? 더구나 인간의 인간됨을 체계적으로 말살한 가해자 자신은 전혀 느끼지 못하는 그런 '수치심'이 과연 — 극한적 예외 상황을 정상적인 규칙으로 바꾸어놓은 — 수용소의 인간 조건에 합당한 덕목으로 성립될 수 있을까? 인간의 건전한 상식과 이성에 호소하는 기존의 윤리학은 결코 이 질문에 답할 수 없다. 아감벤이 말하듯이, 아우슈비츠에서도 인간성은 파괴될 수 없다는 말이 성립될 수 있다면 그것은 오로지 인간성은 인간의 척도를 넘어 끝없이 파괴될 수도 있다는 부정적인 의미에서일 뿐이다.[48] 클루게의 실험적 서사는 '부끄러움'이란 말이 틈입할 여지도 없는 그러한 극한상황을 냉정한 서사 정신으로 재현하는 데 성공한 작품이라 할 수 있다. '시간증屍姦症, Nekrophilie의 시선'[49]이라는 평을 듣기도 하는 그의 냉철한 서사 정신은 아도르노가 말한 '문화'의 더께를 걷어낸 상태에서만 아우슈비츠에 관한 서사적 재현이 비로소 가능하다는 것을 일깨워준다.

(2008년)

---

47 Adorno: *Negative Dialektik*, Frankfurt a. M. 1982, S. 360.
48 Vgl. Agamben: *Was von Auschwitz bleibt*, S. 118.
49 Erhard Schütz: Ein Liebesversuch oder Zeigen, was das Auge nicht sieht..., in: Heinz Ludwig Arnold (Hg.): *Text und Kritik*, Nr. 85/86, *Alexander Kluge*, München 1985, S. 57.

하이데거의 예술론

존재의 말 없는 부름에 귀 기울이기

> 자연은 스스로를 감추기를 좋아한다.
> ― 헤라클레이토스

왜 예술인가?

마르틴 하이데거Martin Heidegger, 1889~1976의 「예술작품의 근원」Der Ursprung des Kunstwerkes은 1935년 프라이부르크 대학에서 행한 강연의 원고에 바탕을 둔 논문으로, 1934/35년의 횔덜린 강의록과 더불어 하이데거가 문학예술에 본격적인 관심을 표명하기 시작한 첫 번째 글이다. 이 무렵부터 하이데거가 문학예술에 진지한 관심을 기울이는 것은 단지 사유의 영역을 확장하는 차원을 넘어서 그의 사유의 도정에서 내적 필연성을 갖는데, 그 맥락을 이해하기 위해서는 먼저 이 무렵 그의 사유에서 커다란 방향 전환이 시작된다는 점에 주목할 필요가 있다. 『존재와 시간』Sein und Zeit, 1927에서 정점에 도달하는 전기의 사유가 개인의 실존을 중심적인 탐구 과제로 삼았다면, 1930년에 발표된 강연 논문 「진리의 본질에 대하여」Vom Wesen der Wahrheit를 기점으로 이후의 사유에서는 존재에 대한 탐구가 철저하게 역사성의 기반 위에서 이루어진다.[1] 흔히 '존재사적 사유'das seinsgeschichtliche Denken라 일컬어지는 후기 사상에서 예술작

---

1 이에 관한 자세한 설명은 박찬국: 『들길의 사상가 하이데거』, 동녘 2002, 174쪽 이하 참조.

품론의 맥락을 이해하는 데 관건이 되는 것은 고대 그리스의 존재 이해와 근대의 존재 이해를 대비해서 파악하는 방식이다. 하이데거에 따르면 고대 그리스인들은 존재의 근원을 피시스physis로 이해하고 경험했다. 피시스는 "존재자의 움직임과 정지를 일으키는 시원始原이자 그것을 지배하는 다스림이며, 따라서 그 모든 것을 가능케 하는 원천"[2]으로서, 모든 존재자가 각각의 고유한 본질을 참된 모습으로 드러내면서도 존재자 전체와의 조화로운 연관 속에서 존재할 수 있게 하는 근원적인 세계이다. 그런 의미에서 피시스는 인간적인 것과 일체의 근본적인 것, 심지어는 신적인 것까지도 넘어서는 가장 근원적인 세계로 이해된다. 세계를 그러한 피시스로 이해할 때 인간은 풀 한 포기, 나무 한 그루에서도 근원적 세계가 발현되는 경이를 경험하며, 신들 또한 초월적 절대자로서 인간 위에 군림하는 것이 아니라 만물의 근원적 섭리 안에서 인간의 운명과 동행하는 존재로 다가온다. 나중에 살펴보겠지만 고대 그리스의 이러한 피시스 개념은 하이데거의 예술작품론에서 예술이 진리의 계기로 사유될 수 있는 결정적인 실마리로 도입된다.

하이데거에 따르면 이처럼 모든 존재자의 근원인 피시스는 결코 인간의 이성에 의해 '증명'될 수 없다. 피시스에 '의존'하여 존재하는 인간이 자신의 한계를 넘어서는 존재를 증명하려 드는 것은 분수를 모르는 오만이라고 하이데거는 말한다. 그럼에도 그러한 오만이 지배하는 것이 곧 근대의 존재 이해이다. 피시스를 '자연'으로 번역하고 '자연'을 정신의 대립물로 파악하면서 이성의 빛으로 남김없이 규명 가능한 대상으로 설정하여 계산 가능한 에너지원으로 환원하는 것이 곧 근대 과학의 출발점이자 근대 세계를 추동하는 원동력이다. 하이데거는 이것이 좁은 의미의 과학에 국한된 사태가 아니라 근대의 근본적인 세계상Weltbild이자 존재 이

---

[2] 하이데거: 「아리스토텔레스의 퓌시스 개념과 그 본질에 대하여」(1939), 『이정표 1』, 신상희 옮김, 한길사 2005, 211쪽.

해라고 본다. 고대 그리스인들이 모든 존재자와의 근원적인 유대에서 경이를 경험했다면, 그러한 근원적 유대를 상실한 근대인의 근본 정서는 불안과 회의懷疑로 내몰리며, 그 불안을 극복하기 위해 이성적 인식의 확실성을 추구하고 자연뿐 아니라 인간까지도 자원으로 동원하여 확고한 세계를 세우려 하는 것이다. 그런 맥락에서 하이데거는 근대 과학의 기술만능주의가 생활세계에서부터 국가 체제에 이르기까지 전일화된 시스템이 곧 그의 당대에 대두한 파시즘과 스탈린주의 체제라고 본다. 뿐만 아니라 오로지 더 많은 소비를 위해 더 많이 생산하는 미국식 자본주의 역시 모든 것을 동원 가능한 자원으로만 다루고 처리한다는 점에서는 같은 뿌리에서 나온 것이라고 본다.[3] 파시즘과 스탈린주의, 나아가서 미국식 자본주의까지도 동일한 기술적 전체주의의 산물로 보는 이러한 시각은 역사학이나 사회과학의 입장에서 보면 각 체제의 발생적 배경의 차이를 무시한 과도한 일반화로 보일 것이다. 하지만 이 세 가지 지배 형태가 근본적으로 예술 적대적이라는 데는 의문의 여지가 없다. 하이데거가 다름 아닌 예술에서 진리의 가능성을 탐색하려는 것은 예술이 그러한 기술 전체주의와는 대극적인 위치에 있기 때문일 것이다. 일찍이 쉴러가 근대 국가의 억압적 기제에 맞서서 미적 교육을 휴머니티의 회복을 위한 대안적 가능성으로 모색했듯이 하이데거 역시 그런 맥락에서 예술을 통해 존재의 근원을 새롭게 탐색하려는 것으로 보인다.

그렇지만 예술이 근대 세계의 지배적 질서에 길항하는 위치에 있다고 해서 예술이 자동적으로 본래적 존재의 회복 가능성을 담보하는 것은 아니다. 하이데거는 오히려 예술에 대한 철학적 사유 즉 미학의 역사 또한 근대 과학과 마찬가지로 존재의 근원으로부터 퇴락한 역사라고 진단한다. 「예술작품의 근원」에 부친 후기後記에서 하이데거는 근대 미학이 예술을 감각적 지각aisthesis의 대상으로 파악하고 감각적 지각을 다시 체험

---

3 박찬국: 앞의 책, 169쪽 참조.

Erleben으로 협소하게 환원함으로써 결국 미학이 예술의 무덤을 파는 형국이 되었다고 말한다.⁴ 「예술작품의 근원」에서는 이 문제에 관해 더 이상 상론하지 않지만, 1936~1940년 강의록을 발전시킨 저서 『니체』의 초반부에서 '미학의 역사에서 여섯 가지 근본 사실'이라는 제목으로 이 문제를 비교적 상세히 다루고 있다.⁵ 고대 그리스의 자연철학에서 유래하는 질료hyle와 형상morphe 개념이 왜곡된 문제에 관해서는 뒤에서 다룰 예정이므로 여기서는 우선 19세기를 거치면서 예술의 체험적 성격이 부각되는 맥락만 간략히 살펴보기로 하겠다. 하이데거에 따르면 근대 미학이 감성론과 취미판단으로 귀결되는 양상은 넓게 보면 근대 과학이 인간 이성의 절대적 우위에 근거하여 모든 것을 측정 가능한 대상으로 환원하는 논리와 짝을 이루는 것으로, 이로써 미학은 존재자 전체를 예술작품으로 드러내는 본연의 과제로부터 멀어졌다. 헤겔이 예술을 '이념의 감각적 현현'이라 규정하면서 예술의 감각성이 정신의 이념성에 비해 낙후한 인식 능력이라 단정할 때 그러한 미학적 사유에서 예술이 진리의 발현 계기로 작용할 가능성은 현저히 축소된다. 하이데거는 바그너Richard Wagner와 니체의 미적 사유가 헤겔의 그러한 예술 종말론을 극복하기 위한 시도라고 본다. 그렇지만 바그너의 종합예술작품론은 오페라의 '무대효과'가 예술 본연의 근원적인 힘을 대체하고, 개별 예술은 무대효과 연출을 위한 장식적 기능으로 전락한다는 점에서 예술적 퇴락 현상으로 평가된다. 그렇게 보면 황폐화된 삶에 맞서 감정의 극대화를 통해 삶의 충일감을 회복하려는 바그너의 시도는 결국 가치의 몰락을 극복할 대안이 아니라 예술로 포장된 니힐리즘의 전경前景일 뿐이다. 그런가 하면 니체는 헤겔이 예술보다 우위에 두었던 절대정신의 가치들 역시 근대의 형이상학일 뿐이라고 보고, 헤겔과는 반대로 예술이야말로 '힘에의 의지'의 최고의 표현

---

4 Vgl. Heidegger: Der Ursprung des Kunstwerkes, in: *Holzwege*, Frankfurt a. M. 1980, S. 65.(앞으로 이 글에서 인용할 때는 본문에 쪽수를 표기하기로 한다.)
5 하이데거: 『니체 1』, 박찬국 옮김, 도서출판 길 2010, 96~111쪽 참조.

이라고 간주한다. 이로써 니체는 예술을 니힐리즘에 맞설 수 있는 유력한 원천으로 설정하지만, 그 역시 예술의 힘을 삶의 디오니소스적인 도취와 고양에서 찾는 한에는 바그너와 마찬가지로 감성론 내지 체험미학의 한계를 벗어나지 못한다. 그런 의미에서 하이데거는 "미학은 응용-생리학 이외의 다른 것이 아니다."(「니체 대 바그너」, 1888)라는 니체의 발언을 가리켜 미학이 예술의 생리학, 다시 말해 정신생리에 대한 자연과학적 탐구로 퇴락한 것이라고 비판한다.

하이데거는 대체로 이런 맥락에서 근대의 미적 사유가 모든 것을 체험의 문제로 환원한다고 비판한다. 그런 이유에서 하이데거는 「예술작품의 근원」이 추구하는 핵심적 관심사가 곧 '미학의 극복'이라고 말한다. 미적 사유의 이러한 퇴락은 앞서 언급한 대로 모든 존재자를 본래의 전체적 연관 속에서 드러내는 것이 아니라 주관적 판단에 따라 대상화하고 우리 앞에 맞세우는vor-stellen 표상의 방식으로 파악하려는 근대 과학의 사유와 짝을 이룬다. 따라서 '미학의 극복'은 그러한 형이상학적 사유의 극복과 분리될 수 없는 과제이다. 하이데거가 「예술작품의 근원」 서두에서 우리의 생활세계에서 너무나 자명한 것처럼 여겨지는 '사물'에 관한 물음부터 새롭게 제기하고 고대 그리스의 피시스 개념으로 소급해서 예술작품의 '근원'을 되묻는 것은 그런 맥락에서 이해할 수 있다.

이 글에서는 하이데거의 이중적 문제의식, 즉 미학의 극복과 형이상학의 극복이라는 문제의식이 「예술작품의 근원」에서 어떻게 개진되고 있는가를 해명하고자 한다. 그런데 1930년대 이래 하이데거의 사유가 역사적 지평으로 확장되는 것과 관련하여 한 가지 유의할 점은 「예술작품의 근원」이 하이데거의 나치 참여 직후에 집필되었다는 사실이다. 1933년 5월 하이데거는 프라이부르크 대학 총장에 취임하였고 그 직후 나치당에 입당하였지만, 이듬해 4월 학문적 능력보다는 나치에 대한 충성도가 강한 교수를 학장으로 임명하라는 당의 요구에 직면하여 결국 총장직을 사퇴하기에 이른다.[6] 그 후 2차 대전이 끝날 때까지 이루어진 사상적 탐색을 하이데거 자신은 '나치 참여의 좌절에 대한 철학적 반성'이라고 해명한 바 있다.[7] 그러한 해명의 진정성에 관해서는 하이데거 연구자들 사이에도 적지 않은 논란이 있지만, 적어도 나치당의 부당한 요구를 수락하는 대신 총장직을 사퇴했고 또한 그 후 정치 문제에 관해서는 일절 침묵하면서 사유의 역사적 전환을 시도하는 과정이 나름의 암중모색이었음을 부인하긴 어려울 것이다. 그런 맥락에서 예술에 관한 최초의 본격적인 저술인 「예술작품의 근원」에도 '나치 참여의 좌절에 대한 철학적 반성'이 어떤 형태로든 투영되었을 거라고 추정해볼 수 있다. 예술작품론의 결론부에서 하이데거가 예술의 본질을 "역사의 기초를 세우는 진리의 정초"Stiftung der Wahrheit, die Geschichte gründet (65)라고 언명할 때 그러한 테제를 하이데거 자신의 실천적 과오와 관련하여 과연 어떤 맥락에서 이해할 것인가 하는 문제도 해명되어야 할 숙제의 하나다.

사물과 작품

사물 개념에 대한 비판적 검토

예술작품론의 서두에서 하이데거는 '사물의 사물다움'das Dinghafte der Dinge을 과연 어떻게 이해할 것인가 하는 문제를 제기하면서 서구적 사유의 전통에서 통념으로 굳어진 사물 개념을 '속성의 담지자', '감각적 소여의 다양성의 통일' 그리고 '질료와 형식'의 세 측면으로 나누어 비판적으로 분석한다.

사물을 일정한 속성들의 담지자로 파악하는 방식은 우리가 가장 비근하게 이해할 수 있는 사물 개념인 것처럼 보인다. 예컨대 화강암은 단

---

6 하이데거의 나치 참여 행적에 관한 자세한 설명은 박찬국: 앞의 책, 154~173쪽 참조.
7 같은 책, 168쪽.

단하고, 육중하고, 거칠고, 색깔이 있고, 광택이 있거나 없거나 하는 등의 속성들을 지니고 있다. 그렇지만 이런저런 속성들의 단순한 총합이 화강암이라는 사물의 고유한 특성을 드러내는 것은 아니다. 그런 이유에서 고대 그리스인들은 사물을 파악할 때 사물의 '근저에 놓여 있는 핵심'hypokeimenon 그리고 그 핵심과 '함께 발현하는 고유한 특성'symbebekos을 구별하였다고 한다. 그런데 중세 철학에 와서 사물의 '근저에 놓여 있는 핵심'은 불변의 실체 내지 본질을 뜻하는 subiectum(基體)으로 번역되고 그 핵심과 더불어 '함께 발현하는 고유한 특성'은 비본질적이고 우연적인 특성을 의미하는 accidens(우유성, 偶有性)로 번역되면서 사물 개념의 이원론적 분리가 일어난다. 그리고 근대에 와서는 다시 subiectum이 '주체'로 번역되고 사물의 속성은 그 주체에 부수적으로 부가되는 특성으로 간주됨으로써 사물에 대한 이해는 '주어'와 '술어'의 진술적 판단의 형태로 왜곡되기에 이른다. 하이데거는 이러한 이중적 왜곡이 인간의 주관적 판단이 개입하는 '주어'/'술어'의 문장 구조를 사물에 덧씌우는 폭력이라고 비판한다. 이로써 모든 사물이 상호연관 속에서 그 본래의 모습으로 발현한다는 의미에서 고대 그리스인들의 근본적인 존재 경험인 임재臨在, Anwesen라는 의미는 완전히 사라지고 왜곡되는 존재 망각의 역사가 곧 서구 형이상학의 역사라는 것이 하이데거의 근본 입장이다. 여기서 '임재'의 개념은 예술작품론에서 별도로 설명되지 않기 때문에 하이데거가 다른 글에서 제시하는 사례를 간단히 언급하기로 하겠다. 가령 괴테의 유명한 시구 "모든 봉우리 위에/정적이 깃들고"Über allen Gipfeln/Ist Ruh에서 '깃들다'Ist라는 언술은 이를테면 '발견되다'befindet sich, '일어나다'findet statt, '머물다'hält sich auf, '압도하다'herrscht, '놓여 있다'liegt 등등의 그 어떤 진술로도 환원될 수 없는 근원적인 존재 경험을 일깨워준다.[8] 부연하자면 이 시구에서 '봉우리'는 단지 시적 화자의 관조 대상이기 이전에 인

---

8 하이데거: 『근본개념들』, 박찬국 · 설민 옮김, 도서출판 길 2012, 59쪽 이하 참조.

류의 역사보다 훨씬 더 장구한 세월 동안 대지의 격렬한 융기 과정을 거쳐 비로소 도달한 완성태의 절정이다. 이 정적은 단순한 정지 상태나 종결이 아니라 최고도의 운동성을 내장하고 있는 것이다. 따라서 그 봉우리 위에 깃든 '정적' 역시 단지 관찰자의 평온한 휴식을 자연에 투사한 것이 아니라 대자연의 운동이 완성에 도달했을 때 저절로 생겨나는 사태이다. 이처럼 사물이 (여기서는 자연이) 스스로를 열어 보이면서 그 고유한 모습으로 우리에게 말을 걸어오는 근본적인 존재 경험이 하이데거가 말하는 임재의 경험이다.[9]

하이데거가 두 번째로 비판하는 사물 개념은 사물을 '감각적 소여의 다양성의 통일'로 파악하는 방식이다. 감각적 다양성의 통일을 근대 과학은 시각, 청각, 촉각 등의 형태로 분류한다. 그렇지만 하이데거는 엄밀히 말하면 우리가 청각을 감지하는 것이 아니라 문이 닫히거나 차가 지나가거나 하는 소리를 들을 뿐이라고 논박한다. 따라서 순수한 청각이라는 것도 사물 자체로부터 분리된 추상일 뿐이며, 그것은 우리의 지각 경험을 수학적으로 측정 가능한 균질적 상태로 환원하는 근대 과학의 형이상학이라는 것이다.

마지막으로 사물을 질료hyle와 형식morphe으로 파악하는 방식은 알다시피 모든 예술이론과 미학의 기본 도식으로 굳어진 개념쌍이다. 일반적으로 예술이론에서 질료는 무정형의 물질적 소재를, 형식은 그 소재가 예술적으로 가공되어 얻어진 일정한 모양새를 의미한다. 그러한 구분은 예술창작에서 창작자의 권능을 절대적 우위에 두는 발상이라 할 수 있다. 하이데거에 따르면 예술론 이전에 이미 중세 교부철학에서도 피조물은 무정형의 질료materia로 간주되고, 하나님의 말씀은 그 질료에 형상forma

---

[9] 괴테 자신도 이 시보다 4년 뒤에 쓴 「화강암에 대하여」(Über den Granit, 1784)라는 글에서 산의 정상에서 '대지의 가장 깊은 속까지 닿아 있는 기반' 위에 서서 '조용히 말을 걸어오는 대자연의 고독한 침묵'으로부터 '숭고한 정적'의 경이로움을 경험하게 된다고 말한 바 있다. Vgl. Goethe: *Naturwissenschaftliche Schriften* I, HA 13, S. 254 f.

을 부여하는 절대적 권능으로 이해되었다. 그리고 기독교적 세계관이 붕괴된 이후에도 그런 위계적 이원론의 사고틀은 그대로 계승되어 질료와 형식의 개념쌍은 비합리성과 합리성, 무질서와 질서, 대상과 주체의 대립항으로 존속된다. 예컨대 쉴러가 미적 교육론에서 인간의 본성을 소재충동Stofftrieb과 형식충동Formtrieb으로 나누어 전자를 인간을 구속하는 본능적 충동으로 간주하고 후자를 그러한 구속으로부터 벗어나게 하는 자유의 가능성으로 파악할 때도 그러한 위계적 이분법이 고스란히 작용하고 있는 것이다.

이와 달리 하이데거는 질료/형식 개념을 아리스토텔레스의 피시스론에 의거하여 설명한다.[10] 아리스토텔레스의 피시스론에서 원래 질료라는 것은 자연사물이 그 고유한 모습으로 드러나기에 적합한 역능dynamis을 가리키며, 따라서 결코 무정형의 물질성을 뜻하는 것이 아니다. 그렇게 원래 질료 속에 내재해 있는 형성 능력이 일정한 운동과 변화를 거쳐서 자연사물의 본래적 시원arche에서 발원하여 궁극적 완성telos에 도달하기까지의 운행 원리에 합당하게 그때그때 고유한 모양새로 발현하는 것이 곧 형태morphe이다. 피시스의 운행에서 보면 형식과 질료는 결코 '본질'과 '속성'으로 분리될 수 있는 사태가 아닌 것이다. 그런데 자연사물은 부단한 생성과 변화와 소멸의 과정을 거치면서도 궁극적으로는 자기 자신으로 회귀한다. 예컨대 꽃이 피고 지면서 열매가 열리고 하나의 개체가 소멸해도 열매 속에 간직된 배아는 새로 피어날 생명의 싹을 간직하는 것이다. 이런 맥락에서 하이데거는 일정한 형태로 스스로를 드러냄과 동시에 스스로를 감추는 것 또한 피시스의 고유한 본질이라고 말한다. 하이데거가 인용하는 헤라클레이토스의 경구를 빌리면 "자연은 스스로를 감추기를 좋아한다."[11] 꽃이 피어날 때 꽃망울을 감싸고 있던 겉껍질은 사

---

10 하이데거: 『이정표 1』, 237쪽 이하 참조.
11 같은 책, 280쪽.

그라지며, 다시 꽃잎이 사그라지면서 열매가 맺힌다. 이처럼 우리가 자연 사물에서 비근하게 접하는 열림과 감춤, 피어남과 소멸의 동시성, 그리고 거기서 경험하는 경이로움을 '변증법적 개념의 유희'로 해소해서는 안 된다고 하이데거는 역설한다. 우리에게 익숙한 변증법은 스스로를 감춤으로써만 늘 새롭게 피어나는 자연의 고유한 발현 양태를 일면적으로 '통일'하고 그럼으로써 자연의 운행을 단순화하기 때문이다. 과학은 스스로를 감추는 자연의 본성을 낱낱이 분석하고 파헤치려 하지만, 그러한 감춤을 그 본질적 순수함 속에 그대로 맡겨두는 것이야말로 과학적 분석보다 훨씬 더 어려운 사유의 과제라고 하이데거는 말한다. 뒤에서 살펴보겠지만 하이데거가 피시스의 고유한 본질로 규정하는 열림과 감춤의 이러한 동시성은 예술작품론에서 핵심적 논제로 제기되는 세계와 대지의 투쟁, 그리고 그 바탕에 깔려 있는 진리 개념의 비은폐성Unverborgenheit 문제를 이해하는 데 결정적인 실마리가 된다.

'대지의 말없는 부름'
지금까지 살펴본 왜곡된 사물 개념과 달리 사물이 다른 존재자와의 전체적 관련 속에서 고유한 참모습을 드러내는 양상이 예술작품 속에 성공적으로 구현된 경우로 하이데거는 두 가지 사례를 제시한다. 우선 농부의 신발 한 켤레를 그린 고흐Vincent van Gogh의 그림에 대하여 하이데거는 이렇게 설명한다.

닳도록 신은 신발의 속이 어둡게 열린 곳으로부터 일하는 발걸음의 고단함이 응시하고 있다. 신발의 투박하고도 믿음직스러운 무게에는 거친 바람이 불어대는 밭에서 드넓게 펼쳐져 있으면서도 언제나 똑같은 밭고랑을 천천히 걸어가는 발걸음의 강인함이 깃들어 있다. 신발 가죽에는 대지의 습기와 풍요가 배어 있다. 신발의 밑창 아래에는 저물어가는 저녁을 가로지르는 들길의 고독함이 스며들어 있다. 신발 속에는 무르익은 곡식을 조용히 선사하고서 겨울 들판의 황량한 휴한지 속으로 해명할 길 없이 자신을 감추는 대지의 소리 없는 부름이 깃들어 있다. 일용할 양식을 확보하기 위한 불평 없는 근심, 또다시 궁핍을 견뎌냈다는 말없는 기쁨, 임박한 출산을 기다리는 불안한 떨림, 언젠가는 닥쳐올 죽음의 위협에 내맡겨진 전율이 이 신발을 통과해 간다. 이 신발은 대지에 귀속해 있으면서 농부 아낙네의 세계 속에서 보호받고 있다. 이처럼 보호받으면서 귀속해 있는 가운데 이 신발 자체는 비로소 자기 자신 안에 평온히 머물게 된다.(18 f.)
〔원문 강조〕

고호의 그림으로 작품화된 이 신발은 흔히 소모품으로 다루어지는 여느 도구적 사물과는 전혀 다른 방식으로 자신의 존재를 열어 보이면서 우리에게 다가온다. 이 신발 속에는 인간의 삶을 지탱해주는 대지의 보이지 않는 작용과 그 대지의 터전 위에서 살아가는 인간의 고단한 삶이 고스란히 녹아 있는 것이다. 이 신발을 통해 농부 아낙네는 말없이 자연의 선물을 선사하고 자신을 감추는 대지의 소리 없는 부름을 듣게 되고, 대지는 농부 아낙네의 세계를 떠받치는 근원적인 터전이 된다. 여기서 신발은 한낱 소모품으로 사용되고 마모되는 고립된 개체가 아니라 자신의 존재 속에 대지의 운행과 인간의 운명을 깃들이게 함으로써 존재자 전체를 상호 연관 속에서 드러낸다. 그런 의미에서 하이데거는 고호의 그림에서 "존재자의 열림이 일어난다."(Eine Eröffnung des Seienden geschieht.)라고 말한다. 이처럼 존재자가 전체적 연관 속에서 자신의 존재를 열어 보이는 사태를 하이데거는 "진리의 일어남"Geschehen der Wahrheit이라 일컬으며, 예술의 본질을 그런 맥락에서 "존재자의 진리가 작품 속에 스스로를 정립함"das Sich-ins-Werk-Setzen der Wahrheit des Seienden이라 규정한다. 이러한 예술적 진리 개념은 가령 예술작품이 현실을 올바르게 묘사했는가 여부를 따지는 소박한 모사론의 관점과는 판이함을 알 수 있다. 앞에서 살펴본 왜곡된 사물 개념과 관련지으면 그러한 모사론은 주어/술어로 구성된 진술 명제의 내용이 진술 대상과 일치하느냐 여부를 진리 판단의 척도로 삼는 것이다. 하지만 그것은 주관적 판단의 진위 여부를 가리는 방편일 뿐이지 존재자가 전체 속에서 자신의 참모습을 스스로 열어 보이는 방식은 아니다. 하이데거는 그러한 모사론이 예술작품의 핵심과는 무관함을 강조하기 위해 스위스의 낭만주의 시인 마이어C. F. Meyer의 시 「로마의 분수」Der römische Brunnen, 1882를 예시한다.

솟구치는 분수가 떨어지면서
둥근 대리석 함으로 가득히 쏟아지고,
대리석 함은 자신을 감추면서
두 번째 함의 바닥으로 흘러넘친다;
두 번째 함이 가득 차올라
용솟음치며 세 번째 함으로 넘쳐흐르니,
모두가 동시에 받으면서 주고
흐르면서 머무른다.

하이데거는 이 시에 대하여 '진리가 작품 속에 정립되어 있다.'라고 할 뿐 별다른 설명을 하지 않지만 그 뜻을 짐작하긴 어렵지 않다. 분수의 물이 차오르고 넘치면서 서로 주고받는 것은 인간의 지각에서는 순차적 과정이지만 자연의 운행에서 보면 그렇게 주는 것과 받는 것은 동시적 사건이다. 따라서 흐르고 머무르는 것도 다 흘러내려서 정지 상태로 고이는 것이 아니라, 동시에 받으면서 주는 흐름 속에서 각자는 서로에게 의존하면서도 자립하는 평온함을 유지한다. 그래서 시의 결어인 '머무름'과 첫머리의 '솟구침'은 대자연의 운행에서 보면 서로 순환하는 관계 속에 통일되어 있다. 일체의 수식어 없이 갑자기 '솟구치다'라는 말로 시가 시작되는 것도 그 솟구침의 근원을 그 어떤 인과율로도 규명할 수 없는 근원적 사태에 조응한다. 그리고 대리석 함이 흘러넘치는 분수의 베일 속에

'자신을 감추면서' 다음 함으로 물을 주는 것도 말없이 베풀면서 자신을 감추는 자연의 섭리에 상응한다. 이 시가 빼어난 사물시Dinggedicht라 할 수 있는 것은 그처럼 결코 인간의 주관에 의해 장악될 수 없는 사물의 고유한 자재自在 속에서 존재의 열림을 보여주기 때문일 것이다. 이것은 우리가 이 시를 대도시의 조형 장식물로 축조된 어떤 분수의 사실적 재현으로 이해할 때는 결코 도달할 수 없는 낯선 경험이다. 예컨대 그런 관점에서 분수가 솟구치는 원리를 규명하려 든다면 분수의 밑바닥으로 흘러내려 저장되는 물을 다시 분수의 꼭대기로 끌어올리는 동력장치를 쉽게 떠올릴 수 있다. 그렇게 보면 분수의 물이 끝없이 순환하는 이치는 더 이상 자연의 경이로 다가오는 것이 아니라 기술공학의 산물로 자명하게 파악된다. 그렇게 파악된 분수는 근대 과학자들이 기술 만능의 환상에 들떠서 꿈꾸었던 영구운동체perpetuum mobile를 자연에 투사한 것이라 할 수 있다. 인간의 계산과 기술적 개입에 의해 자연의 운행조차도 완벽하게 조종될 수 있다는 환상이다. 그것은 이 시가 탈고된 1880년대의 대도시 로마를 떠올리면 이런 분수가 너무 흔한 일상적 조형물이어서 굳이 새로울 것도 없는 자명한 경험일 것이다. 이 시는 분수의 물이 흐르면서 머무는 고요한 울림을 통해 이처럼 너무나 자명하고 친숙하게 굳어진 경험에 균열을 일으키면서 인간의 작위에 의해 은폐된 자연의 이치를 다시 생각하게 하고, 그러는 가운데 인간이 사는 모양새를 그 근원에서부터 되돌아보게 만든다. 그렇게 존재의 새로운 지평을 열어 보이는 사건이 곧 하이데거가 말한 '진리의 일어남'일 것이다.

작품과 진리

세계와 대지의 투쟁

사물에 관한 논의에서 주로 개별적 존재자에 초점을 맞춘 진리에 관한 사유는 다시 역사적 지평으로 확장된다. 역사의 장에서 '진리의 일어남'이 어떻게 가능하고 어떤 양상으로 전개되는가는 고대 그리스의 신전에 대한 해석에서 기본 윤곽을 드러낸다.

그리스 신전이라는 건축물은 그 무엇도 모사하지 않는다. 이 신전은 갈라진 바위계곡의 한가운데에 서 있을 뿐이다. 이 건축물은 신의 형상을 에워싸고 있으면서 그 형상이 그렇게 감춰진 가운데 환하게 열려 있는 주랑柱廊을 통해 성역聖域 안으로 나서게 한다. 이 신전을 통해 신은 신전 안에 임재한다. 신의 이러한 임재Anwesen는 그 자체로 이 영역을 성스러운 영역으로 확보하고 경계짓는 것이다. 하지만 이 신전과 그 영역은 무규정적인 상태로 부유浮遊하지 않는다. 이 신전 작품은 인간들이 살아가는 역정歷程과 관계들의 통일성을 섭리에 따라 결집시킨다. 그러한 역정과 관계들 속에서 탄생과 죽음, 재앙과 축복, 승리와 치욕, 존속과 몰락은 비로소 **운명의 형태를 띠게 된다**. 이렇게 열려 있는 관계들이 다스리는 영역이 곧 이 역사적 민족의 세계이다. 이 영역으로부터 그리고 이 영역 속에서 비로소 이 역사적 민족은 그들의 소명을 완수하고 그들 자신으로 돌아간다.

이 건축물은 그렇게 서 있으면서 암반 위에 머물고 있다. 이렇게 머물면서 작품은 완강하면서도 결코 강요되지 않은 지탱력을 바위의 감추어진 어둠으로부터 이끌어낸다. 그렇게 서 있으면서 건축물은 그 위로 몰아치는 폭풍을 견뎌내고, 그럼으로써 비로소 폭풍 자체의 위력을 드러내 보인다. 암석의 광휘와 빛남은 오로지 태양의 은총인 것 같지만, 한낮의 빛과 하늘의 광대함과 밤의 어둠까지도 나타나게 한다. 신전은 확고하게 우뚝 솟아 있음으로써 대기의 보이지 않는 공간을 드러나 보이게 한다. 이 작품의 확고부동함은 바다의 파도에 맞서 대비되면서 고요하게 머물러 있음을 통해 파도의 광란을 드러나게 한다. 나무와 풀잎, 독수리와 황소, 뱀과 귀뚜라미도 선명한 형태를 드러내면서 비로소 있는 그대로의 본연의 상태로 나타난다. 이렇듯 모든 것이 그 자체로 그리고 전체 속에서 발현하고 열리는Herauskommen und Aufgehen 것을 일찍이 그리스인들은 피시스Φ ύσις라 일컬었다. 피시스는 또한 인간이 자신의 거처를 세우는 터전을 밝혀준다. 그 터전을 우리는 대지Erde라 일컫는다. 여기서 대지라는 말은 퇴적된 질료 덩어리 또는 지구라는 천문학적인 행성으로 표상하는 것과는 거리가 멀다. 대지는 발현하는 모든 것을 그 자체로서 다시 감추고 보존한다zurückbergen.[12] 대지는 스스로 열리는 가운데 감추고 보존한다.(27 f.)〔인용자 강조〕

이 신전은 신과 인간, 대지와 하늘이 그 본래의 모습대로 존재하게 하면서 서로에게 귀속하고 전체를 향해 열려 있는 관계로 존재하게 해주는 예술작품이다. 그런 의미에서 이 신전은 고대 그리스인들이 존재의 근원으로 경험했던 피시스의 세계를 작품화한 고전적 원형이라 할 수 있다. 위의 서술에서 '신의 형상'과 역사적 민족의 '운명의 형태'와 자연 만물의 '형태'를 언급할 때 '형상'과 '형태'가 모두 앞에서 살펴본 피시스 개념에서 모든 존재자의 고유한 발현 형태를 뜻하는 morphe의 역어인 Gestalt로 지칭되는 것은 그런 맥락에서 이해되어야 한다. 다시 말해 신의 임재와 역사적 인간의 운명과 자연 만물의 드러남은 그 모든 존재자를 근원적인 섭리 속에서 '그 자체로 그리고 전체 속에서 발현하고 열리게' 해주는 피시스의 원리에 따라 더불어 공존하고 있는 것이다.

여기서 진리의 역사적 지평과 관련하여 주목할 것은 '세계'와 '대지'의 긴장이다. '인간들이 살아가는 역정과 관계들의 통일성'을 추구하는 역사적 인간의 세계는 역사적 결단과 확고한 척도에 따라 자신의 세계를 수립하고 열어가기 때문에 좀처럼 은폐를 허용하지 않는다. 그 반면 그러한 세계의 터전인 대지는 세계의 수립을 위해 '강요되지 않은 지탱력'

---

[12] zurückbergen에서 bergen은 감춘다는 뜻과 보존한다는 뜻을 동시에 내포하기 때문에 '감추고 보존한다'로 번역하였다.

을 자유롭게 증여하는 방식으로 자신의 존재를 드러내면서도, 세계를 떠받치는 힘을 결코 남김없이 드러내지 않고 다시 갈무리한다. 대지의 근원적 역능은 결코 고갈되지 않는 시원적인 힘으로 작용하기 때문에 세계를 수립하려는 인간의 침탈을 허용하지 않는 것이다. 마찬가지로 그렇게 대지가 '감추어진 어둠' 속으로 자신을 거두어들일 때만 세계 역시 항구적인 터전을 얻을 수 있게 된다. 이처럼 세계와 대지는 상호 대립과 긴장을 통해 오히려 서로를 고양시키는 상생적 투쟁의 관계에 있는데, 그 투쟁의 성격을 하이데거는 다음과 같이 서술하고 있다.

세계와 대지의 대립은 하나의 투쟁Streit이다. 그런데 우리는 이 투쟁의 본질을 너무 쉽게 날조한다. 이 투쟁의 본질을 불화와 반목이라고 싸잡아서 매도하고, 그리하여 단지 방해와 파괴로만 아는 것이다. 그러나 본질적인 투쟁에서는 투쟁하는 자들은 어느 쪽이든 그들의 본질을 구현한다. 그 본질의 구현이란 결코 어떤 임의의 상태로 경직되게 자신을 고수하는 것이 아니라 자기 존재의 감추어진 근원 속으로 자신을 내맡기는 것이다. 그런 투쟁 속에서 모든 존재자는 다른 존재자를 자신보다 더 높이 떠받쳐준다. 그렇게 해서 투쟁은 더욱 격렬하고 본래적인 것이 된다. 그 투쟁이 더욱 강고하게 자립적으로 자신을 몰아갈수록 투쟁의 쌍방은 더더욱 굽힐 줄 모르고 순일한 상호 결속의 한가운데로 나아간다. 대지는 스스로를 감추려는 자유로운 충동 속에서 대지로서 나타나기 위해 세계의 개방성을 반드시 필요로 한다. 또한 세계는 모든 본질적 운명이 다스리는 영역과 역정으로서 어떤 결단에 근거를 두기 위해서는 결코 대지에서 벗어나 허공에 떠돌 수 없다.(34 f.)〔인용자 강조〕

이처럼 세계와 대지의 투쟁을 '존재의 감추어진 근원(즉 피시스) 속으로 자신을 내맡기는 것'으로 설명한다는 점에서 하이데거의 사유는 근본적으로 존재론의 지평에 있다. 하이데거가 다른 글에서 "투쟁polemos과

로고스logos는 동일한 것이다."[13]라고 할 때 로고스는 근대적 번역어 '이성'을 뜻하는 것이 아니라 모든 존재자를 전체적인 연관 속으로 결집시키고 고유한 모습으로 드러나게 하는 피시스의 운행 원리를 가리킨다. 따라서 세계와 대지의 투쟁을 그런 로고스의 전개 원리와 동일한 것으로 파악할 때는 비단 역사의 세계뿐 아니라 모든 존재자의 존재 근원에 관한 사유가 근저에 깔려 있다고 할 수 있다. 앞의 인용문에서 세계와 대지의 투쟁을 '불화와 반목이라고 싸잡아 매도하'는 태도를 하이데거가 비판하는 것도 그런 이유에서일 것이다.

그렇다고 세계와 대지의 투쟁을 역사의 세계와 무관한 것으로 파악하는 것도 일면적인 해석일 것이다. 앞의 인용문에서 존재자들의 상호 투쟁이 '순일한 상호 결속'의 근원적 통일을 이루는 경우로 바로 앞에서 살펴본 그리스 신전을 떠올릴 수 있고, 그 신전은 무엇보다 '역사적 민족의 운명'을 기리는 건축물이기 때문이다. 세계와 대지의 투쟁을 그런 역사적 맥락에서 이해할 때 역사적 인간이 아무리 확고한 결단과 척도에 따라 세계를 수립한다 하더라도 대지의 은폐성을 결코 온전히 밝혀내지 못한다. 바꾸어 말하면 인간의 척도에 따라 수립되는 역사세계란 언제나 불완전하게 마련이며, 역사적 인간은 결코 자신이 수립하는 세계의 궁극적 근거를 온전히 자각하지 못한다. 실제로 역사적 인간이 '존재의 감추어진 근원 속으로 자신을 내맡기고' 세계의 터전인 대지와 '순일한 결속'을 이루는 방식으로 세계를 수립한다는 것은 고대 그리스 이래 인류의 역사를 통틀어 결코 실현된 적이 없는 이상으로 남아 있다고 해야 할 것이다. 그렇게 볼 때 앞의 인용문은 오히려 '존재의 근원'으로부터 멀어져온 인간 역

---

13 하이데거는 고대 그리스적 사유에서 logos의 의미를 그 동사적 어원인 legein(sammeln)의 맥락에서 해석한다. Heidegger: Einführung in die Metaphysik, GA 40, S. 66. Zit. nach: Michail Pantoulias: Heideggers Ontologie des Kunstwerks und die antike Philosophie, in: D. Espinet/T. Keiling (Hg.): Heideggers *Ursprung des Kunstwerkes* (2011), S. 154.

사에 대한 비판적 진단으로 읽어도 무방할 것이다. "세계를 수립하기 위한 모든 결단은 인간이 제어할 수 없는 것, 은폐된 것, 인간을 미혹하게 하는 것에 근거해 있다."(41)라거나 "신이 떠나버린 재앙도 세계가 개현되는 하나의 방식이다."(30)라고 하는 것은 그런 맥락에서 이해될 수 있다.[14] 인간이 수립하는 세계가 인간 스스로 제어할 수 없는 미혹에 근거해 있다는 역설은 온전히 인간의 척도와 의지대로 세계를 만들 수 있다고 믿고 추호의 의혹도 없이 그 믿음을 실천해온 근대의 세계관에 대척되는 발상이다. 그렇다면 세계의 터전인 대지의 은폐성 자체를 인정하지 않고 남김없이 파헤쳐서 세계를 만들어가려는 근대 세계야말로 대지의 은폐성을 철저히 망각한 거대한 미혹이 드리운 세계일 것이다.

여기서 하이데거가 그러한 근대 세계의 막다른 골목인 히틀러 체제를 염두에 둔 것인지 텍스트 자체에서 확증할 길은 없다. 이와 관련하여 아감벤은 하이데거의 예술작품론에서 세계와 대지의 투쟁은 분명한 정치적 함의를 갖는다고 해석하면서, 그 근거로 하이데거의 파르메니데스 강의록에 나오는 다음 대목을 제시한다.

폴리스는 존재자의 비은폐성aletheia이 결집되어 있는 터전이다. 그런데 비은폐성이 투쟁적 본성을 갖고 있다면, 그리고 그 투쟁이 왜곡과 망각의 대립으로도 나타난다면, 인간의 본질적 터전인 폴리스에서는 비은폐와 존재자에 대립되는 일체의 극단적인 반反본질Gegenwesen과 비본질Unwesen이 지배할 수도 있다. 다시 말해 본질에 반하는 온갖 다양한 형태로 비존재자가 지배할 수도 있는 것이다.[15]

---

14 예술작품론과 비슷한 시기에 쓴 다른 글에서 하이데거는 미혹(Beirrendes)이란 인간의 개별적 과오가 아니라 '역사의 왕국' 자체라고 말하기도 한다. 하이데거: 「진리의 본질에 대하여」(1930), 『이정표 2』, 117쪽 참조.
15 Heidegger: Parmenides-Vorlesung (1942/43), Zit. nach: Agamben: *Das Offene*, Frankfurt a. M. 2003, S. 82

하이데거가 이 글을 집필한 시점은 1942/43년이므로 여기서 '일체의 극단적인 반본질과 비본질이 지배'하는 폴리스의 운명은 나치 암흑기에 대한 환유로 읽어도 무방할 것이다. 그런가 하면 예술작품론의 집필 시점은 아직 나치 체제가 악마적 본성을 드러내기 이전이므로 위의 인용문을 예술작품론의 해석에 곧바로 대입하기에는 다소 무리가 있어 보인다. 그렇지만 '존재자의 비은폐성'이라는 핵심 개념은 예술작품론에서도 존재론과 역사를 아우르는 맥락에서 논의되고 있다는 사실을 고려할 때 '미혹에 근거하는 세계'를 운위하는 것은 바로 하이데거 당대의 암울한 역사 현실에 대한 깊은 의구심을 표명한 것으로 이해할 여지를 남긴다.

세계와 대지의 투쟁에서 세계의 수립과 열림이 제어될 수 없는 미혹에 근거해 있고 그 세계의 터전인 대지가 자신을 감춤으로써만 그 시원적 힘을 보존한다면 세계와 대지의 투쟁은 근본적으로 특정한 세계의 수립을 통해 종결될 수 없다. 다시 말해 세계와 대지의 투쟁은 결코 정적인 평형 상태나 '변증법적 통일'로 완결될 수 없다. 세계와 대지의 투쟁이 격렬할수록 그만큼 더 본래적인 것이 된다는 것은 그런 의미에서다. 세계와 대지의 투쟁은 언제나 그 어떤 절충이나 경직된 고착을 허용하지 않는 근원적 투쟁Urstreit이다. 예술작품의 고유한 특성은 세계와 대지의 투쟁을 바로 그런 근원적 투쟁으로 촉발하는 데 있으며, 그럴 때만 예술작품은 고유한 자립성을 견지할 수 있다. 예술작품이 진리를 구현하고 있다고 할 때 그것은 단지 작품이 어떤 대상이나 의미를 올바르게 가리키고 있다는 지시적 기능에 한정되지 않으며, 그 어떤 완결된 의미 체계로 해소되는 것을 쉽게 허용하지 않는 근원적인 사태가 작품 속에서 일어나는 것을 뜻한다.

존재의 (비)은폐성과 '발현'

이렇듯 세계와 대지의 투쟁이 결코 어떤 형태로도 완결될 수 없는 것은 진리의 본성에 연유한다. 하이데거는 플라톤의 동굴의 우화에서 유래하

는 aletheia 개념을 원용하여 진리의 본성을 감추어진 것의 열림을 뜻하
는 비은폐성Unverborgenheit으로 사유한다. 그런데 비은폐성이란 감추어
진 것의 '남김 없는 드러남'Entborgenheit으로 오인되어서는 안 된다. 가다
머에 따르면 그런 의미에서의 '남김 없는 드러남'은 모든 존재자를 철저
히 대상화하는 표상Vorstellen이 추구하는 완벽함일 뿐이다.[16] 그것은 인간
의 표상과 대상의 일치Übereinstimmung 여부를 진리의 척도로 보는 관점
에 서 있다. 그런 관점에서 존재자는 나의 표상과 일치하는 대상인 한에
서만 올바른 인식의 대상이 되며, 존재자의 고유한 존재 자체에는 관심이
없다. 이미 언급한 대로 그것은 존재자를 대상화해서 도구적 사용과 지배
의 대상으로 삼기 위한 발상이다. 그와 달리 하이데거가 말하는 진리의
비은폐성에서 은폐성은 드러남과 똑같이 진리의 본질적 계기에 속한다.
"존재자가 환하게 드러나게 하는 열림Lichtung은 그 자체로 감춤Verbergung
이기도 하다."(39) 이러한 역설적 사태를 하이데거는 거부Versagen와 위장
Verstellen이라는 두 가지 개념으로 설명한다.

우리가 존재자에 관해 그것이 존재한다고 말할 수 있을 때 가장 비근
하게 맞닥뜨리고 외관상 가장 사소해 보이는 하나만 제외하고 존재자는
우리에게 스스로를 드러내기를 거부한다. 이러한 거부로서의 은폐는 단지
우리가 그때그때 부닥치는 인식의 한계가 아니라 존재자가 밝게 드러나기
위한 시발점이다.(39)

앞에서 살펴본 대로 하이데거가 존재와 같은 의미로 이해하는 피시스
는 만물의 다양한 형태로 그 모습을 드러내지만, 우리가 개별적 존재자를
통해 경험하는 피시스의 근원은 우리의 앎을 벗어나 있다. 존재자는 피시

---

16 Vgl. Gadamer: *Einführung zu: Ursprung des Kunstwerkes* (Reclam-Ausgabe), Stuttgart 1960, S. 111.

스의 감추어진 근원에 의해 규정되며, 따라서 존재자가 자신을 온전히 드러내지 않는 것 또한 존재자의 고유한 존재 방식에 속한다. 우리가 '가장 비근하게 맞닥뜨리고 외관상 가장 사소해 보이는 하나만 제외하고' 존재자가 스스로를 드러내기를 거부한다는 것은 바꾸어 말하면 존재자와 피시스의 근원적인 관련성은 우리에게 거의 언제나 은폐되어 있다는 말이 된다. 그럼에도 우리는 사물을 대상화하거나 인식의 범주에 따라 표상함으로써 사물을 올바르게 파악하고 있다고 생각한다. 하지만 그런 판단은 존재자가 그렇게 근원적으로 은폐되어 있다는 것을 간과하는 것이며, 따라서 그런 앎은 존재자의 근원을 망각한 피상적인 앎일 뿐이다. 그렇기 때문에 모든 존재자가 본래의 존재 방식에 따라 온전히 자신을 드러내지 않는다는 것을 겸허하게 받아들이는 것이야말로 '존재자가 밝게 드러나기 위한 시발점'이 되는 것이다.

다른 한편 존재자가 다른 존재자와 관계 맺는 방식에 의해 존재자는 실제로 존재하는 것과는 다르게 나타나는데, 그것을 하이데거는 '위장'이라 일컫는다.

존재자는 다른 존재자의 앞으로 나서서 가로막고, 어떤 것은 다른 어떤 것을 베일로 가리고, 이것은 저것을 어둡게 하고, 아주 적은 것이 많은 것을 일그러뜨리고, 개별적인 것이 모든 것을 부정하기도 한다. 이런 경우 은폐는 단순히 거부가 아니라, 존재자가 드러나기는 하지만 실제로 존재하는 것과는 다르게 드러나는 것이다.(39)

존재자는 언제나 전체와의 관련 속에서만 그 본래의 존재를 드러내기 때문에 존재자들 사이의 관계는 그 전체적 관련에 의해 규정되는 존재의 실상과는 다르게 모습을 드러낼 수밖에 없다. 그렇지 않다면 우리가 사물을 잘못 보거나 잘못 판단할 이유가 없을 것이다. 우리가 특정한 존재자를 경험할 때 그로 인해 다른 존재자는 은폐될 수 있고, '이것'을 보는 순간 '저것'은 보이지 않을 수 있으며, '개별적인 것'을 인지하는 순간 '전체'는 시야에서 사라지기도 한다. 존재자는 다른 모든 존재자와 전체 속에서 관련되어 있기 때문이다. 이 경우에도 미혹의 연원은 주관적 인식의 한계이기 이전에 모든 존재자가 항상 가상Schein의 베일을 쓰고 우리 앞에 모습을 드러내기 때문이다.

하이데거는 우리가 사물을 잘못 볼 때 심지어 그것이 존재자 자체의 '거부' 때문인지 아니면 '위장' 때문인지조차도 분간할 수 없다고 말한다. 존재자의 은폐는 자신의 은폐 방식 자체까지도 은폐할 만큼 철저하다.[17] 그런 의미에서 하이데거는 "진리의 본질, 즉 비은폐성은 스스로를 드러내기를 철저히 거부한다는 데 있다. (…) 진리는 그 본질상 비진리Un-Wahrheit이다."(40)라고 말한다. 진리가 그 본질상 비진리라는 것은 이를테면 진리가 거짓일 수도 있다는 의미가 아니라, 진리는 결코 직접적으로 순연히 드러나지 않고 스스로를 감추는 방식으로만 드러난다는 역설적 사태를 가리킨다. 진리의 이러한 본질적 은폐성은 우리가 올바른 것이라 여기는 모든 앎이 순전히 미혹에 근거한 것일 수 있다는 의미에서 일종의 한계경험Grenzerfahrung이라 할 수도 있다.[18] 다른 글에서 하이데거는 '비진리'라는 말을 '존재의 경험되지 않은 영역'이라는 의미에서 끝내 규명될 수 없는 '존재의 비밀'이라 일컫는다.[19] 그렇기 때문에 '존재의 비밀'

---

17 하이데거가 말하는 존재자의 '환한 열림'(Lichtung)이라는 비유적 표현은 플라톤의 동굴의 우화에서 유래한다. 동굴 안에 갇혀 있는 상태에서 인공의 불빛만 보다가 동굴 밖으로 나왔을 때 세상의 만물을 환하게 비추는 태양의 빛이 곧 존재자를 환하게 드러내 주는 진리의 빛이다. 그러나 그 빛은 너무 눈이 부셔서 사물을 보지 못하게 하거나 시야를 현혹할 수도 있고, 그 빛에 의한 존재자의 드러남을 어떻게 이해하고 받아들이는가에 따라 온갖 미혹의 연원이 될 수도 있다. 플라톤이 그 진리의 빛을 사물의 너머에 있는 '이데아'라고 했을 때 이미 사물은 이데아의 그림자로 전락하는 '비진리'가 생겨났고, 그것이 서구 형이상학의 기원이 된다. Vgl. Günter Figal: *Martin Heidegger zur Einführung*, Hamburg 1999, S. 94 ff.
18 Thobias Keiling: Kunst, Werk, Wahrheit. Heideggers Wahrheitstheorie in *Der Ursprung des Kunstwerkes*, in: D. Espinet/T. Keiling (Hg.): 앞의 책, S. 86.
19 하이데거: 「진리의 본질에 대하여」, 『이정표 2』, 192쪽.

을 비밀로서 존중하는 것이 곧 스스로를 드러내기를 거부하는 진리의 본질에 합당한 태도이다. 그 반면 인간의 척도에 따라 존재의 비밀을 남김없이 파헤치려는 것은 우리가 경험할 수 없는 존재의 영역을 침탈하는 만용이다. 그러한 인간중심적 관점에서 보면 우리가 비근하게 경험하는 모든 존재자는 자명하게 밝혀져 있고 친숙한 것처럼 다가온다. 그런데 너무나 자명하고 친숙해 보이는 모든 존재자가 철저한 이중적 은폐에 의해 그 존재의 실상을 감추고 있다면 친숙한geheuer 것은 근본적으로 낯설고 섬뜩한un-geheuer 것이다.

이처럼 친숙하던 것이 한순간 낯선 것으로 돌변할 때의 충격은 경악 Erschrecken과 경외Scheu의 이중적 경험을 수반한다.[20] 한편으로 우리가 자명하다고 여기던 친숙한 것은 존재의 근원을 은폐하고 있다는 점에서 낯선 것이지만, 우리가 그 낯섦을 자각하지 못한 상태에서는 존재의 은폐성을 경험하지 못하게 만드는 구속으로 작용한다. 그로 인해 우리는 친숙한 것의 미망에 사로잡혀 존재의 근원으로부터 철저히 차단되어 있음을 자각하지 못한다. 이런 의미에서 친숙한 것이 근본적으로 낯선 것임을 깨달을 때 우리가 자명하게 받아들이고 삶의 확고한 터전Grund이라 믿던 친숙한 것이 실은 무無의 심연Abgrund임이 밝혀진다면 그것은 실로 경악스러운 사태가 아닐 수 없다. 다른 한편 친숙한 것이 그런 식으로 낯설게 느껴지기 시작하는 것은 친숙한 것의 구속으로 인해 우리에게서 가장 멀리 떨어져 있던 존재가 스스로를 감추고 있다는 사태가 말없이 고지됨으로써만 가능하다. 그런 식으로 침묵과 은폐 속에서 우리에게 다가오는 존재의 소리 없는 부름에 귀를 기울일 때 가장 멀리 떨어져 있는 존재가 바로 가까이 임재하는 외경을 경험하게 된다. 이와 같이 존재자의 친숙함이 낯선 것으로 바뀌면서 존재의 은폐성이 친숙한 것에 의해 왜곡되지 않고 그

---

20 이하의 설명은 다음 참조. Heidegger: Ereignis, in: Günter Figal (Hg.): *Heidegger Lesebuch*, Frankfurt a. M. 2007, S. 197~208.

자체로 드러나는 것을 하이데거는 '발현'Ereignis이라 일컫는다.²¹ 하이데거는 이러한 발현 개념을 괴테의 '근원현상'Urphänomen에 견주기도 하는데, 하이데거가 인용하는 것은 괴테의 다음 구절이다.

> 근원현상이 우리의 감각에 모습을 드러낼 때 우리는 근원현상 앞에서 불안에 이를 정도로 일종의 외경을 느낀다. 감각적 존재인 인간은 경이를 경험하면서 그런 불안에서 구제된다. 하지만 오성Verstand이라는 부지런한 뚜쟁이가 잽싸게 개입하여 그 나름의 방식으로 가장 고귀한 것을 가장 저급한 것과 연결한다.²²

괴테가 말하는 근원현상이란 변화무쌍한 자연현상 속에서 항상 동일하게 작용하면서 직접적인 현상으로 그 모습을 드러내는 근원적 원리로, 그것은 과학의 법칙으로도 규명될 수 없는 궁극의 어떤 것이다.²³ 괴테는 근원현상을 그리스 신화에 나오는 변신의 귀재 프로테우스에 견주기도 하는데, 프로테우스는 온갖 동물과 수목의 형상으로 변신하면서 자신의 본래 모습을 감춘다.²⁴ 그러한 근원현상을 경험할 때 '불안'과 '외경'을

---

21 Ereignis는 하이데거 연구자들 사이에서도 발현, 현현, 개현 등으로 다양하게 번역되는데, 하이데거는 ereignen을 원래의 어원적 의미인 er-äugnen에서 유추하고 있다. Ereignis 개념이 하이데거의 저작에서 사용되는 맥락과 의미에 관한 상세한 설명은 다음 참조. 이수정: 「하이데거의 발현(Ereignis)론」, 《하이데거 연구》 제20집 (2009), 5~40쪽.
22 Goethe: *Schriften zur Literatur*, HA 12, S. 367.
23 물리학자 바이츠제커(Carl Friedrich von Weizsäcker)는 그런 의미에서 괴테의 근원현상을 이데아와 현상의 직접적인 통일이라고 설명한다. Vgl. Goethe: *Naturwissenschaftliche Schriften* I, HA 13, S. 552.
24 예컨대 호메로스의 『오디세이아』에 등장하는 프로테우스는 바다의 신 포세이돈의 아들로 예언의 능력을 지닌 존재다. 트로이 전쟁에서 귀환하는 메넬라오스 왕은 거친 바다를 헤쳐가기 위해 프로테우스를 통해 귀향의 항로와 자신에게 닥쳐올 운명을 알아내고자 포세이돈을 결박하려 하지만, 프로테우스는 다양한 동물의 형상과 심지어 나무로도 변신하면서 메넬라오스의 공격을 피한다. 프로테우스의 이러한 이미지는 괴테의 근원현상에서 인간의 이성으로 파악될 수 없는 자연의 궁극적 운행 원리를 상징하며, 하이데거의 맥락에서 보면 인간의 침탈을 거부하는 존재의 (비)은폐성을 떠올릴 수도 있다.

느낀다는 것은 자연의 끝없는 다채로움에 외경을 느끼면서도 그 근원을 알 수 없는 무궁무진함에 비해 보잘것없는 인간 존재의 유한함을 경험할 때 끝 모를 불안에 휩싸인다는 것이다. 그런 자연현상을 경이로서 존중하고 인간의 유한함을 겸허하게 받아들일 때 인간은 불안에서 구제된다. 그렇지만 '오성이라는 부지런한 뚜쟁이'는 자연의 경이를 외면한 채 자연이 우리에게 있는 그대로 보여주는 고귀함을 저급한 물질적 운동의 법칙들로 규명하려 한다는 것이다. 여기서 괴테가 '오성'을 운위하며 비판하는 것은 자연을 모든 존재자의 고유성이 박탈된 무차별적인 물리적 운동성으로만 파악하여 역학적 원리로 설명하려는 뉴턴의 과학, 그리고 자연을 단순한 물질적 외연으로 보고 인간 이성의 절대적 우위를 주장하는 데카르트의 주객 이원론이다. 이런 맥락에서 그 자체의 고유한 운행 원리에 따라 다양한 현상으로 발현되면서도 그 근원을 감추고 있는 근원현상에서 하이데거는 존재의 (비)은폐성Un-verborgenheit이 발현되는 사태에 견줄 만한 어떤 유사성을 발견하는 것이다.

괴테의 근원현상이 불안과 외경을 넘어서 경이로 경험되는 것과 마찬가지로 친숙한 것에 의해 가려져 있던 존재의 유현幽玄함이 그 자체로 드러나는 사건 역시 경이로운 경험이다. 그런 경이의 경험 속에서 친숙한 세계의 자명함은 붕괴되고 모든 존재자는 지금까지와는 전혀 다른 관련 속에서 드러나면서 새로운 세계가 열린다. 진리가 작품 속에 정립되는 것이 곧 예술의 본질이라는 것은 바로 이런 의미에서다. "진리를 작품으로 정립하는 것은 이전까지 존재하지 않았고 앞으로도 존재하지 않을 그런 존재자를 개현하는 것이다."(48) 이처럼 존재자가 전무후무한 모습으로 개현되고 새로운 세계가 열리는 것은 역사의 지평에서 보면 역사의 새로운 시원이 열리는 것이라 할 수 있다. 그런 의미에서 "예술이 진리로서 생기할 때, 다시 말해 하나의 새로운 시작이 될 때 역사 속으로 충격Stoß이 가해지며, 그럼으로써 역사는 비로소 다시 시작된다."(63) 예술작품은 진리를 작품 속에 정립함으로써 역사의 신기원을 열어가는 것이다. 여기서 역사의 새로운 시작이라는 것은 이런저런 사건들의 연쇄 속에 새로운 사건이 출현한다는 뜻도 아니고, 역사 서술Historie의 관점과 내러티브가 달라진다는 의미도 아니다. 인간이 만물의 척도로 군림하는 근대 세계에서 "계산을 통해 지배 가능하고 꿰뚫어볼 수 있는 대상"(63)으로 전락한 존재자의 세계가 더 이상 삶의 친숙한 터전이 아니라 섬뜩한 심연임을 자각하고 은폐된 존재자가 그 본래의 근원으로부터 솟구치게 하는 것, 그것이 곧 새로운 역사의 시작이다.

예술은 진리가 그 근원에서부터 솟구치게 한다. (…) 무엇인가를 그 근원에서부터 솟구치게 하는 것, 그 터전을 다지면서 본질적 연원으로부터 솟구치며 비로소 존재하게 하는 것, 근원이라는 말은 바로 이것을 뜻한다.

예술작품과 언어

하이데거는 예술작품론의 후기에서 예술작품의 근원을 해명하려는 자신의 시도가 예술이란 무엇인가에 대한 답변이라기보다는 '예술이라는 수수께끼' 자체에 관한 물음일 뿐이며, 이러한 물음은 존재에 관한 물음을 통해서만 해명의 실마리를 찾을 수 있다고 강조한다. 이러한 순환논법은 하이데거의 예술작품론이 그의 본래적 관심사인 존재론적 사유를 예술에 유추하여 적용한 것은 아닌가 하는 의구심을 불러일으킬 소지가 있다. 다시 말해 하이데거의 예술작품론은 미리 구축된 철학적·개념적 사유를 예술에 유추하여 적용한 하나의 예시가 아닌가 하는 의문이 제기될 수 있으며, 만약 그렇다면 예술의 고유한 자립성은 논외로 밀려나는 셈이다. 그렇지만 하이데거가 천착하는 사물 개념이나 존재자의 (비)은폐성, 그리고 무엇보다 '발현'의 개념은 근본적으로 개념적 분석만으로는 온전히 해명되거나 논증되기 힘든 존재자의 존재 문제와 관련되어 있는 만큼 미리 해명된 개념을 예술에 적용한 것이라 보기는 어렵다. 그런 맥락에서 가다머는 후기 하이데거의 사유 자체가 개념적 논증이나 입증이 불가능한 영역을 향하고 있음을 강조하며, 특히 후기 하이데거의 존재론과 예술작품론에서 핵심적 위상을 차지하는 '발현' 개념은 철학적·개념적 사유의 영역보다는 오히려 궁극의 의미를 단정적으로 규명하기 힘든 예술작품 고유의 진리 문제를 해명하는 데 더 적절한 개념일 수 있다고 부연한다.[25] 이와 관련하여 하이데거가 말하는 '발현' 개념이 괴테의 『파우스트』 2부 마지막에 나오는 Ereignis 개념과 매우 흡사하다는 점을 상기해 봄 직하다.

> 일체의 무상한 것은
> 다름 아닌 비유일 뿐이다.
> 도달할 수 없는 것
> 여기서 발현(Ereignis)되고,
> 형언할 수 없는 것
> 여기서 행해졌도다.
> 영원히 여성적인 것이
> 우리를 이끌어 올린다.

"도달할 수 없는 것/여기서 발현되고"라고 할 때 '여기서'는 파우스트가 악마의 손아귀에서 벗어나 천상의 은총으로 구원을 받는 이 마지막 장면을 가리키는 것일 수도 있고, 다른 한편 파우스트의 인생역정을 한 편의 비극으로 극화한 이 작품 전체를 가리키는 것일 수도 있다.[26] 전자의 맥락에만 국한해서 보면 지상의 쾌락을 위해 악마와 계약을 맺고 그레트헨과 그녀의 가족을 죽음으로 몰아가며 간척 사업을 빌미로 수많은 인명

---

25 Vgl. Gadamer: 앞의 책, S. 110.
26 Vgl. Albrecht Schöne: *Faust. Kommentare*, Frankfurt a. M. 1999, S. 814 f.

을 희생시킨 엄청난 죄업을 짊어지고 끝까지 자신의 죄를 깨닫지도 못한 채 눈을 감은 파우스트가 천상의 구원을 받는다는 것은 하이데거가 말하는 의미에서 실로 '친숙하고도 섬뜩한' 사건이 아닐 수 없다. 사랑의 복음을 믿고 따르는 독실한 신자의 입장에서 보면 파우스트가 비록 지상에서 아무리 큰 죄를 지었다 하더라도 사랑의 은총에 의해 구원을 받는다는 것은 교의에 합당한 자명하고 친숙한 사태일 것이다. 하지만 아무리 그렇다 하더라도 파우스트는 "태초에 말씀이 있었다."라는 성경 구절에서 세상을 창조한 하나님의 '말씀'Wort을 자신의 '힘'Kraft과 '행위'Tat로 대체하면서 창조주의 권능을 참칭한 신성모독의 존재다. 그런 파우스트에게도 구원이 주어진다면 이전까지 자명하게 받아들이던 사랑의 교의는 불가사의한 수수께끼가 되며, 신의 존재는 인간이 지상에서 영위하는 삶과는 아무런 관련도 없이 철저히 은폐된 어떤 것이다. "도달할 수 없는 것/여기서 발현되고"라는 말은 언표상 인간의 이성으로는 파악할 수 없는 신앙의 신비가 파우스트의 구원이라는 사건으로 발현되었다는 뜻으로 읽히는 것 같지만, 작품 속의 사건은 오히려 그런 정합적 해석을 무화하는 끝없는 수수께끼와 의혹을 낳을 뿐이다. 요컨대 파우스트라는 한 인간의 유일무이한 삶은 지상에서 악의 득세를 합리화하는 변신론Theodizee의 신학적 개념 속으로 결코 해소되지 않는 '형언할 수 없는' 사건이다.

이처럼 예술작품의 고유한 의미는 기성의 관념이나 개념적 사유로는 온전히 파헤칠 수 없을 뿐 아니라, 언어적 표현으로 온전히 드러낼 수 없는 사태를 개현하는 것이야말로 예술 고유의 몫이기도 하다. 그런 의미에서 하이데거는 진정한 예술적 언술에 대하여 "말할 수 있는 것das Sagbare의 표현을 통해 말할 수 없는 것das Unsagbare까지도 그 자체로서 드러나게 하는 것"(60)이라고 말한다. 다시 말해 언어는 단순히 의미 전달의 도구가 아니고 예술작품의 진리는 오로지 언어적 사건으로서만 구현될 수 있다는 뜻이다. "시문학은 언어 속에서 발현된다."die Poesie ereignet sich in der Sprache(60)라는 것은 그런 의미로 이해된다. 예술작품과 작품의 언어 자체가 기성의 관념으로는 파악할 수 없는 새로운 세계를 열어 보이는 사건의 '발현'인 것이다.

맺는말

이처럼 예술작품과 언어의 고유한 자립성에 의해서만 예술적 진리가 구현될 수 있다고 보는 점에서 하이데거의 예술작품론은 근대 미학의 다양한 흐름과 변별되는 고유한 독자성을 갖는다. 특히 예술을 주관적 체험의 표현이나 감성적 지각의 차원에서 파악하려는 관점에 대해 하이데거가 단호한 비판적 거리를 두는 것은 하이데거 당대의 맥락에서 보면 모든 체험과 감성적 지각이 감각적 향유의 소재로 변질되는 경향을 겨냥한 것이라 할 수 있다. 현대의 문화산업에서 극명히 드러나듯이 그러한 감각적 향유는 모든 사물과 존재자를 인간의 의지대로 변형해서 소비의 대상으로 삼는 현대적 삶의 근본 태도와 같은 뿌리에서 나온 것이다. 사물을 인간의 작위로 변형하고 소모품으로 전락시킬 때 결국 인간 자신도 소비하는 주체로 격하되며, 따라서 그런 삶의 방식은 결코 인간적 자유의 실현이 아니라 인간적 존엄의 추락일 뿐이다. 그럼에도 이러한 삶의 방식은 우리에게 너무나 자명하고 친숙한 세계로 고착되어 있어서 이런 세계의 바깥을 사유하는 것 자체를 원천적으로 차단하는 것처럼 보인다.

하이데거는 이처럼 자명하고 친숙한 세계가 예술작품을 통해 공허한 무無의 심연으로 추락하는 세계로 낯설고 섬뜩하게 경험될 때 비로소 진정한 예술적 진리의 경험이 가능하다고 본다. 그런 점에서 예술은 근대 세계의 이러한 질곡을 어떻게 극복할 것인가 하는 역사적 소명을 부여받는다. 따라서 예술작품에서 진리의 구현은 예술의 본질에서 유래하는 자명한 전제가 아니라 그러한 역사적 소명의 이행 여부에 따라 성패가 좌우되는 실천적 과제라 할 수 있다. 예술작품론의 후기에서 예술은 더 이상 진리가 구현되는 본질적 영역이 아니라는 헤겔의 테제를 인용하면서 하이데거가 헤겔의 평결은 여전히 유효하다고 다소 엉뚱한 발언을 하는 것은 그런 맥락에서 이해할 필요가 있다. 예술의 종언에 관한 헤겔의 평결이 여전히 유효하다는 것은 예술의 본질을 진리의 개현에서 찾는 하이데거 자신의 예술작품론과는 정면으로 상충되는 것처럼 보이지만, 하이데거가 말하려는 진의는 다른 데 있다. 헤겔의 '위대한 미학'은 고대 그리스 이래 수천 년에 걸쳐 구축된 서구적 사유 즉 형이상학의 체계적 완결판이기 때문에 그러한 사유의 전통을 온전히 극복할 때만 헤겔의 테제는 논파될 수 있다는 것이다. 예술을 이념의 감각적 현현으로 파악하는 헤겔의 예술관은 이데아와 존재자를 분리해서 파악한 플라톤 이래의 형이상학적 이원론에 그 뿌리를 두고 있다. 이데아가 존재자를 '남김없이 밝혀주는'entbergen 초월적 지위를 점하면서 존재자의 은폐와 망각이 시작되었다면,[27] 헤겔이 말하는 정신의 이념성은 근대적 계몽의 세례를 거쳤기에 그만큼 더 확고한 배타적 자족성을 획득한다. 헤겔의 '정신'은 '진리를 구현하는 참된 형식인 자신의 내면에서만 스스로를 충족시키려는 본래적인 욕구'를 갖고 있는 것이다.

이와 같은 방식으로 예술이 시대에 뒤져 있다는 것은 정신이 진리를 구현하는 참된 형식인 자신의 내면에서만 스스로를 충족시키려 하는 본래적인 욕구를 갖고 있기 때문이다. 예술은 그 초기에는 아직도 신비로운 것, 신비로운 예감 그리고 동경을 담아낼 여지를 갖고 있었다. 왜냐하면 초기 예술의 형상들은 형상적 직관에 적합하도록 그 온전한 내용을 완벽하게 드러내지 못했기 때문이다. 하지만 완전한 내용이 완벽하게 예술적 형상으로 드러날 때는 더 멀리 내다보는 정신은 이러한 객관성에서 벗어나서

---

27 플라톤의 이데아론에 대한 하이데거의 비판에 관해서는 다음 참조. 신상희: 「동굴의 비유 속에 결박된 철학자 플라톤 — 하이데거가 바라보는 플라톤의 좋음의 이데아의 성격과 진리 경험의 변화에 관하여」, 《철학연구》 제84집 (2009), 171~196쪽.

자신의 내면으로 돌아오고 그런 객관성을 밀쳐낸다. 우리 시대가 바로 그런 시대이다. 예술이 앞으로도 계속 발전하고 더욱 완벽해지기를 소망할 수는 있겠지만, 예술의 형식은 더 이상 정신의 최고의 욕구를 충족시키지 못한다. 우리가 고대 그리스의 신상들이 여전히 훌륭하다고 여길 수도 있고 또 성부와 그리스도와 마리아가 여전히 숭고하고 완벽하게 묘사된 것을 볼 수는 있을 것이다. 하지만 그래봤자 아무런 소용이 없다. 우리는 더 이상 그런 것에 무릎을 꿇고 경배하지는 않는 것이다.[28]

정신이 아직 고도의 자기의식에 도달하지 못했던 고대의 예술은 그러한 정신적 공백을 '형상적 직관'을 통해 '신비로운 예감과 동경'으로 보완하는 방식으로 진리의 구현에 기여할 수 있었다. 하지만 정신이 진리 구현의 참된 형식으로 본령을 찾은 근대 세계에서 예술은 이미 정신에 의해 극복된 지난 시대의 가치들을 표현하는 뒤떨어진 형식으로 치부된다. 이처럼 정신의 이념성과 예술의 감각성을 분리하는 헤겔의 이원론을 하이데거는 근본적으로 이데아와 존재자의 분리로부터 시작된 형이상학의 근대적 완성이라고 보는 것이다. 그리고 정신과 비정신적 대상을 확고하게 구분하는 형이상학은 근대의 근본적인 존재 이해이며, 그런 존재 이해에 근거하여 우리가 삶의 터전으로 자명하게 받아들이는 근대 세계가 구축되어 있다. 그러므로 이 친숙한 근대 세계를 극복한다는 것은 그 기반이 되는 사유의 전통 자체를 극복하지 않고서는 불가능한 일이다. 예술이 정신에 의해 억압된 감각성을 넘어서 진리 구현의 계기로서 그 본연의 소명을 완수한다는 것은 바로 그런 맥락에서 근대 세계를 규정하는 사고의 틀 자체를 돌파해야 하는 지난한 과제인 것이다. 하이데거가 존재자와 존재가 이원론적으로 분리되기 이전의 고대 그리스의 퓌시스 개념으로 소급하여 예술작품의 근원을 되묻는 것은 그런 점에서 단지 의고적 이상주

---

28 Hegel: *Vorlesungen über die Ästhetik* I, Werke, Bd. 13, Frankfurt a. M. 1970, S. 142.

의가 아니라 근대 세계에서 망각되고 은폐된 존재의 시원을 상기하는 것이며, 그런 우회로를 통해 오늘날 우리가 사는 세계의 근거를 되묻는 것이라 할 수 있다.[29]

(2013년)

---

29 오토 푀겔러:『하이데거. 사유의 길』, 이기상·이말숙 옮김, 문예출판사 1993, 230쪽 참조.

블루멘베르크의 은유 이론과 '벌거벗은 진리'의 은유

개념적 사유를 넘어선 '절대적 은유'의 탐구

은둔의 철학자 블루멘베르크

한스 블루멘베르크Hans Blumenberg, 1920~1996는 2차 대전 이후 독일 철학계에서 가장 주목받는 철학자의 한 사람이다. 그렇지만 국내 독자들에겐 비교적 생소한 이름이므로 우선 그의 이력을 간단히 소개하고자 한다. 블루멘베르크는 1920년 북독일의 항구 도시 뤼베크에서 태어났다. 아버지는 미술 출판사를 운영했고, 부계의 조상들은 18세기부터 성직자를 많이 배출했다. 김나지움을 최우수 성적으로 졸업했으나 어머니가 유대인이어서 이미 반反유대주의 광풍이 몰아치기 시작하는 상황에서 일반 대학에 진학할 수 없었기 때문에 1939년 파데보른 신학대학에 입학했다. 그러나 여기서도 퇴학 압력을 받아서 결국 1942년 학업을 중단하고 뤼베크로 돌아왔다. 같은 해에 강제 노동에 차출되어 군수 공장에 배치되었다가 얼마 후 건강상의 이유로 면직되었다. 그러고서 다시 뤼베크의 의료기기 회사에서 일했다. 2차 대전이 막바지로 치닫던 1945년 초에 안할트 주에 있는 반半유대인 강제수용소에 수감되었으나 그가 일했던 의료기기 회사의 사장이 구명에 나서서 무사히 풀려날 수 있었다.(그 사장은 블루멘베르크와 비슷한 처지에 있던 많은 유대인들을 구해준 의인으로 알려져 있다.) 석방 후 곧 바로 뤼베크의 여자 친구 집으로 피신하여 전쟁이 끝날 때까지 숨어 지냈고, 생명의 은인인 그 여성과 나중에 결혼했다.

종전 후 블루멘베르크는 함부르크 대학에서 철학·독문학·고전학을 공부했고, 1947년 킬 대학에서 중세 철학 연구로 박사학위를 받았다. 1950년 킬 대학에서 '존재론적 거리: 후설 현상학의 위기에 관한 연구'라는 주제로 교수 자격 논문을 마쳤다. 1958년 함부르크 대학 비정년 교수가 되었고, 그 후 기센 대학, 보훔 대학을 거쳐 1970년부터 뮌스터 대학 교수로 재직했다. 생의 후반부로 갈수록 그는 학회 모임 등에도 참석하지 않고 공적인 생활에서 완전히 물러나 혼자 칩거하면서 연구와 집필에만 전념했다. 그래서 '보이지 않는 철학자' 또는 '은둔의 철학자'라는 별명을 얻은 블루멘베르크는 그 이유를 묻는 동료 철학자에게 김나지움 졸업 후 '잃어버린 8년을 만회하기 위해서'라고 답했다고 전해진다. 그러나 1960년대에는 비교문학자 야우스Hans Robert Jauß 등과 함께 문학과 철학의 학제적 연구와 토론을 주도한 '시학과 해석학'Poetik und Hermeneutik 그룹의 창립 멤버로 활발히 참여했다. 실제로 블루멘베르크는 괴테와 폰타네에 관한 저서 외에 다수의 문학비평과 문학이론 저술을 남겼다.

블루멘베르크가 탐구한 분야는 매우 다양하고 방대하다. 그 출발점이라 할 수 있는 『은유학을 위한 패러다임들』Paradigmen zu einer Metaphorologie, 1960 은, 뒤에서 자세히 살펴보겠지만, '개념'으로 대체될 수 없는 '은유'가 사유의 자양분으로서 어떤 중요한 역할을 하는가를 규명하고 있다. 종래의 철학이 개념으로 파악된 인간 사유만을 다루었다면, 블루멘베르크의 은유 이론은 개념 형성 이전의 사고 과정뿐만 아니라 나아가서 개념으로는 접근할 수 없는 한계 영역까지도 표현하는 은유의 적극적 기능을 조명하고 있다. 그런 점에서 그의 은유 이론은 프로이트의 꿈 해석이 '의식'보다 광대한 '무의식'의 영역을 개척한 것에 비견될 수 있다.

블루멘베르크의 저술 중 상당수는 『은유학을 위한 패러다임들』에서 제시한 주제들을 확장 심화한 것이다. 과학사와 철학사를 결합하여 중세에서 근대로의 이행과 두 시대의 겹침을 다룬 『코페르니쿠스적 전회』*Die kopernikanische Wende*, 1965, 세계를 '텍스트'라는 은유로 파악한 철학과 문학의 궤적을 탐구한 『세계의 해독解讀 가능성』*Die Lesbarkeit der Welt*, 1979, 20세기 후반의 가장 중요한 신화 이론으로 꼽히는 『신화 만들기』*Arbeit am Mythos*, 1979 등이 대표적인 경우다. 또한 블루멘베르크 사후에도 철학적 인간학의 재정립을 시도한 『인간에 대한 서술』*Beschreibung des Menschen*, 2006, 은유 이론을 비개념적 사유의 문제로 확장한 『비개념성의 이론』*Theorie der Unbegrifflichkeit*, 2007, 『은유학을 위한 패러다임들』에서 진리에 대한 은유의 패러다임 중 하나로 제시한 주제를 다룬 『벌거벗은 진리』*Die nackte Wahrheit*, 2019 등의 유고가 최근까지 계속 출간되고 있다. 사후에 출간된 유고 저서들이 생시에 나온 책들보다 더 많을 정도로 블루멘베르크는 방대한 유고를 남겼다. 철학자로서는 매우 이례적으로 그의 모든 원고와 유고는 쉴러의 고향 도시 마르바흐에 있는 문학 기록관에 보관되어 있다. 이 모든 방대한 작업의 이론적 토대가 바로 '은유학'이기 때문에, 블루멘베르크의 사상을 이해하기 위해서는 은유 이론에 대한 이해가 필수적이다.

블루멘베르크의 은유 이론과 '벌거벗은 진리'의 함의

왜 은유인가?
블루멘베르크는 '은유학'*Metaphorologie*이라는 신조어를 만들어서 평생 은유에 관한 철학적 탐구에 매진했다. 블루멘베르크가 은유를 이해하는 방식은 우리의 일반적인 통념과는 다르다. 은유에 대한 가장 일반적인 개념 정의는 '원관념을 감춘 비유'라는 것이다. 이러한 정의는 우리가 원관념을 이미 알고 있다고 암묵적으로 전제한다. 그러니까 원래 말하려는 내용은 알고 있고, 그것을 보다 효과적으로 전달하기 위해 근사한 문학적 비유로 내용을 포장한다고 이해하는 것이다. 이것은 은유를 수사학적 표현 기법으로 이해하는 방식이다. 그러나 블루멘베르크는 이러한 이해 방식을 거부하고 은유는 수사학이 아니라고 단언한다. 그 까닭은, 은유의 내용과 형식은 분리될 수 없고, 은유의 비유적 표현은 말하고자 하는 내용을 더욱 풍부하게 확장하고 심화한다고 보기 때문이다. 그리고 은유적 표현을 통해 비로소 이미 알고 있다고 생각하는 고정관념이 깨지고, 사유가 활성화되고, 발상의 전환이 가능해진다. 뿐만 아니라 은유는 개념적 사고가 미치지 않는 영역에 대한 지적 호기심을 자극하고 그런 신천지를 언어로 표현한다. 블루멘베르크가 은유에 주목하는 이유는 개념적 사고가 미치지 않는 은유의 영역이 새로운 의미 지평을 열어주며, 개념을 통한 이론적 탐구의 폭넓은 기반이 된다고 보기 때문이다.

블루멘베르크의 은유 이론은 개념으로 설명되거나 입증될 수 없지만 인간이 맞닥뜨리는 근본적인 문제들에 접근할 수 있는 통로를 열어준다. 그럼에도 종래의 철학적 탐구에서 은유가 간과된 이유는 은유를 단순히 수사적 기법으로 간주하거나 명확한 개념적 인식에 이르지 못한 불완전한 인식과 추측의 표현이라고 폄하했기 때문이다. 그러나 은유 중에는 개념으로 설명될 수 없지만 '철학적 언어의 근본 바탕'이 되는 은유도 존재하는데, 블루멘베르크는 이런 은유를 '절대적 은유'absolute Metapher라 일컫는다.[1]

블루멘베르크의 은유 이론은 2차 대전 후 독일 철학계가 주도한 개념사 연구 작업과 상호보완적인 관계에 있다. 1956년부터 리터Joachim Ritter 등이 주도하여 철학 개념사 서술 작업을 시작하여 1971년부터 30여 년 동안 『철학 개념사 사전』*Historisches Wörterbuch der Philosophie*, 1971~2007(총 13권)을 완간했다. 이 사전에는 철학적 은유와 관련된 항목이 거의 누락되었지

---

1 Blumenberg: *Paradigmen zu einer Metaphorologie*, Frankfurt a. M. 1960, S. 14.(이하 PM으로 표기함)

만,[2] 나중에 블루멘베르크의 은유 이론에 관한 선행 작업을 바탕으로 개념사 프로젝트가 완료되는 시점에 때맞추어 『철학적 은유 사전』Wörterbuch der philosophischen Metaphern, 2007이 별도로 출간되었다.

이 글에서는 블루멘베르크의 은유 이론에 대한 이해를 바탕으로 진리에 관한 은유의 대표적 유형인 '벌거벗은 진리'의 패러다임을 분석하고자 한다. 이를 위해 먼저 블루멘베르크의 『은유학을 위한 패러다임들』에서 개진된 은유 이론을 살펴보고, 그 4장에서 다루는 '벌거벗은 진리'의 다양한 함의를 생각해볼 것이다. 그리고 이를 바탕으로 사후에 출간된 『벌거벗은 진리』에서 가장 비중 있게 다루는 니체와 프로이트의 경우를 분석하고자 한다.

절대적 은유

개념으로 설명될 수 없고 원칙적으로 최종적인 답변이 불가능한 물음에 은유로서 답하려는 '절대적 은유'의 패러다임 중에서 특히 '벌거벗은 진리'의 은유는 진리의 은폐성과 개방성에 대한 다양하고 상반되는 태도들을 입체적으로 살펴보기에 적절한 척도가 된다.

블루멘베르크는 근대적 진리관의 확고한 척도로 통용되어온 데카르트의 진리 판단 기준인 '명석함'Klarheit과 '판명함'Bestimmtheit에 대한 비판적 검토로 논의를 시작한다. 데카르트에 따르면 최종적으로 확보한 '순수한 개념'만이 진리에 해당되고 다른 모든 것은 '선입견'prévention이나 성급한 '예단'précipitation으로 배척된다. 그러나 블루멘베르크에 따르면 이러한 진리관은 개념과 인식의 역사성을 배제하고 결국 '진리'veritas를 '검증 가능성'verficabilitas으로 축소하는 결과를 초래한다.[3]

---

[2] 은유에 관한 항목은 '자연의 책'(Buch der Natur), '천지창조의 책'(Buch der Schöpfung), '생명의 책'(Buch des Lebens) 등 3개 항목이 전부다.
[3] Blumenberg: Thesen zu einer Metaphorologie(1959), Archiv für Begriffsgeschichte 53, 2011, S. 188.

전통적으로 은유는 '신화에서 로고스로' — 즉, 허구적 상상에서 이성적 인식으로 — 나아가는 사유의 도정에서 명확한 인식에 도달하지 못한 사유의 '잔여물'Restbestände로 간주되어왔다. 다시 말해 은유는 엄밀한 개념적 인식에 미치지 못하는 불완전한 사고의 산물로 여겨졌다. 그러나 개념으로 환원될 수 없는 절대적 은유는 오히려 개념적 사고의 한계를 허물면서 의미 지평을 확장한다. 그런 맥락에서 은유는 개념적 사고의 '근본바탕'Grundbestände이 될 수 있다.

은유학은 사유의 하부구조와 기반에 접근하여, 개념의 체계적인 결정結晶, Kristallisation을 위한 배양액을 규명하고자 한다. 이와 동시에 은유학은 과연 정신이 어떤 '용기'를 가지고 비유적 형상들 자체를 통해 (개념보다 — 인용자) 앞서가고 있는지, 정신이 감히 추측할 수 있는 용기 속에서 자신의 역사를 기획하고 있는지 파악할 수 있게 하고자 한다.(PM, 16)

은유는 단지 개념의 장식물이 아니라 질적 구성 요소라는 것을 '개념의 체계적 결정을 위한 배양액'이라는 화학적 은유로 표현하고 있다. 이러한 은유의 '배양액'은 그러한 화학작용을 통해 소진되거나 고갈되지 않는다. 개념의 결정체가 마모되어 기능을 다하면 그것을 해체하고 재구성하는 기능까지도 수행하기 때문이다. 따라서 은유는 개념의 형성을 위한 의미 지평과 관찰 방식 자체의 변화까지도 수반하기 때문에 개념보다 더 근본적인 차원에서 역사성을 띤다.

절대적 은유는 개념으로 환원될 수 없고 원칙적으로 답할 수 없는 문제에 답하려는 시도이다. "절대적 은유는 얼핏 생각하면 소박하지만 원칙적으로 대답할 수 없는 질문에 답한다. 그런 질문은 우리가 제기하는 게 아니라 우리 존재의 근저에서 이미 주어져 있는 질문이기 때문에 중요하다."(PM, 19) 예컨대 세계, 존재, 현존재와 같이 인간 삶의 근본에 관한 질문은 원칙적으로 답을 찾을 수 없지만 그럼에도 이런 문제를 계속 탐구하는 이유는 세계와 인간 자신을 어떤 방식으로든 이해하고 '방향 설정의 지침'Orientierungsmuster을 탐색하기 위해서다. 이런 절대적 은유는 "현실의 총체성에 대한 상像"(PM, 20)을 찾으려는 시도이다.

블루멘베르크가 제시하는 절대적 은유의 패러다임은 매우 다양하고 범위가 넓다. 절대적 은유로서 가장 오래되고 지속적인 탐구의 대상은 '진리의 은유'이다. 진리에 관한 최종적이고 직접적인 진술은 불가능하므로 은유를 통한 간접적 진술에 의존할 수밖에 없기 때문이다. 『은유학을 위한 패러다임들』에서도 전체 10개 장 중에 7개의 장을 진리의 은유에 할애하고 있다.[4]

절대적 은유의 기능을 잘 보여주는 것은 전통적 형이상학의 사유다. 비근한 예로 『파우스트』 1부에 나오는 '대지의 영'Erdgeist[5]을 들 수 있다. 파우스트는 만물을 움직이는 근원적인 힘을 '대지의 영'이라 생각하며, 자신이 대지의 영과 닮았다고 자부한다. 그러나 막상 대지의 영이 눈앞에 나타나자 파우스트는 그 엄청난 위력에 주눅이 든다. 그런 파우스트에게 대지의 영은 "너는 네가 파악하는 정신을 닮은 것이지/나를 닮은 것이 아니다!"(512~513행)라고 일갈한다. 다시 말해 파우스트가 생각하는 대지의 영은 어디까지나 그의 정신적 한계 안에서 떠올리는 관념적 인식 대상일 뿐이라는 것이다. 파우스트의 이성적 인식으로는 도달할 수 없는 존재의 근원이 '대지의 영'이라는 절대적 은유로 표현된 것이다. 그런 의미에서 블루멘베르크는 은유의 구조 자체가 '형이상학적인 가설'로 이루어져 있다고 말한다.(PM, 173)

『파우스트』에 나오는 '대지의 영'은 순전히 괴테의 독창적 창안이 아

---

4 전체 목차는 다음과 같다: I. '막강한' 진리의 은유. II. 진리의 은유와 인식의 실용주의. III. 진리에 관한 표상을 위한 용어적·은유적 단면. IV. '벌거벗은 진리'의 은유. V. 근대적 세계 이해의 은유로서의 미지의 땅과 '미완의 우주'. VI. 유기체적 배경과 기계적 배경의 은유. VII. 신화와 은유. VIII. 은유의 용어화: '개연성'. IX. 은유화된 우주론. X. 기하학적 상징과 은유.
5 '대지의 영'은 지령(地靈)으로 번역되기도 한다.

니라 중세 후기 신플라톤주의 사상가들이 상상한 '세계의 영혼'Weltseele, anima mundi을 괴테식으로 '번역'한 것이다. '세계의 영혼'은 인간에게 영혼이 있듯이 세계와 우주에도 영혼이 있다고 상상한 관념이다. 인간이라는 소우주와 우주 만물이 동일한 구조로 만들어져 있다는 이런 관념에는 신의 섭리에 따라 우주가 완벽한 조화를 이루고 있다는 형이상학적 믿음과 자연 운행의 법칙성에 대한 과학적 인식이 뒤섞여 있다. 신학과 모든 학문에 통달한 파우스트가 생각하는 '대지의 영'에도 그런 믿음과 인식이 뒤섞여 있다. 그렇지만 파우스트는 과학적 인식이 진보할수록 신앙에서 멀어졌기 때문에 '대지의 영'에 신의 섭리가 작용한다는 믿음은 박약하다. 바로 그런 이유에서 파우스트는 '대지의 영'을 직접 대면했을 때 그만큼 더 견디기 힘든 전율과 두려움을 느끼는 것이다. 파우스트의 이러한 체험은 애초에 형이상학적 배경을 가졌던 절대적 은유에서 형이상학적 내용이 희석되고 세속화되는 과정의 한 단면을 보여준다. 근대 이래 탈형이상학의 시대에는 형이상학이 붕괴했기 때문에 그 공백을 은유로 사유할 여지가 오히려 그만큼 커진다. 그런 의미에서 "형이상학이 사라지면서 은유가 다시 형이상학의 자리로 소환된다."(PM, 193)

'베일로 감춘 진리'의 옹호

『은유학을 위한 패러다임들』의 4장 '벌거벗은 진리'를 다룬 부분은 진리에 관한 은유 중에서도 흥미로운 문제의식을 내포하고 있다. 원칙적으로 진리가 어떤 개념이나 명제로 환원될 수 없다면 진리에 관한 진술에서 은유를 사용하는 것은 필연적 귀결이다. 그리고 진리 내지 진실 그 자체를 가리키는 은유인 '벌거벗은 진리'의 은유는 진리/진실에 관한 은유에서 핵심적 지위를 차지한다. 무엇보다 '벌거벗은 진리'의 은유는 은유 자체의 핵심적 특성인 다양한 '함의'Implikation의 양상을 가장 잘 보여준다. 우선 Wahrheit의 함의가 매우 폭넓다는 것을 알 수 있다. 보편타당한 '진리'에서부터 세부적인 '사실'에 이르기까지 의미의 스펙트럼이 끝없이 확장될 수 있다. 보편타당한 진리를 상정해보면, 보편타당한 진리가 과연 '적나라하게' — 문자 그대로 '그 자체'로 — 표현되고 인식될 수 있을까? 인식 주체의 경험과 이해 지평, 특정한 이론 체계와 방법, 시간과 공간의 역사적 제약을 초극한 불변의 보편타당성이 과연 성립할 수 있을까? 이러한 질문들 앞에서 '적나라한/벌거벗은 진리'는 결코 도달할 수 없는 인식 목표인 것처럼 보인다. 반면에 세부적인 '사실'에 가까워질수록 '적나라한' 상태는 더 구체성을 띨 것이다. 따라서 '적나라한 사실'의 확정도 더 수월해 보이고, 누구도 이의를 제기할 수 없는 객관적 사실성을 인식하는 것도 용이해 보인다. 그런데 과연 그럴까? 니체의 생각을 빌리면 우리가 '사실'이라고 여기는 모든 것도 어디까지나 '해석'일 뿐이다. '사실'에 대한 이해는 사실이 의미를 획득하는 맥락에 따라 얼마든지 달라질 수 있기 때문이다. 다른 한편 Wahrheit를 체험적 특성이 강한 '진실'로 이해할 경우 진실을 베일로 감추는 것과 그 베일을 벗기는 것 사이의 경계는 매우 유동적이고 모호하다. 단적인 예로 괴테의 자서전 『시와 진실』 Dichtung und Wahrheit, 1808~1831에서 '진실'은 단지 체험적 진실만을 가리키는 것이 아니라 시적 허구와 불가분의 관계로 얽혀 있다. 더구나 20대의 청년기에 대한 회고적 서술은 무려 40년이 지난 이후의 회상으로 서술되고 있기 때문에 기억을 재구성하는 가공 작업을 거친 결과물이다. 따라서 이 경우에도 '벌거벗은 진리'라는 말은 성립하기 어려워 보인다.

이런 난관에도 불구하고 진실을 추구한다는 것은 있는 그대로의 벌거벗은 진리를 추구하는 것과 거의 동의어로 사용되어왔다. 그것은 진실이 자명하게 주어져 있지 않고 대개는 베일에 가려져 있기 때문일 것이다. '적나라함'이 벌거벗은 상태를 뜻하는 것과 마찬가지로 그 반대의 은폐 상태 역시 '옷을 입힌'verkleidet 또는 '베일로 가린'verhüllt이라는 은유를 사용한다. 그렇다면 진실에 옷을 입히거나 그것을 베일로 가리는 이유는 무엇일까? 진실을 은폐하고 호도하려는 기만적 의도를 일단 논외로 하더라도, 진실을 베일로 가려야 할 이유는 의외로 많아 보인다. '옷'이나 '베일'은 벌거벗은 상태의 치부와 수치심을 감추는 구실을 하기 때문이다. 그런 맥락에서 '의상'은 문화의 기본 요소라 할 수 있다. "진리는 의상을 걸침으로써 그 나름의 '문화'를 갖게 되는데, 이는 인간이 본질적으로 복식의 문화사를 갖게 되는 것과 같다. 인간은 '자연 그대로의 모습'을 적나라하게 드러내지 않고 옷을 입는 존재이기 때문이다."(PM, 64) 비슷한 맥락에서 기독교 문화권에서 공유하는 원죄 의식에 비추어 보더라도 '벌거벗은 진리'를 감추는 것은 기독교적 윤리의 미덕이 된다.

성경의 비유는 진리와 복음을 표현하기 위한 불가결한 수단이다. 일찍이 아퀴나스Thomas Aquinas는 "성경은 신체의 일부를 가리키는 은유를 통해 영적인 문제를 우리에게 전달한다."(PM, 69 재인용)라고 했다. 블루멘베르크는 이 말을 이렇게 해석한다: "여기서 은유를 '통해'sub라는 말은 이중적 의미를 갖는다. 그것은 계시의 '표현 수단'을 뜻할 수도 있고 계시의 '수호 수단'을 뜻할 수도 있다."(같은 곳) 다시 말해 하느님의 말씀을 전하는 성경의 진리는 인간의 이성으로 남김없이 밝힐 수 있는 것이 아니므로 성경적 은유는 성경의 성스러운 의미를 고갈시키지 않고 계시의 무궁무진한 원천을 간직하기 위한 보호 수단이 된다는 것이다. 이런 경우 은유는 그 자체로는 표현할 수도 인식할 수도 없는 진리를 가리키는 절대적 은유가 된다.

'벌거벗은 진리'의 옹호

다른 한편 '벌거벗은 진리'를 옹호하는 입장도 다양하다. 아우구스티누스는 하느님 앞에서 한 점 부끄러움도 없는 순수한 양심의 고백이라는 의미에서 하느님 앞에서 벌거벗은 상태를 옹호한다. 이 경우 벌거벗은 진실을 요구받는 대상은 다름 아닌 자기 자신이다. 그렇지만 아우구스티누스의 이러한 자기 다짐은 겉만 번지르르한 사이비 기독교인들에 대한 준엄한 질타와 이교도들에 대한 비판까지도 내포한다.

루소Jean-Jacques Rousseau는 인간 사회가 '복잡한 위장 체계'로 발전하면서 불평등을 은폐한 것을 비판하면서 '자연상태'의 벌거벗은 진리를 옹호한다. 이 경우 벌거벗은 진리를 요구받는 대상은 특정 개인이나 집단 주체가 아니라 사회 체계 전반에 해당된다. 이처럼 벌거벗은 진리의 요구는 그 대상과 범위가 매우 유동적이다. 이에 따라 은유의 의미와 기능도 변화한다. 일찍이 아우구스티누스에겐 순수한 신앙고백의 신조였던 '벌거벗은 진실'은 루소에 이르러 사회적 불평등을 혁파하려는 사회 변혁 이념의 슬로건이 된다. 동일한 은유가 전혀 다른 맥락에서 새로운 의미를 획득하는 것이다. 은유의 이러한 역사적 의미 변화에 관한 탐구를 블루멘베르크는 은유의 '메타 동역학'Meta-Kinetik이라 일컬었다. 동역학이 물체의 운동 궤적을 포물선으로 기술한다면, 은유의 의미와 기능이 역사적 맥락 속에서 부침하는 궤적에 관한 메타적 성찰이 은유학의 탐구 주제가 된다는 뜻이다.

벌거벗은 진리의 은유가 가장 큰 힘을 얻는 것은 근대 과학을 통해서다. 근대 과학은 진리의 객관성과 개방성을 요구하기 때문이다. 일찍이 베이컨Francis Bacon이 말한 대로 "진리는 벌거벗은 것이고 대낮의 햇볕과 같아서 세상의 가면이나 위장 또는 개선행렬 따위를 필요로 하지 않는다." 과학이 진리를 은폐하는 장애물(베일)을 걷어내고 벌거벗은 진리를 추구하는 것은 자명해 보인다. 중세에는 자연의 비밀을 파헤치는 것이 신이 창조한 자연의 비밀, 즉 천지창조의 비밀을 감히 엿보려는 신성모독으로 간주되었지만, 근대 이래 기독교적 세계관의 몰락과 더불어 자연의 비밀은 냉철한 과학적 탐구 대상이 된 것이다.

자연의 신비: 쉴러의 담시「자이스의 베일에 가린 여신상」

그러나 이성의 세기라 일컬어지는 18세기까지도 자연법칙을 규명하는 문제는 중세와는 또 다른 맥락에서 인간의 이성이 자연의 신비에 어떻게 접근해야 하는가 하는 어려운 과제를 제기한다. 쉴러의 담시Ballade「자이스의 베일에 가린 여신상」Das verschleierte Bild zu Sais, 1795은 바로 이 주제를 다룬 작품으로 유명한데, 뒤에서 살펴볼 니체가 이 시를 중요한 화두로 삼고 있으므로 미리 일별해볼 필요가 있다.[6] (시 전문은 이 글 뒤에 붙인 번역 참조.) 전설에 따르면 자이스는 고대 이집트의 지명으로 그곳의 성스러운 신전에는 하늘의 신과 땅의 여신 사이에서 태어난 여신 이시스Isis의 신상이 베일에 가린 채 모셔져 있는데, 그 베일은 인간이 감히 벗길 수 없다. 신전에는 이런 글귀가 새겨져 있다고 한다. "나는 지금 존재하고 과거에 존재했고 앞으로도 존재할 모든 것이다. 그 어떤 인간도 나를 감춘 베일을 벗기지 못했노라."[7] 쉴러는 숭고미를 논하는 글에서 바로 이 구절을 인용하면서 이 신상을 숭고미의 상징으로 해석한다.

베일에 싸인 모든 것, 신비로 가득한 모든 것은 두려움을 유발하며, 따라서 숭고한 감정을 불러일으킬 수 있다. 이집트의 자이스에 있는 이시스 여신 신전에서 읽을 수 있는 문구는 이런 부류의 것이다. "나는 지금 존재하고 과거에 존재했고 앞으로도 존재할 모든 것이다. 그 어떤 인간도 나를 감춘 베일을 벗기지 못했노라." 바로 이러한 알 수 없는 신비로운 것은 사람들의 상상 속에 사후의 미래에 대한 두려움을 유발한다.[8]

이 구절이 말해주듯 이시스 여신은 고대 이집트 이래 쉴러 당대까지도 대자연의 신비를 가리키는 상징으로 이해되어왔다.[9] 쉴러의 담시는 대자

---

6 Schiller: *Sämtliche Werke*, Bd. 1, München 1984, S. 224 f.
7 Ich bin alles, was da ist, was da war, und was da sein wird, und meinen Schleier hat kein Sterblicher aufgedeckt.
8 Schiller: *Sämtliche Werke*, Bd. 5, München 1984, S. 508.
9 칸트 역시 『판단력 비판』에서 같은 취지로 자이스의 여신상을 언급하고 있으며, 명시적으로 이 여신을 "어머니 대자연"이라 칭하여 대자연의 상징으로 해석한다. 칸트: 『판단력 비판』, 백종현 옮김, 아카넷 2009, 352쪽: (어머니 자연을 상징하는) 이시스 여신의 신전에 새겨진 문구보다 더 숭고한 것이 — 또는 어떤 생각이 더 숭고하게 — 표현된 적은 없을 것이다: "나는 지금 존재하고 과거에 존재했고 앞으로도 존재할 모든 것이다. 그 어떤 인간도 나를 감춘 베일을 벗기지 못했노라."(번역은 인용자가 수정함)

연의 신비를 단숨에 파헤치려고 덤벼서 신성한 금기를 어기면 어떤 대가를 치르게 되는지 생생히 보여준다. 시에서 '뜨거운 지식욕에 목마른 한 청년'은 밤중에 몰래 신전에 잠입하여 여신의 베일을 벗겼다가 결국 삶의 모든 기쁨을 잃고 죽음을 맞는다. 고대 그리스 이래 이 모티프는 인간이 감히 범접할 수 없는 신성한 자연 또는 진리의 은유로 곧잘 사용되었다. 여신상의 베일을 벗긴 청년은 어째서 삶의 기쁨을 잃고 죽는 것일까? 지식욕에 불타는 청년이 진실을 가리는 베일을 벗겼다면 그의 뜨거운 지식욕은 충족된 것이 아닌가? 이런 의문을 가지고 시를 음미해보자.

시의 첫머리에서 청년은 신전의 사제에게 "모든 것을 갖지 못할 바에야/가진 게 뭐란 말입니까"라고 따져 묻는다. 청년의 뜨거운 지식욕은 모든 것을 가지겠다는 소유욕과 불가분의 관계에 있다. '과거에 존재했고 지금도 존재하고 앞으로 존재할 모든 것'을 소유하겠다는 것이다. 담시의 기본적 구성 원리인 극적 요소의 맥락에서 보면 청년의 죽음은 그런 끝없는 욕망과 만용에 대한 징벌이라 할 수도 있다. 이것은 고대 비극의 도식에만 해당하지 않는다. '지식이 곧 힘'이라는 것은 근대 과학의 핵심 슬로건이기 때문이다.

쉴러 당대의 교양Bildung 이념, 특히 괴테의 자연관과 일치하는 교양 이념에 비추어보면, 자연은 그 법칙이 구현되는 모든 과정 속에서 자연의 본질을 실현하며, 그 현상 너머에 따로 본질이 감춰져 있지 않다. 예컨대 씨앗에서 싹이 트고, 줄기와 잎이 자라고, 꽃이 피고 열매를 맺는 모든 과정 속에서 식물이라는 종種의 본질이 구현되는 것이다. 따라서 감각적 현상의 이면에서 실체를 찾으려는 것은 현상과 본질을 분리하는 이원론적 발상이며, 자연을 있는 그대로 보지 않고 과거 형이상학의 틀을 덧씌워 보려는 것이다. 쉴러의 시에서 청년이 여신(대자연)의 베일을 벗기려는 태도 역시 그러하다. 자연의 성장은 시간 속에서 구현되며, 자연의 운행은 그 과정을 결코 생략할 수 없다. 그런 의미에서 괴테는 "자연은 비약하지 않는다."라고 했다. 그런데 쉴러의 시에서 청년은 그런 과정을 생략하고 마지막 '열매'만 탐하는 격이다. 그러나 유한한 존재인 인간이 시간을 뛰어넘는 것은 — 다시 말해 시간의 구속에서 벗어나는 것은 — 오로지 죽음을 통해서만 가능하다. 그렇게 청년은 자신의 죽음을 앞당긴 것이다.

쉴러의 고전주의 미학의 관점에서 보면 여신상을 가리고 있는 베일은 아름다움의 미적 가상Schein이라 할 수 있다. 베일을 벗기려는 청년의 충동은 미적 가상을 파괴하고 아름다움도 인식과 소유의 대상으로만 대하려는 몰취미의 소치이다. 미적 가상의 베일을 벗기는 행위는 청년의 열정이 아름다움으로 승화할 수 있는 가능성을 스스로 파괴하는 것이다.

이 시의 청년이 보여주는 태도는 자연을 정복의 대상으로만 접근하고 파괴하는 근대 과학의 논리로 집약된다. 승승장구하는 근대 과학과 더불어 '벌거벗은 진리'에의 요구는 불가역의 대세로 굳어지는 것처럼 보인다. 그러나 19세기 후반 이래 특히 실증주의가 표방하는 진리의 객관성에 대한 근본적인 회의가 대두하면서 '벌거벗은 진리'의 문제는 인간 행위와 사고의 근본적 동기를 해명하려는 시도로 옮아가는데, 여기서 니체와 프로이트가 결정적 역할을 한다. 니체와 프로이트는 '벌거벗은 진리/진실'의 요청을 가장 충실히 이행한 사상가라 할 수 있다. 니체는 종래의 진리 탐구가 추구한 모든 가치의 근본적인 전복을 시도했고, 프로이트는 무의식이라는 전인미답의 신천지를 개척했기 때문이다. 블루멘베르크가 니체와 프로이트를 『벌거벗은 진리』에서 가장 비중 있게 다루는 것도 그 때문이다. 그러나 뒤에서 살펴보겠지만 니체와 프로이트는 진실을 은폐하는 가식을 철저히 해부하면서도 벌거벗은 진리에의 요구 자체에 내재하는 또 다른 함정도 경계했다.

니체의 과학주의 비판과 예술의 옹호

인간의 벌거벗은 모습을 적나라하게 드러내는 것은 수치심을 유발한다.

에덴동산에서 아담과 이브가 치부를 무화과 잎사귀로 가리는 행위는 그러한 수치심을 극복하려는 인간적 노력의 원형적 상징이자 인간적 존엄을 추구하는 문명화 과정의 출발점이라 할 수 있다. 서구적 사유의 전통에서 그러한 인간 존엄의 추구는 형이상학의 전통과 닿아 있다. 따라서 인간의 적나라한 모습을 파헤치려는 시도는 궁극적으로 "형이상학적 욕구를 도끼로 뿌리째 잘라내는 결과"[10]에 이른다. 역사적으로 그러한 형이상학 비판을 선도한 것은 18세기 계몽사상이다. 계몽사상은 인간 본연의 모습을 은폐하고 왜곡하는 일체의 편견을 타파하고자 했다. 그런데 니체는 형이상학의 전통과 종교적 세계관에 반기를 들었던 계몽 정신이 오히려 형이상학의 자리를 대체했다고 진단한다. 계몽 정신의 정수라 할 근대 과학은 사물을 감추는 모든 베일을 걷어내고 사물을 벌거벗은 모습 그대로 인식하고자 했다. 말하자면 '벌거벗은 진리'를 추구했다. 그렇지만 사물의 배후에 감추어진 본질 내지 실체를 추구하는 이러한 이원론적 발상은 경험 세계를 초월한 불변의 진리 내지 신성함을 추구하는 형이상학적 충동과 닮은 꼴이다. 그런 점에서 "과학이라 일컬어지는 모든 것은 과학의 외피를 쓴 종교"[11](KSA 2, 111)일 뿐이다. 블루멘베르크는 니체의 이러한 통찰을 역사적으로 일반화해서 "세속화의 논리에 따라 종교가 과학으로 둔갑해서 나타나는 것"[12]이라 해석한다. 또한 블루멘베르크는 '벌거벗은 진리'라는 발상은 과학이 수사학으로 존재할 수 있다는 것을 보여준다고 말한다. 다시 말해 과학이 추구하는 '벌거벗은 진리'는 단지 근대 과학의 야심 찬 포부를 강조하는 과장 어법이 아니라 근대 과학의 핵심적 특성을 보여주는 수사학이라는 것이다.

---

10 블루멘베르크: 『벌거벗은 진리』, 임홍배 옮김, 도서출판 길 2024, 57쪽.
11 Nietzsche: Werke, Kritische Studienausgabe, Bd. 2, München 1999, S. 111.(이하 이 판본의 인용은 KSA로 줄임)
12 블루멘베르크: 앞의 책, 62쪽.

이 주제에서 여전히 의미가 있는 것은 과학적 수사학이 존재할 수 있다는 통찰이다. 다시 말해 과학이 수사학으로서 — 근래에 융성한 학문 분야로서의 수사학이 아니라 — 존재할 수 있다는 통찰이다. 수사학으로서의 과학은 옛 신화에 나오는 신들이 수사학적 치장이 보이지 않게 새로운 방식으로 변신할 수 있도록 벌거벗은 진리라는 레퍼토리를 과학의 논리에 맞게 활용한다. 그러나 벌거벗은 프로테우스는 존재하지 않는다.[13]

알다시피 옛 신화에 등장하는 신들은 대개 현실에서는 이룰 수 없는 인간적 소망이나 상상의 투사물이다. 그리스 신화에서 프로테우스는 인간을 비롯하여 온갖 동물과 식물, 심지어 바위 같은 무생물로도 몸을 바꿀 수 있는 변신의 귀재로 등장하며, 문학에서는 흔히 변화무쌍한 자연을 가리키는 은유로 사용된다. 특히 고대 그리스인들이 자연을 프로테우스에 견준 것은 자연의 변화무쌍한 다양성 자체를 존중하고 수용한 결과이다. 다시 말해 다채로운 자연현상들의 '배후'에 '벌거벗은 진리'(실체 또는 본질)가 따로 존재한다고 생각하지 않았다. 자연 속의 모든 것은 변신의 양태로 존재할 따름이다. 그런데 근대 과학은 감각적 지각의 가변성과 혼란을 말끔히 걷어내고 순수한 인식에 도달할 수 있다고 확신하기에 프로테우스(자연)의 현상적 외피를 벗기고 '벌거벗은 프로테우스'를 인식할 수 있다고 믿는다. 그러나 그런 발상은 신화에서도 불가지의 영역으로 남겨둔 것을 신화 속의 신화로 고안하는 셈이다. '벌거벗은 프로테우스'를 찾는 과학은 과학의 외피를 쓴 신화인 것이다. 과학이 다시 신화로 회귀하는 양상을 원래 신화의 논리대로 해석하면, 벌거벗은 프로테우스를 찾기 위해 사물의 외피를 벗기면 드러나는 것은 또 다른 외피일 뿐이다. 프로테우스는 끝없이 변신하면서 자신을 감추기 때문이다. 따라서 현상의 베일을 벗기려는 과학적 탐구는 양파 껍질을 벗기는 행위의 끝없는 반복으

---

13 같은 책, 62~63쪽.

로 이어진다.

니체에 따르면 과학과 종교의 공통 기반은 '진리에 대한 과대평가'이다.(KSA 5, 402) 이것 역시 애초에 종교적 도그마의 절대적 권위를 비판한 과학이 종교의 자리를 대체한 형국이다. 『비극의 탄생』에서 니체는 과학의 절대적 권능에 대한 믿음을 "사유가 인과율의 척도에 따라 존재의 가장 깊은 심연에까지 파고들 수 있다는 확고한 믿음, 사유가 존재를 인식할 수 있을 뿐 아니라 바꿀 수 있다는 확고한 믿음"(KSA 1, 99)이라 일컫는다. 이 '숭고한 형이상학적 망상'이 '과학의 본능'이다. 그러나 이러한 과학적 충동은 종래의 모든 형이상학과 마찬가지로 존재의 심연으로 파고들수록 생생한 삶으로부터 멀어진다. 그런 면에서 과학이 추구하는 절대지는 종교적 금욕주의와 표리 관계에 있다. 더 이상 건강한 삶을 향유할 능력도 의지도 상실했기 때문에 삶의 저편으로 달아난다는 것이다.

사물의 보이지 않는 근저에 불변의 실체가 존재한다는 믿음은 중세 실재론자들의 생각을 답습하는 것이다. 현상계 너머의 실재를 믿는 실재론자들의 환상에 대한 니체의 비판을 블루멘베르크는 이렇게 설명한다.

실재론자들은 오직 자신들만이 현실을 베일을 벗긴 상태로 인식하며, 아마도 자신들이 보는 것이 현실의 최상의 부분일 거라고 주장했다. 니체는 그 실재론자들에게 말을 건다. 니체는 실재론자들을 겨냥하여 — '여신상'을 비꼬는 어투의 복수형으로 바꾸어서 — 그들이 '자이스의 사랑스러운 여신상女神像들'을 감싼 베일을 벗겼노라고 호언장담한다고 비웃는다. 이로써 니체는 '현실'이라는 케케묵은 환상을 비웃는다. 현실이라는 것은 인간이 덧붙인 온갖 것들과 구별되지 않는다. 다름 아닌 자연 역시 그러하다.[14]

---

14 같은 책, 83쪽에서 재인용.

니체가 자이스의 여신상을 '비꼬는 어투의 복수형'으로 바꾸었다는 말은 실재론자들이 확인했다는 실재(진리)가 단일한 실재(진리)가 아니라 임의로 지어낸 온갖 '허구들'이라고 비꼬는 것이다. 이처럼 실재에 대한 믿음도 주관적 환상에 지나지 않는다는 니체의 해석을 따르면 이 시에 나오는 청년은 그토록 갈망하던 불변의 진리 내지 벌거벗은 진리가 허상에 불과하다는 걸 두 눈으로 확인하고 그 절망감을 견디지 못해 죽었다고 볼 수도 있다. 블루멘베르크는 "자이스의 여신상에서 베일을 벗겨내는 것은 니체가 보기에 벌거벗은 진리에 대한 사랑이 광기로 치달은 사태를 나타내는 은유이다."[15]라고 해석한다. 이러한 '광기'는 아름다움을 파괴하는 '몰취미'이자 삶 자체를 파괴하는 '폭력'이며, 나아가서 진리 자체도 파괴한다. 『니체 대 바그너』Nietzsche contra Wagner, 1889의 에필로그에서 니체는 이렇게 말한다.

> 우리의 미래에 관해 말해보자. 우리는 일찍이 이집트의 청년들이 갔던 길(자이스의 여신상에서 베일을 벗겨낸 청년을 가리킨다. ─ 인용자)을 답습하기는 어려울 것이다. 그들은 밤중에 신전을 어지럽혔고 조각 기둥을 끌어안고 정당한 이유로 감춰져 있던 모든 것의 베일을 벗기고 들춰내어 환한 빛에 노출하려 했다. 그건 아니다. 이 고약한 취향, 진리에의 의지, 어떤 대가를 치르더라도 진리를 손에 넣겠다는 의지에 우리는 넌더리가 났다. 그런 무모한 짓을 하기에 우리는 경험이 너무 풍부하고, 진지하고, 쾌활하고, 불에 데었고, 너무 심오하다(…). 우리는 진리에서 베일을 벗겨내도 여전히 진리로 남아 있을 거라고 믿지 않는다.(KSA 6, 438) 〔강조는 원문에 따름〕

어떤 대가를 치르더라도 진리를 손에 넣겠다는 의지에 넌더리가 났다

---

15 같은 책, 85~86쪽.

는 말은 진리 자체에 대한 부정이라기보다는 진리를 대하는 태도의 반反진리적 성격과 자기 파괴적 불모성을 가리킨다. 쉴러 시의 다양한 함의에서 보았듯이 진리를 벌거벗은 상태로 드러내어 장악하겠다는 만용은 진리에 역행하는 태도이며, 충만한 삶에서 멀어지는 불모성을 자초한다. 여신상의 베일을 벗긴 청년의 회한은 예컨대 모든 학문을 섭렵하고 당대 최고의 학자로 등극한 파우스트가 삶의 공허감을 견디지 못하고 괴로워하는 모습을 떠올리게 한다.

근대 과학에 대한 니체의 평가에서 가장 중요한 전제조건은 "우리는 우리가 훤히 꿰뚫어 보는 모든 것을 경멸한다."[16]라는 것이다. 사물의 베일을 벗긴 적나라한 모습이 허상이거나 또 다른 베일로 가려져 있음을 알게 되었기 때문이다. 그리고 그 적나라한 모습도 또 다른 외피라는 사실을 애써 외면하고 그 모습이 궁극의 실체라고 여기는 자기기만을 통해서만 인식의 욕구는 충족되기 때문이다. 어느 경우든 '적나라한 진리'는 우리를 실망시킨다.

사물의 베일을 벗기는 인식은 우리를 사물의 깊은 곳으로 인도하지 않고 단지 또 다른 표면으로 인도할 뿐이다. 그런데 그 표면에서 더 넓은 세계로 나아갈 수 있는 길이 가로막혀 있기 때문에 우리는 그 표면이 궁극의 것이라고 간주한다. 벌거벗은 진리는 우리를 실망시킨다.(같은 곳)

니체는 과학적 인식 역시 나름의 믿음에 기반을 두는 하나의 세계해석일 뿐이라는 사실을 인정하지 않는 과학의 자기기만이 문제라고 본다. 과학은 사물을 감추는 외피를 벗겨내려 하지만 정작 과학 자체가 외피로 감춰져 있는 형국이다. 과학이 자신을 감추는 그 외피는 진리 판단의 유일한 기준을 소유하고 있다는 자만이기도 하다. 반면에 예술은 사물을 감싸

---

[16] 같은 책, 72쪽.

는 베일을 미적 가상으로 향유한다. 예술가와 '이론적 인간형'의 차이를 니체는 이렇게 설명한다.

> 말하자면 예술가는 사물의 외피를 벗기고 진실을 드러낼 때마다 벌거 벗긴 후에도 그대로 남아 있는 외피를 언제나 매료된 눈길로 하염없이 바라본다. 반면에 이론적 인간형은 벗겨서 내던진 외피를 즐기고 만족감을 얻는다. 이론적 인간형이 추구하는 최고의 쾌감은 자신의 힘으로 외피를 벗기는 데 성공했다는 행복한 과정이다.(KSA 1, 97)

이론적 인간형은 사물의 외피를 벗기는 행위 자체에서 쾌감을 얻는다. 이것은 '벌거벗은 진리'를 추구하는 과학적 태도와 모순되는 것처럼 보인다. 그러나 이미 살펴본 대로 '벌거벗은 진리'가 주관적 환상이자 또 다른 외피임을 상기하면 그것은 모순이 아니라 동일한 사태의 양면이다. 여기서 니체는 똑같이 '외피'라는 말을 사용하고 있지만, 예술가가 즐기는 사물의 외피는 이론적 인식이 벗겨내는 외피와는 전혀 다른 예술적 가상이다. 물론 이 예술적 가상도 영구불변의 것이 아니라 역사적인 것이다. 쉴러의 담시가 환기하는 예술적 가상은 '과거와 현재와 미래에 존재하는 모든 것' 즉 영원한 진리를 부정적인 방식으로 — 베일에 가려진 '숨은 여신'으로 — 일깨우는 매개체가 된다. 그러한 예술적 가상은 진·선·미의 합일을 추구한 고전적 미의 이상으로 수렴된다. 그러나 니체 당대의 자연주의 예술은 고전미의 예술적 가상을 남김없이 해체하고 추악한 현실을 날것으로 드러내고자 한다. 공쿠르Goncourt 형제와 졸라Émile Zola의 자연주의에 대해 니체는 이렇게 평가한다. "그들이 그리는 사물은 추하다. 그런데 그들이 추한 사물을 보여주는 까닭은 바로 추한 것에서 쾌감을 느끼기 때문이다."(KSA 13, 500) 자연주의 작가들이 추한 현실에서도 쾌감을 느끼는 것은 물론 도착적 탐미주의가 아니라 가치 없는 현실 해부와 비판을 향한 열정에서 비롯된 것이다. 그런데 '힘에의 의지'를 새로운 삶의 철학으로 구상하던 후기 니체는 자연주의 예술의 그런 강렬한 에토스를 예술이 삶의 고통을 견디는 힘의 증좌로 해석한다. 이에 대해 블루멘베르크는 추악한 현실에도 불구하고 삶을 긍정할 수 있는 계기를 제공하는 예술이 "형이상학이 종언을 고한 시점에 최후의 형이상학적 실재가 되었다."[17]라고 평가한다. 그렇다고 예술이 다시 종래의 종교적 형이상학으로 회귀했다는 뜻은 물론 아니다. 니체가 비판하는 전통적 형이상학은 삶을 황폐화하는 금욕주의에 바탕을 두었던 반면에 자연주의 예술에서 유추하는 '예술의 형이상학'은 추악한 삶을 쇄신하려는 강력한 의지의 표현이기 때문이다.

과학(학문)과 예술에 관한 니체의 논의를 종합해보면, 과학은 '벌거벗은 진리'를 추구하려는 광기로 인해 삶을 황폐하게 만드는 반면에 예술은 가상의 베일을 향유하면서 삶을 긍정하고 생성의 힘을 추구한다. 『즐거운 학문』Die fröhliche Wissenschaft, 1882에서 니체는 삶을 여성에 비유한다. '여성적 삶'Vita femina의 궁극적인 아름다움은 베일에 가려져 있으며 그럴 때만 무궁무진한 매력을 발산한다.

> 황금으로 짠, 아름다운 가능성들의 베일이 삶 위에 놓여 있다. 그 가능성들은 뭔가를 약속하고, 저항하고, 수치심을 느끼고, 조롱하고, 연민을 느끼고, 유혹적이다. 그렇다, 삶 자체가 여성이다!(KSA 3, 569)

블루멘베르크는 원래 진리라는 것도 삶 자체의 이러한 매력을 해명하는 수단의 하나에 불과한데도 과학이 '아름다운 가능성들의 베일'을 벗겨내려고 고집함으로써 결국 삶의 무한한 매력에 부응하지 못한다고 해석한다. 삶의 생동하는 매력은 그런 과학에 의해 장악되지 않는다. "과학은 그것이 성공하고 진보하는 정도에 비례하여 이전까지 비밀의 베일에

---

17 같은 책, 69쪽.

싸여 있던 것의 매력을 파괴한다. 그 비밀은 과학에 정복당하기를 거부함으로써만 위대한 과학적 탐구를 이끌어낼 수 있었다."[18] 과학(학문)에 대한 블루멘베르크의 이러한 평가는 그의 은유 이론과 일맥상통하는 것으로 보인다. 완벽한 개념적 정합성만을 진리의 유일한 척도로 앞세우는 개념적 사고는 개념으로 재단될 수 없고 은유로 표현될 수밖에 없는 삶 자체의 풍요를 외면하는 폐쇄성을 면할 수 없기 때문이다.

프로이트와 꿈의 해석 가능성

무의식에 대한 거부감

프로이트의 정신분석, 특히 꿈 해석은 진실을 베일로 가리는 작업과 다시 그 베일을 벗겨내는 작업이 교차하는 전형적인 표본이라 할 수 있다. 프로이트의 꿈 이론에서 중심이 되는 것은 우리가 기억해내는 '명시적인 꿈 내용'manifester Trauminhalt과 본래의 '잠재적 꿈 사고'latente Traumgedanken 사이의 긴장 관계이다. '잠재적 꿈 사고'는 의식의 검열에 의해 왜곡되고 억압된 무의식적 충동의 저장고라 할 수 있다. 우리가 꿈에서 깨어난 다음에 기억하고 인지하는 꿈의 내용 역시 본래의 '꿈 사고'가 왜곡과 억압에 의해 변형되고 축소된 결과물이다. 그래서 꿈의 내용은 우리의 깨어 있는 의식의 관점에서 보면 대개는 부조리해 보인다. 프로이트가 개척한 꿈의 해석은 왜곡의 흔적을 되짚어서 심리적 억압의 정체를 밝혀내고, 이를 통해 과도한 억압으로 인해 유발된 신경증을 치료하기 위한 것이다. 그런데 이처럼 마음의 치유를 목적으로 하는 프로이트의 정신분석은 그의 생시에 다양한 영역에서 엄청난 반감을 불러일으켰다. 프로이트 자신은 1차 대전 직후 발표한 「정신분석의 어려움」이라는 글에서 정신분석이

---

18 같은 책, 89쪽.

사람들의 나르시시즘적 자존심을 건드렸기 때문이라고 그 이유를 해명한 바 있다.[19] 고매한 정신적 존재임을 자부하는 인간이 한낱 성적 욕망과 무의식적 충동에 휘둘리는 나약한 존재라는 것을 정신분석이 들춰냈기 때문이다. 이러한 사태를 프로이트는 '자아는 자기 집의 주인이 아니다.'라고 표현했다. 프로이트의 이러한 진단은 주어진 상황과 맥락에 따라 다양한 의미와 강도로 해석될 여지가 있다.[20] 블루멘베르크는 1930년 프로이트가 괴테상을 수상하는 과정에서 불거진 문제를 비판적 시대 진단의 실마리로 삼고 있다. 당시 괴테상 심사위원회 내부에서는 프로이트에게 괴테상을 수여하는 것에 대해 찬반 의견이 비등했는데, 반대자들은 프로이트의 정신분석에 대한 당대의 거부감을 대변했다. 두 차례의 회의 끝에 표결을 거쳐 프로이트에게 괴테상을 수여하기로 힘들게 결정한 이후[21] 심사위원회 간사를 맡고 있던 파케Alpons Paquet는 프로이트에게 보낸 편지에서 이렇게 썼다.

궁극적으로 보면 선생님의 탐구 방식을 통해 촉진된 메피스토펠레스적 특성은 그것과 불가분의 동반자인 파우스트적 불굴의 정신과, 무의식 속에 잠재해 있는 예술적 창조력에 대한 외경심의 모든 베일을 가차 없이 찢어버리는 결과를 가져왔습니다.[22]

---

19 Freud: *Gesammelte Werke*. Bd. XII. *Werke aus den Jahren 1917~1920*, Frankfurt a. M. 1978, S. 8 ff.
20 프로이트는 인간의 나르시시즘적 자존심을 건드린 사건을 세 가지 꼽았다. 첫째, 코페르니쿠스의 천문학이 인간과 지구가 우주의 중심이 아니라는 것을 밝힌 것, 둘째, 다윈의 진화론으로 호모 사피엔스도 다른 동물과 별로 다르지 않다는 것을 밝힌 것, 셋째, 프로이트 자신의 정신분석이 인간 자아의 자존심을 무너뜨린 것.
21 자세한 경위는 다음 참조. Thomas Anz: "Eine gerade Linie von Goethe zu Freud", Zum Streit um die Verleihung des Frankfurter Goethe-Preises im Jahre 1930, in: https://literaturkritik.de/id/9478
22 블루멘베르크: 앞의 책, 102쪽에서 재인용.

블루멘베르크가 '폭탄 발언'이라 일컬은 이 대목의 폭발성은 프로이트의 정신분석이 메피스토펠레스적인 것을 촉진했다는 진술 자체보다는, 프로이트가 촉진한 메피스토펠레스적인 것이 모든 베일을 가차 없이 찢어버렸다는 진술에서 찾을 수 있다. 여기서 모든 베일을 찢어버렸다는 말은 그 어떤 가치의 성역도 여지없이 무너뜨렸다는 뜻이다. 그러면서도 메피스토펠레스적인 것이 파우스트적인 불굴의 정신과 불가분의 관계에 있다고 말하는 것은 메피스토펠레스의 파괴적 허무주의가 아무리 극악해도 결국 '파우스트적인 불굴의 정신'에 의해 제어되고 순치되기를 바라는 기대를 피력한 것이다. '무의식 속에 잠재해 있는 예술적 창조력에 대한 외경심'이라는 표현은 프로이트의 무의식 개념에 대한 절묘한 취사선택이다. 무의식에서 성적 욕망과 거친 충동(즉 메피스토펠레스적인 것)을 제거하고 예술적 창조력을 고무해야 한다는 뜻이기 때문이다. 메피스토펠레스적인 것이 파우스트적인 불굴의 정신에 의해 제어되어야 하듯이 프로이트의 무의식 또한 예술적 창조성으로 승화되어야 한다는 요구라 할 수 있다.

앞의 편지 구절은 시상 취지문에 그대로 들어갔는데, 편지글에서 '무의식'das Unbewußte이라 표현한 것은 시상 취지문에서 '잠재의식'Unterbewußtsein으로 바뀌었다. 프로이트가 싫어한 이러한 용어 수정에서도 그의 무의식 이론에 대한 거부감을 엿볼 수 있다. '무의식'이라고 하면 의식의 영역과는 단절된 낯선 미지의 영역을 가리키는 느낌을 주지만, '잠재의식'은 문자 그대로 '의식의 밑바닥(하층)'이라는 뜻이므로 의식이라는 '상부구조'보다 하위의 영역이라는 느낌을 주는 것이다. 이것은 사소한 예에 불과해 보이지만 블루멘베르크의 인간학에서 일찍이 인류가 신화적 공포를 극복했던 과정을 떠올리게 한다. 블루멘베르크에 따르면 원시 인류가 미지의 두려운 대상에 이름을 부여하거나 비유로 표현했던 것은 완전히 낯선 대상이 유발하는 극단적 공포를 인간이 파악할 수 있고 제어할 수 있는 두려움으로 완화하려는 생존 전략에서 비롯되었다. 그런 맥락에서 프로이트의 핵심 개념인 '무의식'을 '잠재의식'으로 바꾸는 것도 무의식의 걷잡을 수 없는 충동을 제어 가능한 것으로 순치하려는 발상의 산물인 셈이다. 그런 이유에서 시상 취지문은 프로이트의 정신분석이 "시대에 뒤처진 표상들을 제거해서 정화하고 새롭게 확립된 가치들의 세계로 나아가야"[23] 한다고 요구했다. 프로이트가 탐구하는 무의식이 메피스토펠레스라는 '시대에 뒤떨어진 표상'에서 벗어나 미래지향적인 가치관을 추구해야 한다는 것이다. 이러한 요구는 표현 자체만 보면 선의에서 우러나온 건설적인 제안처럼 읽히지만, 블루멘베르크는 이런 논지를 담고 있는 취지문을 가리켜 "이제 막 시작되는 1930년대의 자기 숭배의 기록 문서"(같은 곳)라고 평가한다. 여기서 '이제 막 시작되는 1930년대'는 바야흐로 히틀러가 득세하는 시대를 가리킨다. 그런 맥락에서 보면 프로이트의 무의식에 대한 거부감은 히틀러가 승승장구하는 시대정신과 표리 관계에 있다. 프로이트의 무의식을 메피스토펠레스적인 악의 본성과 동일시하는 한편 히틀러에 동조하는 시대정신을 그 악을 정화하고 새롭게 확립한 가치로 격상하는 것이다. 더구나 1933년 히틀러 집권 후 이른바 '타락한 예술'Entartete Kunst을 공개적으로 불태운 만행에 프로이트의 저서도 제물로 바쳐졌음을 상기할 필요가 있다. 분서焚書의 주동자들이 내세운 명분은 "영혼을 모조리 갉아먹는 충동적 삶에 대한 과대평가를 타도하고/인간 영혼의 고결함을 수호하자."(Anz, 앞의 글에서 재인용)라는 슬로건이었다. 악마적인 무의식을 정화하여 미래 지향적 가치를 추구하자는 논리와 일치하는 발상이다.

이처럼 무의식을 악마화하여 화형으로 단죄하는 공격성이야말로 '충동적 삶'의 적나라한 치부를 드러낸다. 무의식을 악마화하고 자신들과 무관한 타자라고 단죄했지만 정작 그들 자신의 악마적 공격성을 드러냈던 것이다. 프로이트를 단죄한 집단의 폭력적 공격성은 두 차례나 전쟁을 일

---

23 같은 책, 103쪽에서 재인용.

으킨 호전적 군국주의와 동질의 것이다. 프로이트는 1차 대전 기간 중에 쓴 「무상함」이라는 글에서 전쟁이 "유럽 문화를 떠받치는 얄팍한 기반인 승화Sublimierung의 파국"[24]이라는 것을 역설했다. 유럽 문화가 원초적 공격 본능을 순치하고 승화시켜서 성취한 문화가 전쟁으로 순식간에 물거품이 되었다는 것이다. 프로이트는 전쟁을 일으킨 자들의 호전성을 이렇게 비판했다.

> 우리의 충동적인 욕망을 벌거벗은 모습으로 발가벗기고, 우리 안에 있는 사악한 욕망을 고삐 풀린 망아지처럼 풀어놓고 있다. 우리는 수백 년 동안 우리의 가장 고결한 사람들이 힘써온 교육을 통해 그 사악한 욕망을 제어했노라고 믿었건만 (…).(같은 곳에서 재인용)

블루멘베르크가 적절히 지적하듯이, 프로이트는 정신분석이 인간의 사악한 욕망을 적나라하게 드러낸다는 비난의 말을 호전적 군국주의자들에게 그대로 돌려주고 있다. 문명화 과정에서 제어되었던 공격성의 집단적 분출이 곧 전쟁의 폭력인 것이다. 『문명 속의 불안』*Das Unbehagen in der Kultur*, 1930에서 프로이트는 성적 욕망의 억압과는 다른 차원에서 적대적 공격 본능이 내면화되는 과정을 상세히 분석한다. 요컨대 밖으로 표출될 수 없는 공격 충동은 내면화되어 초자아의 감시와 통제 하에 놓이는데, 초자아의 통제가 강해지는 정도에 비례하여 억압된 공격 충동도 격해지는 부정적 상승 작용이 일어나며, 그 긴장이 일정한 한도를 넘어서면 결국 공격 충동은 다시 밖으로 분출될 수밖에 없다. 이 글에서 프로이트가 히틀러를 언급하지는 않지만, 히틀러의 득세는 호전적 선동가가 집단적 공격심리를 부추기는 초자아의 역할을 떠맡은 형국이다. 프로이트의 무의식에 대한 거부감과 폭력적 공격은 긴밀히 맞물려 있는 것이다.

---

24 같은 책, 111쪽에서 재인용.

프로이트의 정신분석에 대한 거부감으로 블루멘베르크가 또 하나 중요하게 언급하는 것은 오이디푸스 콤플렉스에 대한 거부감이다. 전쟁 중이었던 1916/17년 겨울학기의 강의록을 책으로 펴낸 『정신분석 입문 강의』*Vorlesungen zur Einführung in die Psychoanalyse*에서 프로이트는 폴란드 동부 전선에서 복무 중인 군의관이 병사들 앞에서 프로이트의 정신분석에 관해 설명하다가 오이디푸스 콤플렉스를 다루려 하자 상관에 의해 제지당했다는 에피소드를 언급한다. 여기서 상관이 발언을 제지한 것은 오이디푸스 콤플렉스를 부도덕하고 사악한 욕망과 결부된 망측한 발상으로 비난하는 일반적인 편견 탓만은 아닐 것이다. 전시 상황의 군대라는 특수한 조직 내부에서 오이디푸스 콤플렉스는 훨씬 더 민감하게 작용했을 것이다. 오이디푸스 콤플렉스 서사를 일반화해서 가부장적 지배권을 둘러싼 권력투쟁의 이야기로 볼 수 있다면, 그것이 이야기하는 기성 권력에 대한 도전은 수직적 위계질서로 조직된 군대 내에서는 절대로 용납될 수 없는 하극상의 도발이기 때문이다.

이상에서 살펴본 대로 무의식의 베일에 가려져 있는 근원적인 욕망과 충동을 드러내려는 프로이트의 정신분석은 다양한 형태의 저항에 직면했다. 그러한 저항은 베일에 가려져 있던 무의식을 적나라하게 노출시켰을 때의 충격이 심대했다는 것을 말해준다. 특히 무의식적 충동을 악마적 타자로 배척한 주체의 내부에 그런 무의식이 잠복할 수 있다는 사실로 인해 충격은 더욱 극대화되었을 것이다. 이들의 반응은 무의식과 의식의 단절이 생각보다 심대하다는 것을 말해준다. 무의식을 낯선 타자로 배척한 사람들은 마치 전대미문의 무의식 세계가 적나라하게 노출된 것처럼 반응했지만 무의식의 층위는 그렇게 쉽사리 스스로를 노출하지 않는다. 괴테상 수상 소감문에서 프로이트는 자신의 작업이 무의식을 가리는 모든 베일을 찢어버렸다는 말에 동의하지 않으며, 아직도 얼마나 많은 베일을 찢어야 할지 모르겠노라고 말했다. 그것은 단순한 겸손의 말이 아니다. 무의식을 감추는 베일은 한 꺼풀 벗겨낸다고 해서 바로 '벌거벗은 진리'

를 드러내는 얄팍한 것이 아니라 수없이 겹겹이 에워싸고 있는 것이기 때문이다.

꿈의 해석 가능성

잠재적인 꿈 사고가 의식의 검열을 피해 은밀하게 욕망을 충족하는 무의식의 활동이라면 우리가 기억해내는 꿈은 그 은밀한 작업을 감춘 베일을 벗겨내는 작업이다. 프로이트의 꿈 해석은 다양한 형태로 나타나는 그 베일의 은유를 해석하는 작업이라 할 수 있다. 그런 의미에서 블루멘베르크는 명시적으로 드러나는 꿈이 어떻게 만들어지는가에 대한 논의가 "인간 심리의 진실을 드러낼 수도 있고 은폐할 수도 있는 거대한 수사학을 설명할 수 있는 모델"[25]이라고 말한다.

  프로이트가 강조한 대로 꿈이 의식의 검열을 피하기 위해 선택하는 극단적 수단은 일체의 논리적 연관성을 허물어뜨리는 부조리함이다. 부조리함은 특히 민감한 잠재적 꿈 사고를 은폐하는 수단이 된다. "그런 이유에서 꿈은 가장 황당해 보일 때 가장 심오한 속뜻을 감추고 있다."[26] 예컨대 프로이트는 가상의 '그림 수수께끼'를 꿈의 위장술로 보여준다. 집이 한 채 있고, 지붕 위에 보트가 있고, 커다란 알파벳 글자 하나가 있고, 머리가 잘려 나간 사람이 걸어가는 그림이다.[27] 이 그림은 그 어떤 경험적 개연성에도 부합하지 않는다. 보트가 지붕 위에 있을 수 없고, 머리가 잘려 나간 사람이 걸을 수 없다. 사람이 집보다 크다는 것도 말이 되지 않는다. 알파벳 철자는 이 비현실적 풍경과 어울리지 않을뿐더러, 이 장면을 문자적 의미로 변환하는 것 자체의 불가능을 암시하는 약호처럼 보인다. 이처럼 논리적 연관성과 시공간적 맥락이 결여되어 있는 꿈의 텍스트는 해석학의 기본 전제와 충돌한다. 해석학은 특정한 시공간의 경험에서 형

---

25 같은 책, 107쪽.
26 같은 책, 119쪽에서 재인용.
27 프로이트: 『꿈의 해석』, 김인순 옮김, 열린책들 2014, 336쪽.

성된 (저자와 독자의) 이해 지평을 전제하기 때문이다. 꿈의 장면이 사실주의적 개연성의 준칙이 붕괴된 이후의 문학, 특히 초현실주의 문학에서 주로 차용되는 것도 꿈의 그러한 특성이 반영된 결과라 하겠다.

그림 수수께끼의 사례에서 보듯이 꿈의 장면은 주로 문자보다는 시각적 형상으로 나타난다. 이것도 꿈의 장면이 문자언어의 엄밀성에서 벗어나 모호성을 증폭하는 요인이다. 프로이트는 꿈이 아무리 왜곡되고 축소되고 불가사의해 보여도 주로 시각적 이미지로 나타나는 만큼은 구체성을 띤다고 강조했다. 이것은 잠재적 꿈 사고가 명료한 의식의 통로를 거쳐 언어로 정제되기 이전의 상태를 보여주기 때문일 것이다. 이러한 시각적 이미지의 감각적 직접성은 그러나 논리적 연관성을 결여한 무작위적 배치이기 때문에 오히려 일정한 의미 부여를 교란할 뿐이다.

꿈이 의식의 검열을 따돌리는 '은밀한' 소망 충족이라는 말을 액면 그대로 받아들이면 꿈의 해석은 불가능해 보인다. 소망의 은밀한 충족은 꿈꾸는 사람 자신도 모르게 이루어질 때 가장 완벽하게 은폐되기 때문이다. 이것은 마치 몽유병자가 말짱한 정신으로 깨어난 상태에서는 몽유의 체험을 기억하지 못하는 것과 같다. 그렇지만 프로이트는 꿈의 위장 자체가 오히려 꿈의 해석을 위해 풍부한 실마리를 제공한다고 보았고, 방대한 사례 연구의 집적물인 그의 꿈 해석이 그것을 뒷받침한다. 블루멘베르크 역시 꿈의 위장이 꿈의 사고를 있는 그대로는 표현하지 못하기 때문에 취해지는 '은유적 수단'이라고 본다. "위장은 진실이 검열을 피해 위장하고 바보의 가면을 썼음에도 불구하고 마침내는 인식될 수 있는 곳으로 진실을 전달하려는 책략이다."[28] 이것은 블루멘베르크의 은유 이론에 부합하는 해석이다. 그 자체로는 표현할 수 없는 어떤 사태, 명확한 개념으로는 정리할 수 없는 생각을 비유적으로 표현하는 것이 은유의 기본 원리이기 때문이다. 블루멘베르크는 꿈의 위장을 벌거벗은 상태를 감추는 '복장'

---

28 블루멘베르크: 『벌거벗은 진리』, 120쪽.

에 견주어서 복장이 무엇을 감추고자 하는가를 역으로 추론할 수 있다고 말한다.

이처럼 꿈을 위장하려는 노력에 근거하여 꿈의 내용이 감춰지는 방식의 예민함을 추론하는 분석가의 방법론적 책략을 다시 은유적으로 표현하자면, 나중에 정신분석에서 작성한 상징 카탈로그에 나오는 옷을 입은 상태와 벌거벗은 상태의 관계라고 할 수 있다. 다시 말해 옷을 입은 상태의 기능 방식에 근거하여 벌거벗은 상태를 보호할 필요성을 추론할 수 있다. 예컨대 유니폼은 위장의 극단적 획일화를 통해 벌거벗은 몸의 극단적인 개인적 특성을 사라지게 하는 것이다.[29]

이러한 추론 과정을 프로이트는 잠재적 꿈 사고의 '원본'Original을 명시적 꿈 내용으로 옮기는 '번역'에 견주었다. 이때 프로이트가 말하는 '번역'은 당연히 은유로 이해되어야 한다. 문학작품의 번역은 어떤 언어를 다른 언어로 번역하는 것이지만, 여기서 프로이트가 말하는 '원본'은 엄밀히 말해 아직 언어화되지 않은 무의식적 욕망 또는 심리적 에너지 상태이기 때문이다. 반면에 명시적 꿈 내용에 의거하여 해석된 꿈은 분석가의 입장에서 보면 신경증에 대한 진단을 지향하는 것이기에 적어도 증상의 진단에 필요한 만큼의 언어적 명료성을 획득한다. 이처럼 언어 이전의 상태를 언어로 옮기는 번역은 그것이 번역인 한에는 최대한 등가적 번역을 지향하지만 원칙적으로 등가성을 구현할 수 없다. 언어 이전과 언어 이후는 근본적으로 따지면 '태초에 말씀이 있었다.'라는 사건의 이전과 이후처럼 카오스적 혼돈과 코스모스적 질서의 근본적 차이를 함축하는 것이기 때문이다.[30] 개인적 경험의 차원에서 말하면, 누구나 자신이 미

---

29 같은 책, 121쪽.
30 데리다는 이처럼 언어 이전의 무의식이 의식 차원의 언어로 옮겨지는 과정에서 발생하는 차이를 자신의 차연(差延, différance) 개념으로 설명한다. "무의식의 흔적이 생성되

처 알지 못하는 무의식의 지배를 받는 일은 드물지 않으며, 이런 경우 무의식과 의식 사이의 단절이 곧 언어 이전과 언어 사이의 단절에 해당될 것이다. 그렇긴 하지만 잠재적 꿈 사고가 의식의 검열을 피하면서 명시적 꿈 내용으로 변환되는 과정의 긴장에서 양자 사이의 긴밀한 접점이 형성된다. 블루멘베르크는 그 과정을 '위협적인 억압과 기형화의 위험이 도사리고 있는 위험 지대'라고 표현한다.

그런데 잠재적 꿈 사고를 명시적 꿈 내용으로 변환할 때 위장해야 할 필요성은 아직 완전히 해명되지 않았다. 명시적 꿈 내용은 분석가의 엄호하에 해석의 안전한 항구에 도달하기 전에 다시 위협적인 억압과 기형화의 위험이 도사리고 있는 일정한 구간을 통과해야 한다. 그 구간은 꿈꾸는 사람 자신이 모든 운명의 종착점에서 기억을 포기하는 순간에 도달할 때까지 자신의 꿈을 기억하고 있는 위험 지대이다.[31]

의식의 억압과 검열이 완강할수록 위장의 필요성은 커지고 그만큼 더 많은 긴장이 요구될 것이다. 블루멘베르크가 말하는 위험은 그 긴장의 강도에 비례한다. 프로이트는 '꿈 공장'Traumfabrik에서 이루어지는 변환의 대표적인 규칙을 '전치'Verschiebung와 '압축'Verdichtung으로 설명한다. 그렇지만 전치와 압축도 어디까지나 전형적인 패턴이며, 예컨대 우리가 악몽이라 일컫는 꿈은 이러한 규칙성에 부합하지 않는 경우가 허다하다. 블루멘베르크가 '분석가의 엄호하에' 통과해야 하는 '위험 지대'를 설정하는 것은 그런 이유 때문이다. 또한 블루멘베르크는 프로이트가 꿈의 규칙성을 발견한 측면보다도 오히려 "꿈이 순순히 자신을 드러내지 않고 저

면서, 즉 무의식이 의식으로 이동하면서 언어로 옮겨쓰기(Niederschrift) 과정에서 생기는 모든 차이는 유보된다는 뜻에서 역시 차연의 순간들로 해석될 수 있다."(데리다: 『해체』, 김보현 옮김, 문예출판사, 1996, 144쪽)
31 블루멘베르크: 앞의 책, 120쪽.

항하는 특성을 발견한 것"[32]이야말로 그가 이룩한 업적의 가장 중요한 자산이라고 평가한다. 실제로 프로이트는 모든 꿈에는 좀처럼 해석을 허용하지 않는 어두운 사각지대가 있다고 생각했다. "모든 꿈에는 적어도 한 군데는 규명 불가능한 지점이 있다. 그것은 미지의 것과 연관되어 있는 배꼽 같은 것이다."[33] 이 배꼽의 은유는 흔히 "꿈 해석의 구조적 한계"[34]라고 해석되지만 블루멘베르크는 '명시적 꿈과 잠재적 꿈을 연결하는 중심'이라고 해석한다. 『세계의 해독 가능성』에 수록된 프로이트에 관한 글 「꿈을 해독 가능하게 하기」Die Lesbarmachung der Träume에서 블루멘베르크는 이렇게 말한다.

'배꼽'이라는 은유는 다름 아닌 해명할 수 없는 부분이 명시적 꿈과 잠재적 꿈을 연결하는 중심이라고 여기는 상상적인 주장을 통해 이목을 끈다. 어쩌면 그것은 꿈의 작업으로 건드릴 수 없는 꿈 사고 자체, 위장되지 않았고 따라서 이해될 수 없는 꿈 사고 자체의 핵심, 꿈 '자체'An sich의 핵심일 것이다.[35]

명시적 꿈과 잠재적 꿈을 연결하는 중심이 해명할 수 없는 지점이라는 주장은 꿈의 해석을 무위로 돌리는 형용모순처럼 들린다. 명시적 꿈과 잠재적 꿈을 연결하는 것이 곧 꿈의 해석인데 그 연결의 중심이 불가해한 부분이라는 말이기 때문이다. 그런 이유에서 블루멘베르크는 이해 불가능한 '배꼽'이라는 은유가 프로이트의 이론 체계와 충돌한다고 이의를 제기한다. 잠재적 꿈과 명시적 꿈이라는 이론적 가설은 양자의 연결통로

---

32 같은 책, 121쪽.
33 프로이트: 앞의 책, 151쪽, 각주 14.
34 Gondek, Hans-Dieter: Der Freudsche Traum und seine französische Deutung: Foucault, Lacan, Derrida als Leser der *Traumdeutung*, in: Lydia Marinelli/Andreas Mayer(Hg.): *Die Lesbarkeit der Träume*, Frankfurt a. M. 2000, S. 245.
35 Blumenberg: *Die Lesbarkeit der Welt*, Frankfurt a. M., 1979, S. 369.(이하 LW로 줄임)

를 통해 꿈의 의미를 해석하는 시스템인데, 양자의 연결이 불가능한 지점을 상정하는 것은 그 체계 내에서는 설명되지 않기 때문이다. 여기서 '배꼽'이라는 은유는 자아가 아직 세상의 빛을 보기 이전의 기억, 즉 탯줄로 모태와 연결되어 있던 상태를 떠올리게 한다. 프로이트는 『정신분석 입문 강의』1917에서 '자궁 안에서 행복하게 고립해 있는 상태'를 '완벽한 나르시시즘'으로 설명한다. "잠자는 사람에게서는 리비도 배분의 원초적 상태가 — 즉, 리비도와 자아의 관심사가 아직 자기충족적인 자아 안에서 구별되지 않고 합일된 완벽한 나르시시즘의 상태가 — 회복된다."[36] 잠자는 상태를 단지 꿈을 꾸기 위한 환경이나 수단으로만 보지 않고 자궁 속에서 리비도와 자아가 분리되지 않은 상태의 완벽한 자족성에 견주는 이러한 유추 역시 분석적 논증이 아니라 분리 이전의 상태에 대한 상상적 은유이다.[37] 따라서 이런 상태는 '정신분석'의 언어로 — 다시 말해 이성적 사유와 개념적 분석의 언어로 — 설명될 수 없는 것이 당연하다. 이러한 원초적 합일 상태를 블루멘베르크는 "어떤 신학자도 자신이 믿는 신의 지복至福을 이보다 더 정확히 묘사하지는 못할 것이다."(LW, 357)라며 '신적인 지복'의 상태에 견준다.

프로이트는 신을 믿지 않았다. 만약 그가 신에게 자신을 의탁했다면

---

36 Freud, *Vorlesungen zur Einführung in die Psychoanalyse*, Frankfurt a. M. 2000, S. 327.
37 프로이트의 배꼽의 은유는 크리스테바(Julia Kristeva)가 말하는 '코라'(chora)를 떠올리게 한다. 크리스테바는 클라인(Melanie Klein)의 정신분석을 원용하여 유아기를 어머니와 아이의 공생관계로 설명한다. 이 시기에 유아는 자신을 독립된 주체로 인식하지 못하며, 따라서 주위 환경을 객관세계로 구조화해서 인식할 수 없다. 어머니와의 공생관계에서는 특히 자양분의 공급이 어머니와의 관계의 지속성을 담보한다. 유아는 자양분을 공급받지만, 지속적이고 신뢰할 만한 자양분 공급이 방해받거나 중단될 경우 저항과 좌절을 겪기도 한다. 크리스테바는 플라톤의 개념을 원용하여 이렇게 어머니와 공생관계를 유지하는 상태를 '코라'라 일컫는다. 원래 플라톤이 말한 코라는 남성과 여성이 분화되기 이전의 상태를 가리킨다. 고대 그리스어로 코라는 '비어 있는 공간'이라는 뜻이다. 크리스테바, 『시적 언어의 혁명』, 김인환 옮김, 동문선, 2000, 25쪽 이하 참조.

그 신은 아마 잠자는 신이었을 것이다. 잠은 현실에 의해 흐려지지 않고 방해받지 않고 교란당하지 않는 유일한 삶의 형식이기 때문이다. 따라서 잠을 방어하는 것은 삶의 본질에 속하는 무엇이며, 잠을 중단시키는 그 무엇에 버금가는 것 이상이다. 그렇지만 잠은 현실과 무관한 실존의 형식이기 때문에 잠 속에서 꿈은 소망 충족으로 펼쳐질 수 있다. 물론 꿈이 충족해야 하는 소망을 꿈은 깨어 있는 삶의 역사에서 — 깨어 있는 주체가 감히 소망이라고 고백할 수 없는 소망의 은밀한 기반에서 — 가져온다. 잠재적 꿈 사고와 그것을 감시하는 검열관 사이의 갈등은 바로 여기서 비롯된다.(같은 곳)

여기서 블루멘베르크가 '잠자는 신'이라는 신학적 사변을 빌려 다시 은유의 베일을 씌우는 동기는 복합적인 것으로 보인다. 우선 '배꼽'은 돌이킬 수 없이 잃어버린 행복한 자족감의 흔적이다. 그런 점에서 '배꼽'의 은유는 상실의 흔적을 잃어버린 낙원으로 표상하게 하는 의미의 증폭 효과를 가져온다. 동시에 이 상실의 흔적은 잃어버린 낙원을 되찾으려는 강렬한 소망을 일깨운다. 그리하여 상실의 고통과 회복에의 열망이 교차하며 공존한다. 다른 한편 '잠자는 신'은 '침묵하는 신' 내지 '숨은 신'과 같은 의미 계열에 속한다. 다시 말해 '잠자는 신'은 인간사의 불행과 고통에 초연하다. '잠은 현실과 무관한 실존의 형식'이고, 그래서 '잠 속에서 꿈은 소망 충족으로 펼쳐질 수 있다.' 블루멘베르크는 이런 의미에서 소망 충족이 꿈 해석의 가장 중요한 기능이라고 본다. "명시적 꿈 내용에서 나타나는 무의미함에 대한 불만을 도저히 견딜 수 없어서 의미를 찾으려는 여하한 노력도 정당화할 수 있다."(LW, 358) 여기서 주목할 것은 '현실'의 무의미함에 대한 불만이 아니라 '명시적 꿈 내용'의 무의미함에 대한 불만이 꿈의 해석을 정당화한다는 것이다. 바꾸어 말하면 '명시적 꿈 내용'으로 환원되고 축소된 '잠재적 꿈 사고'는 무의미하며, 명시적 꿈과 잠재적 꿈 사이의 등가성이 성립하지 않는 영역에서만 소망 충족은 이루어진다는 것이다. 프로이트 자신도 '배꼽'이라는 은유로밖에 표현하지 못한 이 비언어적 영역을 블루멘베르크가 '꿈 자체'An sich der Träume라고 명명한 것은 이런 이유에서다. 그것은 칸트가 말한 '물 자체'처럼 우리의 인식을 벗어나는 영역이다. 다시 '배꼽'의 비유로 말하면, 배꼽은 모태와 연결된 탯줄이 끊어진 흉터이기도 하다. 아무리 시간이 흘러 아물어도 그 흔적이 지워지지 않는 흉터인 것이다.[38] 그 상흔은 그 어떤 베일로도 감출 수 없으므로 '위장되지 않았고unverkleidet 따라서 이해될 수 없는' 그 무엇, 즉 '꿈 자체'를 무언의 언어로 일깨워준다.

프로이트는 『꿈의 해석』에서 이른바 '이르마Irma의 사례'로 알려진 첫 번째 사례 분석을 마친 후 꿈의 해석을 '상상적인 산책'에 견주면서 성공적인 사례 분석의 성취감을 이렇게 표현하고 있다.

> 산비탈 사이의 움푹 들어간 좁은 길을 지나서 갑자기 산마루에 다다르면 길이 여러 갈래로 나뉘면서 사방 멀리까지 전망이 탁 트인다. 그러면 잠시 걸음을 멈추고 먼저 어디로 갈 것인지 생각하게 된다. 첫 번째 꿈 해석을 마치고 난 우리의 상황이 이와 흡사하다. 우리는 예기치 않게 인식에 이르렀다.(『꿈의 해석』, 163쪽)

부조리하고 혼란스러운 꿈 속의 미로를 헤매다가 성공적인 꿈 해석에 도달하면 마치 산마루에 올라선 것처럼 시야가 트이고 사방을 조망할 수 있게 된다는 것이다. 프로이트의 이러한 비유는 해석학에서 말하는 '이해 지평' 개념을 떠올리게 한다. 가다머가 말하듯 해석자가 서 있는 "현재의 이해 지평은 끊임없이 형성되는 과정 속에 있다."[39] 그리고 과거의 텍

---

[38] 데리다는 '배꼽'의 은유를 원초적 무의식과의 연결점인 동시에 단절을 나타내는 양가성으로 설명한다. Derrida: *Vergessen wir nicht—die Psychoanalyse!*, Frankfurt a. M. 1998, S. 143.
[39] 가다머: 『진리와 방법 2』, 임홍배 옮김, 문학동네, 2012, 192쪽.

스트에 대한 해석은 현재의 이해 지평과 텍스트가 생성된 당대의 이해 지평이 부단히 상호 침투하면서 일어나는 '지평 융합'을 통해 비로소 구현된다. 따라서 텍스트에 대한 해석은 원칙적으로 종결될 수 없다. 이와 비슷한 맥락에서 프로이트 역시 산마루에서 탁 트인 전망을 확보하는 것과 동시에 "그러나 이러한 인식을 반기려는 순간 수많은 문제들이 우리를 엄습한다."(프로이트, 같은 곳)라고 고백한다. 그러면서 프로이트가 예시하는 새로운 의문들은 그가 성공적인 해석을 통해 도달한 '해몽'에 못지않게 풀기 힘든 난제들처럼 보인다.[40] 그러나 프로이트는 그런 난제들을 잠시 옆으로 제쳐놓고 우선 꿈이 소원 성취라는 '하나의 길'만 따라가자고 제안한다. 이 '하나의 길'을 선택함으로써 프로이트는 다른 수많은 길들이 다시 미답의 영역으로 남게 된다는 것을 스스로 시인하는 셈이다. 더구나 프로이트가 '소원 성취'라고 소박하게 표현한 리비도의 해소는 예측 불허의 극단적인 모순된 양상으로 분출될 수 있다. 그것은 한 개인의 소박한 성적 욕구의 표현일 수도 있지만, 앞에서 살펴본 대로 프로이트 자신을 궁지로 몰아넣었던 집단적 광기로 분출될 수도 있는 것이다. 바로 그렇기 때문에 프로이트의 정신분석에서 전형적인 패턴으로 설정되어 해결된 문제들보다는 해석의 한계에 노출된 문제들이 오히려 꿈 해석의 지평을 확장할 수 있는 광대한 잠재 영역일 것이다.

맺는말

일찍이 데카르트는 우리가 지각하는 외부 세계가 실재하는 것이 아니라 '악령'이 우리를 조종하여 마치 실제로 존재하는 것처럼 보이게 만드는

---

40 "꿈 사고가 어떤 변화를 겪기에 눈을 뜰 때 우리의 기억에 남아 있는 것 같은 외현적 꿈이 형성되는 것일까? 이러한 변화는 어떤 경로를 통해 이루어지는 것일까? 꿈으로 엮이는 재료는 어디서 유래할까? 왜 꿈 사고들은 서로 모순되는 것일까"(『꿈의 해석』, 164쪽)

착각일 수도 있다고 가정했다. 엄밀한 이성적 인식이 이러한 착각의 가능성을 완전히 배제해야 한다는 취지로 짐짓 이런 허구를 지어냈던 것이다. 이 허구적 상상은 당연히 그런 악령을 너끈히 퇴치할 수 있다는 이성적 인식 능력에 대한 확고한 믿음의 소산이다. 그리고 이 믿음은 근대 세계를 추동해온 인본주의 정신의 정수이자 근대 과학의 핵심이다. 그런데 정말 그런 믿음이 주효했다면 우리는 세상을 투명하게 인식했을 것이고 세상은 전에 없이 인간다운 삶의 터전으로 변모했을 것이다. 그러나 경험적 실감이 그런 소망과는 정반대라는 것을 가장 잘 보여주는 반증이 아마도 카프카Franz Kafka의 문학일 것이다. 블루멘베르크 역시 카프카 문학의 위상을 그렇게 진단한다. "카프카는 데카르트와 더불어 시작된 한 시대의 반대편 끝에 서 있다. 그 반대편 끝에 도사리고 있는 악령은 이제 더 이상 방법론의 극단적 가설이 아니라 삶 자체에 내재하는 악령이 되었다."[41] 데카르트가 말한 악령이 이성적 인식에 대한 절대적 믿음이 지어낸 허구였다면 카프카의 문학에서 그 악령은 우리의 삶을 지배하는 실체적 힘으로 작용한다. 카프카가 묘사하는 세계가 속속들이 근대적 이성의 권능으로 구축된 세계라면 이제 더 이상 이성적 주체와 악령을 구별하는 것은 불가능해진 셈이다. 이러한 상황은 '벌거벗은 진리'에 객관세계에 대한 대상적 인식으로 접근하려는 발상 자체를 무효화하며, 이와 동시에 이성적 주체에 부여된 비판적 인식의 권능도 박탈된다. 그렇다면 이런 상황에서 진리에 대한 접근은 어떻게 가능할까?

블루멘베르크는 카프카의 여자 친구 밀레나Jesenská Milena의 말을 인용하여 "카프카는 옷을 입은 사람들 사이에서 홀로 벌거벗은 사람 같다."(같은 책, 129쪽 재인용)라는 진단에서 그 실마리를 찾는다. 허위가 지배하는 현실에서 그 어떤 보호막도 없이 자신의 맨몸을 드러내고, 그럼으로써 이 세계의 불안을 온몸으로 겪을 때만 그 불안을 진지하게 받아들

---

41 블루멘베르크: 앞의 책, 131~132쪽.

일 수 있다는 것이다. 우리가 생존을 위해 자신을 감추는 '의상'은 세계의 허위 또는 두려움에 맞서기 위해 허위에 동참하거나 어떤 신념과 인식 체계로 자신을 무장하는 수단을 가리킨다. 그런 보호 수단은 또한 세계를 인지하고 인식하는 방편이기도 하다. 따라서 그런 일체의 보호 수단을 걷어낸 벌거벗은 상태는 통상적인 세계 인식의 수단마저 거부하므로 블루멘베르크가 말하는 은유의 영역에 해당한다. 그렇게 벌거벗은 몸으로 감지되는 카프카의 세계는 기성의 관념과 인식 체계로는 좀처럼 해명되지 않는 "절대적 형상 세계"absolute Bildwelten[42]로서, 그것은 블루멘베르크가 말하는 절대적 은유에 상응한다. 그렇게 구현되는 카프카 문학의 '진실성'Wahrhaftigkeit은 "기만이 횡행하는 세상에 저항하는 실존의 형식이다."[43] 여기서 중요한 전제는 카프카 자신의 육체도 기만이 판치는 세계의 일부라는 것이다. 그래서 카프카는 자신의 육체를 견딜 수 없지만, 그 육체를 맨몸으로 드러내지 않고서는 세계를 온전히 감지할 수 없다. 카프카 문학의 진실함은 세계에 대한 비판적 거리를 두고 주체에 우월한 인식의 특권을 부여하는 입장을 포기할 때만 가능한 것이다.

나아가서 이것은 니체의 경우처럼 예술이 형이상학의 자리를 대신하는 이른바 '예술 종교'의 지위도 포기하는 것을 뜻한다. 카프카는 펠리체 바우어에게 보낸 편지에서 "나는 문학에 관심을 가진 것이 아니라 문학으로 이루어져 있습니다. 나는 다른 무엇도 아니며 그럴 수도 없습니다."[44](1913년 8월 14일 편지)라고 말했다. 이어서 카프카는 『사탄의 종교사』라는 책에서 읽었다는 이야기를 소개한다.

어느 성직자의 목소리가 너무 아름답고 달콤하여 누구나 그 소리를

---

[42] Manfred Engel: Kafka lesen — Verstehensprobleme und Forschungsparadigmen, in: Manfred Engel/Bernd Auerochs(Hg.): *Kafka-Handbuch*, Stuttgart 2010, S. 412.
[43] 블루멘베르크: 앞의 책, 132쪽.
[44] 카프카: 『카프카의 편지: 펠리체 바우어에게』, 변난수·권세훈 옮김, 솔, 2002, 595쪽.

듣고 싶어 했습니다. 어느 날 이 사랑스러운 목소리를 들은 다른 성직자는 이것은 사람의 소리가 아니라 사탄의 소리라고 했습니다. 그러고는 모든 숭배자들 앞에서 사탄을 불러냈습니다. 그러자 성직자의 몸에서 사탄이 빠져나왔으며, 그 몸은 심한 악취를 풍기는 시체로 변했습니다.(사탄의 영혼을 대신하여 인간의 육체가 살아 숨 쉬었던 것입니다.)(같은 책, 595쪽 이하)

이 이야기에 대해 카프카는 자신과 문학의 관계가 이와 흡사하지만 자신의 문학은 성직자의 목소리처럼 달콤하지는 않다고 덧붙인다. 이 이야기에서 카프카가 자신과 동일시하는 부분은 사탄의 영혼과 결합된 성직자의 육체처럼 자신이 세상에 맨몸으로 노출되어 있고 그럴 때만 '문학으로 이루어진' 자신이 존립할 수 있다는 것이다. 그러나 바로 그렇기 때문에 달콤한 목소리로 구원의 복음을 들려주길 바라는 독자들의 기대를 충족할 수 없다. '문학에 관심을 가진 것이 아니'라는 말은 독자들의 그런 기대에 부응할 수 없다는 뜻이다. 수치스러운 맨몸을 가려주는 베일의 가상으로 독자들에게 세상의 악을 초극하거나 망각하게 해주는 형이상학적 위안을 줄 수는 없다는 것이다.

이처럼 예술적 가상의 위안이 사라지면서 카프카의 '맨몸'은 가공할 세계에 무방비로 노출되며 여기서 카프카적 불안이 발원한다. 블루멘베르크는 우리가 흔히 실존적 불안으로 이해하는 카프카적 불안을 독특하게 해석하는데, 그것은 허위로 가득한 이 세계가 최악의 세계는 아닐 수도 있다는 불안이다. 기만이 사라지고 세계가 있는 그대로 모습을 드러낼 때 과연 그 세계의 실상을 우리가 감당할 수 있을까? 우리가 세상을 그럭저럭 견딜 수 있는 것은 차라리 세상이 기만으로 가득하기 때문이 아닐까? 이런 의문을 동반하는 불안이다. 그런 사태를 카프카의 아포리즘은 이렇게 표현한다. "언젠가 기만이 근절된다면 너는 세상을 차마 눈 뜨고 보지 못할 것이며, 그럼에도 세상을 보게 된다면 소금 기둥이 되고 말 것이다."(같은 책, 132쪽 재인용) 차마 눈 뜨고 보지 못한다는 것은 달리 말하면 언어로 형용할 수 없고 감히 인간의 사고가 미치지 못한다는 뜻이다. 이 형용할 수 없는 불안을 이해하기 위한 하나의 방편으로 '소금 기둥'이 언급되는 성경적 맥락과 카프카의 맥락을 비교해보자. 성경에서 롯의 아내는 타락이 극에 달해 멸망하도록 천벌을 받은 도시 소돔을 떠나면서 뒤돌아보지 말라는 금계를 어기고 뒤를 돌아보았다가 소금 기둥이 되고 만다.(창세기 19장 16절) 타락한 세상에 대한 미련을 끊지 못한 여인에 대한 이 형벌은 너무나 가혹해 보인다. 그러나 모든 묵시론적 서사가 그러하듯 이 경우에도 성경의 전편에 깔려 있는 구원의 약속은 가혹함을 누그러뜨리고 이 이야기를 극단적 예외 상황으로 읽도록 유도한다. 이와 달리 카프카에게 기만의 베일로 가려져 있는 현실은 극단적 예외 상황이 아니라 구원의 가능성이 차단된 보편적 인간 조건이다. 카프카가 말하는 '소금 기둥'은 더 이상 경고와 구원의 서사를 함축하는 알레고리가 아니라 언어로 형용할 수 없는 사태 자체의 비유일 뿐이다. 기만의 베일이 걷히고 '벌거벗은 진리'로 드러난 현실을 차마 눈 뜨고 볼 수는 없지만 그럼에도 가시적 경험으로 표현한 '절대적 형상 세계'가 예컨대 「변신」Die Verwandlung, 1915에서 해충으로 변한 그레고르 잠자의 변신일 것이다. 카프카 문학의 이러한 '절대적 형상' 내지 '절대적 은유'가 표현하는 벌거벗은 진리는 현실적 경험의 재현이나 모상模像, Abbild이라기보다는 언어적 구성물 자체이다. 언어로 재현할 수 없는 사태의 언어적 구성물이라는 이러한 역설은 '벌거벗은 진리'가 먼저 존재하고 그것이 언어로 표현되는 것이 아니라 벌거벗은 진리 자체가 언어적 구성물임을 시사한다. 그런 의미에서 블루멘베르크는 "생각은 언어를 통해 비로소 옷을 입는 것이 아니라 어떤 경우에도 이미 언어적으로 옷을 입은 상태이다."(같은 책, 133쪽)라고 말한다. 다시 말해 사유는 언어에 선행하는 것이 아니라 오지 언어를 통해서만 생성되고 전개되는 언어적 사건이다. 『벌거벗은 진리』는 미완의 저작이어서 블루멘베르크의 최종적인 생각을 뭐라 단언하긴 어렵지만, 그의 은유 이론 맥락에서 보면 '벌거벗은 진리'는 개념으로 정형화될 수 없고 언어적 재현을 거부하면서도 언어적 구성물의 방식으로만 존재하는 진실/진리에의 접근 방식을 가리키는 것으로 보인다.

〔붙임〕

프리드리히 쉴러

자이스의 베일에 가린 여신상

뜨거운 지식욕에 목마른 한 청년이
명민한 정신으로 이미 상당한 수준에 도달했으나
사제들의 비밀스러운 지혜를 배우고자
이집트의 자이스로 달려갔다.
끝없는 탐구열이 계속 그를 몰아댔고
대사제도 이 조급한 탐구자를
진정시킬 수 없었다. "모든 것을 갖지 못할 바에야
가진 게 뭐란 말입니까?" 청년이 말했다.
"진리에도 많고 적음이 있습니까?

당신의 진리는 감각의 행복처럼
더 많이, 더 적게 가지고 소유할 수 있는
그런 합계에 불과한 것인가요?
진리란 나눌 수 없는 하나가 아닌가요?
화음에서 하나의 음을 빼거나
무지개에서 하나의 색을 뺀다면
남는 것은 아무것도 아닙니다,
음과 색의 아름다운 전체가 없다면."

언젠가 그들이 한적한 신전 안에서
조용히 그런 얘기를 나누는데
베일로 가린 거대한 신상神像이
청년의 눈에 들어왔다. 이상하게 여긴
청년이 스승을 바라보며 물었다. "이건 무엇인가요?
이 베일 뒤에 가려진 것은?"
"진리지."라고 대답하자 청년이 외친다. "뭐라고요?
저는 오로지 진리만을 추구하고 있사온데
저에겐 감춘 이것이 진리란 말입니까?"

"신의 뜻을 새겨보게." 대사제가 대답했다.
"신께서 스스로 이 베일을 벗을 때까지는
어떤 인간도 손대지 말라고 하시지.
부정하고 죄지은 손으로
성스러운 금도의 베일을 미리 벗기는 자
그런 자는, 신께서 이르시길 —" "그래서요?"
—"진리를 **똑똑히 보리라**."

"기이한 신탁이군요! 그래서 당신도
한 번도 베일을 벗기지 않았습니까?"
"내가? 당연히 아니지! 전혀 그런 유혹에
빠진 적도 없다네." "이해할 수 없군요. 진리와
나를 갈라놓은 것은 이 얇은 장막뿐인데 —"
"그리고 법이 있지." 스승이 말을 가로챘다.
"여보게 젊은이, 이 얇은 베일은 자네 생각보다
무겁다네 — 자네 손에는 가벼울지 모르나
자네 양심엔 천근처럼 무거운 것일세."

청년은 생각에 잠겨 집으로 돌아왔다.
지식욕에 불타 잠도 이루지 못하고
애가 타서 잠자리에서 뒤척이다가
한밤중에 벌떡 일어났다. 자신도 모르게
조심스러운 걸음으로 신전으로 다가갔다.
과감한 청년은 가볍게 담장을 타고 넘어
신전 안의 한가운데로
용감히 뛰어들었다.
이제 여기 홀로 있으려니 쥐 죽은 듯한 정적이
오싹하게 그를 사로잡고
석실에 울리는 발걸음 소리만이
정적을 깨뜨린다.
저 위 둥근 천장의 열린 채광창을 통해
은은한 달빛이 푸르스름히 비쳐 드니
베일에 싸인 그 모습
궁륭의 캄캄한 허공을 가로질러
신이 강림한 듯 무섭게 빛난다.

청년이 주춤주춤 다가가서
무도한 손으로 성상聖像을 건드리려 하자
뜨겁고 차가운 기운이 온몸을 훑고
보이지 않는 손으로 그를 내친다.
불행한 자여, 무슨 짓을 하려느냐? 그렇게
그의 내면에서 경건한 목소리가 외친다.
거룩한 신을 시험하려 드느냐?
신탁이 가로되, 신께서 손수 이 베일을
벗기기 전에는 어떤 인간도 손대지 말라 했거늘.

하지만 같은 신탁이 말하지 않았던가,
이 베일을 벗기는 자는 진리를 보리라고.
"베일 뒤에 무엇이 있든 베일을 벗기고 말겠다."
청년이 큰 소리로 외친다. "진리를 보리라." 보리라!
긴 메아리가 조롱하듯 쩌렁쩌렁 울린다.

청년은 그렇게 말하며 베일을 걷어 올렸다.
이제 여러분은 궁금하겠지, 무엇이 드러났는지?
그건 나도 모른다. 다음 날 사제들은
그가 의식을 잃고 창백하게 뻗어 있는 걸 발견했다
이시스 여신상의 받침대 곁에서.
거기서 무얼 보고 경험했는지
그의 혀는 끝내 말하지 못했다.
삶의 즐거움 영영 사라졌고
사무치는 회한이 일찍 그를 무덤으로 데려갔다.
조급한 질문자들이 꼬치꼬치 캐물으면
이런 경고의 말이 들려왔다.
"애통하구나, 죄지으며 진리에 접근하는 자여,
진리가 영영 달갑지 않을 것이니."[45]

(2022년)

---

[45] Schiller: *Werke*, Bd. 1, Weimar 1943, S. 254 f.

가다머의 해석학과 이데올로기 비판

가다머·하버마스 논쟁과 해석학의 지평

해석학Hermeneutik의 어원인 헤르메스Hermes는 고대 그리스 신화에서 신의 뜻을 인간에게 전달해주는 신의 전령으로 등장한다. 그런 신화적 기원에서 유래하는 해석학은 원래 성경에 담겨 있는 하느님의 뜻을 해석하는 성경 해석학으로 출발했다. 종교개혁 이전까지의 초기 성경 해석학이 성경의 교리적 권위를 절대적으로 신봉했다면, 인문주의 정신에 바탕을 둔 종교개혁 이후의 성경 해석학은 텍스트 본위의 해석을 추구했다. 그리고 18세기 계몽주의 신학은 성경이 여러 실존 저자에 의해 집필된 역사적 문헌이라는 것을 강조함으로써 성경에 대한 역사적 이해의 길을 열어놓았다. 이와 더불어 해석학은 비단 성경뿐 아니라 역사적으로 전승된 다양한 문헌에 대한 해석의 방법론으로 그 영역을 확장했다. 그리고 역사주의 시대인 19세기에 접어들어 해석학은 문학·역사·철학을 포함하여 역사적 문헌을 다루는 정신과학의 제 분야에서 두루 통용되는 보편적 학문 방법론으로 자리 잡기에 이르렀다.

20세기 학문사에 한 획을 그은 한스게오르크 가다머Hans-Georg Gadamer, 1900~2002의 역저 『진리와 방법』Wahrheit und Methode, 1960은 '철학적 해석학의 기본 특징들'이라는 책의 부제가 말해주듯 해석학의 그런 역사적 발전 과정에 대한 비판적 성찰을 바탕으로 해석학의 근본 문제를 천착하고 있다. 그런데 이 책의 독자들이 유념해야 할 것은 가다머의 기본적인 문제의식이 결코 해석학의 테두리 안에 머물지 않고 근대 학문의 역사와 방법론에 대한 근본적인 성찰로 일관하고 있다는 사실이다. 가다머가 비판적 성찰의 표적으로 삼는 근대 학문의 두 가지 흐름은 가설과 실험적 검증의 모델을 따르는 자연과학의 객관주의와 그 영향권에 있는 인문사회과학의 실증주의적 경향이 하나이고, 정신과 인식 대상의 주객 동일성을 전제하는 관념론이 다른 하나이다. 근대 학문에서 정신과학과 자연과학으로 양분된 이 두 가지 흐름은 일견 상반된 길을 가는 듯하지만, 변화무쌍하고 역동적인 인간 경험의 다양함과 풍요로움을 '방법'의 틀로 재단하여 균질화한다는 점에서는 양자 모두 진리를 은폐한다고 보는 것이 가다머의 기본 생각이다. 가다머에게 어떤 학문 분야에서든 진리의 척도는 방법론에 부합하느냐 마느냐 하는 정합성의 문제가 아니라, 특정한 방법의 잣대로는 가늠하기 힘든 인간 경험에 대한 개방성에 바탕을 두어야 하기 때문이다.

그런 점에서 20세기 학문사에서 이 책의 독보적 위치는 특정 분야의 방법론에 대한 교정의 차원을 넘어서, 역사적 존재인 인간의 세계경험을 과연 어떻게 생동하는 역사성에 충실하게 이해할 수 있는가를 철저히 탐구한 데서 찾을 수 있다. 이를 위해 가다머는 플라톤과 아리스토텔레스, 니콜라우스 쿠사누스와 아퀴나스, 베이컨과 스피노자, 칸트와 헤겔을 거쳐 슐라이어마허Friedrich Schleiermacher와 딜타이Wilhelm Dilthey에 이르기까지 서양의 유구한 지적 전통을 비판적으로 조망하면서 논의를 개진한다. 아득한 역사적 과거로 멀어진 장구한 지적 전통을 생생한 현재형의 대화적 담론의 장으로 불러내는 이 책의 논지 전개 과정 자체가 곧 가다머가 말하는 해석학적 경험의 탁월한 본보기라 할 수 있다. 가다머는 과거의 지적 유산을 역사적 원형 그대로 복원하거나 아니면 반대로 현재적 관심사에 따라 자의적으로 끌어오는 어느 쪽 편향에도 치우치지 않고 과거와의 열린 대화를 통해 이해의 지평을 부단히 확장해나가고, 그런 과정을 거쳐 진리의 경험에 접근하고자 한다. 가다머의 이러한 개방적 사유는 무엇보다 그의 스승 후설과 하이데거의 사유를 발전적으로 계승한 것이라 할 수 있다. 특히 후설의 '지평'Horizont 개념과 하이데거의 '이해의 선先구조' 및 '해석학적 순환' 개념은 가다머의 논지 전개를 이해하기 위한 핵심 실마리가 된다. 어떤 사물에 대한 지각과 의미 형성은 그 사물이 놓여 있는 다양한 맥락과의 연관성을 전제로 하는데, 그처럼 의미 형성의 터전이 되는 복합적 맥락을 후설은 '지평'이라 일컫는다. 모든 지각 대상은 그 배경이 되는 다양한 맥락의 총체 속에서 온전히 파악될 수 있기 때문에 지평은 곧 총체적 의미연관을 드러낼 수 있는 터전이 된다. 가다머는 특히 이해 대상이 되는 과거의 텍스트와 해석자가 속한 현재 사이의 시대적 간격에 의해 형성되는 이해의 지평에 주목하며, 이러한 지평 개념은 이 책에서 다루는 '영향사적 의식'의 근간을 이룬다. 또한 하이데거에 따르면 전승 텍스트나 전통에 대한 이해라는 것은 해석자 자신의 선이해를 부단히 수정하는 가운데 보다 더 통일된 의미를 확보해나가는 과정이다. 전통에 대한 그러한 이해의 과정에서 우리 자신은 전통에 '참여'함으로써 우리 스스로를 '형성'해간다. 그런 점에서 전통과 해석자 사이의 부단한 상호작용을 통해 진행되는 이해의 순환 구조는 '방법론' 차원의 문제가 아니라 이해의 존재론적 구조를 가리킨다고 가다머는 적극적으로 해석한다. 가다머가 이해의 문제를 인식론적 차원을 넘어 존재론적 차원으로 전환시키는 것은 그런 점에서 하이데거의 논의를 발전적으로 계승한 결과라 할 수 있다.

『진리와 방법』은 총 3부로 구성되어 있다. 이 방대한 저작의 전체적 맥락을 이해하기 위해서는 각 부분들 사이의 유기적인 상호연관성을 염두에 둘 필요가 있다. 1부에서 '예술 경험'의 문제를 집중적으로 다루는 이유는 미적 체험의 영역이 근대 과학의 객관주의적 방법론의 영향에서 가장 멀리 벗어나 있는 영역이기 때문이다. 그런 관점에서 가다머는 미적 체험의 근간을 이루는 판단력과 미적 취미가 과학의 객관주의에 대립하여 주관성의 표현으로 수렴되는 과정을 추적한다. 예술 경험의 이러한 주관화는 2부에서 가다머가 비판적으로 검토하는 역사주의의 전개 과정에서 딜타이에 이르러 과학과 생철학이 분리되는 양상에 상응한다고 할 수 있다. 그렇지만 예술 경험의 그러한 주관화는 예술이 삶과 역사의 포괄적 맥락에서 분리되는 과정이기 때문에 그 점에 대해 가다머는 비판적이다. 반면 쉴러의 '놀이'Spiel 개념에 접맥된 예술 경험에서 가다머는 진정한 해석학적 경험의 가능성을 본다. 예컨대 연극 공연과 같은 예술 경험에서는 극의 구현 과정과 관객의 이해가 동시적 상호작용을 일으켜 통일된 의미장場이 형성된다. 그것은 앞서 언급한 대로 전통과의 상호작용을 통해 해석자의 이해 지평과 존재 자체가 확장되는 이해의 순환 구조에 상응한다고 할 수 있다. 또한 과거의 예술작품을 수용하는 과정 역시 2부에서 핵심적 논제로 다루는 영향사의 원리와 합치된다. 전승된 예술작품의 진정한 수용은 과거의 단순한 복원이나 수용자의 주관의 투사가 아니라 상호 개방적인 창조적 교호작용을 통해 과거의 지평과 현재의 지평이 한층 더 고양되고 확장되어 새로운 진리 경험의 가능성을 열어주는 것이기 때문이다.

  3부에서 '언어'의 문제를 집중적으로 다루는 것은 언어가 역사적 전승의 매체이자 이해의 매체이기 때문이다. 그런데 언어를 매개로 이루어지는 전통의 전승과 이해에서 언어는 단지 기성관념과 인식을 전달하는 '도구'가 아니라 이해의 과정을 주도하고 구현하는 본질적 계기다. 그런 의미에서 가다머는 사물과 언어의 관계를 원상原象, Urbild과 모상模像, Abbild의 관계로 보는 소박한 재현론이나 언어도구주의적 관점을 근본적으로 비판한다. 훔볼트Wilhelm von Humboldt가 말했듯이 인간이 경험하는 세계는 언어로 구조화되어 있으며, 언어 자체가 곧 세계관이다. 그런 맥락에서 가다머는 이해의 문제를 인식론에서 존재론의 차원으로 전환했듯이, 해석학적 경험의 수행 과정에 대해서도 '언어를 통한 존재론적 전환'을 시도하고 있다. 이처럼 가다머는 이해의 대상과 방법적 원리 및 언어적 구현 과정을 서로 분리하지 않고 통일된 맥락에서 일관되게 사유한다. 바로 그런 점에서 『진리와 방법』은 개별 학문 분야의 방법론 차원을 뛰어넘어 인간의 역사적 경험을 언어로 표현하는 정신과학의 모든 분야에서 진리에 대한 개방성이 무엇인가를 근본적으로 성찰하게 한다.

이 글에서는 가다머의 핵심 논지인 해석학적 경험과 이해의 역사성 문제를 주요 개념 중심으로 살펴보고, 『진리와 방법』이 학계에 불러온 파장을 하버마스와의 논쟁을 예로 들어 일별한 다음, 이 책의 학문사적 영향을 간략히 개괄하기로 하겠다.

이해의 역사성: 영향사의 원리

『진리와 방법』 서론에서 가다머는 이 책의 바탕이 되는 기본적인 문제의식을 다음과 같이 밝히고 있다.

> 이 연구의 관심사는 과학적 방법론의 지배 영역을 넘어서는 진리의 경험을 도처에서 찾아내어 그 고유한 정당성에 관해 물으려는 것이다. 예를 들어 정신과학은 과학 외적인 경험 방식들, 즉 철학의 경험, 예술의 경험 그리고 역사 자체의 경험과 밀접한 관계가 있다. 이 모든 것은 과학의 방법적 수단으로는 검증될 수 없는 진리가 개현開顯되는 경험 방식들이다.[1] (인용자 강조)

"텍스트의 이해와 해석은 학문의 관심사일 뿐 아니라 명백히 인간의 세계경험 전체에 속한다"(같은 책, 9쪽)라는 전제에서 출발하는 가다머가

---

[1] 가다머: 『진리와 방법 1』, 이길우 외 옮김, 문학동네 2000, 10쪽.

이처럼 '과학적 방법'에 근본적인 회의를 표명하는 것은 근대 과학이 '인간의 세계경험'을 객관적 검증 가능성이라는 척도로 환원하여 왜곡하고 협소화한다고 보기 때문이다. 그런 이유에서 가다머는 근대 과학의 '방법'과 그 영향권에 있는 일체의 '방법론주의'Methodologismus에 맞서며, 슐라이어마허에서 딜타이에 이르는 19세기 해석학의 전통 역시 그런 방법론의 강박에서 자유롭지 못하다고 본다. 같은 맥락에서 가다머는 『진리와 방법』에서 다루는 해석학의 문제가 결코 '해석의 기술론'이 아니라는 점을 거듭 강조한다. 가다머가 『진리와 방법』에서 해석학의 '방법론' 자체를 개진하기보다는 줄곧 '해석학적 경험'hermeneutische Erfahrung을 강조하면서 이에 관한 논의가 이 책의 핵심이라고 언급한 것도 그런 맥락에서 이해할 수 있다.

자연과학을 모델로 하는 과학적 객관주의와 편협한 방법론 중심주의에 맞서서 '과학의 방법으로는 검증될 수 없는 진리 개현의 경험 방식'을 탐구하고자 할 때 가다머가 최우선의 원칙으로 강조하는 것은 이해의 역사성이다. 랑케Leopold von Ranke와 드로이젠Johann Gustav Droysen의 역사주의가 역사를 '역사적 객체로 대상화'함으로써 결과적으로 이해의 역사성을 몰각했다고 비판하는 맥락에서 가다머는 이해의 근원적 역사성을 '영향사'라는 개념으로 설명하고 있다.

이른바 역사주의의 단순한 맹점은 그러한 성찰을 하지 못하고 자신의 탐구 방법론만 믿고서 자신의 역사성을 망각하는 데 있다. 여기서 우리는 그렇게 잘못 이해된 역사적 사고에서 벗어나 올바른 의미에서의 역사적 사고에 호소해야만 한다. 진정한 역사적 사고는 자신의 역사성을 함께 사유해야 하는 것이다. 그럴 때만 발전하는 학문의 대상을 역사적 객체로 대상화하여 그런 허상을 쫓지 않고, 역사적 탐구 대상을 자기 자신의 타자로 파악하고 그럼으로써 자기 자신과 타자를 동시에 인식할 수 있게 된다. 진정한 역사적 대상은 그저 대상이 아니라 자기 자신과 타자의 통일체이며,

역사의 현실과 역사적 이해의 현실이 상호작용을 일으키는 관계이다. 탐구 대상을 제대로 볼 줄 아는 해석학은 이해의 과정 자체에서 역사 현실을 드러내야만 할 것이다. 나는 이러한 요청을 '영향사'Wirkungsgeschichte라 일컫고자 한다. 이해라는 것은 그 본질상 영향사적 과정이다.[2]

역사적 문헌 또는 사건에 대한 해석의 주체 역시 탐구 대상이 되는 역사과정의 일부이며, 그런 의미에서 '역사의 현실과 역사적 이해의 현실이 상호작용을 일으키는 관계'가 곧 역사적 탐구 대상이라고 보는 것이다. 이러한 시각은 탐구자의 가변적인 역사적 제약을 고려하지 않는 과학의 객관주의에 대한 비판이자 다른 한편 과학주의의 영향을 받은 정신과학의 영역에서도 뿌리 깊은 "전통과 역사 서술, 역사와 역사 탐구 사이의 추상적 대립"(160쪽)을 극복하기 위한 시도라 할 수 있다. 이처럼 전통의 영향을 역사적 이해의 근본적 제약 조건으로 보는 영향사적 맥락에서 가다머는 인식 주체의 '선이해Vorverständnis'를 규정하는 '선입견'Vorurteil[3]을 이해의 본질적 구성 요건으로 간주한다. 가다머에 따르면 '선입견'은 18세기 계몽주의 이래 부정적 의미로 격하되었지만, 역사적 전통의 영향에 의해 미리 형성되어 있는 '선입견'을 이해의 기본 조건으로 인정하는 것이야말로 이해의 역사성에 상응하는 자연스럽고도 합당한 인식 태도이다. 이해가 그 본질상 영향사적 과정이라고 보는 것과 동일한 의미에서 가다머는 이해가 본질적으로 '선입견'의 성격을 지닌다고 본다. 영향사의 맥락에서 역사적 이해를 미리 제약하는 '선입견'이 인식 주체가 스스로 옳다고 여기는 단정적 '판단'에 비해 오히려 훨씬 더 규정적이라고 보

---

[2] 가다머: 『진리와 방법 2』, 임홍배 옮김, 문학동네 2012, 183쪽 이하.(앞으로 이 책에서의 인용은 본문에 쪽수를 표시하기로 한다)
[3] 오늘날 Vorurteil은 부정적 '선입견'의 뜻으로 통용되지만, 가다머는 그런 부정적 의미가 계몽주의 시대에 굳어진 어법이라고 보고 그 이전의 전통으로 소급하여 Vorurteil의 의미를 가치중립적으로 서술한다. 따라서 가다머의 어법에 충실히 따르자면 Vorurteil은 '선판단'의 의미로 이해하는 것이 적절하다.

는 것은 그런 이유에서이다.

사실 역사가 우리에게 귀속되어 있는 것이 아니라 우리가 역사에 귀속되어 있는 것이다. 우리는 우리 자신을 되돌아보면서 스스로를 이해하기 훨씬 이전부터 이미 삶의 터전인 가족과 사회와 국가를 통해 우리 자신을 이해하고 있다. 주관성이라는 렌즈는 대상을 왜곡해서 보여주는 거울이다. 개인의 자기의식이라는 것은 역사적 삶이라는 거대한 전기장 안에서 명멸하는 작은 불꽃에 지나지 않는다. 그렇기 때문에 개개인이 갖는 선입견은 개개인의 올바른 판단보다 훨씬 더 강력하게 개인적 존재의 역사적 현실성을 규정한다.(152쪽)〔원문 강조〕

나중에 살펴보겠지만 역사적 전통의 영향에 의해 형성되는 선입견을 이해의 불가결한 조건으로 보는 이러한 시각은 하버마스의 집중적인 비판을 받는다. 그렇지만 가다머가 전통의 막강한 영향력과 선입견의 규정력을 이해의 필수적 계기로서 긍정하는 것은 전통과 선입견을 무조건 용인하려는 것이 아니라 인식 주체가 그러한 영향사적 의식을 자각할 때 비로소 편협한 주관성을 극복할 수 있다고 보기 때문이다.

텍스트 자체가 내 생각과는 다른 의미를 드러내고 텍스트의 객관적 진실이 나의 선입견을 극복할 수 있는 가능성을 열어놓기 위해서는 나 자신이 선입견을 갖고 있다는 사실 자체를 자각하고 있어야만 한다.(142쪽)

따라서 선입견에 대한 자각은 이해의 역사성에 대한 개방적 인식을 담보하기 위한 필연적 요청이라 할 수 있다. 그런 의미에서 "이해라는 것은 주관성의 활동이라기보다는 과거와 현재가 부단히 상호매개 작용을 하는 전통의 전승이라는 사건 속에 참여하는 것을 뜻한다."(171쪽) 이처럼 이해의 과정이 곧 '전통의 전승이라는 사건 속에 참여하는' 것이라는 관점에서 보면 이해라는 것은 인식의 기대 지평이 '과거와 현재의 상호매개 작용'을 통해 끊임없이 주체의 선입견을 허물어뜨리면서 이해의 장場인 역사를 향해 확장되어가는 것을 뜻한다. 아울러 전통 역시 불변의 실체로 고정된 것이 아니라 그러한 이해의 과정을 통해 늘 새로운 이해 지평으로 열리는 과정 속에 있음을 알 수 있다. 현재의 관점에 서 있는 이해 주체의 기대 지평과 역사적 지평이 상호매개 작용을 하면서 과거와 현재의 단절을 넘어서 보다 확장된 역사적 이해가 가능해지는 것이다. 그처럼 서로 분리된 것처럼 보이는 현재의 지평과 역사의 지평이 상호작용을 통해 이해가 확장되는 과정을 가다머는 '지평 융합'이라 일컫는다.

사실 현재의 지평은 끊임없이 형성되는 과정 속에 있다. 우리는 모든 선입견의 타당성 여부를 부단히 검증해야 하기 때문이다. 무엇보다도 우리 자신의 근원인 전통을 이해하고 과거와의 만남을 시도하는 것이야말로 바로 그러한 검증 과정의 일환이다. 따라서 현재의 지평은 과거가 없이는 결코 형성될 수 없다. 현재와 무관하게 추구해야 할 역사적 지평이 존재할 수 없듯이 현재의 지평 역시 독자적으로 존재할 수는 없다. 오히려 이해라는 것은 서로 무관하게 존재하는 것처럼 보이는 상이한 지평들의 상호융합 과정이다. (…) 전통이 존속하는 한 그러한 상호융합은 부단히 진행된다. 그러한 상호융합을 통해 옛것과 새것은 서로 배타적으로 분리되지 않고 부단히 합쳐져서 새로운 타당성을 확보하는 것이다.

이런 식으로 서로를 부각해주는 상이한 지평들이 존재함으로써 '지평 융합'Horizontverschmelzung이라는 말이 성립되며, 전통 깊숙이까지 자신의 경계선을 설정하는 배타적 지평의 형성은 성립될 수 없다.(192~193쪽) 〔원문 강조〕

과거와 현재, 이해의 역사적 대상과 이해자를 매개해주는 이러한 '지평 융합' 개념은 원래 전통적인 해석학 방법론에서 부분과 전체의 상호순환 운동을 뜻하는 '해석학적 순환'hermeneutischer Zirkel을 이해의 역사성이라는 맥락으로 확장하여 새롭게 정의한 것이라 할 수 있다.

이처럼 전통과 현재 사이의 개방적 대화를 이해 과정의 핵심 계기로 부각하는 가다머의 논의에서 '언어'는 그러한 해석학적 경험의 '매체' Medium이자 '중심'Mitte으로서 결정적 중요성을 갖는다. 전통의 전승은 다름 아닌 언어를 통해 구현되며, 전통과 현재 사이의 지평 융합 역시 '현재와 전통 사이의 언어적 소통'을 통해서만 가능하기 때문이다.

전통의 존재 방식은 언어이다. 그리고 전통을 이해하고자 전통에 귀를 기울이고 텍스트를 해석함으로써 전통의 진실은 해석자 자신의 언어적 세계관과 내적 관련을 맺는다. 현재와 전통 사이의 이러한 언어적 소통은 이미 앞에서 살펴보았듯이 모든 이해의 과정에서 어김없이 발생하는 사건이다. 해석학적 경험은 생생하게 다가오는 그런 모든 사건을 진정한 경험으로 받아들여야 한다. 해석학적 경험은 그런 사건을 사전에 선택하거나 배척할 자유가 없다. 또한 해석학적 경험은 인식하고자 하는 대상의 특수성처럼 보이는 미결정 상태를 그대로 내버려둔다고 해도 절대적 자유를 주장할 수는 없다. 해석학적 경험으로 이미 발생한 사건을 마치 없었던 일처럼 무시할 수는 없는 것이다.

과학적 방법론과는 너무나 상치되는 해석학적 경험의 이러한 구조는 이미 상세히 서술했던 언어의 사건적 특성에 연유한다. 언어의 사용과 언어적 표현 수단의 지속적인 발전은 개개인의 의식을 통해 선별적으로 인식할 수 있는 그런 과정이 아니다. 그런 한에는 우리가 언어를 말한다기보다는 언어가 우리에게 말을 한다고 보는 것이 더 올바른 표현이다.(411쪽)〔인용자 강조〕

여기서 가다머가 강조하는 언어의 '사건적 특성'Geschehenscharakter이라는 것은 언어를 통해 비로소 새로운 세계경험이 열린다는 뜻이며, 그런 의미에서 앞서 언급했던 '과학의 방법으로는 검증될 수 없는 진리 개현의 경험 방식'과 직결된다. 또한 '역사가 우리에게 속하는 것이 아니라 우리가 역사에 속해 있다.'라고 강조한 것과 같은 맥락에서 '우리가 언어를 말한다기보다는 언어가 우리에게 말을 한다.'라고 함으로써 언어가 곧 이해의 역사성을 구현하는 직접적 계기임을 환기해준다.

해석학과 이데올로기 비판: 가다머·하버마스 논쟁

이상에서 살펴본 가다머의 주요 논제들에 대해 하버마스는 "가다머는 본의 아니게 해석학의 실증주의적 폄하에 부응한다."[4]라고 단언하면서 전면적인 비판을 가한다. 여기서는 하버마스의 비판과 가다머의 반론을 그 핵심 쟁점이 되는 전통과 선입견, 이데올로기 비판과 의사소통의 문제를 중심으로 살펴보기로 하겠다.

먼저 하버마스는 가다머가 현대 학문의 "그릇된 객관주의적 자기이해에 대한 올바른 비판"[5]에서 출발한다는 점을 인정하지만, 해석학적 경험과 올바른 인식의 방법론을 추상적으로 대립시킴으로써 결과적으로 방법론의 문제를 간과하고 있다고 비판한다. 그 대신 가다머는 전통의 힘을 과신하여 영향사적 맥락을 이해의 기본적 제약으로 설정하며, 그런 생각은 전통에 대한 비판적 성찰이 전통의 구속력을 허물 수 있고 따라서 이해 주체의 위상까지도 변화시킬 수 있다는 인식을 외면하는 것이라고 하버마스는 반박한다. 가다머가 이해의 기본적 제약 조건으로 설정한 '선입견'의 문제 역시 비판의 표적이 된다. 하버마스는 가다머가 선입견을 이해의 제약 조건으로 보는 올바른 통찰에서 한 걸음 더 나아가 '선입견

---

[4] Habermas: Zu Gadamers *Wahrheit und Methode*, in: Habermas u. a. (Hg): *Hermeneutik und Ideologiekritik*, Frankfurt a. M. 1971, S. 45.
[5] 같은 글, S. 46.

자체의 복권'을 시도한다고 비판하면서 '정당한 선입견'의 존립 가능성을 부정한다.

가다머는 이해가 선입견의 구조를 갖는다는 통찰에서 선입견 자체를 복권시키는 방향으로 나아간다. 그렇지만 과연 해석학적 선이해 자체의 불가피성을 근거로 삼아 정당한 선입견이 존재한다는 결론을 끌어낼 수 있는가?[6]

하버마스는 전통의 권위를 인정하는 가다머의 해석학적 경험 이론이 18세기 계몽주의로부터 독일 관념론에 이르는 지적 전통의 '확고한 유산'인 '비판적 성찰'의 힘을 부정하는 것이라고 보며, 그런 점에서 가다머는 계몽의 정신과 이성에 의한 비판적 성찰의 '해방적 힘'에 대한 '비변증법적' 이해에 머물러 있다고 비판한다. 더 나아가 가다머의 그러한 지적 태도는 프랑스 혁명 직후 유럽 지성계에서 혁명에 반대하는 논리를 유포하는 데 앞장섰던 버크Edmund Burke 류의 보수주의에서 벗어나지 못한 '1세대 보수주의'라고 공박한다.

하버마스가 이처럼 가다머 자신의 '영향사적' 배경을 18세기 계몽주의에 대한 반대 입장으로 소급시켜 자리 매김하고 '1세대 보수주의'까지 거론하는 데에는 당연히 후설과 하이데거의 제자인 가다머와 비판이론의 계승자를 자임한 하버마스의 상이한 지적 배경이 작용한다. 더구나 하버마스의 비판문이 68혁명의 전야에 발표되었다는 —『진리와 방법』에 대한 하버마스의 비판문은 1967년 가다머 자신이 공동발행인으로 있던 정기학술지《철학적 전망》Philosophische Rundschau에 발표되었다— 시대적 정황까지 고려하면 전통의 권위와 선판단의 복권을 시도한 가다머의 입론이 보수주의적 세계관을 바탕에 깔고 있다는 혐의를 면하기 어려워 보

---

6 같은 글, S. 48.

이는 것도 사실이다. 그렇지만 하버마스의 비판은 두 사람의 상이한 지적 배경만으로는 설명되지 않는 곡해와 그로 인한 과잉비판의 여지가 없지 않다. 우선 가다머가 영향사적 맥락에서 전통을 선이해의 규정 요인으로 설정한다고 해서 전통의 힘을 절대화하고 이해의 과정이 전통의 힘에 종속된다고 보는 것은 아니다. 이미 『진리와 방법』 초판 서문에서 가다머는 "전통을 분쇄하고 비판하고 해체할 수 있는 것 역시 인간의 본질에 속한다."[7]라는 점을 분명히 전제하고 있기 때문이다. 전통의 영향을 이해의 근본적 제약 조건이라고 보는 것이 곧 전통을 무조건 수용하는 입장과 동일시될 수는 없는 것이다.

다른 한편 가다머는 하버마스가 강조하는 '비판적 성찰' 역시 이해와 마찬가지로 영향사적 맥락 속에서 이루어지며, 그러한 제약을 초극하는 특권적 지위를 주장할 수는 없다고 본다. 그런 의미에서 가다머는 전통과 비판적 성찰을 양자택일의 대립적 관계로만 보는 것이야말로 오히려 인식 주체의 권능을 과신하는 독단이라고 반박한다. 그런 맥락에서 가다머는 하버마스가 '해방적 계몽주의'의 입장에서 '이성'과 '권위'를 추상적으로 대립시키는 것은 이성과 권위의 "본질적인 양가적 관계"wesenhaft ambivalente Beziehung[8] 내지 '상호의존성'을 '관념론적으로 간과하는 것'이며, 그러한 관념론은 역사에 대한 이해와 현실 인식에서 '치명적 결과'를 초래한다고 비판한다. 여기서 가다머가 말하는 권위와 이성의 상호의존성이란 권위가 권력의 위계질서 속에서 폭력과 강압에 대한 무조건적 복종의 방식으로만 관철되는 것이 아니라, 그런 측면에 못지않게 권위에 대한 '인정'Anerkennung에 바탕을 두고 있다는 것이다. 그러면서 가다머는 "버크 세대의 보수주의가 아니라 독일사의 격변을 세 번씩이나 겪고도 기존 사회질서를 뒤흔드는 혁명적 실천을 하지 못한 세대의 보수주의

---

7 Gadamer: *Wahrheit und Methode*, Tübingen 1960, S. XXV.
8 Gadamer: Rhetorik, Hermeneutik und Ideologiekritik. Metakritische Erörterungen zu *Wahrheit und Methode*, in: Habermas u. a. (Hg): *Hermeneutik und Ideologiekritik*, S. 73.

가 오히려 현실에서 쉽게 은폐되는 진실을 통찰하는 데는 더 유익하다."[9] 라고 말한다. 자신의 보수주의를 굳이 부정하지 않고 독일사의 파국을 막지 못한 '윗세대'의 자기비판을 함축하는 이 완곡한 발언은 독일이 두 번이나 전범 국가가 되고 히틀러의 집권을 용인한 사태가 과연 강압과 폭력에 의해서만 빚어진 것인가, 아니면 그러기까지의 과정에서 과연 권위에 대한 '인정'이 그러한 사태를 뒷받침한 것은 아닌가를 되묻는 것이기도 하다. 만약 전자의 가능성만 인정한다면 히틀러의 집권을 방조하거나 열광적으로 지지한 절대다수 독일인의 역사적 책임은 면죄부를 받는 셈이다.[10] 권위와 이성의 추상적 대립을 고수하는 관념론적 사고가 '치명적 결과'를 초래한다고 지적한 것은 바로 그러한 몰역사적 사고에 대한 통렬한 비판으로 이해될 수 있다.

가다머가 '선입견 자체의 복권'을 시도한다는 하버마스의 비판 역시 『진리와 방법』에서 가장 중요한 원칙으로 내세우는 이해의 역사성 문제를 편협하게 단순화한 것으로 보인다. 가다머가 영향사의 맥락에서 선입견이 선이해를 규정한다고 강조하는 것은 이미 언급한 대로 "텍스트의 객관적 진실이 나의 선입견을 극복할 수 있는 가능성을 열어놓기 위해서는 나 자신이 선입견을 갖고 있다는 사실 자체를 자각하고 있어야 한다."라는 취지에서이다. 그런 뜻에서 가다머는 역사적 텍스트의 이해에서 "과연 어떻게 자기 자신의 선입견의 막강한 영향력에서 벗어날 수 있는가 하는 문제"(141쪽)가 관건이라고 말한다. 선입견의 극복을 위해서는 선입견이 역사적 이해에 미치는 영향을 제대로 인식해야만 한다는 것이다. 그런데 가다머에 따르면 선입견은 반드시 무지와 비합리적 사고에서 비롯되는 것만은 아니고 오히려 이성적 사고에 의해 더욱 공고해

---

9 같은 곳.
10 그런 점에서 역사학자 골트하겐이 말하듯이 '너무나 평범한 독일인들' 역시 홀로코스트에 대한 책임에서 자유로울 수 없다. Daniel J. Goldhagen: *Hitlers willige Vollstrecker. Ganz gewöhnliche Deutsche und der Holocaust*, Berlin 1996 참조.

지기도 하는데, 경직된 계몽주의가 바로 그런 경우이다. 가다머가 "계몽주의의 핵심적 본질을 이루는 선입견이란 일체의 편견 자체를 무시하는 또 다른 선입견으로서, 그로 인해 역사적 전통의 권위는 완전히 박탈된다."(144쪽)라고 말하는 것은 그런 맥락에서이다. 이성의 권능에 대한 계몽주의의 과신이 전통의 실질적 영향력을 부당하게 간과했다고 보는 것이다. 따라서 하버마스의 비판과 달리 가다머는 계몽주의 자체에 반대하는 것이 아니라 편협한 이성 중심주의로 인해 역사적 전통의 힘을 간과하는 비역사적 관념성을 비판하는 것이다. 가다머의 논리로 말하자면, 하버마스가 특권적 인식 능력을 부여하는 '비판적 성찰' 역시 계몽의 정신을 '확고한 유산'이라고 믿는 영향사의 맥락에 의해 형성된 완고한 '선입견' 인 셈이다.

가다머가 이렇듯 영향사적 맥락을 이해의 근본적 제약 조건으로 강조하는 것은 '인간 존재의 유한성'과 '성찰의 본질적인 부분적 제한성'에 대한 통찰에 연유한다. 이미 살펴본 대로 과거와 현재의 끊임없는 대화로 이루어지는 이해의 과정에서 그 누구도 전통의 영향에서 자유로울 수 없으며, 앞서 언급한 '지평 융합'은 전통의 영향에 의해 형성된 선입견을 자각하고 극복해가는 과정이다. 이해의 과정적 성격은 이해의 역사성에 따른 당연한 귀결이다. 따라서 가다머가 보기에는 이해의 완벽한 종결을 상정하는 것도 이해의 역사성과 상치되는 지적 오만이다. "완벽한 이해라는 것은 자기모순"[11]이라는 말은 그런 맥락에서 이해할 수 있다.

가다머에 대한 하버마스의 비판에서 언어에 대한 이해 역시 중요한 쟁점으로 부각된다. 언어의 문제는 특히 하버마스가 궁극적으로 지향하는 이데올로기 비판과 직결되며, 더 나아가 하버마스의 실천철학적 방법론의 근간이 되는 의사소통 이론과 밀접한 관련이 있다. 먼저 하버마스는 전통의 존재 방식은 언어라고 보는 가다머의 입장에 맞서 언어의 이데올

---

11 Gadamer: *Vernunft im Zeitalter der Wissenschaft*, Frankfurt a. M. 1976, S. 100.

로기적 성격을 강조한다.

언어 역시 지배와 사회적 권력의 매개 수단이다. 언어는 조직화된 강압적 지배의 관계들을 정당화하는 데 기여한다. 강압적 지배관계의 제도화를 가능케 하는 그러한 언어적 정당화가 강압적 지배관계를 표현해내지 못한다면 언어 역시 이데올로기적이다. 여기서 문제는 언어로 표현되는 현혹이 아니라 언어 자체에 의한 현혹이다. 그렇듯 상징적 맥락이 현실적 관계에 의존해 있다는 사태를 직시하는 해석학적 경험은 이데올로기 비판으로 나아가야 한다.[12] (원문 강조)

언어가 지배와 권력의 사회적 관계를 반영하고 강압적 지배관계를 정당화하는 데 기여한다면 언어 역시 이데올로기적이며, 언어가 지배질서의 상징적 구성물임을 직시하는 해석학은 '언어 자체에 의한 현혹' 즉 허위의식을 비판하고 폭로하는 '이데올로기 비판'으로 나아가야 한다는 것이다. 그렇지만 가다머가 전통의 권위와 선입견을 이해의 구성적 요인으로 인정하는 한에는 지배질서를 용인하는 '그릇된 합의'를 조장하는 것이라고 본다. 그런 맥락에서 하버마스는 전통의 존재 방식은 언어라는 가다머의 테제를 "언어의 존재론화와 전통의 실체화"Ontologisierung der Sprache und Hypostasierung der Tradition라고 논박하며, 그것은 곧 "체계적으로 왜곡된 소통의 가능성"을 용인하는 것이라고 비판한다.[13] 그와 달리 언어의 이데올로기적 성격을 통찰하는 비판적 해석학은 "이성적 담화"vernünftige Rede의 원리에 따라 지배관계로부터 자유로운 진정한 의사소통의 조건을 창출할 수 있다고 보는 것이 하버마스의 입장이다.

---

12 Habermas: 앞의 글, S. 52 이하.
13 Habermas: Der Universalitätsanspruch der Hermeneutik, in: Habermas u. a. (Hg): *Hermeneutik und Ideologiekritik*, S. 153 이하.

비판적 자각을 지닌 해석학은 이해를 이성적 담화의 원리와 결합해준다. 이성적 담화의 원리에 따르면 지배로부터 자유롭고 어떤 제한도 받지 않는 이상적인 의사소통의 조건하에 추구되고 지속적인 호소력을 가질 수 있는 진정한 합의를 통해서만 진리는 보증될 수 있다.[14]

여기서 하버마스는 이데올로기 비판에서 한 걸음 더 나아가 '지배로부터 자유로운 이상적인 의사소통 조건'이 곧 '진리'를 담보하는 조건임을 역설하고 있다. 하버마스의 궁극적인 지향점이 이론과 실천의 매개라는 것은 다음과 같은 진술에서 더욱 분명히 드러난다.

(…) 그 어떤 제한도 받지 않고 지배로부터 자유로운 이상적인 의사소통을 통해 추구되는 합의에 근거하여 가늠되는 진리의 개념과 더불어 구속이 없는 의사소통 속에서 실현되는 공동체적 삶의 구조를 선취해야 한다. 진리라는 것은 구속이 없는 보편적 인정에 바탕을 두는 독특한 구속이다. 그런데 구속이 없는 의사소통은 이상적인 언어 상황, 다시 말해 구속이 없는 보편적인 소통이 가능한 삶의 형태이다. …… 진정한 합의에 의해 가늠되는 진리의 이념은 진정한 삶의 이념을 함축한다. 그러한 진리의 이념은 성숙함Mündigkeit의 이념을 내포한다고 할 수도 있다.[15]

결국 전통의 권위를 이해의 규정 요인으로 상정하는 가다머의 해석학적 경험에 맞서서 하버마스는 지배관계로부터 자유로운 이상적인 의사소통을 추구하며, 비판적 해석학은 그러한 의사소통을 통해 구현되는 공동체적 삶의 구조를 선취해야 한다고 보는 것이다. 하버마스는 그러한 '해방적 의사소통'의 모델로 정신분석의 예를 제시한다. 정신분석은 왜

---

14 같은 글, S. 154.
15 같은 글, S. 154 이하.

곡된 의사소통과 억압의 구조를 비판적 성찰을 통해 밝혀내고, 신경증 환자는 의사의 도움을 받아 그런 과정을 통해 강압을 통찰하고 억압에서 벗어날 수 있듯이, 사회적 영역에서도 지배관계의 억압적 성격을 이데올로기 비판을 통해 통찰하고 극복할 수 있다고 보는 것이다. 하버마스는 이렇듯 정신분석의 모델을 통해 비판적으로 재구성된 이데올로기 비판적 해석학을 '심층 해석학'Tiefenhermeneutik이라 일컫는다. 앞의 인용문에서 '진리의 이념'을 '성숙함의 이념'과 등치하는 데서도 알 수 있듯이 하버마스는 이데올로기 비판을 통한 해방적 의사소통의 완수를 미완의 계몽을 완수하는 것으로 설정하고 있다. 일찍이 칸트가 "계몽이란 자기 자신의 잘못으로 인해 초래된 미성숙 상태로부터 벗어나는 것이다."라고 정의했듯이 하버마스의 '심층 해석학'은 인식 주체의 비판적 자각을 지향하는 것이라 할 수 있다.

정신분석을 '해방적 성찰'의 모델로 설정하는 하버마스의 '심층 해석학'에 대하여 가다머는 그러한 치유의 과정이 단순히 '테크닉'이 아니라 의사와 환자 사이의 '공동의 성찰 작업'이라는 것을 인정한다. 그렇지만 의사와 환자의 특수한 관계를 사회적 영역으로 확장하여 '체계적으로 왜곡된 의사소통 구조'를 바로잡을 수 있다고 일반화하는 것은 의사소통 조건의 차이를 무화하는 것이라고 가다머는 논박한다. 의사와 환자의 관계는 의사의 권위에 대한 환자의 신뢰와 인정에 기초하지만, 사회적 영역에서는 나와 다른 생각을 가진 반대자의 저항이 만인에게 공통된 보편적 인간 조건이며, 따라서 정신분석에서는 가능한 비억압적 의사소통의 조건이 결여되어 있다고 보기 때문이다. 더구나 사회생활에서 개개인과 집단들을 '건강한' 사람과 '환자'로 나누어서 '환자'를 '치유'하듯이 왜곡과 억압을 바로잡을 수 있다는 발상 자체가 현실적 인간 조건에 맞지 않는 독단적 발상이라고 가다머는 비판한다. 가다머의 이러한 비판은 권위주의를 비판하는 비판이론이 자신들의 방법적 이상을 절대화하는 또 다른 형태의 권위주의를 경계하는 것이라 볼 수 있다. 그런 맥락에서 가다머는 개개인과 집단들의 상이한 경험에 근거하는 사회적 관계에서 '해방적 성찰'을 통해 지배관계를 일거에 허물어뜨릴 수 있다고 믿는 신념 자체가 '아나키즘적 유토피아'를 추구하는 '해석학적 허위의식'일 뿐이라고 비판한다.[16]

또한 가다머는 '이성적 담화의 원리'에 기초하여 '지배와 구속으로부터 자유로운 이상적 의사소통'을 통해 진리가 담보될 수 있고 그러한 '진리와 더불어 이상적인 삶의 형식을 선취'할 수 있다고 보는 진리관을 '형이상학'이라고 정면으로 비판한다.

내가 보기에는 선의 이념에서 진리의 이념을 도출하고 '순수' 지성의 개념에서 존재를 도출하는 그러한 진리 기준은 형이상학에서 익히 알려진 것이다. 순수지성의 개념은 중세의 지성론에서 유래하는데, 그에 따르면 순수지성은 신의 본질을 직관하는 천사에게서 구현된다.[17]

가다머가 보기에는 해방적 성찰이 궁극적으로 지향하는 역사의 이상적 완성태, 즉 유토피아적 표상을 근거로 역으로 지금 이곳의 구체적 역사 현실을 규정하는 논법은 '선의 이념'에서 '진리의 이념'을 도출하는 것이며 신적 직관에 기대어 현실을 인식하는 것이므로 '형이상학'의 논리에 방불하다는 것이다. 가다머 자신은 그런 '이상적' 상황을 한번도 염두에 둔 적이 없으며 오직 구체적 경험만을 염두에 두었다고 말한다. 그가 철저하게 이해의 역사성에서 해석학적 경험의 근거를 탐색한 이유가 여기서 분명해진다. 가다머는 하버마스가 상정하는 이상적 의사소통 상황에 맞서서 해석학적 경험의 역사적 개방성을 거듭 강조한다.

---

16 Gadamer: Rhetorik, Hermeneutik und Ideologiekritik, S. 82.
17 Gadamer: Replik, in: Habermas u. a. (Hg): *Hermeneutik und Ideologiekritik*, S. 304.

경험의 완수라는 것은 앎의 완수가 아니라 새로운 경험을 위한 온전한 개방성을 뜻한다. 절대지知의 개념에 맞서 해석학적 성찰이 추구하는 진리는 바로 그런 것이다.[18]

하버마스가 구속과 억압에서 벗어난 이상적 의사소통을 '이상적 언어 상황'과 연결하는 논리에 대해서도 가다머는 비판적이다. 가다머는 언어가 사회적 관계의 산물로서 지배관계를 반영하는 이데올로기적 성격을 지닌다는 점은 전적으로 인정한다. 그렇지만 하버마스처럼 이상화된 의사소통을 통해 '이상적 언어 상황'에 도달할 수 있다고 보는 것은 '의미의 투명성'을 믿는 또 하나의 이상화일 뿐이며, 그런 언어 이상주의는 언어를 통해 전승되는 전통의 다층적 맥락을 '관념론적으로 희석하는' 것이라고 비판한다. 그렇기 때문에 언어라는 것은 이데올로기 비판을 통해 명징하게 그 의미를 드러내는 성질의 것이 아니라 이데올로기 비판을 통해서도 그 의미가 온전히 해소되지 않는 어떤 '사건'이다. 그런 맥락에서 가다머는 "이해될 수 있는 존재는 언어이다."Sein, das verstanden werden kann, ist Sprache[19]라고 언어의 문제를 존재론의 차원에서 사유한다.

(…) 언어 속에는 존재하는 모든 것이 투영된다. 언어 속에서만, 오로지 언어 속에서만 우리는 다른 어디서도 마주칠 수 없는 사태에 마주치게 된다. 우리는 (우리가 표명하는 의견과 우리 자신에 관한 앎일 뿐만 아니라) 곧 언어 자체이기 때문이다. 결국 언어는 결코 거울 같은 것이 아니다. 그리고 우리는 언어를 통해 우리 존재와 모든 존재의 반영물을 인지하는 것이 아니라, 노동과 지배의 현실적 제약 속에서 그리고 우리의 세계를 규정하는 다른 모든 것 속에서 우리와 더불어 존재하는 것을 해석하고 살아내는 것이다.[20]

---

18 같은 글, S. 311.
19 Gadamer: Rhetorik, Hermeneutik und Ideologiekritik, S. 71.
20 같은 글, S. 71 이하.

가다머에게 언어라는 것은 '우리 자신에 관한 앎', 즉 인식의 의미 내용보다 더욱 포괄적이고 근원적인 우리 자신의 존재 자체와 연관되어 있다. 가다머가 『진리와 방법』에서 "인간의 언어는 언어적 의사소통을 통해 '세계'가 개현된다는 점에서 독특하고 유일무이한 삶의 과정이다."(388쪽 이하)라고 언명하는 것은 그런 맥락에서 이해될 수 있다. 따라서 언어를 이데올로기 비판을 통해 얻어지는 인식의 내용으로 환원하여 그것을 단지 그 무엇의 반영물로 보거나 인식의 수단으로 보는 도구주의적 관점은 가다머의 입장에서 보면 언어를 통한 세계경험의 풍요로움을 단순화하는 것이다.

『진리와 방법』의 영향사

지금까지 가다머·하버마스 논쟁을 통해 살펴본 대로 『진리와 방법』은 전통적 해석학의 좁은 테두리를 넘어서 현대 인문사회과학 전반의 방법적 토대와 직결되는 첨예한 쟁점들을 다루고 있다. 앞에서 언급한 바와 같이 근대 학문의 객관주의와 실증주의, 주객 동일성을 전제하는 관념론, 그리고 비판적 이성의 무오류성을 신봉하는 실천철학 모두에 대해 가다머는 그러한 방법론들이 과연 인간 존재의 역동적인 역사성을 제대로 평가하고 있는지 근본적인 질문을 던지고 있는 것이다. 해체론의 기수 데리다가 1980년대 초반 『진리와 방법』에 대해 비판적 문제 제기를 하면서 벌어진 가다머·데리다 논쟁도 『진리와 방법』의 학문사적 파장을 실감케 하는 중요한 사건이다. 여기서 길게 논할 수는 없지만, 가다머가 선이해의 부단한 수정 과정을 통해 더욱 확장되고 통일된 이해의 가능성이 열릴 수 있다고 보는 반면, 역으로 데리다는 그렇게 확장된 이해도 의미의 통일성을 담보하기보다는 필연적으로 '해체'될 수밖에 없다고 본다. 또한 가다머는 세계경험을 구성하는 원리로서 언어의 존재론적 지평을 적극적으로 옹호하는 반면, 데리다는 언어를 통한 의미 구성에 대해 근본적인 회의를 표명한다. 그런 측면에서 가다머와 데리다의 입장 차이는 분명하지만, 다른 한편 두 사람 모두 하이데거의 유산을 비판적으로 계승한 철학자라는 점에서는 그러한 영향사적 맥락 속에서 가다머·데리다 논쟁을 재조명하는 것 또한 중요한 연구 과제로 남아 있다.[21] 2002년 가다머 서거에 즈음하여 데리다는 '끝나지 않은 대화'라는 제목으로 장문의 추도사를 발표했다. 이 글에서 데리다는 가다머와 나눈 우정 어린 대화를 통해 비로소 20세기 독일 사상과 철학을 제대로 이해할 수 있게 되었다고 고백하고 있다. 가다머가 서거한 두 해 뒤에 데리다 역시 생을 마감하고 두 사람 모두 역사적 인물이 된 지금 시점에서, 일견 분명한 입장 차이를 보이는 듯한 두 사람 사이의 '끝나지 않은 대화'를 보다 넓은 시각에서 재평가하는 일은 오늘날 독자의 몫일 것이다.

문학 및 미학 이론의 영역에서 가다머의 영향사 이론은 야우스의 수용미학Rezeptionsästhetik과 허쉬의 문학해석학에 지대한 영향을 주었다.[22] 나아가 가다머 자신이 저술한 방대한 시론 역시 중요한 연구 과제로 남아 있다. 가다머는 철학도였던 청년 시절부터 시에 심취하여 늘 시집을 들고 다녔다고 알려져 있는데, 1985년부터 간행된 가다머 전집 열 권 중 횔덜린, 릴케, 첼란 등의 시에 대한 해석이 주요 부분을 차지하는 미학 및 시론이 두 권이다. 실제로 가다머 자신이 『진리와 방법』 3판(1972)에 부친 후기에서 『진리와 방법』을 집필한 이후 시에 대한 구체적 해석을 통해 해석학적 경험을 더욱 심화하는 작업에 몰입했다고 밝힌 바 있다. 따지고 보

---

21 논쟁 자료집으로 다음 참조. Martin Gessmann (Hg.): *Der ununterbrochene Dialog/Jacques Derrida*, Hans-Georg Gadamer, Frankfurt a. M. 2004; Philippe Forget, Jacques Derrida (Hg.): *Text und Interpretation*: Deutsch-französische Debatte mit Beiträgen von J. Derrida, Ph. Forget, M. Frank, H.-G. Gadamer, J. Greisch und F. Laruelle, Stuttgart 1984.

22 Hans Robert Jauß: *Literaturgeschichte als Provokation der Literaturwissenschaft*, Konstanz 1967; Eric Donald Hirsch: *Validity in Interpretation*, 1967.

면 『진리와 방법』에서도 이미 3부에서 '언어를 통한 해석학의 존재론적 전환'을 시도하는 것은 가다머가 미적 체험을 통한 세계경험의 확장에 그만큼 큰 비중을 두고 있었다는 뜻으로 이해할 수 있다. 가다머는 『진리와 방법』에서, 시적 언어의 발견은 일체의 관습적인 말과 표현 방식의 총체적 해체를 전제로 한다는 것을 휠덜린Friedrich Hölderlin이 보여주었다고 언급하면서 휠덜린의 시론을 인용한다.

시인은 자신의 내적 삶과 외적 삶 전체가 근원적 감각의 순수한 음조音調에 사로잡힌다고 느끼면서 자신이 속해 있는 세계를 둘러볼 때면 이 세계를 미지의 새로운 세계처럼 느낀다. 그리하여 시인 자신이 겪은 모든 경험과 지식, 직관과 사색, 예술과 자연의 총체가 마치 생전 처음으로 생생하게 펼쳐지는 것처럼 느껴진다. 따라서 그 세계가 아직 파악되지도 규정되지도 않은 채로, 순전히 소재와 삶 자체로 용해된 듯한 느낌을 받는다. 바로 그런 느낌이 드는 순간 시인은 그 무엇도 미리 주어진 당연한 것으로 받아들이지 않아야 하며, 그 어떤 실정적 경험도 출발점으로 삼지 말아야 한다. 이런 자세가 무엇보다 중요하다. 그리하여 시인이 이전까지 알던 자연과 예술은 바로 **시인 자신을 위한 하나의 언어가 탄생하기 전까지는 말하지 않도록 해야 한다**.(421쪽)〔원문 강조〕

새로운 시적 언어를 발견할 때 시인은 기존의 세계가 마치 '미지의 새로운 세계'처럼 느껴지는 개안開眼의 경험을 하며, 그렇게 열리는 '근원적 감각'은 기성의 세계질서를 당연한 것으로 받아들이지 않고 전혀 새로운 관점에서 대면하게 한다. 이 대목에 대해 가다머가 "작품으로 탄생한 창조물로서의 시는 이상이 아니라 무한한 삶으로부터 길어 올린 정신이다. (…) 시에서는 존재자가 지시되거나 의미로 표현되는 것이 아니라, 신적인 동시에 인간적인 하나의 세계가 개현된다."(421쪽)라고 하는 것은 그런 의미로 이해할 수 있다. 가다머가 '경험의 완수는 앎의 완수가 아니라 새로운 경험을 향한 온전한 개방성'이라고 한 것도 그처럼 근원적 감각의 트임을 통해 무궁무진한 새로운 세계가 열리는 경험에 참여하는 시적 창조의 경험에 맞닿아 있는 것으로 보인다.

그 밖에도 『진리와 방법』이 신학 해석학과 법학 해석학, 윤리학, 역사학 등 다양한 분야에서 커다란 영향을 미쳤다는 것은 주지의 사실이다.[23] 중세 교부철학과 신플라톤주의 이래 슐라이어마허에 이르기까지 성경 해석학의 역사적 전개 과정을 통시적으로 꿰뚫어 보고 비판적으로 조망하는 가다머의 탁월한 통찰은 아직까지도 신학 해석학에 풍부한 토론의 단서를 제공하고 있다. 또한 『진리와 방법』 2부에서 해석학의 근본 문제를 재발견하기 위한 하나의 범례로서 법학 해석학에 별도의 논의를 할애하는 데서도 알 수 있듯이, 법의 제정과 전승이 언제나 상이한 시대적 배경에 대한 역사적 고려를 수반한다는 점에서 법리학 분야에서 가다머의 논의는 여전히 중요한 참조틀이 된다. 그리고 아리스토텔레스의 '실천지'phronesis에 대한 가다머의 재해석은 칸트의 정언률에 기초한 근대 윤리학에 새로운 방향 전환을 가져온 것으로 평가되기도 한다. 인간 경험의

---

23 가다머 자신이 『진리와 방법』 3판 후기에서 신학 해석학과 법학 해석학 분야에서 『진리와 방법』의 직접적인 영향하에 나온 대표적인 논저로 다음 문헌들을 언급한 바 있다.
 * 신학 해석학
 Günter Stachel: 『새로운 해석학』 Die neue Hermeneutik(1967).
 Ernst Fuchs: 『마부르크 학파의 해석학』 Marburger Hermeneutik(1968).
 Eugen Biser: 『신학적 언어이론과 해석학』 Theologische Sprachtheorie und Hermeneutik (1970).
 Gerhard Ebeling: 『신학적 언어이론 입문』 Einführung in die theologische Sprachlehre (1971).
 * 법학 해석학
 Fritz Rittner: 「이해와 해석」 Verstehen und Auslegen, Freiburger Dies Universitas 14 (1967).
 Josef Esser: 『법 발견에 있어서 선이해와 방법』 Vorverständnis und Methode in der Rechtsfindung(1970).
 Joachim Hruschka: 『법 문헌의 이해』 Das Verstehen von Rechtstexten, Münchener Universitätsschriften, Reihe der juristischen Fakultät, Bd. 22 (1972).

역사성을 탐구의 시발점으로 삼는 가다머의 논의가 역사와 전통에 대한 해석의 학문인 역사학 분야에서 핵심적 중요성을 갖는다는 것은 두말할 나위 없을 것이다. 하지만 누차 강조한 바와 같이 『진리와 방법』은 개별 학문 분야의 방법론에 관한 탐구가 아니라 근대 학문의 방법 자체에 대한 근본적인 성찰을 담고 있다. 따라서 어느 분야에서든 『진리와 방법』에서 끌어다 쓰기 편한 방법론을 찾으려 한다면 그런 태도야말로 가다머가 가장 경계하는 편협한 '방법론주의'에 빠져드는 지름길임을 유념해야 할 것이다. 해당 분야의 탐구가 과연 무궁무진한 역사적 지평을 향해 열려 있는가를 끊임없이 되묻는 자세로 이 책을 읽을 때 비로소 가다머가 실천한 진리 탐구의 정신을 체득하는 생산적인 독서와 토론이 가능할 것이다.

(2011년)

4부

벤야민의 서사 이론

서사 정신의 회복을 위하여

레스코프와 '구전 이야기'

「이야기꾼: 니콜라이 레스코프의 작품에 대한 고찰」Der Erzähler: Betrachtungen zum Werk Nikolai Lesskows, 1936[1]은 발터 벤야민Walter Benjamin, 1894~1940의 서사 이론이 집약된 글이다. 벤야민은 히틀러 집권 후 파리에 망명해 있던 시절에 이 글을 집필했다. 이 글의 부제로 언급되는 러시아 소설가 레스코프Nikolai Leskov, 1831~1895의 독일어판 전집이 1924~1927년에 총 9권으로 간행되었고, 벤야민은 이 작품집을 읽고 깊은 인상을 받았노라고 언급한 바 있다. 벤야민이 레스코프의 소설에서 주목한 것은 무엇보다 '구전 이야기'의 전통이다. 레스코프는 러시아 문학사에서 옛 구전설화skaz의 형식을 계승하여 발전시킨 대표적인 작가로 알려져 있다. 그리고 1910년대 러시아 소설에서 구전 이야기를 부흥시키려는 움직임이 활발해졌는데, 이를 계기로 예이헨바움은 전통적인 구전 이야기와 현대 소설의 차이를 규명한 바 있다. 예이헨바움에 따르면 "말 자체는 원래 문자

---

[1] 번역본으로 다음 참조. 벤야민: 『서사·기억·비평의 자리』, 최성만 옮김, 도서출판 길 2012, 415~460쪽.

와는 아무런 상관이 없으며, 목소리와 표현과 억양에다 제스처와 몸동작까지 곁들여서 들려주는 생생하고 역동적인 활동"[2]이다. 그 반면에 '소설'은 '읽기 위한 문자'에 갇혀서 생생한 목소리를 상실하고 있다고 본다. 구전 이야기와 소설의 차이는 예컨대 관객 앞에서 공연되는 드라마와 혼자 책으로 읽는 드라마의 차이에 비견될 법하다.

예이헨바움이 '탁월한 구술 이야기꾼'이라 일컫는 레스코프는 자신의 이야기 스타일에 대해 이렇게 말한 바 있다.

사람들은 내 작품을 읽으면 재미있다고들 한다. 그것은 우리 모두가, 내 작품의 주인공들과 나 자신이, 각자 자기만의 고유한 목소리를 갖고 있기 때문이다. (…) 수많은 세월 동안 나는 다양한 사회계층에 속해 있는 러시아인들의 어법과 말투를 주의 깊게 들어왔다. 그들은 내 작품에서 자기만의 방식으로 말하며, 문어를 구사하지 않는다. 글을 쓰는 작가에겐 주위 사람들의 언어를 습득하는 것이 책에 있는 언어를 습득하는 것보다 더 어렵다. 그래서 우리 문학에는 문어가 아니라 생생하게 살아 있는 화법을 구사하는 스타일의 예술가, 이야기의 장인이 드물다.[3]

요컨대 다양한 사회계층에 속해 있는 러시아인들이 제각기 자기만의 고유한 목소리를 낼 수 있도록 생생한 구어체 화법을 구사하는 것이 레스코프 문학의 기본 특징이다. 레스코프는 전통적인 구술 이야기를 대체하는 새로운 소설 형식이 '줄거리의 완결성과 하나의 구심점을 향한 집중을 요구하는 인위적이고 부자연스러운 형식'이라고 비판하면서 의식적으로 구술 이야기를 추구한다. 그 결과 현대 소설과 달리 단일한 '주인

---

[2] Boris Mikhailovich Eichenbaum: Die Illusion des Skaz (1918), in: *Texte der russischen Formalisten*, München 1969, S. 161.
[3] 다음에서 재인용. Eichenbaum: Leskov und die moderne Prosa (1925), in: *Texte der russischen Formalisten*, S. 222.

공'에 초점을 맞추기보다는 주인공이 겪는 다양한 사건들로 이야기가 끝없이 확장되는 양상을 띤다. 예컨대 레스코프의 대표작 가운데 하나로 꼽히는 『마법에 걸린 순례자』[4]는 이러한 특징들을 고스란히 보여준다. 이야기의 시작 부분은 익명의 등장인물들이 이야기의 주인공을 찾아내어 이야기를 시작하도록 하는 일종의 무대 지시문적 성격을 띤다. 이어서 주인공은 먼저 자신의 신상을 소개하는 것으로 이야기를 시작하여 앞으로 펼쳐질 이야기의 화자 겸 주인공으로서 자신이 겪어온 파란만장한 인생역정을 좌중에게 생생하게 들려준다. 이 이야기를 읽는 독자는 작품 속에서 화자 옆에 둘러앉아 주인공 겸 화자가 들려주는 이야기를 듣는 작중 인물들과 마찬가지로 이야기꾼의 생생한 목소리를 직접 듣는 듯한 효과를 경험한다. 러시아 구전설화의 맥을 잇는 이러한 이야기 스타일을 예이헨바움은 "어휘, 억양, 통사 등의 선택에서 화자의 구어체 화법을 추구하는 이야기 형식"[5]이라 정의한다. 벤야민이 말하는 '이야기'도 바로 그런 구전 이야기를 뜻한다. 과거에 농사꾼이나 수공업자 혹은 먼 곳을 여행하는 선원들이 들려주었던 그런 이야기는 유익한 실용적인 지식이나 진기한 경험 그리고 삶의 지혜를 전수하고 공유할 수 있게 해주는 특별한 힘을 발휘했다. 아울러 그런 이야기를 할 줄 아는 능력까지도 함께 전수되었다.

'이야기'의 종언과 '소설'의 위기

벤야민은 그런 이야기를 할 줄 아는 능력이 종언을 고했다는 데서 논의를 시작한다. 이야기하는 능력은 경험을 함께 나눌 줄 아는 능력이므로 이야기하는 기술의 몰락은 곧 경험을 공유할 수 있는 능력의 상실을 뜻한다.

---

4 국역본으로 다음 참조. 『매료된 여행자』, 김진욱 옮김, 생각하는 백성 1999.
5 Eichenbaum(1925), S. 219.

그 주요한 원인은 경험의 가치 자체가 추락했기 때문이다. 경험의 가치가 추락한 원인을 벤야민은 다양한 관점에서 진단한다. 신문과 같은 대중매체의 발달은 매일 새로운 소식을 쏟아내지만, 대중매체가 전달하는 정보는 금세 새로운 정보에 파묻혀서 시효를 상실하기 때문에 진기한 경험으로 공유될 가치가 없다. 진기한 경험으로 길이 전수되는 '이야기'와 금방 소멸하는 '정보'의 차이는 벤야민이 소개하는 헤로도토스의 이야기에서도 확인할 수 있다. 이집트를 정복한 페르시아 왕 캄비세스는 이집트의 프사메니투스 왕을 능욕하기 위해 그의 딸을 우물물 길러 가는 하녀로 부리지만, 프사메니투스 왕은 아무런 반응을 보이지 않는다. 뿐만 아니라 아들이 처형장으로 끌려가는 것을 보고서도 전혀 동요하지 않는다. 그런데 한때 충신이었던 노인네가 거지 행색으로 나타나자 그는 주먹으로 머리를 치며 비통한 감정을 드러낸다. 이 이야기에 대해 일찍이 몽테뉴는 딸과 아들의 비참한 운명에 프사메니투스의 슬픔이 이미 최고조에 달했기 때문에 약간의 슬픔만 더해져도 감정이 폭발한 것이라 해석했다. 그런가 하면 벤야민 자신은 극한의 고통은 억눌려 있다가 의외의 순간에 폭발한다고 해석했다. 이 이야기는 수천 년이 지나도록 새로운 해석을 낳으면서 이야기 본래의 '고갈되지 않는 원천'이 어떤 것인지 여실히 보여준다. 그렇지만 이 이야기를 신문기자가 전달하는 '정보'의 관점에서 파악할 때는 단순히 '프사메니투스 왕은 자기 아들보다 신하를 더 사랑했다.'라는 식의 일면적 판단을 '뉴스'로 알리는 데 그칠 것이다. 왕의 불가사의한 태도는 헤아리기 힘든 운명적 깊이를 상실하고 단 한 줄의 기삿거리로 처리되는 것이다. 대중매체의 발달 외에도 1차 대전 같은 물량전과 대량학살의 충격은 사람들을 실어증에 빠뜨리며, 대공황의 인플레이션은 경제적 감각을 마비시킨다. 다른 글에서 벤야민은 사물의 아우라를 남기지 않는 '유리·강철 문화'의 지배가 경험을 빈곤하게 만든다고 말한다. 요컨대 공유할 만한 가치가 있는 경험의 소멸은 벤야민이 「기술복제시대의 예술작품」에서 말하는 '아우라의 붕괴'에 상응하는 현상이라 할 수 있다.

이야기의 몰락을 대체하는 것이 소설의 융성이다. 인쇄술의 발달에 힘입어 소설은 급속히 확산되었다. 그렇지만 벤야민은 예이헨바움의 생각과 유사하게 소설이 지혜와 경험을 나누는 이야기 고유의 권능을 상실했다고 본다. 이야기가 입에서 입으로 전해지면서 지혜와 경험을 공유하는 데 기여하는 반면 소설가는 자신을 고립시키고, 소설의 산실은 고독한 개인이다. 되블린 Alfred Döblin의 소설 『베를린 알렉산더 광장』에 대한 서평의 형식으로 쓴 「소설의 위기」Krisis des Romans, 1930에서 벤야민은 소설이 바깥세상과 절연된 원자화된 개인을 내면 세계의 침묵에 침잠하게 한다고 말한다.[6] 그리고 "책은 실제적 언어들의 죽음입니다."(같은 곳)라는 되블린의 말을 인용하여 이야기와 소설을 '살아 있는 언어'와 '죽은 문자'의 관계로 대비한다.

신문 같은 대중매체의 발달은 동시에 소설 형식에도 결정적 변화를 가져오며, 소설의 위기를 부추겼다. 벤야민이 구체적 사례를 언급하지는 않지만, 소설의 전성기를 구가한 발자크의 소설에서도 그 점은 확인된다. 예컨대 『잃어버린 환상』Illusions Perdues, 1837에서 파리 입성에 성공한 주인공 뤼시앵은 신문 편집자가 되어 그의 기사 하나가 파리 연극계의 유명 여배우들의 출연료를 좌우하는 위력을 실감한다.

뤼시앵은 편집자로 취임했고, 극장 지배인들로부터 인사를 받았으며, 여배우들에게서 추파를 받았다. 그의 기사 한 편이 코랄리에게는 연간 1만 2천 프랑에 짐나즈 극장에, 그리고 플로린에게는 8천 프랑에 파노라마 극장에 계약되게 해주었다는 것을 여배우들은 모두 알고 있었던 것이다.[7]

또한 파리 사교계의 추문을 폭로하여 유명 정치인을 하루아침에 매장

---

6 벤야민: 「소설의 위기」, 『서사·기억·비평의 자리』, 492쪽 참조.
7 발자크: 『잃어버린 환상』, 이철 옮김, 서울대출판부 1999, 410쪽 이하.

하는 것도 신문의 위력이다. 이렇듯 세인의 관심을 집중시키며 독자를 집어삼키는 신문 기사는 똑같이 독자의 흥미를 사로잡아야 하는 소설의 잠재적 경쟁자라 할 수 있다. 그런 관점에서 보면 이 소설에서 오로지 출세욕과 인정투쟁에 눈먼 뤼시앵의 허황된 환상이 한 꺼풀씩 벗겨지고 바닥 없는 나락으로 추락해가는 아슬아슬한 모험의 곡예와 심리 묘사는 마치 한치 앞을 내다볼 수 없는, 그러면서도 나의 모든 것을 판돈으로 걸어야 하는 도박판을 방불케 한다. 그러한 플롯과 심리 묘사는 무릇 도박이 중독성을 갖는 만큼은 독자를 사로잡으며 소설의 흥행을 보장할 것이다. 그렇지만 주기적으로 예측 불허의 극적 반전을 삽입해서 독자의 흥미를 지속시키는 그러한 서사 형식은 결국 소설의 플롯을 정형화하고, 독자의 비판적 성찰을 무력화하는 심리 묘사의 미궁에 빠질 공산이 크다.[8] 발자크 소설에는 사회의 역동적 총체성을 날카롭게 묘파한 위대한 리얼리즘에도 불구하고 그 이면에 장차 소설이 직면할 위기의 징후가 잠복해 있는 것이다. 벤야민이 「이야기꾼」의 8번 항목 서두에서 소설의 주된 특징인 '심리적 분석'에서 벗어난 이야기야말로 고유한 경험의 전달과 공유 가능성을 높여준다고 하는 것은 그런 맥락에서 이해할 필요가 있다.

기억과 서사

지금까지 살펴본 대로 벤야민은 '이야기'와 '소설'을 대비해서 이야기가 지혜를 전수하는 자생적 힘을 지닌 반면 소설은 그러한 능력을 상실한 고독한 개인의 산물이라고 본다. 다른 글에서 원래 벤야민 자신이 소설보다

---

[8] 그런 의미에서 모레티(Franco Moretti)는 발자크 소설의 플롯이 일체의 내면적 성찰을 배제하는 '산문'(provorsa, 뒤돌아보지 않고 '앞으로만 나아가는 이야기'라는 뜻)의 완벽한 승리를 보여준다고 말한다. 모레티: 『세상의 이치: 유럽 문화 속의 교양소설』, 성은애 옮김, 문학동네 2005, 297쪽 참조.

는 이야기를 선호한다는 점을 밝히기도 하는데, 이러한 논조는 퇴락한 서사 양식인 소설을 버리고 다시 이야기로 돌아가자는 주장으로 오해될 소지가 있다. 하지만 구전으로 전승되는 이야기가 몰락하고 책으로 유통되는 소설이 서사 양식의 주류로 부상한 것은 기술 매체와 생산력의 발달에 따른 불가역의 과정이다. 따라서 이야기냐 소설이냐 하는 양자택일의 접근은 벤야민의 논지에서 벗어난다. 그렇긴 하지만 벤야민이「이야기꾼」을 쓰기 전에「소설의 위기」를 심각하게 고민했고, 그 전에 '이야기'의 전통을 되살린 레스코프의 작품에 깊은 인상을 받았다는 전후 맥락을 고려해보면 이야기와 소설을 단지 발생사적 순서에 얽매이지 않고 이야기의 고유한 전통에서 소설의 위기를 돌파할 계기가 무엇인가를 치열하게 고민했다고 짐작해볼 수 있다. 이야기와 소설, 그리고 서사 양식의 원형이라 할 서사시에서 공통분모가 되는 '기억'의 문제에서 벤야민은 서사 양식의 발생사적 순서의 불가역성을 극복할 하나의 단서를 모색하는 것으로 보인다.

벤야민에 따르면 기억은 무엇보다 중요한 서사적 능력이다. 고대 서사시는 이야기와 소설의 공통된 원천으로 나중에 이야기와 소설로 분화되어 나타나는 기억술의 원형을 농축하고 있다. 고대 그리스에서 원래 서사시는 문자 텍스트로 읽힌 것이 아니라 음송자吟誦者, Rhapsode가 청중에게 들려주는 형식으로 전달되었다. 서사시의 음송자는 전적으로 기억에 의존하여 이야기를 전달했던 것이다. 그래서 예컨대『오디세이아』의 서두는 음송자가 뮤즈 여신에게 오디세우스의 모든 행적을 이야기해달라고 기원하는 일종의 축문으로 시작된다.

> 말씀해주소서, 무사(뮤즈) 여신이여, 트로이아의 신성한 도시를 파괴한 뒤
> 많이도 떠돌아다녔던 임기응변에 능한 그 사나이에 대해서.[9]

이러한 전달 방식은 훗날 이야기가 구연口演으로 전달되는 화법을 선취한 것이라 할 수 있다. 다른 한편 기억은 서사시에 유기적 통일성을 부여하는 구성적 원리이자 서사시가 표현하는 세계관의 구성적 원리이기도 하다. 가령 페넬로페가 오디세우스를 알아보는 장면,[10] 그리고 오디세우스의 아버지가 아들을 알아보는 장면[11]이 그렇다. 오디세우스가 트로이 전쟁에 출정한 후, 오랜 세월 구혼자들의 압박에 너무 시달린 나머지 페넬로페는 어떤 남자도 믿지 않으며, 심지어 20년 만에 돌아온 오디세우스를 알아보지도 못한다. 그래서 오디세우스가 진짜인지 시험하기 위해 페넬로페는 신혼 시절에 오디세우스가 지은 신방의 침대를 바깥으로 옮겨서 '손님'(오디세우스)에게 제공하라고 하인에게 명한다. 그러자 오디세우스는 일찍이 '살아 있는 올리브 나무' 거목을 기둥으로 삼아서 신방을 지어 올렸고, 그 나무에 침대를 짜서 맞추었기 때문에 아무리 천하장사라도 그 나무를 뽑지 않고서는 침대를 옮길 수 없노라고 답해서 페넬로페의 '시험'에 합격한다. 대지에 뿌리박은 살아 있는 나무를 기둥 삼아 신방을 지었다는 이 회고담은 두 사람의 사랑이 생사를 알 수 없는 20년의 세월을 거뜬히 뛰어넘어 신방을 꾸릴 때처럼 변함이 없다는 것을 보여주는 절묘한 장치이다. 나아가서 지상의 행복은 그처럼 대지에 뿌리내린 삶을 통해서만 온전히 성취될 수 있다는 것도 일깨워준다. 오디세우스의 아버지 라에르테스 역시 아들을 알아보지 못하고 아들이라는 증거를 대보라고 말한다. 그러자 오디세우스는 어릴 적에 온갖 묘목을 구해달라고 아버지를 졸라서 '배나무 열세 그루와 사과나무 열 그루와 무화과나무 마흔 그루'를 선물로 받았고 또 '포도나무 쉰 줄'을 주겠다는 약속도 받았노라고 말한다. 여기서 보듯이 오디세우스는 트로이 전쟁의 영웅, 이타카의 왕위계승자이기 이전에 대지에 뿌리내린 소박한 자연인임을 실감할 수 있다.

---

9 호메로스:『오디세이아』, 천병희 옮김, 단국대학교 출판부 1996, 1쪽.
10 같은 책, 353쪽 이하.
11 같은 책, 374쪽 이하.

10년 동안 트로이 전쟁을 치르고 10년 동안 거친 바다와 싸우며 온갖 모험을 겪고서도 어린 시절의 무구한 기억을 그대로 간직하고 있는 것이다. 벤야민이 기억을 '서사시의 뮤즈'라고 일컫는 것은 이런 의미로 이해할 수 있다.

    서사시가 붕괴한 이후 이야기와 소설에서 기억은 다른 형태로 변주된다. 이야기에서 기억은 흩어져 있는 이야기의 가닥들을 연결해주고, 하나의 이야기에서 다른 이야기가 생성되도록 하는 연결고리로 기능한다. 이것은 한 명의 이야기꾼이 다양한 이야기들을 연결해서 들려주는 이야기 스타일에 해당되는 것으로 『아라비안 나이트』나 『마법에 걸린 순례자』가 그런 경우에 속한다. 그리고 이야기를 듣는 이가 다시 이야기를 전승하는 형태로 전통의 연쇄를 이루기 때문에 이야기에서 기억은 집단적 경험의 매체가 된다. 이야기꾼의 기억이 짧은 지속성을 갖는다는 주장은 기억의 그러한 역할과 상충하는 것 같지만, 이야기꾼이 들려주는 이야기가 대개 상대적 자립성을 갖는 다양한 사건들을 아우르기 때문에 그 각각의 사건들은 그 자체로 완결된 짧은 지속성을 갖는다는 뜻이다. 예컨대 『마법에 걸린 순례자』에서 주인공이 말 조련사로 뛰어난 수완을 발휘하는 초반부 이야기,[12] 이어서 뜻하지 않게 떠돌이 수도사를 죽음으로 몰아넣고 백작 부부를 구하는 이야기,[13] 그리고 중앙아시아의 유목 부족에 납치되어 노예 신세로 고난을 겪는 이야기[14] 등은 제각기 완결된 별개의 이야기들이다. 이야기의 이러한 특성은 고대 서사시가 제각기 완결된 수많은 모험담들로 구성되어 있는 것과 유사하며, 그런 점에서 이야기는 서사시의 전통을 계승하는 측면이 있다. 또한 이야기가 분산된 다양한 사건들을 다루는 반면 소설이 특정한 '**한 명**의 주인공'에 집중한다는 것은 이야기가 집단적 경험을 전수하는 반면 소설은 개인의 운명에 초점을 맞춘다는 뜻으로

---

12 레스코프: 『매료된 여행자』, 30쪽 이하.
13 같은 책, 34쪽 이하.
14 같은 책, 84쪽 이하.

이해할 수 있다.

이야기에서의 기억이 짧은 지속성을 갖는 반면에 소설에서의 기억은 영속성을 추구한다고 벤야민은 말한다. 이것은 삶의 무상함과 무의미에 맞서는 개인의 고독한 투쟁이 기억의 주된 기능이라는 뜻이다. 벤야민이 루카치의 『소설의 이론』을 인용하여 "소설의 내적 줄거리 전체는 다름 아닌 시간의 (파괴적) 힘에 대항하는 투쟁"이며 소설에서의 시간 경험이 "대상을 꿰뚫고 변화시키는 창조적 기억"으로 나타난다고 하는 것은 그런 의미에서다. 그러한 '창조적 기억'이 소설에서 어떤 유형으로 나타나는가를 일률적으로 정의할 수는 없을 것이다. 다만 '창조적 기억'의 대립항에 해당하는 기계적 시간 경험을 벤야민은 「역사의 개념에 대하여」 *Über den Begriff der Geschichte*, 1940에서 "균질적이고 공허한 시간"homogene, leere Zeit이라 비판한다.[15] 그것은 역사적 경험의 순차적 경과와 누적이 곧 역사의 진보로 이어질 거라는 역사주의의 환상에 대한 비판이다. 과거에 있었던 일을 그대로 복원하는 것을 역사 서술의 과제로 삼았던 랑케의 역사주의는 과거와 현재의 관계를 균질적 시간의 순차적 흐름과 기계적인 인과율의 틀에 가두는 결정론적 사고의 소산이기도 하다. 그 반면 벤야민이 추구하는 진정한 역사적 상상력은 "지나간 과거와 지금 현재가 섬광처럼 하나의 성좌Konstellation로 결합되는 변증법적 이미지"로 형성된다.[16] 예컨대 벤야민이 자신의 유년 시절에 대한 회상의 기록을 삶의 순차적 흐름에 따른 전기적 서술이 아니라 특정한 '공간과 순간들과 불연속적인 것'의 서술이라 일컫고 "여기서 몇 달 몇 년에 걸친 시간대가 서술된다 하더라도 그것은 회상Eingedenken의 순간에 떠오르는 형태로 나타난다."[17]라고 하는 의미에서 창조적 기억은 '섬광처럼 떠오르는 이미지'로 포착되

---

15 벤야민: 「역사의 개념에 대하여」, 『역사의 개념에 대하여 외』, 최성만 옮김, 도서출판 길 2008, 344쪽 이하 참조.
16 Benjamin: *Passagenwerk*, Gesammelte Schriften, Bd. V.1, Frankfurt a. M. 1991, S. 576.
17 벤야민: 『베를린 연대기』, 윤미애 옮김, 도서출판 길 2007, 194쪽.

는 것이다. '회상의 순간에 떠오르는' 이미지가 어떤 것인지 보여주는 구체적 사례로 역시 벤야민이 자신의 유년 시절 흑백사진을 바라보면서 19세기를 떠올리는 다음 대목을 들 수 있겠다.

 나는 마치 연체동물이 조개껍데기 안에 살고 있듯이 19세기 안에 거주하고 있었다. 이제 19세기는 마치 텅 빈 조개껍데기처럼 내 앞에 놓여 있다. 나는 그것을 귀에 대어본다.
 무엇이 들리는가? 거기서 들려오는 것은 전쟁터 총소리의 소음이나 오펜바흐 무도곡의 소리도, 공장 사이렌 소리도 아니고, 오후가 되면 증권거래소에서 울리는 고함 소리도, 보도블록 위를 달리는 말발굽 소리나 수비대의 행진곡도 아니다. 내 귀에 들리는 것은 무연탄이 양철통에서 철제 난로 속으로 떨어지면서 잠깐 동안 내는 '칙' 하는 소리이고, 가스 심지의 불꽃이 붙붙을 때 나는 치직거리는 소리이며, 거리를 지나가는 마차의 놋쇠 바퀴 테 위에서 램프 갓이 내는 삐걱거리는 소리이다.[18]

 벤야민이 떠올리는 청각 이미지들은 역사 교과서를 통해 학습된 지식의 재현이 아니라 오히려 그런 기성 지식에 파묻혀 망각된 경험들이며, 무심코 스쳐 지나간 사물의 구체적 질감으로 화자의 몸에 전해지는 생생한 기억들이다. 그것은 나의 의지가 작동하기도 전에 무의식적으로 떠오르는 기억이라는 점에서 벤야민이 프루스트의 소설에 관해 언급하는 '무의지적 기억'과 통한다고 할 수 있다.[19]
 벤야민이 기억을 '과거를 탐사하기 위한 매체'에 견주고 있는 다음 대목도 음미해볼 가치가 있다.

---

18 벤야민: 『1900년경 베를린의 유년 시절』, 윤미애 옮김, 도서출판 길 2007, 82쪽 이하.
19 벤야민: 「프루스트의 이미지」, 『서사·기억·비평의 자리』, 236쪽 이하 참조.

기억은 과거를 탐사하기 위한 도구가 아니라 매체라는 것을 언어는 분명히 깨우쳐주었다. 대지의 왕국이 고대 도시들이 파묻혀 있는 저장 매체이듯 기억은 체험된 것을 저장하는 매체이다. 파묻혀 있는 자신의 과거에 접근하고자 하는 사람은 땅을 파는 사람과 같은 태도를 취해야 한다. 무엇보다 그는 하나의 동일한 사태를 거듭해서 천착하길 주저하지 말아야 한다. 마치 땅을 파헤치듯 파헤치고, 대지의 왕국을 갈아엎듯이 갈아엎어야 한다. 왜냐하면 '사태'란 지극히 주도면밀한 탐사를 통해서만 발굴할 만한 가치가 있는 결과를 제공하는 지층들에 다름 아니기 때문이다. 말하자면 기억의 상像(이미지)들은 과거의 모든 맥락으로부터 떨어져 나와서 우리의 사후적 통찰을 담은 가식 없는 저장고 안에 — 마치 수집가의 진열실에 있는 토르소처럼 — 귀중품으로 놓여 있는 것이다. 발굴을 할 때는 계획에 따라 진행하는 것이 확실히 유익하다. 그렇지만 캄캄한 땅 속으로 신중하게 더듬으면서 삽질을 하는 것도 불가결하다. 그리고 발굴된 것을 재고 조사만 하고 오늘날의 토양에서 옛것을 보관할 장소와 위치를 지정하지 않는 사람은 터무니없이 자기기만을 하는 것이다. 따라서 진정한 회상은 보고하는 방식으로 진행되기보다는 탐구자가 기억을 활용할 수 있는 장소를 지정하는 방식으로 진행된다. 따라서 진정한 회상은 회상하는 사람에 관한 상像까지도 엄격한 의미에서 서사적으로, 음송吟誦 시인의 서사처럼 제시해야 한다. 그것은 마치 훌륭한 고고학적 보고서가 발굴품이 나온 지층만 보여주는 것이 아니라 무엇보다 그 이전에 뚫어야 했던 다른 지층들까지도 보여주어야 하는 것과 같은 이치라 하겠다.[20]

기억은 단지 과거에 있었던 사실의 복원이나 연대기적 재현을 위한 수단이 아니라 역사를 "과거의 모든 맥락에서 떨어져 나와서 우리의 사후적 통찰을 담"도록 재구성하는 매체이다. 매체의 특성에 따라 "기억의

---

20 벤야민: 『베를린 연대기』, 191쪽 이하. 번역은 필자가 수정하였다.

상"은 다르게 구성되고, 우리가 기억의 상을 인지하는 방식과 기억 내용의 형질까지도 달라지게 마련이다. 그렇지만 기억의 이미지는 회상하는 주체의 현재적 관점이나 의도('계획')에 의해 자의적으로 만들어지는 것이 아니라, 회상하는 주체의 상像까지도 엄밀하게 "서사적으로 제시해야" 한다. 그렇게 해서 "지나간 과거를 개인사적으로 돌이킬 수 없는 우연의 소산으로 보는 것이 아니라, 사회적으로 돌이킬 수 없는 필연적인 것으로 통찰"[21] 할 것을 요구한다.

자연사와 역사

벤야민이 「이야기꾼」에서 구술 이야기의 몰락과 소설의 위기에 직면하여 유력한 대안적 서사의 가능성으로 탐색하는 것은 자연사Naturgeschichte의 문제의식이다. 「이야기꾼」에서는 헤벨Johann Peter Hebel의 단편 「뜻밖의 재회」Unverhofftes Wiedersehen, 1811를 길게 인용하면서 '자연사에 가장 깊숙이 편입된 작품'이라 평하고 있지만, 정작 자연사 개념을 별도로 설명하지는 않기 때문에 먼저 벤야민이 어떤 맥락에서 자연사 개념을 사용하는지 살펴볼 필요가 있다. 「이야기꾼」과 마찬가지로 파리 망명 중에 집필한 미완성 유작 『아케이드 프로젝트』Passagen-Werk에서 벤야민은 파리의 대도시 자본주의 문화를 자연의 역사에 유추하여 분석하는 독특한 방법을 취하고 있다. 벤야민이 역사와 자연사를 교차하는 방법은 간단히 말하면 자연사물을 역사를 나타내는 기호로 불러내는 방식이다.[22] 이를테면 자본주의 유행상품의 전시장인 아케이드는 다음과 같이 묘사된다.

---

21 같은 책, 33쪽.
22 이하의 설명은 수전 벅모스: 『발터 벤야민과 아케이드 프로젝트』, 김정아 옮김, 문학동네 2004, 2부 참조.

중신세나 시신세의 거대한 괴물들의 흔적이 각각의 지질시대의 바위에 각인되듯이, 오늘날 대도시의 아케이드는 멸종한 괴물의 화석을 간직한 동굴 같다. 자본주의 시대 중 제국주의 이전 시대의 소비자들, 유럽 최후의 공룡.[23]

아케이드가 처음 건설된 19세기 중후반에만 해도 아케이드는 첨단 유행상품의 집결장이었지만 20세기에 이르면 대형 백화점에 밀려 몰락하기 때문에 한때 아케이드로 몰려들었던 초기 자본주의 소비자들은 '최후의 공룡'에 비견되는 것이다. 이와 마찬가지로 상품의 소비는 식물을 번성하게 하는 '수액'으로 묘사되고, 홍수처럼 쏟아지는 광고 문구는 '고대 이집트의 역병'에 비유되며, 아케이드 상점 간판은 '포획된 동물의 서식지 대신 원산지와 품종이 씌어 있는 동물원 표지판'이라 일컬어진다. 요컨대 역사를 자연사에 투과시켜 관찰하는 이러한 접근 방식은 자본주의가 양산하는 소외되고 물화된 죽은 문화를 번성하다 못해 부패하여 해체되는 생물의 이미지로 포착하는 것이다. 그런가 하면 혁명의 기운이 꿈틀대는 19세기 후반의 파리는 베수비오 화산의 마그마에 비견되기도 한다. 그런 점에서 벤야민의 자연사는 역사의 몰락과 폐허뿐 아니라 역동적 고양과 활력의 이미지도 동시에 내포한다. 이러한 자연사적 사유의 연원에 대해 벤야민은 괴테의 자연관을 역사에 적용한 것이라 밝힌 바 있는데, 특히 괴테의 근원현상 Urphänomen 개념에서 영감을 얻은 것으로 보인다.[24] 괴테는 모든 생명체에 공통으로 작용하는 근원현상의 원리를 다음과 같이 서술한 바 있다.

생동하는 통일성의 근본 특성: 서로 분리되고 결합하며, 보편적인 것

---

23 같은 책, 94쪽에서 재인용. 번역은 인용자가 수정했다.
24 같은 책, 101쪽 이하 참조.

으로 고양되었다가 특수한 것에 머무르며, 모습을 바꾸고 자신을 특화시키며, 생동하는 존재가 무수한 조건 여하에 따라 어떻게 모습을 드러낼지라도 나타났다가 사라지며, 응고되었다가 용해되며, 굳어졌다가 흘러가며, 확장되었다가 수축한다. 그런데 이 모든 작용은 동시적으로 진행되기 때문에 이 모든 현상과 각각의 현상은 동시에 나타날 수 있다. 생성과 소멸, 창조와 파괴, 탄생과 죽음, 기쁨과 슬픔, 이 모든 것이 뒤엉켜서 작용한다. 똑같은 의지와 똑같은 정도로. 그래서 모름지기 특수한 것이 생겨나면 그것은 언제나 보편적인 것의 형상이자 비유로 나타나는 것이다.[25]

여기서 벤야민의 자연사적 사유와 연결되는 핵심 논지는 분리와 결합, 생성과 소멸, 창조와 파괴, 탄생과 죽음이 모든 유기적 생명체에 동시적으로 작용한다는 것이다. 그리고 이 모든 과정은 생동하는 통일성을 이루기 때문에 미세하고 특수한 현상에서도 항상 보편적인 원리가 작동한다. 자연의 이러한 운행 원리를 인간사와 역사의 차원에 투영시켜보면, 발전과 상승의 국면에도 쇠락의 위기가 동시에 내포되어 있으며, 몰락과 하강의 국면에도 신생과 고양의 기운이 동시에 작용한다.

자연사와 역사의 그러한 교차를 선명히 보여주는 작품이 바로 헤벨의 「뜻밖의 재회」이다. 이 작품은 세 부분으로 구성되어 있는데, 서두에는 교회에서 하느님의 축복을 받고 결혼식을 앞둔 예비 신랑이 예기치 않은 광산 사고로 매몰되어 죽음을 맞는다. 죽음은 하느님의 축복도 다시 거두어갈 만큼 필연적인 숙명으로 묘사된다. 이어서 홀로 남겨진 신부가 오직 죽은 신랑만을 생각하며 50년 세월을 보내는 사이에 벌어진 세계사적 격변이 7년 전쟁에서부터 프랑스 혁명에 이르기까지 차례로 제시된다. 그 첫머리에 리스본 대지진이 언급됨으로써 세계사의 격동은 대지진의 천

---

25 Goethe: *Schriften zur Naturwissenschaft*, Hamburger Ausgabe, Bd. 12, München 1989, S. 367 f.

재지변에 견주어진다. 역사적 격변의 묘사가 끝나는 지점은 다시 농부들의 일상과 연결된다. "영국군이 코펜하겐을 포격했으며, 그러는 중에도 농부들은 씨를 뿌리고 양식을 거두었으며, 방앗간 주인은 곡식을 빻았고, 대장장이는 쇠를 벼렸으며, 광부들은 광맥을 찾아 지하갱도를 파내려갔다." 이처럼 세계사의 격변은 농부들이 농사를 짓는 자연의 리듬과 연결되어 사멸과 신생의 리듬을 타는 세계사의 도도한 흐름도 자연사의 운행에 편입되는 것이다. 이로써 농부들이 씨를 뿌리고 곡식을 거두는 소소한 일상도 세계사의 부침에 비해 결코 가볍다 할 수 없는 고유한 무게를 얻게 된다. 벤야민이 헤벨에 관한 다른 글에서 헤벨의 작품이 세상이 돌아가는 이치를 비유로 서술하여 '소우주'와 '대우주'의 깊은 상관성을 묘파한다고 언급한 것은 그런 의미로 이해할 수 있다.[26]

「이야기꾼」에서 자연사적 문제의식은 다양한 형태로 변주된다. 레스코프의 단편 「자연의 목소리」는 타성에 젖은 관습의 세계에서는 불가능한 '자연의 목소리'가 진정한 인간적 소통을 가능하게 해주는 새로운 언어의 가능성으로 다루어진다. 「알렉산드르의 보석」은 생명 없는 돌멩이조차도 부침하는 인간 운명과 연결되어 있음을 보여준다. 그것은 물론 ─ "땅속 깊은 품 안에 있는 돌들과 하늘 높이 떠 있는 행성들이 인간의 운명을 돌봐주었던" ─ '좋았던 옛 시절'의 이야기다. 그런 옛이야기의 표본적 사례로 괴테의 자서전 『시와 진실』의 첫 부분을 떠올릴 수 있다.

1749년 8월 28일 정오 12시를 치는 종소리와 함께 나는 마인 강변의 프랑크푸르트에서 태어났다. 별자리는 상서로웠다. 태양은 처녀자리에서 그날의 절정에 이르렀다. 목성과 금성은 태양에게 다정한 눈길을 보냈고, 수성도 싫은 기색이 아니었으며, 토성과 화성은 초연했다. 다만 방금 만월이 된 보름달은 지구를 사이에 두고 태양과 일직선이 되어 대일조對日照의

---

26 벤야민: 「요한 페터 헤벨」, 『서사·기억·비평의 자리』, 191쪽 참조.

힘을 한껏 발휘했다. 그래서 달이 나의 탄생을 가로막는 바람에 그 시각이 지나기 전에는 내가 태어날 수 없었던 것이다.

훗날 점성술사들이 아주 높이 평가했던 이 좋은 측면들이 아마도 내가 목숨을 보존한 원인이었을지 모른다. 왜냐하면 산파가 서툴렀던 탓에 나는 거의 사산아로 태어났는데, 여러모로 애쓴 끝에야 겨우 세상의 빛을 볼 수 있었기 때문이다. 우리 식구들을 큰 곤경에 빠뜨렸던 이런 상황이 그래도 시민들에게는 큰 득이 되었다. 시장이셨던 우리 할아버지 요한 볼프강 텍스토어가 이 일을 계기로 조산사를 고용하게 하고, 산파 교육을 도입하거나 혁신하게 했던 것이다. 이는 나중에 태어난 많은 사람들에게 혜택을 주었을 것이다.[27]

천체의 운행과 자신의 출생 그리고 동시대인들의 삶 사이에 어떤 운명적 연관성을 발견하려는 이러한 서술 방식은 당연히 점성술에 대한 믿음을 설파하는 것이 아니라 프랑스 혁명을 겪고 세계사적 격동의 시대를 살았던 괴테가 자신의 삶이 세상의 운행과 어떻게 맞물려 있는가를 탐색하겠다는 자서전의 화두를 던지는 것이다. 결코 같은 형태로는 반복될 수 없을 그런 옛이야기의 매력을 벤야민이 거듭 강조하는 것도 그런 이유에서일 것이다. 세상의 운행이 본래적인 역사적 범주의 바깥에 있다는 벤야민의 주장은 미시세계와 거시세계의 연관성을 천착하려는 발상과는 상충하는 것처럼 보인다. 하지만 벤야민이 말하려는 진의는 정형화된 역사 인식의 틀을 깰 때만 비로소 세상의 진상이 보일 수 있다는 것이다. 이야기가 역사 서술과 차별화되는 고유한 힘을 발휘하는 것도 기성의 관념으로는 해명될 수 없는 사태를 서사화하는 데서 연유하는 것이다.

빼어난 이야기의 요건으로 "이야기의 모든 부분에는 이야기의 어느 지

---

27 괴테: 『시와 진실』, 전영애·최민숙 옮김, 민음사 2009, 15쪽 이하. 번역은 인용자가 수정했다.

점에서든 새로운 이야기를 지어낼 줄 아는 셰에라자드가 살고 있다."라고 하는 것도 자연사적 문제의식과 연결된다. 비유하자면 식물의 생장점에서 싹이 트고 줄기가 자라나고 가지를 뻗고 잎을 내고 꽃을 피우듯이 훌륭한 이야기에는 살아 있는 유기체처럼 그런 자가생성의 원리가 작동한다는 것이다. 그리하여 이야기의 각 부분은 다른 모든 부분들과 그물처럼 연결되어 유기적 통일성을 이룬다. 이것은 옛이야기의 미덕일 뿐 아니라 오늘날 소설가가 풀어야 할 가장 어려운 숙제이기도 하다.

나아가서 벤야민은 개념적 사유로 해명되기 어려운 삶의 실상을 어떻게 서사화할 수 있는가에 깊은 관심을 갖는다.「이야기꾼」에서 언급하는 아포카타스타시스Apokatastasis 개념도 그런 경우다. 어원상 '만물의 원상회복'을 뜻하는 아포카타스타시스는 초기 기독교 교리에서 지상에서 죄를 지은 사람도 사후에는 신의 자비에 의해 죄를 사면받고 구원받을 수 있다는 믿음이다. 그런 믿음은 레스코프의『마법에 걸린 순례자』에 깊은 영향을 주었다. 예컨대 주인공 푸랴긴은 출생의 순간부터 평생토록 뜻하지 않게 죄를 짓는다. 그의 어머니는 오랫동안 자식을 낳지 못해 매일 하느님께 기도한 끝에 겨우 아들을 얻지만 아들을 낳는 순간에 죽음을 맞는데, 갓난아이의 머리가 유난히 컸기 때문이다. 어머니의 소원으로 태어났지만 어머니의 소원이 이루어지는 순간 어머니를 죽게 하는 업보를 짊어진 것이다. 주인공이 방랑 중에 만난 집시 처녀 그루샤와의 기구한 인연도 그렇다. 그루샤는 빼어난 미모로 주인공이 잠시 모시는 공작의 부인이 되지만 금세 공작으로부터 버림받고 깊은 숲속 오두막에 유폐되는 신세가 되는데, 가까스로 탈출한 그루샤는 자신의 미모 탓에 비싼 몸값으로 팔렸다가 금방 버려진 신세에 절망하여 주인공에게 칼로 찔러 죽여달라고 애원한다. 하지만 주인공은 차마 찌르지는 못하고 엉겁결에 그루샤를 절벽 아래로 밀어 떨어뜨려 죽게 한다. 그로 인해 말 못할 죄책감에 시달리는 주인공에게 그루샤는 수호천사로 나타나 전투에서 그를 구해주기도 한다.『마법에 걸린 순례자』에서 다양한 형태로 변주되는 이런 이야기들은 아포카타스타시스 교의와 관련되기 때문에 주목을 요하는 것이 아니라, 일반적인 선·악의 규범이나 가치의 위계로는 설명될 수 없는 삶의 비의秘儀를 부단히 일깨우기 때문에 경이로운 서사로 다가오는 것이다.

현대적 서사와 경험의 활성화

벤야민이 「이야기꾼」에서 말하려는 핵심 논지는 현대적 삶의 조건이 강요하는 경험의 빈곤을 타파하고 이야기가 삶을 통찰하고 형성하는 힘을 회복해야 한다는 것이다. 「이야기꾼」에서는 그런 맥락에서 삶의 지혜를 공유할 수 있게 해주었던 옛이야기를 선호하는 경향을 보인다. 그렇지만 벤야민은 그런 옛이야기의 전통을 깨고 새로운 글쓰기를 시도하는 20세기의 현대적 서사도 적극적으로 평가하고 깊은 성찰을 보여주는데, 이것은 사물화되고 획일화된 경험의 빈곤을 타파하려는 일관된 문제의식의 확장이라 할 수 있다. 마지막으로 카프카, 되블린, 프루스트에 관한 벤야민의 글에서 「이야기꾼」의 논지를 보완할 만한 몇 가지 측면을 간단히 부연하고자 한다.

카프카 문학의 중요한 특징 가운데 하나는 매우 사실적인 경험세계의 일상적 장면들이 묘사되지만 정작 등장인물의 삶과 운명을 지배하는 실체적 힘은 보이지 않는다는 것이다. 그것은 다층적으로 구조화된 현대 국가 시스템이 그 안에서 살아가는 개개인에게 온갖 방식으로 권력을 행사하지만 개개인이 그 권력의 실체에는 접근할 수 없는 사태에 상응한다. 벤야민은 "카프카에게 중요했던 사실들의 세계는 비가시적인 것"이라는 브로트Max Brod의 말을 인용하면서 바로 그 비가시적 세계를 표현하는 수단이 '제스처'라고 말한다.

카프카의 소품과 이야기들 중 상당수는 이를테면 오클라호마 노천극장 위에서 벌어지는 연기 동작들로 옮겨놓고 보아야만 비로소 그 전모가 분명히 드러나게 된다. 그때야 비로소 카프카의 전 작품이 제스처들의 암호로 구성되어 있다는 사실을 분명히 인식하게 될 것이다. 그런데 이 제스처들은 처음부터 작가에게 어떤 확실한 상징적 의미를 지녔던 것이 아니라, 오히려 작가가 이 제스처들로부터 끊임없이 연관관계를 변화시키고 실험적인 배치를 하면서 의미를 찾아내려고 노력한 것이다. (…) 각각의 제스처는 모두 하나의 사건, 아니 일종의 드라마 자체라고 할 수 있다.[28] (인용자 강조)

카프카가 '제스처들의 암호'로 이야기를 서술하는 이유는 명료한 의미가 부여된 언어는 곧 억압적 시스템을 작동시키는 언어, 권력의 언어이자 소외된 언어, 죽은 언어이기 때문일 것이다. 그렇게 보면 카프카가 구사하는 '제스처의 암호'는 억압적 시스템에서 소통되는 언어의 바깥을 사유하려는 글쓰기의 결과라 할 수 있다. 그래서 제스처의 암호에 '확실한 상징적 의미'를 부여하지 않고 제스처들의 연관관계를 부단히 변화시키고 실험적인 배치를 하면서 새로운 의미를 탐색하는 것이다. 그러한 제스처가 일종의 드라마를 연출하는 기능은 카프카 문학의 디테일에 다층적 의미를 부여한다. 예컨대 단편 「선고」Das Urteil, 1913서 주인공 그레고르의 아버지는 아들의 약혼을 못마땅해하면서 "그 더러운 년이 치마를 들어 올렸기 때문에" 아들이 결혼을 결심한 거라고 아들의 약혼녀를 원색적으로 비난한다.[29] 아버지는 아들의 약혼녀가 치마를 들어 올리는 장면을 흉내 내어 자기 속옷을 추켜올리는데, 그때 아버지의 허벅지에서 전쟁 당시 입은 상처의 흉터가 드러난다. 이 장면은 부자 관계와 관련하여 엇갈리는 상상을 불러일으킨다. 아버지의 입장에서 보면 아들의 결혼은 곧 아들이 어엿한 가장으로 독립하여 아버지의 권위에서 벗어나려는 시도이므

---

28 벤야민: 「프란츠 카프카」, 『발터 벤야민의 문예이론』, 반성완 옮김, 민음사 1983, 73쪽 이하. 번역은 인용자가 수정했다.
29 카프카: 『변신·단식 광대』, 편영수·임홍배 옮김, 창비 2020, 80쪽 이하.

로 그것이 괘씸해서 아들의 약혼녀를 욕하는 것이라 할 수 있다. 그런데 아버지가 무심코 드러낸 전쟁 상처의 흉터는 젊은 시절 참전용사의 기백이 아직 살아 있음을 은연중에 과시하는 것일 수도 있고, 반대로 이제는 가부장의 권위를 행사하기에는 너무 노쇠했다는 징표로 읽힐 수도 있다. 이 상반된 해석에 따라 작품 전체는 상이한 드라마로 펼쳐질 수 있는 또 다른 디테일들로 겹겹이 포개져 있다. 그렇지만 어느 한쪽의 해석에 전적인 타당성을 부여할 수 없는 팽팽한 긴장이 작품 전체를 관통한다. 카프카 문학에서 부자 갈등이 곧 권력을 둘러싼 인정투쟁의 압축적 모티프라면 카프카 문학의 '제스처'는 사회체계나 혈연 혹은 인격적 관계로만 환원되지 않는 권력의 생리에 가장 근접한 '암호'라 할 수 있다.

벤야민이 되블린의 『베를린 알렉산더 광장』에서 주목하는 새로운 글쓰기는 몽타주 양식이다.

이 책의 양식 원리는 몽타주이다. 소시민 사회의 인쇄물, 추문, 사건사고, 1928년의 센세이션, 광고들이 이 텍스트 속으로 쏟아져 내린다. 몽타주가 이 '소설'을 폭파하고 있는데, 이 폭파는 구성의 측면에서도 일어나고 양식의 측면에서도 일어나며, 새로운 가능성들, 매우 서사적인 가능성들을 열어준다.[30]

사물의 질서와 맥락을 해체하고 교란하는 몽타주 기법은 전통적인 미의 관념인 조화와 유기적 통일성이 현실의 모순을 은폐하는 거짓된 가상임을 폭로하는 충격 효과를 유발한다. 또한 이질적 소재들을 파편적으로 조합하는 몽타주는 벤야민이「이야기꾼」에서 경험의 가치를 무화하는 원인이라 비판했던 대중매체의 보도와 정보의 홍수를 걸러내어 현실의 생생한 단면을 즉물적으로 경험하게 하는 효과도 얻는다.『베를린 알렉

30　벤야민:「소설의 위기」,『기억·서사·비평의 자리』, 495쪽.

산더 광장』에서는 시간 역시 몽타주를 통해 재구성된다. 예컨대 전차를 타고 가는 어떤 소년이 장차 결혼해서 일곱 자녀의 아버지가 될 것이며, 건설회사에서 일하다가 쉰다섯 살에 사망할 것이며, 신문에는 이러저러한 부고가 실릴 거라고 이야기의 서술 시점에는 확인할 수 없는 미래 시점의 이야기가 앞당겨서 서술된다.[31] 그런가 하면 다층 연립주택의 각 층에 사는 주민들이 '같은 시각'에 어떤 일을 하고 있는지가 마치 다큐 필름처럼 묘사되기도 한다.[32] 경험적 시간의 순차적 흐름을 끊어서 새롭게 배치하는 이러한 몽타주를 되블린 자신은 '영화 스타일'이라 일컬었는데, 영화의 편집기법을 서사에 활용한 이러한 몽타주는 벤야민이 비판하는 '균질적이고 공허한 시간'의 흐름을 교란하면서 관습화된 지각 방식을 깨뜨리고 현실을 다른 눈으로 보게 해준다.

프루스트는 카프카와 더불어 벤야민이 가장 심취했던 작가로 벤야민 자신이 『잃어버린 시간을 찾아서』의 완역을 시도했을 정도이다. 벤야민은 프루스트의 소설이 시와 회상록과 학문적 주석의 종합이라는 점에서 '새로운 장르'를 창안했으며, 가장 촘촘히 짜인 텍스트, 한 생애 전체를 정신이 최고도로 깨어 있는 상태로 충전하려는 부단한 시도, 지난 수십 년 동안에 가장 위대한 문학적 성취라고 극찬한다.[33] 이미 언급한 대로 프루스트의 회상록은 지나간 경험의 의식적 재현이 아니라 '무의지적 기억'의 실타래를 풀어낸 것이다. 의식적 기억은 회상하는 사람의 자기검열을 통해 정제된 경험만을 불러오기 때문에 시간의 관성적 흐름을 깨고 과거와 현재가 새롭게 만나는 창조적 경험의 가능성을 차단한다. 그 반면 의지와 상관이 없는 회상은 회상되는 순간의 선후로 연결되는 모든 체험을 해명하는 열쇠가 되고, 과거와 현재의 교차는 창조적 생성의 경험을 선사한다. 프루스트의 회상록은 벤야민 자신의 회상록에도 심대한 영

---

31 되블린: 『베를린 알렉산더 광장』, 권혁준 옮김, 을유문화사 2012, 70쪽 이하.
32 같은 책, 189쪽 이하.
33 벤야민: 「프루스트의 이미지」, 『서사·기억·비평의 자리』, 235~259쪽.

향을 준 것으로 보인다. 이를테면 『1900년경 베를린의 유년 시절』 Berliner Kindheit um neunzehnhundert, 1950에는 유년 시절 글자를 처음 배울 때 글자판을 가지고 놀았던 기억을 회상하는 장면이 나온다.

> 나의 유년 시절 전체는 글자들을 단어의 배열에 따라 글자판 가장자리로 밀어 넣는 손동작 안에 들어 있었다. 손은 그때의 손동작을 아직도 몽상에서는 재현할 수 있지만 꿈에서 깨어나 그것을 실제로 하는 것은 불가능하다. 나는 예전에 걸음마를 어떻게 배웠는지를 몽상할 수는 있다. 그러나 그것만으로는 아무 소용이 없다. 나는 이제 걸을 수 있을 뿐, 더 이상 걷기를 배우는 것은 불가능하기 때문이다.[34]

처음 글자를 깨우칠 때 글자판을 더듬던 손동작, 그 손의 촉감으로 글자가 가리키는 세계를 처음 인지했을 때의 경이와 희열이 벤야민에게는 그의 한평생 삶을 규정하는 기억으로 남아 있다고 말한다. 처음 걸음마를 배울 때의 경이와 희열도 그에 버금가는 경험일 것이다. 그렇지만 성년이 되어 걷기가 단지 습관적인 동작의 반복이 되었을 때는 걸음마를 처음 배울 때의 경이는 망각되기 마련이다. 마찬가지로 글자가 낯익은 사물을 가리키는 기호로 굳어질 때 글자를 처음 배울 때 새로운 세상이 열리는 경이로운 경험도 잊히게 마련이다. 벤야민이 말하려는 진정한 서사적 경험도 그처럼 글자나 걸음마를 처음 배울 때의 경이를 어떻게 회복할 것인가 하는 물음으로 수렴되는 것으로 보인다.

(2017년)

---

34 벤야민: 『1900년경 베를린의 유년 시절』, 91쪽 이하.

아도르노의 비판적 변증법과 부정성의 미학

20세기의 폭력과 광기에 대한 비판적 성찰

'비판이론'Kritische Theorie의 선구자로 평가받는 테오도어 아도르노 Theodor Adorno, 1903~1969는 루카치, 벤야민과 더불어 20세기 독일 미학과 문학이론을 대표하는 사상가이다. 유대계 지식인으로 히틀러 집권 이후 미국으로 망명했다가 전후에 다시 독일로 돌아온 아도르노는 20세기의 파시즘과 전체주의를 겪으면서 이 암울한 현실 속에서 문학과 예술이 존재할 이유를 치열하게 탐구했다. 그의 사유의 출발점은 동시대의 극단적 폭력과 광기의 경험에 대한 비판적 성찰이다. "공포를 직시하고 감내하며, 단호한 부정성의 의식 속에서 더 나은 상태에 대한 가능성을 붙잡으려는 시선 외에는 어떤 아름다움도 위안도 더 이상 존재하지 않는다."[1] 다시 말해 예술이 제공하는 아름다움과 위안은 가공할 현실에 대한 비판적 부정을 통해 그런 현실을 견디고 극복할 가능성을 추구할 때만 의미가 있다는 것이다. 이것이 아도르노의 미학적 사유의 바탕이 되는 핵심적 모티프이다. 여기서 더 나은 상태의 가능성은 부정적 현실에 대한 엄정한 인식과 비판적 부정에서 출발할 수밖에 없을 것이다. 그런 맥락에서 흔히 아도르노의 사유는 부정성Negativität의 사유라 불린다. 아도르노는 헤겔

---

[1] 아도르노: 『미니마 모랄리아』, 김유동 옮김, 도서출판 길 2005.

의 변증법을 비판적으로 계승하여 그것을 '규정적 부정'bestimmte Negation 이라 일컬었다.² 더 나은 인식을 지향하는 변증법적 운동은 부정적인 것에 대한 부정을 통해 추동되지만, 그렇다고 부정성을 단숨에 제거하여 긍정적 종합에 도달하는 것이 아니라 부정적인 것과의 모순된 긴장 관계 속에서 진정한 동력을 얻는다. 변증법은 대상을 무화하는 주관적인 것이 아니라 대상과의 관계에 의해 규정되는 부정의 운동이다. 아도르노는 헤겔 변증법에서 모순이 남김없이 지양된 통일성보다는 대립과 모순의 계기에 주목한다. 그런 점에서 아도르노의 변증법은 모순의 지양을 추구하는 이성적 사유 자체에 대한 비판적 성찰에 바탕을 둔다.

이 글에서는 이성과 변증법에 대한 아도르노의 비판적 성찰이 미학적 사유와 어떻게 연결되는가를 살펴보고자 한다. 먼저 이성의 자기비판과 관련하여 아도르노 사유의 근간이 되는 계몽의 변증법과 부정적 변증법을 간략히 살펴보고자 한다. 그리고 부정적 변증법의 미학적 사유와 관련하여 미메시스의 원리를 다룬 후 이성의 자기동일성 논리에 따라 헤겔의 미적 사유에서 열등한 미적 현상으로 간주되는 자연미의 문제를 다룬다. 그런 다음 아도르노 당대의 예술적 실천과 관련하여 첨예한 쟁점이 되었던 아우슈비츠 이후의 예술의 문제를 다룬다. 마지막으로는 아도르노가 비판적 유보의 입장을 취했던 참여예술의 문제를 살펴보고자 한다. 각 고찰에서 아도르노가 자신의 논제를 뒷받침하기 위해 언급했지만 구체적으로 분석하지 않은 작품들을 논의에 필요한 범위 안에서 구체적으로 분석하여 이해를 돕고자 했다.

---

2 규정적 부정의 개념에 대한 자세한 설명은 다음 참조. 게르하르트 슈베펜호이저: 『아도르노, 사유의 모티프들』, 한상원 옮김, 에디투스 2020, 40쪽 이하.

계몽의 변증법과 부정 변증법

『계몽의 변증법』Dialektik der Aufklärung[3]은 아도르노가 히틀러 집권 후 미국에 망명해 있는 동안 호르크하이머Max Horkheimer와 함께 1940~1944년에 집필하여 1947년에 출간한 책이다. 이 책은 이성의 빛으로 세상을 밝히려는 계몽의 기획이 과연 어떻게 해서 20세기 파시즘과 전체주의의 폭력과 야만을 초래했는가 하는 물음에 대한 근본적인 성찰을 담고 있다. 일찍이 칸트는 계몽을 "인간이 자기 자신의 잘못으로 초래한 미성년 상태로부터 벗어나는 것"이라 정의했다.[4] 칸트가 말하는 계몽은 인간이 자신보다 우월한 지위에 있는 '후견인'의 권위에 의존하는 예속 상태에서 벗어나 스스로 사고하고 판단할 수 있는 자유와 해방을 뜻한다. 그런 의미에서 이성적 능력의 함양은 계몽의 필수적인 요건이다. 그러나 아도르노가 말하는 계몽의 변증법은 다름 아닌 이성 자체가 비이성적 극단으로 치닫는 자기모순의 변증법을 가리킨다. 또한 칸트의 계몽 개념이 흔히 계몽의 세기라 일컬어지는 18세기 당대의 시대정신을 집약한 근대적 기획이라면 아도르노가 말하는 계몽은 인류의 선사시대로까지 소급되어 문명화 과정 전체로 확장된다. 이를 설명하기 위해 아도르노는 계몽과 신화라는 개념쌍을 도입하여 "신화는 이미 계몽이었다."라는 명제와 "계몽은 다시 신화로 돌아간다."라는 명제를 제시하는데, 이 두 개의 명제가 『계몽의 변증법』의 핵심 논지라 할 수 있다.

먼저 "신화는 이미 계몽이었다."라는 주장은 신화에 대한 일반적인 통념과 어긋나는 것처럼 보인다. 신화는 합리적·이성적으로 설명하기 힘든 자연현상이나 예측불허의 세상사를 신들의 뜻으로 돌려서 이야기하는 것이기 때문이다. 그래서 신화는 이성적 사고에 미치지 못하는 것으로

---

[3] 번역본으로 『계몽의 변증법』, 김유동 옮김, 문학과지성사 2001 참조.
[4] 칸트의 계몽사상에 대한 상세한 설명은 이 책의 2부에 수록된 「칸트의 계몽 개념」참조.

이해되어왔다. 그러나 아도르노에 따르면 신화를 통해 불가사의한 현상에 이름을 붙이거나 이성적으로 파악할 수 없는 천지창조의 기원을 추정하는 신화적 이야기 자체가 이미 자연과 세계에 대한 합리적 이해의 첫걸음이다. 신화적인 이야기를 통해 위협적인 자연을 나름의 방식으로 이해하고 지배하려는 것이기 때문이다. 그런 의미에서 신화는 이미 계몽의 싹을 내포하고 있다.

계몽이 신화로 역전되는 것은 근대 과학의 발전과 더불어 본격화된다. '지식은 힘이다.'라는 베이컨의 유명한 구호처럼 자연에 대한 인식과 지식의 축적은 자연에 대한 지배력의 강화를 통해 결국 부와 권력의 축적을 위한 수단이 된다. 이 과정에서 이성은 그러한 지식 축적의 가치와 정당성에 관한 물음을 망각한 채 오로지 지식에 기반한 권력의 증식 자체를 목적으로 추구한다. 이로써 이성은 지적 활동 목적의 정당성을 따지지 않고 무조건 목적만 추구하는 도구적 이성으로 전락한다. 지식에 대한 이러한 맹목적 믿음은 결국 지식 자체를 절대화한다는 점에서 신화에 대한 무조건적 믿음과 닮은꼴이 된다. 자연에 대한 인식은 자연의 구속에서 벗어나기 위한 것이 아니라 더 깊이 자연의 구속에 종속되는 결과를 초래한다. 자연의 법칙이 자기보존을 추구한다면 자연법칙에 대한 인식도 인간의 자기보존이라는 자연적 법칙을 따르는 것이기 때문이다. 자연에 대한 지배는 자연에 대한 예속으로 귀결되는 것이다. 또한 지식 축적을 통한 더 많은 권력의 추구는 인간에 대한 지배를 강화하기 위한 것이므로 결국 인간은 억압의 주체이자 대상이 된다.

근대 과학의 이러한 발전 양상은 19세기 실증주의Positivismus에 이르러 보편적인 학문의 논리로 확장된다. 실증주의는 경험의 질적 차이를 따지지 않고 모든 것을 양적인 계산 가능성으로 환원한다. 이러한 지식 논리는 자본주의 사회의 근본 특성에 부합한다. 자본주의 사회에서는 모든 것을 상품과 화폐의 추상적 교환가치로 균질화하기 때문이다. 이러한 논리는 경험의 특수성과 차이, 낯선 타자를 배제하므로 사회를 획일화하고,

이를 통해 전체주의의 지배에 유리한 환경을 조성한다. 그런 의미에서 20세기 전체주의와 파시즘은 단순히 역사의 비합리적 퇴행 현상이 아니라 도구적 이성으로 전락한 계몽의 기획이 자초한 재앙이라 할 수 있다.

아도르노는 호메로스의 『오디세이아』를 '유럽 문명의 형성 과정을 보여주는 기본 텍스트'로 상정하고 계몽의 변증법이 주체의 형성에 어떻게 작용하는가를 '시민적 개인의 원형'인 주인공 오디세우스를 예로 들어 분석한다. 호메로스의 서사시는 신화 시대에서 탈신화 시대로 넘어가는 과도기의 작품으로, 주인공이 신화적인 힘들에 맞서 자신을 관철하는 동시에 좌절하는 과정을 보여준다. 특히 오디세우스가 바다의 요괴 세이렌의 유혹을 물리치는 이야기에서 그 점은 분명히 드러난다. 호메로스가 작품에서 차용하는 신화의 전승에 따르면 세이렌 자매들은 매혹적인 노래로 선원들을 유혹하여 죽인다. 오디세우스는 이 치명적인 유혹이 기다리는 뱃길을 피하지 않고 맞서는데, 선원들로 하여금 밀랍으로 귀를 틀어막아서 세이렌의 노래를 듣지 못하게 한다. 그리고 자신은 귀를 막지 않는 대신 돛대에 꽁꽁 묶게 한다. 이렇게 해서 오디세우스와 선원들은 세이렌의 유혹을 이겨내고 무사히 위험지대를 통과한다. 여기서 세이렌의 유혹은 인간의 자연적 충동과 예술적 욕구를 동시에 상징한다. 그 유혹을 이겨내기 위해 선원들이 귀를 틀어막는 것은 자연적 본능과 예술적 욕구의 억압을 통해서만 자기보존과 생존이 보장된다는 것을 뜻한다. 다시 말해 생존을 위한 노동은 건강한 자연적 본능을 억압하는 피폐한 노역이 되며 예술적 욕구도 억눌러야 하는 대가를 치른다. 이것은 훗날 자본주의 사회에서 일반화되는 노동과 예술의 분리를 미리 보여주는 것이다. 오디세우스 역시 세이렌의 노래를 듣기는 하지만, 그 치명적인 유혹에 넘어가지 않으려고 돛대에 몸을 결박하므로 사정은 크게 다르지 않다. 또한 그가 향유하는 예술적 쾌감은 그가 부리는 선원들의 귀를 틀어막고 계속 노를 젓게 하는 고역을 통해 확보되므로 타인의 희생적 노동 위에서만 가능하다.

계몽의 변증법과 더불어 아도르노의 변증법적 사유의 특징을 가장 잘 보여주는 것은 1966년에 출간된 철학적 주저主著 『부정적 변증법』Negative Dialektik의 제목이 표방하는 부정 변증법이다. 계몽의 변증법이 근대의 계몽 기획에 대한 근본적인 비판을 담고 있다면 부정적 변증법은 헤겔의 변증법에 대한 비판적 성찰에 바탕을 두고 있다. 헤겔의 변증법에서 모든 개별자는 이중적 부정에 의해 자기동일성을 확보한다. 우선 자신과 다르거나 대립하는 타자와의 관계에서 타자에 대한 부정을 통해 비로소 자신을 정립하며, 다른 한편 자기 내부에 존재하는 모순의 부정을 통해 자기동일성을 추구한다. 이러한 이중적 부정의 변증법은 모순과 대립을 지양하고 극복해가는 사유의 운동 과정으로 이해된다. 그러나 아도르노는 헤겔 변증법에서 모순의 계기가 동일성으로 수렴하는 긍정적 종합을 통해 본래의 부정적 변증법이 희석된다고 비판한다. 자신과 대립하는 타자에 대한 부정을 통해 자신의 동일성을 추구한다고 해서 부정된 타자가 말끔히 지워지는 것은 아니며, 오히려 자신의 동일성을 구성하는 요소가 된다. 그러나 폐쇄적 변증법은 타자의 구성적 계기를 배척한다. 그렇게 되면 변증법은 차이와 모순을 간과한 채 폐쇄적 자기동일성만을 추구하는 반反변증법으로 변질된다. 아도르노는 이러한 동일성의 사고를 다음과 같이 비판한다.

> 부정의 부정을 긍정성과 같다고 하는 것은 동일시의 정수이며, 형식 논리가 순수한 형식으로 환원된 것이다. 이를 통해 변증법의 가장 핵심적인 자리에서 반反변증법적 원칙. 즉 산수에서처럼 음수 곱하기 음수를 양수로 처리하는 전통적 논리가 주도권을 잡는다.[5]

---

5 Adorno: *Negative Dialektik*, Frankfurt a. M. 1975, S. 161. 번역본으로는 아도르노: 『부정변증법』, 홍승용 옮김, 한길사 1999, 236쪽.

'부정의 부정'은 부정적인 것을 해소하고 긍정적인 것을 확정하는 것이 아니라 오히려 부정이 충분히 부정적이지 못하다는 것을 반증한다. 사유의 운동으로서의 변증법은 동일성에 대한 타자의 저항에서 힘을 얻는다. 그럼에도 동일성 개념에 의해 타자를 억압하고 배제하는 것은 지배의 목적을 위해 모순을 은폐하는 것이다. 그런 의미에서 "동일성은 이데올로기의 원형이다."(같은 책, 151쪽) 아도르노에게 부정적 변증법은 어느 한 지점에서 전적인 긍정성으로 종결될 수 없는 변증법적 사유의 항구적인 운동이다. 따라서 "아무리 극단적인 경우에도 부정의 부정은 결코 긍정성이 아니다."(385쪽)

부정성의 미학: 미메시스

이상에서 간략히 살펴본 대로 계몽의 변증법은 이성의 도구화에 대한 비판적 성찰이고, 부정적 변증법은 동일성을 추구하는 사유의 폐쇄성에 대한 비판적 문제의식을 담고 있다. 그리고 이러한 문제점을 극복하기 위한 기본적인 실마리는 동일성의 논리에 포획되지 않는 차이와 타자에 대한 개방성에서 출발한다. 그 개방성은 부정적인 것에 대한 비판적 부정을 쉽게 긍정으로 전환하지 않고 비판적 부정의 사유를 철저히 밀고 가는 것이다. 아도르노의 미학 역시 기본적으로 부정성의 사유에 기반을 두고 있다. 아도르노 미학에서 부정성은 크게 두 차원으로 나뉠 수 있다. 첫째, 미적인 것은 다른 모든 정신활동 및 대상과 구별되는 고유한 자기 영역을 갖는다는 것이다. 이것은 일반적으로 미적인 것의 자율성이라 일컫는 것이다. 둘째, 미적인 것은 다른 정신활동의 오류와 허위에 대한 비판적 성찰을 가능하게 하며, 이것은 넓은 의미에서 이데올로기 비판의 맥락으로 이해할 수 있다. 여기서는 아도르노의 미메시스Mimesis 개념을 통해 미적인 것의 이러한 특성을 살펴보도록 하겠다.

미메시스의 작동 원리

『계몽의 변증법』에서 언급하는 미메시스는 원래 선사시대의 주술에서 인간이 사나운 짐승 같은 두려움의 대상을 감당하기 위해 그 대상을 흉내 내는 생존의 방편이었다. 여기에는 두려운 대상을 흉내 냄으로써 그 대상처럼 힘이 강해질 수 있다는 주술적인 믿음이 바탕에 깔려 있다. 다른 한 편으로 그렇게 낯선 대상을 흉내 내는 행위는 예술적 충동을 원시적인 형태로 표현한 것으로 예술적 유희의 성격도 지닌다. 그런 점에서 주술적 미메시스는 예술의 발생 기원을 설명해주는 하나의 실마리가 된다. 그렇지만 선사시대에는 주술적 믿음이 예술적 충동에 비해 압도적이었다. 그러다가 차츰 예술이 주술의 기능에서 벗어나 고유한 자기 영역을 개척하면서 주술적 믿음과는 다른 차원에서 예술의 고유한 논리가 발전하는데, 이러한 예술 고유의 논리 내지 법칙성을 아도르노는 '합리성'이라 일컫는다.[6] 이것은 넓은 의미에서 이성이 신화를 극복하고 계몽으로 나아가는 역사적 발전 과정에 상응한다.

예술의 발전 과정에서 주술적 믿음은 점차 사라지고 주술적 요소는 예술의 자율성을 침해하는 금기로 배제된다. 그렇다고 주술의 흔적이 완전히 사라지는 것은 아니며, 낯선 타자에 대한 공감의 능력은 예술 발전의 중요한 원동력이 된다. 예술의 합리성은 작품의 통일성이나 조화의 아름다움처럼 예술 발전의 핵심 원리이다. 그렇지만 예술적 합리성도 이성적 활동의 일환이기 때문에 도구적 이성으로 전락할 위험을 안고 있다. 다시 말해 아름다움의 추구 자체가 무조건적인 목적이 되면서 현실과의 연관성을 상실하고 매너리즘이나 유미주의에 빠질 우려가 있는 것이다. 그런 점에서 예술 바깥의 낯선 타자에 대한 수용성을 지닌 미메시스는 예술적 합리성과의 긴장 관계를 유지하면서 예술에 새로운 활력을 충전하는 생산적 역할을 수행한다.

---

6 아도르노: 『미학 이론』, 홍승용 옮김, 문학과지성사 1997, 94쪽 이하 참조.

아도르노는 미메시스의 구현 방식에 대해 "예술작품은 오로지 있는 그 대로의 존재자를 작품의 짜임새로 변환함으로써만 존재자 이상의 것을 표현한다."[7]라고 말한다. 예술작품이 예술과는 다른 어떤 것을 흉내 내어 작품 속의 독특한 구조로 변형함으로써 실제 대상을 넘어서는 무엇인가를 표현한다는 것이다. 여기서 실제 대상을 넘어선다는 것은 예술이 그 자율성의 표현을 통해 현실의 허위를 드러내고 진실에 접근한다는 뜻으로 이해할 수 있다. "예술의 표현이 미메시스적 태도를 취하는 것은 생명체의 표현이 고통의 표현인 것과 마찬가지이다."[8]라는 말도 그런 맥락에서 이해할 수 있다. 미메시스는 현실의 고통을 표현함으로써 그 고통을 통찰하고 극복할 수 있는 가능성을 열어주는 것이다. 그런데 아도르노가 말하는 미메시스는 이 용어의 일반적인 어법과 달리 현실의 사실적 모방이나 재현과는 구별되어야 한다. "미메시스적 태도가 어떤 대상을 모방하는 것이 아니고 자신을 대상과 동일하게 하는 것이라면 예술은 바로 그런 일을 수행하는 것을 과제로 삼는다."(같은 곳) 아도르노는 현실을 그대로 모방하고 재현하는 넓은 의미에서의 사실주의 내지 자연주의에 대해서는 일관되게 비판적인 입장을 취한다. 그런 창작 방식은 현실의 구조와 작동 방식을 그대로 예술작품에 옮겨 옴으로써 예술작품이 현실의 지배 구조와 이데올로기를 재생산하는 결과로 귀결된다고 보기 때문이다.

미메시스의 이러한 특성을 아도르노가 본보기로 언급하는 구체적인 작품을 통해 살펴보자. 다음은 뫼리케Eduard Mörike의 「쥐덫」이라는 짧은 격언시이다.

아이가 쥐덫을 세 바퀴 돌며 말한다:

꼬마 손님들, 작은 집.

---

[7] 같은 책, 213쪽 이하. 이하 인용문에서 번역은 인용자가 수정하였다.
[8] 같은 책, 179쪽.

사랑스러운 생쥐 아가씨, 또는 도련님,
용감하게 나오너라
오늘 밤 달이 비치면!
하지만 들어올 때는 문을 잘 닫으렴,
내 말 듣고 있지?
문 닫을 때 꼬리도 조심하렴!
식사 후에 우리 노래하자
식사 후에 우리 뛰어놀자
그리고 춤도 추자
조심조심!
우리 집 늙은 고양이도 함께 춤출 거야.[9]

먼저 이 시에서 현실의 '존재자'가 어떻게 작품의 독특한 '짜임새'Konstellation로 변환되었는지 생각해보자. 여기서 현실의 존재자란 일단 쥐덫을 놓고 쥐를 잡는 행위를 가리킨다. 쥐잡기 행위는 쥐가 치명적인 전염병을 옮기는 사악한 동물이라는 보편적인 인식에서 유래할 것이다. 그러니까 쥐를 전염병을 옮기는 사악한 존재로 규정하고 쥐를 박멸하려는 집단적 행위를 가리킨다. 시의 화자인 어린아이는 그런 쥐잡기 행위를 흉내 내는데, 그 결과는 작품 자체의 독특한 짜임새로 변모한다. 쥐에 대한 적의와 공격성은 사라지고 뜻밖에도 아이와 쥐와 심지어 고양이까지도 함께 정답게 춤을 추는 즐거운 놀이가 되는 것이다. 만약 이러한 시적 변용을 무시하고 아이가 쥐를 잡으려고 유인하는 내용으로 해석한다면 그것은 이 시를 현실의 지배적 통념의 답습으로 잘못 이해하는 것이다. 아도르노는 그런 독법을 "문화인의 관습에 따라 기생충 같은 동물로 박해받는 쥐에 대해 가해지는 폭력과의 사디즘적 동일시"[10]라고 비판한다. 그럴

---

[9] 같은 책, 199쪽 이하 재인용.

때 이 시는 현실의 지배적 통념을 강화하는 수단이 되고 지배의 도구로 전락할 것이다. 계속해서 아도르노는 이렇게 말한다.

> 이 시를 단지 (유혹에 넘어오는 쥐에 대한—인용자) 조롱으로 축소하면 시 자체뿐 아니라 시의 사회적 내용도 잘못 짚는 것이다. 이 시는 사회적으로 주입되는 혐오스러운 관습에 대해 판단하지 않는 언어의 반사작용으로서, 그러한 관습에 자신을 동화시킴으로써 관습을 넘어서게 된다. 달리 어떻게 해볼 도리가 없는 것처럼 그런 관습을 암시하는 제스처는 그 자명성을 통해 현 상황을 탄핵하며, 관습의 빈틈없는 내재성이 관습에 대해 심판한다. 예술은 판단을 멀리함으로써만 판단한다.[11] (인용자 강조)

예술이 '판단을 멀리한다'는 것은 칸트가 예술적 아름다움의 본질을 '이해관계와 무관함'Interesselosigkeit이라 정의했던 것을 떠올리게 한다. 칸트에 따르면 예술적 아름다움은 일체의 이해관계를 초월함으로써만 비로소 보편타당한 판단을 가능하게 해준다. "예술은 판단을 멀리함으로써만 판단한다."라는 말은 그런 의미에서 칸트가 말한 "목적 없는 합목적성"zwecklose Zweckmäßigkeit에 부합한다. 뫼리케의 시에서 시의 언어가 판단하지 않는다는 것도 바로 그런 의미로 이해할 수 있다. 시의 화자인 어린아이는 어른들이 쥐를 잡는 행위에 대해 옳고 그름의 판단을 하지 않고 다만 그 행위를 흉내 낼 뿐이다. 그런데 그런 관습에 자신을 동화시키는 미메시스적 행위가 관습을 넘어서게 해주는 역설은 그 관습이 너무 당연시되는 자명함, 도저히 빠져나갈 수 없는 절대적 구속성에 힘입은 것이다. 이러한 역설적 반전이 가능한 것은 이 시가 현실의 지배적 관습과 대비되는 독특한 짜임새를 구현하기 때문이다. 그것은 아이의 태도에서 확

---

10 같은 책, 200쪽.
11 같은 책, 201쪽.

인할 수 있다. 아이는 쥐를 무도회에 초대하면서 쥐가 집 안으로 들어올 때 혹시 들킬까 봐 문을 잘 닫으라고 당부한다. 또한 문을 닫을 때는 꼬리가 문틈에 끼지 않도록 조심하라고 당부한다. 아이의 이런 모습은 쥐잡기라는 어른들의(세상의) 관습을 도저히 어떻게 해볼 도리가 없어서 그 관습에 순응하는 것이다. 사람이 사는 모든 공간은 쥐덫이고 여기서 빠져나갈 틈새는 없다. 하지만 그런 조심성과 순응이 쥐와 함께 노래하고 춤추기 위한 순진무구함의 발로라는 것을 깨달은 독자는 아이의 동심에서 우러나오는 그런 천진한 놀이를 망칠 수도 있는 세상의 쥐잡기 관습이 과연 정당한 것인지 반문하게 된다. 어린아이에게 즐거운 놀이의 틈새마저도 허용해주지 않는 세상의 질서는 과연 온당한 것일까? 세상을 지배하는 관습의 빈틈없는 절대성과 자명성이 오히려 그런 의문을 더욱 강하게 일깨우는 것이다.

아이의 이러한 흉내 내기 놀이는 주술의 흔적을 간직하고 있다.

이 시를 신화적인 주문呪文의 메아리처럼 들리게 하는 형식은 시에 흡수된 신념을 해체한다. 이 메아리는 화해를 가능하게 해준다. 예술작품 안에서 이루어지는 이러한 과정을 통해 예술작품은 참으로 무한한 것이 된다. 예술작품이 의미 지시적인 언어와 구별되는 것은 아무런 의미도 없기 때문이 아니라 의미가 작품에 흡수되어 변화함으로써 우연적인 것으로 떨어지기 때문이다.(같은 곳)

아이의 어조에서 감지되는 '신화적인 주문의 메아리'는 쥐를 박멸하려는 공격적인 관습에 대한 두려움을 이기려는 주술적 흔적과—그것과 무관하지 않으면서도 놀이 자체를 즐기려는—동요의 리듬이 혼재하는 양상을 보여준다. 특히 '노래하자'와 '뛰어놀자'와 '춤을 추자'라는 반복의 형식이 그러하다. 이러한 어조는 시의 바깥에서 위협해 오는 현실의 적대적 공격성을 누그러뜨리고 화해를 가능하게 해준다. 그것은 시에서

'늙은 고양이도 함께 춤출 거야'라는 기대와 소망으로 표현되고 있다. 이로써 쥐잡기를 정당화하는 현실의 지배적 관습의 의미는 아이의 놀이 속에 흡수되어 절대적 구속력을 상실하고 굳이 따르지 않아도 무방한 '우연적인 것'으로 격하된다.

이 짧은 동요풍의 격언시는 현실의 고통을 흉내 내는 예술적 미메시스가 현실의 부정성을 극복하는 역설적 사태를 압축해서 보여준다. 유럽의 전통에서 흔히 쥐잡기가 사회적 희생양에 대한 집단적 공격성, 특히 유대인에 대한 공격성을 상징하는 의미를 지녔다는 역사적 맥락을 상기하면 이 동요에 담긴 격언적 함의는 결코 가볍지 않다.

미메시스의 현대성

예술이 자율성을 획득할수록 주술적 요소를 더 철저히 배제한다면 주술의 흔적이 남아 있는 미메시스는 예술의 자율성이 강화되는 현대로 올수록 예술적 기능을 상실할 거라고 생각하기 쉽다. 그러나 아도르노는 현대 예술에서도 미메시스적 요소가 강하게 작용한다고 본다. 아도르노에 따르면 자본주의 발달과 더불어 삶이 사물화되면 예술은 삶과 예술에 적대적인 '죽음의 원칙인 사물화'에 미메시스적으로 동화한다.

예술작품은 그 객관화 법칙으로 인해 선험적으로 부정적이다. 예술작품은 객관화하는 것을 삶의 직접성으로부터 떼어냄으로써 죽인다. 예술작품의 생명은 죽음을 먹고 산다. 이것이 현대 예술로 넘어가는 질적인 경계를 규정한다. 예술작품의 형상은 죽음의 원칙인 사물화에 미메시스적으로 자신을 내맡긴다.[12]

사물화의 경험을 흡수한 미메시스가 현대성의 징표가 되는 것은 그러

---

12 같은 책, 214쪽.

한 독소를 경험하지 않고서 현실에 저항하는 예술은 무기력한 자기위안이거나 현실의 고통을 외면하는 환상적 도피이기 때문이다. 아도르노는 죽음의 원칙에 동화하는 현대성의 선구자로 보들레르를 꼽는다. 보들레르는 전통적인 아름다움의 관점으로는 도저히 수용할 수 없는 추악함을 시의 본령으로 개척함으로써 추악한 현실을 탄핵했다. 그런 의미에서 보들레르의 악마주의는 "예술은 자체에 반대되는 것에 동화됨으로써만 그것에 반대할 수 있다."(같은 곳)는 것을 보여준다. 가령 「순교의 여인」Une Martyre 같은 시는 살해당한 여인의 시신을 적나라하게 묘사한다.

> 머리 없는 송장 하나, 새빨갛게 살아 있는 피를
> 　흥건히 젖은 베개 위에
> 강물처럼 쏟아내고, 목이 타는 초원처럼
> 　베갯잇은 피를 빨아먹는다.[13]

전통적인 미의 관념을 완전히 허물어뜨리는 이런 요소들로 인해 보들레르의 『악의 꽃』은 보수적인 언론의 집중 공격을 받았고, 공안 당국에 의해 고발되어 유죄 판결을 받기까지 했다. 그러나 보들레르 시에 대한 그러한 거부 반응이야말로 현실의 추악함을 인정하지 않으려는 위선과 기만을 반증한다.

보들레르 시에 등장하는 추악한 요소는 예술사의 발전 과정에서 미와 추의 변증법을 보여주는 하나의 이정표가 된다. 아도르노는 예술이 주술에서 벗어나 자율성을 획득하는 발전 과정이 미에 의해 추를 극복하는 과정에 상응하는 것으로 본다. 다시 말해 선사시대의 주술에서 두려움의 대상을 닮은 위협적이고 일그러진 형상이 넓은 의미에서 '추'에 해당하고 예술이 주술에서 해방되면서 아름다움이 그런 '추'의 요소를 떨쳐낸다는

---

13 보들레르: 『악의 꽃』, 윤영애 옮김, 문학과지성사 2003, 282쪽.

것이다. 그러나 근대 예술의 발전 과정에서 통일성과 조화의 아름다움을 추구하는 예술이 부정적 현실을 외면하고 정신화하면서 오로지 미의 동일성만을 추구할 때 그런 아름다움과 상반되는 현실의 부정성이 다시 아름다움에 대한 안티테제로 등장하여 현실 긍정적이고 타협적인 예술에 수정을 가한다.

예술 자체의 개념에 비추어볼 때 예술에 대립하는 타자는 예술이 존립하기 위해 필수적인 요인이다. (…) 추의 요소들은 정신화하는 예술의 현실 긍정적 성격을 수정하면서 갉아먹으며, 일찍이 추에 대한 안티테제로 성립했던 미에 대한 안티테제가 된다.[14]

보들레르의 시에 등장하는 추악한 요소는 바로 그런 의미에서 '(전통적인) 미에 대한 안티테제'라 할 수 있다. 실제로 보들레르 자신도 "진·선·미의 불가분성이라는 유명한 신조는 사이비 철학이 지어낸 것이다."[15]라고 언명함으로써 자신의 시에 표현된 추악한 요소가 진·선·미의 통일이라는 고전적 미의 이상을 허물어뜨리는 현대성의 표현이라는 점을 자각하고 있었다.

자연미의 복권

헤겔의 자연미 격하에 대한 비판

아도르노의 부정적 변증법이 동일성의 논리에 포섭되지 않는 비동일성

---

14 아도르노: 『미학 이론』, 85쪽.
15 다음에서 재인용. Klaus Heitmann: Kunst und Moral. Zur Problematik des Prozesses gegen die *Fleur du Mal*, in: Hartmut Engelhardt (Hg.): Baudelaires *Blumen des Bösen*, Frankfurt a. M. 1988, S. 25.

내지 타자에 대한 개방성을 지향한다면 미학의 영역에서 자연미는 그런 부정적 변증법의 가능성을 열어주는 중요한 미적 범주에 해당한다. 부정적 변증법이 헤겔의 동일성 철학에 대한 비판적 성찰에서 출발하는 것과 마찬가지로 아도르노가 말하는 자연미 역시 헤겔의 자연미 개념에 대한 비판적 성찰에 바탕을 둔다. 아름다움을 '이념의 감각적 현현'이라 일컬은 헤겔의 유명한 정의에서 단적으로 드러나듯 헤겔은 자연미 역시 '감각적으로 객관화된 이념'으로서만 미적인 가치를 지닌다고 보았다.

참된 것, 이념이 가장 비근한 자연 형식인 생명으로서 이념에 적합한 개별 현실로서 직접 현상하는 한에서만 자연의 생동감은 감각적으로 객관화된 이념으로서 아름다운 것이다.[16]

여기서 보듯이 헤겔에게 자연미는 정신활동의 이념에 '적합한' 현상으로서만 의미가 있으므로 그 고유한 자립성이 인정되지 않는다. "자연미는 단지 타자에 대해서만, 즉 우리에 대해서, 또는 미를 파악하는 의식에 대해서만 아름답다."[17] 또한 자연미를 이념에 적합한 '개별 현실로서 직접 현상하는' 자연의 아름다움에 국한하기 때문에 자연미는 개별적인 자연 사물의 아름다움과 동일시된다. 다시 말해 자연미는 자연에 대한 소박한 모사와 동일시되며, 따라서 고도의 정신적 산물인 예술미에 비하면 열등한 것이 된다.

이처럼 헤겔이 자연미를 이념과 예술미에 종속시키는 것에 대해 아도르노는 근본적인 비판을 제기한다. 아도르노에 따르면 자연미를 보편적인 개념으로 규정하는 것은 불가능하며, 명확한 개념적 규정 가능성에서 벗어나는 것이야말로 자연미의 실체이다. 자연미가 본질적으로 규정될

---

16 아도르노: 『미학 이론』, 124쪽 이하에서 재인용.
17 같은 책, 125쪽에서 재인용.

수 없다는 것은 자연의 모든 부분이 그 자체로부터 빛을 발함으로써 아름다움으로 표현될 수 있다는 데 근거한다. 다시 말해 자연미는 본질적으로 개념적 사유의 체계성에서 벗어난다. 계몽의 변증법에서 (도구적) 이성이 자연을 전유하고 지배한다면 자연미는 이성에 의해 장악되지 않는다. "자연미는 보편적 동일성의 속박 속에서 사물들이 지니는 비동일적 요인의 흔적이다."[18] 그렇기 때문에 자연미는 주체의 자기표현으로 환원되지 않는다. 그런 의미에서 자연미에서는 주체에 대한 '객체의 우위'가 관철된다. 자연미는 한편으로 주체에 대해 — 주체의 소망과 동경을 표현하고 유한한 인간 존재의 근본적 한계를 깨우쳐주는 등의 방식으로 — 구속력을 갖지만, 다른 한편으로 주체는 자연미 자체를 남김없이 개념적으로 파악할 수 없다.

오히려 자연미는 그 불확정성, 즉 그 개념과 대상의 불확정성을 통해 규정된다. 이런저런 규정들에 대립하는 불확정적인 것으로서 자연미는 확정 불가능하다. 그런 점에서 슈베르트의 음악과 마찬가지로 자연미는 자연에 대한 비대상적 유사성에서 가장 깊은 효과를 이끌어내는 음악과 친화성이 있다. (…) 예술은 자연을 모방하지 않는다. 또한 개별적인 자연미를 모방하지도 않으며, 자연미 자체를 모방한다. 이는 자연미의 아포리아를 넘어 미학 전체의 아포리아를 뜻한다. 미학의 대상은 확정 불가능한 것이라고 부정적으로만 규정된다.[19] (인용자 강조)

예술은 그 형식과 내용으로 자연의 아름다움을 표현하지만 예술로 표현된 자연미는 근본적으로 — 칸트의 '물 자체'Ding an sich와 마찬가지로 — 규정될 수 없는 '자연미 자체'das Naturschöne an sich를 모방하는 것

---

18 같은 책, 119쪽.
19 같은 책, 122쪽.

이다. 음악의 '비대상적 유사성'에서 알 수 있는 자연미의 이러한 역설은 예술 자체가 그 어떤 개념적 규정에 의해서도 온전히 확정될 수 없는 것과 마찬가지이다. 바로 그런 의미에서 자연미의 확정 불가능성은 예술 전체의 궁극적인 개념적 파악 불가능성이라는 아포리아에 상응한다. 자연미는 예술미의 본질을 보여주는 본보기가 되는 것이다. 아도르노가 발레리Paul Valéry를 인용하여 "미는 사물들 가운데 규정 불가능한 것을 충실히 모방할 것을 요구한다."[20]라고 말한 것은 자연미와 예술미에 똑같이 해당된다.

자연과 역사적 기억: 횔덜린의 「하르트 골짜기」
아도르노가 생각하는 자연미가 구체적으로 문학작품에서 어떻게 나타나는지 그가 언급하는 시를 통해 살펴보자.[21] 먼저 횔덜린의 「하르트 골짜기」Der Winkel von Hardt라는 시를 보자.

> 저 아래로 숲이 가라앉는다,
> 그리고 꽃봉오리처럼 나뭇잎들
> 오그린 채 매달려 있다, 나뭇잎들 향해
> 아래엔 땅이 피어난다,
> 전혀 어리지 않다
> 울리히가 이 땅을
> 밟고 갔으니. 하여 종종 생각에 잠긴다, 이 발자국에 대해,
> 거대한 운명이
> 준비한다, 외진 곳에서.[22]

---

20 같은 책, 122쪽.
21 같은 책, 120쪽 참조.
22 Hölderlin: *Gedichte*, Frankfurt a. M. 1992, S. 321.

하르트는 독일 남부 슈바벤 숲 지대의 지명이다. 울리히는 역사적 인물 울리히 폰 뷔르템베르크 공작을 가리킨다. 1519년 슈바벤 동맹이 합스부르크 왕가와 결탁하여 울리히 공작을 권좌에서 몰아냈는데, 공작은 도피 중에 하르트의 숲속에 있는 커다란 바위틈에 숨어서 며칠을 지냈다고 한다. 그러니까 시의 제목은 울리히 공작의 은신처였던 산골짜기 숲을 가리킨다.

시의 전반부 1~4행은 자연 풍경이고 후반부 6~9행은 풍경에 대한 성찰이다. 가운데 5행은 전반부와 후반부를 연결해주는 역할을 한다. 전반부는 가을 풍경을 묘사하고 있다. 숲이 가라앉는다는 것은 숲 전체에 낙엽이 진다는 말이다. 그런데 아직 떨어지지 않고 서리를 맞아 오그라든 채 매달려 있는 나뭇잎은 뜻밖에도 꽃봉오리를 닮았다. 바닥에 쌓인 울긋불긋한 낙엽은 곧 떨어질 나뭇잎을 올려다보며 꽃처럼 활짝 피어 있다. 그러니까 가을의 조락凋落은 소멸이 아니라 지나간 봄날의 풍경을 고스란히 간직하고 있다. 마치 저녁놀이 아침놀을 떠올리게 하듯이, 늦가을 풍경이 봄날의 기억을 품고 있다. 여기까지가 자연 풍경이다.

5행의 "땅은 전혀 어리지 않다"라는 표현이 절묘하다. 여기서 '어리다' unmündig라는 말의 원래 의미는 아직 자립하지 못하고 후견인에 의존하는 '미성년'이라는 뜻이다. 칸트가 스스로 사고하고 판단할 줄 아는 계몽을 '미성년 상태에서 벗어나는 것'이라고 했을 때의 바로 그런 의미에서 미성년이다. 그러니까 어리지 않다는 말은 스스로 사고하고 판단할 줄 아는 자립적 존재라는 뜻이다. 땅이 그런 자립적 존재인 이유는 이루 헤아릴 수 없는 오랜 세월 동안 꽃이 피고 지고 낙엽이 지는 계절의 순환을 겪어왔고, 그 모든 경험과 기억을 간직하고 있기 때문이다. 시에서 보듯이 오그라든 잎사귀가 꽃봉오리를 닮았고 가을이 봄날의 풍경을 기억하고 있으므로, 그렇게 끝없이 이어온 계절의 순환은 단순히 기계적 시간의 반복이 아니라 무한한 창조적 생성의 과정이다. 그래서 땅 위에 쌓인 낙엽이 나무에 매달려 오그라든 잎사귀를 향해 활짝 피어나는 경이로운 사건이 벌어지는 것이다. 이 땅은 그러한 자연의 경이가 펼쳐지는 터전이다. '땅'이라고 번역한 독일어 Grund는 원래 '터전, 바탕, 기반'이라는 뜻이다.

  땅이 어리지 않은 또 다른 이유는 역사적 인물 울리히가 바로 이 땅을 밟고 갔기 때문이다. 이 땅은 이곳을 지나간 인간들의 역사를 기억하고 있는 것이다. 그러니 자연은 역사의 터전이기도 하다. 그런데 울리히는 이 땅을 밟고 간 인물들 중 하나일 뿐이다. 그가 남긴 발자국을 보면서 '거대한 운명'이 깊은 생각에 잠긴다. 여기서 생각하는 주체가 역사에서 부침한 영웅들이 아니라 운명이라는 것을 유념할 필요가 있다. 아무리 위대한 영웅도 도도한 역사의 거대한 운명을 뜻대로 좌우하지는 못한다. 다만 그의 발자취가 남을 뿐이고, 그의 행적이 어떻게 역사에 기여했는가는 그의 발자취를 지켜보는 후대 사람들이 평가할 몫이며, 그나마도 언제나 미완의 평가로 남을 뿐이다. 그래서 역사의 '거대한 운명'은 선인의 발자국을 보면서 깊은 생각에 잠기는 것이다. 울리히의 은신처에 흔적으로 남아 있는 발자국은, 비단 이곳만이 아니라 독일의 다른 어디에서든 울리히 같은 인물의 발자국이 새겨져서 '거대한 운명'에 동참하리라는 기대를 일깨워준다. 그렇게 장구한 시간 속에 펼쳐질 역사의 향방을 우리는 알지 못한다. 횔덜린 연구자들은 흔히 그 거대한 운명을 횔덜린이 그의 당대에 염원했던 조국의 미래라고 해석한다. 그러나 설령 횔덜린 자신이 그런 꿈을 품었다 할지라도 지금 이 시를 다시 읽으면 횔덜린이 꿈꾸었던 조국은 그의 사후 250년이 지난 지금까지도 실현되지 않은 요원한 미래일 뿐이다. 역사의 거대한 운명은 역사적 인물의 주관에 따라 규정되지 않는다. 하르트 숲에서 일어나는 무한한 자연사에 비하면 인간의 역사는 그 땅에 새겨진 하나의 발자국에 불과한 것이다. 그런 의미에서 이 시에 구현된 자연미는 인간의 정신으로 온전히 파악할 수 없는 무궁무진한 것이다. 아도르노는 이렇게 말한다.

자연미는 그것이 표현하는 알레고리적 지향과 더불어 증대하지만 그 알레고리적 의미의 수수께끼는 결코 풀리지 않는다. 그 의미는 일정한 메시지를 전달하는 언어와 달리 대상화되지 않기 때문이다.[23]

횔덜린의 시에서 하르트 숲의 풍경은 아도르노가 말하는 의미에서 역사의 알레고리라 할 수 있다. 역사의 거대한 운명을 인간의 이성으로 예단할 수 없듯이, 그러한 역사의 수수께끼를 하르트 숲의 역사로 간직한 늦가을 풍경은 결코 수수께끼의 해답을 주지 않는다. 이 풍경이 언뜻 내비치는 의미는 그 어떤 특정한 대상과도 동일시될 수 없고, 인간이 기획하고 규정하는 역사의 틀에 갇히지 않기 때문이다.

자연의 언어: 괴테의 「나그네의 저녁 노래」

그다음으로 괴테의 유명한 「나그네의 저녁 노래」Wanderers Nachtlied를 보자.

모든 봉우리에
안식이 깃들고
모든 우듬지에서
너는 거의 한 가닥 숨결도
느끼지 못한다;
새들은 숲에서
침묵한다.
기다려라! 곧
너 또한 쉬게 될지니.[24]

---

23 아도르노: 『미학 이론』, 120쪽.
24 Goethe: *Gedichte*, München 1989, S. 142.

괴테가 서른한 살에 쓴 이 시는 그의 대표적인 자연 체험시 중 하나로 꼽힌다. 이 시는 쓴 시점과 정황까지 소상히 알려져 있다. 1780년 9월 6일 괴테는 바이마르에서 멀지 않은 일메나우 산에 올라 평소에 사냥꾼들이 숙소로 사용하는 오두막에서 하룻밤을 묵었는데, 이날 저녁 그 오두막의 판자벽에다 이 시를 직접 썼다. 같은 날 괴테는 이 시절 그의 정신적 동반자였던 슈타인 부인에게 보낸 편지에서 이 오두막에서 "도시의 혼잡, 인간들의 아우성과 요구, 구제불능의 혼란으로부터 벗어나기를 기도했다."라고 썼다. 1776년부터 바이마르 궁정에 봉직하면서 온갖 번잡한 국사에 시달렸던 터라 이 산정의 오두막에서 그를 옥죄는 그 모든 속박에서 놓여나기를 소망했던 것이다. 그러므로 대자연의 정적과 평온 속에서 안식을 바라는 방랑자의 간절한 소망을 노래하는 이 시는 절실한 체험적 고백이다. 알다시피 체험시는 시인의 육성을 여과 없이 직접적으로 표현한다.

그러나 아도르노는 이 시에서 주체가 말하지 않고 침묵한다고 해석한다.

> 이 시에서는 주체가 말하는 것이 아니라 — 모든 진정한 작품에서는 주체가 작품 전체를 통해 침묵한다. — 주체가 자신의 언어를 통해 이루 말할 수 없는 자연의 언어를 모방한다.[25]

아도르노의 발언을 염두에 두고 다시 시를 찬찬히 음미해보자. 시의 화자는 대자연에서 안식을 느끼지만 그 자신은 아직 안식에 도달하지 못한 상태이다. 대자연의 품에 안겨서도 여전히 자연과 하나가 되지 못한 것이다. 그래서 마지막에 "기다려라, 곧/너 또한 쉬게 될지니"라고 말한다. 그렇게 말하는 주체는 표면상 시의 화자라고 할 수 있다. 화자가 자신을 다독이는 말로 해석할 수 있는 것이다. 그러나 아도르노는 주체가 침묵한다

---

25 아도르노: 『미학 이론』, 123쪽.

고 했으므로 자연이 화자를 위로하는 말로 해석하는 셈이다. 아직 온전한 안식에 들지 못하는 화자에게 자연이 너 또한 쉬게 될 날이 올 테니 그때까지 기다리라고 위로하는 것이다. 그러나 그 안식의 날이 언제가 될지 화자는 결코 예측할 수 없다. 이 시를 쓰고 나서도 괴테는 50년 넘도록 바이마르의 국정에 관여했으니 이 시에서 꿈꾸던 안식은 평생 유예되었던 셈이다. 그리고 비단 괴테가 아니더라도 인간이 대자연과 하나가 되는 진정한 안식에 도달하는 것은 결국 죽음을 통해서나 가능할 것이다. 따라서 시에서 '곧' 쉬게 될 거라는 — 이 말은 당연히 오두막에서 곧 잠들 거라는 의미도 함축한다. — 자연의 약속은 한평생의 긴 세월을 '곧' 잠들게 될 짧은 순간으로 압축한다. 예측할 수 없는 평생의 시간을 한순간으로 응축하는 이러한 자연의 신비가 '이루 말할 수 없는 자연의 언어'가 들려주는 경이일 것이다. 횔덜린의 자연미가 역사적 시간의 알레고리라면 괴테의 이 시는 지극히 개인적인 체험을 통해 인간적 척도를 벗어나는 자연미의 진경을 보여준다. 시의 바깥에 있는 괴테의 삶이 미리 정해진 목표와 의무를 완수하는 일에 얽매인 '보편적 동일성의 속박'에 갇혀 있다면 이 시가 선사하는 자연미의 체험은 그런 속박에서 벗어나게 해주는 '비동일성의 흔적'을 통해 가능해진다.

자연미의 품위와 미적 가상: 보르샤르트의「새벽 이별가」
앞에서 살펴본 자연미에서 '비동일성의 흔적'은 이성적 개념으로 환원되지 않고 인간에게 온전히 자신을 드러내지 않는 자연의 언어라 할 수 있다. 보르샤르트Rudolf Borchardt의「새벽 이별가」Tagelied[26] 중 한 소절을 보자.

---

26 새벽 이별가(Tagelied)는 원래 중세의 연가(Minnesang) 중에서 사랑하는 두 연인이 함께 밤을 보내고 나서 동이 틀 무렵 헤어질 때의 심정을 노래하는 서정시를 가리킨다.

> 죽음이여, 침상에 앉아라, 심장이여, 바깥에 귀 기울여라:
> 한 노인이 푸른 여명의 가장자리에서
> 어스름 박명薄明 속으로 나타난다:
> 아직 태어나지 않은 하느님 당신을 위해
> 나는 살아갈 것입니다.
> 그런즉 그대가 아무리 슬플지라도, 세상은
> 처음부터 다시 돌아가니, 모든 것은 아직 그대의 것이어라![27]

시의 화자는 생과 사의 갈림길에 있는 것처럼 보인다. 죽음을 향해 침상에 앉으라고 청하니 편안히 죽음을 맞을 준비가 된 듯하면서도 심장에 겐 바깥에 귀를 기울이라고 한다. 실제로 죽음이 임박한 것인지, 아니면 죽은 것과 진배없는 삶을 사는 것인지 분간되지 않는다. 2~5행은 바깥의 동정이다. 한 노인이 첫새벽의 어스름한 푸른빛 속에서 기도한다. 아직 태어나지 않은 하느님을 위해 살겠노라고. 하느님이 아직 태어나지 않았다고 하는 것은 세상 사람들이 섬기는 신이 진정한 하느님이 아닌 우상일 뿐이라는 말로 들린다. 거짓된 세상이 섬기는 거짓된 신을 믿지 않겠다는 말이다. 또한 창조주 하느님을 가리켜 '태어나지 않은 하느님'이라 하는 것은 하느님도 우리 마음속에서 태어나지 않으면 사실상 존재하지 않는 것과 다름없다는 뜻으로도 이해된다. 노인의 삶에 유추해보면, 노인은 매일 첫새벽 여명 속에서 하느님이 다시 태어나 자신의 삶에 함께하기를 기도해온 것으로 짐작된다.

시에서 '푸른 여명'이라 번역한 구절은 직역하면 '첫 푸르름'das erste Blau이다. 그러니까 성경에서 창조주 하느님이 '세상에 빛이 있으라'라고 할 때처럼 세상에 처음 비치는 태초의 빛을 떠올리게 한다. 그렇게 어제와 다르고 지나온 모든 시간과 다른 새로운 하루가 천지창조의 첫날처

---

27 다음에서 재인용. Adorno: *Ästhetische Theorie*, S. 114 f.

럼 시작되는 것이다. 따라서 그 '첫 푸르름'과 더불어 세상은 처음부터 다시 돌아간다. 그러므로 '그대'는 지나온 모든 시간의 좌절과 절망에도 불구하고 모든 것을 다시 시작할 수 있다. 아마 노인은 평생 이렇게 기도해왔을 것이다. 바꾸어 말하면, 이 기도는 평생 한 번도 보답받은 적이 없다. 괴테의 「나그네의 저녁 노래」에서 '기다려라'라는 말이 일말의 위안을 주는 것과 달리 보르샤르트의 시에서는 그 어떤 위안도 기대할 수 없다. 그럼에도 노인은 하느님이 태어나길 아직도 기도하고 있다. 이러한 역설은 이 시에서 표현하는 첫새벽의 푸르름이 태초부터 반복되어온 하루의 시작인 동시에 아직 실현되지 않은 소망의 표현임을 말해준다. 아도르노의 말을 빌리면 "자연에서 볼 수 있는 가장 오래된 것의 형상은 역으로 아직 존재하지 않는 것, 또는 가능한 상태를 가리키는 암호이다."[28] 아직 태어나지 않은 신을 위해 살겠다는 간곡한 기도는 우상이 지배하는 세상의 모든 것에 대한 완강한 거부를 함축한다. 세상에 순응하는 인간적인 의도와 의미가 부여된 언어적 관습 역시 거부되며, 시는 인간화된 의미의 부재를 증언하는 알리바이가 된다. 이 시에서 '첫 푸르름'이 그러하고 '어스름 박명'이 그러하다. '어스름 박명'이라 번역한 독일어 schwachen Schein은 '연약한(희미한) 가상'이라 옮길 수도 있다. 예술작품을 실재의 모사가 아니라 '가상'이라 할 때의 바로 그 예술적 가상이다. '첫 푸르름'과 '태어나지 않은 하느님'은 이 시에서 호명됨으로써만 존재하는 예술적 가상이다. 아직 실현되지 않은 가능성을 품은 자연미는 인간의 의도와 언어로는 온전히 형용할 수 없는 자연의 품위를 가상의 언어로 표현한다. 어스름 박명 속에서 신에게 기도하는 경건함은 자연의 품위 앞에서 느끼는 경외감 또는 부끄러움이기도 하다.

자연미 앞에서 느끼는 부끄러움은 자연미를 존재자 속에서 포착함으

---

28 아도르노: 『미학 이론』, 123쪽 이하.

로써 아직 존재하지 않는 것을 손상시켰다는 자괴감에서 비롯된 것이다. 자연의 품위는 아직 존재하지 않는 것이 자신의 표현을 통해 의도적 인간화를 거부하는 품위이다.[29]

아도르노는 자연미의 이러한 품위가 현대 예술에서는 의사소통 자체를 거부하는 비의성秘儀性, Hermetik으로 나타난다고 말한다. 다시 말해 현대 예술은 자신의 의미를 감추고 해석을 거부하는 수수께끼가 된다는 것이다. 시가 가능성으로 상상하는 이러한 가상의 언어가 현실에서 소통되는 언어를 거부하는 것은 아도르노에 따르면 현실에서 사용되는 언어가 도구적 수단으로 전락해 상품화되기 때문이다. 보르샤르트 시의 '첫 푸르름'은 그렇게 상품의 논리가 지배하는 사물화된 세계에 대한 완강한 거부의 시적 표현이다. 뫼리케의 시에서 '판단 중지'가 현실의 폭력과 편견을 무력화하는 뜻밖의 힘을 발휘하듯, 여기서도 현실 언어의 거부는 시의 푸른 생명을 지키는 방편이 된다.

아우슈비츠 이후의 시

아도르노는 현대 예술의 비의성을 사물화에 대한 예술 내재적 저항의 측면에서 긍정적으로 평가한다. 그러나 흔히 난해성과 폐쇄성으로 귀결되기도 하는 비의성이 과연 부정적 현실에 대한 비판적 긴장을 성공적으로 유지할 수 있는가 여부는 구체적 사안별로 평가할 문제일 것이다. 아도르노는 독일 문학의 경우 비의적 경향이 19세기 말 유겐트 슈틸Jugendstil에서 시작했다고 본다. 예컨대 비의성을 표방한 시들은 시의 구두점 하나가 현실에 대한 발언보다 중요하다는 식으로 결국 현실에 대한 무관심을

---

29 같은 책, 124쪽.

정당화하는 공허한 형식주의로 흘러갔다는 점을 비판한다.[30] 그런데 비의성을 지향하면서도 공허한 형식주의를 깨뜨리고 현실과의 치열한 대결에 성공한 드문 경우로 아도르노는 첼란Paul Celan의 시를 꼽는다. 첼란의 시가 아도르노의 미학에서 특별한 의미를 갖는 것은 그의 시가 아우슈비츠 이후 예술의 가능성을 보여주는 드문 본보기로 높이 평가되기 때문이다.

아도르노는 1951년에 발표한 「문화비평과 사회」Kulturkritik und Gesellschaft에서 아우슈비츠 이후 시를 쓰는 것은 야만적이라고 천명했다.

> 문화비평은 문화와 야만의 변증법의 마지막 단계에 직면해 있다. 아우슈비츠 이후 시를 쓰는 것은 야만적이며, 이런 상황은 어째서 오늘날 시를 쓰는 것이 불가능해졌는가 하는 인식마저도 잡아먹는다. 비판적 정신은 자족적인 관조에 머물러 있는 한에는, 정신의 진보를 자신의 구성 요소들 중 하나로 전제하는 절대적 사물화에 대처할 수 없다.[31]

아우슈비츠 이후 시를 쓰는 것이 야만적이라는 발언은 마치 아우슈비츠를 다루는 것 자체를 금기시하는 함구령처럼 오해를 낳기도 했다. 그러나 아도르노의 진의는 '문화와 야만의 변증법'에 대한 올바른 인식을 촉구하는 것이다. 아우슈비츠 이후의 상황에 대한 올바른 인식은 홀로코스트에 대한 엄정한 인식뿐 아니라 '절대적 사물화'에 대한 인식도 함께 요구한다. 여기서 문화와 야만의 변증법의 '마지막' 단계란 그 자체로는 가치 있고 긍정적인 문화적 요소까지도 반反문화적 야만의 힘을 키우는 증식 수단이 될 수 있는 단계이다. 마찬가지로 문화산업의 발전을 가져오는 '정신의 진보' 자체가 '사물화의 구성 요소'가 될 수도 있다. 다만, 비판적

---

30 이하의 내용은 아도르노 사후 『미학 이론』 개정 증보판에 수록된 부록으로 번역본에는 포함되어 있지 않다. 원문은 다음 참조. Adorno: Ästhetische Theorie, S. 476 f.
31 아도르노: 「문화비평과 사회」, 『프리즘』, 홍승용 옮김, 문학동네 2004, 29쪽.

정신이 "자족적인 관조에 머물러 있는 한에는" 정신문화가 야만의 수단으로 전락한다는 것이다. 그렇다면 예술에서 문화와 야만의 변증법은 어떻게 관철되는가?

이 물음에 대해 아도르노는 「문화비평과 사회」 이후 10년 뒤에 발표한 「참여예술」Engagement, 1961이라는 글에서 보다 구체적인 해명을 덧붙였다.[32] 아도르노에 따르면 홀로코스트 희생을 추모하는 비판적 예술도 희생의 극한적 고통을 '예술적으로 형상화하고 양식화할' 때는 단호한 비타협적 태도에도 불구하고 고통을 '예술적 향유'의 대상으로 삼게 되고, 이로써 가공할 폭력을 희석하는 결과를 초래할 수 있다. 아도르노는 그가 가장 높이 평가한 현대 음악가 쇤베르크Arnold Schönberg의 악곡 「바르샤바의 생존자」1949조차도 이러한 딜레마에서 자유롭지 못하다고 본다. 이런 이유에서 "인종 학살이 참여문학에서 문화적 소유물이 됨으로써 학살을 낳은 문화에 장단을 맞추는 사태가 벌어지기 십상이다."[33] 대학살의 비극이 문화적 소유물이 되어 향유됨으로써 지배문화에 부응하게 되는 사태, 그것이 야만적이라는 뜻이다.

이러한 딜레마에 직면하여 비판적 문학이 아우슈비츠를 형상화하려면 두 가지 요건을 충족해야 할 것이다. 아우슈비츠의 극한적 고통을 예술적으로 체험 가능한 것으로 형상화하되, 전통적 의미에서의 '예술적 향유'와는 근본적으로 단절된 새로운 미적 체험을 제공해야 한다. 아도르노는 첼란의 비의적인 시가 바로 그러한 요구를 충족하고 있다고 보았다. 아도르노가 『미학 이론』의 부록에 수록한 다음 단상은 첼란의 시가 아우슈비츠 이후 시의 가능성에 대한 올곧은 응답임을 시사한다.

동시대 독일 시에서 비의적인 문학을 대표하는 가장 중요한 시인인

---

32 Vgl. Adorno: Engagement, in: *Noten zur Literatur*, Frankfurt a. M. 1997, S. 422 f.
33 Adorno: *Noten zur Literatur*, S. 423.

파울 첼란의 경우 비의적인 것의 경험내용은 반대로 역전되었다. 첼란의 시는 차마 미적인 경험과 승화마저도 불가능한 고통에 직면한 예술의 부끄러움으로 점철되어 있다. 그의 시는 극한의 경악을 침묵으로 말하려 한다. 첼란 시의 진리내용은 그 자체가 부정적인 것이 된다. 그의 시는 구원받을 길 없는 인간들의 언어, 아니, 모든 유기체들의 언어, 죽은 것의 언어, 돌과 별의 언어를 모방한다. 유기체의 마지막 잔재마저도 제거된다. 벤야민이 보들레르의 시에 대해 아우라가 없는 시라고 했던 바로 그런 시가 본래의 모습으로 나타난다. 첼란이 래디컬한 정신으로 창작하는 무한한 절제는 그 정신의 힘을 배가한다. 생명 없는 것의 언어가 그 어떤 의미도 상실한 죽음에 대한 마지막 위안이 된다. 첼란의 언어가 무생물로 옮아가는 현상은 소재의 모티프에서 확인될 뿐만 아니라, 완결된 형상들 안에서도 경악에서 침묵으로 이행하는 궤적을 재구성해볼 수 있다. 카프카가 표현주의 회화의 기법을 활용한 것과는 거리가 멀지만 비슷한 방식으로 첼란은 풍경의 탈대상화를 언어적 과정으로 옮겨놓는데, 이러한 탈대상화를 통해 풍경은 무기물에 가까워진다.[34](인용자 강조)

대학살의 비극에 직면하여 그 어떤 미적인 향유('미적인 경험과 승화')도 불가능한 '부끄러움'과 '극한의 경악'은 이루 말로 형용할 수 없는 언어 도단의 사태이기에 침묵의 언어로 표현될 수밖에 없다. 현실의 극단적 부정성에 대한 근본적인 부정을 통해서만 진실한 예술적 표현이 나올 수 있다. 그런 의미에서 "첼란 시의 진리내용은 그 자체가 부정적인 것이 된다." 아도르노에게 예술의 '진리내용'Wahrheitsgehalt이란 작품의 이념적 내용이나 메시지를 뜻하는 것이 아니라 "작품을 구성하는 다양한 계기들 사이의 상호관계와 그 전체가 어우러진 결과, 그리고 그러한 종합이 현실과 맺고 있는 관계"를 가리키는 "관계 개념"이다.[35] 요컨대 작품의 형상

---

34 Adorno: *Ästhetische Theorie*, S. 477.

화 방식이 아우슈비츠를 어떻게 대면하고 있는가 하는 문제가 관건이 된다. 작가가 미리 가지고 있는 판단이 아니라 작품에 구현된 진실이 중요하다. 첼란의 초기 시에서는 드물게 「죽음의 푸가」에서 보듯이 강제수용소에서 겪는 죽음의 체험이 "검은 우유를 마신다"와 같이 구체적 물질성으로 표현되기도 한다.[36] 하지만 첼란의 시 전체를 놓고 보면 아우슈비츠의 기억은 구체적 감각성이 소거된 '돌과 별의 언어' 내지 침묵의 언어로 가라앉는 경향을 보인다. 예컨대 "돌이 되어 돌처럼 앙다문/입"(「정물」)은 경악할 사태에 할 말을 잊은 입이 돌처럼 굳어진 느낌을 준다. 그런가 하면 다음 시에서 돌은 얼른 연상의 고리를 찾기 힘든 비의성을 띤다.

돌.
내가 따라갔던 허공의 돌.
돌처럼 눈먼 너의 눈.

우리는
손이었다,
우리는 어둠을 다 퍼냈고, 우리는 찾았다
여름을 향해 올라오는 말:
꽃.

꽃 — 눈먼 자의 말.
네 눈과 내 눈이
물을
길어 올린다.

---

35 Richard Klein u. a.(Hg.): *Adorno-Handbuch*, Stuttgart 2019, S. 527.
36 「죽음의 푸가」에 대한 상세한 해설은 다음 참조. 릴케 외: 『모든 이별에 앞서가라 — 독일 대표 시선』, 임홍배 엮고 옮김, 창비 2023, 396쪽 이하.

성장.
마음의 벽이 한 꺼풀씩
떨어져 내린다.

이런 말 하나 더 있으면 종추鐘錘들이
탁 트인 곳에서 흔들리리라.[37]

— 「꽃」Blume 전문

첼란의 시에서 돌은 고통의 기억이 응축된 침묵을 뜻한다.[38] 그의 부모는 '채석장'으로 불리는 강제수용소에 끌려가 죽음을 맞았다. 첼란은 원래 이 시의 초고에서 1연 3행을 "별처럼 눈먼 너의 눈"이라고 썼다가 다시 '별'을 '돌'로 고쳐 썼다고 한다.[39] 여기서 삭제된 '별'은 죽음과 희망의 양극적 이미지를 함축한다. 죽은 이의 넋이 승천하여 하늘의 별이 되었고, 별 자체는 어둠을 밝히는 희망의 상징이기도 하다. 죽음의 기억이 희망의 빛을 지워서 별이 눈먼 돌로 형용된 것이라 할 수 있다. 아도르노가 말한 탈대상화와 아우라의 소멸이 동시에 일어나는 언어적 치환인 셈이다. 한때 허공에 걸린 별을 따라갔으나 그 별이 빛을 잃고 돌이 되었으니 '너의 눈'은 앞을 보지 못한다.[40] 그러나 앞을 못 보는 대신 '손'이 어둠을 퍼낸다. '우리의 손'이라 했으니 이 암흑 속에서 그래도 손을 맞잡을 누군가가 있다는 뜻이다. 그렇게 어둠을 다 퍼내는 사이에 꽃이 피어난

---

37 Paul Celan: *Gesammelte Werke*, Bd. I, Frankfurt a. M. 2000, S. 164.
38 정명순: 『파울 첼란: 희망의 자오선을 그린 시인』, 신아사 2019, 288쪽 참조.
39 Jürgen Lehmann (Hg.): *Kommentar zu Paul Celans "Sprachgitter"*, Heidelberg 2005, S. 198.
40 1연은 다의적 해석이 가능하다. 그 어떤 치명적 경험으로 인해 이미 눈이 먼 상태에서 볼 수도 없는 희망의 별을 찾아가는 상황일 수도 있고, 하늘의 별은 더 이상 지상의 눈먼 자에게 운명의 빛이 될 수 없는 단절을 뜻할 수도 있으며, 눈이 멀 때까지 별을 찾아 헤매는 상황일 수도 있다. 각각의 선택지가 배타적 가능성이 아니라 일정하게 겹치는 상황일 수도 있다.

다. 이 꽃은 눈먼 자가 손으로 더듬어 찾아낸 '말'이기도 하다. 이렇게 암흑 속에서 시가 탄생한다. 이 꽃의 개화를 통해 '네 눈과 내 눈'은 다시 꽃을 키울 생명수를 길어 올리고, 그렇게 꽃이 자라는 가운데 마음의 벽이 잎새처럼 떨어져 내려 계절/생명의 순환이 이루어진다. 이런 꽃/말이 한 송이만 더 피어난다면 (밀폐된 공간이 아니라) '탁 트인 곳'에서 종소리들이 울려 퍼지는 폭넓은 공명과 공감도 가능하리라.

이 시는 그런 간곡한 기대와 소망을 담고 있다. 별이 돌덩이로 죽은 암흑 속에서 꽃이 피어나고 말이 탄생하고, 그리하여 사멸했던 시적 아우라가 다시 살아나는 언어적 과정을 오롯이 보여준다. 첼란은 어린 아들이 처음 '꽃'이라는 말을 했을 때 이 시를 썼다고 한다. 그렇게 보면 이 시는 아우슈비츠 이후 죽음의 폐허 속에서 소생하는 체험시의 가능성을 절제된 언어로 보여준다. 부활절 무렵에 이 시를 썼다는 사실까지 고려하면 마지막 연에서 사방에 울려 퍼지는 종소리는 죽었던 감각과 만물을 깨우는 웅혼함을 동반한다. 물론 그것은 아직 실현되지 않은 소망이지만, '너와 나'를 넘어 억울하게 죽은 모두의 부활을 기원하는 소망을 담은 희망에의 약속이기도 하다. 한 송이 꽃, 한마디 말의 탄생은 지난하지만 그런 만큼 모두의 소망을 불러오는 힘이 있다. '종추'로 번역한 Hämmer는 원래 '망치'라는 뜻이다. 죽은 별과 대지, 죽은 감각과 영혼이 모두 깨어나라고 망치로 두들기는 소리다.

앙가주망

아도르노가 활동했던 시기는 사회주의 운동과 반反파시즘 투쟁 그리고 전후의 냉전 체제와 1960년대 후반의 서구 학생운동에 이르기까지 격동하는 시대 속에서 문학의 역할이 무엇인가 하는 문제가 첨예한 쟁점으로 떠오른 때다. 이러한 시대 상황 속에서 그의 비판이론은 서구 파시즘과 동구 사회주의 그리고 전후의 서구 자본주의에 대해 일관되게 비판적인 입장을 견지했다. 아도르노가 문학의 현실 참여 문제에 대해 신중한 유보와 비판적 입장을 취한 것도 그런 맥락에서 파악할 필요가 있다. 아도르노는 넓게 보면 문학예술이 사회현실의 진보적 변화에 기여한다는 점을 긍정하면서도, 그것은 작가의 신념이나 세계관을 통해서가 아니라 어디까지나 예술의 자율성을 통해서만 실현될 수 있다는 입장을 고수했다. 아도르노는 『미학 이론』의 마지막 장章에서 예술과 사회의 관계를 다루면서 특히 마지막 부분에서 '앙가주망'의 문제를 다루고 있는데, 『미학 이론』의 이러한 서술 체계에서도 참여예술의 문제가 그의 미학적 사유가 수렴되는 중요한 지점이라는 것을 짐작할 수 있다.

우선 아도르노는 예술의 자율성과 참여 문제가 잘못된 양자택일로 오도되는 사태를 비판한다.[41] 흔히 예술의 자율성은 예술이 사회현실의 문제에 초연해야 한다는 식으로 잘못 이해되지만, 이런 무관심은 예술을 시대를 초월한 불변의 문화적 향유 대상으로 물신화하는 태도일 뿐이다. 그런가 하면 참여예술을 옹호하는 입장은 흔히 예술의 자율성을 공허한 형식주의라 매도하고 정치적 실천을 최우선 과제로 앞세우지만, 이런 태도 역시 예술을 외적인 목적에 종속시키고 예술적 자율성을 부정하는 잘못된 태도이다. 아도르노는 이러한 양쪽 극단의 편향이 예술의 자율성과 사회적 작용 사이의 변증법적 긴장 관계를 잘못된 양자택일의 문제로 치환한다고 비판한다. 작가가 비록 진보적 세계관을 갖고 있다 하더라도 작품 자체의 예술성이 담보되지 못하면 작가가 의도하는 사회적 영향도 실패할 수밖에 없다. 반대로 작가가 사회적 허위의식에 젖어 있다면 진정한 예술적 성취는 원천적으로 불가능하다. "그 자체로 참이 되지 못하는 예술이 사회적으로 참이 될 수는 없다. 사회적인 허위의식이 미적인 진정성을 갖는 것은 더더욱 불가능하다."[42]

---

41 이하의 서술은 『미학 이론』, 365쪽 이하 참조.

아도르노는 『미학 이론』의 부록에서도 예술의 직접적인 정치적 도구화를 비판한다. 그에 따르면 일찍이 예술 종말론이 예술을 철학적 인식에 비해 열등한 인식이라 여겼다면 이제 예술을 당장의 정치적 목적에 종속시키려는 입장은 예술 종말론과 유사한 예술 무용론이며, 이것은 예술을 다시 권력과 지배의 수단으로 전락시키는 위험한 발상이다. 예술을 당장의 실천적 목적을 위한 수단으로 동원하는 것은 '전면적으로 기능화된 세계' 속에서 다시 예술을 기능화하는 것이기 때문이다.

지식인들이 주장하는 예술 종말론의 허구성은 예술의 목적에 관한 문제, 즉 지금 이곳의 실천을 위해 예술을 정당화하는 태도에 있다. 그러나 전면적으로 기능화된 세계에서 예술의 기능은 기능하지 않는 것이다. 예술의 도구화는 도구화에 대한 예술의 저항을 무효화한다.[43]

아도르노는 예술의 도구화 자체를 근본적으로 부정하는 것으로 보인다. 예술이 설령 타당한 목적을 위해 봉사하더라도 도구적으로 기능할 때는 예술 고유의 저항력을 상실한다고 보기 때문이다. 그러나 예술의 실천적 힘 자체를 부정하는 것은 아니다. 앞에서 뫼리케의 시를 통해 보았듯이 현실에서 지배적인 힘이 작동하는 소통 방식을 벗어날 때('기능하지 않을 때') 오히려 '전면적으로 기능화된 세계'의 질서에 균열을 일으키는 전복적 기능을 수행할 수도 있는 것이다. 그런 맥락에서 문학예술이 올바른 사회적 영향력을 행사할 수 있는 것은 작품 자체의 진리내용이 담보될 때만 가능하다는 것이 아도르노의 기본 입장이다. 아도르노가 말하는 작품의 '진리내용'이 작가의 신념이나 작품의 내용 또는 메시지가 아니라 '작품을 구성하는 계기들의 총체가 현실과 맺고 있는 관계'라는 점을 다시

---

42 아도르노: 『미학 이론』, 382쪽.
43 Adorno: *Ästhetische Theorie*, S. 475.

상기하면 결국 작품 자체의 예술성이 현실적 영향력을 담보하는 일차적 근거가 되는 것이다. 그런 의미에서 "예술에서 사회적인 것은 명시적인 입장 표명이 아니라 사회에 맞서는 예술 내재적 운동이다."[44] 아도르노는 예컨대 브레히트Bertolt Brecht의 서사극을 이런 관점에서 평가한다.[45] 브레히트의 서사극이 분명한 메시지를 표방할 때는 원래부터 브레히트의 드라마에 동조하는 관객들에게 새로울 것도 없는 뻔한 교훈적 내용을 전달함으로써 관객이 '생각하는 힘'을 기르게 하려는 작가적 의도는 실패하게 된다. 이것은 마치 믿음이 돈독한 신도들에게 설교를 하는 꼴이 된다는 것이다. 반면에 내용상 특별히 새로운 것이 없더라도 드라마 형식의 쇄신을 통해 작품 자체의 질적인 변화를 수반할 때는 앙가주망이 예술적 생산력으로 전환되는 성공작을 낳을 수도 있다.

이처럼 참여의 문제와 관련해서도 아도르노는 현실에 대한 특정한 부정을 통해 미적인 것이 성립한다는 기본 관점을 일관되게 견지한다. 일반적으로 앙가주망과는 대립하는 것으로 간주되는 예술적 비의성에 대해서도 "기존 상황을 거부한다는 면에서 앙가주망과 비의성은 일치한다."[46] 라고 보는 것은 그런 이유에서다. 물론 여기서 말하는 비의성이란 무조건 현실과의 단절 자체를 추구하는 사이비 순수 예술의 자기 폐쇄성이 아니라 억압적 사회에 맞서 저항하는 예술 내재적 운동을 뜻한다. 다른 한편 예술의 비의성이 기존의 친숙한 예술 전통을 답습하지 않고 전통의 쇄신을 통해 예술적 새로움을 추구하는 현대성과 연결되어 있다는 점도 상기할 필요가 있다. 예술이 타성화된 관습에 안주할 때는 다시 어떤 용도로든 써먹기 좋은 키치로 전락할 수밖에 없다.

아도르노가 마지막까지 예술의 자율성 원칙을 고수하는 근본적인 동기는 다시 계몽의 변증법과 부정적 변증법의 문제의식 속에서 이해할 수

44　아도르노: 『미학 이론』, 351쪽.
45　같은 책, 374쪽 이하 참조.
46　같은 책, 382쪽.

있다. 계몽의 변증법에서 이성의 도구화가 반이성적 야만으로 귀결되듯이 예술의 도구화는 부정적 현실에 대한 비판적 부정을 통해서만 존립할 수 있는 예술의 존재 이유 자체를 부정하는 결과가 될 것이다. 또한 예술이 부정적 현실에 대한 비판적 부정을 통해 예술로 성립한다고 해서 그것이 현실에 존재하는 모순의 온전한 해소와 지양을 보증하는 것은 아니다. '부정의 부정'을 통해 추구하는 긍정적 이상을 예술의 이념 내용으로 전제할 때 예술은 다시 이념의 도구가 될 위험에 봉착한다. 아도르노가 예술적 자율성을 견지하는 것은 따라서 예술과 현실 사이의 종결될 수 없는 긴장을 끝까지 밀고 가는 변증법적 사유에 충실하려는 시도로 이해될 수 있다.

마지막으로, 아도르노의 참여예술론에 대해 더 구체적으로 생각할 거리를 제공하는 첼란의 시 한 편을 음미하는 것으로 글을 맺고자 한다.

> 창살 뒤에서
> 큰 울음을 울던
> 내 돌들과 함께
>
> 그들은 나를 날카롭게 갈아서
> 시장 한복판으로 보냈다,
> 거기로,
> 내가 어떤 서약도 하지 않은
> 깃발 오르는 곳으로.
>
> 피리,
> 밤의 쌍피리여,
> 생각하라

빈과 마드리드의
어두운 쌍둥이 붉은빛을.

너의 깃발을 조기弔旗로 달아라
기억을.
조기를
오늘과 영원을 위하여.

가슴이여
여기서도 너 자신을 밝혀라
여기, 시장 한복판에서
외쳐라, 쉬볼렛을,
낯선 고향을 향해:
2월. 통과 불가.

아인호른이여
너는 돌을 잘 알고 있지,
너는 물을 잘 알고 있지,
오라
내 너를 데려가리라
에스트레마두라의
목소리로.[47]

—「쉬볼렛」전문

1955년에 나온 시집 『문턱에서 문턱으로』*Von Schwelle zu Schwelle*에 수록

---

47 정명순: 『파울 첼란』, 113쪽 이하에서 재인용.

된 이 시의 제목 쉬볼렛Schibboleth은 구약 성경에서 따온 것이다.[48] 성경 기록에 따르면 요단강을 사이에 두고 유대의 두 지파 사람들 사이에 치열한 전투가 벌어졌고, 싸움에서 패배한 쪽 사람들이 보복을 피해 요단강을 건너 그들의 땅으로 돌아가려 했다. 그러나 승리한 자들은 패배한 이들이 '쉬'를 '시'로 발음하는 것을 알고 그들에게 '쉬볼렛'을 발음하게 하여 '시볼렛'이라 발음하는 사람들을 모두 죽여 무려 42,000명을 학살했다고 적혀 있다.

시의 첫 연은 그렇게 억울하게 죽임을 당한 사람들을 떠올린다. '창살'은 성경에 나오는 희생자들뿐 아니라 억울하게 갇혀 죽은 모든 사람들을 가리킨다. '내 돌들'은 그 희생의 고통이 나의 기억으로 단단히 응고되어 있음을 말해준다. 나치에 희생된 시인의 부모와 동족의 비극이므로 그 기억은 곧 시인 자신의 운명이다.

2연은 엄정한 자기성찰과 현실 인식을 보여준다. '나'의 의지와 무관하게 사람들은 '나'를 날카로운 무기로 갈아서 '시장 한복판으로' 내보낸다. '나'의 고통스러운 기억마저도 싸움의 무기가 될 수 있고 더구나 상품처럼 팔릴지 모른다는 두려움이 느껴진다. 정작 나 자신은 싸우기 위한 마음의 준비도 되어 있지 않았으니('서약도 하지 않은') 그런 상태에서 싸움의 무기가 된다면 시장에서 상품으로 팔리는 결과가 되지 않을까 저어한다. 전후 냉전 대결이 격화되는 1950년대 중반 상황을 고려하면 여기서 '깃발'은 선명한 정치적 이념을 떠올리게 한다. 다른 한편 역시 전후 상황에서 '시장 한복판'은 서구 자본주의 체제를 떠올리게 한다. 시인은 시장 한복판도 낯설고 더구나 거기서 깃발이 올라가는 것도 낯설다. 그 낯섦은 '내 돌들'의 기억에 충실하려는 정직한 양심의 발로이기도 하다. 아도르노가 첼란의 시를 가리켜 아우슈비츠를 겪고 나서 "차마 미적인 경험과 승화마저도 불가능한 고통에 직면한 예술의 부끄러움으로 점철되어 있

---

48 구약 성경 사사기 12장; 정명순: 앞의 책, 114쪽 참조.

다."라고 했던 그 부끄러움도 저변에 깔려 있다. "큰 울음을 울던 내 돌들"이 나의 의지와 무관하게 날카로운 무기로 갈리는 것은 고통이 시로 승화되지 못하는 사태인 것이다.

그렇게 막혀 있던 시의 호흡을 틔워주는 것은 3연의 피리 소리이다. 1934년 2월 빈에서 노동자들의 시위가 유혈 진압되었고, 1936년 2월 스페인에서는 민중전선이 선거에서 이긴 후 프랑코 파시즘 정권에 저항하는 내전이 시작되었다. 피리 소리는 두 싸움에서 희생된 자들을 기리는 만가挽歌의 가락이다. '쌍둥이' 붉은빛은 두 싸움이 운명적으로 연결되어 있음을 말해주며, 그 붉은빛은 '나'의 기억에 각인된 '큰 울음'과 연결된다. 따라서 이 피리 소리는 그 기억들을 불러내면서 운명적 일체감을 느끼는 '나'의 피리 소리, 다시 말해 이 시의 가락이기도 하다. 그래서 4연에서 ― '내가 서약하지 않은 깃발'이 아니라 ― '너의 깃발을 조기로 달아라'라고 말할 수 있게 된다. 그 조기는 희생자들에 대한 '기억'이다. 이 기억을 통해 '나'는 희생자들과 운명적 유대를 맺는다. 그래서 '나'의 '오늘' 일회적 행위는 유구한 역사적 기억('영원')으로 연결된다.

지금 이곳의 행위가 영원으로 이어지는 이러한 시적 도약을 통해 비로소 시인은 "여기, 시장 한복판에서도" 당당히 "너 자신을 밝히라"고 발언할 수 있게 된다. 그리고 목숨을 건 금기의 언어 '쉬볼렛'을 외치라고 말할 수 있게 된다. 그것은 자신의 고향에서 낯선 이방인으로 배척당하고 억압받는 자들의 당당한 외침이다. '통과 불가'라고 번역한 말은 독일어 시에 스페인어로 No passaran이라고 씌어 있다. 이 말은 프랑코의 진압군이 밀고 들어올 때 민중전선 저항군이 그들을 저지하기 위해 외쳤던 구호이다. 따라서 부당한 침략에 맞서는 저항의 구호이다. 이로써 자신의 정체를 드러내는 언어 '쉬볼렛'은 '통과 불가'라는 저항의 언어로 변주되어 적극적 의미를 얻게 된다.

마지막 연에서 아인호른은 보통명사로 '유니콘'이라는 신비의 동물이자 첼란이 고향 도시 체르노비츠에 머물던 시절 친구 이름이기도 하다.

스페인 내전 막바지 무렵 파리에 유학하던 첼란은 그 친구와 스페인 내전에 대해 함께 얘기하고 저항군의 입장에 깊이 공감했던 것으로 알려져 있다.[49] '에스트레마두라'는 스페인 내전 당시 저항군이 큰 희생을 치렀던 격전지이다. 시의 화자는 고향 친구를 저항의 목소리들이 들리는 곳으로 데려가겠다고 함으로써 내전 상황을 공유했던 기억을 회상하는 것으로 보인다. 그렇지만 시 자체의 문맥에서 '아인호른'은 경험 현실과는 다른 세계를 꿈꾸는 모든 사람이 공유하는 신비의 상징이다. 따라서 아인호른을 통해 상기하는 저항의 목소리들은 좌절과 희생을 딛고 다른 세상을 꿈꾸는 미래를 향해 열려 있다. 4연에서 '오늘'의 기억이 '영원'으로 이어지는 것과 같은 시적 도약이다. 4연의 '너의 깃발'이 개인적 차원이라면 마지막 연에서 아인호른을 통해 불러내는 목소리들은 다른 세상을 꿈꾸는 모두가 공유하는 것이다. 그렇지만 에스트레마두라의 '함성'이라 하지 않고 '목소리들'이라고 톤을 낮춘 것은 2연의 부끄러움에 상응하는 양심적 절제이다. 이 시의 절제된 목소리는 '서약하지 않은 깃발'에 따르기를 강요하지 않고, 아인호른을 꿈꾸는 소박한 사람들의 가슴에 조용히 말을 건넨다. 그러면서도 성경 언어의 전통과 권위에 거스르는 첼란 특유의 반어反語, Gegenwort[50]로 시적 창조에 성공하고 있다. 이 모든 의미에서 이 시는 참여문학에 대한 아도르노의 우려를 깨끗이 불식하는 참여시의 새로운 가능성을 보여주고 있다.

(2024년)

---

[49] Theo Buck: *Schibboleth. Konstellationen um Celan*, Aachen 1995, S. 25.
[50] 정명순: 앞의 책, 322쪽 이하 참조.

루카치의 괴테 수용에 대한 비판적 고찰

괴테의 상징론과 루카치의 리얼리즘론

헝가리의 미학자이자 비평가 죄르지 루카치Georg Lukács, 1885~1971는 1970년 괴테의 고향 도시 프랑크푸르트 시가 수여하는 괴테상을 수상하였다. 수상 소감문에서 루카치는 자기가 살아온 시대 현실과의 대결에서 괴테의 문학이 결정적인 의미를 지녔다고 고백한 바 있다.[1] 50년 넘게 마르크스주의자의 길을 걸어온 헝가리의 한 지식인에게 독일 시민문화의 전통을 기리는 특별한 상이 수여된 것도 우연이 아니겠지만, 죽음을 한 해 앞둔 루카치의 회고가 단지 수상의 영예에 대한 의례적인 답사만은 아닐 것이다. 그렇지만 정작 루카치의 괴테 수용에 관한 본격적인 연구가 의외로 드문 것도 사실이다.[2] 양자의 관계를 다루는 경우에도 대체로 루카치의 사상이 마르크스의 인식론 및 역사철학과 독일 고전주의 미학을 결합하려는 시도[3]라거나 루카치의 '괴테주의'가 18세기의 계몽주의 전

---

1 Georg Lukács: Goethe und Marx, in: Frank Benseler (Hg.): *Revolutionäres Denken — Georg Lukács*, Darmstadt 1984, S. 154.
2 필자가 아는 바로는 반성완 교수의 다음 논문 중 일부에서 이 주제가 가장 집중적으로 다루어지고 있는데, 이 글에서도 괴테 자신의 문학관과 후대의 문학사 서술에서 '고전주의'로 양식화된 사조 사이의 차별성이 고려되고 있지는 않다. 반성완: 「루카치 현대문학사관의 비판적 고찰」, 백낙청 엮음:『서구 리얼리즘 소설 연구』, 창작과비평사 1982, 328쪽 이하.

통 속에서 괴테를 재해석하려는 시도의 결과라고 보는[4] 개괄적인 진단과 추상적인 평가에 그치고 있을 뿐이다. 루카치의 문학관이 괴테의 문학적 유산에 크게 빚지고 있음을 당연한 사실로 전제하면서도 이에 대한 연구가 부진했던 것은 크게 두 가지 요인과 결부되어 있는 것으로 보인다. 첫째는 1930년대의 표현주의 논쟁과 여기에 아도르노가 가세한 1950년대 말의 문학 논의에서 루카치와 견해를 달리했던 브레히트와 아도르노 등이 기본적으로 독일 고전주의 문학 전통을 단호하게 거부하는 입장이었고, 따라서 이러한 논의 구도를 이어받으면서 대개는 루카치를 비판하는 쪽으로 기울었던 지난 1970/80년대의 루카치 연구에서 괴테 혹은 독일 고전주의와의 연관성이 적극적으로 조명될 논의 기반은 그만큼 더 협소해졌다고 볼 수 있다.

이러한 지적 배경과 무관하지 않은 사실이지만, 다른 한편으로 1970년대 독일의 '비판적' 문예학이 문학사 재평가의 차원에서 이른바 '고전주의 신화'를 해체하는 데 집중함으로써 결과적으로 고전주의 자체의 현재적 의미가 부각될 여지도 희박했다. 더구나 고전주의에 대한 연구를 통해 다시 루카치의 문학론을 문제 삼을 때는 루카치가 '고전주의 신화'의 형성에 일조한 요소들을 들춰내는 것 이상의 연구 성과를 기대하기 힘들었다.[5] 결국 독일 고전주의와 괴테에 대한 관심에서 출발하든 아니면 루카

---

3 Werner Jung: *Georg Lukács*, Stuttgart 1989, S. 22~29.
4 Ehrhard Bahr: Georg Lukács's 'Goetheanism' — Its Relevance for His Literary Theory, in: Judith Markus/Zoltán Tarr (Hg.): *Georg Lukács — theory, culture and politics*, New Brunswick 1989, S. 89~96.
5 대표적인 사례로 다음 글을 들 수 있다. Walter Hinderer: Die regressive Universal-ideologie. Zum Klassikbild der marxistischen Literaturkritik von Franz Mehring bis zu den *Weimarer Beiträgen*, in: Reinhold Grimm/Jost Hermand (Hg.): *Die Klassik-Legende*, Frankfurt a. M. 1971, S. 141~175. 이 글은 프란츠 메링(Franz Mehring, 1846~1919) 이래 마르크스주의에 입각한 문학사 서술이 보수적 민족주의에 입각한 문학사 서술과 '구조적 유사성'을 보이는 측면을 괴테 시대를 모델로 삼아 예리하게 지적하고 있으나, 그 유사성이 강조되는 정도에 비례하여 각 논자 사이의 — 이를테면 메링과 루카치 사이의 — 차이점이 희석되는 방법론적 한계를 드러내며, 특히 루카치에 관한 평가에서는

치에 대한 관심에서 접근하든 간에 루카치의 괴테 수용에 대한 평가는, 루카치의 생각에 동의하는 경우 루카치 자신의 연구 성과를 재확인하는 수준에 머물거나 루카치에 대해 비판적인 입장에서는 아예 논외로 밀려났던 것이다.

1920년대 이래 루카치의 삶과 사상을 규정했던 20세기의 이데올로기적 긴장과 대결이 냉전 체제의 붕괴와 더불어 해소된 1990년대에 들어와서는 루카치에 대한 관심 자체가 사실상 공백기에 접어든 느낌마저 없지 않다.[6] 루카치 문학이론의 기본 골격을 이루는 리얼리즘론, 특히 1930년대의 리얼리즘론이 "냉전 체제의 산물"[7]이라 보는 견해는 그런 점에서 일정한 설득력을 얻는다. 루카치의 삶에서 이념적 대결과 실존적 결단은 분리될 수 없는 하나의 문제였으며, 삶의 중대한 고비마다 치열하게 겪은 격동기의 시대적 체험은 그의 문학론 전개 과정에 결정적 추진력이 되었던 동시에 쉽게 넘어설 수 없는 제약으로도 작용했던 것이다. 뒤에서 다시 살펴보겠지만, 그의 시대가 강요한 첨예한 이념적 갈등의 압박과 그 제약을 극복하려는 루카치의 노력은 때때로 그 자신이 늘 비판했던 관념적 이상주의로 귀결되는 경향을 보이기도 하며, 그가 추구하는 리얼리즘의 이상과 실제는 심각한 괴리를 빚기도 한다. 그럼에도 루카치 자신은 대담 형식으로 구술한 자서전적 회고록에서 "나의 지적 발전 과정에서 유기적이지 않은 요소는 없다고 생각합니다."[8]라고 말한 바 있다. 이러

'비판을 위한 비판'에 치우쳐 있다.

6 1990년대의 루카치 연구에서 눈에 띄는 성과로는 다음의 두 저서를 꼽을 수 있을 정도다. Arpad Kadarkay: *Georg Lukács. Life, Thought and Politics*, Cambridge Mass. 1991; Mathias Marquadt: *Georg Lukács in der DDR. Muster und Entwicklung seiner Rezeption*, Berlin 1996. 700쪽이 넘는 카다커이의 방대한 평전은 오랜 기간에 걸친 충실한 고증을 바탕으로 루카치의 개인사와 시대사의 연관성을 치밀하게 재구성하고 있으며, 학위 논문으로 출간된 마르크바트의 저서는 구동독의 문학 논의 전개 과정에서 루카치의 문학론이 수용된 역사와 그 이데올로기적 배경을 다루고 있다.

7 Peter Uwe Hohendahl: Art Work and Modernity — The Legacy of Georg Lukács, in: *New German Critique* 42 (1987), S. 33.

한 발언은 그 자신의 사상적 일관성을 주장하는 사후적인 변호라기보다는, 그가 겪은 사상적 변모와 삶의 굴절에도 불구하고 그의 리얼리즘론이 지향하는 '유기적 총체성'에의 집념만큼은 끝까지 포기하지 않았다는 뜻으로 받아들일 수 있을 것이다. 루카치의 문학관에서 괴테 문학의 의의가 바로 그런 문제의식과 결부되어 있다면, 루카치의 괴테 수용에 대한 검토는 루카치의 리얼리즘론을 평가하는 하나의 시금석이 될 수 있을 것이다.

이 글에서는 루카치의 괴테 수용을 크게 루카치의 고전주의론과 리얼리즘론으로 나누어 살펴보고자 한다. 괴테 시대의 문학, 특히 독일 고전주의에 관한 루카치의 집중적인 연구는 그의 리얼리즘론이 문학사 서술의 형태로 구체화된 것이라 볼 수도 있지만, 그의 리얼리즘론의 모델로 곧잘 언급되는 19세기의 '위대한 리얼리즘' 문학의 전 단계로서도 중요하게 거론된다. 따라서 루카치에게 독일 고전주의론은 리얼리즘론의 바탕이 되기도 하기 때문에 리얼리즘론에 대한 예비적 검토의 차원에서도 따로 살펴볼 필요가 있다. 다른 한편 문학사 서술의 문제와는 다른 차원에서 루카치 리얼리즘론의 이론적인 쟁점을 다루고자 할 때 그 중심 범주인 특수성, 총체성, 전형 등의 개념을 포괄하면서 이에 대응될 만한 논리를 괴테의 문학론에서 찾아내기란 쉽지 않다. 괴테가 문학형식에 대한 고정관념이나 독자의 기대지평을 무시하기 일쑤인 자신의 작가적 기질을 가리켜 "리얼리스트적인 변덕"realistischer Tick[9]이라는 표현을 쓰기는 했어도 딱히 '리얼리즘'이라는 명칭을 앞세워서 별도의 문학론을 펼친 적은 없기 때문이다. 이러한 난점을 고려하여 이 글에서는 루카치의 문학관이 현대 문학을 보는 시각에 그대로 투영되어 있는 그의 표현주의 비판을 괴테의 문학관에 비추어 검토하는 방식을 취하고자 한다.

---

8 Lukács: *Gelebtes Denken. Eine Autobiographie im Dialog*, Frankfurt a. M. 1981, S. 132.
9 1796년 7월 9일 쉴러에게 보낸 편지. Goethe: *Werke*, Hamburger Ausgabe, Bd. 7, München 1989, S. 643. 앞으로 이 판본에서의 인용은 HA로 줄이고 권수를 표시하기로 한다.

고전주의를 보는 시각

독일 문학사에서 '고전주의'Klassik 혹은 '바이마르 고전주의'Weimarer Klassik로 지칭되는 시기는 대개 괴테가 바이마르에서의 정치생활을 마감하고 이탈리아 여행에서 돌아온 1780년대 후반부터 쉴러와의 공동 작업이 지속되는 1805년까지를 가리키는 것이 문학사의 정설로 되어 있다. 더 좁혀서 고전주의의 기관지 격인 《호렌》Die Horen이 발간되고 괴테와 쉴러의 서신 교환이 시작되는 1794년을 그 기점으로 잡는다면 10년 남짓한 짧은 시기가 고전주의에 해당하는 셈인데, 그나마 1790년대 말에 이르면 괴테와 쉴러의 '고전주의'에 대한 강력한 반동으로 이미 초기 낭만주의가 등장하기 때문에 그 기간은 더욱 짧아지고 애매해질 수밖에 없다. 그러나 중요한 것은 세부적인 시기 구분의 문제가 아니라, 이 시기의 고전주의를 고정된 양식원리로 파악할 때는 배타적 규범화의 위험이 따를 뿐 아니라 당시 문학의 실제와도 거리가 멀어진다는 사실이다.

  우선 당시 유럽 문학의 전반적인 흐름에서 이 시기의 괴테와 쉴러의 문학이 전혀 '고전주의'라는 틀로 이해되지 않았다는 사실부터 흥미롭다. 17세기에 이미 고전주의를 경험했던 프랑스에서는 독일 문학의 뒤늦은 '고전주의적' 경향에 애초부터 무관심했을 뿐 아니라, 19세기 초 영국 낭만주의 문학의 주창자로 꼽히는 콜리지Samuel Taylor Coleridge, 워즈워스William Wordsworth 등은 괴테와 쉴러를 그들이 생각하는 낭만주의 문학의 위대한 선구자로 보았던 것이다.[10] 유럽 문학에서 17, 8세기의 의고전주의적 경향 — 영미 학계에서 말하는 '신고전주의'Neo-classicism — 전

---

10 Peter Boerner: Die deutsche Klassik im Urteil des Auslands, in: R. Grimm/J. Hermand (Hg.): 앞의 책, S. 80 f. 여기서 뵈르너는 쉴러의 『도적떼』(Die Räuber)를 읽은 청년 콜리지의 열광적 감격을 예로 들고 있는데, '슈투름 운트 드랑'(Sturm und Drang) 시기와 고전주의 시기를 구분해서 보면 전자에 속하는 이 작품이 적절한 예가 될 수 없겠지만, 그러한 사조 구분을 넘어서 괴테와 쉴러가 영국 낭만파에게 '낭만주의' 작가로 받아들여졌다는 사실이 중요하다.

체에 대한 비판적 조류를 '낭만주의적'이라고 본다면, 17세기의 프랑스 고전주의에 대해 누구보다 비판적이었던[11] 괴테가 '유럽 문학에서 낭만주의 시대의 대표자'[12]로 규정되는 것도 무리는 아니다. 그럼에도 이 시기의 괴테 문학을 굳이 '고전주의적'이라고 할 때는 당연히 고대 그리스의 고전주의를 떠올리게 마련이다.[13] 특히 이탈리아 여행 이후의 괴테가 고대 그리스 예술의 '완벽성' Vollkommenheit을 예술적 완성의 이상형으로 높이 평가하는 것은 사실이지만, 이 경우에도 '우리가 소망하지만 결코 도달할 수 없는' 완벽성이라는 단서를 달고 있는 만큼 '고대'와 '현대'의 차별성에 대한 역사적 인식이 이미 전제되어 있었던 것이다.[14]

고전주의 시기 괴테의 대표작에 속하는 『타우리스의 이피게니에』 Iphigenie auf Tauris, 1787 같은 극작품을 보더라도 고대적 고전주의와의 차별성은 분명히 드러난다. 이 작품에서도 물론 고대적인 의미에서의 전통적인 '운명'극의 요소들이 극 전체의 줄거리를 구성하는 것은 사실이다. 그러나 이피게니에의 삶을 겹겹이 얽어매는 운명의 막강한 힘은 어디까지나 그녀의 자유의지를 시험하는 '실존적 조건'으로서만 문제 될 뿐이며 — 가령 이피게니에의 운명을 규정하는 사건들이 대개 연극적인 재현보다는 서사적 회상의 형식으로 처리된다거나 그 결과 '엘렉트라' 같은 인물이 유명무실한 존재가 되는 것도 그런 맥락에서 이해할 수 있을 것이

---

11 특히 17세기 프랑스 고전극의 양식을 답습하던 18세기 독일 연극계의 전반적인 풍토에 대한 괴테의 비판은 신랄하며, 이 점은 '고전주의' 시기의 대표작 소설 『빌헬름 마이스터의 수업 시대』에서도 잘 드러나 있다. 『빌헬름 마이스터의 수업 시대』, 안삼환 옮김, 민음사 1996, 제3부 8장 참조.
12 백낙청: 「리얼리즘에 관하여」, 『민족문학과 세계문학 II』, 창작과비평사 1985, 366쪽 참조.
13 괴테 시대의 독일 문학을 프랑스에 처음 소개한 것으로 유명한 스탈 부인(Madame de Staël)의 『독일에 관하여』(De l'Allemagne, 1810)에서 이미 독일의 '고전주의적' 문학이 '고대' 취향인 반면 '낭만주의적' 문학이 '중세' 취향이라는 비교가 제시되고 있었다. Boerner, 앞의 책, S. 81 참조.
14 Goethe: Einleitung in die Propyläen, in: HA 12, S. 38.

다. — 작품의 핵심적 주제는 그 모든 숙명적 제약에도 불구하고 개개인들의 자유의지와 자발성에 기초한 휴머니즘의 가능성에 대한 탐색에 집중되고 있는 것이다. 이 작품을 고대적 운명극의 도식대로 '의고전주의적'으로 해석하자면 비극으로 끝나야 마땅할 작품의 결말부에서 토아스 왕의 회심과 함께 극적인 화해가 이루어지는 것도 그런 의미에서 단지 이 피게니에라는 한 개인의 순결한 도덕성에 힘입은 것만은 아니며, 따라서 이때의 휴머니즘을 의고전주의적 이상주의와 연결하여 해석할 근거도 없다. 그렇게 보면 지난 1970년대의 비판적 문예학에서 흔히 고전주의를 "고대의 이상적 형식 세계로의 도피"[15]라고 보는 부정적 평가가 통용되었던 것도 '고전주의 신화'의 해체에 급급한 나머지 고전주의의 예술적 '이상'과 작품의 '실제' 사이에 존재하는 차이를 간과했기 때문이다.

무엇보다 괴테 자신은 당시 독일의 열악한 현실 상황과 척박한 문화적 여건에서 독일 문학의 '고전주의'를 거론하는 것 자체가 일종의 시대착오적 발상임을 강조했다. 「문학적 평민주의」(1795년)라는 글에서 괴테는 문필가로서 자기가 쓰는 말을 엄밀하게 특정한 개념과 결부시키고자 할 때는 '고전적 작가'니 '고전적 작품'이니 하는 표현을 극도로 삼가야 할 것이라고 하면서 '고전적 민족 작가'가 나올 수 있기 위한 주객관적 조건을 다음과 같이 조목조목 열거하고 있다.

고전적 민족 작가는 언제, 어디서 탄생하는가? 그가 자기 민족의 역사에서 위대한 사건들과 그 결과들이 복되고도 의미심장한 통일성을 이루고 있는 것을 발견할 때, 자국민들의 생각 속에 위대함이 없다고 한탄하거나, 그들의 감각 속에 깊이가 없다고, 그들의 행위에 강렬함과 일관성이 없다고 한탄할 필요가 없게 될 때, 작가 자신이 민족정신에 투철하여 자신만의

---

[15] Max L. Baeumer: Der Begriff 'klassisch' bei Goethe und Schiller, in: R. Grimm/J. Hermand (Hg.): 앞의 책, S. 40.

독창성을 가지고 과거의 것이나 현재의 것에 공감할 능력이 있다고 느껴
질 때, 자기 민족이 고도의 문화 수준에 도달해 있어서 작가 자신의 수련이
수월해질 때, 수많은 자료들을 수집하고, 자기보다 앞서간 사람들의 완벽
한 실험 혹은 불완전한 실험들을 눈앞에 볼 수 있고 또 안팎의 수많은 사정
들이 맞아떨어져서 과중한 수업료를 지불할 필요가 없게 될 때, 그리하여
인생의 전성기에 하나의 대작을 조망하고 정리하여 일관된 생각으로 써나
갈 수 있게 될 때이다.[16] (강조는 원문에 따름)

세계 문학사를 통틀어 이 모든 요건이 충족된 바탕 위에서 고전을 낳은
행복한 작가가 과연 몇이나 될지 의문이지만, 어떻든 바로 자기 시대의
독일에 관한 한 그중 어떠한 요건도 갖춰져 있지 않다는 것이 괴테의 냉
철한 현실 진단이다. 이어서 괴테는 특히 '산문' 작가에게 이러한 요건이
더욱 필수적이라고 덧붙이고 있다. 당시로서는 아직 전통의 구속이 완강
했던 시와 드라마보다는 괴테 이전의 독일 문학에서 사실상 미개척 분야
였던 소설 장르에서 더욱더 작품의 현실적 기반은 새로운 형식의 창조에
관건이 되며 고전의 창출도 기대될 수 있다는 뜻일 것이다. 알다시피 괴
테는 동서고금의 다양한 문학 전통에 대해 거의 수집광에 가까운 관심을
보였고, 그의 인본주의적 세계관과 합치되기 힘들 중세적 전통도 괴테 자
신을 포함한 근대 문학의 중요한 자양분이 되었다고 보지만,[17] 이미 역사
화된 그 어떤 모범의 모방을 통해서는 결코 자기 시대의 고전이 나올 수
없다는 역사적 인식에 누구보다 철저했던 것이다. 그렇기 때문에 외국의
풍속과 문학을 통해 길러진 독일 상류층의 교양이 독일 민족에게 아무리
많은 보탬이 되었다 하더라도 독일인이 독일인으로서 좀 더 일찍 각성하
는 데는 오히려 장애가 되었다고 비판한다.[18] 독일 작가와 독일인이 처한

---

16 Goethe: Literarischer Sansculottismus, in: HA 12, S. 240 f.
17 Dieter Borchmeyer: Wie aufgeklärt ist die Weimarer Klassik ?, in: *Jahrbuch der deutschen Schillergesellschaft* 36 (1992), S. 438 f.

가장 큰 불행이 요컨대 정치적 분열과 문화적 구심의 부재에 기인한다고 보는 괴테는 그러나 독일에서 고전적 작품의 창출에 기여할 수도 있을 그런 '변혁'은 결코 원하지 않는다고 단언한다.[19] 그렇게 보면 「문학적 평민주의」라는 글은 정치적 '평민주의'에 대한 반박문이자 그런 생각에 바탕을 둔 문학관에 대한 반박문이기도 하며, 특히 이 글이 괴테와 쉴러의 긴밀한 공동 작업이 시작되는 바로 그 시점에 그것도 두 사람의 '고전주의적' 견해를 대변하는 《호렌》에 실렸기 때문에 일종의 고전주의 선언문에 해당된다고 볼 수도 있다.

고전주의 시기 이래 괴테의 작품에서 일관되게 나타나는 이러한 생각은 괴테가 구체제의 옹호자라는 뜻과는 거리가 멀 뿐 아니라 오히려 앞에서 살펴본 의미에서의 건강한 역사주의와 독특한 표리관계를 이루기 때문에 고전주의에 대한 평가와 관련하여 갖가지 논란의 빌미가 된다. 예컨대 괴테 당대에 이미 프리드리히 슐레겔이 괴테의 『빌헬름 마이스터의 수업 시대』를 프랑스 혁명과 나란히 견주어 그 시대의 '가장 중요한 경향'이라고 언급한 것은 잘 알려진 사실이다.[20] 슐레겔의 생각을 좀 더 일반화하면, 괴테의 고전주의가 프랑스에서와 같은 시민혁명을 비켜 가는 동시에 그와 대비되는—혹은 시민혁명의 내용을 보상하는—일종의 정신혁명을 예고한다는 해석도 가능할 것이다. 여기서 더 나아가면 고전주의는 시민혁명을 경험하지 못한 독일사의 특수성을 정당화하고 그 대가로 얻어진 독일적 정신문화를 예찬하는 논리의 전거가 될 수도 있다.[21] 또한 고전주의적 교양 이념이 당대의 첨예한 사회적 갈등을 회피하기 위한 사고의 산물이라고 본다거나, 예술의 '자율성' 문제와 관련하여 고전

---

18 HA 12, S. 242.
19 같은 책, S. 241.
20 HA 7, S. 661.
21 19세기 후반의 문학사 서술에 만연했던 그런 논리에 대한 비판은 다음 참조. Klaus L. Berghahn: Von Weimar nach Versailles. Zur Entstehung der Klassik-Legende im 19. Jahrhundert, in: R. Grimm/J. Hermand (Hg.): 앞의 책, S. 50~78.

주의가 그 본보기로 거론되는 것도 그런 관점에서 이해될 수 있을 것이다. 이러한 쟁점들은 바로 루카치의 고전주의론에 직결된다.

루카치의 고전주의론

시민 계급의 정신적 분열과 위기의식: 『영혼과 형식』, 『소설의 이론』

독일 고전주의에 대한 루카치의 견해는 그의 사상적 변모에 따라 시기별로 상당한 편차를 보인다. 크게 보면 초기의 대표작인 『영혼과 형식』*Die Seele und die Formen*, 1911에서는 청년 루카치 자신의 내밀한 '낭만주의적' 감성이 고전주의를 보는 시각에 그대로 투영되어 있는 반면, 1920년 무렵의 급격한 사상적·이념적 변화가 문학론으로도 체계화되기 시작하는 1930년대 이후로는 그 자신의 초기 입장에 대한 강한 부정과 함께 고전주의도 전혀 다르게 평가된다.

『영혼과 형식』에 수록된 노발리스에 관한 에세이에서 루카치는 18세기 말의 시대 상황을 부정적인 의미에서 '합리주의의 시대'이자 '의기양양한 시민 계급의 시대'라 일컫고 있는데, 그 '합리주의'가 무엇을 뜻하는가는 다음에서 분명히 드러난다.

> 파리에서 몽상적인 공론가들이 무자비하고 피비린내 나는 논리적 일관성을 가지고 합리주의의 모든 가능성들에 끝까지 몰입하고 있는 동안, 독일의 대학에서는 잇달아 나온 일련의 책들이 합리주의의 오만한 희망, 즉 오성으로 파악하지 못할 것은 아무것도 없노라는 식의 희망을 전복하고 파괴하고 있었다. 나폴레옹과 정신적 반동의 조짐은 이미 불안할 정도로 임박해 있었다. 이제 새로 출현한 무정부 상태가 이미 그 내부에서부터 붕괴됨으로써 바야흐로 낡은 질서가 다시 자리 잡으려 하고 있었다.[22]

위에서 보듯이 루카치는 프랑스 혁명이 공포정치의 파국을 거쳐 다시 복고 체제로 회귀할 조짐을 보이는 일련의 사태를 극단으로 치달은 편협한 합리주의의 자기모순과 그 역사적 귀결로 파악하고 있다. 그리고 이런 시대적 흐름에 맞서는 독일 지성의 대응을 그러한 '합리주의의 오만'에 대한 비판적 해체 과정으로 이해하고 있다. 그런 이유에서 루카치는 앞서 언급한 슐레겔의 발언에 전적으로 공감하면서, 18세기 말의 독일 정신사가 '정신적 혁명의 길'로 나아가고 있다고 본다.

> 당시 독일에서 문화로 나아가는 길은 오직 하나밖에 없었으니, 그것은 바로 내면에로의 길이자 정신혁명의 길이었다. 어느 누구도 현실에서의 실제적인 혁명을 진지하게 생각할 수 없는 상황이었다. 행동해야만 할 사람들은 침묵하거나 몰락할 수밖에 없었다. 그렇지 않으면 한낱 유토피아주의자가 되어 대담무쌍한 생각의 가능성들을 가지고 유희를 일삼았다. 또한 라인 강 저편에서라면 당연히 비극의 주인공이 되었을 사람들이 여기서는 오로지 문학 속에서만 자신들의 운명을 살아갈 수 있었다.[23]

그러나 루카치는 이처럼 '내면에로의 길'을 선택한 정신혁명이 현실과는 절연된 내면 세계에서 현실을 대체할 정신의 고향을 발견하는 것이 아니라 결국에는 '죽음과 같은 고독'으로 귀결된다고 보며, 막다른 골목에 다다른 그 실존적 고독의 미적 · 세계관적 표현을 초기 낭만주의로 이해한다. 루카치가 초기 낭만주의의 중요한 특징으로 거론하는 자아중심적 개성의 추구 역시 그렇게 보면 현실 세계에서 자아의 존재 근거를 찾지 못하는 절대적 고립감의 또 다른 표현이 된다. 초기 낭만주의에 대한 루카치의 이러한 해석에는 비록 명시적으로 드러나지는 않지만 고전주의

22　Lukács: *Die Seele und die Formen*, Neuwied/Berlin 1971, S. 64. 번역본으로는 게오르그 루카치: 『영혼과 형식』, 반성완 · 심희섭 옮김, 심설당 1988, 75쪽.
23　같은 책, S. 65. 번역본: 같은 책, 76쪽.

에 대한 잠정적 판단이 함축되어 있는 것으로 보인다.

첫째, 프랑스 혁명에서 역사적 정점에 이른 18세기 계몽주의에 대한 비판적 대응이라는 측면에서는 고전주의와 초기 낭만주의의 차이가 양자의 공통된 정신적 기반에 비해 부차적인 것으로 평가되는 셈이다. 『빌헬름 마이스터의 수업 시대』에 대한 슐레겔의 견해를 루카치가 그대로 받아들였다는 것은 고전주의를 초기 낭만주의의 시각으로 보고 있다는 뜻이 된다. 그것은 당연히 루카치가 초기 낭만주의의 반反고전주의적 성향에 둔감해서가 아니라 어디까지나 18세기 말 독일 정신사의 일부로서 두 조류가 갖는 연속성에 더 크게 주목했기 때문일 것이다. 고전주의와 초기 낭만주의의 바탕에 깔려 있는 그러한 공통의 정신적 기반은 당시의 문학 지식인들에게 시민적 주체의 역사적 정체성 내지 정당성에 대한 근본적인 회의를 동반했다는 점에서 일종의 자기분열의 체험이 된다. '라인 강 저편에서라면 당연히 비극의 주인공이 되었을 사람들'이란 애초에는 프랑스 혁명에 열광했던 독일의 시민적 문학 지식인들을 가리키며, 프랑스에서 공포정치의 '비극'을 목격한 그들의 입장 선회가 기본적으로 반합리주의의 성격을 띤다는 것은 그것이 시민적 주체의 의식 형성에 가장 중요한 자양분이 되었던 계몽적 합리성 자체에 대한 부정을 뜻하기 때문이다. 그들의 반합리주의는 단순히 인간의 감정이나 감각의 복권을 주장하는 것과는 거리가 멀었을 뿐 아니라 초기 낭만주의에서 보듯이 자아의 존재 근거에 대한 근원적인 불안과 결부되어 있었으며, 그런 만큼 비판적 자기성찰의 차원을 넘어서는 분열과 위기의식의 징후이기도 했던 것이다.

다른 한편 루카치가 초기 낭만주의자의 눈으로 고전주의를 보고, 더구나 합리주의에 대한 비판적 해체에서 두 조류의 공통점을 찾고 있다는 것은 이 무렵의 루카치 자신이 19세기 말의 실증주의에 대한 비판에서 출발하여 '생철학'Lebensphilosophie에 경도되어 있었다는 사실과도 무관하지 않다.[24] 실증주의가 경험주의적 합리성을 신봉하는 한에서 루카치의 반反실증주의는 편협한 합리주의에 대한 비판의 연장선에서 이해될 수 있으며, 삶에 대한 일체의 체계적 의미 부여를 거부하고 삶의 계기적 체험 자체를 중시하는 생철학의 기본 입장은 어떠한 위계적 질서에의 통합도 거부한 채 오직 내면적 자아의 탐색에 골몰했던 초기 낭만주의의 세계관과 일맥상통하는 것이다. 무엇보다 루카치가 노발리스의 삶과 문학을 묘사할 때의 명징한 시적 아포리즘은 단순한 감정 이입 이상의 깊은 공감을 통해서나 얻어질 성질의 것이다.

그렇지만 루카치가 초기 낭만주의 세계관에 완전히 동화되어 있었던 것은 결코 아니다. 결국에는 중세 기독교와 신화의 세계에서 안식처를 찾을 수밖에 없었던 후기 낭만주의에 대해 루카치가 "한때 세계 전체를 변형시켜 새로운 세계를 창조하고자 길을 떠났던 사람들이 이제 기도하는 개종자가 되었다."[25]고 평가하는 데서 낭만주의에 대한 비판적 거리는 명확히 드러난다. 루카치가 보기에 낭만주의자들은 그들이 꿈꾸었고 그들 자신이 만들어낸 우주를 실제의 세계와 동일시했기 때문에 결국 그 어디에서도 양자를 명확하게 분리하지 못했다.

이처럼 합리주의에 대한 낭만주의적 반란이 또 다른 혼돈의 미궁에 빠진 것과는 대조적으로 루카치는 괴테야말로 유일하게 '질서'를 창조한 작가라고 높이 평가한다. 루카치가 그 '질서'의 의미를 분석적으로 서술하고 있지는 않지만, 가령 괴테가 '현재의 삶' 속에서 자신의 '고향'을 발견하였다고 보는 데서 어느 정도의 방향은 암시된다. 낭만주의자들에게

---

24 루카치가 노발리스론을 쓴 것은 1907년이며, 이 무렵 루카치의 지적 성장 과정에 가장 큰 영향을 준 것은 1904년을 전후하여 루카치 자신이 그 일원으로 참여했던 이른바 '일요회'(Sonntagskreis) 서클에서의 지적 교류였다. 이 토론 서클의 주도적 인물 가운데 하나였던 만하임(Karl Mannheim)은 당시 일요회의 지적 분위기에 대해 "19세기 말의 실증주의를 뒤로하고 형이상학적 이상주의로 나아가고 있었다."라고 회고한 바 있다. Istvan Varkony: Young Lukács, the Sunday Circle and their Critique of Aestheticism, in: Christian Berg 외 (Hg.): *Modernity of Two Centuries. Modernism and Modernity in European Literature and the Arts*, Berlin/New York 1995, S. 282 f.

25 Lukács: *Die Seele und die Formen*, S. 77. 번역본: 앞의 책, 90쪽.

는 현실의 삶이 환상의 세계로 대체되거나 그 환상을 강화하기 위한 한낱 소재에 불과한 반면, 괴테의 문학에서 구체적 현실의 삶은 그의 문학이 뿌리내리고 있는 대지의 기반인 동시에 궁극적인 귀향처라고 보는 것이다. 루카치가 초기 낭만주의의 관점에서 고전주의를 바라보면서도 낭만주의자들에게 비판의 표적이 되었던 괴테의 현실주의적 균형감각을 다시 긍정하기에 이르는 것은 한편으로 생철학에 기울어 있던 자신의 상대주의적 가치관에서 벗어나려는 시도인 동시에 그의 문학론에서 고전주의가 새로운 출발점으로 자리 잡기 시작하는 징표라 볼 수 있다.

그러한 변화의 과도기적 특징을 잘 보여주는 『소설의 이론』Die Theorie des Romans, 1916에서 루카치가 생각하는 고전주의의 성격은 좀 더 분명해진다. 여기서 루카치는 교양소설로서의 『빌헬름 마이스터의 수업 시대』를 근대 소설의 전범으로 부각하고 있으며, 특히 공동체적 체험을 통한 자아의 성숙이라는 교양소설의 주제를 휴머니즘의 이상과 결부짓고 있다.

이러한 성숙의 내용은, 사회생활의 모든 구조물을 인간 공동체의 불가결한 형식으로 파악하고 긍정하면서도 이와 동시에 (…) 말하자면 그러한 구조물을 그 자체로 존재하는 경직된 국가적·법적 제도로서가 아니라 이를 넘어서는 목표에 도달하기 위해 필수적인 도구로서 받아들이는 그러한 자유로운 인간성의 이상이다.[26]

초기 낭만주의가 공동체적 삶의 형식을 외적 속박이라고 거부한 반면 고전적 교양소설의 '성숙한' 의식에서는 보편적 인간 조건으로 받아들인다고 보는 루카치의 긍정적인 평가는 초기 낭만주의와 함께 고전주의까지도 반합리주의의 관점에서 파악하던 이전의 입장을 사실상 철회하

---

26 Lukács: *Die Theorie des Romans*, Neuwied/Berlin 1970, S. 136 f. 번역본으로는 게오르크 루카치: 『소설의 이론』, 반성완 옮김, 심설당 1985, 178쪽.

는 것이다. 나아가서 그러한 사회생활의 형식이 불변의 인간 조건이 아니라 '자유로운 인간성의 이상'을 실현하기 위한 '수단'이라고 보는 점에서 괴테의 교양소설이 추구하는 고전적 휴머니즘을 성숙한 역사의식의 표현으로 평가하는 셈이다. 그러나 『소설의 이론』에서 '타락한 세계'라 규정되는 근대 시민사회의 질서 속에서 그러한 휴머니즘의 이상은 어디까지나 '이상'으로 남을 수밖에 없게 된다. 루카치는 그러한 괴리를 『빌헬름 마이스터의 수업 시대』의 딜레마인 동시에 괴테 시대에 해결될 수 없었던 역사적 한계라고 보지만, 그것은 『소설의 이론』의 루카치가 도달한 한계이기도 하다. 나중에 루카치가 그처럼 비관적인 현실 인식과 유토피아적 희망이 착종된 양상을 '전통적 인식론'과 '좌파적 윤리학'이 뒤섞인 자기모순의 결과라고 회고하는 데서도[27] 짐작되듯이, 『소설의 이론』 이후의 루카치에게 그러한 모순은 인식론과 세계관의 전환을 통해 해소된다.

통합적 전망의 모색: 『괴테와 그의 시대』

루카치의 괴테론이 집중적으로 쓰인 것은 1930년대 후반이며, 이 무렵 괴테에 대한 관심은 이미 이데올로기 투쟁과 분리될 수 없는 문제였다. 나중에 『괴테와 그의 시대』 Goethe und seine Zeit, 1947로 묶여 나온 책의 서문에서 루카치는 히틀러 시대를 겪은 독일에서 괴테의 문학이 다시 평가되어야 하는 이유와 괴테 시대를 보는 자신의 입장을 소상히 밝히고 있다.[28] 여기서 루카치는 우선 2차 대전 직후 독일에서의 괴테 연구 '붐'이 '포츠담'의 굴욕을 '바이마르'로써 보상하기 위한 국수주의적 민족감정과 연루된 현상이라고 진단한다. 말하자면 전쟁에서의 패배를 잊고, 현실정치와 무관한 바이마르 고전주의 문화에서 독일 민족정신의 정통성을 찾으

---

27 같은 책, S. 16 f. 번역본: 같은 책, 22쪽 이하.
28 이하의 서술 내용은 다음 참조. Lukács: *Goethe und seine Zeit*, in: *Deutsche Literatur in zwei Jahrhunderten*, Neuwied/Berlin 1964, S. 41~52.

려는 발상이라고 보는 것이다. 루카치에 따르면 그러한 집단적 민족감정에 편승하는 괴테 연구 경향의 이면에는 파시즘의 죄과를 은폐하려는 불순한 동기가 숨어 있을 뿐 아니라, 바이마르 고전주의의 비정치적 성격을 강조함으로써 결과적으로 괴테와 쉴러를 파시즘을 막지 못한 '독일 비극의 공범' 내지 방조자로 보려는 입장과도 맞아떨어지며, 그런 이유에서 괴테 문학의 역사성에 대한 정당한 평가는 이데올로기 투쟁의 '이중전선'에서 각별한 중요성을 갖는다.

이러한 입장에서 출발하는 루카치는 18, 9세기 독일 문학사 평가의 가장 중요한 기준으로 계몽주의에 대한 범유럽 차원의 태도를 들고 있는데, 『영혼과 형식』에서와는 정반대로 괴테를 18세기 계몽 정신의 일관된 계승자로 간주한다. 특히 괴테의 청년기 대표작 『젊은 베르터의 고뇌』가 "유럽 계몽주의 운동의 혁명적 정점"[29]에 해당한다고 보는 루카치의 평가는, 고전주의에 선행하는 '슈투름 운트 드랑'을 계몽주의에 대한 반동으로 파악하고 또 슈투름 운트 드랑 시기를 대표하는 『젊은 베르터의 고뇌』를 그런 맥락에서 해석해온 종래의 문학사 서술의 관점을 뒤집는 것이다. 루카치 역시 슈투름 운트 드랑의 반합리주의적 경향을 인정하긴 하지만, 그것은 어디까지나 계몽주의가 편협한 합리주의로 왜곡된 측면에 대한 비판인 만큼 오히려 계몽주의의 심화로 보아야 한다는 것이다. 『젊은 베르터의 고뇌』에서 핵심 주제의 하나인 자연의 문제를 가지고 보더라도 루카치의 이러한 해석은 설득력을 얻는다. 예컨대 베르터가 현실의 장벽에 부닥칠 때마다 순수한 자연감정에 몰입하는 것은 단순히 현실로부터의 도피처나 감상적인 자기위안의 방편으로 자연에 기대는 것이 아니라, 무엇보다 인간 본연의 자연상태를 왜곡하고 억압하는 신분사회의 부자연스러운 억압에 대한 저항의 성격이 강하며, 편협한 속물적 합리성에 맞서 인간 본연의 기본권을 주장하는 것이라 볼 수 있는 것이다. 그런

---

29 같은 책, S. 57.

의미에서 베르터는 '자연으로 돌아가라'는 루소의 초기 계몽주의적 명제를 전사회적 차원의 자연권에 대한 요구로까지 밀고 나간 셈이며, 그렇게 보면 18세기 계몽사상의 가장 첨예한 실천적 흐름을 구현한 인물이 된다. 인간의 자연상태에 대한 그러한 갈망이 현실에서 끝내 출구를 찾지 못할 때 그것은 자신을 송두리째 소모하고 파괴하는 "죽음에 이르는 병"eine Krankheit zum Tode[30]이 될 수밖에 없다는 베르터의 비극적 자기인식은 작품의 비극적 결말과 함께 전근대적 신분질서에 갇혀 있던 당시의 독일 사회에 대한 도전으로 해석될 수 있는 것이다.

이처럼 괴테의 청년기 작품을 유럽 계몽주의 운동의 '혁명적 정점'이라고 보는 평가에는 적어도 계몽주의의 계승이라는 측면에서는 고전기의 괴테 문학이 일종의 '하강' 국면에 속한다는 판단이 함축되어 있다. 괴테의 문학적 이력에서 청년기와 고전주의 시기의 단절을 보여주는 상징적 사건인 이탈리아 기행에 대해 바이마르의 정치생활에서 겪은 좌절과 환멸감이 그 주요한 동기라고 보는 데서도 그런 판단이 작용하며, 이미 언급한 대로 무엇보다 프랑스 혁명 이후 괴테의 단호한 반혁명적 태도가 그것을 말해준다. 그럼에도 루카치는 고전기의 괴테 문학 역시 계몽정신의 발전과 심화라는 맥락에서 이해한다. 『젊은 베르터의 고뇌』에 대한 해석에서도 이미 루카치는 완전한 사랑에 대한 베르터의 갈망이 반#봉건적 절대주의 체제에 대한 비판과 저항의 차원을 넘어서 전인격적 존재로서의 개인의 자아 실현의 요구와 이어져 있는 만큼 근대 시민사회 일반의 모순과 관련되어 있으며, 그런 점에서 『빌헬름 마이스터의 수업 시대』의 문제의식을 선취하고 있다고 보는 것이다.[31] 이처럼 슈투름 운트 드랑과 고전주의의 연속성을 강조할뿐 아니라, 시민혁명의 문제에 관해서도 괴테가 비록 시민혁명의 '평민적 방식'에는 반대하지만 그 실질적인 역사

---

30 괴테: 『젊은 베르터의 고뇌』, 임홍배 옮김, 창비 2012, 79쪽.
31 Lukács: *Goethe und Seine Zeit*, S. 58.

적 '내용'은 전적으로 수용하고 있다는 것이 루카치의 생각이다. 이러한 평가 역시 『빌헬름 마이스터의 수업 시대』에서 문제 되는 교양 이념의 역사적 지평을 상기할 때 충분히 일리가 있다. 이 작품에서 다뤄지는 귀족과 평민 사이의 신분 갈등이 결국에는 신분간의 화해로 마무리되는 만큼은 괴테의 정치적 보수성을 부인할 수 없지만, 이때의 화해는 낡은 질서로의 복귀가 아니라 개개인의 대등한 인격적 결합을 바탕으로 새로운 공동체의 모색을 지향하는 것이다.

또한 루카치는 이 작품의 바탕이 되는 '극적인 집중'의 구조가 작품 세계의 통일성을 담보하는 동시에 사회현실의 총체적 인식을 가능케 하는 핵심 요소라고 보며, 그러한 의미에서의 리얼리즘적 특성이 19세기의 프랑스 사회소설에서 발전적으로 계승된다고 평가한다.[32] 그러나 이처럼 고전기의 괴테 문학을 리얼리즘 문학의 발전이라는 문학사의 계보에 편입시키려는 시도에서 루카치의 문학사관은 다소 배타적인 경직성을 드러낸다. 괴테의 문학에 국한하여 말하면, 루카치가 리얼리즘적 요소라고 강조하는 극적인 집중은 고전주의 시기 이후 만년에 집필한 괴테의 대표작 소설인 『빌헬름 마이스터의 편력 시대』*Wilhelm Meisters Wanderjahre*, 1821나 특히 『친화력』*Die Wahlverwandtschaften*, 1809 같은 작품에서는 뚜렷이 이완 내지 해체되거니와, 이들 작품에 대해 루카치는 거의 언급조차 하지 않는 것이다. 뿐만 아니라 『빌헬름 마이스터의 수업 시대』만 보더라도 극적인 집중의 구조는 다양한 형식적 장치들에 의해 부단히 상대화되며, 바로 그 점에서 오히려 괴테의 리얼리스트적 면모가 돋보인다는 사실도 루카치의 시야에서는 포착되지 않는다. 『빌헬름 마이스터의 수업 시대』의 결말부에 관해서도 루카치는 새로운 공동체의 모색이 다분히 이상주의적인 유토피아적 예감에 그치고 있다는 데서 괴테의 한계를 발견하지만, 괴테는 작품의 결말부를 일종의 희극적 유희에 내맡김으로써 개개인의 대등

---

32 같은 책, S. 85.

한 인격적 결합이 그 시대의 사회현실에서는 그야말로 '이상주의적' 해결책에 불과하다는 점을 넌지시 반어적으로 내비치고 있는 것이다. 그렇게 보면 루카치가 말하는 괴테 문학의 "건강한 리얼리즘"[33]은 정작 루카치 자신이 의도하는 리얼리즘론과는 상당한 거리가 있으며, 여기에는 괴테 시대와 루카치 시대의 상이한 역사적 경험만으로는 설명하기 힘든 세계관과 문학관의 차이가 작용하는 것으로 보인다.

1930년대의 루카치는 괴테의 문학이 그의 사상적 한계에 제약받는다는 입장을 분명히 밝히고 있다. 괴테가 그 시대의 작가 중에 18세기 계몽사상의 가장 충실한 계승자임에도 불구하고 요컨대 '변증법적 유물론'의 인식에까지는 도달하지 못한 '소박한 유물론'에 갇혀 있으며, 그렇기 때문에 역사를 보는 시각에서도 혁명의 필연성과 정당성을 끝까지 인정하지 않는 '유기체론적 진화론'의 한계를 벗어나지 못한다는 것이다.[34] 이 시기의 루카치에겐 유물론과 관념론, 변증법과 형이상학의 구분이 진리와 거짓을 나누는 자명한 기준으로 전제되어 있으며, 문학에 대한 가치판단 역시 기본적으로 그런 이분법에 근거하고 있다. 여기서 루카치의 비평적 기준은 과연 그 자신이 주장하는 '변증법'의 원리에 충실한가 하는 의문이 제기되는데, 이와 관련하여 루카치의 표현주의 비판은 루카치와 괴테의 문학관을 비교해볼 수 있는 간접적인 단서를 제공한다.

괴테의 상징론에 비추어 본 루카치의 리얼리즘론

루카치의 표현주의론
독일 표현주의는 1차 대전을 전후한 시기에 전개된 범유럽 차원의 전위

---

33 Lukács: Goethe und die Dialektik, in: Alfred Klein (Hg.): *Georg Lukács in Berlin*, Berlin/Weimar 1990, S. 411.
34 같은 책, S. 410 f.

주의적 문학운동의 일환이다. 표현주의의 전위주의적 성격은 우선 문학사의 관점에서 볼 때 표현주의가 19세기 사실주의와 특히 자연주의적 문학 전통에 대한 전면적인 해체를 시도했다는 데서 드러난다. 루카치가 비판한 표현주의 이론가 중의 한 사람인 에트슈미트는 표현주의의 그러한 반反자연주의적 지향을 이렇게 밝히고 있다.

> 리얼리티는 우리 자신에 의해 창조되어야 한다. 대상의 의미는 파헤쳐져야만 한다. (…) 그리하여 표현주의 예술가가 창조하는 모든 공간은 비전이 된다. 표현주의 예술가는 관찰하지 않고 직관한다. 그는 묘사하지 않고 체험한다. 그는 재현하지 않고 형상화한다. 그는 수동적으로 받아들이지 않고 탐색한다. 공장, 주택, 질병, 창녀, 비명 그리고 굶주림 같은 사실들의 고리는 이제 더 이상 존재하지 않는다. 이제는 그런 사실들에 관한 비전이 있을 뿐이다.[35]

표현주의와는 또 다른 각도에서 현실비판적이었던 자연주의의 창작 방법을 표현주의자들이 이처럼 단호하게 거부한 까닭은 무엇보다 이전 시대의 자연주의와 엄연히 구별되는 상이한 현실 인식에 연유한다. 지난 세기 말의 자연주의자들이 사회현실의 비참함을 충실히 묘사함으로써 현실에 대한 비판적 인식과 함께 현실의 변혁을 이룰 수 있다고 믿었던 반면, 표현주의자들이 직면한 현실은 그런 뜻의 '사실적 재현'을 통해서는 인식될 수도 넘어설 수도 없는 새 국면을 맞고 있었던 것이다. 본격적인 산업화의 단계를 통과하던 자연주의 시대에는 현실 고발만으로도 문학의 비판적 기능을 다할 수 있다는 신념이 지탱되었다면, 산업화의 결과가 일상의 틈새까지 파고들어 인간의 의식을 규정하는 현실에서 표현주

---

35 Kasimir Edschmid: Über den dichterischen Expressionismus, in: Otto Best (Hg.): *Theorie des Expressionismus*, Stuttgart 1982, S. 57.

의자들이 보기에 사회현상의 사실적 재현은 현실의 표피들을 이어 맞추는 '수동적'인 행위 — 루카치의 범주를 빌리면 '사물화'된 세계의 수동적 재현 — 에 지나지 않는다. 따라서 앞의 인용문에서 보듯이 표현주의가 인간의 주체성을 앞세우고 '사실'을 넘어서는 '비전'을 강조할 때 그 바탕에는 강렬한 저항의식이 깔려 있으며, 특히 세계대전의 소용돌이를 거치면서 표현주의는 급진적 정치성을 띠게 된다. 당시의 표현주의 운동이 현대의 소외된 삶과 사물화된 세계에 대한 문학적 반란으로 오늘날 높이 평가되는 것도 그 때문이다.[36] 그러나 루카치는 기본적으로 표현주의가 시민사회에 대한 추상적이고 가상적인 저항운동에 불과하다고 규정한다. 루카치의 이러한 평가는 그가 문제 삼는 표현주의의 세계관적 기반과 창작 방법으로 나누어 살펴볼 수 있다.

우선 표현주의의 세계관적 기반에 대한 루카치의 비판은 요컨대 표현주의자들이 자본주의 체제의 모순과 그 운동법칙에 관한 올바른 인식을 결여한 채 현실을 주관적·관념적으로 이해하는 까닭에 그들의 현실 비판은 어디까지나 낭만적 반자본주의에 머물고 있다는 것이다.[37] 마찬가지로 표현주의자들의 저항의식 역시 기껏해야 무정부주의적 반란의 수준을 넘어서지 못한다는 것으로 집약될 수 있다. 같은 이유에서 루카치는 표현주의자들이 반전 운동에 적극적이었음에도 전쟁의 제국주의적 성격을 간과한 탓에 그들의 이념적 요구가 단지 평화주의에 그쳤다고 본다. 그런 맥락에서 루카치는 표현주의의 정치적 성격을 전쟁에는 물론 혁명에도 반대했던 당시 독립사회민주당USPD의 정치적 이데올로기와 동일시하기까지 한다. 표현주의의 정치적 스펙트럼이 결코 단일하지 않다는 사실은 루카치 자신도 인정하지만, 시민 계급적 한계를 벗어나지 못한 점

---

36 Silvio Vietta/Dirk Kemper (Hg.): *Der Expressionismus*, München 1995, S. 21 f.
37 Lukács: Größe und Verfall des Expressionismus, in: *Werke*, Bd. 4, Neuwied/Berlin 1971, S. 120 f. 번역본으로는 게오르크 루카치 외: 『문제는 리얼리즘이다』, 홍승용 옮김, 실천문학사 1985, 17쪽 이하.

에서는 결국 동일한 정치적 이데올로기에 수렴될 수밖에 없다는 것이다. 실제로 표현주의의 세계관은 루카치와는 상반된 세계 인식에 바탕을 두고 있다. 루카치가 비판한 또 한 사람의 표현주의자인 피카르트는 이 세계를 '뭐라고 이름 붙일 수 없는 카오스'로 받아들였으며,[38] 이 무렵 루카치 사상의 핵심 범주인 총체성에 관해 또 다른 표현주의자는 "총체성은 통일성이 아니다."Totalität ist nicht Einheit.[39]라는 견해를 천명하기도 했다. 현실을 인식 가능한 통일된 질서로 이해하고 따라서 총체성을 현실의 범주인 동시에 인식의 범주로 파악하는 루카치의 입장에서 보면[40] 그와 같은 '카오스'론이나 '총체성'론은 일종의 불가지론에 해당되며, 현실 역사에 대한 설명력을 상실한 이념적 쇠락 즉 '데카당스'의 징후일 뿐이다.[41] 그러나 표현주의자들의 저항의식 이면에는 서구 문명 전반에 대한 근본적인 위기감이 동시에 작용하고 있었던 만큼 현실을 통일된 질서로 파악하려는 시도 자체가 그들에겐 소박한 낙관주의의 소산으로 여겨졌을 법하다. '총체성은 통일성이 아니다.'라는 주장에는 그런 의미에서 간단히 '불가지론'으로 단정하기 어려운 나름의 방법적 회의주의가 담겨 있는 것이다. 당시 표현주의 논쟁에서 블로흐가 루카치의 사고에는 '객관주의적으로 완결된 현실관'이 전제되어 있다고 비판한 것이나[42] 아도르노가 루카치의 표현주의론을 '청년기의 유토피아로 되돌아가려는 불가능한 시도'라고 보았던 것도[43] 그런 맥락에서 이해할 수 있다. 요컨대

---

38 Max Picard: Expressionismus, in: O. Best (Hg.): 앞의 책, S. 73 f.
39 Carl Einstein: Totalität, in: O. Best (Hg.): 앞의 책, S. 113.
40 『역사와 계급의식』에서 루카치는 '역사의 총체성'(die Totalität der Geschichte)이 '실제로 역사를 움직이는 힘'(eine real geschichtliche Macht)이라고 말하고 있다. Lukács: Geschichte und Klassenbewußtsein, in: Werke, Bd. 2, Neuwied/Berlin 1970, S. 271.
41 Lukács: Es geht um den Realismus, in: Werke, Bd. 4, S. 328 f. 번역본: 앞의 책, 92쪽 이하.
42 Ernst Bloch: Diskussion über Expressionismus, in: O. Best (Hg.): 앞의 책, S. 244 f. 번역본: 『문제는 리얼리즘이다』, 63쪽.
43 Adorno: Erpreßte Versöhnung, in: Noten zur Literatur, Frankfurt a. M. 1981, S. 280. 번역본: 같은 책, 223쪽.

루카치의 표현주의 비판이 그 자신의 의도와 상관없이 이상주의에 바탕을 두고 있다는 이들의 비판은 루카치의 문학관이 괴테 시대 고전주의의 틀에서 벗어나지 못하고 있다는 비판적 문제의식을 함축하고 있다. 그렇다면 루카치가 과연 괴테가 생각했던 고전주의적 문학관의 충실한 계승자인가 하는 물음을 던져볼 수 있다. 이 문제는 표현주의의 창작 방법에 대한 루카치의 비판과 관련하여 좀 더 구체적으로 살펴볼 필요가 있다.

표현주의의 창작 방법에 대한 루카치의 비판은 다양한 측면에서 검토를 요하지만, 그 비판의 핵심은 표현주의가 전통적 리얼리즘 문학의 미덕인 구체적 형상력을 상실한 채 추상적 알레고리에 빠져 있다는 것이다.[44] '시간과 공간의 명확한 감각적 통일성'이 리얼리즘 문학의 '자명하고도 자연스러운 형상화 방식'이라고 보는 루카치의 입장에서 표현주의는 현실을 혼돈스러운 모순과 분열상 속에서 파편적으로만 묘사하고 있으며, 그런 현실을 초극하려는 표현주의자들의 시도는 바로크 시대의 알레고리가 그러했듯이 이 세계가 인간에 의해 해명될 수 있다는 믿음을 포기한 채 관념적 초월을 꿈꾸는 것일 뿐이다. 그런 까닭에 표현주의자들의 작품 세계에서 하나하나의 표현 대상은 그 일회적 고유성과 전체적 연관성을 상실하고 다른 표현 대상들에 의해 언제든지 대체 가능한 추상성에 매몰되어 표현 대상의 전형성을 파괴하며, 그러한 창작 방법으로 구축된 작품 세계는 자본주의 사회의 사물화된 세계와 구조적으로 닮아 있다고 보는 것이다. 요컨대 루카치에게 표현주의는 반反리얼리즘적 창작 방법의 표본으로 평가된다. 실제로 표현주의는 '동시성'Simultaneität이나 '병렬어법'Parataxe 혹은 '몽타주'Montage 등의 기법을 선호했던 만큼[45] '시간과 공간의 감각적 통일성'과 그에 따른 인과율을 전제하는 루카치의 리얼리즘적 형상화 원리에 어긋날뿐더러 의식적으로 그 해체를 지향한다. 또한

---

44 Lukács: *Die Gegenwartsbedeutung des kritischen Realismus*, in: Werke, Bd. 4, S. 491 f.
45 Thomas Anz: Expressionismus, in: Dieter Borchmeyer/Viktor Žmegač (Hg.): *Moderne Literatur in Grundbegriffen*, Stuttgart 1992, S. 148.

문학의 언어에 관한 기본적인 이해의 차원에서도 표현주의자들이 전통적인 상징의 원리를 단호히 거부했으며,[46] 그런 점에서 표현주의적 창작방법이 알레고리적이라는 루카치의 비판은 양자의 대립점을 분명히 드러낸다.

표현주의자들의 자기이해와 루카치의 비판을 종합해보면, 루카치가 표현주의의 반리얼리즘적 성격을 알레고리 대 상징의 대립 구도 속에서 이해하고 있음을 알 수 있다. 표현주의 논쟁의 문맥에서 명시적으로 언급되지는 않지만, 여기서 루카치의 비평적 기준은 괴테의 상징론과 알레고리 비판에 기대고 있는 것으로 보인다.

루카치의 리얼리즘론과 괴테의 상징론

상징과 알레고리에 관한 괴테의 생각은 다음 글에서 그 기본 윤곽이 드러난다.

시인이 보편적인 것을 표현하기 위해 특수한 것을 찾아내는가 아니면 특수한 것 속에서 보편적인 것을 직관하는가 하는 것은 판이하게 다르다. 전자에서 알레고리가 생겨나는데, 그 경우 특수한 것은 단지 보편적인 것을 예시하는 사례나 표본으로서만 그 의미가 있다. 그러나 후자의 경우가 본래 시문학의 본성이라 할 수 있는데, 시문학은 그 본성상 보편적인 것을 염두에 두거나 가리키지 않은 채 특수한 것을 표현하는 것이다. 바로 이 특수한 것을 생생하게 포착하는 시인이야말로 보편적인 것까지도 동시에 또는 ─ 시인 자신도 미처 알아차리지 못하는 사이에 ─ 나중에야 구현하게 된다.[47]

위의 인용문을 보면 괴테의 상징론은 루카치의 리얼리즘론과 놀랍도

---

46 Picard: O. Best (Hg.): 앞의 책, S. 76.
47 Goethe: *Maximen und Reflexionen*, in: HA 12, S. 471.

500

록 유사해 보인다. 이미 살펴본 대로 표현주의 비판에서 루카치가 문제 삼는 것은 개별 표현 대상이 전체와의 연관성을 상실한 채 파편화되고 관념적 추상성을 띠게 된다는 것이다. 그런 점에서 표현주의 기법은 괴테가 비판하는 알레고리와 유사하다. 또한 하나하나의 특수한 표현 대상이 다름 아닌 그 일회적 고유성 속에서 보편성을 획득해야 한다는 루카치의 전형론 역시 괴테가 말하는 상징의 구조에 부합된다. 나아가서 괴테가 그런 뜻의 상징적 형상화를 단지 표현 기법의 문제가 아니라 '시문학의 본성'이라고까지 일컫는 취지 또한 루카치가 전형적 형상화를 강조하는 세계관적 배경과 일맥상통하는 것처럼 보인다. 문학의 표현 대상이 인간이든 자연이든 혹은 그 어떤 사회현상이든 간에 그 표현 대상 자체의 개체적 고유성을 존중하려는 괴테의 생각은 알레고리적 수법을 선호했던 바로크 예술의 이원적 세계관에 대한 비판인 동시에 속류화된 후기 계몽주의의 편협한 합리주의에 대한 비판으로 읽힐 수 있으며,[48] 그런 점에서 괴테의 인본주의적 세계관과 변증법적 사유를 단적으로 보여주는 대목이다. 그리고 표현주의의 알레고리적 형식이 비인간화된 현실의 직접성에 매몰되어 있는 한에는 '인간 파괴의 형식'이라는 루카치의 주장 역시 괴테와 비슷한 문제의식을 공유하고 있는 것이 사실이다.

그러나 이러한 공통점에도 불구하고 괴테의 문학관은 루카치의 그것과는 다른 토양에 뿌리내리고 있는 것으로 보인다. 이 점을 해명하려면 상징에 관한 괴테의 또 다른 언급을 참조할 필요가 있다.

> 상징은 현상을 이념(이데아)으로, 이념을 하나의 형상으로 변형시키거니와, 그 과정에서 이념은 형상 속에서 언제나 무궁무진한 작용을 일으켜서 결코 그 궁극에 도달할 수 없으며, 설령 그 어떤 언어로 표현한다 하더라도 남김없이 표현될 수 없는 상태에 머물게 된다.[49]

---

[48] Heinz Schlaffer: *Goethes "Faust II". Allegorie des 19. Jahrhunderts*, Stuttgart 1980, S. 35 f.

앞의 인용문에서 괴테가 표현 대상의 특수성에 구현된 보편성, 다시 말해 특수성의 매개적 성격을 강조했다면 위의 인용문에서 괴테는 특수성과 보편성의 상호관계가 어떤 성질의 것인가를 좀 더 분명히 밝히고 있다. 여기서 보듯이 개별적 '형상'을 통해 표현된 '이념', 즉 작품의 진리내용은 그 보편성에도 불구하고 결코 온전히 해명될 수 없다는 것이 괴테의 생각이다. 앞의 인용문 후반부에서도 이미 어느 정도 암시되고 있지만, 작품에 구현된 이념은 그 어떤 언어를 동원하더라도 결코 '다 말할 수 없는'unaussprechlich 불가해한 국면을 지닌다는 것이다. 이러한 생각에는 문학작품의 진리성은 결코 특정한 인식내용으로 환원될 수 없다는 올바른 통찰과 함께, 인간의 언어로 이루 다 말할 수 없는 것을 말할 수 없는 채로 남겨두는 진리에 대한 겸허한 태도야말로 곧 문학의 본성에도 합치된다는 근본적인 자각이 표명되어 있다. 또 다른 곳에서 괴테가 상징의 형식을 빌려 대상을 표현할 수밖에 없는 이유에 관해 "말을 통해서는 대상도 우리 자신도 결코 완벽하게 표현할 수 없다."[50]고 밝힌 것도 그런 맥락에서다.

괴테의 상징론에서 작품의 이념이 '도달될 수 없는' 그 무엇이라고 했을 때는 특수한 형상과 보편적 이념을 매개해주는 '법칙'이 미리 존재하는 것은 아니며, 설령 그런 법칙 같은 것이 있다 해도 그 법칙에 따라 작품을 써내면 되는 것이 아니라 오직 문학의 창조 행위를 통해서나 어렴풋이 엿보이는 그 무엇일 뿐이다. '특수한 것'의 생생한 표현을 통해 '보편적인 것'에 이르더라도 정작 당사자인 작가 자신은 그런 줄도 모른다는 것이다. 그 반면 루카치의 관점에서는 "객관적 현실의 합법칙성"[51]에 대한 올바른 인식만이 작품의 리얼리티를 보증한다. 작가 역시 한 시대를 살아

---

49 Goethe: HA 12, S. 470.
50 Goethe: *Schriften zur Naturwissenschaft*, bearbeitet von Dorothea Kuhn, Abt. I, Bd. 6, Weimar 1957, S. 56.
51 Lukács: Es geht um den Realismus, in: 앞의 책, S. 324. 번역본: 『문제는 리얼리즘이다』, 85쪽.

가는 구체적 인간인 이상 그가 사는 시대의 현실에 관한 풍부한 인식이 당연히 작품세계의 풍요에 기여할 것임을 역설하는 차원이라면 얼마든지 수긍할 수 있는 주장이다. 그러나 현실에 대한 '과학적' 인식이 작품의 진리성을 가늠하는 관건으로 전제될 때는 문제가 달라진다. 현실을 움직이는 힘이 그 어떤 '법칙들' — 루카치의 입장에서는 '변증법적 유물론'의 원리와 그로부터 도출되는 정치경제학의 법칙들 — 로 환원하여 설명될 수 있다고 보는 입장이라면 수긍하기 어려운 것이다. 더구나 그러한 '합법칙성'의 올바른 반영 여부가 작품의 리얼리티를 좌우한다고 보는 점에서 루카치의 문학관은 괴테의 문학관과 어긋난다. 다시 괴테의 상징론을 상기하면, 그 어떤 보편적 이념을 배타적인 진리로서 상정할 때 그것의 반영물로 이해되는 작품의 구체적인 형상들은 바로 괴테가 알레고리를 비판했던 것과 똑같은 의미에서 '보편적인 것'의 '사례'요 '표본'으로 전락할 수밖에 없을 것이기 때문이다. 그렇다면 루카치의 리얼리즘론에서 엿보이는 도식성은 괴테가 비판한 알레고리로 기울 공산이 크다. 그 반면 루카치가 알레고리적이라고 비판했던 표현주의의 창작 방법, 예컨대 총체성은 통일성이 아니라는 생각과 같은 취지에서 "하나하나의 개별적 유기체가 총체적이어야 한다."[52]고 보았던 입장이 오히려 괴테가 말한 상징적 형상화의 의의를 새롭게 살릴 가능성을 열어주는 것이라 볼 수도 있다.

다른 한편 상징과 알레고리의 구분에 관해서도 시대를 초월한 도식적인 이분법이 적절치 않다는 사실에 유의할 필요가 있다. 괴테가 상징적 형상화의 원리를 그 자신의 주된 창작 방법으로 추구한 것은 사실이지만, 그의 작품에서 새로운 미적 발견이 이루어지고 진정한 창조성이 발휘되는 대목들은 적지 않게 상징과 알레고리의 경계선에 위치하며, 특히 후기 괴테로 갈수록 알레고리화의 경향이 두드러지는 것이다.[53] 또한 문학사

---

52 Einstein: O. Best (Hg.): 앞의 책, S. 113.

의 전개와 관련지어 보더라도 고전주의적 의미에서 '체험문학'이 득세했던 시기에는 상징적 양식이 선호되었던 반면, 현실 체험이 불투명해지는 현대로 올수록 작가의 직접적 체험보다는 체험에 대한 사변적 성찰이나 내면화 또는 추상화의 경향이 강해지는 만큼 전통적 의미에서의 상징적 형상화보다는 알레고리적 수법에 의존하게 마련이며,[54] 그럴 때의 알레고리 역시 작가와 작품마다 다르게 평가되어야 함은 물론이다. 이미 언급한 대로 표현주의의 '알레고리'에서 오히려 괴테의 '상징'이 살아나는 역설이 가능한 것도 그런 사정에 연유한다.

맺는말

표현주의 논쟁 시기의 루카치가 다소 편향된 도식성을 띠면서 괴테의 문학관과 상충하는 일면을 드러내긴 하지만, 그럼에도 루카치의 리얼리즘론은 궁극적으로 괴테의 문학관과 깊은 친화성을 보여준다. 표현주의 논쟁 시기에 쓴 또 다른 글에서 루카치는 예술과 '객관적 진리'의 관계에 대해 이렇게 말하고 있다.

> 외부 세계에 대한 일체의 파악은 인간의 의식과 상관없이 존재하는 세계를 인간의 의식을 통해 반영하는 것에 다름 아니다. 의식과 존재의 관계를 보여주는 이 기본적인 사실이 현실의 예술적 반영에 대해서도 타당하다는 것은 자명하다.[55]

---

53 Heidi Krueger: Allegorie and Symbol in the Goethezeit. A Critical Reassessment, in: Gertrud B. Pickar/Sabine Cramer (Hg.): *The Age of Goethe Today*, München 1990, S. 52 f.
54 가다머: 『진리와 방법』 제1권, 이길우 외 옮김, 문학동네 2012, 110~123쪽 참조.
55 Lukács: Kunst und objektive Wahrheit, in: *Werke*, Bd. 4, S. 607.

이처럼 인간의 의식에 대한 '외부 세계'의 존재론적 우위를 주장하는 루카치의 반영론은 흔히 그 수동성으로 인해 비판을 받기도 하고, 또 인간 주체와 객관 세계를 이원론적으로 분리하는 게 아닌가 하는 의혹을 사기도 한다. 그렇지만 루카치의 진의는 '인간의 의식과 상관없이 존재하는 세계'를 규명하려는 치열한 의식적 활동이 뒷받침될 때 비로소 작품의 리얼리티가 담보될 수 있음을 말하려는 것이다. 여기에는 당연히 올바른 현실 반영이 정당한 역사적 실천의 기본 전제라는 생각이 깔려 있으며, 그런 점에서 그의 반영론은 역사 현실이 인간 주체의 의지대로 온전히 변화될 수 있다는 확고한 믿음의 소산이기도 하다. 인간 주체와 역사 현실의 역동적 상호작용을 지향하는 루카치의 사유는 인간과 세계를 서로에 대해 열려 있는 부단한 교호작용으로 파악하는 괴테의 생각과 일맥상통한다.

> 인간은 세계를 인식할 때만 자기 자신을 인식한다. 인간은 세계를 오직 자신의 내부에서만 인식할 수 있는 동시에 그 세계 속에서만 인간도 인식될 수 있다. 모든 새로운 대상은, 잘 들여다보면, 우리 인간의 내부에 새로운 기관을 열어준다.[56]

세계를 인식할 때만 자기 자신을 인식할 수 있다는 말은 예컨대 세계를 주관적 관념의 구성물로 파악하고자 했던 독일 낭만주의 조류에 대해 괴테와 루카치가 일관되게 비판적 거리를 두었던 맥락에서 양자의 공통된 견해로 이해될 수 있다. 세계 인식과 자기 인식은 결코 순차적으로 분리되어 있는 것이 아니라 항상 '동시적'으로 진행되는 과정이다. 그리고 인용문의 마지막 문장에서 보듯이 그러한 인식 과정에서 '새로운 대상'이 파악될 때는 동시에 '우리 인간의 내부에 새로운 기관Organ'이 열리는 창

---

56 Goethe: *Naturwissenschaftliche Schriften* I, in: HA 13, S. 38.

조적 사태가 일어난다. 괴테에게 세계에 대한 인식은 ― 가령 하이데거가 비판하는 근대주의적 사고 체계처럼 ― 사물을 '대상화'하고 도구화하는 것이 아니라, 세계에 대한 인식과 더불어 인식의 주체인 우리 자신이 더불어 변화해가는 창조적 생성의 경험인 것이다. 그런데 세계는 '우리 자신의 내부에서만 인식할' 수 있으므로 우리 안에 '새로운 기관'이 탄생하는 경험은 그와 동시에 새로운 세계가 열리는 개벽의 사태이기도 하다. 바로 이것이 예술적 창조의 경험이자 그 과정을 통해 우리 자신이 새롭게 변화하고 새로운 세상을 만들어가는 동시적 사태임은 물론이다. 비록 괴테 자신은 프랑스 혁명과 같은 정치혁명을 지지하는 입장은 아니었지만 그의 사유 자체는 근본적으로 혁명적임을 확인할 수 있다. 아마도 루카치가 일관되게 괴테의 문학을 위대한 전범으로 삼았던 까닭도 여기에 있을 것이다. 루카치의 문학관이 시대착오적인 '괴테주의'에 기울어 있다는 그릇된 통설은 문학사가들이 만들어낸 허구일 뿐이다. 후기의 루카치가 그 자신을 체제의 희생양으로 옮아 넣은 교조화된 사적 유물론을 비판할 때[57] 그러한 자기 쇄신의 시도야말로 진정으로 괴테의 정신을 끝까지 철저히 계승하고자 한 진면목이 아닐까 한다.

(1998년)

---

57 Lukács: *Zur Ontologie des gesellschaftlichen Seins* I, in: Werke, Bd. 13, S. 643 f. 여기서 루카치는 예컨대 고대 노예제 사회에 뒤이어 중세 봉건제 사회가 출현했다는 역사적 사실을 사후적으로 인식할 수는 있지만, 그렇다고 해서 사회주의가 반드시 도래하리라는 '목적론적 필연성'은 성립되지 않는다고 말한다.

다시 읽는 루카치의 리얼리즘론

시적 정직성과 내포적 총체성의 과제

루카치의 사상과 생애는 문학이론에 한정되지 않는 방대한 영역을 포괄한다. 초기의 대표작 『소설의 이론』 1916은 한 세기가 지난 지금까지도 소설에 관한 논의에서 가장 많이 거론되는 역작으로 꼽힌다. 이 책을 내고서 2년 후 루카치는 헝가리 공산당에 주도적으로 참여하면서 혁명가의 길로 접어들었다. 1923년에 출간된 『역사와 계급의식』 *Geschichte und Klassenbewußtsein*은 서구 마르크스주의의 고전으로 평가되며, 특히 이 책에서 다루는 사물화 Verdinglichung 개념은 자본주의 문화 분석의 이론적 기초가 된다. 1933년 히틀러 집권 후에는 모스크바로 망명하여 마르크스·엥겔스 전집 간행을 주도했다. 2차 대전 종전 후 조국 헝가리로 귀환한 루카치는 1956년 '헝가리의 봄'을 맞아 교육부 장관으로 개혁 정부에 잠시 참여했지만, 소련의 무력 개입으로 개혁이 좌절된 후 숙청당하고 동구권에서 수정주의자로 낙인찍혀 집중 비판의 대상이 되었다. 그런 중에도 미학 사상을 집대성한 『미적인 것의 고유한 특성』 *Die Eigenart des Asthetischen*, 1962, 마르크스주의 사상의 재정립을 시도한 『사회적 존재의 존재론』 *Zur Ontologie des gesellschaftlichen Seins*, 1971, 그리고 민주적 사회주의의 가능성을 탐색한 정치적 유언이라 할 『사회주의와 민주화』 *Sozialismus und Demokratisierung*, 1962 등을 집필했다.

아주 소략하게 간추린 이력만 보아도 루카치의 사상적·실천적 삶이 얼마나 광대한지 짐작되고 남는다. 문학이론과 관련해서는 1930년대 이래 개진한 리얼리즘론이 큰 줄기를 형성하며, 그의 생각에 동의하든 아니든 간에 그가 "20세기 리얼리즘 논의의 중심부에 자리 잡고 있다는 점"[1]은 누구나 수긍할 것이다. 프레드릭 제임슨Fredric Jameson이 말한 대로 루카치의 평생에 걸친 지적 탐구가 "서사에 대한 지속적인 성찰"[2]이라면 리얼리즘에 대한 논의가 바로 그 핵심을 이룬다. 한국에서의 루카치 수용도 리얼리즘론에 초점이 맞춰져 있다.[3] 일찍이 1930년대에 이미 임화, 김남천이 루카치를 중요한 논거로 언급했다. 한국전쟁 이후 이념적 금기로 인해 오랜 공백기를 거친 이후 1980년대 이래 한국 비평계와 문학사 연구에서 루카치는 가장 많이 회자된 서구 이론가로 꼽힌다.[4] 한국 사회가 민주화에 대한 열망으로 들끓었던 시기에 그런 시대정신에 부응했던 문학 비평에서도 루카치는 직간접으로 리얼리즘 문학의 이론적 보루 역할을 했던 것이 사실이다. 그러나 지난 세기말 동구권이 몰락한 이후 평생 자본주의 극복과 진정한 사회주의의 이상을 추구했던 루카치에 대한 관심도 현저히 퇴조한 것으로 보인다. 하지만 다른 한편으로 국외의 추세를 보면 현실 사회주의가 몰락했기 때문에 오히려 루카치의 사상 전반에 대한 관심이 새롭게 일어나는 움직임도 눈에 띈다.[5] 1996년 '국

---

1 홍승용: 「루카치 리얼리즘론 연구: 그 중심 개념들의 현실성」, 서울대학교 박사학위논문 1993, 9쪽.
2 프레드릭 제임슨: 『맑스주의와 형식: 20세기 변증법적 문학이론』, 여홍상·김영희 옮김, 창비 2019, 201쪽.
3 한국에서의 루카치 수용에 관한 비판적 검토는 다음 참조. 김경식: 『게오르크 루카치: 과거와 미래를 잇는 다리』, 한울 2000, 33~67쪽.
4 한국문화예술위원회 편: 『100년의 문학 용어 사전』(아시아 2008)에서 루카치는 서구 이론가 중 가장 많이 언급되었다고 한다. 중앙일보 2009.1.3. 20면. 『100년의 문학 용어 사전』, 872쪽 색인 참조.
5 이에 대한 소상한 소개는 김경식: 『루카치의 길: 문제적 개인에서 공산주의자로』, 산지니 2018, 6쪽 이하 참조.

제 죄르지 루카치 학회'가 창립되었고, 관련 학술지도 꾸준히 발간되어 2021~2023년 통합호(제19집)에는 『역사와 계급의식』 출간 100주년 특집이 실리기도 했다.

이처럼 루카치에 대한 관심이 다시 살아나는 추세는 한국에서 초지일관 루카치 연구에 정진해온 김경식이 타당하게 지적한 대로 루카치의 사상적 자양분이 현실 사회주의 노선과는 엄연히 구별되고 "아직 한 번도 실현된 적이 없기 때문에 여전히 새로운 것"[6]이라 할 만한 어떤 핵심을 — 김경식의 표현을 빌리면 "인류가 소외에서 해방된 '자유의 나라'로 표상되는 것"을 — 간직하고 있기 때문일 것이다. 필자는 루카치의 사상 전반에 관해 뭐라고 판단할 처지가 아니므로 문학이론에 국한해 말하면, 루카치 문학론의 핵심이라 할 리얼리즘론 또한 지금도 여전히 숙고할 가치가 있다고 생각한다. 필자 자신도 20대 중반 무렵 문학 공부를 하던 시절에 루카치를 열심히 읽었고 그의 저작을 더러 번역도 했지만 정작 그에 관한 글을 따로 쓸 기회는 없었고, 다만 오래전에 괴테의 상징론과 루카치의 리얼리즘론의 연관성에 대해 쓴 글이 전부다.[7] 이번에 루카치의 리얼리즘론에 관한 이 글을 쓰면서도 섣불리 평가하기보다는 가능하면 루카치의 생각을 충실히 해명하고 차분히 음미하는 방식으로 서술하고자 했다.

미적 범주로서의 특수성

루카치가 리얼리즘론의 가장 포괄적인 이론적 기초로 삼는 것은 '특수성'Besonderheit 개념이다. 특히 헤겔 논리학에서 유래하는 특수성 범주, 그

---

6 같은 책, 9쪽.
7 이 책에 수록된 「루카치의 괴테 수용에 대한 비판적 고찰」(1998) 참조.

리고 괴테의 세계관과 창작 방법을 아우르는 특수성 개념이 루카치의 리얼리즘론에서 핵심적인 구성 요소가 된다.

헤겔이 말하는 특수성이란 개별적인 것 속에서 보편적인 것을 구현하는 특수한 것을 가리킨다. 헤겔의 말을 빌리면 "특수한 것은 보편적인 것과 개별적인 것의 양극단을 자체 속에 포함하여 결합하는 중심이다."[8] 헤겔의 이러한 개념 정의는 특수성에 관한 몇 가지 오해를 불식하는 함의를 갖는다. 첫째, 특수성은 단순히 보편성의 구체적 사례가 아니다. 보편성의 구체적 사례는 무수히 많고, 각 사례가 보편성을 입증하는 표본적 의의만 갖는다면 각 사례는 다른 무수한 사례들에 의해 대체될 수 있다. 다시 말해 특수한 것이 다른 개별자와 구별되는 고유한 특성은 지워지고, 특수성의 고유한 존립 근거가 사라진다. 그럴 때 특수성은 보편성에서 파생된 부수적인 현상일 뿐이며, 보편성과 개별성을 결합하는 '중심'의 지위를 상실한다. 둘째, 특수성은 단순히 다양한 개별자들의 공통점이나 평균이 아니다. 다양한 개별자들의 공통점은 개별자에 스며 있는 보편성을 배제하더라도 얼마든지 성립할 수 있다. 예컨대 순수한 경험주의자들이 말하는 순전한 감각성은 다양한 사물의 고유한 본성과 무관하게 얼마든지 공통적 속성으로 추출될 수 있다. 개별자들의 '평균' 역시 개별자의 고유한 특질을 배제한 양적인 크기에 불과하다.

그렇다면 특수성이 보편성과 개별성을 통합하는 '중심'으로 작용한다는 것은 과연 어떻게 가능한가? "특수한 것은 구별된 것 또는 규정된 것이다. 특수한 것이 그 자체로서, 또한 개별자로서 보편적이라는 의미에서 그렇다."[9] 다시 말해 개별자의 고유성을 온전히 유지하면서도 자체 내에 보편성을 구현하는 것이 특수성이다. 이러한 설명 역시 추상적이므로 헤겔이 법철학에서 말하는 비근한 사례를 들어보자. 헤겔에 따르면 국가

---

[8] 루카치: 『미학 서설: 미적 범주로서의 특수성』, 홍승용 옮김, 실천문학사 1987, 71쪽에서 재인용.
[9] 같은 책, 70쪽 이하.

의 공직에 봉사하는 관료는 특수한 신분이면서 동시에 보편적 소명을 수행한다. "보편적인 신분, 즉 정부에 종사하는 신분은 그 공직에 있어서 직접적으로 보편적인 것을 본질적인 자기 활동의 목적으로 한다."[10] (원문 강조) 헤겔의 이러한 생각은 소박한 국가주의와는 달리 나름의 엄정한 역사 인식의 소산이다. 프리드리히 대왕이 국민의 공복公僕임을 자임하며 계몽 군주로서 근대적 개혁을 추진하던 프로이센 국가에서 헤겔은 구체제의 낡은 질서를 개혁할 진취적 가능성을 보았다. 그래서 그런 국가이념에 충실한 관료 신분이 국민의 대의를 반영하여 근대 국가를 수립하는 보편적 신분으로서 정당성을 확보한다고 여겼다. 이들의 역할은 다른 어떤 집단에 의해서도 대체될 수 없고 이들이 제대로 기능하지 못하면 국가의 기틀이 흔들릴 수도 있는 독자적 정당성과 존립 근거를 갖는 것이다. 이런 의미에서 관료 신분은 헤겔이 말하는 특수성 개념에 상응하는 현실적 존재라 할 수 있다. 그러나 마르크스의 관점에서 보면 헤겔 시대의 프로이센 국가가 과연 어떤 계급의 이익을 주로 대변하는가, 또한 국가를 포함하여 그 시대의 역사를 추동하는 힘과 그 물적인 기초는 어떻게 형성되고 있는가 하는 문제가 더 본질적이고 보편적인 문제일 것이다. 이러한 관점 변화에 따라 특수성의 위상과 의미 역시 달라지게 마련이다. 마르크스의 입장을 계승하는 루카치가 생각하는 보편성 역시 역사의 근본적인 추동력과 그 속에서 벌어지는 갈등과 모순, 요컨대 현실의 총체를 가리키는 것이다.

괴테가 자연 관찰에서 도달한 특수성에 대한 직관적 통찰은 앞에서 언급한 논리적·역사적 범주로서의 특수성에 비해 미적인 범주로서의 특수성에 대한 이해를 촉진하는 면이 있다. 괴테는 모든 식물의 성장 과정에 작용하는 근원적인 형태가 존재한다고 생각했는데, 그것을 '근원 식물'Urpflanze이라 일컬었고, 이런 생각을 일반화하여 자연계 전체에 작용하는 '근원현상'Urphänomen이라는 것을 상정했다. 괴테는 이런 근원적 현

---

10 같은 책, 64쪽에서 재인용.

상을 자연에서 체험할 수 있는 '경험'이라고 보았지만, 쉴러는 그것이 감각적으로 지각 가능한 경험이 아니라 감각적 지각을 초월한 '이념'Idee이라는 견해를 고수했다.[11] 쉴러는 모든 감각적 현상에 공통으로 작용하는 근원적인 실체는 궁극적으로 감각을 초월한 이념이라 보았고, 플라톤적 의미에서 이데아로 간주하는 이원론을 지지했던 것이다. 반면에 괴테는 감각적 현상과 분리된 실체는 따로 존재하지 않는다는 철저한 일원론을 견지했다. 바꾸어 말하면 개별성과 분리된 초월적 보편성은 따로 존재하지 않는다. '근원현상'에 대한 괴테의 서술은 특수성이 보편성과 일체라는 것을 분명히 보여준다.

생동하는 통일성의 근본 특성: 서로 분리되고 결합하며, 보편적인 것으로 고양되었다가 특수한 것에 머무르며, 모습을 바꾸고 자신을 특화시키며, 생동하는 존재가 무수한 조건 여하에 따라 어떻게 모습을 드러낼지라도 나타났다가 사라지며, 응고되었다가 용해되며, 굳어졌다가 흘러가며, 확장되었다가 수축한다. 그런데 이 모든 작용은 동시적으로 진행되기 때문에 이 모든 현상과 각각의 현상은 동시에 나타날 수 있다. 생성과 소멸, 창조와 파괴, 탄생과 죽음, 기쁨과 슬픔, 이 모든 것이 뒤엉켜서 작용한다. 똑같은 의지와 똑같은 정도로. 그래서 모름지기 특수한 것이 생겨나면 그것은 언제나 보편적인 것의 형상이자 비유로 나타나는 것이다.[12] (인용자 강조)

'생동하는 통일성'은 생명체의 운동 전 과정에 관철되는 통일성을 가리킨다. 생명체 운동의 모든 특수한 국면들은 전체적인 과정의 유기적 일부이다. 그런 의미에서 특수성은 보편성의 구체적 형상이자 비유가 된다는 것이다. 괴테는 이러한 생각을 논리적 명제로 집약해서 이렇게 말한

---

11 Goethe: *Dichtung und Wahrheit*, in: Hamburger Ausgabe, Bd. 10, München 1989, S. 541. 앞으로 이 판본에서의 인용은 HA로 줄이기로 한다.
12 Goethe: *Schriften zur Naturwissenschaft*, in: HA 12, S. 367 f.

다. "보편성은 특수성과 일치한다. 다시 말해 특수성은 다양한 조건들 속에서 나타나는 보편성이다."[13] "특수성은 영원히 보편성에 종속되어 있다. 또 보편성은 영원히 특수성에 순응해야 한다."[14] 특수성은 보편성과 무관한 자의적인 것이어서도 안 되고, 반대로 보편성이 일방적으로 특수성을 규정해서도 안 된다. 괴테의 이러한 사유는 항상 특수한 개별 현상 속에 보편적인 것을 구현하는 창작 원리의 요체가 된다. 그래서 "특수한 것을 파악하고 묘사하는 것이 예술 본래의 생명이기도 하다."[15]라거나 "미美는 현상으로 드러나지 않는다면 영원히 감추어질 비밀스러운 자연법칙이 명확히 드러나는 것이다."[16]라고 말한다. 예술적 아름다움은 현상과 본질의 통일이다. 본질은 현상을 통해서만 드러나며, 현상의 배후에 또는 초월해 존재하는 실체가 아니다.

루카치는 괴테의 이러한 직관적 통찰을 "괴테가 터득한 미적 반영 이론의 신천지"[17]라고 높이 평가하며, 괴테적 의미에서의 특수성을 미학의 중심 범주로 설정한다. 미적 범주로서의 특수성은 우선 과학적 반영과 구별된다. 과학적 인식은 기본적으로 개별적 다양성을 지양하고 보편성을 추구하기 때문에 개념적 추상의 작업이므로 예술적 형상화의 원리와는 거리가 멀다. 그래서 예술에서 "개별성과 특수성의 관계는 어떤 의미에서 개별성을 보존하는 계기가 더 중시되는 영원한 지양 과정이다."[18] 루카치는 미적 범주로서의 특수성을 보편성과 개별성 사이를 오가면서 양극단을 부단히 지양해가는 "운동의 중심" 또는 "조직화하는 중심"이라 일컫는다.[19] 여기서 '운동의 중심'이라는 표현은 특수성이 정태적으로

---

13 Goethe: *Maximen und Reflexionen*, HA 12, S. 433.
14 같은 곳.
15 1825년 10월 20일 에커만과의 대화.
16 Goethe: *Maximen und Reflexionen*, HA 12, S. 467.
17 루카치: 『미학 서설』, 147쪽.
18 같은 책, 159쪽.
19 같은 책, 162~163쪽.

고정된 것이 아니라 현실의 역동적 운동에 상응하는 동적인 것임을 강조한다. 따라서 이때 '중심'이라는 것도 특정한 지점이 아니라 일정한 활동 공간, 영역, 장場으로 이해되어야 하며, 그 중심의 위치를 정확하게 규정하는 것은 이론적으로 해결할 수 없는 난제, 즉 아포리아Aporie라고 말한다. 이처럼 '운동의 중심'을 명확히 규정하지 않고 가능성의 영역으로 남겨두는 유보는 미적인 특수성이 과학적 차원의 이론적 규정에서 파생된 것이 아니라는 점을 다시 환기하는 의미도 있다. 뿐만 아니라 그럴 때만 비로소 예술적 형상화의 다양성과 풍부함이 가능해진다. 그런 맥락에서 '조직화하는 중심'이라는 말의 의미도 숙고할 필요가 있다.

바로 앞에서 언급한 이론적 난제, 즉 현실 반영의 운동을 위해 특수성 속에서 조직화하는 중심을 취해야 하지만 이 중심을 이론적으로 규정할 수 없다고 하는 난제는, 말하자면 미적으로 형상화될 수 있는 세계의 다양성 또는 제반 예술·장르·스타일 등의 다양성에 대한 인식론적 기반을 이루는 셈이다.[20] (인용자 강조)

요컨대 예술작품에서 보편성과 개별성을 결합하는 '조직화의 중심'은 시대마다 다를 수 있고, 예술 장르와 작가의 스타일에 따라 얼마든지 달라질 수 있다는 것이다. 표현 매체가 다른 다양한 장르마다 특수성이 다르게 구현되는 것은 당연하다. 또한 같은 문학 안에서도 드라마는 인물의 성격과 운명을 일치시키고 극적인 행위에 사건을 집중해야 하므로 보편적 유형화로 기울게 마련이다. 반면 소설은 생활세계의 구체성을 담보해야 하므로 개별성을 중시하는 방향을 취할 것이다. 같은 드라마 장르 안에서도 하위 갈래에 따라 특수성의 구현은 다른 양상을 띤다. 가령 디드로Denis Didrot는 희극의 주인공은 일반적인 유형으로 설정해도 되지만 비

---

20 같은 책, 163쪽.

극의 주인공은 강력한 개성의 소유자라야 한다고 주장했다.[21] 인간의 어리석은 한계를 우스갯거리로 삼는 희극의 주인공은 평범하고 모자라는 인물이고, 반면 숭고한 이상을 위해 분투하는 비극의 주인공은 비범하고 개성적이어야 한다는 말이다. 그러나 레싱Gotthold Ephraim Lessing은 디드로의 그런 관념이 초인적 영웅을 비극 주인공으로 설정하고 보통 사람을 희극 주인공으로 삼는 위계적 사고의 소산이라고 비판하면서 일개 '시민'을 비극의 주인공으로 내세우는 시민 비극을 창안했다. 알다시피 전통적 비극은 고대 그리스 시대의 규범을 2,000년 동안이나 따랐고 레싱이 주창한 시민 비극은 그런 전통적 규범을 깨는 근대적 계몽 정신의 소산이다.

태생적으로 근대의 장르인 소설의 경우 특수성이 구현되는 방식은 다른 장르에 비해 훨씬 더 가변적이고 신축성을 띤다. 예컨대 중세의 기사도가 돌이킬 수 없이 몰락한 시대에 새삼 열정적으로 기사도를 추구하는 시대착오를 희화화하는 『돈키호테』1605는 풍자의 스타일이 제격이다. 괴테의 『젊은 베르터의 고뇌』1774가 편지체 형식으로 서술된 것은 봉건적 신분사회에서 인간적 소통이 철저히 차단된 주인공이 자신의 속마음을 직접적으로 토로하기에 맞춤한 형식이다. 작중 인물의 성격이나 특성뿐만 아니라 작가와 작품마다 다르게 구현되는 이러한 스타일의 차이 역시 특수성의 핵심적 요건이라 할 수 있다. 그러한 스타일은 소설이 당대 현실을 얼마나 총체적으로 형상화할 수 있는가 하는 과제에 따라 달라지게 마련이다.

전형과 총체성

앞에서 살펴본 미적 중심 범주인 특수성이 특히 소설에서 가장 전면적으

---

21 같은 책, 127쪽 참조.

로 구체화되는 양상을 가늠하는 개념이 전형Typus과 총체성Totalität이며, 두 개념은 루카치 리얼리즘론의 실질적 핵심이다. 전형은 보편성과 개별성을 통합하고 작품 전체를 '조직하는 중심'인 특수성이 일정한 형태로 구체화된 형상을 가리킨다. 루카치의 표현을 빌리면 전형은 "예술적 특수성의 본래적이고 핵심적인 구현"[22]에 해당한다. 총체성은 루카치가 1920년대 후반 이래 리얼리즘을 논하기 이전부터 이미 『소설의 이론』1917에서 소설의 가장 중요한 구성 요건으로 사용했던 개념으로, 리얼리즘의 맥락에서는 사회현실이 작동하는 전 과정을 본질적으로 규정하는 요인들의 연관성에 대한 총체적 인식의 형상화를 뜻한다. 헤겔의 유명한 경구를 빌리면 "진리는 전체이다."Das Wahre ist das Ganze.라고 할 때 바로 그 '전체'에 대한 인식을 말한다. 전형이 특수성을 통해 보편성과 개별성을 매개하는 개념이므로 결국 총체성에 도달하기 위한 수단이 전형이 되는 셈이다.

엥겔스의 전형론과 '리얼리즘의 승리'
루카치 이전에 전형 개념을 리얼리즘의 맥락에서 사용한 유명한 선례는 엥겔스Friedrich Engels에게서 찾아볼 수 있다. 엥겔스는 1888년 하크니스Margaret Harkness에게 보낸 편지에서 그녀가 쓴 소설 『도시의 소녀』City Girl, 1887를 리얼리즘의 관점에서 평하면서 다음과 같이 말했다.

> 내 생각에 리얼리즘은 세부의 충실성 외에도 전형적 상황에서 전형적 인물들의 충실한 재현을 포함합니다. 당신 소설의 인물들은 그들이 할 수 있는 한에는 충분히 전형적이지요. 하지만 그들을 에워싸고 있는, 그들에게 행위하도록 하는 상황이 거기에 못 미치는 것 같습니다. 『도시의 소녀』에서 노동자 계급 인물들은 스스로를 도울 수 없고, 한 번도 스스로 돕고자

---

22 같은 책, 258쪽.

시도조차 하지 않는 수동적인 대중으로만 나타납니다. 그들이 자신의 무감각한 비참함에서 벗어나려는 시도들은 모두 외부로부터, 위로부터 이루어지고 있습니다.[23]

여기서 중요한 것은 '전형적 인물'이 단지 인물의 특성만 떼어놓고 논할 성질의 것이 아니라 '전형적 상황'과 긴밀히 맞물려 있다는 것이다. 전형적 상황은 시대의 흐름과 맞물려 있으므로 전형적 성격 역시 시대적 맥락 속에서 파악되어야 한다. 위 인용문에 이어지는 편지에서 엥겔스는 만약 1800년대 초반경 생시몽Saint-Simon과 오언Robert Owen의 시절이라면 『도시의 소녀』에서 묘사하는 노동자들의 수동성이 현실에 부합하지만 그 후 50년이 넘도록 노동자 계급의 투쟁이 축적된 시점에도 노동자들을 수동적인 존재로만 묘사하는 것은 시대착오라고 비판한다. 따라서 잘못된 상황 인식 탓에 '전형적 인물'의 형상화에도 실패했다는 뜻이다. 그럼에도 "당신 소설의 인물들은 그들이 할 수 있는 한에는 충분히 전형적이지요."라고 하는 말은 인물들의 언행이나 생활상만큼은 노동자들의 처지에 충실하다는 정도 이상의 의미를 갖지 못한다.

엥겔스는 같은 편지에서 발자크 소설이 작가의 '보수적인 정치적 신조에도 불구하고' 당대 프랑스 사회의 총체적 실상을 훌륭하게 형상화했다고 보고, 그것을 '리얼리즘의 승리'라 일컬었다. 1818년 이후 1848년까지 왕정복고 시대를 소설의 주요 무대로 삼았던 발자크는 왕당파의 지지자였지만 그의 소설은 귀족층의 몰락과 부르주아지의 승리가 필연적이라는 것을 보여줄 뿐 아니라, 진정한 민중의 대변자였던 혁명적 공화주의자들의 숭고한 투쟁을 편견 없이 묘사하고 있다는 것이다. 이렇듯 발자크가 "자신의 정치적 공감과 정치적 선입견에 반해서" 작가의 공정한 눈으

---

[23] 마르크스, 엥겔스: 『문학예술론』, 김대웅 옮김, 미다스북스 2015, 162쪽.(번역은 인용자가 수정함)

로 현실을 관찰했다는 것을 엥겔스는 "리얼리즘의 가장 위대한 승리 중 하나"로 꼽는다. 엥겔스는 1883년 라파르그Laura Lafargue에게 보낸 편지에서 발자크의 그러한 작가적 공정성을 "시적 정의에 힘입은 혁명적 변증법"revolutionary dialectics in poetical justice[24]이라 일컬었다. 현실의 실상을 편견 없이 직시하려는 올곧은 작가적 양심이 문학의 내적 논리 자체에 의해 현실의 모순과 역동적 변화를 파악하는 혁명적 변증법의 사유를 열어 준다는 것이다.

루카치의 전형론과 총체성

루카치는 엥겔스의 전형론을 충실히 계승하면서도 특수성의 원리와 마찬가지로 전형을 작품 전체를 조직하는 원리로 확장한다. 엥겔스가 작품의 배경이 되는 당대의 시대적 흐름과 노동운동의 전개 양상에 초점을 맞추었다면 루카치는 전형 개념의 역사성을 더욱 확장하여 "사회와 전체 인류의 객관적 발전 경향으로서 오랜 기간에 걸쳐 작용하는 지속적인 특징들"[25]을 전형의 요건으로 보완한다. 여기서 '전체 인류의 발전 경향'을 중요하게 부각하는 것은 개인적인 문제를 보편인간적인 문제와 결합시켜야 한다는 요청이며, 역사적으로 보면 자본주의 체제의 내적 모순과 극복의 전망에 대한 고려로 읽힌다. 그리고 개별성과 보편성을 결합하는 특수성의 매개 기능에 상응하여 특수성의 구체화인 전형 역시 인물의 "개별적 특징과 시대의 보편적 문제들 사이의 다양한 결합"을 추구해야 한다.

예술가가 주인공의 개별적인 특징들과 시대의 객관적 보편적인 문제들 사이의 다양한 결합을 발견할 때, 작중 인물이 우리 눈앞에서 그 시대

---

24 같은 책, 158쪽.(번역은 인용자가 수정했다. 엥겔스의 편지는 원래 영어로 쓰였다.)
25 Lukács: *Esssays über Realismus*, Neuwied/Berlin 1971, S. 154.

의 가장 추상적인 문제들까지도 그들의 생사가 걸린 자신의 개인적인 문제들로 체험하게 될 때, 작중 인물은 의미심장하고 전형적일 수 있다.[26]

추상적으로 들리지만 사실 우리가 리얼리즘 계열로 떠올리는 작품에는 거의 예외 없이 들어맞는 말이다. 가령 본격적인 리얼리즘과는 거리가 있는 교양소설인 괴테의 『빌헬름 마이스터의 수업 시대』1797에서도 이런 양상은 확인할 수 있다. 유복한 상인의 아들인 주인공 빌헬름은 상인 수업을 시키려는 아버지의 뜻을 거역하고 유랑극단에 합류하여 예술의 세계를 선망한다. 그렇게 방랑하는 이유는 독일에서 일반 평민(시민 계급)은 오로지 자신의 생업에만 종사해야 하고 전인적인 인격을 도야할 기회가 없으므로 예술적 교양을 통해 그런 핸디캡을 보상하려는 것이다. 친구인 베르너에게 보내는 편지에서 빌헬름은 이러한 전인적 교양의 문제를 다각도로 상론한다.[27] 그런데 이 추상적 담론에 담긴 빌헬름의 고민은 그의 평생의 명운과 직결되어 있다. 빌헬름이 방랑하는 사이에 그의 부친이 사망하는데, 그사이에 베르너는 빌헬름의 여동생과 결혼하여 장인의 재산을 물려받아 대토지 소유 귀족과 합작 사업을 벌여 토지 투기로 큰돈을 벌어들이고 있다. 만약 빌헬름이 아버지의 뜻에 충실했더라면 그가 베르너의 자리에서 대부르주아지로 승승장구하는 탄탄대로를 가고 있었을 것이다. 그러나 빌헬름은 그런 길을 마다하고 오로지 전인적 교양을 위해 적수공권으로 방랑하고 있는 것이다. 빌헬름은 이렇다 할 뚜렷한 개성이 없고 우유부단한 성격의 평범한 인물이지만 그런 시대적 맥락에서 보면 '의미심장한 전형'으로 조형된 셈이다.

다른 한편 전형의 구성과 관련하여 루카치는 다양성을 강조한다. 인물과 관련해 말하면 주인공 단독으로 유일한 전형이 구축되는 것이 아니라

---

26 같은 책, S. 156.
27 괴테: 『빌헬름 마이스터의 수업 시대』, 1권, 안삼환 옮김, 민음사 1996, 401쪽 이하 참조.

주인공과 관계를 맺고 있는 다양한 인물들이 제각기 나름의 전형성을 구현한다는 것이다.

(…) 예술에서 단 하나의 고립된 전형적 형상만이 등장할 수는 없으며, 더욱이 모든 전형적 특징들을 뭉뚱그려 단 하나의 모습으로 나타낼 수는 없다. 그와는 반대로 중요한 예술작품에서는 언제나 다양한 전형들이 성격이나 운명 등에 있어서의 유사성, 평행 관계, 대립 관계 등으로 인해 서로를 밝혀주며 보다 명확하게, 예술적으로 비로소 생명력을 얻게 된다.[28]

한 시대의 중요한 문제들을 한 인물의 성격 속에 집약한다는 것은 애초에 불가능한 일이며, 현실의 복잡한 모순과 갈등을 형상화하려면 중심인물과 대립 관계에 있는 인물의 등장도 필수적이다. 그런 의미에서 이를테면 시대에 역행하거나 악의 편에 서는 '부정적 전형'도 나름의 역할을 떠맡게 된다. 이러한 다양성을 통해 각 인물의 전형성은 오히려 더 뚜렷이 부각된다. 다만 전형의 다양성이 작품 전체에서 일정한 통일성을 이루기 위해서는 이들 사이에 나름의 질서가 요구되는데, 루카치는 그 질서를 "전형들의 위계질서"[29]라 일컫는다. 이 질서는 현실에 존재하는 가치 서열을 그대로 옮겨 온 것이 아니라 작품 안에서 다양한 전형들의 관계를 통해 구축되는 예술 내적 체계이다. 경험적 현실의 혼란스러운 다양성에 일정한 질서를 부여하는 미적인 범주인 것이다. 이처럼 다양한 전형들이 작품 안에서 일정한 위계질서를 통해 작품의 "구성적 통일성"[30]을 이루며, 이러한 구성적 통일성에 의해 비로소 작품은 그 자체로 완결된 '구체적 총체성'의 세계로 탄생한다.

---

28 루카치: 『미학 서설』, 270쪽.
29 같은 책, 257쪽.
30 같은 책, 260쪽.

구성의 이념적 기반인 전형들의 위계 체계는 이로써 비로소 실제로 예술적인 구성으로, 즉 하나의 특수한 세계를 암시하는 것으로 변한다. 이 세계에서는 개별적인 인물들, 운명들, 상황들이 자립적이고 독자적인 감각성을 지니면서도 동시에 그것들의 **구체적 총체성**이 하나의 특수한 세계로서 완결되며, 모든 개별적 계기들이 서로를 강화하고 보완하면서 이 새로운 전체의 특수성을 삶 속으로 불러내는 기능을 지니게 된다.[31] (인용자 강조)

루카치가 전형 개념을 확장한 이유가 결국 작품의 총체성을 담보하기 위한 것임을 알 수 있다. '구체적 총체성'이라고 '구체적'이라는 단서를 붙인 것은 루카치가 미적 범주로서 사용하는 '구체성'이 항상 '다양성의 통일'이기 때문이다. 현실의 개별적 사실과 경험들은 무한히 다양하고 무질서하다. 그러나 그 다양한 사실과 경험들이 작품 속에서 전형적인 특징들로 재구성될 때는 작품 안에서만 가능한—다시 말해 예술적으로 창조된—통일성을 획득한다. 이로써 '구체적 총체성'은 현실의 실재를 가리키는 '총체성'과는 구별되는 미적 범주로 성립한다. 루카치는 현실의 경험적 총체성과 미적 총체성을 구별하여 전자를 '외연적 총체성'extensive Totalität, 후자를 '내포적 총체성'intensive Totalität이라 일컫는다.

미학의 영역 범주로서의 특수성은, 이미 살펴본 바와 같이, 부정적으로 말하면 현실의 외연적 총체성에 대한 모사를 단념하는 것이며, 긍정적으로 말하면 현실의 한 '단편'斷片에 대한 형상화로서, 현실의 내포적 총체성과 운동 방향을 재생산하여 특정하고도 본질적인 한 측면에서 현실을 드러내 보이는 것이다. 이 현실의 '단편'은 (작품 속에서 형상화될 때—인용자) 다음과 같은 고유한 특성을 갖는다. 즉 그 단편 속에서는 전체적인 삶을 본질적

---

[31] 같은 책, 270쪽.

으로 규정하는 요인들이, 특정한 범위 안에서 존재할 수 있는 한에 있어서, 그 진정한 본질을 드러내면서 올바른 관계 속에서, 현실적 모순 상태 속에서, 운동 방향과 전망을 드러내면서 표현된다.[32] (인용자 강조)

문학작품이 현실의 외연적 총체성에 대한 모사를 단념한다는 말은 작품이 현실의 사실적 재현은 아니라는 뜻이다. 흔히 리얼리즘을 현실의 사실적 재현 또는 모사로 오해하지만, 그것은 리얼리즘의 본령과는 거리가 멀다. 그리고 뒤에서 살펴보겠지만, 정말 현실을 있는 그대로 재현하려 했던 자연주의는 루카치의 관점에서는 리얼리즘과는 동떨어진 것이다. 문학작품이 아무리 방대하고 풍부해도 작품이 묘사하는 세계는 현실의 한 '단편'에 불과하다. 그런데 어떻게 현실에 대한 총체적 인식을 담보할 수 있는가? 그것은 작품의 내포적 총체성이 현실의 운동을 특정한 본질적 측면에서 형상화함으로써 가능해진다. 여기서 '내포적'이라는 말은 일단 현실 운동의 본질적 측면을 압축해서 표현한다는 뜻으로 이해할 수 있다. 경험적 사실의 일치가 아니라 본질적 핵심을 응축해서 현실의 운동과 전체적인 상像을 보여준다는 말이다.

다시 『빌헬름 마이스터의 수업 시대』를 예로 들어보자. 앞에서 언급한 베르너의 행보는 상업 자본가가 대토지 소유 귀족과 합작하여 부를 축적하고 자본 축적을 통해 귀족과 대등한 사회적 지위를 인정받는 경로를 보여준다. 귀족의 입장에서는 봉건제에서 자본주의 체제로 이행하는 거대한 변화 속에서 자본가로 변신하여 새로운 체제에 적응하는 것이다. 이러한 양상은 봉건제에서 자본주의로의 체제 변화 속에서 두 지배계급의 역사적 행보를 보여준다는 점에서 현실 운동의 본질적 측면을 집약해서 드러낸다. 다른 한편 주인공 빌헬름은 소설 말미에 이르러 나탈리에라는 귀족 여성과 결혼하게 된다. 나탈리에는 귀족이면서도 귀족의 봉건적 특권

---

32 같은 곳.

도 폐지해야 한다고 생각하는 개혁적인 진취성을 지녔고 이웃 사랑과 선행이 몸에 밴 고결한 여성이다. 그런 나탈리에가 자신을 흠모하는 빌헬름의 속내를 알아채고 먼저 청혼함으로써 결혼이 성사된다. 당시 법률상 귀족 집안의 자녀는 평민과 결혼하면 상속권을 박탈당할 수 있었기 때문에 나탈리에의 청혼은 당시 법률적 제약의 한계를 뛰어넘는 담대한 결단이다. 소설 끝부분에서 짧게 묘사되는 이 이야기는 물질적 부를 포기하고 전인적 교양을 추구하는 시민 계급과 개혁적인 귀족의 결합을 보여준다. 아마 현실에서 이런 일이 벌어졌다면 부유한 장사꾼 아들이 어쩌다 운이 좋아서 귀족 집안의 현숙한 규수와 결혼했다는 식으로 '로또 당첨' 비슷한 행운으로 치부되고 금방 잊힐 것이다. 그러나 이 소설이 프랑스 혁명을 겪은 이후 나왔다는 시대적 배경을 고려하면 이 이야기는 시민 계급이 귀족층을 무너뜨린 프랑스와 달리 독일에서 폭력적인 혁명을 치르지 않고 구체제를 극복할 수 있는 길이 무엇일까 하는 신중한 전망을 타진하는 것으로 읽힌다. 프리드리히 슐레겔이 괴테의 『빌헬름 마이스터의 수업시대』를 가리켜 프랑스 혁명과 더불어 당대의 도도한 역사적 흐름을 보여주는 사건이라 했던 것은 그런 뜻으로 이해할 수 있다. 실제로 19세기 이래 독일 역사는 점진적인 근대적 개혁을 통해 시민혁명을 비켜 가는 방향으로 흘러갔으니 괴테가 이 소설에서 제시했던 전망이 적중한 셈이다. 그렇다고 괴테가 독일 역사를 예견했다는 식으로 과잉 해석을 하는 것은 온당치 않으며, 작가가 역사의 진로를 예견할 의무도 없다. 다만 엥겔스가 말한 대로 현실을 직시하려는 '시적 공정성'이 현실 운동의 변증법을 예민하게 감지하는 리얼리즘의 성취를 낳을 수 있다는 것이다.

앞에서 작품 사례로 살펴보았듯이 작품이 구현하는 '내포적 총체성'은 정작 현실의 복잡다기한 경험 속에 파묻혀 있을 때는 보지 못하는 것을 오히려 생생히 드러내 보여준다. 그런 의미에서 성공한 리얼리즘 작품은 현실보다 훨씬 더 리얼하다. 엥겔스가 그 어떤 역사책보다 발자크 소설에서 당대의 프랑스 역사에 대해 훨씬 더 많은 것을 배웠다고 말한 취지도 그런 것이다. 그렇기 때문에 루카치는 예술작품이 '완결된 총체성'으로 고유한 독자성을 확보한다고 본다. 작품이 구현하는 총체성의 자체 완결성을 흔히 현실에 대한 폐쇄성이나 고정된 인식으로 오해하기도 하지만, 앞에서 살펴본 의미에서 작품의 완결된 총체성은 작품 속 세계가 바깥의 세상을 품고('내포하고') 있다는 의미에서 내포적 총체성을 뜻하는 것이다. 발자크가 당대의 프랑스 사회를 총체적으로 서술하고자 기획했던 '인간극' 연작소설의 서문에서 '작품 자체의 세계'를 강조했던 것도 바로 내포적 총체성의 뜻에 부합한다.

나의 작품은 자체의 지리학과 자체의 계보학을 지니며, 독자적인 가족들과 독자적인 장소들, 사물들, 인물들, 사실들을 지닌다. 또한 나의 작품은 자체의 문장학을 지니며, 자체의 귀족들, 시민들, 수공업자들, 농부, 정치가, 댄디, 군대, 요컨대 자체의 세계를 지닌다.[33] (인용자 강조)

'디테일'의 문제

다시 엥겔스의 발언을 떠올리면 "세부의 충실성"은 작품 속의 디테일이 현실의 경험적 사실과 일치하느냐 여부를 가리키는 것처럼 보인다. 실제로 소설에서 '세부의 충실성'이라고 하면 대개는 그런 의미에서 소설의 세부 사항이 현실의 경험적 사실 및 실감과 부합해야 한다는 뜻으로 이해하는 것이 보통이다. 그런 의미에서의 세부 묘사가 현실과 어긋나면 작품의 설득력과 개연성이 떨어지므로 이 역시 작품의 성패와 연결되는 요긴한 요소인 것은 사실이다.

그러나 루카치의 리얼리즘론에서 '디테일'은 단순히 작품의 세부가 현실의 세부 사항과 경험적으로 일치하느냐 여부의 문제를 넘어서 현실의 전체적인 맥락 속에서 세부가 올바르게 배치되어 있는가 하는 문제로서

---

33 같은 책, 252쪽에서 재인용.

직간접으로 총체성의 문제와 연결되어 있다. 「예술과 객관적 진리」에서 루카치는 이렇게 말한다.

> 현실의 예술적 반영의 객관성은 전체적인 연관성의 올바른 반영에 근거한다. 따라서 하나의 세부 사항의 예술적 올바름은 과연 현실에서 그러한 개별성이 예술적 반영의 개별성에 부합하느냐 하는 문제와는 아무런 상관이 없다. 예술작품에서 개별성은, 그것이 예술가에 의해 삶 속에서 관찰된 것이든 아니면 예술적 상상력으로 직간접적 생활체험을 기반으로 창조된 것이든 관계없이 객관적 현실 전체 과정에 대한 올바른 반영의 한 가지 필연적인 계기일 때, 어떤 현실의 올바른 반영이다.[34] (인용자 강조)

요컨대 개별적인 세부 묘사가 전체 현실을 올바르게 반영하는 필연적인 계기인가 하는 문제가 관건이다. 루카치가 언급하는 두 가지 사례만 살펴보자. 일찍이 헤겔은 호메로스의 서사시에 나오는 디테일의 중요성을 언급하는데, 호메로스의 서사시에서는 먹고 마시고 잠자고 육체노동을 하는 장면들이 "서사시적 위대성의 기반"[35]이 된다. 헤겔에 따르면 서사시의 배경이 되는 삶에서 인간과 인간, 인간과 사물은 "근원적인 생명감"으로 결속되어 있기 때문에 서사시의 주인공인 영웅들도 소들을 도살하고 포도주를 따르고 하는 번잡한 일들을 기꺼이 자신의 일로 즐겁게 떠맡는다는 것이다.[36] 반면에 근대의 계급사회에서 이런 일은 아랫사람에게 시키는 허드렛일로 치부된다. 명령과 복종의 조직 체계로 이루어진 근대의 계급사회와 달리 폴리스의 민주주의에 기초한 그리스의 공동체 정신과 인간적 유대는 호메로스 서사시의 디테일에서도 어김없이 반영되

---

34 Lukács: Kunst und objektive Wahrheit, in: *Probleme des Realismus* I, Neuweid/Berlin 1971, S. 624.
35 루카치: 『루카치가 읽은 솔제니친』, 김경식 옮김, 산지니 2019, 30쪽.
36 헤겔: 『미학 강의』, 3권, 이창환 옮김, 세창출판사 2021, 342쪽 이하 참조.

는 것이다. 또한 헤겔은 호메로스 서사시에서 전차와 칼과 창, 물과 고기 등도 '죽은 수단'이 아니라 '온몸과 마음으로 살아 있음을' 느끼게 해주는 생생한 수단이 된다고 말한다. 이런 세부 사항들은 삶의 도구가 삶 자체로부터 분리되고 소외된 근대 사회에서와 달리 자질구레한 생활 도구들까지도 '근원적 생동감'으로 결속되어 있음을 보여주며, 따라서 서사시의 근원적 통일성을 담보하는 필수적 계기가 된다.

루카치가 당대의 문학적 사례로 예시하는 것은 솔제니친Aleksandr Solzhenitsyn의 소설에서 드러나는 '디테일의 함축성'이다. 강제수용소 생활을 다룬 솔제니친의 소설에서 "디테일 하나하나는 살아남느냐 죽느냐의 양자택일적 상황을 보여준다."[37] 이로써 세부 사항은 삶 전체와 직결되는 상징적 총체성을 획득하게 된다.

이러한 방식을 통해 개별 대상들의 그 자체로는 항상 우연적인 실제 상태는 인간들의 개별적 운명 곡선과 뗄 수 없이 가시적으로 연결되어 있다. 이리하여 절제된 수단을 통해 수용소 생활의 집약적 총체성이 생겨난다. 이 소박하고 소략한 사실들의 총합과 체계가 인간 생활의 중요한 한 단계를 속속들이 비추어주는, 인간적으로 유의미한 상징적 총체성을 낳는 것이다.[38] (인용자 강조)

리얼리즘과 자연주의

초기 루카치의 총체성 개념

루카치가 1920년대 이후 리얼리즘론에서 말하는 총체성은 이전 시기

---

[37] 루카치: 『루카치가 읽은 솔제니친』, 31쪽.
[38] 같은 곳.

『소설의 이론』에서 말했던 총체성과 구별된다. 『소설의 이론』에서도 외연적 총체성과 내포적 총체성이라는 개념을 사용하지만 의미가 전혀 다르다. 외연적 총체성은 고대 그리스 호메로스의 서사시의 세계를 가리킨다. 외연적 총체성은 인간의 내면과 바깥 세계, 정신과 자연, 인간과 신이 행복하게 조화를 이루며 살아가는 세계를 가리킨다. 이 세계에서 인간의 영혼과 바깥 세계는 동질적homogen 상응 관계에 있다. 그래서 예술은 직접적으로unmittelbar — 그 어떤 중간적 매개Mittel를 거치지 않고서도 — 감각적 표현이 되고, 정신과 자연이 아름답게 일치한다. 헤겔이 예술을 '이념의 감각적 현현'이라 정의한 것은 바로 고대 그리스의 고전적 예술미를 가리키는 것이다. 『소설의 이론』 당시의 루카치는 헤겔의 예술관을 계승하여 고대 서사시와 근대 소설을 역사철학적으로 구별했다. 서사시와 달리 근대 소설은 인간의 영혼과 세계가 단절되고 대립하는 근대 세계의 산물이다. 인간 영혼과 바깥 세계는 이질적으로heterogen 분리되어 있다. 주지하듯이 그래서 소설 주인공은 세상과 불화하는 문제적 개인이다. 소설의 문제적 개인이 자신과 대립하는 적대적 현실에서 삶의 의미로 추구하는 것이 내포적 총체성이다. 인간 영혼이 세상과 단절되어 있기 때문에 이러한 총체성은 의식적인 매개와 성찰을 통해서만 추구될 수 있고, 결코 완결될 수 없는 항구적인 지속 과정의 성격을 띤다. 여기서 문제적 개인은 세상과 화해하든지 아니면 내면의 순수성을 고수하며 이상을 추구하든지 양자택일의 기로에 서게 된다. 루카치는 전자의 경우를 괴테의 『빌헬름 마이스터의 수업 시대』가 대표하는 교양소설로 보았고, 후자를 세르반테스의 『돈키호테』에서 발자크의 『잃어버린 환상』으로 이어지는 '추상적 이상주의'라 일컬었다. '추상적' 이상주의라는 단서가 붙는 것은 그러한 이상주의가 현실적 기반을 상실했다고 보기 때문이다. 『돈키호테』에서 주인공이 추구하는 기사도의 이상은 지난 시대의 꿈일 뿐이며, 『잃어버린 환상』에서 인간적 가치의 이상은 권력과 돈이 인간 운명을 주무르는 파리 사교계에서 허황한 신기루일 뿐이다.

그러나 루카치가 리얼리즘론을 전개하는 맥락에서 발자크는 리얼리즘 문학의 최고봉으로 평가된다. 그래서 루카치는 『발자크와 프랑스 리얼리즘』Balzac und der französische Realismus, 1952에서 발자크를 집중적으로 다루는 한편 발자크 바로 다음 세대의 자연주의 주창자인 졸라Émile Zola를 함께 다루고 있다. 여기서는 루카치의 다른 이론적인 글에서는 얼른 드러나지 않는 리얼리즘론의 보완적 측면, 특히 리얼리즘을 경직된 반영론으로 오해하는 편견을 불식하는 측면에 초점을 맞추어 살펴보고자 한다. 아울러 발자크의 리얼리즘과 대비하여 졸라의 자연주의를 비판하는 이유를 짚어보기로 하겠다.

전형과 총체성

루카치가 옹호하는 리얼리즘의 전형 개념에 대한 가장 뿌리 깊은 오해는 전형이 경제적 토대와 사회구조의 기계적 반영물로서 고정된 정형定型 내지 패턴이 아닌가 하는 불신이다. 루카치의 리얼리즘은 기본적으로 변증법적 유물론에 바탕을 두고 있으므로 그런 의구심이 제기될 법도 하다. 변증법적 유물론은 범박하게 말해서 인간 의식과 의식의 창조물(문학예술을 포함하여 넓은 의미에서의 '문화')이 경제적 토대에 의해 규정되고 현실적 모순의 대립과 투쟁을 추동하는 변증법적 운동에 의해 규정된다고 보기 때문이다. 그러나 경제적 토대와 사회구조의 보편적 '법칙'을 그대로 모사하는 것은 과학적으로는 올바른 인식일 수 있고 또 그런 인식이 예술적 형상화를 위한 밑그림이 될 수는 있어도 그 자체가 예술적 형상화를 충족시키지는 못한다. 가령 마르크스는 『자본』에서 경제적 관계를 나타내는 개념을 곧잘 의인화해서 사용하는데, 그런 어법을 경제적 관계라는 무대에 등장하는 '인물들의 가면'Charakermaske이라 일컬었다.[39] 예를 들면 자본주의적 생산방식으로 생산되어 시장에서 유통되는 '상품'을 가

---

[39] 마르크스: 『자본』, I-1, 강신준 옮김, 도서출판 길 2008, 150쪽 참조.

리켜 17세기 영국 시민혁명 당시의 소시민 정파를 가리키는 '수평주의자'Levellers라 일컫는다. 수평주의자들은 법 앞에서 만인의 평등을 외쳤지만 실질적인 경제적 평등은 원하지 않았다. 자본주의 방식으로 생산 유통되는 상품은 그 소유자의 빈부에 관계없이 시장에서 균등한 교환가치를 가지며 또한 생산과정에서 생산수단이 자본과 노동력으로 분리되어 있다는 사실을 은폐한다. 겉으로는 만인에게 등가물로 유통되지만 그런 이중적 은폐의 가면을 쓰고 있다고 해서 '가면'이라는 비유를 사용한 것이다. 루카치는 이 사례를 언급하면서 이런 의인화는 경제법칙('보편')을 그대로 모사한 것이기 때문에 예술적 반영의 특수성과는 다른 차원의 '과학적 반영'일 뿐이라고 분명히 구별한다.[40] 이미 살펴본 대로 미적 범주로서의 특수성은 보편성과 개별성을 통합하는 '중심'이지 단순히 보편성을 입증하는 표본이 아니기 때문이다.

자본주의 사회에서 인간 의식의 산물은 경제적 토대의 기계적 반영물로 표현되기보다는 오히려 극히 다양하게 굴절된 형태로 나타난다. 상품이 '가면'을 쓰고 유통되듯이 의식의 산물들 역시 경제적 토대를 은폐하거나 뒤집어서 겉보기에는 자립적인 형태로 — 이른바 허위의식 또는 이데올로기의 형태로 — 표현되기 십상이기 때문이다. 루카치에 따르면 발자크의 소설 『잃어버린 환상』은 왕정복고 시기의 프랑스 사회를 귀족층의 몰락과 자본주의의 승리라는 측면에서 총체적으로 드러낼 뿐 아니라 그러한 "객관적 상황의 총체성과의 상호작용 속에서 생겨나는 성격의 총체성"[41]을 형상화한 점에서 리얼리즘의 독보적 성취를 이루고 있다. 엥겔스의 전형 개념으로 말하면 전형적 상황의 총체성과 전형적 성격의 총체성을 결합한 것이다. 여기서 전형적 상황의 총체성에 대한 인식은 엥겔스의 인식과 거의 동일하다. 거기에 더하여 루카치가 강조하는 것은 프랑

---

40 루카치: 『미학 서설』, 254쪽 이하 참조.
41 루카치: 『발자크와 프랑스 리얼리즘』, 변상출 옮김, 문예미학사 1998, 62쪽.

스 혁명이 일깨웠던 자유와 평등의 환상이 자본주의적 삶의 야만성에 의해 산산조각이 난다는 것이다. '잃어버린 환상'이라는 소설 제목이 핵심적으로 뜻하는 것은 바로 그런 의미에서 환상의 파괴, 즉 환멸이다. 특히 작가 지망생인 주인공 뤼시앵의 운명은 그러한 격변에 휩쓸려 글을 철저히 매명賣名의 도구로 전락시키는 문학의 상품화와 "정신의 자본화를 보여주는 희비극의 서사시"[42]라 할 만하다. 문학이 사악한 세계에 맞서 영혼의 순수함을 지키기 위한 마지막 보루라 믿는 관점에서 보면 비극적이지만, 그럼에도 영혼을 바쳐 권력과 자본의 입맛대로 글쓰기를 하며 노리개가 되는 모습은 추하다 못해 희극적이다. 뤼시앵이 소설적 전형으로서 상황의 총체성과 맞물리는 것은 바로 이런 자기모순의 극대화를 통해서이다.

문학의 영원한 주제이자 인간 영혼의 순수성을 가늠하는 마지막 시험대라 할 사랑의 감정도 예외는 아니다. 뤼시앵은 향촌 고향 앙굴렘에서 사교계의 여왕이자 세련된 문학적 교양을 갖춘 바르주통 부인에게 매료되지만, 곧이어 그녀의 살롱에서 귀족들에게 수모를 당한 이후로 사랑의 감정은 귀족에 대한 복수심과 불가분으로 뒤섞여서 귀부인에 대한 정복욕으로 변질된다. 정치적으로도 귀족에 대한 증오심이 불탈 때는 열렬한 공화주의자가 되지만 오로지 출세에 눈이 멀게 된 이후로는 하루아침에 '진성' 왕당파로 변신하며, 그러고도 추호도 양심의 가책을 느끼지 않는다. 뤼시앵의 아버지는 일찍이 프랑스 혁명 당시 처형될 뻔한 귀족 집안 딸을 구해주고서 결혼을 했으니 뤼시앵의 핏줄에는 귀족과 평민의 피가 섞여 있고, 이러한 태생적 이질성은 끊임없이 정체성의 혼란을 야기한다. 뤼시앵의 분열적 성격은 냉정한 분별을 누르고 즉흥적 정열을 부추기며, 그의 명예욕은 도박판의 사행 심리를 방불케 하며, 일체의 양심적 판단을 마비시킨다. 괴테의 『파우스트』에 나오는 악령 메피스토펠레스를 닮

---

42 같은 책, 57쪽.

은 보트랭이 뤼시앵에게 노름판의 규칙에 순응하라고 하는 말은 곧 뤼시앵의 운명이 된다. "만일 당신이 노름판에 앉았다면 노름 규칙을 두고 왈가왈부 다투겠습니까? 규칙은 이미 정해진 것이니 당신은 그 규칙을 따르기만 하면 되는 거요."[43] 뤼시앵은 이 무한경쟁의 노름판에서 한판 승부를 노리며 끝없이 판돈을 걸고, 종국에는 관료 귀족을 매수하여 법적인 귀족 신분을 취득하려 시도하기에 이른다. 뤼시앵의 도박이 실패할 수밖에 없는 것은 한편으로 시대의 대세에 거슬러 다시 귀족으로 돌아가려 하기 때문이고, 다른 한편 냉혹한 자본주의적 경쟁은 어수룩한 룸펜 문필가의 요행을 용인하지 않기 때문이다. 노름판에서는 언제나 더 많은 판돈을 가진 선수가 이긴다. 자유경쟁에서 더 큰 자본이 이기는 것과 같은 이치다. 그래서 지극히 개인적인 불운처럼 보이는 뤼시앵의 파멸은 필연적이다. 이러한 우연과 필연의 변증법은 소설 구조에도 그대로 투영된다. 요행을 쫓는 심리는 결코 충족을 모르는 자본주의적 욕망의 악마적 역동성에 의해 추동되기 때문에 마치 거대한 도박판에 휘말리는 듯한 예측불허의 항구적 불안정성이 끝없이 증폭되며, 그러한 혼돈의 극적 반전으로 이어지는 플롯이 일체의 비판적 성찰을 무효화하면서 흡인하는 양상을 보인다. 그런 의미에서 루카치는 "자본주의의 진군과 승리, 이것이 이 소설의 실질적 행위Handlung를 구성한다."[44]고 말한다.

발자크의 예에서 보듯이 성격의 전형성은 고정된 계급의식과도 거리가 멀고 그렇다고 특출한 개성의 소유자도 아니며 오히려 주어진 상황 속에서 끊임없이 살아 움직이는 '생물'이다. 그렇기 때문에 현실의 복잡다기한 모순을 고스란히 체화한 복합적 성격을 획득하며, 이처럼 현실적 상황에 의해 조형되는 가소성可塑性에 힘입어 사회현실의 총체성과 결합될 수 있는 신축성을 확보한다.

---

43 같은 책, 73쪽에서 재인용.
44 같은 책, 62쪽.

리얼리즘의 승리

엥겔스와 마찬가지로 루카치 역시 발자크 소설의 탁월함을 '리얼리즘의 승리'라는 관점에서 파악한다. 발자크에 국한해 보면 리얼리즘의 승리는 역사적 격변기의 특수한 상황에서나 가능한 예외적 성과라는 느낌을 준다. 왕정복고의 시기에 왕당파의 지지자였던 발자크가 자신의 정치적 소신보다 더 폭넓고 모순에 가득찬 현실을 발견하고 소설로 형상화하는 데 성공했기 때문이다. 그런데 루카치는 리얼리즘의 승리가 특정한 상황에서만 가능한 예외적 성취가 아니라 리얼리즘의 근본 문제와 연결되는 실질적인 의미를 갖는다고 보았다. 위대한 작가는 "현실을 파악하려는 광적일 정도의 열정"Wirklichkeitsfanatimus과 "작가적 정직성"에 힘입어 작가 자신의 주관적 신념을 넘어서서 현실을 폭넓고 깊이 있게 파악한다는 것이다.[45] 여기서 작가적 정직성이란 도덕적 정직성을 뜻하는 것이 아니라 자신의 주관적 신념에 얽매이지 않고 현실을 편견 없이 관찰하는 태도를 가리킨다. 엥겔스가 말한 '시적 올곧음'과 같은 뜻이다. 위대한 예술가는 그런 올곧음에 힘입어 현실의 실상을 파악하는 '자생적 유물론'을 터득하게 된다. 다시 말해 인간들의 의식과 생각을 움직이는 실질적인 사회적 조건들을 명확하게 형상화한다.

> 모든 위대한 예술가들의 자생적 유물론은 (종종 어중간하거나 상당히 관념적인 그들의 세계관과 무관하게) 언제나 자신이 형상화한 인물들의 의식이 생겨나고 발전하게 되는 존재적 전제들과 조건들을 명확하게 형상화한다는 데서 나타난다.[46]

발자크의 『잃어버린 환상』은 그런 의미에서 "경제적 자본주의 원리의

---

45 같은 책, 17쪽.
46 Lukács: *Essays über Realismus*, S. 617.

압박에 의한 부르주아적 이상의 자기 와해"를 "최초로 총체적으로 형상화한" 작품으로 평가된다.[47]

리얼리즘의 승리는 흔히 '세계관'과 '창작 방법' 사이의 모순에 직면하여 창작 방법이 세계관에 승리를 거둔 것이라는 식으로 협소하게 해석되곤 한다. 그러나 리얼리즘의 승리를 위한 전제가 되는 '작가적 정직성' 내지 '시적 올곧음'은 단순히 '창작 방법'보다는 훨씬 더 폭넓고 근본적인 '리얼리즘의 정신'에 가깝다고 봐야 할 것이며, 창작 방법은 그런 정신의 자연스러운 귀결이라 할 수 있다.

작가의 '세계관'이라는 것도 그리 간단하지 않다. 세계관Weltanschauung이란 문자 그대로 '세상을 보는 시야'를 뜻하거니와, 발자크를 왕당파라고 할 때의 정치적 신념이란 그런 의미에서의 세계관을 구성하는 하나의 (물론 중요한) 요소일 뿐이다. 나아가서 끊임없이 현실을 탐구하면서 스스로 개안開眼을 경험하는 작가적 정직성의 소유자에게 세계관이라는 것은 고정불변의 맹신과는 거리가 멀다. 작가적 정직성은 현실의 모순에 민감하기에 현실의 움직임을 올바르게 파악하기 위해서라도 개방성을 띨 수밖에 없기 때문이다. 루카치는 『잃어버린 환상』에 나오는 작중 인물 블롱데의 말을 빌어 세계관의 가변적 개방성에 대한 하나의 방증으로 예시하고 있다.

사고의 영역에서는 모든 것이 양면적이지. (…) 루소는 『신新 엘로이즈』에서 결투에 찬성하는 편지와 반대하는 편지를 썼는데, 자네는 어느 쪽이 과연 루소의 진짜 의견인지 감히 결정할 수 있겠나? 우리 중 누가 과연 클라리사와 러브레이스, 헥토르와 아킬레우스 사이에서 옳고 그름을 판정할 수 있겠는가? 두 사람 가운데 누가 호메로스의 주인공일까? 리처드슨은 어떤 의도를 갖고 있었을까?[48]

---

47 루카치: 『발자크와 프랑스 리얼리즘』, 55쪽.

예컨대 『일리아스』에서 아킬레우스가 트로이의 영웅 헥토르를 죽이고 전차에 매달아 끌고 다니는 장면을 보면 헥토르가 비극적 주인공이고 아킬레우스는 잔인하기 짝이 없는 인간 말종으로 보인다. 그것은 아킬레우스를 『일리아스』의 주인공으로 보는 상식적 통념과 충돌한다. 그런가 하면 헥토르의 아버지가 밤중에 몰래 찾아와 아들의 시신이라도 돌려달라고 읍소하자 아킬레우스가 그 처연한 부정父情에 마음이 녹아 순순히 헥토르의 시신을 내어주는 장면을 보는 독자는 그렇게 잔혹하던 아킬레우스의 마음속에 인간적 온정이 살아 있음을 실감하며 또 다른 감동을 느끼게 된다. 작가의 세계관이라는 것도 그런 식으로 열려 있는 가변적인 것이다. 그것은 단지 기회주의나 허무주의가 아니라 올곧은 작가정신의 발로이기 때문에 당대 사회의 "심층적 모순들을 부르주아 사회의 삶을 움직이는 힘으로 형상화하면서 끝까지 밀고 나가는 것"[49]이 비로소 가능해진다. 그런 의미에서 리얼리즘의 승리는 사회적 모순에 대한 '창조적 인식'의 소산이다. 루카치는 작가의 창조적 인식이 소설의 형식을 창출하기 위한 전제 조건이며 소설 형식의 핵심은 '행위'Handlung라고 말한다. 리얼리즘의 승리는 작품 속의 행위를 통해 살아 움직이는 인물이 자신의 선입견을 극복하고 현실의 실상을 깨우치는 과정으로 구체화된다. 루카치는 이것을 "인간과 그의 사회적 존재의 진정한 변증법적 통일"[50]이라 일컫는다. 여기서 엥겔스가 말한 "시적 올곧음에 힘입은 혁명적 변증법"을 되새겨볼 필요가 있다. 위대한 리얼리즘 작가의 '시적 올곧음'은 인간의 의식을 움직이는 물적인 토대와 심층적 기반을 드러내 보여주고, 이를 통해 현실적 기반을 확보하지 못한 환상을 허상으로 드러내며, 현실의 모순

---

48 루카치:「소설」, 비평동인 크리티카 엮음, 『소설을 생각한다』, 문예출판사 2018, 62쪽에서 재인용. 번역본으로는 『잃어버린 환상』, 이철 옮김, 424쪽. 클라리사와 러브레이스는 새뮤얼 리처드슨(Samuel Richardson)의 소설 『클라리사』(Clarissa)의 등장인물이다.
49 루카치:「소설」, 『소설을 생각한다』, 62쪽 이하.
50 같은 책, 71쪽.

과 역동적 변화를 형상화한다. 이것이 리얼리즘의 승리가 관철되는 '혁명적 변증법'이다.

자연주의 비판

문학사에서 19세기 리얼리즘에 바로 이어지는 사조가 자연주의이다. 발자크가 리얼리즘의 대표자라면 졸라는 자연주의의 주창자이자 대표자이다. 졸라 자신은 리얼리즘의 계승자임을 자임하면서도 발자크의 리얼리즘에 남아 있는 '낭만적' 요소를 완전히 제거하고 '과학적' 방법으로 사회현실을 있는 그대로 묘사하는 것을 자연주의 문학의 목표로 삼았다. 이폴리트 텐Hyppolyte Taine의 환경결정론의 영향을 받은 졸라는 인간을 사회적 환경에 의해 지배되는 존재로 묘사했다. 졸라 자신의 의도에 비추어 보면 그가 주창한 자연주의는 리얼리즘의 객관성 지향을 더욱 철저히 밀고 나간 것으로 이해할 수도 있을 것이다. 그러나 루카치는 졸라의 자연주의가 발자크의 리얼리즘과는 완전히 다른 평균적 현실 모사에 그친다고 비판한다.

루카치는 우선 졸라의 창작 방법의 인식론적 전제가 되는 '과학적' 방법이 현실의 역동성에 대한 심층적 이해를 가로막는다고 본다. 루카치는 졸라의 다음 글을 인용하면서 비판한다.

> 사회적 집단은 생명을 지닌 집단과 동일하다. 인간의 신체와 마찬가지로 사회 안에는 다양한 기관들을 서로 연결하는 공공 시스템이 있다. 이에 따라 신체의 한 기관이 썩으면 다른 기관들이 감염되어 썩게 되고 매우 복잡한 질병이 생기는 것과 같은 작용이 일어난다.[51]

루카치에 따르면 사회역사적 구성체인 인간 사회를 생물적 유기체와

---

51 루카치: 『발자크와 프랑스 리얼리즘』, 108쪽에서 재인용.

동일시하는 것은 사회현실을 조화로운 유기체로 파악하는 근본적 오류를 낳는다. 따라서 자연주의 문학이 추구하는 바와 같이 사회의 병든 환부를 드러낸다고 하더라도 사회의 근본적인 모순을 파악할 수는 없으며 현실에 대한 총체적 인식에도 이르지 못한다.

졸라는 발자크 소설에서 과장되고 복잡한 성격의 인물이 현실의 명확한 인식을 방해한다고 비판하며, 오히려 평범하고 일상적이며 평균적인 인물이 환경과 인간의 관계를 더 분명히 드러낸다고 주장한다. 이에 대해 루카치는 다시 전형 개념을 언급하면서 전형이란 평균적 성격이 아니라 본질적인 사회역사적 단면들을 규정하는 계기들이 집약될 때 진정한 전형이 창조될 수 있다는 점을 거듭 강조한다.

성격과 상황에 관련되는 전형은 보편자와 개별자를 유기적으로 집약하는 독특한 종합이다. 전형은 평균적 성격 덕분에 전형이 되는 것도 아니고, 또한 단지 — 언제나 내면화된 — 개별적 개성 덕분에 전형이 되는 것도 아니다. 전형은 일정한 역사적 시기에 인간적·사회적으로 본질적이고 특정한 역사의 단면을 규정하는 모든 계기들이 전형 속에 집약되고 교차될 때 전형이 된다.[52]

또한 졸라는 "흥미는 더 이상 플롯의 기이함에 집중되지 않으며, 플롯이 평범하고 일반적일수록 더욱더 전형적인 것이 된다."[53]라고 주장한다. 그러나 루카치는 졸라의 주장이 리얼리즘과는 완전히 단절된 "기계적·통계적 평균"을 가리키며, 서사적 상황과 서사적 플롯을 "묘사와 분석"으로 대체한다고 비판한다. 여기서 루카치가 리얼리즘적 서사Erzählen와 자연주의적 묘사Beschreiben를 대비하는 논리는 다른 글에서 구체적 사례

---

52 같은 책, 11쪽.
53 같은 책, 114쪽.

를 통해 자세히 설명된다. 「서사냐 묘사냐?」1936라는 글에서 루카치는 졸라의 『나나』에 나오는 경마장의 묘사와 톨스토이의 『안나 카레니나』에 나오는 경마장의 묘사를 비교한다.[54] 졸라의 경우 여주인공과 이름이 같은 경주마 '나나'의 승리는 여주인공 나나가 파리의 사교계에서 화려하게 등장하여 고위층 인사들을 휘어잡는 또 다른 '승리'를 암시하긴 하지만, 이 장면이 전체 서사의 유기적 요소로 편입되어 있지는 않다고 본다. 반면 톨스토이의 경마장 장면에서 브론스키의 낙마는 아내 안나가 남편이 아닌 애인의 아이를 임신한 상황과 맞물려 브론스키가 직면한 부부관계의 위기를 드러내면서 서사적 전개의 핵심과 유기적으로 통합되어 있다고 본다.

발자크 다음 세대인 졸라는 노동자 계급의 투쟁을 목격했고 사회주의에 근접할 만큼 정치적으로 발자크에 비해 훨씬 더 진보적이었지만 자연주의적 창작 방법의 한계로 인해 현실의 총체적 인식에는 실패했다는 것이 루카치의 최종적 판단이다. 발자크가 정치적으로 왕당파를 지지했음에도 불구하고 자신의 정치적 입장을 넘어서 당대 사회의 총체상을 형상화한 '리얼리즘의 승리'를 구가한 것과 대조되는 아이러니라 할 수 있다. 그렇지만 루카치의 견해에 십분 공감하더라도 발자크가 경험하지 못한 새로운 현실을 졸라가 핍진하게 묘사한 공로는 문학사적 사실로 인정되어야 할 것이다. 예컨대 『제르미날』 Germinal, 1885에서 치열하게 묘사된 광산 노동자들의 가혹한 노동 조건과 비인간적 대우는 루카치가 비판하는 자연주의적 한계를 넘어서 이전까지의 소설에서는 볼 수 없던 새로운 현실의 발견이라 할 만하다. 졸라의 자연주의적 세부 묘사도 전례 없는 강렬한 충격 효과를 동반하는 새로운 면이 있다. 가령 광산 노동자들이 비인간적 처우에 항의하여 파업을 일으키고 이들과 연대하는 무정부주의자 그룹이 광산을 폭파하여 갱도에 물이 차오르는 장면에 대한 묘사가 그

---

54 Lukács: Erzählen oder Beschreiben?, in: *Essays über Realismus*, S. 197 f.

렇다.[55] 이로 인해 갱도에 갇혀 있다가 익사한 말馬의 머리에 대한 묘사가 나오는데, 갱도 안에서 사람 힘으로 끌지 못하는 석탄 수레를 끌어온 말들의 비참한 최후는 평생 갱도에 갇혀 노예 노동을 해야 하는 노동자들의 비참한 운명을 보여준다. 갱도 안에서 일하는 말들은 바깥에서 데려온 것이 아니라 갱도 안의 마구간에서 태어나 자란 말들이다. 바깥의 환경에서 태어나 자란 말은 캄캄한 갱도 안의 환경에 적응하지 못하고 금방 폐사하기 때문에 아예 갱도 안에서 말을 낳게 해 키우는 것이다. 이에 대한 묘사는 태어날 때부터 광산 노동자의 아들딸로 부모와 똑같이 평생 가혹한 노동에 종사해야 하는 대물림을 섬뜩하게 일깨워준다. 이런 묘사를 단지 환경결정론의 한계로만 폄훼하는 것은 극한적 현실에서 비켜난 현실 인식이 아닐까 하는 의구심이 드는 것도 사실이다. 졸라 사후 그의 유해를 팡테옹으로 이장하는 추모 행렬에 수많은 노동자들이 운집하여 '제르미날!'을 외쳤던 것은 결코 우연이 아니었을 것이다.

    루카치와 같이 리얼리즘과 자연주의를 질적으로 다른 차원으로 보는 관점도 있지만, 프랑스 학계에서는 양자를 동질적으로 보는 시각, 일정한 차이가 있지만 넓은 의미에서 리얼리즘이 자연주의를 포괄한다고 보는 시각도 공존한다고 한다.[56] 독일이든 프랑스든 간에 당대의 자연주의 작가들 자신은 졸라가 그러했듯 대체로 자연주의를 더 철저한 리얼리즘으로 이해하는 입장이었다. 아도르노는 그러한 연속성을 독특한 관점에서 설명한다. 아도르노의 기본 테제는 발자크의 리얼리즘에서 세부 사실에 대한 과도한 집착은 리얼리티의 표현이 아니라 '리얼리티의 상실에 대한 일종의 보상 욕구의 표현'이라는 것이다.[57] 아도르노가 말하는 '리얼리티의 상실'이란 본격적인 자본주의의 발달과 더불어 사물화되기 시작하

---

55 졸라: 『제르미날 2』, 박명숙 옮김, 문학동네, 2014, 7부 2장 참조.
56 유기환: 「『발자크와 프랑스 리얼리즘』에 나타난 루카치의 자연주의 비판 연구」, 《프랑스어문교육》 2013, 135쪽.
57 Adorno: Balzac-Lektüre, in: *Noten zur Literatur*, Frankfurt a. M. 1997, S. 145 f.

는 사회가 더 이상 인간적 삶의 터전이 되지 못하고 비인간화되는 사태를 가리킨다. 따라서 발자크 당대 사회에 대한 인식 자체는 루카치의 인식과 부합한다. 그런데 아도르노가 루카치와 달리 리얼리즘의 이면에서 리얼리티의 상실을 읽어내는 까닭은 상실된 리얼리티에 대한 과도한 집착이 자연주의로 계승되어 극단적으로 강화된다고 보기 때문이다. 발자크 소설에서 세부 묘사에 대한 지나친 집착은 "세계를 투시하려고 애쓰느라 정작 차분히 관찰할 수 없게 되는"[58] 역설적 사태를 초래한다는 것이다. 그리고 이런 양상은 졸라의 자연주의에 이르면 예컨대 『파리의 배』*Le Ventre de Paris*, 1873 같은 소설에서 시간과 인물의 행위가 해체되는 경향으로 나타난다. 극단적 객관성을 추구하려는 시도가 역설적이게도 대상을 해체하는 결과를 낳는 것이다. 예술사의 흐름으로 말하자면 자연주의가 그 극단적 경계에서 인상주의로 넘어가는 형국이라 할 수 있다. 흥미롭게도 졸라의 동시대 독일 자연주의 문학에서도 이와 유사한 현상이 발견된다. 예컨대 독일 자연주의의 대표작가 하우프트만Gerhart Hauptmann의 단편소설 「선로지기 틸」Bahnwärter Thiel, 1888에서 저녁노을 속에 기차가 달려오는 장면에 대한 묘사를 보면 시시각각 변화하는 관찰 대상을 극사실적으로 세밀하게 묘사하지만 그 효과는 오히려 객관적 대상성을 감각적 인상으로 해체하는 결과를 낳는다.

바야흐로 거대한 먹구름의 가장자리 아래로 걸려 있는 태양은 망망대해 같은 검푸른 우듬지 속으로 가라앉으면서 숲 위로 자줏빛 햇살을 쏟아부었다. 철둑 건너편 전나무 둥치들의 아치도 안에서부터 점화되어 쇠처럼 달아올랐다.
선로도 불타는 뱀처럼 달아오르기 시작했지만 금방 꺼졌다. 그리고 이제 불길은 서서히 땅에서 공중으로 솟아올라 먼저 전나무 둥치들을 거

---

[58] 같은 책, S. 147.

쳐 수관樹冠의 대부분을 차가운 소멸의 빛 속에 남기면서 마지막으로 우듬지의 바깥 가장자리를 붉은빛으로 훑었다. 그 장엄한 광경은 소리 없이 화려하게 진행되었다. 선로지기는 여전히 꼼짝 않고 차단기 옆에 서 있었다. 마침내 그는 한 발짝 앞으로 나섰다. 선로가 만나는 지평선의 검은 점이 점점 커졌다. 그 점은 시시각각 커지면서 어느 한 지점에 서 있는 것처럼 보였다. 갑자기 그 점은 움직이면서 가까이 다가왔다. 선로를 따라 진동과 굉음이 울렸다. 리드미컬하게 덜커덩거리는 소리와 둔탁한 소음은 점점 더 커지면서 마침내 돌진해 오는 기마대의 말발굽 소리와도 같아졌다.

숨 가쁘게 달리는 요란한 소리가 멀리서부터 대기를 가로질러 간헐적으로 솟구쳤다. 그러고 나서 갑자기 고요한 적막이 깨졌다. 미친 듯 날뛰는 노호와 굉음이 사방을 가득 메웠고, 선로는 휘었고, 땅은 진동했으며, 강한 기압으로 먼지와 증기와 연기가 섞인 구름이 일더니 숨을 헐떡이는 검은 괴물은 지나갔다.[59] (인용자 강조, 번역은 수정함)

'그 점은 시시각각 커지면서'라고 할 때 '시시각각'을 원문 그대로 옮기면 '매 초마다' Von Sekunde zu Sekunde 라는 뜻이다. 대상을 세밀하게 묘사하기 위해 초 단위로 시간을 쪼개어 묘사하는 방식인데, 이것은 독일 자연주의자들이 일체의 작가적 주관을 배제하고 최대한 객관적인 묘사를 추구하는 스타일로 내세운 이른바 '초 단위 묘사 양식' Sekundenstil을 보여주는 본보기이다. 이렇게 대상을 초 단위로 미분해 묘사할 때는 멀리 지평선에 나타난 기차가 정지 상태의 점처럼 보이고 온전히 관찰자의 시야에 장악된 것처럼 보인다. 그러나 기차가 가까이 다가올수록 '마구 돌진해 오는 기마대의 말발굽 소리'처럼 관찰자의 감각을 압도하며, 관찰자는 대상에 대한 조망을 완전히 상실한다. 관찰자의 시점은 이 양극단 사이에

---

59 게르하르트 하우프트만: 「선로지기 틸」, 루이제 린저 외: 『붉은 고양이』, 이관우 옮김, 북큐브네트웍스 2012, 134쪽.

서 분산되어 초점을 잃게 되고, 그 결과 객관적 묘사의 기본 원리라 할 원근법Perspektive 자체가 해체된다. 바로 이런 면에서 루카치는 자연주의와 19세기 말 20세기 초반의 모더니즘 사이에 구조적 친화성이 있다고 본다. 현실에 대한 원근법적(입체적) 인식을 상실한 자연주의와 객관적 현실 인식 자체를 부정한 모더니즘의 원리는 상통한다고 보는 것이다. 양식원리의 이러한 유사성은 세계관의 차원에서도 나타난다. 자연주의가 현실 환경의 결정적 위력을 인정하면서 현실의 마력魔力에 굴복하는 결과에 이른다면 독일 모더니즘의 정점에 해당하는 표현주의는 서구 문명에 대한 종말론적 비관에 깊이 침윤되었던 것이다.

    그러나 아도르노가 리얼리즘과 자연주의의 연속성에 주목하는 관점은 다른 인식을 보여준다. 아도르노는 리얼리즘이 자연주의를 거쳐 인상주의를 비롯한 다양한 형태의 모더니즘으로 이행하는 과정을 19세기 소설의 불가역적인 흐름으로 보고 있다. 이처럼 아도르노가 리얼리즘이 자연주의를 거쳐 스스로 해체되어가는 경향을 주목하는 것은 루카치가 19세기 발자크 유형의 리얼리즘을 후대의 비판적 리얼리즘 문학이 계승해야 할 규범적 가치로 고수하는 것에 대한 간접적인 비판이며, 다른 한편으로는 19세기 리얼리즘과 자연주의를 이미 지나간 과거의 양식으로 보고 20세기 모더니즘을 옹호하는 입장과 연결된다. 반면 모더니즘을 부정적으로 평가하는 루카치는 아도르노의 대척점에 서 있다.

모더니즘 비판: 카프카의 경우

루카치는 자연주의 이후 인상주의를 비롯한 다양한 세기말 사조와 20세기 초반의 표현주의와 초현실주의 등 넓은 의미에서 모더니즘에 해당하는 모든 조류에 대해 일관되게 비판적이다. 이러한 조류들이 기본적으로는 자본주의 사회의 모순과 획일적 기계문명에 대한 반발에서 생겨난 것임을 인정하지만, 대개는 낭만적 반反자본주의의 한계 안에 머물러 있고 현실에 대한 총체적 인식에는 이르지 못했다는 것이 비판의 골자이다. 실제로 모더니즘을 앞세운 새로운 시도들이 흔히 단발적인 전통 파괴 운동에 그치고 이를 뒷받침할 만한 작품적 성과를 내지 못한 것도 사실이다. 그러나 모더니즘 문학 가운데 최상의 성취들이 과연 루카치가 말하는 한계에 갇혀 있는가 여부는 일반적인 논의 수준에서 재단하기보다는 작가와 작품마다 엄밀히 따져봐야 할 문제다. 여기서는 루카치 자신이 모더니즘 문학의 최고봉으로 평가하고 그 문학적 성취를 인정한 카프카를 놓고 이 문제를 검토해보기로 하겠다.

루카치는 카프카의 작품 세계가 모더니즘 계열 중에서도 특히 알레고리적 특성이 짙다는 사실에 착안하여 벤야민의 알레고리 개념을 원용하여 카프카의 알레고리를 분석한다. 벤야민이 말하는 알레고리는 바로크 시대의 비극Trauerspiel에 나오는 알레고리적 형상을 가리키는 것으로, 간단히 말하면 삶의 무상함과 역사의 고난을 우의적으로 표현한 것이다. 그래서 벤야민은 바로크 비극의 알레고리를 '역사의 데드 마스크'라 일컬었다. 루카치는 바로크 알레고리의 이러한 특징이 카프카 문학에서 철저히 사물화된 세계를—삶의 의미가 사라지고 그 어떤 구원의 희망도 보이지 않는 세계를—우의적으로 표현한 것과 흡사하다고 본다. 카프카 작품에서 알레고리적 형상은 강력한 암시적 힘을 갖지만, 그러나 또 다른 알레고리적 형상에 의해 대체 가능한 요소이다.(쉽게 말해 카프카의 「변신」에서 주인공 잠자가 변신한 '벌레'는 '빈대' 비슷한 종류로 묘사되지만 예컨대 '바퀴벌레'로 대체될 수도 있다는 뜻이다.) 그런데 루카치가 보기에 이러한 대체 가능성은 그 형상의 고유한 독자성을 갉아먹는 예술적 결함이다. 반면에 이러한 알레고리와 달리 리얼리즘이 추구하는 전형은 유일무이한 개체성과 보편성을 결합하는 중심이기 때문에 대체 불가하다. 루카치는 이렇게 말한다.

세부 사항의 대체 불가능성의 세계관적 기반은 세계의 궁극적인 내재적 합리성과 유의미성, 세계가 인간에게 열려 있고 파악될 수 있다는 믿음이다. 그렇기 때문에 리얼리즘 문학에서는 모든 세부 사항이 깊이 있고 유일무이한 개인적 본성과 불가분으로 연결되면서도 전형적인 것이 되는 것이다. 그러나 모더니즘의 알레고리와 그 바탕이 되는 세계관은 전형성을 폐기한다. 모더니즘의 알레고리는 세계의 모든 내재적 연관성을 해체함으로써 세부 사항을 단순히 추상적 특이성Partikularität[60]의 수준으로 격하한다.(여기서 다시 모더니즘 문학과 자연주의의 관련성이 드러난다.) 그렇지만 세부 사항이 ― 그것의 알레고리적 대체 가능성으로 인해 ― 초월성과 역설적이면서도 직접적인 관련성을 획득함으로써 세부 사항은 순전히 초월성을 의도하는 추상성으로 변화한다. 이런 측면에서 볼 때 모더니즘 문학의 특수성은 구체적 전형성을 추상적 특이성으로 대체하려는 경향으로 나타난다.[61]

카프카의 알레고리는 근본적으로 세계의 불가해성에 바탕을 둔 것이고, 따라서 개별적 형상 역시 일정한 의미 맥락 속에서 고유한 독자성을 확보하지 못하기 때문에 전형성을 얻지 못하고 단지 '추상적 특이성'에 머문다는 것이다. 그런데 이 추상적 특이성을 표현하는 알레고리 형상은 '초월성과 역설적인 관계'를 맺으면서 추상적 의미를 획득한다. 여기서 '초월성과 역설적 관계를 맺는다'라는 말은 설명이 필요해 보인다. 루카치는 벤야민의 말을 인용하여 카프카 문학의 가장 근원적인 체험은 "모든 희망을 배제하는 인간 세계의 무의미성"이라 본다. 삶의 의미를 보증하는 신은 존재하지 않으며, 그런 의미에서 카프카는 무신론자다. 그런데

---

60 헤겔 논리학에서 Partikularität는 전체와의 연관성을 상실한 채 그 자체의 고유성을 주장하는 개별성을 뜻하며, 그런 의미를 살려서 '추상적 특이성'으로 번역했다.
61 Lukács: *Die Gegenwartsbedeutung des kritischen Realismus*, in: *Essays über Realismus*, S. 496.

그렇게 부재하는 신이 카프카 작품에 등장하는 미천하고 버림받은 피조물들을 비추는 근거가 된다는 것이다. 이처럼 존재하지 않는 신이 존재자의 근거가 되는 역설적 사태를 '초월성과의 역설적인 관계'라 일컫고 있다. 이것을 루카치는 "신이 사라진 세상에서 위안과 구원을 얻고자 하는 종교적 동경이 그렇게 생겨난 무無 속으로 흘러들어온다."[62]라고 시적으로 표현하고 있다. 예컨대 카프카의 우화 「법 앞에서」Vor dem Gesetz, 1915에서 평생 '법의 문' 안으로 들어가게 해달라고 허락을 구하다가 끝내 허락을 얻지 못한 채 죽어가는 시골 남자에게 죽기 직전에 법의 문에서 한 줄기 빛이 새어 나오는 장면을 떠올릴 수 있겠다. 이 우화와 그 마지막 장면은 카프카 문학 전체를 압축한 것으로 읽어도 무방하다. 그런데 작품의 세부 사항 내지 개별적 요소가 이와 같은 방식으로 초월성과 역설적 관련을 맺음으로써 카프카의 알레고리는 현실의 매개를 거치지 않은 채 개별자를 초월해서 보편적 의미에 다가가는 '추상적 개별성'에 머물게 된다. 이에 대해 루카치는 다음과 같이 평가한다.

이러한 알레고리적 초월성으로 인해 카프카는 리얼리즘으로 가는 길을 발견하지 못하며, 강력한 암시적 힘을 지닌 개별자를 전형의 특수성으로 고양시키지 못한다. 그 반대로 작가 자신이 아무것도 아닌 것으로 인식한 지금 이곳의 추상적 특이성이 무無에 의해 규정되어 전혀 내용 없는 추상성의 희박한 대기 속으로 고양된다. 그렇기 때문에 카프카는 ─ 커다란 환기력과 고도의 예술가적 의식성에도 불구하고 ─ 리얼리즘에서 보듯이 개별성과 보편성 사이에서 의미로 충만한 감각적인 중심을 추구하지 못하는 것이다. 그는 개별적 특이성을 그 순간적인 특이성 속에서 직접적으로, (내용의 일반화가 아니라) 순전히 형식적으로 최고의 추상성으로 고양시키지 않을 수 없게 된다. 바로 이 점이 내용에 의해 제약된 알레고리의 예

---

62 같은 책, S. 497.

술적 측면이다. 이런 면에서 카프카는 우리 시대의 — 본질상 알레고리적
인 — 모든 모더니즘 문학의 패러다임을 보여준다.[63](인용자 강조)

여기서 보듯이 루카치는 카프카의 알레고리가 모더니즘 문학의 패러
다임을 보여주는 핵심적 요소로서 카프카 문학에서 어떻게 작동하는가
를 설명하면서, 알레고리의 특성상 개별자를 전형성으로 고양시키지 못
한 채 초월성과 관계 맺는 무매개적 추상성을 모더니즘적 한계로 지적하
고 있다. 알레고리의 개별성은 현실의 전체적 연관성을 담아내지 못한 채
형식적인 추상성으로 비약하고 있다는 것이다. 그러나 카프카 소설에서
현실적 내용이 소거되는 것이 아니라 현실을 매개하는 방식이 리얼리즘
과는 달라지는 것이 아닐까? 리얼리즘의 전형성이 과연 카프카 문학을
평가하는 잣대가 될 수 있을까? 이 물음은 결국 카프카의 서사가 리얼리
즘의 그것과 어떻게 다른가 하는 문제로 수렴된다.

「변신」을 예로 들어보자. 앞에서 보았듯이 발자크 소설의 서사를 추동
하는 동력은 권력과 명예와 쾌락을 탐하는 욕망이다. 그 삼박자가 모든
서사적 행위Handlung를 규정한다. 그러나 카프카의 서사에서 그 세 요소
는 어떤 영향력도 행사하지 못할뿐더러 시간축에 따라 전개되는 구체적
사건에서는 아예 찾아보기도 힘들다. 그래도 굳이 희미하게나마 명예와
관련될 법한 유사한 기능을 하는 디테일을 찾는다면 예컨대 식탁 맞은편
벽에 걸려 있는 주인공 그레고르의 군대 시절 사진을 떠올릴 수도 있을
것이다.

아버지는 아침을 하루 중 가장 중요한 식사로 여겨서 아침 식사 중에
여러 신문을 읽으면서 마냥 시간을 끌었다. 식탁에서 마주 보이는 벽에는
그레고르의 군대 시절 사진이 걸려 있었다. 그는 소위 복장에 손을 대검에

---

63 같은 책, S. 498.

대고서 해맑은 미소를 지으며 은근히 자신의 자세와 제복에 경의를 표해주기를 바라는 것처럼 보였다.[64]

19세기까지만 해도 장교가 된다는 것은 귀족층이 신분을 유지하거나 드물게 시민 계급이 신분 상승을 꿈꿀 수 있는 유력한 코스였다. 그러나 카프카가 살았던 20세기 초반은 그것이 지난 세기의 흔적으로 사라져가는 끝 무렵이다. 군대 시절의 그레고르 사진은 소위 계급장을 달고서 "은근히 자신의 자세와 제복에 경의를 표해주기를 바라는 것처럼" 보이지만, 이미 현실적 기반을 상실한 지난 세기의 흔적일 뿐이다. 작품의 맥락에서 그레고르는 매일 새벽 기차로 출근하는 외판원의 곤핍한 삶에 지쳐 어느 날 아침 벌레로 변신했고, 위의 묘사는 그래서 출근할 수 없게 된 그레고르가 가족과 회사 지배인에게 흉측한 벌레의 몰골로 발각된 장면에 바로 이어지고 있다. 따라서 위의 사진은 현재의 비참한 처지를 더욱 선명히 부각하는 구실을 할 뿐이다. 작품에서 이 장면은 그렇게 배치되어 있다. 그런데 소설의 역사로 확장해서 보면 이 장면은 19세기 리얼리즘 서사의 핵심적 동력이 이제는 빛바랜 사진 한 장으로 남았다는 것을 일깨워준다. 19세기 리얼리즘의 서사가 20세기의 시공간에서 다른 형태로 전개될 수는 있겠지만, 적어도 카프카의 소설에서는 유의미한 요소로 들어설 여지가 없다.

성적인 쾌락과 연결될 법한 세부 묘사 역시 희미한 흔적으로만 남아 있다. 그레고르가 벌레로 칩거하는 방이 쓰레기장처럼 방치되자 어머니와 여동생이 방 안의 모든 것을 치워버리는 대청소를 하는 장면에서 그레고르는 자기 방의 정겨운 모든 것이 사라지는 안타까움에 어쩔 줄 몰라 하다가 벽으로 기어올라 벽에 걸려 있는 여인 그림만은 빼앗기지 않겠다고 몸으로 감싼다.

---

64 카프카: 『변신. 단식 광대』, 편영수·임홍배 옮김, 창비 2020, 25쪽.

마침 모녀가 옆방에서 책상에 기대어 한숨 돌리고 있는 사이에 그레고르는 소파 밑에서 기어 나와 달리는 방향을 네 번이나 바꾸었다. 정말 무엇부터 먼저 구해야 할지 알 수 없었던 것이다. 어느새 다른 곳은 다 비어 버린 벽에 온몸에 모피를 두른 여성의 그림만 걸려 있는 것이 유난히 눈에 띄었다. 그는 얼른 기어 올라가서 액자의 유리에 몸을 밀착시켰다. 유리는 그의 몸을 지탱해주었고, 뜨거운 배가 유리에 닿자 기분 좋게 시원한 느낌이 들었다. 이제 그레고르가 완전히 몸으로 덮은 이 그림만은 분명히 아무도 치우지 못할 것이다.[65]

벌레가 되어 모든 것을 잃고 사면초가에 몰린 그레고르가 자신도 모르게 모피 두른 여인의 그림 액자만큼은 사수하겠다고 감싸면서 "뜨거운 배가 유리에 닿자 기분 좋게 시원한 느낌이 들었다."는 것은 무의식중에 느끼는 성적인 쾌감의 환유이다. 매일 새벽 기차를 타고 출근해 가족을 위해 일만 했던 그레고르에게 성적 충동은 마치 퇴화한 기관의 흔적처럼 남아 있을 뿐이다. 역시 발자크 소설에서 들끓는 쾌락에의 탐닉은 카프카 소설에는 들어설 자리가 없다.

권력의 문제는 카프카 문학에서 핵심적 모티프인 부자 관계로 치환되어 작품 도처에 편재한다. 예컨대 식탁 장면에서 아버지가 "아침 식사 중에 여러 신문을 읽으면서 마냥 시간을 끌었다."라는 세부 묘사도 권력 문제와 무관하지 않다. 아버지가 내세우는 표면적인 이유는 "아침을 하루 중 가장 중요한 식사로 여겨서"라고 하지만 그 이면에는 복잡한 속내가 감춰져 있다. 비록 실업자로 집 안에 죽치고 있지만 오래도록 여러 신문을 읽음으로써 세상 돌아가는 형편을 훤히 꿰고 있다는 걸 과시하는 제스처이기도 하다. 또 아들이 초라한 외판원 신세임에도 벽에 걸린 장교 시절 사진을 계속 걸어두는 것은 비록 장교로 출세할 길은 끊어졌어도, 아

---

[65] 같은 책, 48쪽.

니 그렇기 때문에 더더욱 열심히 가족을 위해 일하라고 무언중에 독려하는 제스처일 수도 있다. 어떻든 식탁에 오래 버티고 앉아서 가장의 자리를 지키고 있다고 과시하는 느낌도 없지 않다. 이런 애매모호한 제스처는 다시 은행 사환 자리를 얻어 출근할 때의 당당하고 위압적인 모습이라든가 벌레가 된 그레고르를 골프 공 치듯이 지팡이로 쳐서 방 안으로 처넣는 직접적인 폭력과 연결될 때 비로소 분명한 의미를 얻는다. 벤야민은 카프카의 모든 작품이 "제스처들의 암호"로 구성되어 있다고 했다.[66] 카프카는 이 제스처에 처음부터 확실한 상징적 의미를 부여하지 않고 끊임없이 연관관계를 변화시키고 실험적으로 배치함으로써 의미를 탐색한다.

「변신」의 예에서도 보듯이 카프카 작품의 제스처 암호들은 전통적 리얼리즘의 전형성과는 다른 방식으로 주체의 욕망과 복잡미묘한 사회적 관계를 매개하는 기능을 수행한다. 그럼에도 루카치가 리얼리즘 차원의 전형성이 보이지 않는다고 비판한다면 그것은 카프카 텍스트의 짜임새 자체를 무시하는 외재적 접근에 그치는 것이다. 루카치가 앞에서 살펴본 카프카론을 쓴 것은 1955년이고, 1965년에 발간된 리얼리즘 선집 서문에서는 종전의 비판적 입장을 수정하여 카프카의 작품 세계가 당대의 비인간성에 대한 깊이 있고 충격적인 진실을 보여주고 있다고 높이 평가하기는 했다.[67] 그러나 이때에도 카프카의 탁월한 문학적 성취는 '오로지 형식적으로만' 성공했다고 단서를 붙인다. 다시 말해 '내용'의 차원에서는 여전히 사회현실을 제대로 반영하지 못한다고 부정적인 평가를 고수한 것이다. 이것은 루카치가 발자크의 리얼리즘을 모델로 삼는 리얼리즘 개념을 불변의 규범으로 고수했다는 것을 의미하며, 바로 그 지점이 루카치 리얼리즘론의 맹점이라 할 수 있다.

---

66 벤야민: 「프란츠 카프카」, 『발터 벤야민의 문예이론』, 반성완 옮김, 민음사 1983, 73쪽.
67 Lukács: *Probleme des Realismus III*, Neuwied/Berlin 1971, S. 9.

총체성의 비판적 재구성을 위하여

루카치가 리얼리즘의 최고봉으로 평가했던 발자크 소설은 19세기의 역사적 산물이다. 당시 프랑스 사회는 일시적인 왕정복고에도 불구하고 자본주의가 본궤도에 오르고 귀족층의 몰락과 시민 계급의 상승이 교차하는 역동적 변화의 시대를 통과하고 있었다. 그러한 역동성이 소설의 서사를 추동하는 동력으로 작용했기에 발자크 소설은 사회 속에서 부침하는 문제적 개인의 운명을 통해 당대의 총체적인 사회상을 묘파할 수 있었다. 그러나 20세기의 후기 자본주의 사회에서 19세기 사회소설이 똑같은 형태로 반복될 수는 없을 것이다. 다른 장르도 그렇지만 특히 소설은 그 발생에서부터 다른 전통적 장르가 표현할 수 없는 근대 사회를 질료로 삼아서 신생 장르로 탄생했고, 시대의 변천에 따라 끊임없이 새로운 형식을 창출해왔다. 이처럼 현실의 변화에 민감하게 반응하고 변화 가능성을 향해 열려 있는 소설 장르의 특성상 소설이 추구하는 리얼리즘 역시 시대에 따라 변화할 수밖에 없다. 결국 리얼리즘이 추구하는 핵심 과제인 총체성을 새로운 관점에서 사유하는 것이 리얼리즘의 자기 갱신을 위해 가장 긴요한 과제일 것이다. 이와 관련하여 루카치의 리얼리즘론에 대한 당대의 비판적 문제 제기를 검토하는 것으로 글을 맺고자 한다.

루카치의 총체성 개념은 그 구성 방식에서 유기체적 자기 완결성이 강하다. 총체성 구성의 기본 원리인 특수성을 가리켜 보편자와 개별자를 매개하면서 '전체를 조직하는 중심'이라고 규정한 것이 그렇다. 이러한 규정은 물론 작품의 어떤 부분도 전체의 불가결한 요소가 되어야 한다는 것, 그리고 부분이 고유한 독자성을 지녀야 한다는 것을 강조하는 것이다. 그러나 다른 한편으로 이러한 특성은 전체적인 구성의 균질성 Homogeneität을 과도하게 강화함으로써 작품의 자기 쇄신을 위해 요구되는 실험적 개방성을 가로막을 수 있다. 그런 이유에서 블로흐는 '내적 단절이 없는 총체적 연관성'이라는 의미에서의 총체성을 거부하고 그 대신 '전체'Totum라는 용어의 사용을 제안한 바 있다.[68] 블로흐에 따르면 모순의 대립을 통해 변화 발전하는 변증법적 운동 과정에서 단절과 비약은 당연히 수반되는 구성적 계기이다. '전체'는 이미 완결된 원리가 아니라 "아직 완결되지 않은 세계의 운동 과정에 내재하는 잠재성"으로서 "구체적·유토피아적 전체"로서 구성되어야 한다.[69] 이런 취지에서 블로흐는 작품의 유기적 완결성 대신에 이질적 요소들을 결합한 '몽타주'를 옹호한다. 몽타주는 표현주의를 비롯하여 반反사실주의를 표방한 예술이 선호한 기법으로 루카치는 이를 비판했지만, 블로흐는 '완결되지 않은 변증법적 운동의 잠재성'을 살릴 수 있는 창작 방법으로 옹호한 것이다. 몽타주는 주로 시각예술에서 선호한 기법이지만 앞에서 언급한 카프카의 세부 묘사에서도 몽타주의 흔적을 엿볼 수 있다. 그레고르의 장교 시절 사진은 벌레로 전락한 지금 현재의 상황과 대비되는 지난날의 희망과 꿈을 상기시키는 이질적 요소로서 '편집'되어 있고, 모피 입은 여인의 그림 액자는 벌레가 된 상태에서도 꿈틀대는 성적 욕망을 드러내기 위한 소품으로 배치되어 있다. 그런가 하면 세 명의 하숙인에 대한 묘사는 사회의 권력 구조가 그레고르의 가정 안에 틈입한 양상을 압축해서 보여주는 기하학적 '도형'처럼 '편집'되어 있다. 세 사람 중 한 명은 항상 가운데 자리를 차지하고 앉아서 우두머리임을 과시하고 나머지 둘은 늘 좌우로 양쪽에 앉아서 꼭두각시 졸개의 모습을 보여준다. 이 기묘한 삼각형은 사회에서 권력의 꼭대기부터 밑바닥까지 층층이 짜여 있는 권력 삼각형의 축소판을 방불케 한다. 루카치의 관점에서 말하면 사회의 보편적 구조를 기하학적 이미지로 단순화하여 압축한 추상적 알레고리이다. 따라서 루카치가 리얼리즘적 전형의 요건으로 말한 "개별성과 보편성 사이에서 의미로

---

68 Annette Schlemm: Dialektik, in: Beat Dietschy u. a. (Hg.): *Bloch-Wörterbuch. Leitbegriffe der Philosophie Ernst Blochs*, Berlin/New York, 2012, S. 81.
69 Ernst Bloch: *Philosophische Aufsätze zur objektiven Phantasie*, Frankfurt a. M. 1985, S. 288.

충만한 감각적인 중심"에 위배되는 이질적 요소이다. 그러나 이 작품 안에서 이 기하학적 추상의 이질적 형상은 바깥 사회에서 관철되는 권력의 구조를 사실적 묘사와는 또 다른 차원에서 효과적으로 한눈에 보여주는 시각적 효과를 연출한다. 그럼에도 리얼리즘의 관점에서 보면 이러한 추상적 알레고리는 루카치가 지적하듯이 전형성을 파괴하며, 현실에 대한 심층적 인식에서는 벗어나는 것도 사실이다. 「변신」과 같은 중편 분량의 소설에서는 이런 요소가 효과적 기법으로 기능할 수 있지만 장편소설에서는 그만한 효과를 발휘하기 어려울 것이다.

그러나 또 다른 시각에서 보면 하숙인 셋의 형상은 단순히 추상적 기호로 환원되지 않는 어떤 의미작용을 일으킨다. 그들 셋의 '삼각형'은 그레고르의 아버지, 어머니, 여동생이 연출하는 '삼각형'과 연결되어 독특한 의미를 산출한다. 자신의 실직 이후 그레고르마저 '벌레'로 변신해 직장에 나갈 수 없는 궁지에 몰리자 아버지는 이들 세 하숙인에게 제일 좋은 방을 세주는데, 그레고르가 벌레가 되었다는 끔찍한 '치부' 때문에 하숙인들에게 굽신거리고 상전처럼 받들어 모신다. 그러다가 그레고르가 굶어 죽자 하숙인들을 내쫓아버리는 장면에서 아버지는 양팔에 아내와 딸을 끼고 하숙인들을 향해 보무당당하게 걸어가며 압박하는 모양새를 취한다. 채플린 풍 소극笑劇의 한 장면처럼 우스꽝스러운 느낌을 주는 이 장면은 혈연적 가족관계도 사회적 권력 구조와 뗄 수 없는 관계로 맞물려 있고 위협받는다는 것을 생생히 보여준다. 정확히 지금으로부터 한 세기 전, 카프카가 살던 시대의 동유럽 자본주의는 산업화 시대에서 본격적인 자본주의 사회로 이행하는 과도기에 있었고,[70] 그 시대에는 아직 가족이 사회적 권력과 자본의 논리로부터 보호받는 안전한 피난처럼 보였다. 그러나 다른 한편으로는 가족마저도 자본주의적 재생산의 기본 단위로

---

[70] 그레고르의 '외판원' 직업은 상품 유통이 대형 상점에 흡수되기 이전의 단계를 가리키고, 이것은 전통적 혈연적 가족관계가 아직 남아 있는 것과 맞물려 있다.

체제에 편입되어 있기도 했다. 요컨대 벌레가 될 때까지 그레고르가 죽기 살기로 일해야 하는 착취 구조를 통해 가족도 연명하고 자본주의 체제도 재생산되는 것이다. 벤야민의 말한 '제스처로 이루어진 암호들'의 배치는 이처럼 서로 다르면서도 닮은꼴인 두 개의 '삼각형'을 통해 당대 사회의 심층적 단면을 묘파하고 있다. 이런 관점에서 보면「변신」에 나오는 추상적 알레고리는 단지 보편적 개념의 도해가 아니라 바로 루카치가 말한 의미에서 ― 그러나 루카치의 생각과는 사뭇 다른 방식으로 ― 보편적인 것과 개별적인 것을 절묘하게 결합한 '특수한' 형태라 할 수 있다.

「변신」에서 활용되는 몽타주 기법은 당대 시각예술에서 성행하던 몽타주를 떠올리게 하지만 카프카는 자신의 서사 장치가 시각예술의 그것과 다르다는 차별성을 자각하고 있었다. 1920년대 바이마르 공화국 시대에 자본가와 권력에 대한 통렬한 비판으로 유명했던 풍자화가 그로츠 Georg Grosz가 자본가를 '뚱보'로 묘사한 몽타주(정확히는 꼴라주) 그림에 대해 카프카는 이렇게 말했다.

> 뚱보는 자본주의예요. 뚱보는 일정한 체제의 테두리 내에서 가난한 사람을 지배하죠. 그러나 체제 자체는 아니에요. 그는 결코 체제의 지배자가 아니에요. 그 반대예요. 뚱보 역시 이 그림에서는 묘사되지 않은 족쇄에 매여 있어요. 이 그림은 완벽하지 않아요. 따라서 좋은 그림이 아닙니다. 자본주의는 안에서 밖으로, 밖에서 안으로, 위에서 밑으로, 밑에서 위로 움직이는 종속 체제입니다. 모든 것이 종속되어 있고, 모든 것이 족쇄에 매여 있어요. 자본주의는 세계와 영혼의 상태지요.[71]

카프카는 자본주의 체제를 '뚱보'라는 자본가의 일면적 모습으로 희화화한 것이 자본주의 체제의 총체성을 단순화한다고 비판하고 있다. 그로

---

[71] 구스타브 야누흐:『카프카와의 대화』, 편영수 옮김, 지만지 2013, 312쪽.

츠가 '뚱보'로 자본가를 표현하는 것은 앞에서 언급한 사례로 말하면 마르크스가 상품의 무차별적 교환가치를 '수평주의자'에 비유한 것과 같은 차원의 추상적 개념의 도해에 해당한다. 반면에 「변신」에서 활용되는 몽타주는 "안에서 밖으로, 밖에서 안으로, 위에서 밑으로, 밑에서 위로" 작동하는 자본주의의 전일적 지배 체제의 심층적 단면을 드러낸다.

블로흐가 '전체'의 구성에서 모순과 단절 그리고 이질성의 계기를 강조한다면 아도르노는 총체성을 '비판적 범주'로 사용할 것을 제안한다. "총체성은 긍정적 범주가 아니라 오히려 비판적 범주이다. 변증법적 비판은 총체성에 순응하지 않는 것을 구제하거나 창출하는 데 도움이 되고자 한다."[72] 여기서 아도르노가 말하는 총체성은 사회적 범주인 동시에 미적 범주이다. 사회적 범주로서의 총체성은 사회의 총체적 구조와 작동체계 전체를 가리킨다. 고도화된 자본주의 사회에서 사회적 총체성은 결국 상품의 교환가치가 전면적으로 관철되고 이에 따라 총체적으로 사물화된 세계를 가리킨다. 따라서 이러한 부정적 총체성에 저항하는 이질적 요소가 구제되어야 한다는 것이다. 사실 이것은 루카치의 리얼리즘이 요구하는 것이기도 하다. 루카치가 미적 특수성을 강조하는 근본적인 동기도 자본주의 사회의 총체적 사물화에 대한 비판적 해체를 겨냥하는 것이기 때문이다. 아도르노의 관점에서 미적 범주로서의 총체성은 그러한 부정적 총체성에 대한 인식을 모사模寫의 방식으로 재현하는 예술의 총체성을 가리킨다. 그런 의미에서 총체성은 긍정적으로 구성될 수 없다고 보는 것이다. 아도르노의 관점에서 보면 이러한 예술적 총체성 역시 주체의 비판적 의도와 무관하게 현실의 억압적 질서를 재현하는 것이므로 비판적 해체의 대상이 된다. 아도르노의 기본 입장은 '진리는 전체이다.'라는 헤겔의 명제로 집약되는 총체성이 전체에 포섭되지 않는 부분을 억압한다

---

72 Adorno: Einleitung zum "Positivismusstreit in der deutschen Soziologie", in: *Soziologische Schriften I*, Frankfurt a. M. 1997, S. 292.

는 것이다. 그리고 이러한 논리는 다시 루카치의 리얼리즘이 추구하는 총체성을 비판하는 핵심적 논거가 된다. 그러나 이 경우에도 루카치가 특수성 범주를 보편자에 흡수되지 않는 '조직하는 중심'으로 사고했다는 것을 거듭 상기할 필요가 있다.

독일 표현주의 논쟁 과정에서 브레히트는 루카치의 리얼리즘이 19세기적 모델을 고수함으로써 '리얼리즘의 형식주의'에 빠졌다고 비판하면서 형식의 다양성을 강조했다.[73] 특정한 유형의 리얼리즘을 고수하는 것은 결국 리얼리즘의 불모화를 자초한다는 것이다. 브레히트는 리얼리즘이 반드시 감각적이어야 한다는 것도 형식주의적 편견이며, 때로는 환상적 요소가 현실 인식을 더욱 실감나게 할 수도 있다고 말한다. 사실 루카치 자신도 예컨대 낭만적 환상소설로 유명한 호프만E.T.A.Hoffmann 소설의 환상성을 비판적 현실 인식을 위한 수단이라고 긍정적으로 평가하면서, 봉건사회의 뒤틀린 세계에서 또 다른 양상으로 뒤틀린 자본주의 사회로 이행하는 독일 사회 전체를 담아내기 위한 방편이라고 보았다.[74] 루카치는 환상성 자체를 리얼리즘과 대립하는 형식으로 보지 않고 작품 전체 속에서 환상성이 어떻게 기능하는가에 주목하는 것이다.

앞에서 언급한 대로 루카치가 말하는 리얼리즘은 '창작 방법'이나 기법으로 환원되지 않고 세계관의 유동성까지 포괄하는 '리얼리즘의 정신'에 가깝기 때문에 리얼리즘을 특정한 스타일과 동일시하는 것은 리얼리즘 개념을 축소하는 것이 된다. 다만, 표현주의 논쟁 당시에는 자연주의 이후의 모든 모더니즘 조류가 19세기 리얼리즘과 자연주의에 반기를 들었기 때문에 리얼리즘에 대한 루카치의 일관된 옹호는 다시 19세기 리얼리즘을 규범화하는 모양새로 흘렀던 것이 사실이다. 발자크의 소설과 카프카의 소설은 당대 리얼리즘과 모더니즘의 최고봉에 도달한 문학적 성

---

73 브레히트: 「루카치에 대한 반론」, 루카치 외, 『문제는 리얼리즘이다』, 홍승용 옮김, 실천문학사 1985, 112쪽 이하.
74 Lukács: *Probleme des Realismus III*, S. 10.

취임에 분명하지만, 모든 정전正典의 운명이 그러하듯 어느 쪽이든 동일한 방식으로는 반복될 수 없다는 것도 분명하다. 루카치의 리얼리즘론 역시 당대의 역사적 상황에 의해 제약된 측면을 감안하여 비판적으로 계승할 필요가 있다. 그의 리얼리즘론에서 핵심을 이루는 전형과 총체성을 변화된 현실 속에서 어떻게 구성할 것인가 하는 문제는 그의 이론이 남긴 커다란 숙제이다. 후기 미학에서 루카치는 객관 현실의 무한성이 어떻게 예술작품의 내포적 총체성으로 변환되는가 하는 물음을 던지면서 레싱의 연극론을 인용하고 있다.

실제로 일어난 사건이란 무엇인가? 그것은 만물의 영원하고 끝없는 상호연관 속에 훌륭한 근거를 가지고 있다. 그 속에 지혜와 선善이 들어 있다. 그중에서 시인이 끌어오는 미미한 부분들은 맹목적 운명에 따라 움직이고 두려움을 자아내는 것처럼 보인다. 이 작은 부분들을 가지고 시인은 하나의 전체를, 완벽하게 완결되어 있는 어떤 것을, 하나를 가지고 다른 모든 것을 설명할 수 있는 그런 것을 만들어내야 하며, 작품의 계획 속에서가 아니라 계획의 바깥에서, 사물의 보편적 운행 법칙 속에서 작품이 실현되는 데 아무런 어려움도 없는 그런 작품을 만들어내야 한다. 언젠가는 죽을 운명인 창작자가 만들어내는 모든 것은 영원한 조물주가 만들어낸 것의 한 소각 그림자가 되어야 하는 것이나.[75]

여기서 레싱은 한 편의 비극과 세계사적 사건의 연관성을 말하고 있다. 한 편의 비극이 제시하는 유일무이한 운명은 세계사의 운행 속에서 의미 있는 예술적 진실을 포착해야 한다는 것이다. 이를 통해 루카치는 예술작품의 내포적 총체성이 궁극적으로는 인류적 과제로 연결되어야 한다는 요청을 말하고 있다. 그러기 위해서는 "하나를 가지고 다른 모든 것을 설

---

75 루카치: 『미학 2』, 임홍배 옮김, 미술문화 2000, 205쪽 이하.

명할 수 있는" 작품을 창조해야 한다. 그 하나가 다른 모든 것을 내포하려면 다른 모든 것과 결합할 수 있는 수많은 가능성들을 고려해야 할 것이며, 그러면서도 유일무이한 하나의 결합 방식을 선택해야 할 것이다. 전체를 사고하되 최선의 하나를 선택하는 것, 그 선택이 선택 과정에서 배제된 다른 무수한 가능성들을 잠재적 가능성으로 상상할 수 있게 열린 상태를 지향하는 것, 아마도 그것이 창조적 독창성과 총체성이 결합될 수 있는 실마리일 것이다.

(2024년)